# 四庫全書總目彙訂

## 修訂本 2 經部

魏小虎 編撰

上海古籍出版社

# 卷二三

## 經 部 二 十 三

### 禮 類 存 目 一

周禮補亡六卷（衍聖公孔昭焕家藏本）

元邱〔丘〕葵撰。葵字吉甫，莆田人。《閩書》作同安人，未之詳也①。是書本俞庭椿、王與之之説，謂《冬官》一職散見五官。"又參以諸家之説，訂定天官之屬六十②、地官之屬五十七、春官之屬六十、夏官之屬五十九③、秋官之屬五十七④、冬官之屬五十四。"又云："先王不能以禄食養無用之官，故《周官》雖曰三百六十，而兼攝相半。如掌葛徵絺紛、掌染草斂染草之類⑤，每官掌一事，無是事未必有是官也。"其説皆自信不疑。《周禮》一書，不過闕《冬官》耳。至南宋淳熙、嘉熙之閒，俞、王二家倡為異説，而五官俱亂。葵又從而推波助瀾。《閩書》稱："宋末科舉廢，葵杜門勵學，居海嶼中，因自號釣磯翁。所著有《易解義》、《書解義》、《詩口義》、《春秋通義》、《四書日講》、《周禮補亡》。"今諸書散佚，惟此書為世所詬病，轉以見異而存。據葵自序，書蓋成於泰定丙子，葵年八十一矣⑥。虚殫一生之力，使至今談《周禮》者稱俞庭椿為變亂古經之魁，而葵與王與之為煽助異説之黨，不亦傎歟？其書世有二本。其一分六卷，題曰《周禮註》。其一即此本，不分卷數，而題曰《周禮冬官補亡》。《經義考》又作《周禮全書》，而注曰"一作《周禮補亡》"。案此書別無他長，惟補亡是其本志，故今以《補亡》之名著録焉。

【彙訂】

① 雍正《福建通志》卷四五《泉州府·人物》云："丘葵，字吉甫，同安人……所著有……《周禮補亡》。"何喬遠《閩書》卷一二七、《明一統志》卷七五《泉州府·人物·丘葵傳》、民國《同安縣志》卷二九《人物·儒林·丘葵傳》亦作同安人。而雍正《福建通志》莆田、乾隆《莆田縣志》無其人。（胡玉縉：《四庫全書總目提要補正》；林祖泉：《〈四庫全書〉中莆人著述辨誤》；楊武泉：《四庫全書總目辨誤》）

② "六十"，底本作"五十九"，據明弘治十四年錢俊民刻本此書自述原文及殿本改。

③ "五十九"，底本作"五十"，據自述原文及殿本改。

④ "五十七"，殿本作"五十九"，誤，參自述原文。

⑤ "掌染草斂染草"，殿本作"及掌染徵染"，自述原文作"掌染草徵染草"。

⑥ 泰定無丙子。有泰定元年甲子丘葵序，自稱時年八十一。又葉德輝《郋園讀書志》卷一云："《周禮補亡》六卷，泰定甲子自刻本。"（曹正元：《〈四庫全書總目提要〉偶證三十例》；杜澤遜：《四庫存目標注》）

周禮集注七卷（兩淮馬裕家藏本）

明何喬新撰。喬新字廷秀，江西廣昌人。景泰甲戌進士，官至刑部尚書，謚文肅。事蹟具《明史》本傳。是書謂《冬官》不亡，

大約沿俞庭椿、王與之、邱〔丘〕葵及晏璧偽託吳澄之說，臆為竄
亂。如引邱葵說，謂太史直筆而書，為天官之屬無疑。不知《太
史》之文曰"讀禮書而協事①"，又曰"以書協禮事②"，又曰"執其
禮事"，然則《太史》當入《春官》，經有明文可據。《唐・職官志》
以太史令屬禮曹，是其遺意。今并入《天官》，既不通經，且不明
史矣。又如引偽本吳澄《考註》說③，謂諸子掌國子之倅，使之修
德學道，當入教官之屬。不知《諸子》之職曰"若有兵甲之事，則
授之車甲，合其卒伍，置其有司，以軍法治之"，蓋主以戎事詔國
子，故隸《司馬》。今徒以修德學道之語，并入《司徒》，則《夏官・
都司馬》之職曰"掌其政學"，亦未嘗不及於教，將並移入《司徒》
歟？是皆妄取前人謬戾之論，割裂倒置，踵其失而加甚。故前後
義例率不能自通④，徒為談《周禮》者所詬病耳。

**【彙訂】**

① "書"，殿本脫，參《周禮・大史》原文。

② "書"，殿本作"事"，誤，參《周禮・大史》原文。

③ "說"，殿本無。

④ 殿本"不"上有"多"字。

周禮定本四卷（兩江總督採進本）

　　明舒芬撰。芬有《周易箋》，已著錄。茲編亦其所著《梓溪內
集》之一。大旨祖俞庭椿《《冬官》不亡，雜出於五官》之說，而參
以偽本吳澄《考註》，復以己意進退之。凡為《五官敘辨》五篇、
《六官圖說》一篇、《周官剔偽》一篇、《周禮正經》六篇。刪舊本
《考工記》，移《天官・太宰》、《地官・大司徒》之文以入於《冬
官・大司空》，移《小司徒》及《遂人》之文入《小司空》。又移《天

官》之掌舍、幕人、掌次,《地官》之遂師、遂大夫、縣正、鄙師、酇長、里宰、鄰長、土訓、誦訓、司稼、草人、稻人、場人、囿人、載師、閭師、縣師、均人、稍人、旅師、山虞、林衡、川衡、澤虞、跡人、卝人、角人、羽人、掌葛、掌染草[1]、掌炭、掌茶、掌蜃、舂人、廩人、舍人、倉人[2]、遺人、委人、稾人,《夏官》之掌畜、職方氏、形方氏、山師、川師、邍師、司勳、量人,以屬《冬官》。《明史》芬本傳稱:"芬精於《周禮》,嘗謂《周禮》視《儀禮》、《禮記》猶蜀之視吳、魏。疾革,其子請所言,惟以未及表章《周禮》為恨。"於是經可云篤信。夫俞氏之書為荒經蔑古之祖,芬不能訂正其譌,乃噓其已燼之焰而更加屬焉。甚且删削舊文,十幾二三,自命曰"定本",愼彌甚矣[3]。

**【彙訂】**

①"草",殿本脱,明萬曆四十八年刻《梓溪文鈔》收此書,其《周禮正經·冬官篇》有掌染草。

②"廩人舍人倉人",底本作"舍人倉人廩人",據《周禮正經·冬官篇》原序及殿本乙。

③"夫俞氏之書"至"愼彌甚矣",殿本作"乃從俞庭椿之謬説虛耗聰明徒貽嗤點不亦深可惜歟"。

讀禮疑圖六卷(兩江總督採進本)

明季本撰。本有《易學四同》,已著録。是書辨論《周禮》賦役諸法,祖何休、林孝存之説,以為戰國策士之所述。前三卷以其疑《周禮》者為圖辨之。後三卷依據《孟子》立斷,因及後代徭役、軍屯之法,論其得失。大旨主於輕徭薄賦,其意未始不善,其説亦辨而可聽。然古今時勢各殊,制度亦異,有不得盡以後世情形推論前代者。至其牽合《魯頌》"公車千乘，公徒三萬"，則欲改《小司徒》"四井為邑，四邑為丘，四甸為縣，四縣為都"之文，謂"四"當作"五"。又增"四都為同"一語，則更輾轉竄亂矣。蓋本傳姚江之學，故高明之過，其流至於如斯也①。

【彙訂】

①"其流"，殿本作"末流"。

考工記述注二卷（福建巡撫採進本）

明林兆珂撰。兆珂有《詩經多識編》，已著錄。此編因《考工記》一書文句古奧，乃取漢、唐注疏參訂訓詁，以疏通其大意。於《記》文皆旁加圈點，綴以評語。蓋仿謝枋得批《檀弓》標出章法、句法、字法之例，使童蒙誦習，以當古文選本，於名物制度絕無所發明。末附《考工記圖》一卷，亦林希逸之舊本，無所增損也①。

【彙訂】

①"也"，殿本無。

周禮訓雋二十卷（副都御史黃登賢家藏本）

明陳深撰。深字子淵，長興人。嘉靖乙酉舉人，官至雷州府推官，是書略無考證，而割裂五官歸於《冬官》，則沿俞庭椿輩之謬論，無足錄也①。

【彙訂】

①"是書略無考證"至"無足錄也"，殿本作"是書割裂五官沿俞庭椿之説於經義無所發明"。

周禮因論一卷（浙江汪啟淑家藏本）

明唐樞撰。樞有《易修墨守》，已著錄。是書以民極為《周禮》本原，蓋本葉時《禮經會元》之説，謂《詩》蔽以一言曰"思無

邪”①,《周禮》蔽以一言曰“為民極”也。其駁夏休《井田譜》之
妄,亦卓然有識。然其文如語録②,寥寥數條,未為詳備,不足以
言詁經也③。

**【彙訂】**

① “曰”,殿本脱。

② 殿本“録”下有“之體”二字。

③ “不足以言詁經也”,殿本無。

周禮發明一卷(江西巡撫採進本)

明沈珤撰①。珤字林珍,德清人。嘉靖癸丑進士,官至兵部
郎中。是編於六官之後各為總論一篇。《冬官》一職,則雜取司
徒之屬補其闕②,蓋用《三禮考註》之本。所録經文,頗多删節③。
所謂發明者寥寥數頁,亦僅如鄉塾之講章④。

**【彙訂】**

① “沈珤”,殿本作“沈瑶”,下同,疑誤。“珤”同“寶”,與“字
林珍”相合。

② “冬官一職則雜取司徒之屬補其闕”,殿本作“皆無深意
其雜取司徒之屬以補冬官”。

③ 殿本“頗”上有“亦”字。

④ “所謂發明者寥寥數頁亦僅如鄉塾之講章”,殿本無。

周禮述注六卷(編修鄭際唐家藏本)

明金瑶撰。瑶有《六爻原意》,已著録。是書成於萬曆己卯。
前有瑶自序并所作凡例十條,謂《周禮》之文為漢儒所竄改,其中
有偽官亂句,悉為考定,别以陰文書之。大旨本元吳澄《三禮考
註》、明何喬新《周禮集註》之説,而又以臆見更定之。其《補冬

官》之末，附以《改官議》、《改文議》二篇，即評論二氏之得失者也。案《冬官》不亡，亂入五官之邪説，倡於宋俞庭椿，益之以元之邱〔丘〕葵，皆變亂古文，為經學之蟊賊。至吳澄《三禮考註》，本晏璧所偽託，實亦沿三家之流弊。何喬新之《集注》，又其重儓也。瑶未見俞、邱之書，遂奉吳、何為鼻祖①。所定偽官亂句諸條，若親得周公舊本，一一互校而知者，其無稽更不足辨矣②。

【彙訂】

①“案冬官不亡”至“遂奉吳何為鼻祖”，殿本無。

②“其無稽更不足辨矣”，殿本作“亦可謂果於自信矣”。

周禮説十四卷（兩淮馬裕家藏本）

明徐即登撰。即登字獻和，又字德峻，號匡岳①，豐城人。萬曆癸未進士，官至河南按察使。其書前十三卷解五官，不載《考工記》。末一卷為《冬官闕疑》，蓋亦取俞庭椿之説，但尚未敢改經耳。然明言某官移易為最允，某官移易為未協，已毅然斷為當改矣，何“闕疑”之云乎②？

【彙訂】

①“匡岳”，殿本作“匡樂”，誤。《河南通志》卷五十四《名宦上》有徐即登小傳，“字匡岳，江西人，進士”。《千頃堂書目》卷一“易類”著録徐即登《易説》九卷，“字德俊，別號匡岳，豐城人，李材弟子。萬曆癸未進士，河南按察使”。

②“然明言某官移易為最允”至“何闕疑之云乎”，殿本無。

批點考工記一卷（内閣學士紀昀家藏本）①

明郭正域撰。正域字美命，江夏人。萬曆癸未進士，官至禮部侍郎，諡文毅。事蹟具《明史》本傳。是編取《考工記》之文，圈點批評，惟論其章法、句法、字法。每節後所附注釋，亦頗淺略。蓋為論文而作，不為詁經而作也。

**【彙訂】**

① "内閣學士"，殿本作"兵部侍郎"。

周禮完解十二卷（浙江吳玉墀家藏本）

明郝敬撰。敬有《周易正解》，已著録。此書亦謂《冬官》散見於五官。而又變幻其辭，謂陽分六官以成歲序，陰省冬官以法五行，穿鑿尤甚。中閒橫生枝節，不一而足。如典瑞職"王晉大圭，執鎮圭"，"晉"即"搢"字，鄭衆註本不誤。賈疏云："搢，插也。謂插大圭長三尺玉笏於帶閒，手執鎮圭尺二寸。"其義亦最明。而敬謂："接見曰晉。晉，進也。行禮從容漸進，如日之升。"以附會於經文"朝日"之語。果終歲如是乎？此亦務勝古人之過矣。

周禮古本訂註六卷（浙江吳玉墀家藏本）

明郭良翰撰。良翰字道憲，莆田人。萬曆中，以蔭官太僕寺寺丞。是編自序謂俞庭椿、王與之、邱〔丘〕葵、吳澄、何喬新五家補本，分割殊甚。不知《冬官》可以不補，五官必不可淆，五官自存，《冬官》自闕，何必強臆以亂成經。因取古本訂正之。其持論甚允。而附葉時《冬官補亡》一篇於《考工記》之前，仍俞庭椿等《冬官》散在五官之説，又自相矛盾矣。其註亦皆揣摩文句，無所考正，非解《三禮》之法也。

古周禮六卷（兩淮馬裕家藏本）

明郎兆玉撰。兆玉字完白，仁和人。萬曆癸丑進士。是書謂之《古周禮》者，自別於俞庭椿諸人之改本也。其注皆鈔撮舊文，罕能通貫。然暖暖姝姝守一先生之言，視他家之變亂古經，與其妄也寧拘矣。

考工記通二卷（浙江吳玉墀家藏本）

明徐昭慶撰。昭慶字穆如，宣城人。是書凡例有曰“此註本之朱周翰之《句解》，上而參之鄭康成，下而合之周啟明、孫士龍諸家，用成是帙。惟欲取便初學，故自忘其固陋”云云。今觀其書，多斤斤於章法、句法、字法，而典據殊少[1]，則凡例蓋道其實也。其中時亦自出己意，攻駁前人。如“貉踰汶則死”，此“汶”本齊、魯閒水，陸德明《音釋》不誤。而昭慶謂此是岷江，不當音“問”，引《史記》為證。不知《史記》固“汶”與“岷”通，未嘗以《考工記》之“汶”為岷江也[2]。

【彙訂】

①　“典據”，殿本作“考據”。

②　“岷江”，底本作“岷山”，據殿本改。

重校古周禮六卷（兩江總督採進本）[1]

明陳仁錫撰。仁錫有《繫辭十篇書》，已著錄。是編不用俞庭椿改本，與郎兆玉相同。其稱“重訂”，當即因兆玉本也。然五官皆移敍官於“惟王建國”之前，亦非古本。又其凡例曰：“考《漢藝文志》，是書原闕《冬官》，漢儒補以《考工記》，未免割裂聖經，不必妄為補綴。”而六卷仍列《考工記》，乃自違其説。其注釋多剽竊朱申《句解》[2]，體例尤為猥雜[3]。殆庸劣坊賈託名[4]，未必真出仁錫也。

【彙訂】

①　“重校”，底本作“重訂”，據殿本改。《兩江第一次書目》著錄作《重校古周禮》，今存明末刻本此書，正文首行題“重校古

周禮卷之一"，前有陳仁錫《重校古周禮》序。

②"剽竊"，殿本作"剽"。

③"尤為"，殿本無。

④"庸劣"，殿本無。

### 周禮注疏合解十八卷（兩淮馬裕家藏本）

明張采撰。采字受先，太倉人。崇禎戊辰進士，官臨川縣知縣，福王時為禮部員外郎。《明史·文苑傳》附見《張溥傳》中。采與溥為復社領袖，在當日聲望動天下。然此書疏淺特甚，豈亦託名耶？

### 讀周禮略記六卷（浙江巡撫採進本）

明朱朝瑛撰。朝瑛有《讀易略記》，已著錄。是書不全錄經文，但每段標其起止，云自某句至某句。其注於漢、唐舊説頗不留意。如《稻人》下駁鄭氏"每井九夫"，旁加一夫，以治溝洫。不知"旁加一夫"即所謂"閒民"者也。大概朝瑛涉獵《九經》，而《三禮》則用功較淺云。

### 古周禮釋評六卷（河南巡撫採進本）

明孫攀撰。攀字士龍，宣城人。是書因朱申《周禮句解》稍為訂補，別以音釋、評語標註上方，如村塾讀本之式，均無足採①。惟當明之季，異學爭鳴，能不删削經文，亦不竄亂次序，兢兢守鄭、賈之本，猶此勝於彼焉。

### 【彙訂】

①"如村塾讀本之式均無足採"，殿本作"蓋村塾讀本也"。

### 考工記纂註二卷（浙江巡撫採進本）

明程明哲撰。明哲字如晦，歙縣人。是書主於評點字句，於經義無所發明。名為“纂註”，實僅剿襲林希逸《考工記圖解》之文[①]，其誤亦皆沿林本。惟經中“軹”字皆改為“軌”，獨與林本不同。考《詩·匏葉篇》疏曰：“《説文》云：‘軌，車轍也。軹，車軾前也[②]。’軌聲九，軹聲凡。”《輈人》之“軹前十尺而策半之”，鄭司農云：“軹謂軾前也。”《大馭》“王祭兩軹。祭軹，乃飲”，“古書軹為範[③]。杜子春云：‘範當為軹。’”《小戎傳》曰：“陰，揜軹也。”箋曰：“揜軹在軾前，垂輈上。”然則諸言“軾前”，皆謂“軹”也。《中庸》云“車同軌”，《匠人》云“經塗九軌”，註云：“軌謂轍廣也。”是二字辨別顯然，林希逸《圖解》尚不誤[④]。今明哲於希逸之誤皆襲之，其不誤者轉改之，亦可謂不善改矣[⑤]。

## 【彙訂】

①“僅”，殿本無。

②“車軾前也”，殿本作“車前軹也”，誤，參《詩·匏葉》疏原文。

③“範”，殿本作“範”，誤。《周禮·大馭》鄭注：“故書軹為軒，軹為範。”

④“林希逸圖解”，殿本作“希逸”。

⑤“今明哲於希逸之誤皆襲之”至“亦可謂不善改矣”，殿本作“明哲改之轉增一誤矣”。

周禮説略六卷（浙江吳玉墀家藏本）

不著撰人名氏。於《周禮》之中偶有所見，即摘其一節一語而疏之。以非解全經，故云“説略”。書中多引郝敬之説，則在敬以後矣。大抵議論多而考證少。如謂：“官屬三百六十以象天，今檢其數，乃贏其一，如《易》之大衍虛其一也。”可謂穿鑿無理①。又如《牧師》"孟春焚牧，仲春通淫"，與《月令》"季春游牧"
不合。蓋鳥獸孳尾，多乘春氣，經特略舉其大凡。仲春、季春相
去無幾，不必過泥。而此書謂："《月令》為秦時書，秦地寒涼，萬
物後動，故後《周禮》一月。"不知秦地即周地，無中外南北之分
也。是足見其隨文生義，不能深考事實矣②。

**【彙訂】**

①　今存鈔本《周禮說略》六卷，題"松陵張嘉玲輯"，其卷一
天官冢宰起首云："六官之屬三百六十，今檢其職事適滿三百六
十，有一天官冢宰不列三百六十屬，以象天也。如《易》大衍五
十，虛一，此贏一也。"則其原意謂天官冢宰不列三百六十屬，以
象天，非以官屬三百六十以象天。（杜澤遜：《四庫提要條辨》）

②　《周禮·牧師》鄭注云："《月令》'季春乃合累牛騰馬游牝
于牧'，秦時書也，秦地寒涼，萬物後動。"則所說實本鄭注，非隨
文生義。（胡玉縉：《四庫全書總目提要補正》）

周禮文物大全無卷數（浙江巡撫採進本）

不著撰人名氏，亦無序跋。其版為藍、朱二色，首列六官之
所屬，次為制度器物諸圖，終以諸儒傳授圖。大抵轉相剿襲、摹
寫失真。如《王宮制圖》，外朝為致民三詢之地，雉門為人民觀法
之區，則外朝應在雉門之外，而此《圖》列於庫門之外。他若裘冕
無旒，六贄未備，壇壝市肆，亦弗詳載。蓋鄉塾兔園冊也。考宋
乾道中，昌州楊甲作《六經圖》，其《周禮》圖曰《文物大全》，與此
書之名相合。又國朝廬江盧雲英因其父所刻信州石本《五經圖》
重為編輯，其《周禮》圖亦曰《文物大全》。然楊氏圖凡四十有三，
盧氏圖凡五十有一，均與此本不符。疑坊肆書賈於盧氏《五經

圖》中摘其《周禮》諸圖①，而稍稍竄亂之，别為一書以售其欺耳②。

**【彙訂】**

①“盧氏”，殿本作“楊氏”，誤。

②“其”，殿本無。

周禮訂釋古本無卷數（江蘇巡撫採進本）

國朝王芝藻撰。芝藻有《大易疏義》，已著録。是書前有康熙丁丑自序。大抵宗俞庭椿之説而小變之，謂：“《冬官》未亡而不必補，《考工記》之文奇變而軌乎法，非周公莫能為之。虚其官而詳具其法，官省則繁費減，法詳則凡事有。作五官可以兼攝，冬官可無設也。”其説甚巧。然鄭封於宣王時，秦封於孝王時，周公安得稱“鄭之刀”，又安得稱“秦無盧”①？是開卷即無以自解，更奚論其他也？其解“九賦”云：“邦中四郊即鄉遂地。”是併百里為郊、六鄉在遠郊、六遂在甸之異，亦未詳考。惟《遂人溝洫説》云：“《遂人》所謂‘十夫’者，十井之夫也。其云‘十夫有溝’，則是十井之遂同歸於溝也，故《匠人》謂之‘井閒’。既謂之‘閒’，則非一井可知。”較舊註差為明晰耳。

**【彙訂】**

①“安”，殿本脱。

高註周禮二十二卷（兩江總督採進本）

國朝高愈撰。愈字紫超，無錫人。順治中歲貢生。《江南通志》載愈著《周官集解》十六卷，當即是書。其分卷各異，殆傳寫者不同也。書中採前人之説多本諸王昭禹《訂義》①，亦閒有發明。其中有最駁者數條。如《大司徒》：“諸公之地封疆方五百里,其食者半。諸侯之地封疆方四百里,其食者三之一。諸伯之地封疆方三百里,其食者三之一。諸子之地封疆方二百里,其食者四之一。諸男之地封疆方百里,其食者四之一。”鄭康成註謂其食者半、參之一、四之一者,乃天子食此諸侯之貢也,不用先鄭之説。愈謂諸侯自食其半、三之一、四之一,而以其餘貢天子。其説頗詆康成。今考《春秋·昭公十三年傳》曰:“昔天子班貢,輕重以列。列尊貢重,周之制也。”杜註:“公侯地廣,故所貢者多。”如愈所説,公地五百里乃自食其半,以其半貢天子;侯伯地四百里、三百里,僅自食其三之一,乃以其二貢天子;子男地二百里、一百里,僅自食其四之一,乃以其三貢天子。則尊反貢輕,而卑反貢重矣。《昭公十三年傳》又曰:“卑而貢重者,甸服也。”杜註:“甸服謂天子畿内共職貢,即公卿大夫之采地。”鄭元《小司徒》註:“采地,食者皆四之一。公凡四都,一都之田稅入於王。卿凡四縣,一縣之田稅入於王。大夫凡四甸,一甸之田稅入於王。”是食采者卑與尊同,故云卑而貢重②。是周制甸服貢重③,尚不過四分之一,而邦國所貢乃至於三之二④、四之三乎?《司勳》文曰:“凡頒賞地,三之一食。”註云:“賞地之稅三分,王食其一。”與《大司徒》所云其食者半,其食者三之一、四之一,均為王之所食,與《大司徒》文例義略同。愈乃不一置解,而獨於此別生異説,似未貫洽全經也⑤。又《小司徒》曰:“乃經土地而井牧其田野。九夫為井,四井為邑,四邑為丘,四丘為甸,四甸為縣,四縣為都。”鄭元註曰:“此謂造都鄙也。”愈乃曰:“四縣為都,計田止一千二十四井,以《稍人》丘乘法推之,止得兵車六十四乘,視百乘之家猶逡焉。而《傳》稱先王之制,大都三國之一,中五之一,小九之一。今此八千一百九十二家,不能當天子六鄉、六遂十五之一。是猶不足稱小都，而況大都乎？”今考《春秋·隱公元年傳》[⑥]：“先王之制，大都不過三國之一。”杜註謂都城當國三分之一，非謂田邑、車乘當國三分之一也，愈不得引以為難。且四縣為都，本小都也，積四小都乃為大都。今愈以四縣之都為大都，於鄭註尚未詳考。又《春秋·襄公二十七年傳》曰：“惟卿備百邑。”杜註云：“此一乘之邑。”孔疏云：“百乘為采邑之極。”《坊記》疏謂公之孤、侯伯之卿與天子之三公同，俱方百里。是惟大都方百里者乃得有百乘，而天子之卿止得小都五十里，安得同於侯伯之卿？又寧以不及百乘為嫌耶？至四縣為都，凡一千二十四井，以《司馬》“甸出一乘”之法求之，所出本不及十六乘，而愈乃謂得兵車六十四乘，尤舛誤矣。《稍人》“掌丘乘之政令”，鄭讀“乘”為“甸”，謂掌丘及甸之政令也。愈謂“乘”字不當改讀，遂謂一丘出一乘。考《春秋·成公元年》“三月，作丘甲”，杜註：“長轂一乘，甸所賦。今魯使丘出之，譏重斂，故書。”若《稍人》已令丘出一乘，則興周之制也，《春秋》又何得書以示譏耶？又《韓詩》“維禹敶之”，《毛詩》“敶”作“甸”。“敶”訓曰“乘”，“甸”亦訓曰“乘”。古陳、乘、甸三字音同，故讀“乘”為“甸”。愈不知古音，故有此疑，是亦妄難鄭氏也。他如謂郊社相對，社即祭地，更無北郊；“九夫為井”即十夫有溝，都、鄙、鄉遂不異制。則均襲舊文，無庸更辨者矣。

**【彙訂】**

①《周禮訂義》乃王與之所作，王昭禹所著為《周禮詳解》。（胡玉縉：《四庫全書總目提要補正》）

② 殿本“重”下有“也”字。

③“是”，殿本作“然則”。

④“而”，殿本作“豈”。

⑤“貫洽”，殿本作“參考”。

⑥“元年”，殿本作“二年”，誤，參《春秋左傳·隱公元年》原文。

周禮惜陰録六卷（兩江總督採進本）

國朝徐世沐撰。世沐有《周易惜陰録》，已著録。是編於典制罕所考證，惟推求於文句之閒，好以臆斷。如“王齋日三舉”，所以增一舉者，為助氣以行禮。而世沐謂“三”字誤，當作“不”，則致齋豈茹素之謂乎？《樂師職》“帗舞”，帗之為羽，無可疑者。而世沐獨取先鄭“祓除”之義，亦為未合①。《考工記》“畫繢之事，青與白相次，赤與黑相次”，自是配色之法，而世沐以為仁義相資，禮智相合，健順相成，亦過於穿鑿也。

【彙訂】

①“樂師職帗舞帗之為羽無可疑者而世沐獨取先鄭祓除之義亦為未合”，殿本無。

周官辨非一卷（浙江巡撫採進本）

國朝萬斯大撰。斯大有《儀禮商》，已著録。是編力攻《周禮》之偽，歷引諸經之相牴牾者以相詰難。大旨病其官冗而賦重。案古經滋後人之疑者，惟《古文尚書》與《周禮》。然《古文尚書》突出於漢、魏以後，其傳授無徵，而牴牾有證。吳棫所疑①，雖朱子亦以為然；閻若璩之所辨，毛奇齡百計不能勝，蓋有由也。《周官》初出，林孝存雖相排擊，然先、後二鄭咸證其非偽。通儒授受，必有所徵。雖其書輾轉流傳，不免有所附益，容有可疑。然亦揣摩事理，想像其詞，迄不能如《尚書》一經，能指某篇為今文，某篇為古文也。斯大徒見劉歆、王安石用之而敗，又見前代官吏之濫，賦斂之苛，在在足以病民，遂意三代必無是事，竟條舉《周禮》而詆斥之，其意未始不善。而懲羹吹虀，至於非毀古經，其事則終不可訓也。魏禧疾明末諸臣屈身闖賊，遂疑《論語》論管仲、召忽一章為不出於孔子，其亦此類歟？

**【彙訂】**

①“疑”，殿本作“難”。

周禮問二卷（浙江巡撫採進本）

國朝毛奇齡撰。奇齡有《仲氏易》，已著錄。是書皆設為或問，辨《周禮》出戰國之末，不出劉歆。凡十七目。一論《周禮》非漢人偽作，凡四條。一論六官、三官、二官，凡二條。一論古無三司名。一論冢宰。一論《周禮》與《尚書》、《大戴禮》表裏。一論周六卿、唐虞六卿。一論司徒、司空。一論天地四時之名所始。一論宰夫。一論官名、官職同異。一論人數多寡。一論祿數不及人數。一論分土三等同異。一論九州閒田。一論《周官》非秦制。一論羅氏攻《周禮》之繆。一論與他經同文。而其書與目不甚相應，蓋亦其門人所誤題也。其持論是非相半。如《小宰》紀六官之屬各六十，賈疏謂指宮正至夏采諸職。奇齡謂經文“其屬六十”乃據六卿本職之下所屬大夫、士也。六卿各有長官，如後世所稱堂上官。除一卿、二中大夫外，所屬有下大夫四人，中士十六人，下士三十二人，合得六十人，略無闕溢。今考《春官》除宗伯卿一人、小宗伯中大夫二人，擬於堂上官，不入六十之數。則《肆師》下大夫四人，即為屬官，如後世所稱曹郎矣。乃《肆師》之職曰：“凡國之大事，治其禮儀，以佐宗伯。”賈疏曰：“肆師與小宗伯同為中下大夫，命數如一，故二人同佐宗伯。"據此，則肆師明為宗伯副貳之官，即經文亦明云肆師掌禮、治事如宗伯之儀。今奇齡必屈肆師為屬吏，同於後世之曹郎，其說似弗能通。奇齡又以《周禮》公五百里、侯四百里、伯三百里、子二百里、男一百里不合於《王制》、《孟子》，遂據《周禮》謂封國有大功者必需益地，即不能以百里、七十里、五十里限之。特約為之制，公不過五百里，侯不過四百里，伯與子、男以是為差。其說似巧。但《明堂位》"封周公于曲阜七百里"，則奇齡所謂公不過五百里者則已過之矣。加封之制，不應己創之而已又隳之也。故《司勳》文曰："凡賞無常，輕重視功。"明乎加封亦不得立常數矣。奇齡立論，大率類此。其他不無翼經之說[①]，然以為戰國人作，則仍用何休六國陰謀之說，與指為劉歆所作者亦相去無幾。陽雖翼之，陰實攻之矣。與其以《儀禮》為戰國之書，同一好為異論，不足據也。

**【彙訂】**

①"如小宰"至"其他不無翼經之說"，殿本作"其中亦頗有精核之論"。

周禮節訓六卷（編修勵守謙家藏本）

國朝黃叔琳撰。叔琳有《研北易鈔》，已著錄。是編名曰《節訓》，蓋節錄而訓釋之也。經文既非完本，所輯註文亦皆不著名氏[①]。觀其自序，蓋家塾私課之本。故其凡例亦曰"聊備兔園之一册"云。

**【彙訂】**

①"亦"，殿本作"又"。

周官析疑三十六卷考工記析義四卷（安徽巡撫採進本）①

國朝方苞撰。苞有《周官集注》，已著錄。是書以《周官》為一編，《考工記》為一編，各分篇第，世亦兩本別行。然前有顧琮序②，稱合《考工》為四十卷。則本非兩書，特不欲以河間獻王所補與經相淆，故各為卷目耳。其書體會經文，頗得大義。然於説有難通者，輒指為後人所竄③，因力詆康成之註④。若《太宰》"以九賦斂財賄⑤"，鄭註："賦，口率出泉也。今之算泉，民或謂之賦。"苞謂"九賦"即"九職"，"邦、郊、甸、稍、縣、都之田賦，則農所貢公田之九穀與圃牧、嬪婦之貢也；關市之賦，即商賈百工之貢也；山澤之賦，即虞衡之貢也；園圃、藪牧，即邦、郊、甸、稍、縣、都之地；農工、商賈、嬪婦、臣妾、閒民，即邦⑥、郊、甸、稍、縣、都之人"。今考《載師》，首言園廛，次近郊，次遠郊，次甸、稍、縣、畺，明別園廛於甸、稍、縣、畺之外，則"九職"之園圃不得合於九賦之邦、郊、甸、稍、縣、都可知。苞以"九職"之圃牧、嬪婦、臣妾、閒民統於"九賦"之邦、郊、甸、稍、縣、都，而"九賦"之關市⑦、山澤豈獨出於邦、郊、甸、稍、縣、都之外，經文又何以別舉之乎？苞不過因"九職"內百工商賈可以當"九賦"之關市，虞衡可以當"九賦"之山澤，而園圃、藪牧、嬪婦、臣妾、閒民於"九賦"更無所歸，遂强入於邦、郊、甸、稍、縣、都之中。庶乎"九職"、"九賦"得混為一，即以斥鄭註"口率出泉"之非。而不知鄭註此文，實據本文"財賄"二字起義。《外府》曰"掌邦布之入出"，其下曰："凡祭祀、賓客、喪紀、會同、軍旅，共其財用之幣齎、錫予之財用。"注曰："布，泉也。"《泉府》曰："凡國事之財用取具焉。"此皆以泉為財。《荀子》曰："厚刀布之斂以奪之財，重田野之税以奪之食。"則以刀布為財，與田税為食對舉。經於"九賦"既云"斂財賄"⑧，則知"九賦”內兼有泉矣。“九賦”所以供“九式”，故“九賦”曰“財賄”，而“九式”曰“財用”。凡祭祀、賓客、喪荒、羞服、工事、幣帛、芻秣、匪頒、好用，資於穀者少，資於泉者多。而泉之所入，止有市徵之絘布⑨、總布、質布、罰布、廛布，不過當關市之一賦，此外則惟有宅不毛者之里布，均未足以充“九式”之用。若不資泉於邦、郊、甸、稍、縣、都等，則《職歲》所云“官府、都鄙之出財用”，恐終年常不給也。考《漢書·本紀》，高祖四年，初為算賦，“民十五以上至六十五出賦錢⑩，人百二十為一算”。《賈捐之傳》：“民賦四十，丁男三歲一事。”是一歲每丁不過賦十三錢有奇。又《新論》：“漢宣以來，百姓賦錢，歲餘二十萬，僅二百貫耳。”較之後代封樁、留州諸色目，不及萬分之一。而周之“九賦”，視之亦云薄矣。乃苞襲宋人之説，猶以鄭註“口率出泉”為厚斂。此因末流而病其本也。又《泉府》曰：“凡民之貸者，與其有司辨而受之，以國服為之息。”苞以劉歆增竄此節，附會王莽，且謂《司市職》“以泉府同貨而斂賒”，則有賒而無貸明矣。今考《周書·大匡解》曰：“賦洒其幣，鄉正保貸。”又《管子》：“發故屋，辟故竆，以假貸，而以公量收之。”則是齊之家有貸，由於國有貸也。又《左氏傳》：“齊使有司寬政，毀關、去禁、薄斂、已責。”註曰：“除逋責⑪。”又成二年《傳》亦曰：“楚乃大户已責，逮鰥救乏。”考責即是貸，故《小宰》曰：“聽稱責以傳別。”鄭註：“稱責為貸予。”賈疏：“稱責謂舉責生子。於官於民，俱為稱也⑫。”故房元〔玄〕齡註《管子》“責而食者幾何家”，亦以責為出息也。然則貸民之制，自《泉府》外，既見於《小宰》，又見於《春秋傳》、《管子》，而苞指為王莽創制，誤矣。《管子·治國篇》曰“則民倍貸以給上之徵矣”，註：“倍貸謂貸一還二。”此所謂橫斂也。若以國服為之息，約所出不過十一，略使子餘於母，以為不涸之藏。取於民者微，而濟於民者大，此先王惠鮮之精意。苟乃反以疑經，不亦過乎？又《載師》："近郊十一，遠郊二十而三，甸、稍、縣、都皆無過十二[13]。"苟亦指為劉歆之所竄。不知以近郊、遠郊、甸、稍、縣、都通計之，則四十分而稅六，猶是什一而少強耳。賈疏引《異義公羊》云："什一據諸侯邦國，《載師》特據王畿。王畿稅法輕近而重遠者，近者勞，遠者逸故也。諸侯邦國無遠近之差者，以其國地狹少，役賦事暇。"據此，則賦踰什一者止王畿內四百里，而通邦國萬里計之，仍未乖乎什一之大凡也。《禹貢》因九州差為九等，荊州田第八，賦第三；雍州田第一，賦第六。《通典》謂《禹貢》定稅什一，而輕重有九等之不同。則知什一乃統九州計之，非每州皆什一也。故《三禮義宗》謂稅俱什一，而郊內、郊外收藉不同。苟乃力詆經文，亦為勇於自信。蓋苟徒見王莽、王安石之假借經義以行私[14]，故鰓鰓然預杜其源。其立意不為不善，而不知弊在後人之依託，不在聖人之制作。曹操復古九州以自廣其封域，可因以議《禹貢》冀州失之過廣乎！

**【彙訂】**

① 據清《抗希堂十六種》本，書名應作《考工記析疑》。（杜澤遜：《四庫存目標注》）

② "前有顧琮序"，殿本作"顧琮序內"。

③ "所竄"，殿本作"增竄"。

④ "康成"，殿本作"鄭元"。

⑤ "以"，殿本作"有"，誤，參《周禮·太宰》原文。

⑥ "即"，殿本作"則"，誤，參此書卷二原文。

⑦ "而"，殿本作"則"。

⑧ "九賦"，底本作"九府"，據殿本改。

⑨ "止"，殿本作"上"，誤。

⑩ 據《漢書・高祖本紀上》"初為算賦"句下如淳注文，"六十五"乃"五十六"之誤。

⑪ "除"，殿本作"陰"，誤，參《左傳・昭公二十年》注文。

⑫ "俱為稱也"，殿本作"俱是稱意"，《周禮・小宰》原文作"俱是稱也"。

⑬ "都"，殿本作"壘"，下同，誤，參《周禮・載師》原文。

⑭ "經義"，殿本作"經文"。

周官辨一卷（安徽巡撫採進本）

國朝方苞撰。是書就《周禮》中可疑者摘出數條，斷以己見，分別偽、辨惑二門①。大旨以竄亂歸之劉歆，凡十篇。已錄入所著《望溪文集》中。此其初出別行之本也。

**【彙訂】**

① "二門"，殿本作"二十門"，誤。是書首二篇《辨偽》，後八篇《辨惑》。"別"當作"辨"。（胡玉縉：《四庫全書總目提要補正》）

周禮集傳六卷（湖南巡撫採進本）

國朝李文炤撰。文炤有《周易本義拾遺》，已著錄。是書前有自序，謂："朱子曾稱《周禮》為天理爛熟之書，表章雖明，而訓釋未逮。諸儒之說，不能有醇無疵。因遠稽博採，上推列聖之因革，下鑑歷代之興衰①，以竊附於詩、書《集傳》之後。"其自命甚高。今觀其書，不過隨文釋義，無所考證。多引先儒議論及後世事蹟，曼衍牽合，亦非詁經之正體。惟《考工記》之前，復旁搜官名於傳、記之中，以補《冬官》之闕。計官三十有五，中有大司空、小司空、豖人、權人、都司空、家司空六官，皆不言所據。昔錢[#]病俞廷椿以後割取五官，殊失古本之舊，因著《冬官補亡》三卷，所補凡二十有一。其與炤相同者，惟后稷、農正、農師、水師、匠師、工師、舟牧、工正、圬人九官，司空則不立大、小之名。餘尚有十一官，為文炤所未載。殆由未見[#]書歟[2]？

**【彙訂】**

①"歷代"，殿本作"列代"。清康熙四為堂刻本此書自序原文作"歷代"。

②"由"，殿本無。

周官翼疏三十卷（山西巡撫採進本）

國朝沈淑撰。淑字季和，常熟人。雍正癸卯進士。是書彙輯漢、唐、宋、明以來及國朝李光地、顧炎武、方苞之說，分為五部。凡疏解經義者，曰"正義"；於本義引伸旁通者，曰"通論"；考訂註疏之失者，曰"辨正"；綜列後世事蹟、援史證經者，曰"餘論"；別著新義、以備參考者，曰"存異"。書各六卷，而總以《翼疏》為名。其《正義》六卷，則又每卷自為上、下。皆採輯前人之說，不以己見參之。書成於雍正丁未，前有自作條例十二則。

周禮會要六卷（侍講劉亨地家藏本）

國朝王文清撰。文清號九溪，寧鄉人。雍正甲辰進士，官至宗人府主事。是編以《周禮》註疏浩繁，但約括諸家[1]，略疏字義，以便讀者。其凡例稱："經文一字不遺，亦一字不動。"然《敘官》亦經文也，自五官之長外，餘官則俱刪之矣。

**【彙訂】**

① "諸家"，殿本作"諸説"。

周禮質疑五卷（河南巡撫採進本）

國朝劉青芝撰。青芝有《學詩闕疑》，已著錄。是書摘《周禮》舊註及前人經訓互相參證，閒亦取後代之事以引伸其義，頗與鄭、賈為難，然臆斷多而考證少。宋儒事事排漢儒，獨《三禮》註疏不敢輕詆①，知《禮》不可以空言説也②。青芝視之太易矣。

**【彙訂】**

① "註疏"，殿本無。

② "禮"，殿本作"三禮"。

周禮輯義十二卷（浙江巡撫採進本）

國朝姜兆錫撰。兆錫有《周易本義述蘊》，已著錄。是書多本《周禮訂義》①，攻詰鄭註。若謂匠人、遂人同制；井田不分都鄙、公邑；《大司馬》"凡令賦，上地家三人，中地二家五人，下地家二人"，非專指邦國，又力斥《小司徒》鄭註"旁加"之説。此類皆襲前人緒論，不足深求②。其自出新意者，如《司尊彝》"春祠、夏禴，祼用雞彝、鳥彝，皆有舟。其朝踐用兩獻尊，其再獻用兩象尊，皆有罍，諸臣之所昨也"。兆錫謂"皆有舟"與"皆有罍"對舉，則舟、罍皆是尊名。今考《禮圖》，六彝為上尊，盛三斗；六尊為中尊，盛五斗③；六罍為下尊，盛一石。故《爾雅》曰："彝、卣、罍，器也。"郭璞註云："皆盛酒尊。"孫炎註云："尊、彝為上，罍為下，卣居中。"然則罍本下尊，不待兆錫申説。若以舟為尊，則未會此經之義。夫彝、尊、罍得列於上、中、下三尊者，以《司尊彝》於雞彝、鳥彝則曰"祼用"，於獻尊、象尊則曰"朝踐用"、"再獻用"，於罍則曰“諸臣之所昨”，獨於舟不著所用，則舟不得列於尊可知。兆錫但知“皆有舟”與“皆有疊”對舉，謂舟與疊同，而不知“皆有疊”句下有“諸臣所昨”明文，“皆有舟”句下别無明文，此舟、疊不同之明證也。考鄭司農曰：“舟，尊下臺，若今時承槃。”《鄉射記》曰“命弟子設豐”，注云：“設以承其爵。”《玉藻》曰：“大夫側尊，用棜，士側尊，用禁。”亦所以承尊。舟之承尊，蓋亦猶是。安得曰尊？賈公彥疏謂舟宜若後世酒船，陸佃亦謂若今酒船。殆以形類酒船，故名曰舟耳，非以酒船即舟也。如此之類，頗傷於臆斷。至若辨賈疏“北郊用裘”之說，謂盛夏用裘必不能行，後世遂至天地合祭；謂《大司徒》公五百里、侯四百里、伯三百里、子二百里、男一百里為制賦之成數，《孟子》百里、七十里、五十里為出軍之實數，此類亦自樹一義，不為無見。然遽詆鄭元為過④，殆又談何容易也⑤。

**【彙訂】**

①“是書”，殿本作“此書”。

②“此類皆襲前人緒論不足深求”，殿本作“皆襲前人緒論”。

③“五斗”，殿本作“六斗”，誤。《三禮圖集注》卷十二“壺尊”條云：“中尊皆容五斗。”

④“鄭元”，殿本作“鄭云”。

⑤“殆”，底本作“始”，據殿本改。

周禮拾義無卷數（浙江巡撫採進本）

國朝李大濬撰。大濬，安溪人。是書採輯《註疏》及諸家之說，閒附以案語。然於《禮》家所聚訟者，如幣餘之賦，馬氏與林孝存、王與之之説不同；井田之法，《孟子》與《漢志》不同；九獻之禮，諸儒各異。皆並採其説，不加論斷。書中多載李光地説，蓋大濩為光地之族云。

　　周禮三註粹鈔二卷（福建巡撫採進本）

　　國朝高宸撰。宸字北侍，福清人。雍正中諸生。是書詮釋《周禮》，而不録《考工記》。其《冬官補亡篇》有云："俞庭椿著《復古編》，謂《冬官》不亡，雜出於五官之中。其後王次點、邱吉甫皆因之，吳草廬遂為考註"云云，是所據之本為俞廷椿《復古編》，則所謂"三註"當即指王、邱、吳三家。而書中不標名氏，直以己意融貫成文，又多迂闊不情之論①，為三家之所無。莫明其體例何似②。卷首自序一篇，亦泛論治法③、道法，無一字及著書之旨。

　　【彙訂】

　　①"又"，殿本無。

　　②"為三家之所無莫明其體例何似"，殿本無。

　　③"論"，殿本作"言"。


附録

　　周禮井田譜二十卷（永樂大典本）

　　宋夏休撰。休，會稽人。紹興中進士。樓鑰序云："以上書補官，一試吏而止。"亦未詳為何官也。其書因井田之法，別以己意推演，創立規制。於鄉遂之官聯、溝遂之縱橫、王侯之畿疆、田萊之差數、兵農之相因、頒禄之多寡、門子遊倅之法、兆域昭穆之制、郊社宗廟之位、城郭内外之分，以及次舍廬室市廛，次敍三鼓、四金、五常、九旗、五路、五車、和門、八節，皆摹繪為圖，若真可坐言起行者。其考訂舊文，亦多出新意。如曰：“野之萊田，以時治之而已，不必盡耕作也。以其菰蒲之利，柴蒿之屬，刈之復生，採之復出也。不然，既不謂之易，則一家之力豈能歲耕田百畝、萊二百畝？蓋萊者[1]，刈獲之名，虞人萊所田之野是也。”又曰：“庶人受一廛，耕百畝。適長用力，所謂‘可任用者家二人’。適子之適，力復及耕，則可任用者三人矣。故適子之適謂之餘子。雖適子之適力未及耕，而有庶子及耕，則亦三人。故庶子謂為餘夫也[2]。”又曰：“古之附庸不可以為國，地方百里則可以為同。《春秋》‘蕭同叔子’，何休註以為國名是也[3]。”又曰：“五十里為則，《大宗伯》曰‘五命賜則’，註云：‘則者，未成國之名。’以漢制考之可見。”如是之類，尚可存備一說。至於以《管子》經言解《論語》“自經於溝瀆”為經正溝瀆之制，則附會甚矣。夫阡陌既開以後，井田廢二千餘載矣。雖以聖人居天子之位，亦不能割裂州郡，劉平城堡，驅天下久安耕鑿之民，悉奪其所有，使之蕩析變遷，以均貧富。一二迂儒，乃竊竊然私議復之，是亂天下之術也。使果能行，又豈止王安石之新法哉？同時瑞安黃毅乃為作《答問》一篇，條舉或者之說，一一為之疏通證明，殆不知其何心矣。陳傅良之序有曰：“其說以不能成都鄙者為閒田，不可為軍師者為閒民；鄉遂市官皆小者兼大者，他亦上下相攝，備其數，不必具其員，皆通論。餘多泥於度數，未必皆叶。”似稍稍致其不滿。永嘉之學，雖頗涉事功，而能熟講於成敗，此亦一證矣。此書《宋志》著錄。明唐樞作《周禮論》，力斥其謬，則樞尚及見之。朱彝尊《經義考》註曰“未見”。蓋無用之書，傳之者少也。惟《永樂大典》之內全部具存。檢核所言[4]，實無可採。姑附存其目，而糾正其失如右。

【彙訂】

①“者”，殿本無。

②“為”，殿本無。

③“國名”，殿本作“國君”，誤。《春秋公羊傳·成公二年》“蕭同姪子者，齊君之母也”句何休注云：“蕭同，國名。”

④“檢核”，殿本作“核檢”。

周禮沿革傳四卷（安徽巡撫採進本）

明魏校撰。校字子才，號莊渠，崑山人。宏治乙丑進士，官至太常寺卿，遷國子監祭酒，未上卒。諡恭簡。事蹟具《明史·儒林傳》。是編取《周禮》六官之屬，證以秦漢而下官制沿革，迄明代而止。僅有《天官》、《地官》、《春官》，蓋未成之稿也。夫時殊事異，文質異宜，雖三代亦不相沿襲。校於數千年後乃欲舉陳跡以繩今，不亂天下不止。其斷斷不可，人人能解，即校亦非竟不知，特以不談三代，世即不目為醇儒，故不能不持此論耳。自序一篇故摹典誥，亦此意也。


右禮類“周禮”之屬三十七部，二百七十七卷，內三部無卷數。附錄二部，二十四卷①，皆附存目。

【彙訂】

①“二十四卷”，殿本作“四十四卷”，誤。

釋宮一卷（通行本）

舊本題宋朱子撰。原載《晦菴大全集》中，此其別行之本也。然實李如圭作，編集者誤入，說見如圭《釋宮》條下。

儀禮節解十七卷（浙江汪啟淑家藏本）

明郝敬撰。敬有《周易正解》，已著録。敬所作《九經解》，皆好為議論，輕詆先儒。此編尤誤信樂史"五可疑"之說，謂《儀禮》不可為經，尤其乖謬。所解亦粗率自用，好為臆斷。如《士昏禮》"升自西階"一條，經於"饗婦"而後云："舅姑降自西階，婦降自阼階。"則未饗以前婦固不得以主自處，婿亦不得以室相授。升自西階，在婦為無專制之義，在婿則亦猶舅姑於婦先以客禮之之義。而敬謂"父在，子不由阼"，不知為人子者居不主奧，而此時何以即席於奧耶？蓋由此升者，特以道婦故也。於"舅坐，答拜"一條，又謂："新婦拜舅立，而使其舅坐答拜之，於理未當。"不知此是婦人肅拜，故舅坐以答之。尊卑之分宜然，無可疑也。又如《士冠禮》"七體"、"二十一體"，度數宜詳；《公食大夫禮》魚、腸、胃、倫膚，若九、若十有一，下大夫則若七、若九，與陳祥道《禮書》謂諸侯當十三，天子當十五者未合，宜有折衷，而往往以數語了之。知其於考據之學終淺，非說《禮》之專門也。其間有可取者，如"裼襲"有衣之裼襲，有玉之裼襲，鄭註泥《玉藻》之文，於《聘義》"還玉"、"還璋"[①]，皆以為易衣、加衣之儀；《覲禮》"匹馬卓上"，蓋卓立向前之義，鄭註誤以"卓"為"的"；及《公食大夫禮》"又鼏，鼏若束若編"非以茅為鼏之類[②]。敬之所辨，亦時有千慮之一得，然所見亦罕矣。

**【彙訂】**

①　"還玉還璋"，殿本作"還璋還玉"，誤。《儀禮·聘禮》："君使卿皮弁，還玉於館……上介出請，賓迎。大夫還璋，如初入。"

②　"鼏若束若編"，殿本作"鼏若束若編"，誤，參《儀禮·公食大夫禮》原文。

禮經集註十七卷（山東巡撫採進本）

明張鳳翔撰。鳳翔字蓬元，堂邑人。萬曆辛丑進士，官至兵部尚書。是書主朱子《儀禮》為經之説，大旨以鄭註為主。其閒自出新義者，則多所未允。如《士冠禮》文“降自西階，適東壁，北面見於母”。鄭注以適東壁為出闈門，賈疏謂母冠子無事在闈門外，故子出闈門見之。敖繼公不從鄭義，以適東壁為在東堂下，其説已非。鳳翔又以為適東壁者又升自阼階，適東壁房前，北面見母。是時母已在房，果如所言，則“降自西階”之後，仍當有“升阼階”之文，何以經文無之耶？此類數處，皆立異而不能精確也。

讀儀禮略記十七卷（兩江總督採進本）

明朱朝瑛撰。朝瑛有《讀易略記》，已著録。是書於經文不全録，第曰自某至某。所録多敖繼公、郝敬之説[1]，取材頗儉。其自為説者，亦精義無幾。

【彙訂】

[1] “敖繼公郝敬”，殿本作“郝敬敖繼公”。

儀禮惜陰録八卷（兩江總督採進本）

國朝徐世沐撰。世沐有《周易惜陰録》，已著録。是書逐節逐句分解，撮標註義，頗為明簡，較所註他經稍善，然亦疏於考證。如《士冠禮》云“闋項青組纓”，汲古閣本鄭註：“‘闋’讀如‘有頄者弁’之‘頄’，滕、薛名‘蔮’為‘頄’。”世沐謂字書無此“蔮”字而疑之，不知“蔮”本當作“幗”。《後漢·烏桓傳》云[1]：“猶中國有幗步搖。”註云：“幗音吉悔反，字或為幗。”蓋幗、幗二字通。《續漢書·輿服志》云：“太皇太后、皇太后入廟[2]，翦氂幗。公、卿、列侯、二千石夫人紺繒簂。”《廣雅》曰：“簂謂之帼。”故《玉篇》、《廣韻》、《集韻》、《類篇》俱作“簂”字，可以正刊本作“蔮”之譌。至若《釋名》曰：“簂，恢也，魯人曰頍③。頍，傾也，著之傾近前也。”即鄭註縢、薛名“蔮”爲“頍”之確證。而《釋名》作“簂”不作“蔮”，則汲古閣本鄭註作“蔮”，其誤顯然。世沐心知其誤而不能究其所以誤，殊核之未審。又此書多載鄭註所引古、今文，然闕漏不可枚舉。即如《士冠禮》注云古文“闑”爲“槷”，“閾”爲“蹙”，又云古文“旅”作“臚”，又云今文“纁”皆作“熏”，又云古文“盥”皆作“浣”，又云“壹”古文皆作“一”，又云今文“枋”爲“柄”，又云古文“啐”爲“呼”，又云古文“亹”爲“瘒”，又云今文“格”爲“毂”。此九條俱失載，則他篇可知。又若《士冠禮》“戒賓”節在“筮賓”之前，而世沐謂戒賓當在筮賓之後。今考鄭注，戒賓者，戒主人之僚友；筮賓者，筮其可使冠子者。蓋先戒衆賓，後乃於衆賓內更筮其最吉，特使冠子。故賈疏謂：“取人之法，先筮後戒。今以此賓是賢者，必知是吉，故先戒賓。賓已許，方始筮之。以其賢，恒自吉。”故先戒後筮。此義最易曉，而世沐謂當先筮後戒，疏矣。至謂冠子一醮足矣，三醮則意復詞縟，具文滋僞，又謂字冠者不當有祝詞之類，尤臆斷之説也。

**【彙訂】**

①“後漢”，殿本作“前漢”，誤，參《後漢書》卷九十《烏桓鮮卑列傳》。

②“皇太后”，殿本作“太后”，誤，參《後漢書·輿服下》原文。

③“頍”，殿本脫，參《釋名·釋首飾》“簂”字條原文。

喪禮吾説篇十卷（浙江巡撫採進本）

國朝毛奇齡撰。奇齡有《仲氏易》，已著録。奇齡説經，好立異義，而顛舛乖謬，則莫過於是書。大旨以子夏《喪服傳》為戰國以後人偽作，故逐條攻擊，務反其説。其叛經之尤者，如謂“喪服有齊衰無斬衰”。考《釋名·釋喪服》曰：“斬[①]，不緝其末，直翦斬而已。齊，齊也。”故鄭註《喪服傳》曰：“斬，不緝。齊，緝也。”與《釋名》之義相符。奇齡乃謂齊而不緝，乃齊之本名。而從而緝之，則又以緝齊得名。三年之重齊不緝，期功則緝之。然所謂“齊而不緝”，仍是《釋名》“斬衰，不緝其末”之説。又何必陽改其名而陰存其實乎[②]？至謂期功以下之齊乃緝，則齊衰三年者皆已不緝，是改斬之名下同於齊，又改齊之實上同於斬。支離怪變，彌為不可究矣。奇齡以《周禮》、《儀禮》同出戰國人偽撰，故於《周禮·司服職》“齊衰”、“斬衰”之文，置之不道。至《左氏》，乃奇齡所最信者也。考《昭公十年傳》[③]：“晉平公卒。叔向曰：‘孤斬焉在衰絰之中。’”杜預註曰：“既葬，未卒哭，猶服斬衰。”明為斬衰之確證。乃引《雜記》“三年之喪如斬”語，謂非服斬之義[④]。《襄公十七年傳》：“齊晏桓子卒。晏嬰粗縗斬，苴絰、帶、杖，菅屨[⑤]。”是斷斷不得謂之非斬服者。奇齡亦謂“斬”字下屬“苴絰帶”為句，乃斬苴麻以為経帶。《荀子》一書，亦奇齡之所最信也。考《三年問篇》明出“斬衰”之名[⑥]，不能復辨，則曰《禮論篇》中但有“齊衰”無“斬衰”，《三年問篇》乃後人妄改。夫稍可穿鑿之處，即改易其訓詁、句讀以就己説，至必不可掩之處，則遁而謂之妄改。持是以往，天下復有可據之書乎？奇齡又謂三年之喪當為三十六月，不得折月，而又無解於《荀子·禮論篇》“二十五月而畢”之文[⑦]，遂謂畢者乃畢衰服也，至二十七月禫後又加禫服九月。考《閒傳》曰："中月而禫,禫而纖,無所不佩。"孔穎達疏曰："此謂禫祭既畢,吉祭以後,無所不佩。"又《喪服小記》曰:"再期之喪,三年也。期之喪,二年也。"《喪大記》曰⑧:"禫而從御,吉祭而復寢。"《檀弓》曰:"是月禫,徙月樂。"《閒傳》又曰:"中月而禫,禫而飲醴酒。"飲酒者先飲醴酒,食肉者先食乾肉,是徵諸禮經,顯有典訓。今奇齡謂"禫後服緦冠素端者,凡十月",與經義無一相合。豈先王制禮之意乎?其他若謂父在為母不當期年,父母不當為長子三年,皆據律以議經。至謂本生父母不當降在期服,傳重者不必嫡孫,則不特叛經,且背律矣。豈非恃其博洽,違心巧辨哉?

【彙訂】

① 底本"斬"下有"衰"字,據《釋名·釋喪制》"斬"字條原文及殿本刪。

② "乎",殿本無。

③ "考",殿本作"左氏"。

④ "非服斬之義",殿本作"非服之斬義",誤。

⑤ "杖,菅屨",殿本作"之履",誤,參《左傳·襄公十七年》原文。

⑥ "考",殿本作"荀子"。

⑦ 殿本"之"下衍"之"字,參《荀子·禮論篇》原文。

⑧ "曰",殿本作"也",誤。

儀禮訓義十七卷(庶吉士蔡廷舉家藏本)

不著撰人名氏。前有自序,題康熙庚申,則近時人也。其書以一篇為一卷,第約取《註疏》而參以朱子及楊復之說。其餘諸家，概不採録。雖頗簡易，然禮制委曲，非一家之言所可盡。《註疏》以外，限以朱子師弟二人，遂舉諸儒而屏之[1]，殆非該貫之道也。

**【彙訂】**

[1]“儒”，殿本作“人”。

儀禮釋例一卷（安徽巡撫採進本）

國朝江永撰。永有《周禮疑義舉要》，已著録。是書標曰“釋例”，實止《釋服》一類，寥寥數頁，蓋未成之書。其釋冕服一條，辨註家“冕廣八寸，長尺六寸，績麻三十升布為之”之誤[1]，謂：“禮家相傳八十縷為升，古布幅闊二尺二寸，周尺甚短，以八尺當今之五尺，二尺二寸當今之一尺三寸七分半。如冕延有三十升，其經二千四百縷。是今尺一分之地，須容十七縷有奇。雖績麻極細，亦不能為此。”其説驗諸實事，最為細析。又謂冕有前旒無後旒，故《大戴禮》及東方朔俱云：“冕而前旒，所以蔽明。”《玉藻》、《郊特牲》云“十有二旒”，不云二十四旒。漢明帝制冕旒有前無後，正合古義。《玉藻》云“前後邃延”，不過謂冕長尺六寸，前延後延至武皆深邃耳[2]，非謂前後皆有旒也。其説與鄭註互異，亦可相參。惟宗陳祥道之説，謂《周禮》之韋弁即爵弁，其説過新，不可信。考《士冠禮》“爵弁服”註曰：“爵弁者冕之次，其色赤而微黑，如爵頭然。或謂之緅[3]，其布三十升。”《周禮》“凡兵事，韋弁服”，註曰：“韋弁以韎韋為弁，又以為衣裳。”此爵弁、韋弁顯異者也。惟《書》云：“二人雀弁，執惠”，偽孔《傳》云[4]：“雀韋弁[5]”，似即以爵弁為韋弁者。然孔穎達疏云：“據阮諶《三禮圖》，雀弁以布為之。此《傳》言‘雀韋弁’者，此人執兵，宜以韋為之。然下言‘冕執兵者，不可以韋為冕’，未知孔意如何。”則孔疏於此《傳》原不深信。且即以爵韋為之，要止得名曰“爵弁”，不得通名“韋弁”。故《釋名》曰：“以爵韋為之，謂之爵弁。韎韋為之，謂之韋弁。”二語極為分晰，不容相混。至於《周禮·司服》有韋弁無爵弁，賈疏云：“爵弁之服，惟有承天變及天子哭諸侯乃服之。所服非常，故天子吉服不列之。”此義頗得。如必謂韋弁即爵弁，《司服》未嘗遺爵弁，則王之吉服自大裘至冠弁，其等殺凡八。公之服自衮冕以下，大裘不得服；侯、伯之服自鷩冕以下，衮冕不得服，以次殺之；士之服自皮弁而下，韋弁不得服。其制甚明。如韋弁即爵弁，士於禮已不得服矣，何以《士冠禮》曰“爵弁服纁裳”乎？且《儀禮·士冠禮》、《士昏禮》、《士喪禮》既有爵弁服，而《聘禮》曰：“君使卿韋弁，歸饔餼。”又曰：“夕，夫人使下大夫韋弁歸禮。”則是既有爵弁，又有韋弁明矣，又安得以《司服》不載為疑也。永又補祥道之説曰：“《詩》：方叔將兵，‘服其命服，朱芾斯皇’，又曰：‘韎韐有奭，以作六師’。皆爵弁服之韠也。”今考《詩》“服其命服，朱芾斯皇”，箋曰：“云命服者，命為將受王命之服也。天子之服韋弁，服朱衣裳也。”據此，則即《左氏傳》所云“韎韋之跗”注，正戎服之常也。必云爵弁之韠，殊無顯據。又《詩》“韎韐有奭，以作六師”，箋曰：“此諸侯世子也。除三年之喪，服士服而來。未遇爵命之時，時有征伐之事，天子以其賢，任為將軍。”疏曰：“將軍之時，猶未得命，由是仍服韎韐。”據此，則經云“以作六師”，蓋將受命為將軍，非已臨六師而以爵弁之韎韐為戎服也。故三章皆云“君子至止”，言諸侯初至天子之朝，非即臨戎可知。永引此二詩，亦未為確據。蓋永考證本精，而此則草創之本耳。

## 【彙訂】

① "誤"，殿本作"說"。

② "後"，殿本作"合"，誤，參《守山閣叢書》本此書"天子冕服"節注文。

③ "緅"，殿本作"陬"，誤，參《儀禮·士冠禮》"爵弁服"句注文。

④ "偽"，殿本無。

⑤ "雀韋弁"，殿本作"爵韋弁"，下同，誤，參《尚書·顧命》"二人雀弁"句傳文。

### 儀禮易讀十七卷（浙江巡撫採進本）

國朝馬駉撰。駉字德淳，山陰人。《儀禮》經文詰曲，註疏浩繁，向稱難讀①。是編刻於乾隆乙亥。於經文諸句之中，略添虛字聯絡之，以疏通大意。又仿高頭講章之式，彙諸說於上方。大約以鄭註、賈疏為主，而兼採元敖繼公《集說》、明郝敬《集解》及近時張爾岐《句讀》諸書，閒亦參以己意。取便初學而已，不足以闡經義也。

### 【彙訂】

① "儀禮經文詰曲註疏浩繁向稱難讀"，殿本無。


附錄

### 五服集證六卷（浙江吳玉墀家藏本）

明徐駿撰。駿，常熟人。是書成於正統戊午。考論五服之制，設為問答以明之。大旨於古制遵朱子《家禮》，當代之制則遵明太祖《孝慈錄》。所採諸書，不過十餘種而已。《明史·藝文志》作一卷,此本六卷。考序末有"大明歲次壬申進德書堂新刊"字[①],則此本猶屬舊刻,不由竄亂。《明史》誤以"六"字為"一"字耳。

**【彙訂】**

① "考",殿本無。

讀禮問一卷(浙江巡撫採進本)

國朝吳肅公撰。肅公有《詩問》,已著錄。是書取禮家喪服之制意所未喻者辨之,又雜論俗禮之不合於古者共六十五條。閒有可採,而師心之處為多。

服制圖考八卷(江西巡撫採進本)[①]

國朝朱建子撰。建子字辰起,秀水人[②],朱彝尊之從子也。是編集歷代喪服禮制,每條下分古有今無、古無今有、古重今輕、古輕今重四目。後為《雜問篇》,凡三十九條。所引經傳禮書及諸家文集,頗稱該洽。然斬衰之喪有三十四條,而所引僅三十一條。如《政和禮》所載"夫為祖、曾祖、高祖承重者,妻從夫之喪"及《孝慈錄》所載"為人後者,為所後祖母之喪",皆古今異制,而建子未及詳載。又齊衰杖期,如《儀禮》所載"繼母嫁,從,為之服,報"。大功九月,如《通典》所載"為人後者,為本生祖父母服儀",亦古今異制,當一例詳辨者,亦皆脫略,則考覈尚未甚密也。

**【彙訂】**

① "服制圖考",殿本作"制服圖考",誤。《江西巡撫海第四次呈送書目》及清抄本此書皆作"《服制圖考》"。

② 精鈔本《喪服制考》八卷,題"秀水後學朱建子辰始氏輯,長男丕武謹校",前有康熙四十八年元宵後一日秀水朱建子辰始

氏自序。（丁丙：《善本書室藏書志》）

　　讀禮紀略六卷附婚禮廣義一卷（浙江巡撫採進本）

　　國朝朱董祥撰。董祥字熊占，長洲人。是書成於康熙乙卯，乃其居父喪時所作，皆以糾正世俗之誤。其閒有泥古而過者，如母喪齊衰三年，固古者"喪無二斬"之義。然自明洪武以後，凡律令之文，皆云"為母斬衰"。仍欲依《喪服》之文服齊衰，等而上之，將遵古禮為母期年耶？是亂王制也。昭穆祔遷之説，陸佃已與何、張異議。至同堂異室而無左昭右穆之次者，朱子已云"為禮者猶執祔祖之文，似無意義"，而兩存其説矣。董祥必欲昭遷而穆不動，穆遷而昭不移，不幾於親盡者不必祧，而祧者不必親盡乎？其他微文瑣節，事事繩以古義。持之有故，言之成理，而實多滯礙而難行。至於喪親匿喪之類，皆律有正條，懸如日月，更不待齗齗辨論矣。後附《婚禮廣義》一卷，斟酌今古之閒，較為易行。然皆前人家儀所已有，無勞復衍為也。

　　右禮類"儀禮"之屬九部，一百五卷①，附錄四部，二十二卷，皆附存目。

　　【彙訂】

　　① "九部一百五卷"，殿本作"十二部一百十卷"，誤。

# 卷二四

## 經 部 二 十 四

### 禮 類 存 目 二

批點檀弓二卷（兵部侍郎紀昀家藏本）

舊本題宋謝枋得撰。枋得字君直，號疊山，信州弋陽人。寶祐四年進士，宋末為江東制置使。臨安破後，即弋陽起義兵。兵潰後遁跡浦城。元福建行省魏天佑迫脅送燕京，遂絕食而卒。事蹟具《宋史·忠義傳》[①]。是編莫知所自來。明萬曆丙辰，烏程閔齊伋始以朱墨版刻之[②]。齊伋序稱得謝高泉所校舊本，亦不言謝本出誰氏。書中圈點甚密，而評則但標章法、句法等字，似孫鑛等評書之法，不類宋人體例。疑因枋得有《文章軌範》，依託為之。又題"楊升菴附注"，而與慎《檀弓叢訓》復不相同。據齊伋序，稱："彙《注疏》、《集注》、《集說》諸書，去其繁而存其要，以著於簡端。"則齊伋之所加，非慎原注也。蓋明季刊本，名實舛互，往往如斯矣。

**【彙訂】**

①《宋史·忠義傳》無謝枋得，其本傳在卷四二五。（楊武泉：《四庫全書總目辨誤》）

② 丁丙《善本書室藏書志》著錄嘉靖丙辰姚安府刊本《檀弓叢刊》二卷，書目下題"附謝疊山批點"。（胡玉縉：《四庫全書總

目提要補正》)

月令七十二候集解一卷（通行本）

舊本題元吳澄撰。其書以七十二候分屬於二十四氣，各訓釋其所以然。考《禮記·月令》本無七十二候之説，《逸周書·時訓解》乃以五日為一候。澄作《禮記纂言》，亦引《唐月令》分著五日一候之義，然不聞更有此書。其説以經文所記多指北方，非南方之所習見，乃博考《説文》、《埤雅》諸書，兼訪之於農牧，著為此編。然考證名物，罕所發明。又既以螻蟈為土狗，又載鼫鼠五技之説，自相矛盾。既以虹為日映雨氣，又引虹首如驢之説，兼採雜書，亦乖解經之法。疑好事者為之，託名於澄也①。

**【彙訂】**

①"疑好事者為之託名於澄也"，殿本作"疑託名也"。

檀弓叢訓二卷（浙江汪啟淑家藏本）

明楊慎撰。慎字用修，號升菴，新都人。正德辛未進士第一，授翰林院修撰。以諫大禮，謫戍滇中。事蹟具《明史》本傳。此本前有慎自序，後有永昌張含跋。蓋慎在滇中，採鄭、孔、賀、陸、黃、吳諸家注義，以補陳澔《集説》所未備①。然如胡寅以檀弓為曾子門人，與子思同纂修《論語》②，魏了翁又斷為子游門人③。此書既單行，何得於著書之人略而不敍，但引孔疏數言，無所訂正。又言思為子游之子，注復遺之。至大夫遣車五乘，與《周官·典命》之文不合者，亦未置一語。蓋邊地無書，姑以點勘遣日，原不足以言詁經也④。

**【彙訂】**

①"集説"，底本作"集傳"，據殿本改。元陳澔《雲莊禮記集

說》十卷,《總目》卷二一著錄。

②　"論語",殿本作"論說",誤。《經義考》卷二百十一《古論語》條引胡寅曰:"子思、檀弓皆纂修《論語》之人。檀弓亦曾子門人。"

③　魏了翁《鶴山先生大全集》卷一百八《師友雅言上》曰:"《檀弓》必子游之門人所記。蓋其語專美子游,而於曾子、有子輩則差貶之。"非謂檀弓為子游門人。

④　張含跋明言,點勘乃其父所綴。(王文才:《楊慎學譜》)

就正錄禮記會要六卷(浙江巡撫採進本)

明宗周撰。周字維翰,興化人。嘉靖辛卯舉人,官至馬湖府知府。是編於先王之制、先聖之言多以意斷制,懸定是非。其意皆不考於古,其體亦近於語錄,頗不雅馴①。

**【彙訂】**

①　"頗不雅馴",殿本無。

禮記明音二卷(浙江巡撫採進本)

明王覺撰。覺,江陰人,《江南通志》作武進人。嘉靖辛丑進士。書末有南京禮部郎中巴郡劉起宗跋,稱"溝東王子"。溝東蓋其別號也。是書大抵據陳澔《集說》,專標字音,因書而及其義,因聲而及其形。其所引諸書,删節詳略,初無體例,亦閒有不著出典者。雖於訂正俗讀不為無功,要亦鄉塾課蒙之本而已。

禮記集說辨疑一卷(浙江鮑士恭家藏本)

明戴冠撰。冠字章甫,長洲人。以選貢授紹興府訓導。是書所論,凡《曲禮》六條、《檀弓》九條、《王制》三條、《曾子問》二條、《文王世子》一條、《禮器》一條、《郊特牲》一條、《內則》五條、

《玉藻》二條、《大傳》一條、《少儀》一條、《喪大記》二條、《祭義》一條、《表記》一條、《緇衣》一條，蓋未竟之書也。嘉靖丁未，陸粲刊冠所作《濯纓亭筆記》，附載於末。然筆記為雜説，而此書究為經解。今仍析為二，各著録焉。

禮記集註三十卷（江蘇巡撫採進本）

明徐師曾撰。師曾有《今文周易演義》，已著録。是書以陳澔《集説》為未得經義，故別採先儒舊説以為此注。於鄭、賈注疏閒能體會，然訾斥經文者不一而足。如《曾子問》云："如將冠子而未及期日①，而有齊衰、大功、小功之喪，則因喪服而冠，除喪不改冠乎？孔子曰：'天子賜諸侯大夫冕弁服於太廟，歸設奠，服賜服，於斯乎有冠醮，無冠醴。'"師曾謂："齊衰、大小功待除而冠，未為遲，何必因喪而冠？冠禮三加而醮，冠畢而醴。若諸侯大夫服賜服，不云'三加'，安得有醮而無醴？"遂指二句為誤，當云"有冠醴，無冠醮"。蓋師曾以《儀禮·士冠禮》之三醮一醴並為周人一代之制，故謂三醮之時各有醮，冠畢而又醴。今經文既無"三加"，則第當有醴，不當有醮。不知周制三加之時並無三醮，待冠畢而始一醴耳。其三加、三醮乃殷禮，故經文次在冠畢而醴之後，先本朝而後前代也。《士冠禮》鄭注、賈疏甚明。此經因遭喪殺禮，故改冠後之一醴為一醮，自用周制。師曾不考注、疏，誤執殷禮，故有是説。蓋於《三禮》經義未能融合，僅隨文而生義。宜其説之多誤也。

## 【彙訂】

① 殿本"如"上有"至"字，衍，參《禮記·曾子問》原文。

禮記日録三十卷（浙江巡撫採進本）

明黃乾行撰。乾行字玉巖，福寧人。嘉靖癸未進士①，官至重慶府知府。是書首有嘉靖乙卯鍾一元序，言乾行"以是經掇科第，拜京秩，膺命相禮衡藩，乃以公之士類"。今觀其書，割裂《周禮》、《儀禮》，散綴於《禮記》之中，不復別識。與朱子《經傳通解》之例，已大相刺謬。又以小學故實竄入經文，混合為一，尤為龐雜。其注或一節附論一篇，或十餘節附論一篇，多牽引道學語錄，義皆膚廓。

【彙訂】

① 雍正《福建通志》卷三六《選舉志》載福寧黃乾行為嘉靖三十二年癸丑科進士，非嘉靖癸未（二年）。（楊武泉：《四庫全書總目辨誤》）

礼記輯覽八卷（兩淮鹽政採進本）

明徐養相撰。養相，睢陽衛籍，鳳陽人。嘉靖丙辰進士。其書蓋為科舉而設，不載經文，惟以某章某節標目，循文訓釋，不出陳澔之緒論。

禮記要旨補十卷（兩江總督採進本）

舊本題"戈九疇撰，聞人德行增補"。蔡必大序又稱："古睦守戈公以聞人先生舊所傳《要旨》版行①，先生獨弗是，曰是吾土苴也。因取舊稿改竄補綴，以備一家之言。"據此，則是書始終出德行手，九疇特刊行之耳，與標題殊相矛盾。又朱彝尊《經義考》載聞人德行《禮記要旨補》十六卷，又載戈九疇《禮記要旨》十六卷。戈氏書既載其後，不應聞人氏書先云補，尤為舛互。此本僅有十卷，而兼題二人之名。其書乃鄉塾講章，每節下綴以破題，最為猥陋。殆書賈以二家之言合併竄亂，以成此本歟？明季坊本，其不足信類如此，不足深詰也。九疇字雨泉，錦衣衛人，嘉靖己未進士。據蔡必大序，其官為嚴州府知府。德行字越望，餘姚人，嘉靖戊戌進士。據呂本序，其官乃由翰林外謫。其詳則均不可考矣。

【彙訂】

① "古睦守"，殿本作"古陸守"，誤。據《宋史·徽宗本紀》及《地理志》，北宋宣和三年改睦州為嚴州。故嚴州又稱古睦。

### 禮記中說三十六卷（內府藏本）

明馬時敏撰。時敏字晉卿，陳留人。隆慶中貢生。是編不載經文，但如坊刻時文題目之式，標某章某節，而敷衍其語氣。其名"中說"者，謂折衆說而得其中也。然大旨株守陳澔《集說》，未見其折中者安在。

### 禮記新義三十卷（江西巡撫採進本）

明湯三才撰。三才字中立，丹陽人。朱彝尊《經義考》敍其書於王翼明、趙宧光之前，蓋隆慶、萬曆間人也。前有其子道衡序。其書與先儒傳注多所牴牾，如解"純素"，謂"純"字不當讀"準"；解"負劍辟咡"，謂"負劍"為長者背負童子，皆不可為訓。惟於名物度數偶有考證，閒或可備一解耳。

### 禮記疑問十二卷（浙江巡撫採進本）

明姚舜牧撰。舜牧有《易經疑問》，已著録。是書依文訓義，多作語録之體。閒有新説，則多與經義違背。如《曲禮》："為人子者，父母存，冠衣不純素。孤子當室，冠衣不純采。"鄭氏注："純，緣也。"《玉藻》曰："縞冠玄武①，子姓之冠也。縞冠素紕，既祥之冠也。"《深衣》曰："具父母，衣純以青。孤子，衣純以素。"訓最明晰。舜牧乃云："《論語》：'麻冕，禮也，今也純，儉。'此'純'

字亦將作飾緣解乎?"是併字義未及詳考,而漫與鄭、孔為難也。

**【彙訂】**

① "玄武",底本"玄"字缺末筆,殿本作"元武"。

檀弓輯註二卷(浙江巡撫採進本)

明陳與郊撰。與郊字廣野,海寧人。萬曆甲戌進士,官至太常寺少卿。是書惟解《檀弓》上、下二篇。於鄭注全錄,於孔疏則刪繁存簡,謂之"疏略"。其陳澔諸家之説,則分行附書,各略以已意為論斷。所論如《檀弓》名篇取首二字,不從《正義》非門徒而達禮之説;"孔子少孤"一條,釋"其慎也"即如字,謂"必誠必信曰慎",不從鄭氏改"慎"為"引"之訓,皆有可取。然於喪禮異同,反無是正,未免舉小而遺大耳。

檀弓述註二卷(浙江巡撫採進本)

明林兆珂撰。兆珂有《詩經多識編》,已著録。是書集鄭注及諸家之説,而斷以已意。如"二三子羣居則経",辨鄭注以為朋友之非;"速貧速朽"取方希古之言,以為傳者之繆,皆為有見。惟經文加以評點,非先儒訓詁之法。如王廷相論"立後"、"筓榛"與王應麟考證"蒼梧"之類,皆事關經義,而轉與論文剩語列在上方,亦非體例也。

禮記通解二十二卷(浙江汪啟淑家藏本)

明郝敬撰。敬有《周易正解》,已著録。言《禮記》者當以鄭注為宗。雖朱子掊擊漢儒,不遺餘力,而亦不能不取其《禮》注。蓋他經可推求文句,據理而談,《三禮》則非有授受淵源,不能臆揣也。敬作此注,於鄭義多所駁難,然得者僅十之一二①,失者乃十之八九。如謂"未仕者不税人","税"當為"襚";"國君七个,

遣車七乘”，“个”字同“介”；《月令》“冬祀行”是祀井，非祀道塗之
行，若祀道塗，則祀土矣；又謂“鄉人禓”是祖禓相逐，不讀為
“陽”，鄭訓為“强鬼”，非也；又謂“動乎四體”為人之四體，非龜
也。凡此之類，有前人已言者，亦有自立義者②，固足以匡鄭氏
之誤。至於《曲禮》“葱渫處末”，鄭訓“渫”為熟葱，本自不誤。蓋
上文有膾、炙，有醢、醬。膾為細切之肉，腥細者為膾，炙為炮肉，
皆二物也。葱、渫分生熟，亦承上二物而來。而敬引“井渫不
食”，謂“渫”即“渫”字，通為“屑”，蓋葱屑也。考之《爾雅》、《説
文》、《玉篇》、《廣韻》諸書，古無訓“渫”為“屑”者也。又謂：“‘醆
酒浣于清，汁獻浣于醆酒，猶明清與醆酒于舊澤之酒③’，本以茅
沛醴盛於醆，和之以水，加鬱金汁以獻，如今人以水和飲陳酒之
類。‘舊澤’謂舊酒醲厚如膏澤。鄭援《周禮》，謂明酌為事酒，醆
酒為盎齊，清為清酒，汁獻作汁沙，舊澤當作舊醳，皆誤。”今詳推
鄭義，皆援據精詳，無可駁詰。敬乃以意更易，徒形臆斷。又謂：
“襲上有衣，不宜又加以褐，多衣則累，古義不明。”不知錦在裘
上，上有絅衣，經典分明，何可居今而議古？又謂“孚尹”，孚為
信，尹為割，鄭作“浮筠”者非。不知玉之浮光旁達，猶誠信之及
人，若第訓“孚”為“信”④，則下文固有“信”字在，豈非重文累句
乎？大抵鄭氏之學，其閒附會讖文以及牽合古義者，誠不能無所
出入，而大致則貫穿羣籍，所得為多。魏王肅之學百倍於敬，竭
一生之力與鄭氏為難，至於偽造《家語》，以助申己説。然日久論
定，迄不能奪康成之席也。敬乃恃其聰明，不量力而與之角，其
動輒自敗，固亦宜矣。

【彙訂】

①“之”，殿本脱。

②“亦”，殿本無。

③“與醆酒”，殿本脱，参《禮記·郊特牲》原文。

④“孚”，殿本作“字”，誤。

### 禮記新裁三十六卷（浙江巡撫採進本）

明童維巖撰。維巖字叔嶷，錢塘人。其書但標舉題目，詮發作法。蓋鄉塾課本，專為制義而設者。

### 檀弓原二卷（浙江吳玉墀家藏本）

明姚應仁撰。應仁字安之，徽州人。是編取《檀弓》上、下二篇，删節陳氏《集説》，益以諸家評註，而參以已意，亦往往失之臆斷。如“何居”之“居”，謂不應音“姬”，當作“何處”講，則併不知古義。又“君子有終身之憂，故忌日不樂”，蓋以喪期有限，而思慕無窮，故於此日戒之終身。而應仁謂“一日不足以概終身，唯曾子不忍食羊棗，謂之日日忌”，尤曲説矣。

### 禮記説義集訂二十四卷（浙江吳玉墀家藏本）

明楊梧撰。梧字鳳閣，一字嶧珍，涇陽人。萬曆壬子舉人，官青州府同知。是書不載經文，但如時文題目之式，標其首句，而下注曰幾節。大旨以陳澔《禮記集説》、胡廣《禮記大全》為藍本，不甚研求古義。如鄭注釋“曾子吊於負夏”一條①，謂“填池”當作“奠徹”。胡氏詮謂池以竹為之，衣以青布，所謂“池視重霤”者。填者縣也，魚以貫之，謂將行也。與鄭大異。而此書但云“填池”當作“奠徹”，不言本自康成，亦不復考訂同異。又如“孺子䞫”一條，論設撥之制，謂設撥是設置撥榆沈之人。蓋以榆性堅忍，所謂“不剥不木②，十年成轂”者，性沈難轉，故設撥以撥輴。其説本諸陸佃，與鄭註讀“撥”為“拂”者迥殊，亦不題出陸名及參校鄭義。凡此之類,不可勝數。蓋鈔撮講章,非一一採自本書,故不能元元本本,折衆説之得失也。

**【彙訂】**

①"釋",殿本作"説"。

②"木",殿本作"休",誤。《齊民要術》卷五載:"諺曰:不剥不沐,十年成穀。"

禮記纂注三十卷(浙江汪啟淑家藏本)

明湯道衡撰。道衡字平子,丹陽人。萬曆丙辰進士,官至僉都御史,巡撫甘肅。其父三才嘗作《禮記新義》三十卷,已著於錄。此本乃道衡居憂之時,自採陳澔《集説》、徐師曾《集注》,掇其所長,裒為一編,而以己所偶得附載書之下方,故名《纂注》。與《新義》截然二書,卷首標題亦不名《新義》,而李維楨、胡士容二序皆稱曰《禮記纂注新義》,竟合兩書而一之,殊為舛誤。朱彝尊作《經義考》,但載三才書,而不及此書,殆亦誤以為一也。獨是刊書之時,道衡尚在,不應不一視維楨、士容之序,遽授之梓。此則理所不可解耳①。

**【彙訂】**

① 今存明刻本《禮記新義》三十卷《禮記纂注》三十卷配套,《新義》題"父中立湯三才命意,男平子湯道衡撰述",《纂注》題"宋陳澔集説,明徐師曾集注,湯道衡纂輯",則兩書均成於湯道衡手。次第付刻,合印行世,李、胡二序皆為二書合序,故稱《禮記纂注新義》。《經義考》只載《新義》,或僅見《新義》,未見《纂注》,謂朱氏誤二書為一書,亦無根據。(杜澤遜:《四庫提要條辨》)

禮記手書十卷（副都御史黃登賢家藏本）

明陳鴻恩撰。鴻恩，黃岡人，萬曆中舉人。此書成於崇禎癸未，乃鄉塾課蒙之本①。

【彙訂】

① 癸未為崇禎十六年。唐振吾廣慶堂刻本作《禮記手説》，前有《敍禮記手説》，末署"崇禎四年辛未冬日，黃岡陳鴻恩無補父自識，男公珩書"，文云："雲署閑甚，偶以課子，手之録成，□人有同是業者見之，曰是可梓，付之剞劂。"可知此書崇禎四年辛未前已成，乃自為課子而作。《都察院副都御史黃交出書目》亦著録為《禮記手説》。（胡露、周録祥：《〈四庫全書總目·經部〉禮類、春秋類存目補正》；杜澤遜：《四庫存目標注》）

檀弓通二卷（浙江吳玉墀家藏本）

明徐昭慶撰。昭慶有《考工記通》，已著録。此編亦取便於初學，體例與所解《考工記》同。其釋"曾子易簀"一章，謂寢簀無定制，不過大夫華而士樸。案古制流傳，雖不可悉考，然以席之重數與夫紛純①、黼純之異及車旂衣服之別推之，則大夫、士之簀亦必有辨。既明曰大夫之簀，則簀為大夫之制明矣，不必好立異説也。

【彙訂】

① "紛純"，底本作"粉純"，據殿本改。《周禮·司几筵》："凡大朝覲、大饗射，凡封國、命諸侯，王位設黼依，依前南鄉設莞筵紛純，加繅席畫純，加次席黼純，左右玉几。"

禮記意評四卷（浙江巡撫採進本）

明朱泰貞撰①。泰貞字道子，海鹽人。萬曆丙辰進士，官至監察御史。漢儒説《禮》,考《禮》之制。宋儒説《禮》,明《禮》之義,而亦未敢盡略其制。蓋名物度數,不可以空談測也②。泰貞此書乃棄置一切,惟事推求語氣。某字應某字,某句承某句,如場屋之講試題,非説經之道也。

【彙訂】

① 明天啟五年楊師孔刻本題“東海道子朱泰禎著”,《浙江採集遺書總録》、《兩江第二次書目》亦作朱泰禎。（杜澤遜:《四庫存目標注》）

② “而亦未敢盡略其制蓋名物度數不可以空談測也”,殿本無。

説禮約十七卷（安徽巡撫採進本）

明許兆金撰。兆金字丙仲,餘姚人。天啟中貢生,官弋陽縣知縣。是書乃坊刻講章,於名物制度絶無考證①。其注《王制》有曰:“三命元〔玄〕,再命絺。”考《周禮》“孤四命絺冕”,非“再命”也。如此者比比而是,亦太疏舛矣。

【彙訂】

① 明天啟七年郎九齡等刻本此書卷首有劉廷佐、陳良佑、范有韜三序,次參閲姓氏,列師友門人數十人,末列“弋陽清軍郎九齡,督糧謝廷璋,參政金棟,署學教葉景先,司訓董籥、吳淑,鄉紳李調鼎、范有韜、黄榜、黄中熴同梓。梓人萬登。”則顯系弋陽鄉紳所梓,非“坊刻講章”。（杜澤遜:《四庫存目標注》）

禮記敬業八卷（江蘇周厚堉家藏本）

明楊鼎熙撰。鼎熙字緝庵,京山人。崇禎庚午舉人①。是書專為舉業而作,徑以時文之法詁經。又删去《曾子問》、《明堂位》、《喪服小記》、《喪大記》、《奔喪》、《問喪》、《閒傳》、《三年問》、《喪服四制》九篇②。宋人《禮部韻略》凡字出喪禮者不載，已為紕謬，然未敢删經也。至明代而喪禮不命題，士子亦遂棄而不讀③。如鼎熙輩者，汨於俗學④，乃併經文去之。時文盛而經義荒，此亦一驗矣。宋人亦以《檀弓》為喪禮，故“何居”之“居”，《韻略》不載，楊伯嵒《九經韻補》欲增之。此篇獨有《檀弓》，蓋以坊選古文多録之，以為有資於八比，故不敢去也。

### 【彙訂】

①　雍正《湖廣通志》卷三五《選舉志·舉人》“天啟元年辛酉鄉試榜”有楊鼎熙，注“京山人”。卷三二《選舉志·進士》“崇禎元年戊辰劉若宰榜”亦有楊鼎熙。光緒《京山縣志》卷十三《儒林列傳》有其傳，云：“楊鼎熙，字伯元，號緝庵，崇禎戊辰進士。”（胡露、周録祥：《〈四庫全書總目·經部〉禮類、春秋類存目補正》）

②　明崇禎刻本卷八尚有“服問第三十六闕”，則所闕凡十篇。（同上）

③　“遂”，殿本無。

④　“如鼎熙輩者汨於俗學”，殿本無。

讀禮記略記四十九卷（浙江巡撫採進本）

明朱朝瑛撰。朝瑛有《周易略記》，已著録①。是書以一篇為一卷，每段之下附以注，無注亦存經文。其研究典物，有裨於實義者僅十之一，餘皆詮釋文句而已。至於“三年一禘，五年一祫”之説，謂不可信，考證尤疏。惟前有《三禮總論》，言異同之故，乃頗有可採。

**【彙訂】**

①《總目》卷八著録朱朝瑛撰《讀易略記》。

檀弓評二卷（江蘇巡撫採進本）

明牛斗星撰①。斗星字杓司，杭州人。是編每章皆摘録陳澔《集説》，而以評語載於上闌。如唐韓愈，宋謝枋得，元吴澄，明楊慎、茅坤諸家悉採入之，而謝氏之説獨多。

**【彙訂】**

① 明末刻本《檀弓》二卷，上卷卷首題"武林牛斗星閲"，下卷題"武林周楫閲"，則當為二人分作。（胡露、周録祥：《〈四庫全書總目・經部〉禮類、春秋類存目補正》）

禮記提綱集解四卷（山東巡撫採進本）

國朝邱〔丘〕元復撰。元復字漢標，號嵋菴，諸城人。是書不列經文，但如時文之式，標某章某節題目①，隨文衍義，以陳氏《集説》為主。蓋經生揣摩弋獲之本也②。前有李焕章序。焕章以淹通名，未必肯序此書，或託名歟③？

**【彙訂】**

① "但如時文之式標某章某節題目"，殿本作"但如時文題目之式標某章某節"。

② "弋獲"，殿本無。

③ "前有李焕章序"至"或託名歟"，殿本無。

禮記疏略四十七卷（河南巡撫採進本）

國朝張沐撰。沐有《周易疏略》，已著録。沐於《易》、《詩》、《書》、《春秋》皆有完書。此經則但有《禮運》、《禮器》、《樂記》、《學記》四篇。其餘乃武進王渭、登封馮五典、上蔡李範世及其從子煓所分注，而沐總其成。書內又有張燧、張炨所注者。《內則》一篇，則又全用陳澔注。龐雜湊泊，無復體例①。自序謂："他經皆疏略，《五經》闕一不可。"又謂："耄矣倦於勤，不得已，會同志而屬之以分注"云云。夫詁經本著所心得，何必務取足數乎？

## 【彙訂】

① "龐雜湊泊無復體例"，殿本無。

### 禮記惜陰録八卷（兩江總督採進本）

國朝徐世沐撰。世沐有《周易惜陰録》，已著録。是書合《曲禮》、《檀弓》、《雜記》各為一篇，刪古本上下之目。《大學》、《中庸》二篇則仍從古本，全録以成完書。每篇之首各注其大意，每篇之末各評其得失。所注多襲陳澔之文，而簡略彌甚。如《月令》："是月也，天子乃以元日祈穀于上帝，乃擇元辰，天子親載耒耜，措之于參保介之御閒。"世沐釋"元日"曰"上辛"，釋"元辰"曰"郊後吉日"。今考《正義》："甲乙丙丁等謂之日，郊用上辛，故云'元日'。子丑寅卯等謂之辰，耕用亥日，故云'元辰'。"蔡邕《獨斷》曰："青帝以未臘卯祖，赤帝以戌臘午祖，白帝以丑臘酉祖，黑帝以辰臘子祖，黃帝以辰臘未祖。"是皆祭之用元辰，與用元日異者也。今世沐知元日為上辛，而不知元辰之為亥日，但云郊後吉日①，是併未考《正義》也。又《月令》"令百工審五庫之量"，世沐云："庫門設此五庫。"今考《玉海》引《三禮義宗》曰："因其近庫，即以為名，非即於庫門設此五庫也。"《周書·作雒篇》"應門庫臺元閎"，蓋謂庫門亦為臺門之制。《公羊傳》注："禮，天子、諸侯臺門外闕兩觀，諸侯內闕一觀。"此兩觀、一觀之地，豈遂以為可設五庫乎？又《玉藻》曰："日中而餕，奏而食。"世沐云："疑朝食無樂，至日中餕餘，乃用樂勸飯。"今考《膳夫》曰："王日一舉鼎，十有二物皆有俎，以樂侑食。卒食，以樂徹於造。"此非謂餕餘之食也，而侑食皆有樂，故《玉藻》孔疏曰："言餕餘之時，奏樂而食。"餕尚奏樂，即朝食奏樂可知。此義甚顯，而世沐疑其無樂，疏矣。觀其自序，世沐手録此稿時，年七十四矣，可謂耄而好學，而其書如是。蓋講學家之談經，類以訓詁為末務也。

**【彙訂】**

① "但云郊後吉日"，殿本無。

礼記偶箋三卷（浙江巡撫採進本）

國朝萬斯大撰。斯大有《儀禮商》，已著録。是書與所為《學禮質疑》相表裏，皆欲獨出新義，而多不能自通。如謂《士喪禮》所云"乘車"、"道車"、"槀車"即是遣車，則士亦有遣車，鄭注謂"士無遣車"，誤。又謂牲體不載於遣車。今考《雜記》："遣車，疏布輤，四面有章。"注："輤其蓋也。四面皆有章蔽，以陰翳牢肉。"而《既夕記》"薦乘車①，鹿淺幦，干、笮、革靾，載旃，纓、轡、貝勒縣于衡"。但稱"鹿幦"，則僅覆式之章，而無四面之章可知。又凡喪車之有輤者，經文必特著之。《雜記》曰："其輤有裧，緇布裳帷。"又曰："大夫以布為輤。"又曰："士輤蒲席以為裳帷。"其於遣車，亦特著曰布輤。《士喪禮》經文於乘車詳及幦、笮、靾、旃及纓轡、貝勒之細，而不著輤及四面之章，則異於遣車明矣。又《士喪禮》："乘車載皮弁，道車載朝服，槀車載蓑笠。"而《雜記》曰："遣車疏布輤，四面有章，置於四隅，載粻。"蓋載牲兼載粻也，與載皮弁、朝服、蓑笠不同。乃斯大謂遣車載粻而不載牲，烏知載皮弁、朝服之車又豈容兼載粻乎？又鄭注"置于四隅"，謂以此遣車置于槨之四隅。故《周禮・巾車》云“大喪飾遣車”，鄭亦云：“使人以次舉之，以如墓。”蓋遣車小，故可以人舉之，置諸槨中。即斯大亦信其說。若《士喪禮》之乘車、道車、槀車，賈疏云：“此三車皆當有馬，故有纓、轡、勒。”則非人力之所能舉而槨之所能容也，與遣車安得合而為一？《檀弓》曰：“諸侯七个，遣車七乘。大夫五个，遣車五乘。”是遣車載牲之明證。乃斯大謂“个”與“介”通，七乘、五乘乃視七介、五介之數。今考《雜記》曰“遣車視牢具”，注：“言車多少各如所包遣奠牲體之數也。遣奠，天子太牢包九个，諸侯亦太牢包七个，大夫亦太牢包五个，士少牢包三个。大夫以上，乃有遣車。”據此，則《雜記》所云“牢具”，即《檀弓》所云“七个”、“五个”。惟遣車載牢具，故其數視牢具。其牢具有七个、五个，故《檀弓》有七乘、五乘。斯大乃謂遣車不載牲，於《檀弓》、《雜記》顯相剌謬。《特牲禮》曰：“佐食盛肵俎，俎釋三个。”鄭注：“个猶枚也。”《有司徹》曰：“乃摭于魚腊俎，俎釋三个。”《士虞禮》曰：“舉魚腊俎，俎釋三个。”《少儀》曰：“太牢則以牛左肩臂臑九个。”是“个”為牲體，諸經鑿鑿。斯大於《檀弓》乃廢“个”之正文而從“介”之借讀，影響甚矣。斯大又謂《雜記》“大夫三月而葬，五月而卒哭；諸侯五月而葬，七月而卒哭；大夫以上閒月卒哭。”若亦閒日虞，則終虞與卒哭相去日遠，於《檀弓》所言“必于是日也接”不合。大夫以上，初虞皆是葬日，自後或閒五日，或七日，或九日。今考《檀弓》曰：“其變而之吉祭也。比至於祔，必於是日也接，不忍一日末有所歸[2]。”注曰：“有所用接之處，禮所謂他用剛日也。”賈疏《喪服小記》：“赴葬者，赴虞，三月而後卒哭。彼據士禮而言，速葬速虞而後，卒哭之前，其日尚賒，不可無祭，謂之為變。大夫以上依時葬及虞者，後卒哭雖遠，其閒不復祭。”

據此，則大夫以上虞與卒哭異月，本是常禮，為赴葬、赴虞者設，並不為大夫以上虞、卒哭異月設也。然則虞、卒哭不相接，於大夫以上何嫌哉？《檀弓》曰："葬日虞，弗忍一日離也。"故再虞、次虞，止聞日一舉。若聞五日、七日、九日一舉，則與弗忍離之意太遠。又《喪服》章："大功三月，受以小功衰，即葛九月者。"注："凡天子、諸侯、卿、大夫既虞，士卒哭而受服。正言三月者，天子、諸侯無大功，主於大夫、士也。"據此，大夫於虞訖受服，經明云三月受服，則大夫之卒哭自在五月，而初虞自在三月明矣。斯大謂大夫以上虞必與卒哭之日相接，因延虞期以下就卒哭之月，殊屬臆測。又斯大謂魯有周廟，即頖宮也。魯立頖宮之學，以后稷為先聖，文王為先師。後人因頖宮祀文王，故以周廟為文王之廟。今考《文王世子》："必釋奠于先聖、先師。"鄭注："先聖，周公若孔子。"又曰："凡學，春官釋奠于先師。"鄭注《周禮》曰："凡有道有德者，使教國子，死則以為樂祖，祭于瞽宗。"此先師之類也。斯大謂魯頖宮以后稷為先聖，文王為先師，未之前聞也。又考《襄公十二年傳》曰："吳子壽夢卒③，臨于周廟，禮也。凡諸侯之喪，異姓臨于外，同姓于宗廟，同宗于祖廟，同族于禰廟。是故魯為諸姬臨于周廟，為邢、凡、蔣、茅、胙、祭臨于周公之廟。"杜注："宗廟，所出王之廟④。"又考《檀弓》："兄弟吾哭諸廟。"若頖宮，則鄭《禮器注》所謂"郊之學"也。為同姓哭臨，不應在郊學，則周廟非頖宮明矣。《昭十八年傳》⑤："鄭使祝史徙主祐於周廟。"豈亦曰頖宮乎？是其尤不可通者也。其他若謂周每年時祭皆祫；《儀禮》《覲禮》與《曲禮》"天子當宁而立曰朝"，本是一禮；深衣十二片，四片屬於内衽，四片屬於外衽，其誤已於所為《儀禮商》、《學春秋隨筆》、黃宗羲《深衣考》中辨之。至謂祭天之圜丘即《覲禮》

之方明壇，則尤駁見聞，不足深詰已。

**【彙訂】**

①“既夕記”，殿本作“士喪記”，誤，參《儀禮·既夕禮》。

②“末”，殿本作“未”，誤，參《禮記·檀弓》原文。

③“吳子”，殿本作“吳王”，誤，參《左傳·襄公十二年》原文。

④殿本“王”上有“先”字，衍，參《左傳·襄公十二年》“同姓于宗廟”句注文。

⑤“十八年”，殿本作“十一年”，誤，參《左傳·昭公十八年》。

曾子問講録四卷（浙江巡撫採進本）

國朝毛奇齡撰。奇齡有《仲氏易》，已著録。是書載許輈以下諸人質問之辭，而各為之答。大抵掊擊鄭注、孔疏，獨標己見。其中決不可通者，如經文：“婿免喪，女之父母使人請，婿弗取，而後嫁之，禮也。女之父母死，婿亦如之。”孔疏曰：“女之父母已葬，婿家使人請，女家不許，婿然後別取，禮也。”蓋孔氏以女家不許而男別取，與男家不許而女別嫁，互文見義。奇齡則謂婿辭婚後，“女家復請重理前説，而男家反故以餘哀未忘，弗敢即取，然後女家徐徐嫁之”。謂仍嫁此婿，弗別嫁也①。殆因何孟春《餘冬序録》深疑此記之有譌，故奇齡解以此説。然案之經文，全不相合。夫讀古人書，當心知其立言之意，而不可拘滯於其辭。《禮記》此文，蓋為届婚期而遭喪者，男或以中饋之乏主，不能待其女免喪，而先議別取；女或以摽梅之過期，不能待其婿免喪，而先議別嫁。故聖人明為之制，使必待三年免喪而後請②。明未三年免喪以前,不容有異説也。使必待婿不取而後別嫁,必待女不嫁而後別取,明苟非婿不取、女不嫁,則斷無別嫁、別取之理也。然則所謂婿不取、女不嫁者③,乃充類至義之盡,要以必無之事,猶晉文公曰"待我二十五年而後嫁"耳。何必作是曲説哉?況《左傳》載齊桓公出蔡姬,蔡人嫁之。魏犨以嬖妾屬其子曰:"必嫁之。"則嫁之為別嫁,明矣。何得解為仍嫁此婿,弗別嫁也?是皆橫生臆見,殊不可從。惟謂"三月廟見"為廟見舅姑,謂"除喪不復昏"為不復行昏禮數條,尚能恪守經文注義,不為譎變之説耳。

**【彙訂】**

①"弗",殿本作"非"。

②"後",殿本作"復"。

③"者",殿本無。

禮記詳説無卷數（河南巡撫採進本）

國朝冉覲祖撰。覲祖有《易經詳説》,已著録。其自序謂明太祖時專以《注疏》衡士①,及成祖始用陳氏《集説》。考《元史·選舉志》,仁宗皇慶中,已以《禮記注疏》取士,不始於明。覲祖考之未審也。其書於《注疏》録十之五,兼採衛湜、吳澄、郝敬及諸家之説,大旨取足與陳澔《集説》相發明者。自序謂:"坊本諸講,其標宗旨、剔字句、順口脗、聯脈絡,化板為圓,亦足醒人心目。故編檢而分載之,附先儒後。"則其作書之旨,大略可知已。

**【彙訂】**

①"其",殿本作"是書"。

禮記章義十卷（浙江巡撫採進本）

國朝姜兆錫撰。兆錫有《周易本義述蘊》,已著録。是書大意謂《禮記》由漢儒掇拾而成，章段繁碎，説者往往誤斷誤連，當分章以明其義①，故曰“章義”。其説謂如《曲禮》“姑、姊、妹、女子子已嫁而反”，當通下父子、兄弟二條為章，“儗人必於其倫”，當通下君、大夫、士、庶各條為章。又有本非一篇而牽合為篇者，如《經解》之“天子”以下，《聘義》之“問玉”之屬。有簡篇互錯者，如《射義》篇首之“射必先燕”節，當是領起《燕義》、《鄉飲酒義》之總辭；《燕義》篇首之“秋合諸射”節，當是領起《射義》之辭。逐條討論，時有所見。至於孔氏之“不喪出母”及“降婦人而後行禮”諸條，皆徵引《儀禮》，以駁前人之謬，亦閒有考證。較之陳澔所注，固為稍密，而大致循文推衍者多。如《檀弓》：“子張死，曾子有母之喪，齊衰而往哭之。”此自孔子沒後之事。兆錫乃注曰：“豈其未聞教之初則然歟？”是未詳子張少孔子四十八歲也。疏略如是，而動輒排擊鄭、孔，談何容易乎？

**【彙訂】**

① “其”，殿本無。

### 校補禮記纂言三十六卷（江西巡撫採進本）

元吳澄原本，國朝朱軾重訂。澄有《易纂言》，軾有《周易傳義合訂》，皆已著録。是書篇目、注釋，一仍原刻。惟軾有所辨定發明者，以“軾案”二字為別，附載於澄注之末，然不及十分之一二。其中閒有旁涉他文者。如注《曲禮》“左青龍而右白虎”一節云：“軾案，此節一首絶好古詩。‘急繕其怒’四字，摹寫入神。予嘗閱兵，壁壘森嚴，旌旗四匝，中建大纛，鼓停金静，寂無人語。已而風動大纛，如驚鴻乍起，急不可引；又如雷聲，山鳴谷應，奔濤駭浪，澎湃衝擊。乃知‘急繕其怒’四字之妙。”殆偶有所見，即筆於書，後來編録校刊之時失於删削歟？

戴記緒言四卷（浙江巡撫採進本）[①]

國朝陸奎勳撰。奎勳有《陸堂易學》，已著録。是書大旨以《禮記》多出漢儒，不免有附會古義之處，而鄭康成以下諸家，又往往牽合穿鑿，以就其説。乃參考諸經，旁採衆説以正之。每篇各以小序為綱，而逐字逐句條辨於後。然自信太勇，過於疑經疑傳，牽合穿鑿，亦自不能免也。

**【彙訂】**

① 清康熙刻《陸堂經學叢書》本書名作《戴禮緒言》，《浙江第一次採進書目》等諸進呈目亦作《戴禮緒言》。（杜澤遜：《四庫存目標注》）

禮記類編三十卷（浙江巡撫採進本）

國朝沈元滄編。元滄字麟洲，仁和人。康熙丁酉副榜貢生。以修書議敍，官文昌縣知縣。是書取《禮記》四十七篇分類排纂，先五典，次五禮，而冠以《通論》、《廣論》。《通論》兼禮、樂，《廣論》分敬、仁、行、學、治、政六條目。末附諸禮儀節。如《曲禮》“毋不敬”至“樂不可極”數語，列於《廣論》“敬”之首；“賢者狎而敬之”至“直而勿有”數語，列於《廣論》“行”之首；“夫禮者所以定親疏”至“貧賤而知好禮，則志不懾”數段，列於開卷《通論》“禮”之首，頗為繁碎。自序云：“割截經文，各依門類，先儒有行之者。”且謂“此書非誦習之書，而考索之書也。誦習則《檀弓》有《檀弓》之文，《緇衣》有《緇衣》之文。考索則《曲禮》有《內則》之事，《內則》有《少儀》之事”云云。其書蓋取檢閱之便，然而經文變為類書矣。

學禮闕疑八卷（河南巡撫採進本）

國朝劉青蓮撰。青蓮字華岳，襄城人。是書皆補正陳澔《禮記集說》之譌漏，凡有所辨定者咸著於篇，其無所疑者則不載焉。始於雍正戊申，至乾隆己未，僅成七卷，自《曲禮》至《奔喪》篇止。末一卷則其弟青芝所續成也。其駁陳氏之誤者，如“入臨不翔”，《集說》“臨，哭也”，青蓮則引《周禮注》“以尊適卑曰臨”以駁之，謂“臨”當解作“蒞”。“禮不下庶人[①]”，《集說》從黃氏之誤續“大夫撫式，士下之”之下，此謂先儒俱合下“刑不上大夫”為一節，辭句對屬，皆頗有所據。其拾陳氏之遺者，如“黃冠草服”及“好田好女者亡其國”，《集說》俱云未詳，此引《周禮註》及先儒舊說以補之，亦多可取。然詳於議論，而略於考據，又時時橫生臆說。如以喪服之“免”為明之網巾，與吳廷華之以“免”為即今之襯冠，同一杜撰也。

**【彙訂】**

① “庶人”，殿本作“大夫”，誤。《禮記·曲禮上》：“禮不下庶人，刑不上大夫。”

檀弓論文二卷（兩江總督採進本）

國朝孫濩孫撰。濩孫字邃人，高郵人。雍正庚戌進士[①]，官至監察御史。是書專論《檀弓》之文，故圈點旁批，以櫛疏其章法、句法之妙。每章之下復綴以總評，亦附注其文義。其凡例謂：“《檀弓》有益舉業，凡制義中大小題格局法律，無一不備。”是為時文而設，非詁經之書也。

**【彙訂】**

① 孫濩孫非進士，嘉慶《高郵州志》卷一〇有傳，稱雍正二

年甲辰中舉後，“會試復屢黜”。雍正庚戌乃始入仕之年。（楊武泉：《四庫全書總目辨誤》）

　　禮記章句十卷（江蘇巡撫採進本）

　　國朝任啟運撰。啟運有《周易洗心》，已著錄。是編前有康熙戊戌自序，蓋其未通籍時所輯也。案《禮記》諸篇之分類，自劉向《別錄》首肇其端。如以《內則》屬子法，《文王世子》屬世子法，《曲禮》、《少儀》、《王制》、《禮器》、《玉藻》、《深衣》屬制度之類，今孔疏篇目猶備載之。其後魏有孫炎，復改易舊本，以類相從。而唐魏徵亦以《戴記》綜彙不倫，更作《類禮》二十篇，上之祕府。其書今皆不傳。至宋朱子，嘗與呂祖謙商訂《三禮》編次，欲取《戴記》中有關於《儀禮》者附之經，其不係於《儀禮》者仍別為記，其大綱存於《文集》。而晚年編次《儀禮經傳通解》，則其條例與前所訂又有不同。元吳澄作《三禮敘錄》，別《投壺》、《奔喪》補《儀禮》之經，《冠》、《婚》、《鄉飲》、《燕射》、《聘義》為《儀禮》之傳。其餘三十六篇，為《通禮》者九，為《喪禮》者十有一，為《祭禮》者四，為《通論》者十二。此則啟運是書之所本也。然啟運之意，則以朱子《經傳通解》一書中喪、祭二禮續諸黃氏，其於《禮記》不為完書。而偽本吳澄《考注》，分合增減，尚多未安。惟國初芮城所定三十八篇，名《禮記通識》。其條分規合，遠過偽吳氏本。然於啟運之意，猶有異同。因復更其後先，補其闕略，定為四十二篇。以《大學》、《中庸》冠於首，《明倫》、《敬身》、《立政》次之，《五禮》又次之，《樂》又次之，《通論》又次之。其移易章次，如《深衣》篇全附入《玉藻》內，而又取《少儀》之句以附之；《服問》篇全附入《小記》內；《檀弓》則分其半合諸《問喪》、《三年問》、《閒傳》、《喪服四制》，而總謂之《喪義》；《郊特牲》則分其半入《禮器》篇内，而其半分入《冠》、《昏》、《祭義》。其餘補附參合，或章或句，尚非一處。蓋與劉向《别録》之以全篇分類者，大不同矣。

禮記彙編八卷（浙江吳玉墀家藏本）

國朝王心敬撰。心敬有《豐川易説》，已著録。是編取《禮記》四十九篇，自以己意排纂，分為三編。上編首孔子論禮之言，曰《聖賢訓拾遺》，次以《大學》、《中庸》，又次以《曾子拾遺》、《諸子拾遺》，又次以《樂記》。中編括《記》中禮之大體①，曰《諸儒紀要》，次以《月令》，又次以《王制》，又次以《嘉言善行》。下編聚列《記》中瑣節末事及附會不經之條②，曰《紀録雜聞》。其意蓋欲别勒一經，踞漢儒之上。然自孫炎以來弗能也，況心敬乎？

**【彙訂】**

①“記中”，殿本無。

②“記中”，殿本無。


附録

夏小正解一卷（江西巡撫採進本）

國朝徐世溥撰。世溥字巨源，新建人。前明諸生。是編總題曰《榆墩集選》，蓋其集中之一卷也。其注“鳴蜮”曰：“凡釋者，貴以邇言土名通之。”釋“扎”以“寧縣”，釋“蜮”以“屈造”，是猶釋“荇菜”以“接余”，彌令人不可解矣。其注“匽之興，五日翕，望乃伏”曰：“六字以為‘夏五’可也。”是亦不務奥僻，不尚穿鑿之旨。然注“爽死”以為爽鳩祭鳥，恐古文雖奥，不至此。解“俊風”為俊美之風，是又未考《尚書大傳》“時有俊風，俊者，大也”之文，而以意解之矣。

夏小正註一卷（編修勵守謙家藏本）

國朝黃叔琳撰。叔琳有《硯北易鈔》，已著録。《夏小正》一書，原載《大戴禮》中，自《隋志》始別為一卷。宋傅崧卿始分別經傳而為之注。朱子沿用其例，稍加考定，附於《儀禮經傳通解》中，而未言所本。元金履祥亦未見傅氏之書，遂以為朱子舊本，採附《通鑑前編》"夏禹元年"下，而句為之注，與傳頗有異同。國朝濟陽張爾岐合輯傳、注為一編，附以己說。叔琳以傳、注多相重複，乃汰其繁蕪，以成是注，亦以己說附之。其稱"傳"者，《大戴禮》之文，其稱"注"者，履祥之説，注中稱"張氏曰"者，爾岐説，稱"案"者，叔琳説也。其中如改"種黍菽糜"作"菽糜"，而下"菽糜"作"菽糜"；"鹿人從"，引《易》"即鹿從禽"；"丹鳥、白鳥"，不主螢火、蝙蝠及蚊蚋之説；以"匽"為蟬、以"納卵、蒜"為二物，皆與舊説不同。至"鳴蜮"，《傳》中"屈造之屬"，引《淮南子》"鼓造"之文，謂為蝦蟆，則牽合甚矣。

大戴禮刪翼四卷（江蘇巡撫採進本）

國朝姜兆錫撰[①]。是編節録《大戴禮記》而自為之註。其孫奭跋其後曰："'刪翼'者，因舊本而刪其繁冗，翼其義理者也。刪其繁冗，如《保傅篇》刪去'魏公子無忌'等文，翼其義理，如《禮三本篇》據《荀子》'利爵'以正'利省'之誤是也。有註在《家語》而從略者，如《王言》、《五義》、《五帝德》、《盛德》等篇是也；有注在《禮記》而從略者，如《哀公問》、《禮察》、《曾子大孝》、《朝事》、《投壺》等篇是也；有注在《儀禮》外編而略互見其義者，如《夏小正》、《武王踐阼》等篇是也；有舊文無注而箋解者[②]，如《曾子立事》、

《本孝》、《制言》、《天圓》與《少閒》、《本命》等篇是也。"其述兆錫之意頗悉。然古書存者僅矣，翼可，刪不可也。

【彙訂】

① 殿本此句下有"兆錫有《周易本義述蘊》，已著録"。本卷《禮記章義》條已言之，於例此不必複。

② "文"，殿本作"本"。

夏小正詁一卷（浙江巡撫採進本）

國朝諸錦撰。錦有《毛詩説》，已著録。是編解《夏小正》之文。或採他説，或出己意，欲仿鄭元之説《檀弓》注簡於經，故所注最略。然頗斷以臆見。如正月"雉震呴"，此自感陽氣而震動。舊解謂"雷在地中，人不聞而雉聞之"，已為穿鑿。錦乃斷"雉"為一句，"震"為一句，"呴"為一句，意訓震為雷。正月安得有雷乎？"雞孚粥"，讀"粥"如字，解為"祝雞聲"，引韓愈詩"羣雌粥之"為證。然則二月出"初俊羔，助厥母粥"，亦解"粥"為祝雞聲乎？古文簡奧，傳寫多譌，固不必一一强為之辭。必欲盡通之，則不鑿不止耳。

右禮類"禮記"之屬四十一部，五百五十四卷。內一部無卷數①。附録四部，七卷，皆附存目。

【彙訂】

① "五百五十四卷"，殿本作"五百七十一卷"，誤。

# 經部二十五

## 禮類存目三

禮經奧旨一卷（編修程晉芳家藏本）

舊本題宋鄭樵撰。考其文即《六經奧論》之一卷也。《六經奧論》本危邦輔託之鄭樵①。此更偽中作偽，摘其一卷，別立書名以炫世。曹溶漫收之《學海類編》中，失考甚矣。

**【彙訂】**

①《六經奧論》是改編署名"莆陽二鄭"（鄭厚、鄭樵）的《六經雅言圖辨》而成，其中收有大量鄭氏的言論，也有許多與之相關的內容，其編成時間在宋末。非出自明人危邦輔之手。（楊新勳：《〈六經奧論〉作者與成書考》）

三禮考一卷（內府藏本）

舊本題宋真德秀撰。諸家書目不著録，惟曹溶《學海類編》載之。書止五頁，引程、朱諸儒之説凡九條，條下係以案語。然案語内引元泰定中邱〔丘〕葵更定《周禮》，又引吳澄《三禮考註》，德秀何由得見之？其偽不待言矣。

### 三禮考注六十四卷（兩淮馬裕家藏本）

舊本題元吳澄撰。其書據《尚書·周官篇》以改《周禮》六官之屬，分《大司徒》之半以補《冬官》，而《考工記》別為一卷。《儀禮》十七篇為《正經》，於大、小《戴記》中取六篇為《儀禮逸經》，取十五篇為《儀禮傳》[①]。別有《曲禮》八篇。然澄作《尚書纂言》，不信古文，何乃據《周官》以定《周禮》？即以澄《三禮敘錄》及《禮記纂言》考之，所列篇目亦不合。其經義混淆，先後矛盾者，不一而足。虞集作澄《墓誌》，宋濂《元史》澄本傳，皆不言澄有此書。相傳初藏廬陵康震家，後為郡人晏璧所得，遂掩為己作，經楊士奇等鈔傳改正。然士奇序及成化中羅倫校刻序皆疑其為璧所作，則當時固有異論矣。士奇又言：“聞諸長老，澄晚年於此書不及考訂，授意於其孫當，當嘗為之而未就。”朱彝尊《經義考》言：“曾購得當所補《周官禮》，以驗今書，多不合。”又張爾岐《蒿菴閒話》曰：“愚讀《儀禮》，偶得吳氏《考註》，其註皆採自鄭、賈，往往失其端末。其不用鄭、賈者四十餘事。惟《少牢篇》‘尸入正祭’章補入‘尸受祭肺’四字為有功於經，餘皆支離之甚。草廬名宿，豈應疏謬至此？後得《三禮考注》序云：‘輒因朱子所分禮章，重加倫紀，其經後之記，依經章次秩序，其文不敢割裂，一仍其舊。’今此書則割裂記文，散附經內矣。序又云：‘二戴之《記》，中有經篇，離之為《逸經》。禮各有義，則經之傳也。以戴氏所存兼劉氏所補合之而為《傳》，《傳》十五篇。’今此書十五篇則具矣，《士相見》、《公食大夫》二篇但採掇《禮記》之文以充數，求所謂‘清江劉氏之書’無有也。至於《逸經》八篇，序詳列其目，《公冠》、《遷廟》、《釁廟》取之《大戴》；《奔喪》、《投壺》取之《小戴》；《中霤》、《禘於太廟》、《王居明堂》取之鄭氏註。《逸經》雖曰八篇，實具其書者五篇而已。其三篇僅存篇題，非實有其書也。今此書《大戴・明堂》列之第二，蓋不知《王居明堂》之與《明堂》為有辨也。三者與序皆不合，其不出於吳氏也審矣。序又云：'正經居首，《逸經》次之，《傳》終焉，皆別為卷而不相紊。此外悉以歸諸戴氏之《記》。朱子所輯及黃氏《喪禮》、楊氏《祭禮》亦參伍以去其重複，名曰《朱氏記》，而與二戴為三。本書次第，略見於此。'今此書《朱記》了不可見，而又雜取二戴之書名為《曲禮》者八篇，龐雜萃會，望之欲迷。與所云'悉以歸諸戴氏之《記》'者又不合。何物妄人，謬誣先儒至此。"云云。然則是書之偽，可以無庸疑似矣。

**【彙訂】**

① "十五篇"，底本作"十六篇"，據殿本改。明成化九年（1473）建昌知府謝士元刻本此書卷四十至卷五十四為《儀禮傳》。

二禮經傳測六十八卷（原任工部侍郎李友棠家藏本）

明湛若水撰。若水字元明，增城人。宏治乙丑進士，歷官南京吏、禮、兵三部尚書。事蹟具《明史・儒林傳》。是編從孔子"曲禮三千，經禮三百"之説，故曰"二禮"。以《戴記・曲禮》附以《少儀》為《曲禮上經》三卷，以《儀禮》為《下經》十七卷，《冠義》等十六篇為《儀禮正傳》十六卷，《王制》等二十三篇為《二禮雜傳》、《通傳》二十三卷，又別分《小戴・郊特牲》等五篇與《大戴・公符》等四篇為《儀禮逸經傳》。每節各為章旨，標目殊傷煩碎，所註亦皆空談。

廟制考議無卷數（浙江巡撫採進本）①

明季本撰。本有《易學四同》，已著録。是書總論凡七義，附録七十七圖。其中如謂："天子五廟，周加文、武二世室乃七廟。"
其説主鄭康成注。惟《書・咸有一德》稱"七世之廟可以觀德"，
則似商以前已有七廟。無以為解，乃謂自太甲逆溯至相土為七
世，所謂"七世之廟"，專指相土。今考《魯語》曰："商人禘舜而祖
契，郊冥而宗湯。"將觀列祖之德，何遠不及契，近不及湯，而獨舉
相土？又考《殷本紀》，相土以下曰昌若，曰曹圉，曰冥，曰振，曰
微，曰報丁，曰報乙，曰報丙，曰主壬，曰主癸，曰湯，曰太丁，曰太
甲，自太甲逆溯至相土十四世。而本謂太甲上溯相土為七世，其
説舛謬。蓋緣偽《古文尚書》之言"七廟"，致生穿鑿，不知《呂氏
春秋》引《商書》，實作"五世之廟"，無庸如是牽合也。本又謂：
"禘非審諦昭穆，惟有功德而廟不毀者，則當禘於所出之祖廟，而
以受命之祖配之。《長發》之詩小序曰'大禘也'，而述契及相土
以至於湯，是特審諦其賢君而以湯配也。"今考《魯語》曰："上甲
微能帥契者，商人報焉。"《祭法》曰："冥勤其官而水死，以死勤事
則祀之。"自湯以上，雖微、冥得永列祀典[2]，而未聞商人列諸不
毀之廟。今本謂相土有功德而廟不毀，擬於三宗，殊為疏舛。況
相土本在毀廟之列，而《長發》為大禘之詩，得及相土，則毀廟、未
毀廟之主皆得與矣。此正可以折本之説，而本反引以為難乎？
至謂"公劉、太王、王季廟皆不當毀，不特文、武"，則益不經矣。
本又斥朱子"考妣同祫"之説，謂："禘祫男主得入，女主不得入，
故周公營洛邑，特立文、武廟，父子同廟，而其廟無妣主。"今考
《春秋・僖八年》[3]："秋七月，禘于太廟，用致夫人。"左氏《傳》
曰："禘而致哀姜焉，非禮也。凡夫人不薨于寢，不殯于廟，不赴
于同盟，不祔于姑，則弗致也。"據此，則夫人"薨于寢、殯于廟、赴
于同盟、祔于姑"者，皆得以禘致太廟矣，何得云"妣主不得與於

禘祫"乎？《祭統》："鋪筵設同，几為依神也。"鄭註："同之為言詷也。祭者以其妃配，亦不特几也④。"據此，則凡祭皆有配明矣。《洛誥》："烝祭歲文王騂牛一，武王騂牛一。"又曰："王入太室祼。"孔《傳》曰："王賓異周公，殺牲精意，以享文、武，皆至其廟親告也⑤。"據云"皆至其廟"，則祭文、武別廟可知，本何得云"父子同廟"？《雝詩序》"禘太祖也"，鄭箋："太祖謂文王。"而其詩曰："既右烈考，亦右文母。"則明以文母配也，本又何得謂洛邑之文廟獨無文母乎？本又謂："七廟之制，太祖居中，昭不必居左，穆不必居右。古人以右為尊，當于太祖廟之東，平行以次而東為四親廟。"今考廟以昭穆為左右，雖不見於經，然考《周禮·冢人》曰"先王之葬居中，以昭穆為左右"，註曰："昭居左，穆居右，夾處東西。"則昭穆分左右之明證也，故賈疏即以墓之昭穆推廟之昭穆。今本謂廟之昭穆皆在祖廟之中，又何以解於墓之昭穆別左右乎？又考《匠人》曰"左祖右社"，賈疏引《祭義》註云："周尚左。"又考《桓二年》："取郜大鼎于宋，納于太廟。"何休云："文家左宗廟，尚尊。"據此，則於王宮之外立祖廟，與社稷既尚左，而立祖廟與羣廟則又尚右，何同一地而所尚頓異耶？真無據之談也。本又謂："禘祫在太廟，容主多則太廟宜大。高祖以下羣廟，僅容考妣足矣，故其制小。《周禮·祭僕》言'小喪復於小廟'、《隸僕》言'大喪復于小寢、大寢'是也。"今考《閔二年》："夏五月乙酉，吉禘于莊公。"《定八年》："冬十月辛卯，禘于僖公。"則《春秋》禘祭有於羣廟者矣，而未見羣廟之不容多主，則亦未見羣廟之必小於太廟也。《周禮》言小寢、大寢、小廟非以規制之大小言，特以尊卑言耳，故鄭注但云"高祖以下、高祖以上"。《考工記》曰："廟門容大扃七個，于凡廟之門同。"可以知凡廟之室亦同矣，而何大小之別乎？本又不信商祖契、周祖后稷。今考《周語》明云：“我太祖后稷之所經緯也。”《祭法》明云：“祖契而宗湯。”而本不信之，尤荒經蔑古之甚矣。其論歷代廟制，若謂“漢光武但當立高祖舂陵節侯以上四世廟，不當為宣、元、成、哀立廟”，則明世宗《明倫大典》之説，時勢所牽，又當別論者也。前明《三禮》之學，本最著稱，後世儒者往往承其謬説。故舉其最誤者辨之，庶可得其是非之實焉。

**【彙訂】**

① 明嘉靖刻本題名《廟制考義》。（杜澤遜：《四庫存目標注》）

② “雖”，殿本作“惟”。

③ “僖八年”，殿本作“僖公八年”，下文“桓二年”、“閔二年”、“定八年”，殿本皆多“公”字。

④ “詞”，殿本作“洞”；“特”，殿本作“待”，皆誤，參《禮記·祭統》注文。

⑤ “也”，殿本作“曰”，誤，參《尚書·洛誥》傳文。

三禮纂註四十九卷（兩淮馬裕家藏本）

明貢汝成撰。汝成字玉甫，宣城人，嘉靖中官翰林院待詔。其書《周禮》六卷，主俞庭椿“《冬官》不亡，散在五官”之説，而變本加厲。不惟移其次第，且點竄其字句，塗改其名目，甚至於別造經文。後附《周禮餘》二卷，則《禮記·王制》、《月令》兩篇也。《儀禮》十六卷，以《禮記·冠義》附《士冠禮》，《昏義》附《士昏禮》，《鄉飲酒義》附《鄉飲酒禮》，《射義》附《鄉射禮》，《燕義》附《燕禮》，《聘義》附《聘禮》，《服問》、《三年問》、《喪服四制》、《喪服小記》四篇附《士喪服》,《問喪》、《閒傳》二篇附《士喪禮》,《喪大記》附《既夕禮》,《雜記》上下、《曾子問》三篇附《士虞禮》,《祭義》、《祭統》、《祭法》三篇附《有司徹》。後附《儀禮逸經》四卷,則《投壺》、《奔喪》、《文王世子》、《明堂位》四篇也。《儀禮餘》八卷,則《曲禮》上下、《內則》、《少儀》、《玉藻》、《深衣》、《大傳》、《郊特牲》、《檀弓》上下十篇也。其《禮記》十二卷,所存者《禮運》、《禮器》、《經解》、《哀公問》、《仲尼燕居》、《孔子閒居》、《坊記》、《表記》、《緇衣》、《儒行》、《學記》、《樂記》十二篇,而《大學》、《中庸》不與焉。大抵亦剟朱子及吳澄諸説。其《周禮》序自稱:“如有用我,執此以往。”蓋襲文中子之言,尤昧於時勢。前有萬曆九年應天巡撫宋儀望序,乃詆賈、鄭諸人“用力愈勤,大義愈晦”,而稱汝成是書“周公復起不能易”,傎之甚矣。

三禮編繹二十六卷(兩淮鹽政採進本)

明鄧元錫撰。元錫字汝極,南城人。嘉靖乙卯舉人,萬曆中以翰林待詔徵,未至而卒,事蹟具《明史·儒林傳》。是編以“三禮”為名,而實非歷代相傳之《三禮》。一曰《曲禮》,以《禮經》所載雜儀細曲者為經,以《表記》、《坊記》、《緇衣》為記。二曰《儀禮》,以十七篇為經,以《射義》諸篇為記。三曰《周禮》,以《周官》為經,而《考工記》、《大戴禮》、《家語》及《禮記》諸篇不可分入《曲禮》者,皆彙列於後為記。句下夾注、音訓頗簡,蓋非所重。其自為發明者,則大書而附經文下,所謂“繹”也。昔俞庭椿首亂《周禮》,儒者所譏。朱子作《儀禮經傳通解》,雖列附《禮記》,而仍以《儀禮》為主,不過引經證經。至吳澄《禮記纂言》,始刪削其文,顛倒其次。貢汝成因而更定《三禮》,彌為變亂紛紜,已大乖先儒謹嚴之意。至元錫此書，則非惟亂其部帙，併割裂經文，移甲入乙，別為標目分屬之。甚至採掇他書，臆為竄入，古經於是乎蕩盡矣。非聖人而刪定六籍，不亦異乎？

二禮集解十二卷（浙江巡撫採進本）

明李黼撰。黼始末未詳。黃虞稷《千頃堂書目》稱為嘉靖間無錫人，亦據卷首題"錫山"、卷末題"嘉靖十六年常州府刊行"字耳，無他證也。是書以陳友仁《周禮集說》、楊復《儀禮圖》為藍本，故《周禮》以《序官》分冠各官之首，用陳氏例；《儀禮》逐節分注各章之後，用楊氏例。其說率循文箋釋，罕所考證發明。陸元輔稱其自出新意者，案，元輔說見《經義考》。如謂"太宰卿一人至旅下士三十二人，凡六十三人，而府史胥徒不與焉。除太宰與府史胥徒，其餘六十二人，自宮正以下，凡中大夫，即此小宰中大夫也；凡下大夫，即此宰夫下大夫也；凡上、中、下士，即此上、中、下士也，非此六十二人之外又有一項官也。後五官倣此"云云一條，蓋欲以解設官太多之疑。然使王朝之內，事事攝官，恐亦非先王之體制。又稱"疑六官之屬、卿大夫之數，與《禮記·王制》二十七大夫、八十一元士多寡不同"云云一條，不知《王制》一篇，漢文帝博士所作，各述所聞。不能比而同之，徒增繆轕也。

禮經類編三十卷（江西巡撫採進本）

明李經綸撰。經綸字大經，號寅清，南豐人。正、嘉間諸生。是編取《周禮》、《儀禮》、《禮記》合而彙之。大意謂聖人之命禮有三，曰經禮也、曲禮也、制度之禮也。經禮所以接神人，曲禮所以正言行，制度之禮所以治名物。後儒昧於分辨，知有經、曲而不知有制度。故以曲禮、經禮、制禮三者為大綱，而各繫以目。曲禮之目分為五：一曰曲禮正經，二曰曲禮別經，三曰曲禮逸經，四曰曲禮之傳，五曰曲禮增經。諸目中又雜分子目。其“別經”《盛德篇》皆《大戴記》之文，“逸經”則兼採三《傳》、《國語》及《説苑》、《列女傳》，其所謂“增經”則全録《鄉黨》、《孝經》文也。經禮之目亦分為五：一曰經禮之經，二曰經禮之變禮，三曰經禮之曲禮，四曰經禮之制禮，五曰經禮之傳。然仍以吉、凶、軍、賓、嘉為經，而以五者緯焉。其經文有正經、析經、逸經、補經、增經之別，傳亦如之。“正經”者，《儀禮》之正文。“析經”者，舊混為一，今析而出之。他如《郊天》之採乎《家語》、《藉田》之採乎《國語》，則名“逸經”。又如取《尚書·康王之誥》增“天王即位禮”，取《夏官·司士》之文補“天王聽朝禮”，則名“增經”、“補經”也。制禮之目分為二：一曰制禮之經，則《王制》、《月令》、《周官》之文并《深衣》、《考工》等篇是也。二曰制禮之傳，《學記》、《樂記》等篇是也。三大綱之後，又有《三禮通傳》，謂經、曲、制度合而論者不可以彊分，如《禮運》、《禮器》、《坊記》、《表記》及《哀公問》等篇是也。合是數者又冠之以《大學》，終之以《中庸》。《大學》曰“禮冒之經”，謂其規模節目之該括，如五玉之有瑁也，故其下諸篇以明德①、新民、格致、誠正、修齊、治平分配焉。《中庸》曰“禮藉之經”，謂“由博返約，所以為承藉，猶四圭之有邸也”。其於《大學》，以“止至善”配焉。末又以《明堂位》、《儒行》及諸篇之疵複者別為《外記》一卷，以示區別。其條分縷析，用力亦為勤摯。然而割裂經文，參糅雜説，取憑胸臆，隨意增删，殊失先儒謹嚴之意。是欲踵朱子《儀禮經傳通解》而失其初旨者也。

**【彙訂】**

①“下”，據殿本補。（王重民：《跋新印本〈四庫全書總

目〉》》

### 三禮合纂二十八卷（江蘇巡撫採進本）

國朝張怡撰。怡一名遺，字自怡，初名鹿徵，號瑤星，江寧人。前明登萊總兵官可大之子。崇禎中，袁崇煥用陳繼儒之言，殺皮島帥毛文龍，邊兵乘機為變，可大死之，蔭怡錦衣衛千户。李自成僭位，逼之使降，不從。自成敗遁，乃逃入深山中，至康熙三十四年以壽終。是書凡例稱“從周子雪客借衛湜《禮記集說》”。雪客為周在浚字，則康熙初年所作也。其書大體仿《儀禮經傳通解》，而敘次微有不同。首《通禮》，次《祭禮》，次《王朝之禮》，次《喪禮》。其《通禮》以《大學》、《中庸》為首，《大學》從王守仁所解古本，不用朱子改定之本①。次《王朝之禮》，則首《周官》，而以《儀禮·覲》、《聘》、《燕》、《射》諸篇附焉。其言曰：“《禮記》昉於漢儒，中閒性道微言、天人奧義，時時吐露。然真贗相雜，瑕瑜不掩。如《月令》、《王制》諸篇，皆未經夫子刪定者也。《周官》多操切富强之術，詳於政而略於教②；《儀禮》皆周旋升降之節，儀則繁而禮則疏③。先儒欲推二書為經，以記為傳，似非定論。”云云。然《儀禮》、《禮記》彼此相應，《周官》所云，頗與之遠，强為通之，必成鑿枘。如因是而斥《周官》，則大不可。且以《周禮》為“有政無教”，《儀禮》為“儀繁禮疏④”，則尤不得先王因事寓訓之旨。大抵其解出於郝敬，而又益以姚江之心學。凡先王大典，皆視為粗跡，無足怪也。又其凡例有云⑤：“文義會通、彼此互舉者，悉照原篇，不敢割裂。”今案《儀禮》一書，有經有記，怡於《昏》、《聘》諸篇咸裁截記文，分附經次，較其發凡，亦屬矛盾。惟《周官》不用俞氏《復古編》之説，差為有見耳。

**【彙訂】**

① "本"，殿本脱。

② "而"，殿本脱。

③ "禮"，底本作"義"，據殿本改。

④ "禮疏"，底本作"義疏"，據殿本改。

⑤ "有"，殿本無。

## 讀禮竊註一卷（山東巡撫採進本）

國朝孫自務撰。自務字樹本，號立菴，安邱人。歲貢生。是書撮舉《三禮》，凡五十七條。其中閒有可採者，若《釋名》、《字林》皆以姪為兄弟之女稱，自務引《儀禮·喪服》經"姪，丈夫婦人報"，證姑於兄弟之子亦有姪稱，引據頗為明確。至謂《祭法》以王考、皇考、顯考、祖考各稱為始祖及高、曾之別為字義不清，又斥《坊記》"寡婦之子不有見焉，則不友也"為附會孔子之言，皆以私意疑經，並無明證。又謂朱子以門屏之閒為皋門①，今檢《全集》及各注，並無此文。若襲萬斯大之論，以大社為方丘，不免好從異説。又述斯大之言曰"《曲禮》：'天子當依而立，諸侯北面而見天子，曰覲。天子當宁而立，諸公東面諸侯西面，曰朝。'止是一禮。蓋天子將入廟受覲，至宁，先下車而立。諸公於是分班朝見，以通姓名，即所謂朝也。覲禮不具，文之略也"云云。今考《儀禮》本篇未覲之前自郊勞授館至於侯氏釋幣，既覲之後自三享聽事至於三勞及賜車馬，雖繁文曲節，無不詳載。而獨謂略此朝禮，殊考之未詳。《郊特牲》曰："覲禮，天子不下堂而見諸侯。"若天子先見諸侯於路門外，則其失甚於下堂矣。自務甚推此説，亦輕信也。觀其篇首敘所見禮家諸書，寥寥無幾。蓋皆據理推測，而以意斷制之耳。

【彙訂】

① "謂"，殿本作"稱"。

稽禮辨論一卷（江西巡撫採進本）

國朝劉凝撰。凝字二至，南豐人。由貢生官崇義縣訓導。是書凡為《論》者十六，為《辨》者六，合二十二篇。引證頗古，而考核未精。若《月令論》一篇，謂太尉不始於秦，即《國語》之元尉及《夏官》之軍司馬。今考《漢百官表》，太尉與大司馬更置。《黃霸傳》亦云："以丞相兼之。"《續漢志》又云："太尉，公一人。"若《夏官》之軍司馬，則位在小司馬之下，與太尉尊卑懸絕。又《晉語》曰："知祁奚之果而不淫也，使為元尉。"韋昭注："元尉，中軍尉也。"又云："知鐸遏寇之恭敬而信彊也，使為輿尉。"韋昭注："輿尉，上軍尉也。"蓋古者三軍皆有尉。《尉繚子》曰："長伯教成，合之兵尉。兵尉教成，合之裨將。"兵尉即《國語》之元尉、輿尉也，其職位在軍將下。今凝以元尉為太尉，尤屬不倫。又若《續唐仲友周禮武成孟子論》一篇，謂："諸侯百里為井者萬，以十井起乘。天子千里為井者百萬，以百井起乘。"今考井田以一甸起乘，無分天子、諸侯。《成公元年》："三月，作丘甲。"杜注："長轂一乘，甸所賦，今魯使丘出之。譏重斂，故書。"丘，十六井也。諸侯以十六井起乘，尚乖於制，則謂以十井起乘者，不尤謬乎？又若《公路公行公族論》一篇，謂《詩》、《左傳》之"公行"即《周禮》之諸子；《文王世子》之庶子專掌姜子之政令①；《諸子》文曰"掌國子之倅"，對適子與母弟言之，故云"副貳"也。今考《諸子職》又云："國有大事，則帥國子而致于太子。"《周禮》全經凡稱"國子”者，無不統有適庶。“師氏以三德教國子”、“保氏養國子以道”、“大司樂以樂德、樂語、樂舞教國子”、“樂師掌國學之政②，以教國子小舞”，皆是也③。今凝獨以諸子所帥之國子為妾子，與全經無一可通。且凝既知諸子即庶子，而《文王世子》曰：“庶子以公族之無事者守于公宮，正室守太廟。”鄭注：“正室，適子也。”是庶子明掌適子之政。而凝乃誤以國子之倅為適子母弟之副貳，遂誤以諸子所掌惟妾子之政，使合於《左傳》之“公行”。不特不會鄭注“倅”字之義，且并《周禮》全經及《文王世子》之文亦皆乖剌矣。又若《十二章服辨》一篇，謂：“郊天未至泰壇，先服狐白裘，次加袞服，為裼衣，袞服上加大裘，狐白與黑羔相為表裏，即《家語》所云‘天子大裘以黼之’是也。當祀之時，脫裘而服狐白及袞，即《家語》所云‘既至泰壇，王脫裘’是也。”今考《司服》曰：“祀昊天上帝則服大裘。”如凝之説，則是服狐白裘而冕矣。又《玉藻疏》引劉氏説，凡六冕之裘皆用羔；引熊氏説，謂六冕皆用狐青裘。蓋冕服皆元，羔及狐青裘色亦元。今以袞表狐白裘，則裘裼異色。又《玉藻》曰：“惟君有黼裘以誓省④”，鄭注：“以羔與狐白雜為黼文。”而凝乃以內服狐白、外服黑羔為黼文，穿鑿尤甚。凝是書於《三禮》之學頗勤，亦閒能致力於漢、魏諸書，而喜新好異，故持論往往不確焉。

【彙訂】

① “妾子”，底本作“庶子”，誤，據殿本改。

② “國”，殿本脱，參《周禮注疏》卷二十三原文。

③ “是”，殿本作“國子”。

④ “誓省”，殿本作“省誓”，誤，參《禮記·玉藻》原文。

昏禮辨正一卷（浙江巡撫採進本）

國朝毛奇齡撰。奇齡有《仲氏易》，已著録。是書力詆《三禮》經文，引《曲禮》“男女非有行媒不相知名”，而《士昏禮》乃不言行媒；引《曲禮》“齊戒以告鬼神”，謂親迎必先告廟，而《士昏禮》不言告廟；引《春秋·桓三年傳》“夫人至自齊”朝至之文①，謂婦至之日當朝廟，而《士昏禮》不言朝廟；引《春秋》“齊侯越境以送女”，謂女之父既迎婿於門外，亦當送之門外，而《士昏禮》乃言不降送；引《穀梁傳》“納采、問名、納徵、告期”，謂止當有四禮，而《士昏禮》乃誤增“納吉”一禮，又誤入“親迎”於六禮之內；引《詩·關雎》“琴瑟”、“鐘鼓”，謂嫁娶亦當用樂，而《郊特牲》乃謂昏禮不用樂。其說頗為辨博。其中論告廟朝至之儀，雖頗有根據。而核其大致，穿鑿者多，未足據為定論也。

**【彙訂】**

①“桓”，殿本作“桓公”。

廟制折衷三卷（浙江巡撫採進本）

國朝毛奇齡撰。是書大抵宗王肅而駁鄭康成。康成謂天子五廟，周加文、武二祧為七。肅謂天子七廟，周加文、武二廟為九。漢唐以來言廟制者，互相祖述。禮以義起，原不必膠執一說。然未有淆亂舊文如此書之甚者。夫“天子七廟”之見於《禮器》、《王制》、《祭法》、《穀梁傳》者，奇齡既皆以為不專言周矣，然《禮器》稱“周旅酬六尸”，則明明言周。鄭注、孔疏謂后稷之尸發爵不受旅。餘自文、武及四親廟凡六尸。周止七廟，此為確證。奇齡乃謂：“六尸為六廟昭穆之尸，文、武二尸不在內。故祫祭出堂，后稷尸與文、武二尸俱南向，餘東西向。”考《禮器》孔疏，旅酬之時，毀廟之主咸在，特無尸耳。又《春秋·文公二年傳》曰：
“文、武不先不窋。”《魯語》亦曰：“周之烝也，未嘗躋湯與文、武。”
奇齡乃謂文、武二尸獨與后稷同向，則毀廟之主自太王、王季以
上皆列在文武之旁，是子孫得躋其父祖，而謂文、武歆此祀乎？
奇齡又謂：“《曾子問》七廟無虛主，明遷廟、文武廟皆可虛主。”今
考《曾子問》明云：“天子巡守，以遷廟主行。”又云：“今也取七廟
之主以行，則失之矣。當七廟、五廟無虛主。”據此，則得虛主者
惟遷廟耳。至於文、武之廟，即奇齡亦知其為百世不遷者也。而
乃於經文“遷廟”之外，強增一“文、武廟”，是又以不遷之廟為可
虛主矣，與經文“遷廟”二字顯相刺謬。蓋奇齡謂周九廟而欲增
高、曾以上二世於七廟內，即不得不出文、武二廟於七廟外。又
以其在七廟外，即不得云無虛主。故鑿空杜撰而為此說也。其
餘因襲前人已廢之說者，尤難枚舉。蓋準以“德厚流光、德薄流
卑”之義，則天子九廟，於義未嘗有乖，而一自奇齡言之，揆諸經
傳，反多未合。甚矣其彊辨也[①]。

**【彙訂】**

① 殿本“其”下有“好”字。

大小宗通繹一卷（浙江巡撫採進本）

　　國朝毛奇齡撰。是書謂鄭康成《禮記大傳注》以別子之世長
子為大宗，別子庶子之長子為小宗。則是別子一世無大宗，繼別
一世無小宗，凡國君繼世，必有三世無大、小宗者。於是謂別子
之身即為大宗。今考《大傳》文曰：“別子為祖，繼別為宗。”若別
子即得為大宗，則經文曷不曰“別子為宗”乎？經文既明以祖與
宗對舉，即顯然不可相混[①]。而奇齡乃混之，是叛經矣。奇齡又

謂:"康成以別子為妾子,萬一僅有一母弟而無庶,將以無庶而反絕宗乎?"今考《儀禮・喪服》傳曰:"庶子不得為長子三年。"則兼據為父後者之同母弟,不專指妾子也。故賈公彥疏云:"庶子,妾子之號,適妻所生第二者同名庶子,遠別於長子。"則《儀禮》經文已以庶該嫡矣,何獨於康成致難焉? 至奇齡謂"別子諸弟之子亦得各為小宗,不特別子、庶子之子而已",則其説頗有根據。《晉語》曰:"黃帝之子二十五人。"又曰:"黃帝之子二十五宗。"韋昭注:"以為小宗。"可與奇齡此説相證。若如《喪服要記》"別子之庶兄弟,其嫡繼之,各有一大宗",則是別子有十,大宗即有十矣。與"宗子統族"之義殊有未合。奇齡謂《要記》"各一大宗"之説,當為"各一小宗",其義較允。亦不可以好為彊辨,遂併没所長也。

【彙訂】

①"顯然",殿本作"畫然"。

學校問一卷(浙江巡撫採進本)

國朝毛奇齡撰。前答門人張希良問學校之名,繼以答門人吳鼎問廟學中稱先師設主,因及鄉飲養老之禮。考夏后氏之學名序,與州學亦名序者,其制一有室,一無室,兩不相蒙。州學之序,《爾雅》所謂"無室曰榭"是也,字或作"謝",或作"豫"。而《爾雅》又曰:"東西牆謂之序。"則室內曰墉,堂上曰序,堂下曰壁,同為牆名。是序之名有三,而義各殊。奇齡乃曰:"五架之屋,由户牗以北為室,户牗以南為序、為堂。而堂序之分則兩楹以北為序,以南為堂。學之楹東為東序,楹西為西序。兼言庠序,則有室;單言序,則不及室。"殊為牽合溷淆也。

明堂問一卷（浙江巡撫採進本）

國朝毛奇齡撰。以門人姜垚問九室、五室之辨發端，而終於九宮卦位。其大意專訾鄭康成之主五室為非，而言五室即九室，九室即十二堂。考之《月令》，四正之堂曰太廟，其左右曰左个、右个，而最中一室曰太廟太室。明四正之堂同以此為室，則左右堂以四隅之室為室可知也。太廟太室僅一，《月令》繫之中央土所居。奇齡乃云"太廟太室五"，是併《月令》之文不察，且溷室與堂而一之。輕議前儒，未免反成舛漏矣。

郊社考辨一卷（直隸總督採進本）

國朝李塨撰。塨有《周易傳註》，已著錄。是編立論主南北郊分祀，大致皆本之毛奇齡。

三禮約編十九卷（江蘇巡撫採進本）

國朝汪基撰。基字警齋，休寧人。是書取《儀禮》、《周禮》、《禮記》刪汰全篇，節録其文，蓋取其便於誦習。然若《周禮·天官》六十職，刪宮正、宮伯而宿衛之制缺。《地官》七十八職，存閭師而刪縣師，則六鄉有徵稅之官，而都、鄙、丘、甸遂無職長。此其關係之最大者。周公制作，固不容以意為點竄也。

三禮會通二卷（安徽巡撫採進本）

國朝張必剛撰。必剛字繼夫，潛山人。乾隆壬戌進士[①]。是書凡《典制考》一卷、《郊社辨》一卷。《典制考》謂禮本於天，因而臚舉《禮》文之與天相應者以實之。夫天秩天敘，誰曰不然？然於千百年後掇殘缺之古經一名一物，必錙銖比較，以求其所以法天者何在，則幾於鑿矣。其閒至以六門配六爻，果周公本義耶？《郊社辨》以祭莫大於事天地，事天地莫大於郊社。自郊社與圜丘方澤牽混，而國内外之社又相牽混，而其禮不明。漢鄭氏以《郊特牲》之郊屬孟春，不與圜丘混，其説本確。而王肅顧非之，因據《郊特牲》及《周禮》以證王肅之誤，其説是矣。又辨“周之始郊日以至”，“至”字乃“辛”字之誤，引《逸周書》“辛亥柴上帝”、《漢史》“辛亥祀天位”兩條以證之，其論亦辨。然於《周書》“丁未祀周廟”之下云“越三日庚戌”，其説又不可通，遂謂“五日誤為三日，辛亥誤為庚戌”。操是術以往，將義有所窒，即改經文以就之。天下無不可通之説，天下亦竟無可據之經矣。

**【彙訂】**

① 壬戌為乾隆七年，然道光《安徽通志》卷一一八《選舉志》、光緒《安徽通志》卷一五七《選舉表》、民國《潛山縣志》卷一一《選舉志》均作乾隆元年丙辰科進士。（楊武泉：《四庫全書總目辨誤》）

　　右禮類“三禮總義”之屬二十部，三百一十卷，内一部無卷數。皆附存目。

禮樂合編三十卷（兩淮馬裕家藏本）

明黃廣撰。廣，無錫人。是書成於崇禎癸酉。以經典古訓與説部小史雜採成文。且每事不詳其源流本末，但舉其一語，又有並非禮樂而闌入者，殊鮮條理。所立門目，分本紀、統紀諸名，亦皆漫無體例。前有鄭鄤等九人序①，皆明末人標榜之辭，不足據也。

**【彙訂】**

① 此書卷首有華淇、張溥、馬世奇、吳履中、王秉鑒、周廷鑣、石確、鄭鄤八人序。（李裕民：《四庫提要訂誤》）

禮學彙編七十卷（浙江巡撫採進本）①

國朝應撝謙撰。撝謙有《周易集解》，已著錄。是書蓋倣《儀禮經傳通解》、《續通解》之例而稍變通之。分為六十一篇，視朱子、黃榦舊目或省或增，或仍其文而變其名，然往往參以臆見。如《王祭》一篇，鄭康成《郊特牲》注謂：“朝踐在堂，饋食在室。”後儒相承，初無異説。而撝謙乃謂：“朝踐在室，饋食在堂。”引《禮運》“玄酒在室②，醴醆在戶，粢醍在堂，澄酒在下”，謂朝踐用醴醆，醴醆在室戶內，即知朝踐當在室；饋食用粢醍，粢醍在堂，即知饋食當在堂。今考《儀禮・特牲禮》“尊于戶東”，鄭注云：“室戶東。”《少牢禮》“尊兩甒于房戶之閒”，鄭注云：“房西室戶東也。”是皆在堂之明證。即此知醴醆雖在室，而朝踐自得在堂；粢醍雖在堂，而饋食自得在室。亦猶《士冠禮》“側尊一甒，醴在服北”，行禮之地與設尊之地異所耳。又安得以設尊之地即為行禮之地耶？又鄭注“司尊彝”，謂：“王以圭瓚酌鬱鬯，后以璋瓚酌亞祼”，則再祼也。今撝謙乃據《大雅》“殷士膚敏，祼將于京”之文，增以賓祼為三祼。考《周禮・小宰》云：“祭祀行祼將之事”，注云：“又從太宰助王祼也。”《小宗伯》云：“凡祭祀、賓客以時，將瓚祼。”注云：“將，送也，猶奉也。祭祀以時，奉而授王。賓客以時，奉而授大宗伯。”然則殷士祼將亦第奉而助王祼耳，豈自行祼祭乎？至所謂“郊天當有十二獻”，不特為經典所不載，亦為史志所不傳，益不足辨矣。夫《三禮》鄭注，合經者十得八九，而撝謙必一一反其説，舍康莊而旁騖，其惑於多岐亦宜也。

**【彙訂】**

①“禮學”，殿本作“禮樂”，誤，參清鈔本題名及《浙江省第十次呈送書目》、《浙江採集遺書總錄》著錄。（杜澤遜：《四庫存

目標注》）

②"玄酒"，"玄"字缺末筆，殿本作"元酒"。

儀禮節要二十卷（江西巡撫採進本）

國朝朱軾撰。軾有《周易傳義合訂》，已著錄。是編分冠、昏、喪、祭四大綱。而《冠禮》後附以《學義》，《昏禮》後附以《士相見》、《鄉飲酒》，於《喪》、《祭》二禮尤詳。附圖三卷，則其門人王葉滋所為，軾所訂定者也。大旨以朱子《家禮》為主，雜採諸儒之說而斷以己意。意蓋欲權衡於今古之間，故於今禮多所糾正，於古禮亦多所變通。然如《士相見》、《鄉飲酒》二篇，朱子以為今不可行，蓋通儒明晰事勢之言。軾事事遵朱子，惟此條所見與朱子相左，必欲復之。然其說迄不可行，則終以朱子為是也。是書別有一本，僅三卷，乃軾之初稿。此本成於康熙己亥，蓋其後來定本云。

禮樂通考三十卷（浙江巡撫採進本）

國朝胡掄撰。掄字應麟，武進人。掄以《儀禮經傳通解》五禮雜糅，又不能各詳始終本末，疑非朱子親筆，故作是書。首以《通論》一卷，次《吉禮》、《凶禮》各六卷，次《賓禮》二卷，次《軍禮》一卷，次《嘉禮》七卷，而終以《樂制》七卷①。然其閒雜引經史，叢脞少緒。且《儀禮經傳通解》本朱子未竟之書，屬黃榦續成。授受源流，灼然可證。掄欲竄改其書，而又嫌于改朱子，乃巧為之辭，謂非朱子之親筆。蓋即宋儒刪改諸經，託言於漢儒竄亂之故智。雖出爾反爾，足驗好還。然尤而效之，夫亦可以不必矣。

【彙訂】

①"樂制"，殿本作"舉制"，誤。清乾隆藜照軒刻本此書末

七卷皆言樂制。

　　儀禮經傳內編二十三卷外編五卷（江蘇巡撫採進本）

　　國朝姜兆錫撰。兆錫有《周易本義述蘊》，已著録。是書《內編》首《嘉禮》，以《士冠禮》冠之，《大夫冠禮》以下繼焉。《昏禮》、《飲食》、《饗燕》、《賓射》、《脤膰》、《賀慶》又次之。次《軍禮》，次《賓禮》，次《凶禮》，次《吉禮》。《外編》為《喪服本經》，又《補喪服》，又《采經》四篇，終之以《圖考》。大率以《儀禮》為主，《儀禮》所未備，則採他書以補之。類多因襲前人，發明最少。即如《大夫冠禮》，在古禮本無可據。此本但取《禮記》無大夫冠禮而有其昏禮。古者五十而後爵，何大夫冠禮之有？又引《國語》“趙文子冠”一段，以此為足以補大夫之冠禮。是欲以空言當實義①。揆其著書之意，蓋欲補正《儀禮經傳通解》，然不及原書遠矣。

　　【彙訂】

　　① 殿本“義”下有“也”字。

　　重刊朱子儀禮經傳通解六十九卷（大學士于敏中家藏本）

　　國朝梁萬方撰。萬方字廣菴，絳州人。朱子《儀禮經傳通解》本未竟之書，至黃榦乃續成之。此本名為重刊，實則改修。大致據楊復序文，謂朱子稱黃榦所續喪、祭二禮規模甚善，欲依以改定全書而未暇，遂以榦之體例更朱子之體例，與榦書合為一編。補其闕文，刪其冗複，正其譌誤。又採近代諸說，參以己意發明之。其中閒有考證，而亦頗失之蕪雜。如所補《學禮書》數篇，朱子原序本云取許氏《說文序說》及《九章算經》為此篇。萬方乃曼衍及五百四十部之首，附以周伯琦之《字原》。非略非詳，已無裁制。至於以“楷書運筆諸法”為一章，更為泛濫。又不採

古人舊説，而惟取近時傅山、馮班之論。其中“傅山”一條云：“亂
嚷吾書好，吾書好在那？點波人應儘，分數自知多。漢隷中郎
想，唐真魯國譌。相如頌布濩，老腕一雙摩。”掩其書名而觀之，
殆莫能知爲《儀禮經傳通解》之文也。

右禮類“通禮”之屬六部，二百四十七卷，皆附存目。

鄭氏家儀<sub>無卷數</sub>（浙江巡撫採進本）

元鄭泳撰。泳字仲潛，浦江人，官溫州路總管府經歷。義門
八世孫濤之弟也。其書依五禮分爲五篇，蓋本司馬氏《書儀》、朱
子《家禮》而損益之，并録其家日用常行之式，編次成書。後附泳
所作《祭田》、《祠堂記》二首，又附十五世孫崇岳《祭田號畝
記》①。是書爲崇岳所刊，蓋即所附入也。

【彙訂】

①“孫”，殿本脱。清刻本此書附《祭田號畝記》，署“十五世
孫中憲大夫雲南按察司副使崇岳記”。

家禮儀節八卷（少詹事陸費墀家藏本）

明邱〔丘〕濬撰。濬字仲深，瓊山人。景泰甲戌進士，官至文
淵閣大學士，謚文莊。事蹟具《明史》本傳。是書取世傳朱子《家
禮》而損益以當時之制。每章之末，又附以餘注及考證，已非原
本之舊。惟所稱：“文公《家禮》五卷，不聞有圖。今刻本載於卷
首，而不言作者，多不合於本書。《通禮》曰‘立祠堂’，而圖以爲
家廟，一也。《深衣》‘緇冠’，冠梁包武而屈其末，圖則安梁于武
之上，二也。本文‘黑屨’①，而圖下注用白，三也。《喪禮》‘陳襲
衣’有深衣等物，而不用《儀禮》‘質、殺二冒’，圖乃陳之，四也。

本文'大斂'無布絞之數，而圖有之，五也。'大斂'無棺中結絞之文，而圖下注則結於棺中，六也。《尺式圖》下載天台潘時舉説，末識歲月曰嘉定癸酉。是時距文公没時慶元庚申十有三年矣，豈可謂為文公作哉！"又稱"或曰信如此言，圖固非朱子作，何以《祠堂章》下有'主式見《喪禮》及前圖'八字？愚案南雕舊本，於'立祠堂'下注圈外止云：'主式見《喪禮・治葬章》'，並無'見前圖'三字。不知近本何據改'治葬章'三字為'見前圖'"云云。其辨證頗明。然此本《祠堂章》"神主"一條下並無"見《治喪章》"字，乃有"詳具圖"三字，與潘所言不合。又圖散于各章之中，龐雜錯落，殊無倫敍。其《香案圖》前以二丫髻童子執旛前導，如釋家之狀，決非舊圖所有，亦決非潘之所為，蓋又坊刻所竄亂者矣[②]。

**【彙訂】**

① "屨"，底本作"褸"，據《儀禮注疏》原文及殿本改。

② "矣"，殿本作"也"。

禮問二卷（浙江巡撫採進本）[①]

明吕柟撰。柟有《周易説翼》，已著録。是書雜論冠、昏、喪、祭之禮，皆與門人問答之辭。末載《入學儀》及《渭陽公祭儀》之類，則此書之附録也。朱彝尊《經義考》載柟《禮問》内、外篇二卷，云"未見"。今本卷數相符，而不分内、外篇，或彝尊傳聞未確歟？其中如正《子夏傳》"妾不得體君，為其父母遂"二語之誤，本於鄭注；解《曾子問》"接祭"之"接"為接續之接，本於衛湜《禮記集説》，持擇頗為有見。至論廟制，謂："古之諸侯多出於天子，其始祖天子祀之，故諸侯五廟。"今考《王制》、《祭法》，諸侯五廟皆有始祖廟。則諸侯原祀及始祖，不特天子祀之也。況《王制》鄭注曰：“太祖，別子始爵者。”孔疏曰：“凡始封之君，謂王之弟封為諸侯，為後世之太祖。”如以此始封之別子為始祖，天子安得祀之？如以為始封之君所自出之王，則諸侯不得祖天子。魯有文王廟，鄭有屬王廟，孔疏皆以為非禮之正，安得據以為通例耶？栩又謂《儀禮·喪服》“父卒繼母嫁，從，為之服期”，則從生母嫁者當三年。不知《儀禮》經文必特著“從”之一字，是知繼母嫁，必從乃服期，不從即不服也。《檀弓》：“子思之母死于衛。”鄭注：“嫁母，齊衰期。”則知生母嫁即不從亦必服期也。生母之厚于繼母，義在於此。若必加服至三年，豈不念嫁母有絕族之義，安得與無故而服三年者同也？今律文生母嫁者在期服章，不別從與不從，蓋準鄭義，栩説似過於情。其他條亦多循舊義，少所闡發。若全載《家祭》及《焚黄》文，則更為泛濫矣。

**【彙訂】**

　　① 此書在《各省進呈書目》中僅著録於《浙江省第五次鄭大節呈送書目》，“浙江巡撫採進本”應為“浙江鄭大節家藏本”之誤。（江慶柏：《四庫全書私人呈送本中的鄭大節家藏本》）

　　別本家禮儀節八卷（少詹事陸費墀家藏本）

　　舊本題明楊慎編，慎有《檀弓叢訓》，已著録。是編前有慎序，詞極鄙陋。核其書，即邱〔丘〕濬之本，改題慎名。其圖尤為猥瑣。《送葬圖》中至畫四僧前導，四樂工鼓吹而隨之，真無知坊賈所為矣。

　　四禮初稿四卷（江蘇巡撫採進本）

　　明宋纁撰。纁字伯敬，號栗庵，商邱人。嘉靖丙辰進士，官至吏部尚書，謚莊敏。事蹟具《明史》本傳①。是編分冠、昏、喪、祭四禮，略仿古經詞句而統用後世之法。如“適子冠于阼”，古制也。繡以為今制南面為尊，長子、宗子皆宜西向，以避父祖與賓。昏有六禮，今合納采、問名為一，請期、納幣為一，與《家禮》所刪併者又不同②。大都以意為之也。

**【彙訂】**

① 丙辰為嘉靖三十五年，然《明史》本傳云：“嘉靖三十八年（己未）進士……諡莊敬。”《弇山堂別集》卷四八《戶部尚書表》亦云嘉靖己未進士。惟雍正《河南通志》卷五八《人物志》謂“嘉靖丙辰進士”。（楊武泉：《四庫全書總目辨誤》）

②“又”，殿本無。

鄉射禮儀節無卷數（浙江巡撫採進本）

明林烈撰。烈，福州人，其始末未詳①。據嘉靖丙寅烈自序，稱嘗於其鄉之嵩陽社創射圃，擇子弟一百七十三人，每月朔望行古鄉射之禮，因作是書。前列《嵩陽射圃記》一篇，述復古之義。其書則節錄《儀禮》經文，各略為詮釋而繫之以圖。然意取簡明，或往往刊削過甚，晦其本旨。如經文“司射”節，“將乘矢”之下有云：“執弓，不挾，右執弦。”蓋司射既發乘矢之後，矢雖盡而弓不釋②。其執弓之儀則右手執弦，左執弣也。烈於“將乘矢”之下刪此二語，則“執弓南面揖之”節，遂不知何所措施。又《經》文“初射”節，“司馬出于下射之南，還其後，降自西階”下有云“反，由司射之南，適堂西釋弓，襲，反位，立于司射之南”數語，烈又刪去。則降自西階之後，其反位由何道、立何方，及“由祖而襲之”節，皆不可考。是書雖不主於釋經，然經義不明，則儀節俱爽，於行事亦多違礙矣。

**【彙訂】**

①“其”，殿本無。

②“弓”，殿本作“有”，誤。

四禮疑五卷（江蘇巡撫採進本）

明呂坤撰。坤字叔簡，寧陵人。萬曆甲戌進士，官至刑部侍郎。事蹟具《明史》本傳。是書首載《通禮》一卷，《冠》、《昏》、《喪》、《祭》各一卷。意在酌通古今，自成一家之學。其大旨亦本於《書儀》、《家禮》。然好用臆説，未可據為典要。如謂：“為庶母之有子者杖期，無子者當亦同制。長幼尊卑，未有不報者。嫡與妾不報服，猶云名分稱尊。諸子不尊於父妾，父妾為之期，而諸子不報，非禮也。”今考《儀禮·喪服》“齊衰不杖期”章曰：“公妾、大夫之妾，為其子期。”又《喪服記》曰：“公子為其母練冠麻，衣縓緣。”據此，則公之妾自為其子期，其子且不得為妾母服，則諸子安得為父妾報？又《喪服》“緦麻”章曰：“士為庶母。”《傳》曰：“何以緦也，以名服也。”馬融曰：“以有母名，為之服緦。”蓋妾之子於己為同父兄弟，兄弟之生母於己亦得有母名。故《唐律》以庶母為妾之有子者，蓋取《儀禮》之義。《唐會要》載長孫無忌之奏，謂：“己之庶昆弟為其母不杖衰，而己與之無服。同氣之内，凶吉頓殊。求之禮情，深非至理。請依典故，為服緦麻。”則為庶母服緦麻，亦全從有子起義。妾若無子，則無為人母之道，《傳》又安得云“以名服”乎？自《開元禮》、《政和禮》、《書儀》、《家禮》及《明集禮》皆本《唐律》，坤乃橫生異議，過矣。坤又謂：“經既云‘日中而虞’，又云‘始虞用柔日，再虞用柔日，三虞卒哭用剛日’。葬日即虞，安問剛柔？”其意蓋謂虞、葬同日，葬既無剛柔定日，則虞又安得擇剛柔也？不知古制不可以繩今，猶今制不可以推古。古之葬恒用柔日，故始虞自得柔日。《曲禮》曰：“喪事先遠日。”註曰:"葬與練祥也。"蓋特於旬之外卜乙、丁、己、辛、癸等柔日也。考《春秋》經、傳,凡書葬三十有五,而用柔日者三十有一。其《宣八年》"十月己丑,葬敬嬴。雨,不克葬。庚寅乃葬"。《定十五年》"九月丁巳,葬定公。雨,不克葬。戊午乃葬"。其卜葬本日亦仍用柔日。惟《成十五年》"八月庚辰,葬宋共公"[1],《左傳·隱公元年》"十月庚申,改葬惠公",偶變此例耳。則葬用柔日,乃古定制,虞、葬同日,其事相因。故《開元禮》、《政和五禮》[2]、《書儀》、《家禮》、《明會典》始虞、再虞無不用柔日者。坤不知古禮,遽議經文,其説亦乖。其餘攻經文者不一而足。如《戴記》"庶子攝祭,不假,不配,不歸肉"、"宗子死,庶子代,有爵稱介,無爵稱子,祭必告於宗子之墓"、"三年之喪及齊衰大功之喪則因喪而冠,不改冠為次於中門之外"、"三年之喪不吊哭"諸條,坤皆謂非孔子之言。至《儀禮·士冠禮》一篇,則逐句詰難,幾無完膚。坤之講學在明代最為篤實,獨此一編,輕於疑古。白璧之瑕,雖不作可矣。

**【彙訂】**

① "宣八年"、"定十五年"、"成十五年",殿本"宣"、"定"、"成"後皆有"公"字。

② "五",殿本無。

四禮翼四卷(浙江巡撫採進本)

明呂坤撰。自序謂:"以民閒日用常行淺近鄙俗可以家喻户曉者,析為條目。"凡《冠禮翼》二:曰蒙養[1],曰成人;《婚禮翼》二:曰女子,曰婦人;《喪禮翼》二:曰侍疾,曰修墓;《祭禮翼》二:曰事生,曰睦族。

【彙訂】

① 據明萬曆刻清遞修《呂新吾全集》本此書，"蒙養"乃"養蒙"之誤。

四禮輯一卷(兩淮馬裕家藏本)①

明馬從聘撰。從聘字起莘，靈壽人。萬曆己丑進士，官至右僉都御史，巡撫延綏。崇禎十一年靈壽城破，與三子同殉節。乾隆乙未，賜諡忠節。是書亦多以意為之。考《儀禮·士冠禮》賈疏，古者天子諸侯皆十二而冠，士、庶人二十而冠，故《曲禮》稱"二十曰弱冠。"《後漢書·馬防傳》："年十六，仍自稱未冠。"此書《冠禮目錄》謂："男子年十五至二十皆可冠②。"如此之類，皆於古義未協，未可據為確論也。

【彙訂】

①《四禮輯》應為《四禮輯宜》之誤。清陸隴其《三魚堂文集》卷八有《四禮輯宜》序。清《欽定續通志》卷一百五十七、《欽定續文獻通考》卷一百五十九皆載："《四禮輯宜》一卷，明馬從聘。"(鞠明庫：《〈四庫全書總目〉訂誤六例》)

②"十五"，殿本作"十六"。

明四禮集說八卷(兩江總督採進本)

明韓承祚撰。承祚自署曰東魯，不知何郡邑人也。是書成於萬曆壬子。大約宗朱子《家禮》，而參以《明會典》。冠、婚、喪、祭，以次分條，雜述前人之儀。而圖說、儀注、祝文等，因類附焉。

四禮約言四卷(江西巡撫採進本)

明呂維祺撰。維祺字介孺，號豫石，河南新安人。萬曆癸丑進士，官至南京兵部尚書。李自成陷開封，抗節死。事蹟具《明史》本傳①。是編分冠、昏、喪、祭四目，皆因古禮之名而删除儀節，務趨簡易，以通俗易行。然施之一家則可，不宜制為程式以範天下也。

**【彙訂】**

①《明史》本傳云："李自成大舉來攻，維祺分守洛陽北門……（城陷）延頸就刃而死……"《明史·莊烈帝紀二》、《明儒學案》卷五四吕維祺小傳所載均同。吴偉業《吴梅村全集》卷四一《吕忠節公神道碑銘》云："吾觀洛陽之亡，公之死，於王室菀枯之際，恫乎有餘痛焉。"且李自成無攻陷開封事。（楊武泉：《四庫全書總目辨誤》）

讀禮偶見二卷（江蘇周厚堉家藏本）

國朝許三禮撰。三禮字典三，湯陰人①。順治辛丑進士，官至兵部右侍郎。嘗受業於孫奇逢之門，故書中雖多參講學語，而於五禮亦頗有證核。大抵據《書儀》、《家禮》、《會典》諸書，折衷一是，以便於行。其於俗禮，解誤者八，釋疑者十。又若《增哭奠家禮儀注》及《增定招魂葬服説》諸篇，皆頗有考據。惟謂"喪服古二十五月，今二十七月"，則其説頗謬。考"喪服二十五月"，不過王肅一家之説。《士虞禮》曰："期而小祥，又期而大祥，中月而禫。"鄭注："中，閒也。"《喪服小記》："妾祔于妾祖姑，亡則中一以上而祔。"又《學記》云"中年考校"，皆以中為閒。故二十七月而禫。《雜記》："父在，為母、妻十三月大祥，十五月禫。"為母、妻，尚祥、禫異月，豈三年之喪而祥、禫反同月？戴德《喪服變除篇》："禮，二十五月祥，二十七月而禫。"《白虎通德論》："三年之喪，再期二十五月。"又云"二十七月而禫。"《釋名》："閒月而禫。"是皆為鄭注確證。《三年問》云：“三年之喪，二十五月而畢。”據喪事終，除衰去杖，其餘哀未忘，更延兩月，非喪之正，故第據二十五月言之耳。六朝諸儒多宗鄭注，今律以二十七月而禫。蓋三年之喪，萬世之通義也。《三禮》乃以王肅一家之説為古制，豈宏通之論乎？

【彙訂】

①《清史稿》卷二六六《許三禮傳》、雍正《河南通志》卷四五《選舉志》、《國朝耆獻類徵初編》卷五二載錢林《文獻徵存録》、唐鑑《學案》均謂河南安陽人。（楊武泉：《四庫全書總目辨誤》）

學記五卷（直隸總督採進本）

國朝李塨撰。塨有《周易傳注》，已著録。是編乃所定家儀，一曰《冠》，二曰《昏》，三曰《喪》，四曰《祭》，五曰《士相見》。塨學術出於顏元，其禮樂之學則出自毛奇齡。奇齡講禮，好言諧俗，故是編亦多主簡易。其《士相見禮》一卷，張潮摘録於《昭代叢書》中①，然天下迄無行之者也。

【彙訂】

①《昭代叢書》未録李塨《士相見禮》。（宋平生：《顏元李塨著作的初刻本》）

家禮辨定十卷（浙江巡撫採進本）

國朝王復禮撰。復禮字需人，號草堂，錢塘人。其書創始於康熙壬午，定本於丁亥。因朱子《家禮》而增損之，仍分冠、昏、喪、祭四類。每類之中首以“事宜”，復禮所酌定者也。次以“論辨”，闡所以更定之意也。次以“人鑑”，引古事以證得失也。次以“律例”，申王法之所禁也。次以“擇日”，代卜筮也。終以“啟式"，為不嫻文詞者設也。其删去繁文，則用吕維祺之説；其删去圖式，則用邱〔丘〕濬之説。考李方子作《朱子年譜》云："乾道五年，先生居母喪，成《家禮》。晚年多所損益，未暇更定。"朱子門人黄榦亦云："其書始定，為一行童竊以逃。先生殁，其書始出，今行於世。然其閒有與先生晚歲之論不合者。"又明邱濬云："《家禮》不聞有圖。今卷首圖注多不合於本書，文公豈自相矛盾？末識歲月曰嘉定癸酉，是時距文公没十有三年矣，豈可謂之公作哉？蓋楊氏贅入昭然也。"據是數説，則《家禮》實朱子未定之本，且久亡其稿。迨其復出，真贋已不可知。又參以門人所附益，固未可執為不刊之典。近日王懋竑為篤信朱子之學者，所作《白田雜著》，亦深以《家禮》為疑。復禮之辨定，未為不可[①]。然所辨定者[②]，意在宜古宜今[③]，而純以臆斷[④]，乃至於非古非今。又泛引律例，且濫及五行家言，尤為蕪雜。中引罵詈、鬥毆、賭博諸律，已為不倫。又引"官吏宿娼律"一條、"擅食田園瓜果律"一條，使掩其卷而思之，是於四禮居何門哉？

**【彙訂】**

① "考李方子作朱子年譜云"至"未為不可"，殿本無。

② "然所辨定者"，殿本作"所辨定"。

③ 殿本"意"上有"雖"字。

④ "而"，殿本作"然"。

四禮寧儉編無卷數（浙江巡撫採進本）

國朝王心敬撰。心敬有《豐川易説》，已著録。是書以冠、昏、喪、祭四禮無貴乎繁重，宜崇尚質樸，始易遵行。因取前人所傳《家禮》纂本，更為删易，務從省約。又名《豐川家規》，蓋所以教其子弟者。與呂維祺《四禮約言》、宋纁《四禮初稿》用意大約相近，而立法則尤為簡略焉。

昏禮通考二十四卷（浙江巡撫採進本）

國朝曹庭棟撰[①]。庭棟有《易準》，已著録。是編詳考昏禮，冠以《大清會典》、《大清律例》，不入卷數，尊功令也。其下乃博考故實，以類編次。然核其體例，多有未合。夫“通”有二義，一則自天子達於庶人，通乎上下者也；一則自先王以迄後世，通乎古今者也。既考昏禮，則當以貴賤各為門目，知等威之所別；古今各著沿革，知異同之所自。復各考核典文，釐為子目，以理其緒。而後以變禮、如《曾子問》所謂親迎、遭喪之類。俗禮、如陰陽拘忌及催妝、撒果之類。非禮如《元史》所禁割襟、指腹之類。別彙於後，以備其全。庶乎源委秩然，足資考證。庭棟此書，採摭雖富，而端緒糅雜。所分子目，不古不今。第十四卷至以“妝資”為一門，此於古居何禮也？“媒氏”一門載“索紞占冰下人語”、“韋固見老人月下檢書”，是直類書，非通禮矣。

【彙訂】

①“庭棟”，殿本作“廷棟”，下同，誤，清乾隆刻本此書題“嘉善曹庭棟輯”。（杜澤遜：《四庫存目標注》）

齊家寶要二卷（江蘇周厚堉家藏本）

國朝張文嘉撰。文嘉字仲嘉，錢塘人。是書本《書儀》、《家禮》諸書，酌為古今通禮：曰《居家禮》，曰《童子禮》，曰《義學約》，曰《師範》，曰《家誡》，曰《家規》，曰《宗講約》，曰《鄉約》，曰《社約》，曰《冠禮》，曰《昏禮》，曰《喪禮》，曰《祭禮》。每門前引經傳及新定儀注，間有附論，折衷頗為詳慎。但據沈堯中之説，謂三年之喪當三十六月。今考《三年問》"二十五月而畢",《檀弓》"祥而縞,是月禫,徙月樂",王肅主之,為二十五月之證。《士虞記》曰:"期而小祥,又期而大祥,中月而禫。"鄭康成以中月為閒月,則三年之喪,實二十七月。至謂喪三十六月,則始於唐王元〔玄〕感①,而張柬之駁之,其議遂寢。載在《唐書·張柬之傳》。文嘉乃取唐人已廢之説②,謂"宣公新宮災在薨後二十九月,其時主猶在寢",證古人喪不止於二十七月,尤為誤中之誤。考《成三年》③"二月甲子,新宮災",杜注:"三年喪畢,宣公神主新入廟,故謂之新宮。"據此,則宣公之主已入廟矣。《公羊傳》曰:"新宮者,宣公之宮也。宣宮則曷為謂之新宮?不忍言也。"《穀梁傳》曰:"新宮者,禰宮也。迫近不敢稱謚,恭也。"據此,則不稱宣宮而稱新宮,必不由於主不在廟。至胡《傳》始引劉絢之説,謂:"不稱宣宮,以未遷主。"於三《傳》略無所據。然絢謂"宣公薨至是二十有八月,緩於遷主",則以緩遷為失明矣。今文嘉乃引以為三十六月之證,則是以二十八月主不遷廟為持喪之正經,其誤又甚於絢矣。文嘉又謂:"凡期喪,皆有禫。"今考《雜記》曰:"期之喪十一月而練,十三月而祥,十五月而禫。"注曰:"此謂父在為母也。"《喪服小記》曰:"為父、母、妻、長子禫。"是期之喪得禫者,止有母、妻及長子耳。《小記》曰:"庶子在父之室,則為其母不禫。"又曰:"宗子母在,為妻禫。"明父在為妻不禫,則是母、妻期喪且有不得禫者矣。今文嘉謂"凡期皆得禫",尤未詳考。蓋是書未能窮源於《禮經》注疏,第從《家禮》諸書略求節目,宜其説之有離合也。

**【彙訂】**

①"今考三年問"至"至謂喪三十六月則",殿本作"不知此

説"。

②"乃取唐人已廢之説",殿本作"取之殊為失考又"。

③"成三年",殿本作"成公三年"。

右禮類"雜禮書"之屬十七部,八十七卷,<sub>內三部無卷數</sub>。皆附
存目。

# 經部二十六

## 春秋類一

　　説經家之有門户，自《春秋》三傳始，然迄能並立於世。其閒諸儒之論，中唐以前則《左氏》勝，啖助、趙匡以逮北宋則《公羊》、《穀梁》勝。孫復、劉敞之流，名為棄傳從經，所棄者特《左氏》事蹟，《公羊》、《穀梁》月日例耳①。其推闡譏貶，少可多否，實陰本《公羊》、《穀梁》法，猶誅鄧析用竹刑也。夫删除事蹟，何由知其是非？無案而斷，是《春秋》為射覆矣。聖人禁人為非，亦予人為善。經典所述，不乏褒詞，而操筆臨文，乃無人不加誅絶，《春秋》豈吉網羅鉗乎？至於用夏時則改正朔，削尊號則貶天王，《春秋》又何僭以亂也！沿波不返，此類宏多。雖舊説流傳，不能盡廢，要以切實有徵、平易近理者為本。其瑕瑜互見者，則别白而存之。遊談臆説，以私意亂聖經者，則僅存其目。蓋《六經》之中，惟《易》包衆理，事事可通；《春秋》具列事實，亦人人可解。一知半見，議論易生。著録之繁，二經為最。故取之不敢不慎也②。

**【彙訂】**

　　① 劉敞《春秋權衡》表現出對《春秋》三傳理論的全面糾正。如對《公羊傳》日月、名字、災異、書不書、諱不諱等凡例均多加批

駁。（楊新勳：《宋代疑經研究》）

②“不敢”，殿本作“不可”。

### 春秋左傳正義六十卷（內府藏本）①

周左丘明傳，晉杜預注，唐孔穎達疏。自劉向、劉歆、桓譚、班固皆以《春秋傳》出左丘明，左丘明受經於孔子。魏、晉以來儒者，更無異議。至唐趙匡，始謂左氏非丘明。蓋欲攻傳之不合經，必先攻作傳之人非受經於孔子，與王柏欲攻《毛詩》，先攻《毛詩》不傳於子夏，其智一也。宋、元諸儒，相繼並起。王安石有《春秋解》一卷，證左氏非丘明者十一事，陳振孫《書錄解題》謂出依託。今未見其書，不知十一事者何據。其餘辨論，惟朱子謂“虞不臘矣”為秦人之語②；葉夢得謂紀事終於智伯，當為六國時人，似為近理。然考《史記·秦本紀》稱惠文君十二年始臘，張守節《正義》稱秦惠文王始效中國為之。明古有臘祭，秦至是始用，非至是始創。閻若璩《古文尚書疏證》亦駁此說曰：“史稱秦文公始有史以記事，秦宣公初志閏月，豈亦中國所無，待秦獨創哉？”則臘為秦禮之說，未可據也。《左傳》載預斷禍福，無不徵驗，蓋不免從後傅合之。惟《哀公九年》稱趙氏其世有亂，後竟不然，是未見後事之證也。經止獲麟，而弟子續至孔子卒。傳載智伯之亡，殆亦後人所續。《史記·司馬相如傳》中有揚雄之語，不能執是一事指司馬遷為後漢人也。則載及智伯之說，不足疑也。今仍定為左丘明作，以祛衆惑。至其作傳之由，則劉知幾“躬為國史”之言③，最為確論。疏稱：“大事書於策者，經之所書；小事書於簡者④，傳之所載。”觀晉史之書趙盾，齊史之書崔杼及甯殖，所謂載在諸侯之籍者，其文體皆與經合。《墨子》稱《周春秋》載杜伯，《燕春秋》載莊子儀，《宋春秋》載祐觀辜，《齊春秋》載王里國、中里。覈其文體，皆與傳合。經傳同因國史而修，斯為顯證。知說經去傳為舍近而求諸遠矣。《漢志》載《春秋》古經十二篇，經十一卷，注曰："公羊、穀梁二家。"則左氏經文，不著於錄。然杜預《集解》序稱："分經之年與傳之年相附，比其義類，各隨而解之。"陸德明《經典釋文》曰："舊夫子之經與丘明之傳各異⑤，杜氏合而釋之。"則《左傳》又自有經。考《漢志》之文既曰"古經十二篇"矣，不應復云"經十一卷"。觀《公》、《穀》二傳皆十一卷，與經十一卷相配，知十一卷為二傳之經，故有是注。徐彥《公羊傳疏》曰："《左氏》先著竹帛，故漢儒謂之古學。"則所謂《古經》十二篇即《左傳》之經⑥，故謂之"古"，刻《漢書》者誤連二條為一耳。今以《左傳》經文與二傳校勘，皆《左氏》義長，知手錄之本確於口授之本也。言《左傳》者，孔奇、孔嘉之說，久佚不傳；賈逵、服虔之說，亦僅偶見他書。今世所傳，惟杜注、孔疏為最古。杜注多強經以就傳，孔疏亦多左杜而右劉⑦，案劉炫作《規過》以攻杜解，凡所駁正，孔疏皆以為非。是皆篤信專門之過，不能不謂之一失。然有注、疏而後《左氏》之義明，《左氏》之義明而後二百四十二年内善惡之跡一一有徵。後儒妄作聰明、以私臆談褒貶者，猶得據傳文以知其謬。則漢、晉以來藉《左氏》以知經義，宋、元以後更藉《左氏》以杜臆說矣。傳與注、疏，均謂有大功於《春秋》可也。

**【彙訂】**

① 此條書名取自宋紹興府刊八行本《春秋左傳正義》三十六卷，卷數則取自宋劉叔剛刻《附釋音春秋左傳註疏》六十卷。文淵閣庫書亦為《春秋左傳注疏》六十卷卷首三卷。（崔富章：《四庫提要補正》）

② “之”，殿本無。

③ 劉知幾《史通·申左篇》原文作“丘明既躬為太史”。（陳尚君、張金耀主撰：《四庫提要精讀》）

④ “簡”，殿本作“傳”，誤，參《〈春秋左傳〉序》“大事書之於策，小事簡牘而已”句疏。

⑤ “各”，殿本作“相”，誤，參《經典釋文》卷十五《春秋音義之一》“春秋經傳集解”句注。

⑥ “左傳”，殿本作“所傳”，誤。

⑦ “左杜而右劉”當作“右杜而左劉”。（楊武泉：《四庫全書總目辨誤》）

### 春秋公羊傳注疏二十八卷（内府藏本）

漢公羊壽傳，何休解詁，唐徐彦疏。案《漢書·藝文志》“《公羊傳》十一卷”，班固自注曰：“公羊子，齊人。”案《漢藝文志》不題顏師古名者，皆固之自注。顏師古注曰：“名高。案此據《春秋說題詞》之文，見徐彦疏所引。”徐彦疏引戴宏〔弘〕序曰：“子夏傳與公羊高，高傳與其子平，平傳與其子地，地傳與其子敢，敢傳與其子壽。至漢景帝時，壽乃與齊人胡母子都著於竹帛。”何休之注亦同。休說見《隱公二年》“紀子伯、莒子盟於密”條下。今觀《傳》中有“子沈子曰”、“子司馬子曰”、“子女子曰”、“子北宫子曰”，又有“高子曰”、“魯子曰”，蓋皆傳授之經師，不盡出於公羊子。《定公元年》傳“正棺於兩楹之閒”二句①，《穀梁傳》引之，直稱沈子，不稱公羊，是併其不著姓氏者亦不盡出公羊子。且併有“子公羊子曰”，尤不出於高之明證。知《傳》確為壽撰，而胡母子都助成之。舊本首署高名，蓋未審也②。又羅璧《識遺》稱公羊、穀梁，自高、赤作《傳》外，更不見

有此姓③。萬見春謂皆“姜”字切韻腳，疑為姜姓假託。案鄒為
邾婁④、披為勃鞮、木為彌牟、殖為舌職，記載音謔，經典原有是
事。至弟子記其先師，子孫述其祖父，必不至竟迷本字，別用合
聲。譬之所言，殊為好異。至程端學《春秋本義》竟指高為漢初
人，則講學家臆斷之詞，更不足與辨矣。三《傳》與經文，《漢志》
皆各為卷帙。以《左傳》附經始於杜預，《公羊傳》附經則不知始
自何人。觀何休《解詁》但釋傳而不釋經，與杜異例，知漢末猶自
別行。今所傳蔡邕石經殘字，《公羊傳》亦無經文，足以互證。今
本以傳附經，或徐彥作疏之時所合併歟？彥疏，《文獻通考》作三
十卷。今本乃止二十八卷⑤。或彥本以經文併為二卷，別冠於
前，後人又散入傳中，故少此二卷，亦未可知也。彥疏，《唐志》不
載，《崇文總目》始著錄，稱：“不著撰人名氏，或云徐彥。”董逌《廣
川藏書志》亦稱：“世傳徐彥，不知時代，意其在貞元、長慶之後。”
考疏中“郲之戰”一條，猶及見孫炎《爾雅注》完本，知在宋以前；
又“葬桓王”一條，全襲用楊士勛《穀梁傳疏》，知在貞觀以後。中
多自設問答，文繁語複，與邱〔丘〕光庭《兼明書》相近，亦唐末之
文體。董逌所云，不為無理。故今從逌之説，定為唐人焉。

**【彙訂】**

①“二句”，殿本作“兩句”。

②戴（弘）《序》、何（休）注皆無公羊壽作傳之文，是其為實
有已成之傳，世相口授。《春秋説題辭》云：“傳我書者公羊高。”
《釋文》引桓譚《新論》，亦云“齊人公羊高緣經文作傳”。此漢人
皆以為公羊高，魏晉以後，亦毫無異説。至“子沈子曰”等云云，
自非傳之正文，故特標名以別之。（沈家本：《寄簃文存》）

③《禮記・雜記》“鼇巾以飯”，公羊賈為之也；而《氏族略》

引《元和姓纂》云：“今下邳有穀梁氏。”則不得謂無此姓也。（左暄：《三餘偶筆》）

④“鄔”，殿本作“乪”，誤，宋戴侗《六書故》卷二十六“鄔”字下注：“鄔、邟同聲，實一字也……合‘邟妻’之音為‘鄔’也。”

⑤“止”，殿本作“作”。

春秋穀梁傳注疏二十卷（內府藏本）

晉范甯集解，唐楊士勛疏。其傳則士勛疏稱：“穀梁子名俶，字元始，一名赤。受經於子夏，為經作傳。”則當為穀梁子所自作。徐彥《公羊傳疏》又稱：“公羊高五世相授，至胡母生乃著竹帛，題其親師，故曰《公羊傳》。穀梁亦是著竹帛者題其親師，故曰《穀梁傳》。”則當為傳其學者所作。案《公羊傳》“定公即位”一條引“子沈子曰”，何休《解詁》以為後師。案此注在《隱公十一年》所引“子沈子”條下。此《傳》“定公即位”一條，亦稱“沈子曰”。公羊、穀梁既同師子夏，不應及見後師。又“初獻六羽”一條稱“穀梁子曰”，《傳》既穀梁自作，不應自引己說。且此條又引“尸子曰”。尸佼為商鞅之師，鞅既誅，佼逃於蜀。其人亦在穀梁後，不應預為引據。疑徐彥之言為得其實。但誰著於竹帛，則不可考耳。《漢書·藝文志》載《公羊》、《穀梁》二家經十一卷，傳亦各十一卷。則經、傳初亦別編。范甯《集解》乃併經注之，疑即甯之所合。《定公元年》“春王三月”一條發傳於“春王”二字之下，以“三月”別屬下文，頗疑其割裂。然考劉向《說苑》稱：“文王似元年，武王似春王，周公似正月。”向受《穀梁春秋》，知《穀梁》經文以“春王”二字別為一節，故向有此讀。至“公觀魚于棠”一條、“葬桓王”一條、“杞伯來逆叔姬之喪以歸”一條、“曹伯廬卒于師”一

條、"天王殺其弟佞夫"一條，皆冠以"傳曰"字。惟"桓王"一條與
《左傳》合，餘皆不知所引何傳。疑甯以傳附經之時，每條皆冠以
"傳曰"字，如鄭元、王弼之《易》有"彖曰"、"象曰"之例，後傳寫者
删之。此五條，其削除未盡者也。甯注本十二卷，以兼載門生故
吏子弟之説，各列其名，故曰"集解"。《晉書》本傳稱甯此書為世
所重，既而徐邈復為之注，世亦稱之。今考書中乃多引邈注，未
詳其故。又自序有"商略名例"之句，疏稱甯別有《略例》百餘
條①，此本不載。然注中時有《傳例》曰"字，或士勛割裂其文，
散入注疏中歟②？士勛始末不可考。孔穎達《左傳正義》序稱
"與故四門博士楊士勛參定"，則亦貞觀中人。其書不及穎達書
之賅洽。然諸儒言《左傳》者多，言《公》、《穀》者少，既乏憑藉之
資，又《左傳》成於衆手，此書出於一人，復鮮佐助之力。詳略殊
觀，固其宜也。其疏"長狄眉見於軾"一條，連綴於"身橫九畝"句
下，與注相離。蓋邢昺刊正之時，又多失其原第，亦不盡士勛之
舊矣③。

　　**【彙訂】**

　　①"百"，殿本作"十"，誤。《〈春秋穀梁傳〉序》疏："'商略名
例'者，即范氏別為《略例》百餘條是也。"

　　②《集解》有《傳例》之文或是范氏自引其書作解，疏中有
《傳例》則楊氏所引也。如謂楊氏割裂其書，何不盡散入《集解》，
或盡於疏中引之，乃分屬《集解》與自疏之中邪？（孫啟治、陳建
華：《中國古佚書輯本目錄解題》）

　　③"眉見於軾"疏原與"身橫九畝"疏另為一條，今《注疏》本
誤連上錄之，遂與本注相離，其實楊氏原書不誤也。（瞿鏞：《鐵
琴銅劍樓藏書目錄》）

箴膏肓一卷起廢疾一卷發墨守一卷（山西巡撫採進本）

漢鄭元撰。《後漢書》元本傳稱：“任城何休好《公羊》學，遂著《公羊墨守》、《左氏膏肓》、《穀梁廢疾》。元乃發《墨守》，鍼《膏肓》，起《廢疾》。休見而歎曰：‘康成入吾室，操吾矛，以伐我乎？’”其卷目之見《隋書·經籍志》者，有《左氏膏肓》十卷，《穀梁廢疾》三卷，《公羊墨守》十四卷，皆注“何休撰”。而又別出《穀梁廢疾》三卷，注云：“鄭元釋，張靖箋。”似鄭氏所釋與休原本，隋以前本自別行。至《舊唐書·經籍志》所載《膏肓》、《廢疾》二書，卷數並同，特《墨守》作二卷為稍異。其下並注“鄭元箴”、“鄭元發”、“鄭元釋”云云，則已與休書合而為一。迨於宋世，漸以散佚。惟《崇文總目》有《左氏膏肓》九卷。而陳振孫所見本復闕宣、定、哀三公。振孫謂其錯誤不可讀，疑為後人所錄，已非隋、唐《志》之舊。其後漢學益微，即振孫所云不全之《左氏膏肓》，亦遂不可復見矣。此本凡《箴膏肓》二十餘條、《起廢疾》四十餘條、《發墨守》四條，並從諸書所引掇拾成編①，不知出自誰氏。或題為宋王應麟輯，亦別無顯據。殆因應麟嘗輯鄭氏《周易注》、《齊魯韓三家詩考》，而以類推之歟？然《玉海》之末，不附此書，不應其孫不見，而後來反有傳本也。今以諸書校勘，惟《詩·大明篇》疏所引“宋襄公戰泓”一條尚未收入，其餘並已搜採無遺。雖不出自應麟手，要亦究心古義者之所為矣。謹為掇拾補綴，著之於錄。雖視原書不及什之一二，而排比薈萃，略存梗概。為鄭氏之學者，或亦有所考焉。

**【彙訂】**

① “並”，殿本作“蓋”。

春秋釋例十五卷(永樂大典本)

晉杜預撰。預事蹟詳《晉書》本傳。是書以經之條貫必出於傳,傳之義例歸總於"凡"。《左傳》稱"凡"者五十,其別四十有九,皆周公之垂法,史書之舊章。仲尼因而修之,以成一經之通體。諸稱"書"、"不書"、"先書"、"故書"、"不言"、"不稱"、"書曰"之類,皆所以起新舊①,發大義,謂之變例。亦有舊史所不書,適合仲尼之意者,仲尼即以為義,非互相比較,則褒貶不明,故別集諸例及地名、譜第、曆數相與為部。先列經傳數條,以包通其餘,而傳所述之"凡"繫焉。更以己意申之,名曰《釋例》。地名本之《泰始郡國圖》,《世族譜》本之劉向《世本》。與《集解》一經一緯,相為表裏。《晉書》稱預自平吳後,"從容無事,乃著《集解》。又參考眾家譜第,謂之《釋例》。又作《盟會圖》、《春秋長曆》,備成一家之學,比老乃成"。今考《土地名篇》稱:"孫氏僭號于吳,故江表所記特略。"則其屬稿實在平吳以前,故所列多兩漢、三國之郡縣,與晉時不盡合。至《盟會圖》、《長曆》則皆書中之一篇,非別為一書。觀預所作《集解》序,可見史所言者未詳。《晉書》又稱:"當時論者謂預文義質直,世人未之重,惟祕書監摯虞賞之。"考嵇含《南方草木狀》稱晉武帝賜杜預蜜香紙萬番,寫《春秋釋例》及《經傳集解》,則當時固重其書。史所言者,亦未盡確也。其書自《隋書·經籍志》而後並著於錄,均止十五卷。惟元吳萊作後序,云四十卷。豈元時所行之本,卷次獨分析乎? 自明以來,是書久佚。惟《永樂大典》中尚存三十篇,並有唐劉賁原序。其六篇有釋例而無經傳,餘亦多有脫文②。謹隨篇掇拾,取孔穎達《正義》及諸書所引《釋例》之文補之。校其譌謬,釐為四十七篇③。仍分十五卷,以還其舊。吳萊後序亦並附焉。案預《集

解》序云“《釋例》凡四十部”，《崇文總目》云：“凡五十三例。”而孔
穎達《正義》則云：“《釋例》事同則爲部，小異則附出，孤經不及例
者聚於終篇。四十部次第，從隱即位爲首，先有其事則先次之。
世族、土地，事既非例，故退之終篇之前。是《土地名》起於宋衛
遇於垂，《世族譜》起於無駭卒。無駭卒在遇垂之後，故地名在世
族前。”今是書原目不可考，故因孔氏所述之大旨，推而廣之，取
其事之見經先後爲序。《長曆》一篇則次之《土地名》、《世族譜》
後，以《集解》序述曆數在地名、譜第後也。《土地名篇》釋例云：
“據今天下郡國縣邑之名、山川道涂之實④，爰及四表，皆圖而備
之。然後以《春秋》諸國邑盟會地名附列之，名曰《古今書春秋盟
會圖》，別集《疏》一卷附之。釋例所畫圖，本依官《司空圖》，據泰
始之初郡國爲正。孫氏初平，江表十四郡皆貢圖籍。荆、揚、徐
三州皆改從今爲正，不復依用《司空圖》。”則是書應有圖，而今已
佚。又有《附盟會圖疏》，臚載郡縣皆是元魏、隋唐建置地名，非
晉初所有，而“陽城”一條且記唐武后事。當是預本書已佚，而唐
人補輯。又《土地名》所釋亦有後人增益之語。今仍録原文，而
各加辨證於下方。考預書雖有曲從左氏之失⑤，而用心周密，後
人無以復加。其例亦皆參考經文，得其體要，非公、穀二家穿鑿
月日者比。摯虞謂：“左丘明本爲《春秋》作傳，而《左傳》遂自孤
行。《釋例》本爲傳設，而所發明，何但《左傳》，故亦孤行。案，
“故”字文義未明，疑爲“當”字之譌，以《晉書》原本如是，姑仍其舊文。”良非虛
美。且《永樂大典》所載，猶宋時古本。觀《夫人内女歸寧例》一
篇，末云：“凡若干字，經傳若干字，釋例若干字。”當時校讎精當，
概可想見。如《長曆》載文公四年十有二月壬寅，夫人風氏薨。
杜云：“十二月庚午朔，無壬寅。近刻《注疏》本並作‘十有一月’。

案十一月庚子朔,三日得壬寅,不可謂無壬寅也。"又《襄公六年》
經文本云:"十有二月,齊侯滅萊。"而近刻《左傳》本前則曰:"十
一月⑥,齊侯滅萊,萊恃謀也。"後則曰:"晏弱圍棠,十一月丙辰
而滅之。"今考《長曆》十一月丁丑朔,是月無丙辰,十二月丁未
朔,十日得丙辰。杜預係此日於十二月下,不言日月有誤。可見
今本傳文兩言"十一月",皆"十二月"之譌也。如此之類,可以校
訂舛誤者,不可縷數。《春秋》以《左傳》為根本,《左傳》以杜解為
門徑,《集解》又以是書為羽翼。緣是以求筆削之旨,亦可云考古
之津梁,窮經之淵藪矣。

**【彙訂】**

　　①"新舊",殿本作"新緒",誤,參杜預《春秋左傳》序原文。

　　②"脫",殿本作"闕"。

　　③"四十七篇",殿本作"二十七篇",誤。

　　④"道涂",殿本作"涂道",誤,參此書卷五《土地名》釋例
原文。

　　⑤"雖",殿本作"頗"。

　　⑥"十一月",殿本作"十有一月"。此書卷二《滅取入例》:
"襄六年云云,冬十二月,齊侯滅萊。傳曰:'十一月,齊侯滅萊,
萊恃謀也。'"無"有"字。

　　春秋集傳纂例十卷(浙江汪啟淑家藏本)

　　唐陸淳撰。蓋釋其師啖助並趙匡之說也。助字叔佐,本趙
州人,徙關中。官潤州丹陽縣主簿。匡字伯循,河東人。官洋州
刺史。淳字伯沖,吳郡人。官至給事中。後避憲宗諱,改名質。
事蹟具《唐書·儒學傳》。案《二程遺書》、陳振孫《書錄解題》及

朱臨作是編後序，皆云淳師助、匡。《舊唐書》云：“淳師匡，匡師助。”《新唐書》則云：“趙匡、陸淳皆助高弟。”案《呂温集》有代淳進書表①，稱以啖助為嚴師，趙匡為益友。又淳自作《修傳始終記》，稱助為啖先生，稱匡為趙子，餘文或稱為趙氏。《重修集傳義》又云：“淳秉筆執簡，侍於啖先生左右十有一年。”而不及匡。又柳宗元作淳《墓表》，亦稱助、匡為淳師友。當時序述，顯然明白。劉昫以下諸家，並傳聞之誤也。助之説《春秋》，務在考三家得失，彌縫漏闕，故其論多異先儒。如論《左傳》非丘明所作，《漢書》丘明授魯曾申、申傳吳起、自起六傳至賈誼等説，亦皆附會。公羊名高，穀梁名赤，未必是實。又云：“《春秋》之文簡易，先儒各守一傳，不肯相通，互相彈射，其弊滋甚。”“《左傳》序周、晉、齊、宋、楚、鄭之事獨詳，乃後代學者因師授衍而通之，編次年月，以為傳記。又雜採各國諸卿家傳及卜書、夢書、占書、縱橫、小説。故序事雖多，釋經殊少，猶不如《公》、《穀》之於經為密。”其論未免一偏。故歐陽修、晁公武諸人皆不滿之。而程子則稱其“絶出諸家，有攘異端、開正途之功。”蓋舍傳求經，實導宋人之先路。生臆斷之弊，其過不可掩；破附會之失，其功亦不可没也。助書本名《春秋統例》，僅六卷。卒後淳與其子異衰録遺文，請匡損益，始名《纂例》。成於大曆乙卯，定著四十篇，分為十卷。《唐書·藝文志》亦同。此本卷數相符，蓋猶舊帙。其第一篇至第八篇為全書總義，第九篇為魯十二公並世緒，第三十六篇以下為經傳文字脱謬及人名、國名、地名。其發明筆削之例者，實止中閒二十六篇而已。袁桷後序稱此書廢已久，所得為寶章桂公校本。聞蜀有小字本，惜未之見。吳萊、柳貫二後序，皆稱得平陽府所刊金泰和三年禮部尚書趙秉文家本。是元時已為難得，其流傳至今,亦可謂歸然獨存矣。

## 【彙訂】

①"淳",殿本作"人"。呂温《呂衡州集》卷四有《代國子陸博士進〈集注春秋〉表》。

### 春秋微旨三卷(內府藏本)

唐陸淳撰。案陳振孫《書録解題》稱《唐志》有淳《春秋集傳》二十卷,今不存。又有《微旨》一卷,未見。袁桷作淳《春秋纂例》後序,稱來杭得《微旨》三卷,乃皇祐閒汴本。蓋其書刻於開封,故南渡之後,遂罕傳本。至桷得北宋舊槧,乃復行於世也。柳宗元作淳《墓表》,稱《春秋微旨》二篇。《唐書·藝文志》亦作二卷。此本三卷,不知何時所分。然卷首有淳自序,實稱"總為三卷"。或校刊柳集者誤三篇為二篇,修《唐書》者因之歟?是書先列三《傳》異同,參以啖、趙之説而斷其是非。自序謂:"事或反經而志協乎道,蹟雖近義而意實蘊姦,或本正而末邪,或始非而終是。"介於疑似之閒者,並委曲發明,故曰"微旨"。其書雖淳所自撰,而每條必稱"淳聞之師曰",不忘本也。自序又謂:"三《傳》舊説亦並存之,其義當否,則以朱墨為別。"今所行本,於應用朱書者皆以方匡界畫其起訖。意皇祐舊槧以木本不能具朱墨,故用《嘉祐本草》之例,以陰文、陽文為別。後人傳寫,又艱於雙鉤,遂以界畫代之。以非大旨所繫,今亦姑仍其式,而附著舊例於此焉。

### 春秋集傳辨疑十卷(江蘇巡撫採進本)

唐陸淳所述啖、趙兩家攻駁三《傳》之言也。柳宗元作淳《墓誌》,稱《辨疑》七篇。《唐書·藝文志》同。吳萊作序,亦稱七卷。此本十卷,亦不知何人所分。刊本於萊序之末附載延祐五年十一月集賢學士克酬原作"曲出"，今改正。言，"唐陸淳所著《春秋纂例》、《辨疑》、《微旨》三書，有益後學。請令江西行省鋟梓"云云，其分於是時歟①？淳所述《纂例》一書，蓋欵助排比科條，自發筆削之旨。其攻擊三《傳》，總舉大意而已。此書乃舉傳文之不入《纂例》者，縷列其失，一字一句而詰之，故曰《辨疑》。所述趙説為多，欵説次之。冠以凡例一篇，計十七條，但明所以删節經文、傳文之故。其去取之義，則仍經文年月以次説之。中如"鄭伯克段"傳，欵氏謂鄭伯必不因母，殊嫌臆斷。以是為例，豈復有可信之史？況大隧故蹟，《水經注》具有明文，安得指為左氏之虛撰？如斯之類，不免過於疑古②。又如"齊衛胥命"傳，其説與《荀子》相符。當時去聖未遠，必有所受。而趙氏以為譏其無禮。如斯之類，多未免有意求瑕。又如"叔姬歸于紀"傳，《穀梁》以為"不言逆，逆之道微"。淳則謂："不言逆者，皆夫自逆。"夫禮聞送媵，不聞逆媵，傳固失之③；禮聞親迎妻，不聞親迎姪娣，淳説亦未為得。如斯之類，亦不免愈辨而愈非。然《左氏》事實有本，而論斷多疎。《公羊》、《穀梁》每多曲説，而《公羊》尤甚。漢以來各守專門，論甘者忌辛，是丹者非素。自是書與《微旨》出，抵隙蹈瑕，往往中其竅會。雖瑕瑜互見，要其精核之處，實有漢以來諸儒未發者，固與鑿空杜撰、橫生枝節者異矣。

【彙訂】

①《皕宋樓藏書志》有舊抄十卷本，並載慶曆戊子吳興朱臨志云："《纂例》雖傳而世不全，獨《辨疑》無遺辭，而學《春秋》者當自《辨疑》始，故予廣其傳。"然則十卷之分自慶曆時已然矣。（胡玉縉：《四庫全書總目提要補正》）

②"疑古"，殿本作"泥古"，誤。

③“固”，殿本作“則”。

春秋名號歸一圖二卷（兩江總督採進本）

蜀馮繼先撰。陳振孫《書錄解題》載是書所列人名，周一、魯二、齊三、晉四、楚五、鄭六、衛七、秦八、宋九、陳十、蔡十一、曹十二、吳十三、邾十四、杞十五、莒十六、滕十七、薛十八、許十九、雜小國二十。《崇文總目》謂其以官諡、名字衰附初名之左。《文獻通考》引李燾云：“昔丘明傳《春秋》，於列國君臣之名字，不一其稱，多者或至四五。始學者蓋病其紛錯難記，繼先集其同者，為一百六十篇。”以是二端推之，是繼先舊本本為旁行斜上，如表譜之體，故以“圖”為名，而分至一百六十篇也。今本目次與振孫所言合。其每一人為一條，既非衰附初名之左，亦無所謂一百六十篇者，與《崇文總目》及李燾所説迥異。案岳珂雕印《相臺九經例》云：“《春秋名號歸一圖》二卷①，刻本多譌錯。嘗合京、杭、建、蜀本參校，有氏名異同，實非一人，而合為一者；有名字若殊，本非二人，而析為二者；有自某國適他國，而前後互見者；有稱某公與某年而經傳不合者。或以傳為經，或以注為傳，或偏旁疑似而有亥豕之差，或行款牽連而無甲乙之別。今皆訂其譌謬，且為分行，以見別書。”然則今本蓋珂所刊定移易，非復李燾以前之舊本②。觀燾所稱宋大夫莊菫、秦右大夫詹傳，未始有“父”字，而繼先輒增之。若“子韓晢”者，蓋齊頃公孫，《世族譜》與傳同。而繼先獨以為韓子晢，與楚、鄭二公孫黑共篇。今檢驗此本，皆無此文，則為珂所削改明矣。

**【彙訂】**

①“相臺九經例”，殿本作“相臺九經記”，誤。《總目》卷三

三著録岳珂（實為岳浚）撰《刊正九經三傳沿革例》一卷。

②　淳熙三年阮氏種德堂刊本此書已如此。（陳乃乾：《讀〈四庫全書總目〉條記》）

春秋年表一卷（浙江鮑士恭家藏本）

不著撰人名氏。陳振孫《書録解題》云："《春秋二十國年表》一卷，不知何人作。自周而下，次以魯、蔡、曹、衛、滕、晉、鄭、齊、秦、楚、宋、杞、陳、吳、越、邾、莒、薛、小邾。《館閣書目》有《年表》二卷，元豐中楊彥齡撰①。自周之外，凡十三國。又《董氏藏書志》有《年表》，無撰人。自周至吳、越，凡十國，征伐、朝覲、會同皆書。"今此表正二十國，與《書録解題》所載同，蓋即陳振孫所見也②。其書在宋本自單行，岳珂雕印《九經》，乃以附《春秋》之後。珂記云："《春秋年表》，今諸本或闕號名③，或紊年月，參之經傳，多有舛錯。今皆為刊正。諸國君卒與立皆書，惟魯闕，今依經傳添補。廖本無《年表》、《歸一圖》。今既刊《公》、《穀》，并補二書以附經傳之後。"是此書經珂刊補，與馮繼先之《名號歸一圖》同刻者。《通志堂經解》不考岳珂之語，乃與《名號歸一圖》連為一書，亦以為馮繼先所撰，誤之甚矣。

**【彙訂】**

①　"楊彥齡"，殿本作"楊參齡"，誤。《直齋書録解題》卷三《春秋二十國年表》條云："案《館閣書目》有《年表》二卷，元豐中楊彥齡撰。"

②　《宋史·藝文志》明載環中《左氏春秋二十國年表》一卷。（徐鵬、劉遠遊：《四庫提要補正》）

③　"本"，殿本作"國"，誤，參《九經三傳沿革例》"《春秋年

表》"條原文。

　　春秋尊王發微十二卷（内府藏本）

　　宋孫復撰。復字明復，平陽人。事蹟詳《宋史・儒林傳》。
案李燾《續通鑑長編》曰："中丞國子監直講孫復，治《春秋》不惑
傳注。其言簡易，得經之本義。既被疾，樞密使韓琦言於上，選
書吏，給紙札，命其門人祖無擇即復家錄之。得書十五卷，藏祕
閣。"然此書實十二卷。考《中興書目》別有復《春秋總論》三卷，
蓋合之共為十五卷爾。今《總論》已佚，惟此書尚存。復之論，上
祖陸淳，而下開胡安國，謂《春秋》有貶無褒，大抵以深刻為主。
晁公武《讀書志》載常秩之言曰："明復為《春秋》，猶商鞅之法，棄
灰於道者有刑，步過六尺者有誅。"蓋篤論也。而宋代諸儒，喜為
苛議。顧相與推之，沿波不返，遂使孔庭筆削變為羅織之經。夫
知《春秋》者莫如孟子，不過曰"《春秋》成而亂臣賊子懼"耳。使
二百四十二年中無人非亂臣賊子①，則復之説當矣。如不盡亂
臣賊子，則聖人亦必有所節取。亦何至由天王以及諸侯、大夫無
一人一事不加誅絶者乎？過於深求而反失《春秋》之本旨者，實
自復始。雖其閒辨名分，別嫌疑，於興亡治亂之機亦時有所發
明。統而核之，究所謂功不補患者也。以後來説《春秋》者，深文
鍛鍊之學，大抵用此書為根柢，故特錄存之，以著履霜之漸，而具
論其得失如右。程端學稱其《尊王發微》、《總論》二書外，又有
《三傳辨失解》，朱彝尊《經義考》因之。然其書史不著錄，諸儒亦
罕所稱引。考《宋史・藝文志》及《中興書目》，均有王日休撰《春
秋孫復解三傳辨失》四卷。或即日休所撰之書②，端學誤以為復
作歟？然則是駁復之書，非復所撰也。

## 【彙訂】

① “二百四十二年”，殿本作“二百四十年”，誤。《公羊》、《穀梁》記事皆自魯隱公元年（前 722）至哀公十四年（前 481），共二百四十二年。

② “所撰”，殿本無。

春秋皇綱論五卷（內府藏本）

宋王晳撰。晳自稱太原人①，其始末無可考。陳振孫《書錄解題》言其官太常博士。考龔鼎臣《東原錄》載真宗天禧中，錢惟演奏留曹利用、丁謂事，稱晏殊以語翰林學士王晳，則不止太常博士矣。王應麟《玉海》云：“至和中，晳撰《春秋通義》十二卷，據三《傳》注疏及啖、趙之學。其説通者附經文之下，闕者用己意釋之。又《異義》十二卷，《皇綱論》五卷。”今《通義》、《異義》皆不傳，惟是書尚存。凡為《論》二十有二，皆發明夫子筆削之旨，而考辨三《傳》及啖助、趙匡之得失。案“趙匡”，書中皆作“趙正”，蓋避太祖之諱，其《尊王下篇》引《論語》作“一正天下”，亦同此例。其言多明白平易，無穿鑿附會之習。其《孔子修〈春秋〉篇》曰：“若專為誅亂臣賊子使知懼，則尊賢旌善之旨闕矣。”足破孫復等有貶無褒之説。其《傳釋異同篇》曰：“左氏善覽舊史，兼該衆説，得《春秋》之事蹟甚備。然於經外自成一書，故有貪惑異説，採掇過當。至於聖人微旨，頗亦疎略。而大抵有本末，蓋出一人之所撰述也。《公》、《穀》之學本於議論，擇取諸儒之説，繫於經文。故雖不能詳其事蹟，而於聖人微旨，多所究尋。然失於曲辨贅義、鄙淺叢雜，蓋出於衆儒之所講説也。”又曰：“左氏好以一時言貌之恭惰與卜筮巫醫之事推定禍福，靡有不驗，此其蔽也。固當裁取其文，以通經義。如玉之有瑕，但棄瑕而用玉，不可并棄其玉也。二《傳》亦然。"亦足破孫復等盡廢三《傳》之説，在宋人《春秋》解中可謂不失古義。惟《郊禘篇》謂周公當用郊禘，成王賜之不為過，魯國因之不為僭；《殺大夫篇》謂凡書"殺大夫"，皆罪大夫不能見幾先去。則偏駁之見，不足為訓矣。

**【彙訂】**

①"暫"，殿本無。

春秋通義一卷（兩江總督採進本）

不著撰人名氏。考《宋史·藝文志》，甤遵品、王皙、家安國、邱〔丘〕葵皆有《春秋通義》，其書均佚不傳①。甤氏、王氏書各十二卷，家氏書二十四卷，邱氏書二卷。此本僅存一卷，凡四十八條。編端冠以小序，稱："孔子之修《春秋》也，因其舊文，乘以新意，正例筆之，常事削之。其有繆戾乖剌，然後從而正之，別彙之曰特筆。"而小序之後亦以"特筆"二字為標題。蓋此卷為《通義》中之一種，但不知四家中為誰氏之書耳。然如"星隕如雨"一條，《公羊》引《不修春秋》曰："隕星不及地尺而復，君子修之曰'星隕如雨'。"此特潤色舊文，非關褒貶。以為特筆，於義不倫。至華督有無君之心，而後動於惡，故先書殤公，後書孔父。傳有明文，真特筆也，而反不及之，亦屬挂漏。至於謂："《春秋》二百四十二年而終之以獲麟，明亂極必治，而王者之迹卒不熄。"則其説高於諸家多矣。

**【彙訂】**

①《宋史·藝文志》未著錄丘葵之書。（李裕民：《四庫提要訂誤》增訂本）

春秋權衡十七卷(内府藏本)

宋劉敞撰。敞字原父,臨江新喻人。慶曆中舉進士,官至集賢院學士。事蹟具《宋史》本傳。據其弟邠作敞《行狀》及歐陽修作敞《墓誌》,俱稱敞《春秋傳》十五卷,《權衡》十七卷,《説例》二卷,《文權》二卷,《意林》五卷。王應麟《玉海》所記亦同。陳振孫《書録解題》曰:"原父始為《權衡》,以平三家之得失。然後集衆説,斷以己意而為之《傳》。《傳》所不盡者,見之《意林》。"然則《傳》之作在《意林》前,此書又在《傳》前。敞《春秋》之學,此其根柢矣。自序謂"《權衡》始出,未有能讀者①",又謂:"非達學通人②,則亦必不能觀之。"其自命甚高。葉夢得作《石林春秋傳》③,於諸家義疏多所排斥,尤詆孫復《尊王發微》,謂其"不深於禮學,故其言多自牴牾,有甚害於經者。雖概以禮論當時之過,而不能盡禮之制,尤為膚淺"。惟於敞則推其淵源之正。蓋敞邃於禮,故是書進退諸説,往往依經立義,不似復之意為斷制。此亦説貴徵實之一驗也。

**【彙訂】**

① "未",殿本作"世無"。

② 殿本"學"下有"與"字。

③ "石林春秋傳",殿本作"春秋傳"。

春秋傳十五卷(内府藏本)

宋劉敞撰。敞所作《春秋權衡》及《意林》,宋時即有刊本。此《傳》則諸家藏弆,皆寫本相傳。近時通志堂刻入《經解》,始有版本。故論者或疑其偽。然核其議論體裁,與敞所著他書一一脗合,非後人所能贋作也。其書皆節録三《傳》事蹟,斷以己意。

其褒貶義例，多取諸《公羊》①、《穀梁》②。如以莊公圍郕師還為仁義；以公孫寧、儀行父為有存國之功；以晉殺先縠為疾過；以九月用郊為用人。而“趙鞅入晉陽以叛”一條，尚沿二《傳》以地正國之謬，皆不免於膠固。其經文雜用三《傳》，不主一家。每以經、傳連書，不復區畫，頗病混淆。又好減損三《傳》字句，往往改竄失真。如《左傳》“惜也，越竟乃免”句，後人本疑非孔子之言。敞改為“討賊則免”，而仍以“孔子曰”冠之，殊為踳駁。考黃伯思《東觀餘論》稱考正《書·武成》實始於敞，則宋代改經之例③，敞導其先，宜其視改傳為固然矣。然論其大致，則得經意者為多。蓋北宋以來，出新意解《春秋》者，自孫復與敞始。復沿啖、趙之餘波，幾於盡廢三《傳》。敞則不盡從傳，亦不盡廢傳，故所訓釋為遠勝於復焉。

**【彙訂】**

① “諸”，殿本無。

② 此書對《左傳》凡例亦多有借取，且實際兼用三家為輔，獨立立說為主。（葛焕禮：《劉敞的〈春秋〉學》）

③ “例”，殿本作“弊”。

春秋意林二卷（内府藏本）

宋劉敞撰。《宋史·藝文志》作二卷，王應麟《玉海》作五卷。馬端臨《經籍考》則併《春秋權衡》、《春秋傳》、《春秋意林》總題三十四卷。今考《權衡》實十七卷，《傳》實十五卷，合以《意林》二卷，正得三十四卷，與《宋志》合。則《玉海》作五卷，傳寫誤也。元吳萊嘗作是書後序曰①：“劉子作《春秋權衡》，自稱書成，世無有能讀者。至《意林》猶未脫稿，多遺闕。”今觀其書，或僅標經文數字，不置一辭②；或草草數言，文不相屬，而下注“云云”二字；或一條之下，別標他目一兩字，與本文迥不相關；或詰屈聱牙，猝難句讀；或僅引其端而詞如未畢，其爲隨筆劄記，屬稿未竟之書，顯然可證。萊所說誠不誣也。又敞既苦志研求，運意深曲，又好雕琢其詞，使在可解不可解之間。然考葉夢得《石林春秋傳》稱：“不知經者以其難入，或詆以爲用意太過，出於穿鑿。”然熟讀深思，其聞正名分，別嫌疑，大義微言，灼然聖人之意者③，亦頗不少。文體之澀，存而不論可矣。

**【彙訂】**

① “曰”，殿本作“云”。

② “辭”，殿本作“字”。

③ 殿本“灼然”下有“得”字。

春秋傳説例一卷（永樂大典本）

宋劉敞撰。案敞《行狀》、《墓誌》俱稱《春秋説例》二卷，陳振孫《書録解題》則以爲一卷。蓋傳鈔分合，互有不同。至《宋史·藝文志》獨稱敞《説例》十一卷，殆傳寫誤衍一“十”字，或竟以十一篇爲十一卷也。敞《春秋傳》、《權衡》、《意林》三書，《通志堂經解》有刊版。《文權》與《説例》二書，則僅有其名，絶無傳本。今檢《永樂大典》，尚雜引《説例》之文。謹詳加綴輯，仍釐爲一卷。據《書録解題》稱，《説例》凡四十九條。今之所裒，僅二十五條，止得其半，且多零篇斷句，不盡全文。又惟公即位例、與例①、使來例、師行例、大夫奔例、殺大夫例、弗不例七條載有原文標目，餘則説存而標目復佚②。今並詳釋本文，倣原存諸條體例，爲之校補。又諸書所載，俱稱《春秋説例》，惟《永樂大典》加“傳”

字③。案是編比事以發論，乃其傳文褒貶之大旨。《永樂大典》所載，似尚屬宋刻之舊，今亦從之。敞說《春秋》，頗出新意，而文體則多摹《公》、《穀》。諸書皆然，是編尤為簡古。惟說“大夫帥師例”一條，稱魯不當有三軍，而以《周禮》為後人附會，未免稍偏。又《宣公十八年》經文“歸父還自晉”，敞《春秋傳》從《左氏》作“至笙”，而是編則從《公》、《穀》作“至檉”，亦頗自相牴牾。其餘則大致精核，多得經意。而宋元說經諸家都未徵引，可知自宋以後，已稱罕覯。是編崖略幸存，固《春秋》家所當寶貴矣。

**【彙訂】**

① 文淵閣《四庫》本此書無“與例”，疑為“遇例”之誤。

②“復”，殿本無。

③ 殿本“加”上有“本”字。

春秋經解十三卷（兵部侍郎紀昀家藏本）

宋孫覺撰。覺字莘老，高郵人。擢進士第，官至御史中丞。事蹟具《宋史》本傳。此書題曰“龍學孫公”，蓋其致仕之時①，以龍圖閣學士兼侍講提舉醴泉觀也。覺早從胡瑗游，傳其《春秋》之學，大旨以抑霸尊王為主。自序稱：“《左氏》多說事蹟，《公》、《穀》以存梗概。今以三家之說，較其當否，而《穀梁》最為精深，且以《穀梁》為本。其說是非褒貶，則雜取三《傳》及歷代諸儒啖、趙、陸氏之說，長者從之。其所未聞，則以安定先生之說解之。”今瑗《口義》五卷已佚，傳其緒論，惟覺此書②。周麟之跋稱：“初，王安石欲釋《春秋》以行於天下，而莘老之傳已出。一見而有愧心，自知不能出其右，遂詆聖經而廢之。”邵輯序稱是書作於晚年，謂安石因此廢《春秋》，似未必盡然。然亦可見當時甚重其書,故有此説也。《宋史·藝文志》載覺《春秋經解》十五卷,又《春秋學纂》十二卷,《春秋經社要義》六卷。朱彝尊《經義考》據以著録,於《經解》注曰"存",於《學纂》、《要義》皆注曰"佚"。然今本實十三卷,自隱公元年至獲麟,首尾完具,無所殘闕,與《宋志》所載不符。考陳振孫《書録解題》載《春秋經解》十五卷,《春秋經社要義》六卷,而無《春秋學纂》。王應麟《玉海》載《春秋經社要義》六卷、《春秋學纂》十二卷,而無《春秋經解》。其《學纂》條下注曰"其説以《穀梁》為本,及採《左氏》、《公羊》歷代諸儒所長,閒以其師胡瑗之説斷之,分莊公為上下"云云,與今本一一相合。然則《春秋學纂》即《春秋經解》之別名。《宋志》既誤分為二書③,并譌其卷數。《書録解題》亦譌十三卷為十五卷。惟《玉海》所記為得其真矣④。

**【彙訂】**

①"其",殿本作"覺"。

②"覺",殿本作"見"。

③"既",殿本無。

④《四庫》"十三卷本"孫覺《春秋經解》第一、二卷内容全部冒用自孫復《春秋尊王發微》一、二卷,後十一卷與"十五卷本"相同。《宋史·藝文志》等著録不誤。(葛焕禮:《孫覺〈春秋經解〉四庫本訛誤考析》)

春秋集解十二卷(浙江吳玉墀家藏本)

宋蘇轍撰①。先是劉敞作《春秋意林》,多出新意。孫復作《春秋尊王發微》,更舍傳以求經。古説於是漸廢。後王安石詆《春秋》為"斷爛朝報",廢之不列於學官②。轍以其時經、傳並荒，乃作此書以矯之。其説以《左氏》爲主，《左氏》之説不可通，乃取《公》、《穀》、啖、趙諸家以足之③。蓋以《左氏》有國史之可據，而《公》、《穀》以下則皆意測者也。自序稱："自熙寧閒謫居高安，爲是書，暇輒改之。至元符元年，卜居龍川，凡所改定，覽之自謂無憾。"蓋積十餘年而書始成。其用心勤懇，愈於奮臆遽談者遠矣。朱彝尊《經義考》載陳宏〔弘〕緒跋曰："《左氏》紀事，粲然具備，而亦閒有悖於道者。《公》、《穀》雖以臆度解經，然亦得失互見。如'戎伐凡伯于楚丘'，《穀梁》以'戎'爲'衛'；'齊仲孫來'，《公》、《穀》皆以爲魯慶父；'魯滅項'，又皆以爲齊實滅之。顯然與經謬戾，其失固不待言。至如隱四年'秋，翬帥師會宋公、陳侯、蔡人、衛人伐鄭'；桓十有四年'秋八月壬申，御廩災。乙亥，嘗'；莊二十有四年'夏，公如齊逆女'。諸如此類，似《公》、《穀》之説妙合聖人精微。而潁濱一概以深文詆之，因噎廢食。讀者捃其短而取其長可也。"其論是書頗允。此本不載，蓋刻在宏緒前也。《宋史·藝文志》稱是書爲《春秋集傳》，《文獻通考》則作《集解》，與今本合。知《宋志》爲傳寫誤矣④。

**【彙訂】**

① 依《總目》體例，當補"轍有《詩集傳》，已著録"。

② "學官"，殿本作"學宮"。

③ "諸家"，殿本作"諸説"。

④ 蘇籀《欒城遺言》云："公自熙寧謫高安，覽諸家之説爲《集傳》十二卷。"《直齋書録解題》卷三、衢本《郡齋讀書志》卷三、《文獻通考》卷一八三皆作《潁濱春秋集傳》。（胡玉縉：《四庫全書總目提要補正》；陳樂素：《宋史藝文志考證》）

### 春秋辨疑四卷（永樂大典本）

宋蕭楚撰。楚字子荆，廬陵人。紹聖中游太學，貢禮部不第。於時蔡京方專國，楚憤嫉其姦，謂京且將為宋王莽，誓不復仕，遂退而著書。明《春秋》之學，趙暘、馮澥、胡銓皆師事之。建炎四年始卒。曾敏行《獨醒雜志》稱所著《春秋經辨》行於廬陵，《宋史》亦載其《春秋經解》十卷。朱彝尊《經義考》謂其已佚，僅撫錄胡銓之序。此本所載銓序與《經義考》合，惟題曰《春秋辨疑》為小異。或後來更定，史弗及詳歟？《江西通志》及《萬姓統譜》皆云是書四十九篇。今止四十四篇，蓋有佚脫[①]。《宋志》云十卷，今《永樂大典》所載止二卷，則明人編輯所合併也。書之大旨，主於以統制歸天王，而深戒威福之移於下。雖多為權姦柄國而發，而持論正大，實有合尼山筆削之義，與胡安國之牽合時事，動乖經義者有殊；與孫復之名為尊王，而務為深文巧詆者用心亦別。陳振孫《書錄解題》稱胡銓以《春秋》登第，歸拜牀下。楚告之曰：“學者非但拾一第。身可殺，學不可辱，毋禍我《春秋》乃佳。”厥後銓以孤忠讜論，震耀千秋，則其師弟之於《春秋》，非徒以口講耳受者矣。每篇各有注文，皆楚自作，亦閒有胡銓及他弟子所附入。謹以原注及胡銓附注別題之，而以今所校正附其下，俾各不相淆焉。

### 【彙訂】

① 此書元刊本、《四庫》本皆只四十五篇。（陸心源：《皕宋樓藏書志》）

# 經 部 二 十 七

## 春 秋 類 二

春秋經解十二卷（永樂大典本）[①]

宋崔子方撰。子方，涪陵人，字彦直，號西疇居士。《晁説之集》又稱其字伯直，蓋有二字也。朱彝尊《經義考》稱其嘗知滁州，曾子開為作《茶仙亭記》。《經解》諸書，皆罷官後所作[②]。考子方《宋史》無傳，惟李心傳《建炎以來繫年要錄》稱其於“紹聖閒三上疏，乞置《春秋》博士，不報。乃隱居真州六合縣，杜門著書者三十餘年”。陳振孫《書錄解題》所載大略相同。朱震進書劄子亦稱為東川布衣。彝尊之説，不知何據。惟《永樂大典》引《儀真志》一條云：“子方與蘇、黃游。嘗為知滁州曾子開作《茶仙亭記》，刻石醉翁亭側。黃庭堅稱為六合佳士。”殆彝尊誤記是事，故云然歟？考子方著是書時，王安石之説方盛行，故不能表見於世。至南渡以後，其書始顯。王應麟《玉海》載：“建炎二年六月，江端友請下湖州取崔子方所著《春秋傳》藏祕書。紹興六年八月，子方之孫若上之。”是時朱震為翰林學士，亦有劄子上請。當時蓋甚重其書矣。子方自序云：“聖人欲以繩當世之是非，著來世之懲勸，故辭之難明者，著例以見之。例不可盡，故有日月之例,有變例。慎思精考,若網在綱。"又後序一篇,具述其疏解之宗旨。大抵推本經義,於三《傳》多所糾正。如以晉文圍鄭謂討其不會翟泉,以"郲伯來奔"為見迫於齊,以"齊侯滅萊"不書名辨《禮記》"諸侯滅同姓名"之誤,類皆諸家所未發。雖其中過泥日月之例,持論不無偏駁,而條其長義,實足自成一家。所撰凡《經解》、《本例》、《例要》三書,《通志堂經解》刊本僅有《本例》。今從《永樂大典》裒輯成編,各還其舊。自僖公十四年秋至三十二年、襄公十六年夏至三十一年,《永樂大典》並闕,則取黃震《日鈔》所引及《本例》補之。其他《本例》所釋有引伸此書所未發,或與此書小有異同者,並節取附錄。而卷裒、書名則並遵《宋史》。至子方原書,經文已不可見。今以所解參證,知大略皆從《左氏》,而亦閒有從《公》、《穀》者,故與胡安國《春秋傳》或有異同焉③。

## 【彙訂】

① 文淵閣《四庫》本尚有附錄一卷。(沈治宏:《中國叢書綜錄訂誤》)

②《經義考》卷一百八十三《春秋經解》條及全書均未載崔子方知滁州與曾子開事,乃見於朱彝尊《曝書亭集》卷三十四《涪陵崔氏〈春秋本例〉序》。(張宗友:《〈四庫全書總目〉誤引〈經義考〉訂正》)

③ 殿本"焉"上有"以非宏旨之所繫,今亦各隨原文錄之"。

春秋本例二十卷(內府藏本)

宋崔子方撰。是書大旨以為聖人之書,編年以為體,舉時以為名,著日月以為例。而日月之例又其本,故曰《本例》。凡一十六門,皆以日月時推之,而分著例、變例二則。州分部居,自成條理。考《公羊》、《穀梁》二傳專以日月為例，固有穿鑿破碎之病。然經書"公子益師卒"，《左傳》稱："公不與小斂，故不書日。"則日月為例，已在二《傳》之前。疑其時去聖未遠，必有所受。但予奪筆削，寓義宏深，日月特其中之一例。故二家所説，時亦有合。而推之以概全經，則支離輵轕而不盡通①。至於必不可通，於是委曲遷就②，變例生焉③。此非日月為例之過④，而全以日月為例之過也。亦猶《易》中互體⑤，未嘗非取象之一義，必卦卦以互體求象，則穿鑿遂甚耳。啖助、趙匡一埽諸例而空之，豈非有激而然，如王弼之棄象言《易》乎⑥？ 子方此書，陳振孫《書錄解題》稱："其學辨正三《傳》之是非，而專以日月為例，則正蹈其失而不悟。"所論甚允。然依據舊傳，雖嫌墨守，要猶愈於放言高論，逞私臆而亂聖經。説《春秋》者古來有此一家，今亦未能遽廢焉。

**【彙訂】**

① 殿本"不"下有"可以"二字。

② 殿本"是"下有"乎"字。

③ 殿本"變"上有"而"字。

④ 殿本"非"下有"以"字。

⑤ 殿本"中"下有"有"字。

⑥ "必卦卦以互體求象則穿鑿遂甚耳啖助趙匡一埽諸例而空之豈非有激而然如王弼之棄象言易乎"，殿本作"故繫辭稱雜物撰德辨是與非則非其中爻不備然使必卦卦以互體求象則牽合穿鑿其說遂至於難通王弼注易一掃互體啖助趙匡説春秋亦一掃諸例而空之豈非有激而然"。

春秋例要一卷（永樂大典本）

宋崔子方撰。考《宋史·藝文志》<sup>①</sup>："子方《春秋經解》十二卷，《本例》、《例要》二十卷<sup>②</sup>"，知子方所著原本，此書與《本例》合併矣<sup>③</sup>。朱彝尊《經義考》稱《本例》、《例要》十卷<sup>④</sup>，並存。而今通志堂刊之《本例》則析目錄別為一卷<sup>⑤</sup>，以足二十卷之數，而《例要》闕焉。蓋誤以《本例》目錄為《例要》<sup>⑥</sup>，而不知其別有一篇。恐彝尊所見即為此本，故曰並存，亦誤注也<sup>⑦</sup>。今考《永樂大典》所載<sup>⑧</sup>，雖分析為數十百條，繫於各字之下，而袞輯其文<sup>⑨</sup>，尚可相屬。較通志堂本所載目錄，一字不同，灼知為刊刻之誤<sup>⑩</sup>。謹編綴前後，略依《本例》次序，排纂成編，以還子方所著三書之舊焉。

**【彙訂】**

① 殿本"志"下有"載"字。

② 殿本"卷"下有"以《本例》、《例要》統為卷數"一句。

③ 殿本"矣"上有"為一"二字。

④ "十卷"，殿本作"二十卷"，誤。《經義考》卷一八三"《春秋本例》、《例要》"條云："《宋志》二十卷。今本十卷，存。"

⑤ "而今通志堂刊之本例"，殿本作"亦未為分析今通志堂所刊之本例"。

⑥ 殿本"蓋"下有"傳寫者佚其例要一卷後來遂"。

⑦ "恐彝尊所見即為此本故曰並存亦誤注也"，殿本作"彝尊所見當即此本故誤注為並存也"。

⑧ "所載"，殿本作"尚多載其原文"。

⑨ "袞輯其文"，殿本作"尋其端緒"。

⑩ "灼知為刊刻之誤"，殿本作"灼然知通志堂本為不全之帙"。

春秋五禮例宗七卷（浙江吳玉墀家藏本）

宋張大亨撰。大亨字嘉父，湖州人。登元豐乙丑乙科。何薳《春渚紀聞》、王明清《玉照新志》並載其嘗官司勳員外郎，以王國侍讀、侍講官名與朝廷相紊，奏請改正事。陳振孫《書錄解題》載大亨《春秋通訓》及此書①，則稱為“直祕閣吳興張大亨撰”。蓋舉其所終之官也②。考《左傳》發凡，杜預謂皆周公禮典，韓起見《易象春秋》亦謂周禮在魯，孫復作《春秋尊王發微》，葉夢得譏其不深於禮學，故其言多自牴牾。蓋《禮》與《春秋》本相表裏。大亨是編，以杜預釋例與經踳駁，兼不能賅盡，陸淳所集啖、趙《春秋纂例》亦支離失真，因取《春秋》事蹟，分吉、凶、軍、賓、嘉五禮，依類別記，各為總論。義例賅貫，而無諸家拘例之失。陳振孫稱為“考究詳洽”③，殆非溢美。元吳澄作《春秋纂言》④，分列五禮，多與此書相出入。澄非剽襲人書者，殆偶未見傳本歟⑤？朱彝尊《經義考》載此書十卷，注曰“存”。而諸家寫本，皆佚其《軍禮》三卷，已非彝尊之所見⑥。然《永樂大典》作於明初⑦，凡引此書皆吉、凶、賓、嘉四禮之文，《軍禮》絕無一字。則此三卷之佚久矣，彝尊偶未核檢也⑧。

**【彙訂】**

① “載大亨春秋通訓及此書”，殿本無。

② 《春渚紀聞》卷一稱“先友提學張公大亨”，則大亨終官當為提舉學事使。（李裕民：《四庫提要訂誤》）

③ “陳振孫稱為考究詳洽”，殿本作“振孫稱其詳洽”。

④ “元吳澄作”，殿本作“吳澄”。

⑤ “澄非剽襲人書者殆偶未見傳本歟”，殿本無。

⑥ “已非彝尊之所見”，殿本無。

⑦ "作於明初"，殿本無。

⑧ 今存宋刻本與諸清抄本皆缺卷四至六三卷，惟《軍禮》實四卷，僅佚其三。（羅振常：《善本書所見録》）

春秋通訓六卷（永樂大典本）

宋張大亨撰。是書自序謂少聞《春秋》於趙郡和仲先生。考宋蘇軾《年譜》，軾本字和仲。又蘇洵《族譜》稱為唐相蘇頲之裔①，系出趙郡。今所傳軾《題煙江疊嶂圖詩》石刻，末亦有"趙郡蘇氏"印。然則"趙郡和仲先生"即軾也。蘇籀《雙溪集》載大亨以《春秋》義問軾，軾答書云："《春秋》，儒者本務。然此書有妙用，學者罕能領會。多求之繩約中，乃近法家者流，苛細繳繞，竟亦何用？惟左丘明識其用，終不肯盡言，微見端兆，欲使學者自求之。"云云②。與大亨自序亦合。蓋其學出於蘇氏，故議論宗旨亦近之。陳振孫《書録解題》及《宋史·藝文志》並作十六卷。朱彝尊《經義考》云"已佚"。此本載《永樂大典》中，十二公各自為卷，而隱公、莊公、襄公、昭公又自分上、下卷，與十六卷之數合。然每卷篇頁無多，病其繁碎，今併為六卷，以便省覽，其文則無所佚脱也。

**【彙訂】**

① 殿本"裔"下有"孫"字。

②《東坡集》中《答張嘉父書》即載此語，何必轉引《雙溪集》？（陳乃乾：《讀〈四庫全書總目〉條記》）

春秋傳二十卷（浙江朱彝尊家曝書亭藏本）

宋葉夢得撰。夢得字少蘊，號石林，吳縣人。紹聖四年進士。南渡後官至崇信軍節度使。事蹟具《宋史·文苑傳》。夢得以孫復《春秋尊王發微》主於廢傳以從經，蘇轍《春秋集解》主於從《左氏》而廢《公羊》、《穀梁》，皆不免有弊。故其書參考三《傳》以求經[1]，不得於事則考於義，不得於義則考於事，更相發明，頗為精核。開禧中，其孫筬刊於南劍州。真德秀跋之，稱其"闢邪說，黜異端，有補世教不淺"。《宋史·藝文志》又載夢得別有《春秋考》三十卷、《讞》三十卷、《指要總例》二卷、《石林春秋》八卷。今《讞》、《考》二書散見《永樂大典》中，尚可得其大概，餘皆散佚，惟此《傳》猶為完書。《南窗紀談》載"夢得為《春秋》書[2]，其別有四：解釋音義曰《傳》，訂正事實曰《考》，掊擊三《傳》曰《讞》，編列凡例曰《例》。嘗語徐淳濟曰：'吾之為此名，前古所未見也。'淳濟曰：'吳程秉著書三萬餘言，曰《周易摘》、《尚書駁》、《論語弼》，得無近是乎。'"云云。案此《傳》不專釋音義，其說已非。至於以一字名書，古人多有。即以《春秋》而論，"傳"為通名，不必言矣。如《漢志》所載鐸氏、張氏皆有《春秋微》，《公羊傳疏》有閔因《春秋序》，《後漢書》有鄭眾《春秋刪》，《隋志》有何休《春秋議》、崔靈恩《春秋序》，孫炎併先有《春秋例》。夢得博洽，安得不見？乃以為古無此名，必非事實[3]。且《宋志》載夢得《春秋指要總例》，亦不名曰《春秋例》。殆小說附會之辭，不足據也。

**【彙訂】**

① "其"，殿本作"是"。

② "南窗紀談"，殿本作"南窗記事"，誤。《遂初堂書目》著錄闕名《南窗紀談》，今存清抄本。

③ 以一字名書，雖古人多有，然以"讞"為名，確為葉夢得首創。（潘殊閑：《葉夢得研究》）

春秋考十六卷（永樂大典本）

宋葉夢得撰。是書於寧宗開禧中，與《春秋傳》、《春秋讞》同刻於南劍州。元程端學作《春秋三傳辨疑》，多引其説，則當時猶有傳本。自明以來，藏書家皆不著録，故朱彝尊《經義考》注曰"已佚"。惟《永樂大典》頗載其文，以次檢校，尚可得十之八九。今排比綴輯，復勒成編①。其書大旨在申明所以攻排三《傳》者，實本周之法度制作以為斷，初非有所臆測於其間。故所言皆論次周典，以求合於《春秋》之法。其文辨博縱橫，而語有本原，率皆典核。陳振孫《書録解題》稱其"辨定考究，無不精詳"，殆不誣也。原書前有《統論》，其後乃列十二公，逐條詮敘而不録經文。今悉仍舊例。其卷帙則約略篇頁，輯為《統論》三卷，隱公以下以次編為十三卷，不復拘《宋志》三十卷之數。據夢得自序，稱："自其《讞》推之，知吾所正為不妄，而後可以觀吾《考》；自其《考》推之，知吾所擇為不誣，而後可以觀吾《傳》。"然《書録解題》已先列《傳》，次列《考》，次列《讞》。蓋《傳》其大綱，而《考》、《讞》其發明之義疏也。今仍從陳氏之序，次於《傳》後焉。

**【彙訂】**

①"編"，殿本作"書"。

春秋讞二十二卷（永樂大典本）

宋葉夢得撰。是書抉摘三《傳》是非，主於信經不信傳，猶沿啖助、孫復之餘波。於《公羊》、《穀梁》多所駁詰。雖《左傳》亦據傳末"韓魏反而喪之"之語，謂知伯亡時左氏猶在，斷以為戰國時人，案經有續書，傳亦有續書，夢得蓋未深考。語詳《左傳注疏》條下。昌言排擊。如辨諸侯世相朝為衰世之事；辨宰孔勸晉獻公及魯穆姜悔

過之言皆出附會；辨十二次分十二國之謬；辨夾谷之會孔子沮齊
景公事亦出假託；辨墮郈、墮費非孔子本意；辨諸侯出入有善有
惡；辨諸侯卒之或日或不日<sup>①</sup>，非盡屬褒貶，魯侯之至與不至，亦
不可拘牽成例。雖辨博自喜，往往有瀾翻過甚之病。於經旨或
合或離，不能一一精確。而投之所向，無不如志，要亦文章之豪
也。惟古引《春秋》以決獄，不云以決獄之法治《春秋》。名書以
"讞"，於義既為未允。且左氏、公羊、穀梁皆前代經師，功存典
籍，而加以推鞫之目，於名尤屬未安。是則宋代諸儒藐視先儒之
錮習，不可以為訓者耳<sup>②</sup>。考《宋・藝文志》，是書本三十卷。又
夢得自記《左傳》四百四十二條、《公羊》三百四十條、《穀梁》四百
四十條。今據《永樂大典》所載，參以程端學《春秋辨疑》，通加檢
核。《左傳》闕九十條，《公羊》闕六十五條，《穀梁》闕八十四條，
蓋已非完帙。然其大較已略具矣。謹依類排次，釐為《左傳讞》
十卷，《公羊》、《穀梁讞》各六卷。

**【彙訂】**

①"卒之"，殿本作"之卒"，誤。

②"以"，殿本無。

春秋集解三十六卷（內府藏本）

宋呂本中撰。舊刻題曰呂祖謙，誤也。本中字居仁，好問之
子。《宋史》本傳載其靖康初官祠部員外郎。紹興六年賜進士，
擢起居舍人。八年遷中書舍人，兼侍講，權直學士院。學者稱為
東萊先生，故趙希弁《讀書附志》稱是書為東萊先生撰<sup>①</sup>。後人
因祖謙與朱子遊，其名最著，故亦稱為東萊先生，而本中以詩擅
名，詩家多稱呂紫微，東萊之號稍隱，遂移是書於祖謙。不知陳

振孫《書録解題》載是書，固明云本中撰也。朱彝尊《經義考》嘗辨正之，惟以《宋志》作十二卷為疑。然卷帙分合，古今每異，不獨此書為然。況振孫言是書自三《傳》而下，集諸儒之説不過陸氏、兩孫氏、兩劉氏、蘇氏、程氏、許氏、胡氏數家，而採擇頗精，全無自己議論。以此本考之亦合，知舊刻誤題審矣。惟《宋志》此書之外，別出祖謙《春秋集解》三十卷，稍為牴牾[2]。疑宋末刻本已析其原卷，改題祖謙。故相沿譌異，史亦因之重出耳[3]。祖謙《年譜》備載所著諸書，具有年月，而《春秋集解》獨不載。固其確證，不必更以他説疑也[4]。本中嘗撰《江西宗派圖》，又有《紫微詩話》，皆盛行於世。世多以文士目之，而經學深邃乃如此。林之奇從之受業，復以其學授祖謙，其淵源蓋有自矣。

**【彙訂】**

① 趙希弁《郡齋讀書附志》所録呂祖謙《春秋左氏博議》、《近思録》亦署東萊先生撰。（李解民：《〈春秋集解〉為呂祖謙撰考——〈四庫全書總目〉辨正劄記》）

②《宋史·藝文志》載呂本中《春秋解》二卷，呂祖謙《春秋集解》三十卷。呂本中本傳載《春秋解》十卷。（同上）

③ 祖謙同時人樓鑰為陳傅良《春秋後傳》作序曰：“東萊呂公祖謙，又有《集解》行於世，《春秋》之學殆無遺蘊。”稍晚李明復《春秋集義·諸家姓氏事略》呂祖謙條亦云“有《集解》行於世”。（同上）

④ 祖謙著作多有後人整理結集刻印，不見於《年譜》者。（同上）

春秋傳三十卷（通行本）[1]

宋胡安國撰。安國事蹟詳《宋史·儒林傳》。案《玉海》載：

“紹興五年四月詔徽猷閣待制胡安國,經筵舊臣,令以所著《春秋傳》,纂述成書進入。十年三月書成,上之。詔獎諭,除寶文閣直學士,賜銀幣。”是安國此《傳》久已屬稿②,自奉敕撰進,又覆訂五年而後成也③。俞文豹《吹劍錄》稱其自草創至於成書,初稿不留一字,其用意亦勤矣。顧其書作於南渡之後,故感激時事,往往借《春秋》以寓意,不必一一悉合於經旨。《朱子語錄》曰:“胡氏《春秋傳》有牽強處,然議論有開合精神。”亦千古之定評也。明初定科舉之制,大略承元舊式,宗法程、朱。而程子《春秋傳》僅成二卷,闕略太甚,朱子亦無成書。以安國之學出程氏,張洽之學出朱氏,故《春秋》定用二家。蓋重其淵源,不必定以其書也。後洽《傳》漸不行用,遂獨用安國書。漸乃棄經不讀,惟以安國之《傳》為主。當時所謂經義者,實安國之傳義而已。故有明一代,《春秋》之學為最弊。馮夢龍《春秋大全》凡例有曰:“諸儒議論儘有勝胡氏者,然業已尊胡,自難並收以亂耳目。”則風尚可知矣。爰逮本朝,敦崇經術,《欽定春秋傳說彙纂》於安國舊說始多所駁正。棄瑕取瑜,擷其精粹,已足以綜括原書。第其書行世已久,亦未可竟廢。謹校而錄之,以存一家之言。若其中紕漏之處,則《欽定彙纂》中業已抉摘無遺,昭示海內,兹不復論辨焉。

## 【彙訂】

① 文淵閣《四庫》本尚有卷首二卷。(沈治宏:《中國叢書綜錄訂誤》)

② “傳”,殿本作“書”。

③《玉海》卷四〇《紹興春秋傳》條曰:“紹興五年四月一日,詔徽猷(閣)待制胡安國經筵舊臣,令以所著《春秋傳》纂述成書進入。十年三月書成,上之(下注:《表》云六年十二月上),詔獎

諭。"（下注：除寶文閣直學士，賜銀幣。）胡寅《斐然集》卷二五《先公行狀》云安國歿於紹興八年四月十三日，豈能覆訂至紹興十年上之？據《宋史·高宗本紀》紹興八年二月丙寅條、《建炎以來繫年要録》紹興八年二月丙寅條，書成於紹興八年。（莊劍：《〈四庫全書總目提要〉訂誤三則》；楊武泉：《四庫全書總目辨誤》）

春秋集注四十卷（永樂大典本）

宋高閌撰。閌字抑崇，鄞縣人。紹興元年以上舍選賜進士第，歷官禮部侍郎。事蹟具《宋史·儒林傳》。是書以程子《春秋傳》為本，故仍冠以程子原序。其説則雜採唐宋諸家，鎔以己意，不復標舉其姓名。史稱秦檜疑閌薦張九成，出知筠州，不赴卒。而樓鑰序是書則云："以直道忤時宰，一斥不復。家食累年，略不以事物自櫻。日有定課，風雨弗渝①。"蓋閌家居以後，歷久始卒，晚年精力盡在是書。史文言之未詳也。閌大旨雖宗程《傳》，然如程子據漢薄昭與淮南王書有齊桓殺弟之語，遂謂子糾為弟，齊桓為兄。閌則仍用三《傳》、《史記》、《荀子》之文，云子糾、小白皆襄公弟。糾居長，為當立。絕不依阿牽就，務存門户之私。他如解"衛人立晉"、解"夫人氏之喪至自齊"、解"取濟西田"諸條，皆深得聖人微旨②。其解"及向戌盟于劉"云："凡因來聘而盟者，必在國內。劉，王畿采地。豈有來聘魯而遠盟于劉者？蓋下文有'劉夏'，傳者以為春夏之夏，與文四年'夏逆婦姜于齊'文同，故誤增'于劉'二字。"又如以"州蒲"為"州滿"之譌，亦皆足以備一解。惟《隱公九年》"會防"之"防"在琅邪華縣東南③，《十年》"取防"之"防"在高平昌邑縣西南；《文公十二年》"城諸及鄆"之"鄆"在成陽姑幕南，《成公四年》"城鄆"之"鄆"在東郡廩邱〔丘〕縣東④,閱皆混為一地,未免於考據少疎耳。原書久佚,惟散見《永樂大典》中。謹案次排比,薈稡成編。其《永樂大典》原闕者,則採各書所引閱說補之。首尾完具,復為全帙。陳振孫《書錄解題》稱是書十四卷。今以篇頁繁重,析為四十卷。又《宋史》本傳稱閱有《春秋集解》,而《永樂大典》實作《集注》,與《書錄解題》同,當是宋本原題,今並從之。至所載經文,多從《左氏》而亦閒有從《公》、《穀》者,蓋宋代諸儒大都兼採三《傳》,不盡如漢世專門之學也。

**【彙訂】**

① “弗”,殿本作“不”。樓鑰序原文作“弗”。

② 殿本“人”下有“之”字。

③ “九年”,殿本作“元年”,誤。《春秋·隱公九年》:“冬,公會齊侯于防。”注:“防,魯地,在琅邪華縣東南。”

④ “之鄆”,殿本脫。

春秋後傳十二卷（兩江總督採進本）

宋陳傅良撰。傅良字君舉,案“傅良”或作“傅良”,諸本互有異同。然其字曰君舉,則為“傅說舉於版築”之義,故今定為“傅”字。號止齋,溫州瑞安人。乾道八年進士,官至中書舍人,寶謨閣待制,諡文節。事蹟具《宋史》本傳。是編有其門人周勉跋,稱傅良為此書,“將脫稿而病。學者欲速得其書,俾傭書傳寫。其已削者或留其帖於編,增入是正者或揭去弗存”。是今所傳,已非傅良完本矣。趙汸《春秋集傳》自序於宋人說《春秋》者最推傅良,稱其“以《公》、《穀》之說參之《左氏》,以其所不書實其所書,以其所書推見其所不書①,得學《春秋》之要,在三《傳》後卓然名家。而惜其誤以左氏所錄為魯史舊文,而不知策書有體,夫子所據以加筆削者,左氏亦未之見。左氏書首所載不書之例，皆史法也，非筆削之旨。
公羊、穀梁每難疑以不書發義，實與左氏異師。陳氏合而求之，
殊失其本。故於左氏所錄而經不書者，皆以為夫子所筆削，則其
不合於聖人者亦多”云云。考左氏為《春秋》作傳，非為策書作
傳。其所云某故不書者，不得經意或有之，必以為別發史例，似
非事實。況《不修春秋》二條，《公羊傳》尚有傳聞，不應左氏反不
見。恐均不足為傅良病，惟以《公》、《穀》合《左氏》為切中其失
耳。自王弼廢象數，而談《易》者日增。自啖助廢三《傳》，而談
《春秋》者日盛。故解五經者惟《易》與《春秋》二家著錄獨多。空
言易騁，茲亦明效大驗矣。傅良於臆說蠭起之日，獨能根據舊
文，研求聖人之微旨。樓鑰序稱其於諸生中擇能熟誦三《傳》者
三人，曰蔡幼學，曰胡宗，曰周勉，“游宦必以一人自隨，遇有所
問，其應如響”，其考究可謂至詳。又其書雖多出新意，而每傳之
下必注曰此據某說、此據某文，其徵引亦為至博。以是立制，世
之枵腹而談褒貶者，庶有豸乎？ 傅良別有《左氏章指》三十卷[②]，
樓鑰所序蓋兼二書言之。朱彝尊《經義考》注曰“未見”。今《永
樂大典》中尚存梗概，然已殘闕，不能成帙，故不復裒錄焉。

**【彙訂】**

①“見”，殿本脫，參趙汸《春秋集傳》自序。

②“《左氏章指》”，底本作“《左氏章旨》”，據殿本改。《宋
史》卷四三四陳傅良本傳、卷二百二《藝文一》均作《左氏章指》，
樓鑰序亦為《〈春秋後傳〉〈左氏章指〉序》。

春秋左氏傳説二十卷（兩江總督採進本）[①]

宋吕祖謙撰。祖謙有《古周易》，已著錄。其生平研究《左

傳》，凡著三書：一曰《左傳類編》，一曰《左傳博議》，一即是編。其《類編》取《左氏》之文，分別為十九目，久無傳本，惟散見《永樂大典》中，頗無可採。《博議》則隨事立義，以評其得失。是編持論與《博議》略同，而推闡更為詳盡。陳振孫《書錄解題》稱其"於《左氏》一書多所發明而不為文，似一時講說，門人所鈔錄者"，其說良是。《朱子語錄》亦稱其"極為詳博。然遣辭命意，頗傷於巧"。考祖謙所作《大事記》②，朱子亦謂有纖巧處，而稱其"指公孫宏〔弘〕、張湯姦狡處，皆說得羞愧殺人"云云。然則朱子所謂巧者，乃指其筆鋒穎利，凡所指摘，皆刻露不留餘地耳。非謂巧於馳辨，或至顛倒是非也③。《書錄解題》載是書為三十卷，此本僅二十卷。考明張萱《內閣書目》所載《傳說》四冊外，尚有《續說》四冊。知陳氏所謂三十卷者，實兼《續說》十卷計之。今《續說》別於《永樂大典》之中裒採成帙，以其體例自為起訖，仍分著於錄云。

**【彙訂】**

①"春秋左氏傳說"，殿本作"春秋傳說"，誤。《四庫採進書目·兩江第一次書目》載《春秋左氏傳說》二十卷，宋呂祖謙著。文淵閣《四庫》本書名作《左氏傳說》，尚有卷首一卷。（沈治宏：《中國叢書綜錄訂誤》）

②"大事記"，殿本作"大事紀"，誤。《總目》卷四七著錄呂祖謙撰《大事記》十二卷。

③"或至"，殿本作"至或"。

春秋左氏傳續說十二卷（永樂大典本）①

宋呂祖謙撰。是編繼《左氏傳說》而作，以補所未及，故謂之

《續説》。久無傳本。今見於《永樂大典》者，惟自僖公十四年秋八月至三十三年、襄公十六年夏至三十一年，舊本闕佚，無足採錄[2]。其餘則首尾完具，以傳文次第排比之，仍可成帙。其中如"臾駢送狐射姑之帑"、"孟獻子愛公孫敖二子"兩條，俱以《博議》所云為非。是則是書當成於晚年矣。其體例主於隨文解義，故議論稍不如前説之闊大。然於《傳》文所載，闡發其蘊，並抉摘其疵。如所謂"《左氏》有三病，不明君臣大義，一也；好以人事附會災祥，二也；記管、晏事則盡精神，説聖人事便無氣象，三也"云云，雖亦沿宋儒好軋先儒之習，然實頗中其失。至於朝祭、軍旅、官制、賦役諸大典及晉、楚興衰，列國向背之事機，詮釋尤為明暢。惟子服景伯系本桓公，而以為出自襄公，稍為譌舛耳。蓋祖謙邃於史事，知空談不可以説經，故研究傳文，窮始末以核得失，而不倡廢傳之高論。視孫復諸人，其學為有據多矣。

## 【彙訂】

① 文淵閣《四庫》本尚有卷首一卷。（沈治宏：《中國叢書綜錄訂誤》）

②"無足"，殿本作"無從"。

詳注東萊左氏博議二十五卷（浙江巡撫採進本）

宋呂祖謙撰。相傳祖謙新娶，於一月之內成是書。今考自序稱："屏處東陽之武川，居半歲，里中稍稍披蓬藋從予遊。談餘語隙，波及課試之文。乃取左氏書理亂得失之跡，疏其説於下。旬儲月積，浸就篇帙。"又考祖謙《年譜》，其初娶韓元吉女，乃紹興二十七年在信州，不在東陽。後乾道三年五月持母喪，居明招山，學子有來講習者[1]。四年，已成《左氏博議》。五年二月除母服，五月乃繼娶韓氏女弟。則是書之成，實在喪制之中，安有新娶之事？流俗所傳誤也。書凡一百六十八篇。《通考》載作二十卷，與此本不同。蓋此本每題之下附載《左氏傳》文，中閒徵引典故，亦略為注釋，故析為二十五卷。其注不知何人作，觀其標題版式，蓋麻沙所刊[2]。考《宋史·藝文志》有祖謙門人張成招《標注左氏博議綱目》一卷，疑當時書肆以成招《標注》散入各篇也。楊士奇稱別有一本十五卷，題曰《精選》，黃虞稷稱明正德中有二十卷刊本，今皆未見。坊閒所鬻之本僅十二卷，非惟篇目不完，併字句亦多妄削，世久不見全書。此本有董其昌名字二印，又有朱彝尊收藏印，亦舊帙之可寶者矣。

**【彙訂】**

① "學子"，殿本作"學者"。

② 丁丙跋《詳注東萊先生左氏博議》二十五卷明刻本，十行二十字，細黑口，四周雙邊，即四庫底本。（崔富章：《四庫提要補正》）

春秋比事二十卷（浙江吳玉墀家藏本）

舊本題宋沈棐撰。棐始末無可考。惟是書前有陳亮序，稱其字文伯，湖州人，嘗為婺之校官。陳振孫《書錄解題》曰："案湖有沈文伯，名長卿，號審齋居士，為常州倅。忤秦檜，貶化州，不名棐也。不知同父何以云然。豈別有名棐而字文伯者乎？然則非湖人也。"云云。其說與亮迥異。都穆《聽雨紀談》又據嘉定辛未廬陵譚月卿序，以為莆陽劉朔撰，併稱月卿親見劉氏家本。此本不載月卿序，亦未審穆何所據。疑以傳疑，無從是正。以陳亮去棐世近，姑從所序，仍著棐名[1]。其書前以諸國類次，後以朝聘、征伐、會盟事蹟相近者，各比例而為之説，持論頗為平允。本名《春秋總論》，亮為更此名。元至正中嘗刊於金華。其版久燬，世罕傳本，故朱彝尊《經義考》注曰"已佚"。此本前有中興路儒學教授王顯仁序，蓋猶從元刻傳録者也。

**【彙訂】**

① 譚月卿序云"頃得劉氏家本，特表而出之"，必以為劉朔作。劉朔為後村（劉克莊）之祖，《後村集》有《二大父遺文跋》云："麟臺公殁於信安傳舍中，故遺稿尤少，有《春秋比事》二十卷，別為書。"（陸心源：《儀顧堂續跋》）

春秋左傳要義三十一卷（兩江總督採進本）

宋魏了翁撰。亦所輯《九經要義》之一也。其書節録注疏之文，每條之前各為標題，而系以先後次第，與諸經《要義》體例並同。考了翁序李明復《春秋集義》云："余嘗覽諸儒之傳，至本朝先正，謂此為經世之大法、傳心之要典，余懼益深。乃裒萃以附於經，尚慮觀書未廣，擇理未精，故未敢輕出。李君乃先得我心而為是書。"云云。是了翁亦嘗裒輯衆説以注《春秋》，其書未就，而其所取於注疏者則尚見於是編。凡疏中日月名氏之曲説煩重瑣屑者①，多刊除不録。而名物度數之間，則削繁舉要，本末燦然。蓋左氏之書，詳於典制，三代之文章禮樂，猶可以考見其大凡。其遠勝《公》、《穀》，實在於此。了翁所輯，亦可謂得其要領矣。原本六十卷，朱彝尊《經義考》注曰"未見"。此本僅存三十一卷，末有萬曆戊申中秋後三日龍池山樵彭年手跋一篇，稱："當時鏤帙不全，後世無原本可傳。甘泉先生有此書三十一卷，藏之懷古閣中，出以相示，因識數言於後。"則亦難覯之本矣。然甘泉為湛若水之號，若水登宏治乙丑進士，至萬曆戊申凡一百四年[2]，不應尚在。彭年與文徵明為姻家，王世貞序其詩集，稱年死之後，家人鬻其遺稿，則萬曆末亦不復存。且《九經要義》皆刪節注疏，而跋稱其"訂定精密，為先儒所未論及"，尤不相合。疑殘本偶存，好事者偽為此跋，而未核其年月也。

**【彙訂】**

① "名氏"，殿本作"名字"。

② "一百四年"，殿本作"一百四十年"，誤。弘治乙丑（1505）至萬曆戊申（1608）凡一百四年。

春秋分紀九十卷（兩淮馬裕家藏本）[1]

宋程公説撰。公説字伯剛，號克齋，丹棱人，居於宣化。年二十五登第，官邛州教授。吳曦之亂，棄官攜所著《春秋》諸書匿安固山中修之。甫成而卒，年僅三十七。是書前有開禧乙丑自序。淳祐三年，其弟公許刊於宜春。凡《年表》九卷，《世譜》七卷，《名譜》二卷，《書》二十六卷，《周天王事》二卷，《魯事》六卷，《大國世本》二十六卷，《次國》二卷，《小國》七卷，《附錄》三卷。其《年表》則冠以周及列國，而后、夫人以下與執事之卿皆各為一篇[2]。其《世譜》則王族、公族以及諸臣每國為一篇，魯則增以婦人名、仲尼弟子。而燕則有錄無書，蓋原闕也。《名譜》則凡名著於《春秋》者分五類列焉。《書》則曆法、天文、五行、疆理、禮樂、征伐、職官七門。其周、魯及列國《世本》以及《次國》、《小國》、《附錄》，則各以經傳所載分隸之。條理分明，敘述典贍。所採諸儒之説與公説所附序論亦皆醇正，誠讀《春秋》者之總彙也。明以來其書罕傳，故朱彝尊《經義考》注曰"未見"。顧棟高作《春秋大事表》，體例多與公説相同。棟高非剽竊著書之人，知其亦未見也。此本出自揚州馬曰璐家③，與《通考》所載卷數相合。内宋諱猶皆闕筆，蓋從宋刻影鈔者。劉光祖作公説《墓誌》，稱其所作尚有《左氏始終》三十六卷④、《通例》二十卷、《比事》十卷。是殆刻意於《左氏》之學者⑤。宋自孫復以後，人人以臆見説《春秋》。惡舊説之害己也，則舉三《傳》義例而廢之；又惡《左氏》所載證據分明，不能縱横顛倒，惟所欲言也，則併舉《左傳》事蹟而廢之。譬諸治獄，務煅案牘之文，滅證佐之口⑥，則是非曲直乃可惟所斷而莫之爭也⑦。公説當異説坌興之日，獨能考核舊文，使本末源流犁然具見，以杜虚辨之口舌，於《春秋》可謂有功矣。

【彙訂】

① 文淵閣《四庫》本書名作《春秋分記》，尚有卷首一卷。（沈治宏：《中國叢書綜録訂誤》）

② “執事”，殿本作“執政”。

③ “自”，殿本無。

④ “其”，殿本無。

⑤ “是殆”，殿本作“蓋”。

⑥ “證佐”，殿本作“佐證”。

⑦ “則”，殿本作“而”。

春秋講義四卷（永樂大典本）

宋戴溪撰。溪有《續呂氏家塾讀詩記》，已著録。開禧中，溪為資善堂説書，累轉太子詹事。時景獻太子命類《易》、《詩》、《書》、《春秋》、《論語》、《孟子》、《通鑑》，各為説以進。此即其《春秋》説也。書中如以齊襄迫紀侯去國為託復讎以欺諸侯，以秦與楚滅庸為由巴、蜀通道，以屢書“公如晉，至河乃復”為晉人啟季氏出君之漸，以定公戊辰即位為季氏有不立定公之心，皆具有理解。而時當韓侂冑北伐敗衄，和議再成，故於內修外攘、交鄰經武之道，尤惓惓焉。至卒葬之類，並闕而不釋。考宋代於喪服之制，避忌頗深。如“何居”“居”字語出《檀弓》，《禮部韻略》即不載，其他可知。溪之不釋此類，蓋當時講幄之體也。嘉定癸未五月，溪長子桷鋟木金陵學舍，沈光序之。寶慶丙戌，牛大年復刻於泰州，其序稱是書“期於啟沃君德，天下學士不可得而聞”。蓋非經生訓詁家言，故流傳未廣。陳氏《書錄解題》不著於錄，殆以是歟？《宋史·藝文志》作四卷[1]，王瓚《溫州志》作三卷，朱彝尊《經義考》注曰“已佚”。今外間絕無傳本，惟《永樂大典》所採，尚散見各條經文之下[2]。今謹為裒輯校正，自僖公十四年秋至三十三年、襄公十六年三月至三十一年，《永樂大典》所闕，則取黃震《日鈔》所引補之。仍從《宋史》釐為四卷，而每卷又各分上、下。其所釋經文多從《左氏》，故其間從《公》、《穀》者，並附案語於下方焉。

**【彙訂】**

①“四卷”，殿本作“十卷”，誤。《宋史》卷二百二《藝文一》著錄戴溪《春秋講義》四卷。

②“各條經文”，殿本作“經文各條”。

春秋集義五十卷綱領三卷（江蘇巡撫採進本）[1]

宋李明復撰。明復亦名俞，字伯勇，始末無考。據魏了翁序，知為合陽人，嘉定中太學生爾。是書首行題“校正李上舍經進春秋集義”，次行又題“後學巴川王夢應”。案朱彝尊《經義考》

云：“《宋·藝文志》載李明復《春秋集義》五十卷，又載王夢應《春秋集義》五十卷。嘗見宋季舊刻，即李氏原本，而王氏刊行之，非王氏別有《集義》也。”此本乃無錫鄒儀蕉綠草堂藏本。核其題名，與彝尊所見本相合。知《經義考》所説有據，而《宋志》誤分為二也。張萱《內閣書目》稱其採周、程、張三子，或著書以明《春秋》，或講他經以及《春秋》，或其説有合於《春秋》者，皆廣收之。然所採如楊時、謝湜、胡安國、朱子、呂祖謙之説，不一而足，謝湜尤多。萱蓋考之未審耳。《經義考》載是書前有《綱領》二卷，又有魏了翁序。此本乃皆不載，蓋傳寫佚之。然“春王正月”條下自注曰：“餘見《綱領》上、中二卷。”則《綱領》當有三卷，故有上、中、下之分。《經義考》作二卷，亦小誤矣。今檢《永樂大典》，明復所著《綱領》尚存。謹録而補之，仍釐為三卷，以還其舊焉[②]。

**【彙訂】**

① 文淵閣《四庫》本尚有《諸家姓氏事略》一卷。（沈治宏：《中國叢書綜録訂誤》）

② 據《總目》所云可知《綱領》三卷乃《永樂大典》本，非採進本。（司馬朝軍：《〈四庫全書總目〉研究》）

春秋集注十一卷綱領一卷（江西巡撫採進本）

宋張洽撰。洽字元德，清江人。嘉定中進士，官至著作佐郎。端平元年，朝廷知洽家居著書，宣命臨江軍守臣，以禮延訪，齎紙札謄寫以進。書既上，除洽知寶章閣。會洽卒，謚之曰文憲。以其書付祕閣。書首有洽進書狀，自言“於漢唐以來諸儒之議論，莫不考覈研究，取其足以發明聖人之意者，附於每事之左，名曰《春秋集傳》。既又因此書之粗備，復傲先師文公《語》、《孟》之書，會其精意，詮次其說以為《集注》"云云①。考《朱子語錄》深駁胡安國"夏時冠周月"之說。洽此書以春為建子之月，與《左傳》"王周正月"義合，足破支離繆轕之陋。車若水《腳氣集》乃深以洽改從周正為非，門户之見，殊不足據。至若水謂②："《春秋》一書，質實判斷不得。除非起孔子出來，說當時之事，與所以褒貶去取之意方得。今作《集注》，便是質實判斷，此照《語》、《孟》例不得。《語》、《孟》是說道理，《春秋》是紀事。且首先數句便難明。惠公仲子，不知惠公之仲子耶？或惠公同仲子耶？尹氏卒，一邊道是婦人，一邊道是天子之世卿。諸儒譏世卿之說，自是明訓。恐是舉燭尚明之論，理雖是而事則非也。"云云。其論亦頗中洽之病。要其合者不可廢也。明洪武中，以此書與胡安國《傳》同立學官③。迨永樂間，胡廣等剽襲汪克寬《纂疏》為《大全》。其說專主胡《傳》，科場用為程式，洽書遂廢不行。今此書遺本僅存④，而所謂《集傳》則佚之久矣⑤。

**【彙訂】**

①"詮次"，殿本作"論次"，誤，參《經義考》卷一八九張洽《春秋集注》條所載進書狀原文。

② 殿本"謂"下有"於"字。

③"學官"，殿本作"學宮"。

④"存"，殿本作"傳"。

⑤"佚之久"，殿本作"失之"。張洽《春秋集傳》二十六卷《綱領》一卷，今存清抄殘本十九卷多部，皆缺卷十八至二十、卷二三至二六。（胡玉縉：《四庫全書總目提要補正》）

春秋王霸列國世紀編三卷（浙江范懋柱家天一閣藏本）

宋李琪撰。琪字開伯①，吳郡人。官國子司業。其書成於嘉定辛未。以諸國為綱，而以《春秋》所載事蹟類編為目。前有序，後有論斷。第一卷為王朝及霸國。霸國之中黜秦穆、楚莊而存宋襄。又於晉文以下列自襄至定十君。而特附以魯二卷，為周同姓之國；而特附以“三恪”三卷，皆周異姓之國。而列秦、楚、吳、越於諸小國後，所論多有為而發。如譏晉文借秦抗楚、晉悼結吳困楚，則為徽宗之通金滅遼而言；譏紀侯隣於讎敵而不能自強，則為高宗之和議而言，其意猶存乎鑒戒。至於稱魯已滅之後，至秦、漢猶為禮義之國，則自解南渡之弱；霸國之中退楚莊、秦穆而進宋襄，則自解北轅之恥；置秦、楚、吳、越於諸小國後，則又隱示抑金尊宋之意。蓋借《春秋》以寓時事，略與胡安國《傳》同。而安國猶堅主復讎之義，琪則徒飾以空言矣。流傳已久，姑錄以備一家。且以見南宋積削之後，士大夫猶依經託傳，務持浮議以自文。國勢日頹，其來漸矣。存之亦足示炯戒也。

**【彙訂】**

①“開伯”，殿本作“伯開”。

春秋通説十三卷（兩江總督採進本）

宋黃仲炎撰。仲炎字若晦，永嘉人。其進是書表稱“肆舉業而罔功”，李鳴復奏舉狀稱“科舉之外，窮經篤古”，蓋老而不第之士也。書成於紹定三年，其奏進則在端平三年。自序謂《春秋》為聖人教戒天下之書，非褒貶之書。所書之法為教，所書之事為戒。自三《傳》以褒貶立意，專門師授，仍陋襲譌。由漢以後，類例益岐，大義隱矣。故其大旨謂直書事蹟，義理自明。於古來經師相傳，“王不稱天，桓不稱王”之類，一切闢之。案《朱子語録》云：“聖人據實而書，是非得失，有言外之意。必於一字一辭間求褒貶所在，竊恐未然。”仲炎《表》中所云酌朱熹之論者，蓋本於是。何夢申作吕大圭《春秋或問》序，謂傳《春秋》者幾百家，大抵以褒貶賞罰為主，惟《或問》本朱子而盡斥之。不知仲炎已先發之矣。中如於“南季來聘”，據三《傳》、《戴記》，謂天子無聘諸侯之禮，《周禮》時聘之説不足信；於“滕、薛來朝”，謂諸侯無私相朝之禮，三《傳》俱謬，則過於疑古。以“盟首止”為王世子立黨制父，則過於深文。以“子同生”為傳語誤入經文，以“葬蔡桓侯”為“公”字之譌，以“同圍齊”為“圍”字重寫之誤①，疑及正經，亦未免臆為推測。然如謂季友為巨姦竊交宮闈，則成風私事，傳有明文，辭嚴義正，足以為千古之大防矣。其論胡安國之書曰：“孔子雖因顔淵之問，有取於夏時，不應修《春秋》而遽有所改定也。胡安國氏謂《春秋》以夏正冠月，而朱熹氏非之，當矣。孔子之於《春秋》，述舊禮者也。如惡諸侯之强而存天子，疾大夫之偪而存諸侯，憤吳、楚之横而尊中國，此皆臣子所得為者。若夫更革當代之王制，竊用天子之賞罰，決非孔子意也。夫孔子修《春秋》，方將以律當世之僭，其可自為僭哉？”其立義明白正大，深得聖人之意。蓋迥非安國所及也。

**【彙訂】**

①“誤”，殿本作“譌”。

春秋説三十卷（永樂大典本）

宋洪咨夔撰。咨夔字舜俞，於潛人，歷官端明殿學士。事蹟具《宋史》本傳。是書有咨夔自序，稱：“自考功罷歸，杜門深省，作《春秋説》。"案本傳稱理宗初，咨夔為考功員外郎，以忤史彌遠。又言李全必為國患，為李知孝、梁成大所劾，鐫秩家居者七年。是書蓋是時所作也。又本傳弟稱咨夔所著有《兩漢詔令擥鈔》、《春秋説》等書，而皆不載其卷數。朱彝尊《經義考》引吳任臣之言，云止三卷。《永樂大典》載吳潛所作咨夔《行狀》，則謂《春秋説》實三十卷。今考是書，篇帙繁重，斷非三卷所能盡。潛與咨夔同官相契，當親見其手定之本。任臣所言，蓋後來傳聞之誤耳。其書議論明凼，而考據事勢，推勘情偽，尤多前人所未發。如以書"公子友如陳"為著季氏專魯之始；以晉侯執曹伯負芻而不為曹立君正為異日歸之之地；以書"大蒐昌間"為季氏示威於衆以脅國人，皆得筆削微意。惟謂慶父出奔為季友故縱，謂劉子、單子以王猛入王城為不知有君，頗為紕繆①。然棄短取長，其卓然可傳者，不能没也。今《兩漢詔令》等書久已散佚，此書亦無傳本，惟《永樂大典》尚多載其文。謹裒輯編次，釐正譌舛，仍分為三十卷，以還舊觀。至《春秋》經文，三《傳》各有異同。今咨夔原本經文已不可見②，就其所説推之，知其大概多從《左氏》，而間亦參取於《公》、《穀》。今並加案語，附識其下。又自僖公十四年秋至三十三年、襄公十六年夏至三十一年，《永樂大典》原本已佚，而他家經解又絶無徵引，無從葺補，今亦姑闕之焉③。

**【彙訂】**

①"為"，殿本作"有"。

②"可"，殿本作"得"。

③"焉"，殿本無。

春秋經筌十六卷（湖北巡撫採進本）

宋趙鵬飛撰。鵬飛字企明，號木訥，綿州人。其意以説經者拘泥三《傳》，各護師説，多失聖人本旨，故為此書，主於據經解經。其自序曰：“學者當以無傳明《春秋》，不可以有傳求《春秋》。無傳以前，其旨安在，當默與心會矣。”又曰：“三《傳》固不足據，然公吾心而評之，亦有時得聖意者①。”夫三《傳》去古未遠，學有所受，其間經師衍説，漸失本意者，固亦有之，然必一舉而刊除，則《春秋》所書之人，無以核其事，所書之事，無以核其人。即以開卷一兩事論之。“元年春王正月”，不書即位，其失在夫婦嫡庶之間。苟無傳文，雖有窮理格物之儒，殫畢生之力，據經文而沈思之，不能知聲子、仲子事也。“鄭伯克段於鄢”，不言段為何人，其失在母子兄弟之際。苟無傳文，雖有窮理格物之儒，殫畢生之力，據經文而沈思之，亦不能知為武姜子、莊公弟也。然則舍傳言經，談何容易！啖助、趙匡攻駁三《傳》，已開異説之萌。至孫復而全棄舊文，遂貽《春秋》家無窮之弊。蔡絛《鐵圍山叢談》載鹿谿生黃沇之説曰：“今時為《春秋》者，不探聖人之志，逐傳則論魯三桓、鄭七穆，窮經則會計書甲子者若干、書侵書伐凡幾。”云云。沇從學於陳瓘、黃庭堅，其授受尚有淵源，而持論業已如此，蓋皆沿復之説也。鵬飛此書，亦復之流派。其最陋者，至謂經書“成風”，不知為莊公之妾、僖公之妾，付之闕疑。張尚瑗《三傳折諸》譏其臆解談經，不知《左氏》有成風事季友，而屬僖公之事，不值一噱，頗為切中其病。然復好持苛論，鵬飛則頗欲原情，其平允之處亦不可廢。寸有所長，存備一説可矣。

【彙訂】

①“亦有時得聖意者”，自序原文作“亦時有得聖意者”，文

津閣、文溯閣本書前提要不誤。（江慶柏等：《四庫全書薈要總目提要》）

春秋或問二十卷附春秋五論一卷（兩江總督採進本）

宋呂大圭撰。大圭字圭叔，號樸鄉，南安人。淳祐七年進士，官至朝散大夫，行尚書吏部員外郎，兼國子編修、實錄檢討官、崇政殿説書，出知興化軍。嘗撰《春秋集傳》，今已散佚。此《或問》二十卷，即申明《集傳》之意也。大旨於三《傳》之中多主《左氏》、《穀梁》，而深排《公羊》。於何休《解詁》斥之尤力。考三《傳》之中，事蹟莫備於《左氏》，義理莫精於《穀梁》。惟《公羊》雜出衆師，時多偏駁。何休《解詁》牽合讖緯，穿鑿尤多。大圭所論，於三家得失，實屬不誣。視諸家之棄傳談經①，固迥然有別。所著《五論》，一曰論夫子作《春秋》，二曰辨日月褒貶之例，三曰特筆，四曰論三《傳》所長所短，五曰世變。程端學嘗稱《五論》明白正大，而所引《春秋》事，時與經意不合。今考《或問》之中，與經意亦頗有出入，大概長於持論而短於考實。然大圭後於德祐初由興化遷知漳州，未行而元兵至。沿海都制置蒲壽庚舉城降，大圭抗節遇害。其立身本末，皎然千古，可謂深知《春秋》之義。其書所謂明分義，正名實，著幾微，為聖人之特筆者，侃侃推論，大義凜然，足以維綱常而衛名教，又不能以章句之學錙銖繩之矣。

【彙訂】

① “談”，殿本作“從”。

春秋詳説三十卷（兩江總督採進本）①

宋家鉉翁撰。鉉翁號則堂，以蔭補官。後賜進士出身，官至

端明殿學士,簽書樞密院事。事蹟具《宋史》本傳。是書末有龔
璛跋曰:"至元丙子宋亡,以則堂先生歸,置諸瀛州者十年,成此
書。自瀛寄宣,託於其友潘公從大藏之。"今考《宋史》本傳稱鉉
翁在河閒,以《春秋》教授弟子。河閒即瀛州也。又鉉翁《則堂
集》中有為其弟所作《志堂説》,稱:"余自燕以來瀛,卒《春秋》舊
業,成《集傳》三十卷。"篇末題"甲申正望"。甲申為至元二十一
年,上距宋亡凡十年,與璛跋十年之説合;下距元貞元年賜號放
歸復十年,與璛跋成書於瀛之説亦合。惟鉉翁自稱《集傳》,而此
曰《詳説》,或後又改名歟? 其説以《春秋》主乎垂法,不主乎記
事。其或詳或略,或書或不書,大率皆抑揚予奪之所繫。要當探
得聖人心法所寓,然後參稽衆説而求其是。故其論平正通達,非
孫復、胡安國諸人務為刻酷者所能及。其在河閒作《假館詩》云:
"平生著書苦不多,可傳者見之《春秋》與《周易》。"蓋亦確然自信
者。今惟此書存,其《周易》則不可考矣。

**【彙訂】**

① 文淵閣《四庫》本尚有《綱領》一卷。(沈治宏:《中國叢書
綜録訂誤》)

讀春秋編十二卷(内府藏本)

宋陳深撰。深字子微,平江人。嘗題所居曰清全齋,因以為
號。朱彝尊《經義考》引盧熊《蘇州志》,稱深"生於宋。宋亡,篤
志古學,閉門著書。天曆閒奎章閣臣以能書薦,潛匿不出"①。
考鄭元祐《僑吳集》有深次子植《墓誌》。據其所稱,植以至正二
十二年卒,年七十,則植生於至元三十年癸巳。又自稱長於植一
年,少於深三十餘年,則深之生當在開慶、景定閒。宋亡之時,僅

及弱冠,故至天曆閒尚存也。所著有《讀易編》、《讀詩編》,今並未見,惟此書僅存②。其説大抵以胡氏為宗,而兼採左氏。蓋左氏身為魯史,言必有據,非公羊、穀梁傳聞疑似者比。自宋人喜以空言説《春秋》,遂併其事實而疑之,幾於束諸高閣。深所推闡,雖別無新異之見,而獨能考據事實,不為虚憍恃氣、廢傳求經之高論。可謂篤實君子,未可以平近忽之矣。

【彙訂】

① 朱彝尊所引實出王鏊《蘇州志》卷五五《隱逸傳》。盧熊《蘇州府志》卷三七《陳深傳》所引,“薦”下有“之”,“出”作“耀”。(李裕民:《四庫提要訂誤》)

② 陳深之《讀易編》,今殘本《永樂大典》共引五十一條。(同上)

# 經 部 二 十 八

## 春 秋 類 三

春秋提綱十卷（浙江總督採進本）[①]

舊本題鐵山先生陳則通撰，不著爵里，亦不著時代，其始末未詳。朱彝尊《經義考》列之劉莊孫後、王申之前，然則元人也。是書綜論《春秋》大旨，分門凡四，曰征伐[②]，曰朝聘，曰盟會，曰雜例。每門中又區分其事，以類相從，題之曰例。然大抵參校其事之始終，而考究其成敗得失之由。雖名曰例，實非如他家之説《春秋》以書法為例者。故其言閎肆縱橫，純為史論之體。蓋説經家之別成一格者也。其雜例門中論《春秋》為用夏正，猶堅守胡安國之説。然安國解《文公十四年》"有星孛于北斗"，解《昭公十七年》"有星孛于大辰"，全襲董仲舒、劉向之義，則通災異例中獨深排漢儒事應之謬，則所見固勝於安國矣。

**【彙訂】**

① 此條與文淵閣庫書次序不符，文淵閣庫書與殿本均置"春秋諸國統紀六卷目録一卷"條之前。

② "征伐"，據此書卷四卷端所題，當作"侵伐"，文津閣本書前提要不誤。（江慶柏等：《四庫全書薈要總目提要》）

春秋集傳釋義大成十二卷（內府藏本）[①]

元俞皋撰。皋字心遠，新安人。初，其鄉人趙良鈞，宋末進士及第，授修職郎、廣德軍教授。宋亡不仕，以《春秋》教授鄉里。皋從良鈞受學，因以所傳著是書。經文之下，備列三《傳》，其胡安國《傳》亦與同列。吳澄序謂“兼列胡氏，以從時尚”，而“四《傳》”之名亦權輿於澄序中。胡《傳》日尊，此其漸也。然皋雖以四《傳》並列，而於胡《傳》之過偏過激者實多所匡正。澄序所謂“玩經下之釋，則四《傳》之是非不待辯而自明，可謂專門而通者”，固亦持平之論矣。觀皋自序，稱所定十六例，悉以程子《傳》為宗。又引程子所謂“微辭隱義，時措時宜，於義不同而辭同、事同而辭不同”者，反覆申明不可例拘之意。又稱學者宜熟玩程《傳》，均無一字及安國。蓋其師之學本出於程子，特以程《傳》未有成書，而胡《傳》方為當代所傳習，故取與三《傳》並論之。統核全書，其大旨可以概見，固未嘗如明代諸人竟尊胡《傳》為經也。

【彙訂】

① 文淵閣《四庫》本尚有卷首三卷。（沈治宏：《中國叢書綜錄訂誤》）

春秋纂言十二卷總例七卷（兩淮鹽政採進本）[①]

元吳澄撰。澄有《易纂言》，已著錄。是書採摭諸家傳注，而閒以己意論斷之。首為《總例》，凡分七綱、八十一目。其天道、人紀二例，澄所創作。餘吉、凶、軍、賓、嘉五例，則與宋張大亨《春秋五禮例宗》互相出入，似乎蹈襲。然澄非蹈襲人書者，蓋澄之學派兼出於金谿、新安之閒，而大亨之學派則出於蘇氏。澄殆以門戶不同，未觀其書，故與之闇合而不知也。然其縷析條分，則較大亨為密矣。至於經文行款多所割裂,而經之闕文亦皆補以方空,於體例殊為未協。蓋澄於諸經率皆有所點竄,不獨《春秋》為然。讀是書者取其長而置其所短可也。明嘉靖中,嘉興府知府蔣若愚嘗為鋟木,湛若水序之。歲久散佚,世罕傳本。王士禎《居易錄》自云未見其書,又云:"朱檢討曾見之吳郡陸醫其清家。"是朱彝尊《經義考》之注"存",亦僅一覯。此本為兩淮所採進,殆即傳寫陸氏本歟? 久微而著,固亦可寶之笈矣②。

### 【彙訂】

①"七卷",底本作"一卷",據文淵閣《四庫》本及殿本改,書前提要不誤。(沈治宏:《中國叢書綜錄訂誤》)

②《四庫採進書目》中《兩淮鹽政李呈送書目》未見是書,《兩淮商人馬裕家呈送書目》有"春秋纂言十二卷,元吳澄,十本"即上海圖書館藏清初抄本。《浙江省第四次汪啟淑家呈送書目》有"春秋纂言十二卷,元吳澄著,十本",《浙江採集遺書總錄》乙集著錄"刊本"。可知四庫採進非只一部,且有刊本。(崔富章:《四庫提要補正》)

春秋諸國統紀六卷目錄一卷(浙江吳玉墀家藏本)①

元齊履謙撰。履謙字伯恒,大名人。官至太史院使。事蹟具《元史》本傳。此書乃其延祐丁巳為國子司業時所作。前有自序,謂:"今之《春秋》蓋聖人合二十國史記為之。自三《傳》專言褒貶,於諸國分合與《春秋》所以為《春秋》,概未之及。故敘類此書,以備諸家之闕。"凡二十有二篇,首魯,次周,次宋,次齊,次晉,次衛,次蔡,次陳,次鄭,次曹,次秦,次薛,次杞,次滕,次莒,次邾,次許,次宿,次楚,次吳。自內魯尊周外,各以五等之爵為次。其入春秋後降爵者，則隨所降之爵列之，而楚、吳以僭王殿焉。目錄謂："此皆國史具在，聖人據以作《春秋》者。"又以諸小國、諸亡國釐為二篇，附錄於末。目錄謂："此無國史，因二十國事所及而載者。"皆先於各國下列敘大勢與其排比之意，題曰《某國春秋統紀》。蓋據《墨子》有百國《春秋》、徐彥《公羊疏》有"孔子求《周史記》，得百二十國寶書"之文，故不主因魯史從赴告之義也。案《春秋》如不據魯史，不應以十二公紀年；如不從赴告，不應僖公以後晉事最詳，僖公以前晉乃不載一事。此蓋掇拾雜說，不考正經。且魯史不紀周年，內魯可也。履謙分國編次而魯第一、周第二，不曰"王人雖微，加於諸侯之上"乎？況天王也。至於隱公八年葬蔡宣公，宣公十七年葬蔡文公，並經有明文。履謙漏此二條，乃於《桓公十七年》"葬蔡桓侯"，謂諸國皆僭稱公，惟蔡仍舊章，反引《左傳》為證，殊為疏舛。又經書桓公三年夫人姜氏至自齊，六年九月丁卯子同生，其事更無疑義。《穀梁》"傳疑故志之"之說[2]，已為不核事實，履謙乃竟以莊公為齊侯之子，尤為乖謬。以其排比經文，頗易尋覽，所論亦時有可採，故錄存之。吳澄序稱其"縷數旁通，務合書法。閒或求之太過，要之不苟為言"，蓋瑕瑜不掩，澄已有微辭矣。

**【彙訂】**

①"六卷"，殿本作"一卷"，誤。明抄本與文淵閣《四庫》本均為六卷。

②"志"，殿本作"明"，誤，參《春秋穀梁傳》卷三原文。

春秋本義三十卷（兩江總督採進本）[1]

元程端學撰。端學字時叔，號積齋，慶元人。至治元年舉進士第二②,官國子助教,遷翰林國史院編修官。事蹟附載《元史·儒學傳·韓性傳》中。是書乃其在國學時所作。所採自三《傳》而下凡一百七十六家,卷首具列其目。《寧波府志》及《千頃堂書目》均稱所採一百三十家,未喻其故也。首為《通論》一篇、《問答》一篇、《綱領》一篇。其下依經附説,類次羣言,閒亦綴以案語。《左傳》事蹟即參錯於衆説之中,體例頗為糅雜。其大旨仍主常事不書,有貶無褒之義。故所徵引,大抵孫復以後之説。往往繳繞支離,橫加推衍,事事求其所以貶。如經書"紀履緰來逆女"、"伯姬歸于紀",此自直書其事,舊無褒貶。端學必謂履緰非命卿,紀不當使來迎,魯亦不當聽其迎。夫履緰為命卿,固無明文,其非命卿,又有何據乎?紀叔姬之歸酅,舊皆美其不以盛衰易志,歸於夫族。端學必以為當歸魯而不當歸酅,斯已刻矣。乃復誣以失節於紀季,此又何所據乎?至於宋儒之駁《左傳》,不過摘其與經相戾,如經曰"楚子麇卒③",而《傳》曰"遇弒"之類耳。端學乃事事皆云未知信否,則天下無可據之古書矣。以其尚頗能糾正胡《傳》,又所採一百七十六家④,其書佚者十之九,此書猶略見其梗概,姑録之以備參考焉。

### 【彙訂】

① 文淵閣《四庫》本尚有卷首四卷。(沈治宏:《中國叢書綜録訂誤》)

② 康熙《鄞縣志》卷一三《人物·程端學傳》云:"至治三年鄉舉,泰定元年進士。"錢大昕《廿二史考異》卷一〇〇《元史·儒學傳》程端學條云:"案,端學以泰定甲子(即元年)登第,見歐陽原功所撰《墓誌》,史誤。"(楊武泉:《四庫全書總目辨誤》)

③ "麇",殿本作"麋",誤,參《春秋·昭公元年》原文。

④ 應為一百七十九家。（文廷海：《清代春秋穀梁學研究》）

春秋或問十卷（浙江范懋柱家天一閣藏本）

元程端學撰。端學既輯《春秋本義》，復歷舉諸説得失以明去取之意，因成此書。蓋與《本義》相輔而行者也。其中最紕繆者，莫過於堅執“周用夏正”一條。反覆引譬，至於一萬餘言，無一不鄶書燕説。甚至於隱公元年不書即位，亦謂即位當在前年十一月，故正月不書，以為改正不改月之證。其陋殆不足與辨。然其他論説，乃轉勝所作之《本義》。蓋《本義》由誤從孫復之説，根柢先乖，故每事必穿鑿其文，務求聖人所以貶。即本條無可譏彈，亦必旁引一事或旁引一人以當其罪，遂至於支離繆轕，多與經義相違。此書則歷舉諸家，各加抨擊。雖過疑三《傳》，未免乖方。至於宋代諸儒一切深刻瑣碎之談、附會牽合之論，轉能一舉而摧陷之。然則《本義》之失，失於芟除糾結之後又自生糾結耳。若此書所辨訂，則未嘗盡不中理也。棄短取長，固亦未可竟廢焉。

春秋三傳辨疑二十卷（永樂大典本）

元程端學撰。是書以攻駁三《傳》為主。凡端學以為可疑者，皆摘録經文、傳文而疏辨於下。大抵先存一必欲廢傳之心，而百計以求其瑕纇。求之不得，則以“不可信”一語概之。蓋不信三《傳》之説創於啖助、趙匡，案，韓愈《贈盧仝》詩有“《春秋三傳》束高閣，獨抱遺經究終始”之句。仝與啖、趙同時，蓋亦宗二家之説者。以所作《春秋摘微》已佚，故今據現存之書惟稱啖、趙。其後析為三派。孫復《尊王發微》以下，棄傳而不駁傳者也；劉敞《春秋權衡》以下，駁三《傳》之義例者也；葉夢得《春秋讞》以下，駁三《傳》之典故者也。至於端學，乃兼三派而用之，且併以《左傳》為偽撰。變本加厲，罔顧其安，至是而橫流極矣。平心而論，左氏身為國史，記錄最真。公羊、穀梁去聖人未遠，見聞較近。必斥其一無可信，世寧復有可信之書？此真妄搆虛辭，深誣先哲。至於褒貶之義例，則左氏所見原疏。公、穀兩家書由口授，經師附益，不免私增，誠不及後來之精密。端學此書於研求書法，糾正是非，亦千慮不無一得，固未可惡其剛愎，遂概屏其說也。《通志堂經解》所刊有《本義》，有《或問》，而不及此書。據納喇性德之序，蓋以殘闕而置之。此本為浙江吳玉墀家所藏，第一卷蠹蝕最甚，有每行惟存數字者，然第二卷以下則尚皆完整。今以《永樂大典》所載校補其文，遂復為全帙。吳本於《左氏》所載諸軼事，每條之下俱注“非本義，不錄”字。疑為端學定稿之時加以籤題，俾從刪削，而繕寫者仍誤存之也。以原本如是，今亦姑仍其舊焉。

### 春秋讞義九卷（浙江汪啟淑家藏本）

元王元杰撰。元杰字子英，吳江人。至正間，領鄉薦。以兵興不仕，教授鄉里以終。昔程子作《春秋傳》未成，朱子之論《春秋》亦無專書。元杰乃輯其緒言，分綴經文之下，復刪掇胡安國《傳》以盡其意。安國之書在朱子前，而其說皆列朱子後。欲別所尊，故不以時代拘也。其間如隱公四年“州吁”條下，備錄朱子《邶風·擊鼓篇傳》，於《春秋》書法無關。亦以意所推崇，一字不欲芟削耳。三家之末，元杰以己意推闡，別標曰“讞”。如桓公四年“紀侯大去”條下，程子以“大”為紀侯之名，意主責紀不責齊。元杰之“讞”則委曲恕紀，不從程子之說。而全書之內，於朱子無一異辭，其宗旨概可見矣。恭讀御題詩註，以程、朱之重僅目之，

允足破鄉曲豎儒守一先生之錮見。又其書襲葉夢得之謬，以
"讞"為名，亦經御題嚴闢，尤足以戒刻深鍛鍊，以法家説《春秋》
者①。以其謹守舊文，尚差勝無師瞽説，故仍錄存之。而敬述聖
訓，明正其失如右。原書十二卷，久無刊本。今諸家所藏皆佚脱
其後三卷，無從校補，亦姑仍之焉②。

**【彙訂】**

①　"讞"者不過論斷之意。（胡玉縉：《四庫未收書目提要
續編》）

②　張金吾《愛日精廬藏書志》、陸心源《皕宋樓藏書志》、丁
丙《善本書室藏書志》並著錄抄本十二卷，後三卷皆全。（胡玉
縉：《四庫全書總目提要補正》）

春秋諸傳會通二十四卷（浙江范懋柱家天一閣藏本）①

元李廉撰。廉字行簡，廬陵人②。明楊士奇《東里集》云：
"廉於至正壬午以《春秋》舉於鄉，擢陳祖仁榜進士③。官至信豐
令。遇寇亂，守節死。時南北道梗，未及旌褒。明初修《元史》
時，故交無在當路者，有司又不知採録以聞，故史竟遺之。"則廉
實忠義之士，非以空言説經者矣。此書以諸家之説薈萃成編。
自序謂："先《左氏》，事之案也，次《公》、《穀》，傳經之始也，次三
《傳》，注專門也，次疏義，釋所疑也。總之以胡氏，貴乎斷也；陳、
張並列，擇其長也。又備採諸儒成説及他傳記略加疏剔，於異同
是非始末之際，每究心焉。"然是編雖以胡氏為主，而駁正殊多。
又參考諸家，並能掇其長義。一事之疑，一辭之異，皆貫串全經
以折衷之。如謂仲子非嫡，隱公不得謂之攝；齊桓之霸基於僖、
襄；三桓之盛兆於魯僖；不書吳敗越夫椒，責其不能復讎；書"葬

昭公”，罪魯不以季氏為逆；書“葬劉文公”，罪畿内諸侯之僭；書
“築蛇淵囿”，責定公受女樂而荒，持論俱明白正大。總論百餘
條，權衡事理，尤得比事屬辭之旨，故《欽定春秋傳説彙纂》多採
録焉。廉自序題“至正九年己丑”，又稱：“讀經三十年，竊第南
歸，叨録劇司，乃成是書。”考《元史》陳祖仁榜在順帝至正二年。
蓋廉於鄉舉之歲即登進士第，而通籍頗晚，閉戸著書。故得潛心
古義，不同於科舉之學也。

**【彙訂】**

① 文淵閣《四庫》本書名作《春秋會通》，尚有卷首二卷。
（沈治宏：《中國叢書綜録訂誤》）

② 李廉為安福人，見《寰宇通志》卷三八《吉安府・人物》李
廉條、周中孚《鄭堂讀書記》卷十《春秋諸傳會通》條及陸心源《儀
顧堂題跋》引《豫章書》。（楊武泉：《四庫全書總目辨誤》）

③ 楊士奇《東里續集》卷十六《春秋會通》條云：“（李廉）先
生字行簡，元至正壬午，以是經舉，擢陳祖仁榜第三甲進士。”
即謂以治《春秋經》而擢陳祖仁榜進士。館臣於“舉”下增“於
鄉”二字，視為鄉試得舉，大誤。考雍正《江西通志》卷五一
《選舉志》，李廉中鄉試在元統三年乙亥（1335），而成進士在
至正二年壬午（1342）。《東里續集》之言，不涉“舉於鄉”。
（同上）

春秋經傳闕疑四十五卷（浙江鮑士恭家藏本）

元鄭玉撰。玉事蹟詳《元史・忠義傳》。其體例以經為綱，
以傳為目。敍事則專主《左氏》，而附以《公》、《穀》。立論則先以
《公》、《穀》，而參以歷代諸儒之説。經有殘闕，則考諸傳以補其

遺；傳有舛誤，則稽於經以證其謬。大抵平心静氣，得聖人之意者為多。所著《師山集》中有《屬王季温刊〈春秋闕疑〉書》，至被執就死之時，惟惓惓以此書為念，蓋其平生精力所注也。其序謂："常事則直書而義自見，大事須變文而義始明。蓋《春秋》有魯史之舊文，有聖人之特筆。不可字求其義，如酷吏之刑書；亦不可謂全無其義，如史官之實録。"又曰："聖人之經，辭簡義奧，固非淺見臆説所能窺測所以。歲月既久，殘闕滋多，又豈懸空想像所能補綴？與其通所不可通，以取譏於當世，孰若闕其所當闕，以俟知於後人。"其論皆洞達光明，深得解經之要。故開卷周正、夏正一事，雖其理易明，而意有所疑，即闕而不講，慎之至也。昔程端學作《春秋本義》等三書，至正中官為刊行，而日久論定，人終重玉此書。豈非以玉之著書主於明經以立教，端學之著書主於詆傳以邀名，用心之公私迴不同哉？玉字子美，歙縣人。元末除翰林待制，以疾辭。明兵入徽州，守將迫之降，玉不屈死。與宋吕大圭及同時李廉均可謂能明大義，不愧於治《春秋》矣。明郎瑛《七修類稿》乃謂玉既不受元爵，自當仕明，謂之當生而不生。其説殊謬。伯夷、叔齊豈嘗受殷爵哉？瑛所云云，所謂小人好議論，不樂成人之美者也。

　　春秋集傳十五卷（兩江總督採進本）

　　元趙汸撰。汸有《周易文詮》，已著録。是書有汸自序及其門人倪尚誼後序。尚誼稱是書"初稿始於至正戊子。一再删削，迄丁酉成編。既而復著《屬辭》，義精例密，乃知《集傳》初稿更須討論。而序文中所列史法經義，猶有未至。歲在戊寅，重著是傳。草創至昭公二十八年，乃疾疢難厄，閣筆未續。至洪武己酉,遂卒①". 自昭公二十八年以下,尚誼據《屬辭》義例續之,序中所謂"策書之例十有五、筆削之義八"者,亦尚誼更定,而原本有譌誤疏遺者咸補正焉。則此書實成於尚誼之手。然義例一本於汸,猶汸書也。汸自序曰:"學者必知策書之例,然後筆削之義可求,筆削之義既明,則凡以虛辭説經者皆不攻而自破。"可謂得説經之要領矣。

**【彙訂】**

① 戊寅為洪武三十一年(1398),己酉為洪武二年(1369)。四庫本《春秋集傳》末附倪尚誼識語云:"歲在壬寅,重著《集傳》,方草創至昭公二十七年,乃疾疢難厄,閣筆未續,序久亦未及改。洪武己酉仲冬,先生遽謝世矣。"則"歲在戊寅"乃"歲在壬寅(元至正二十二年)"之誤,"昭公二十八年"當作"昭公二十七年"。至正丁酉(1357)與洪武己酉閒有壬寅(1362),無戊寅。(楊武泉:《四庫全書總目辨誤》)

春秋師説三卷(兩江總督採進本)①

元趙汸撰。汸常師九江黃澤。其初一再登門,得《六經》疑義十餘條以歸②。已,復往,留二載,得口授六十四卦大義與學《春秋》之要。故題曰《師説》,明不忘所自也。汸作《左傳補注》序曰:"黃先生論《春秋》學以左丘明、杜元凱為主。"又作澤《行狀》,述澤之言曰:"説《春秋》須先識聖人之氣象③,則一切刻削煩碎之説自然退聽。"又稱:"嘗考古今禮俗之不同,為文十餘通,以見虛辭説經之無益。"蓋其學有原本,而其論則持以和平,多深得聖人之旨。汸本其意,類為十一篇。其門人金居敬又集澤《思古十吟》,與吳澂二序及《行狀》附録於後。《行狀》載澤説《春秋》

之書,有《元年春王正月辨》、《筆削本旨》、《諸侯取女立子通考》、《魯隱不書即位義》、《殷周諸侯禘祫考》、《周廟太廟單祭合食說》、《作丘甲辨》、《春秋指要》,蓋即所謂"為文十餘通"者。朱彝尊《經義考》又載有《三傳義例考》。今皆不傳。惟賴汸此書,尚可識黃氏之宗旨。是亦讀孫覺之書得見胡瑗之義者矣。

【彙訂】

① 文淵閣《四庫》本尚有附錄二卷。(沈治宏:《中國叢書綜錄訂誤》)

② 據此書金居敬跋,"十餘條"乃"千餘條"之誤。

③ "之",殿本無。此書附錄《黃楚望先生行狀》原文亦無"之"字。

春秋屬辭十五卷(兩江總督採進本)①

元趙汸撰。汸於《春秋》用力至深。至正丁酉,既定《集傳》初稿,又因《禮記·經解》之語,悟《春秋》之義在於比事屬辭,因復推筆削之旨,定著此書。其為例凡八:一曰存策書之大體,二曰假筆削以行權,三曰變文以示義,四曰辨名實之際,五曰謹內外之辨,六曰特筆以正名,七曰因日月以明類,八曰辭從主人。其說以杜預《釋例》、陳傅良《後傳》為本,而亦多所補正。汸《東山集》有《與朱楓林書》曰:"謂《春秋》隨事筆削,決無凡例,前輩言此亦多。至丹陽洪氏之說出,則此段公案不容再舉矣。其言曰:'《春秋》本無例,學者因行事之跡以為例。猶天本無度,曆家即周天之數以為度。'此論甚當。至黃先生,則謂'魯史有例,聖經無例。非無例也,以義為例,隱而不彰。'則又精矣。今汸所纂述,卻是比事屬辭法。其閒異同詳略,觸事貫通,自成義例,與先儒所纂所釋者殊不同。然後知以例説經，固不足以知聖人，為一切之説以自欺而漫無統紀者，亦不足以言《春秋》也。是故但以《屬辭》名書。"又有《與趙伯友書》曰：＂承筆削《行狀》，作《黃先生傳》，特奉納《師説》一部、《屬辭》一部。尊兄既熟《行狀》，又觀《師説》，則於《六經》復古之學，艱苦之由，已得大概。然後細看《屬辭》一過，乃知區區抱此二十餘年，非得已不已，强自附於傳注家，以徼名當世之謂也。其書參互錯綜，若未易觀。然其入處只是屬辭比事法，無一義出於杜撰。"云云。其論義例頗確，其自命亦甚高。今觀其書，删除繁瑣，區以八門，較諸家為有緒。而目多者失之糾紛，目少者失之强配，其病亦略相等。至"日月"一例，不出《公》、《穀》之窠臼，尤嫌繳繞，故仍為卓爾康所譏，<sub>語見爾</sub>康《春秋辨義》。蓋言之易而為之難也。顧其書淹通貫穿，據傳求經，多由考證得之，終不似他家之臆説。故附會穿鑿雖不能盡免，而宏綱大旨則可取者為多。前有宋濂序，所論《春秋》五變，均切中枵腹游談之病。今並録之，俾憑臆説經者知情狀不可揜焉。

**【彙訂】**

①　底本此條注與文淵閣庫書次序不符，文淵閣庫書與殿本均置"春秋胡傳附録纂疏三十卷"條之前。

春秋左氏傳補注十卷（兩江總督採進本）

元趙汸撰。汸尊黃澤之説，《春秋》以《左氏傳》為主，注則宗杜預。《左》有所不及者，以《公羊》、《穀梁》二傳通之。杜所不及者，以陳傅良《左傳章旨》通之。是書即採傅良之説，以補《左傳集解》所未及。其大旨為杜偏於《左》，傅良偏於《穀梁》。若用陳之長以補杜之短，用《公》、《穀》之是以救《左傳》之非，則兩者兼得。筆削義例，觸類貫通，傳注得失，辨釋悉當。不獨有補於杜《解》，為功於《左傳》，即聖人不言之旨，亦灼然可見。蓋亦《春秋》家持平之論也。至杜預《釋例》，自孔穎達散入疏文，久無單行之本。《永樂大典》所採録，得見者亦稀。陳傅良之《章旨》，世尤罕覩。汸所採録，略存梗概。是固考古者所亟取矣。

　　春秋金鎖匙一卷（兩江總督採進本）

　　元趙汸撰。其書撮舉聖人之特筆與《春秋》之大例，以事之相類者，互相推勘，考究其異同，而申明其正變。蓋合比事屬辭而一之。大旨以春秋之初，主於抑諸侯，春秋之末，主於抑大夫。中閒齊、晉主盟，則視其尊王與否而進退之。其中如謂聖人貶杞之爵，降侯為子；與毛伯錫命稱天王、稱錫為以君與臣之詞，召伯賜命稱天子、稱賜為彼此相與之詞。雖尚沿舊説之陋，而發揮書法，條理秩然。程子所謂“大義數十，炳如日星”者，亦庶幾近之矣。考宋沈棐嘗有《春秋比事》一書，與此書大旨相近。疑汸未見其本，故有此作。然二書體例各殊，沈詳而盡，趙簡而明，固不妨於並行也。

　　春秋胡傳附録纂疏三十卷（浙江吳玉墀家藏本）[1]

　　元汪克寬撰。克寬有《經禮補逸》[2]，已著録。是書前有克寬自序，稱：“詳注諸國紀年謚號，可究事實之悉；備列經文同異，可求聖筆之真。益以諸家之説，而神胡氏之闕疑；附以《辨疑》、《權衡》，而知三《傳》之得失。”然其大旨終以胡《傳》為宗。考《元史·選舉志》，延祐二年定經義、經疑取士條格，《春秋》用三《傳》及胡安國《傳》。虞集序中亦及其事，蓋兼為科舉而設。吳澄序俞皋《春秋釋義》所謂"以胡《傳》從時尚"者也。陳霆《兩山墨談》譏其以魯之郊祀為夏正，復以魯之烝嘗為周正，是亦遷就胡《傳》，不免騎牆之一證。然能於胡《傳》之說一一考其援引所自出，如注有疏，於一家之學，亦可云詳盡矣。明永樂中，胡廣等修《春秋大全》，其凡例云："紀年依汪氏《纂疏》，地名依李氏《會通》，經文以胡氏為據，例依林氏。"其實乃全剿克寬此書。原本具在，可以一一互勘也。

**【彙訂】**

① 文淵閣《四庫》本尚有卷首二卷。（沈治宏：《中國叢書綜錄訂誤》）

②"經禮補逸"，底本作"禮經補逸"，據殿本改。《總目》卷二十著錄汪克寬撰《經禮補逸》九卷。

春王正月考二卷（兩江總督採進本）

明張以寧撰。以寧字志道，古田人。元泰定丁卯進士，官至翰林侍講學士。入明仍故官。洪武二年奉使冊封安南王，還卒於道。事蹟具《明史·文苑傳》。史稱以寧"以《春秋》致高第，故所學尤專《春秋》，多所自得。撰《胡傳辨疑》最辨博，惟《春王正月考》未就。寓安南踰半歲，始卒業"。今《胡傳辨疑》已佚，惟此書存①。考三正疊更，時月並改。經書正月繫之於王，則為周正不待辨。"正月"、"正歲"二名載於《周禮》，兩正並用，皆王制也。左氏發《傳》，特曰"王周正月"，則正月建子亦無疑。自漢以來，亦無異議。至唐劉知幾《史通》，始以《春秋》為夏正，世無信其說者。自程子泥於"行夏之時"一言，盛名之下，羽翼者眾。胡安國遂實以"夏時冠周月"之說。程端學作《春秋或問》，遂堅持門户②，以梅賾偽書為據，而支離蔓引以證之，愈辨而愈滋顛倒。夫左氏失之誣，其閒偶爾失真，或亦閒有。至於本朝正朔，則婦人孺子皆知之，不應左氏誤記。即如程子之説，以左氏為秦人，亦不應距周末僅數十年，即不知前代正朔也。異説紛紛，殆不可解。以寧獨徵引《五經》，參以《史》、《漢》，著為一書，決數百載之疑案，可謂卓識。至於當時帝王之後，許用先代正朔，故宋用商正，見於長葛之傳。諸侯之國亦或用夏正，故傳載晉事，與經皆有兩月之差。古書所記，時有參互。後儒執為論端者，蓋由於此，以寧尚未及抉其本原。又《伊訓》、《泰誓》諸篇皆出《古文》，本不足據，以寧尚未及明其偽託。而《周禮》“正歲”、“正月”之兼用，僅載鄭注數語，亦未分析暢言之，以袪疑似，於辨證尚為未密。然大綱既得，則細目之少疎亦不足以病矣。

## 【彙訂】

① 張以寧撰《春秋春王正月考》一卷《辨疑》一卷，有《通志堂經解》本。文淵閣《四庫》本同。（章鈺：《錢遵王讀書敏求記校證》；沈治宏：《中國叢書綜録訂誤》）

② “遂”，殿本作“更”。

春秋鉤元〔玄〕四卷（浙江吳玉墀家藏本）

明石光霽撰。光霽字仲濂，泰州人。張以寧之弟子也。洪武十三年以薦為國子監學正，擢《春秋》博士。《明史·文苑傳》附載《張以寧傳》中。史稱：“元故官來京者，危素及以寧名尤重。素長於史，以寧長於經。素宋元史稿俱失傳，而以寧《春秋》學遂行。門人石光霽作《春秋鉤元》”云云，則此書猶以寧之傳也。大旨本張大亨、吳澄之意，以《春秋》書法分屬五禮，凡失禮者則書之以示褒貶。因考《周禮》經注，詳録吉、凶、軍、賓、嘉五禮條目。其有五禮不能盡括者，如年月日時、名稱爵號之類，則別為雜書法以冠於首。每條書法之下，採集諸《傳》之詞，以切要者為綱，發揮其義者為目。大概以《左傳》、《公》、《穀》、胡氏、張氏為主。義有未備者，亦閒採啖、趙諸儒之説，而總以己意折衷之。其所稱張氏，即以寧也。史稱以寧長於《春秋》，著有《春秋胡傳辨疑》及《春王正月考》。今《辨疑》已佚①，賴光霽能傳其説。是編所引以寧之言為最多，尚可見其梗概。前有序文一篇，無撰人名氏。言“啖、趙之《纂例》，詳於經而略於傳；《纂疏》、《會通》之書，備於傳而略於經。兹能損益其所未備”。其稱許頗當。朱彝尊《經義考》作四卷。此本不分卷數，疑傳寫者所合併。今從彝尊之説，仍析為四卷著録焉。

**【彙訂】**

①“其所稱張氏即以寧也史稱以寧長於春秋著有春秋胡傳辨疑及春王正月考今辨疑已佚”，殿本作“其所稱張氏者即以寧也以寧春秋胡傳辨疑今已散佚”。

春秋大全七十卷（內府藏本）①

明永樂中胡廣等奉敕撰。考宋胡安國《春秋傳》，高宗時雖經奏進，而當時命題取士，實兼用三《傳》，《禮部韻略》之後所附條例可考也。《元史·選舉志》載延祐科舉新制，始以《春秋》用胡安國《傳》定為功令。汪克寬作《春秋纂疏》，一以安國為主，蓋遵當代之法耳。廣等之作是編，即因克寬之書稍為點竄。朱彝尊《經義考》引吳任臣之言曰：“永樂中敕修《春秋大全》，纂修官四十二人。其《發凡》云：‘紀年依汪氏《纂疏》，地名依李氏《會

通》，經文以胡氏為據，例依林氏。'實則全襲《纂疏》成書。雖奉
敕纂修，實未纂修也。朝廷可罔，月給可糜，賜予可邀，天下後世
詎可欺乎。"云云。於廣等之敗闕，可為發其覆矣。其書所採諸
説，惟憑胡氏定去取，而不復考論是非。有明二百餘年，雖以經
文命題，實以《傳》文立義。至於元代合題之制，尚考經文之異
同。明代則割《傳》中一字一句，牽連比附，亦謂之合題。使《春
秋》大義日就榛蕪，皆廣等導其波也。迨我聖祖仁皇帝欽定《春
秋傳説彙纂》，於胡《傳》谿刻不情、迂闊鮮當之論，始一一駁正，
頒布學宫。我皇上又刊除場屋合題之例，以杜穿鑿。筆削微旨，
乃灼然復著於天下。廣等舊本，原可覆瓿置之，然一朝取士之
制，既不可不存以備考。且必睹荒途之蒙翳，而後見芟蕪除穢之
功；必經歧徑之迷惑，而後知置郵樹表之力。存此一編，俾學者
互相參證，益以見前代學術之陋而聖朝經訓之明也。

## 【彙訂】

① 文淵閣《四庫》本為《春秋大全》三十七卷卷首四卷。（沈
治宏：《中國叢書綜録訂誤》）

春秋經傳辨疑一卷（内府藏本）①

明童品撰。品字廷式，號慎齋，蘭溪人。宏治丙辰進士。朱
彝尊《經義考》稱其官至兵部員外郎。朱國楨《湧幢小品》則稱其
"登第後為兵部主事。僅兩考，引年致仕。家居十九年，以讀書
喪明而卒"。其學問行誼不後於章懋，而以有傳有不傳為惜。所
述本末甚詳，知《經義考》以傳聞誤也。是書前有自序，題"成化
戊戌冬十一月"。末又有宏治壬戌二月跋，云"是歲品以儒學生
教授於陸生震汝亨之家，成此一帙，距今二十五年"云云。考國

槙所紀，品以成化丙午始舉於鄉。是書之成在前八年，故自稱曰儒學生。其登第在宏治丙辰，下距壬戌七年，正僅滿兩考之歲。蓋序作於未第時，跋作於致仕後也。《春秋》三傳，《左氏》採諸國史，《公》、《穀》授自經師。草野之傳聞[2]，自不及簡策之記載，其義易明。是編論《左氏》所載事蹟凡九十三條，於三《傳》異同者，大抵多主《左氏》而駁《公》、《穀》，蓋由於此。然於“宋師圍曹”，則疑《左氏》所載不甚明曉；於“華元出奔晉”一條，亦有疑於《左氏》。則亦非堅持門戶，偏黨一家者也。刻本久佚，故朱彝尊《經義考》注云“未見”。此蓋傳鈔舊本，幸未佚亡者，固宜亟錄而存之矣。

**【彙訂】**

① 文淵閣《四庫》本為二卷。（沈治宏：《中國叢書綜錄訂誤》）

② “之”，殿本無。

春秋正傳三十七卷（禮部尚書曹秀先家藏本）[①]

明湛若水撰。若水有《二禮經傳測》，已著錄。此書大旨以《春秋》本魯史之文，不可強立義例，以臆說汨之。惟當考之於事，求之於心，事得而後聖人之心、《春秋》之義皆可得。因取諸家之說釐正之。其曰“正傳”者，謂正諸傳之謬也。其體例先引三《傳》，次列諸儒之言，而以己意為之折衷，頗與劉敞《權衡》相近。中閒如論“隱公不書即位”，則謂：“以不報故不書，乃史之文，非夫子之所削。”論“宋公、陳侯、蔡人、衛人伐鄭”，則謂：“若以稱爵稱人有褒貶，則人衛可矣，人蔡何為？其不人宋又何為？決非聖人之義。”其論“衛人立晉”，則謂：“衛人者，他國稱之之詞，諸說皆不足泥。”其論“滕侯卒”，則謂：“諸侯宜薨而書卒，或葬或不葬,皆魯史之舊,聖人無所加損。"論"宋公、衛侯遇于垂",則謂:"史因報而書之,聖人因史而存之。"前後議論,率本此意。《春秋》治亂世之書,謂聖人必無特筆於其閒,亦不免矯枉過正。然比事屬辭,《春秋》之教。若水能舉向來穿鑿破碎之例,一掃空之,而核諸實事以求其旨,猶說經家之謹嚴不支者矣。

**【彙訂】**

① 文淵閣《四庫》本尚有附録二卷。(沈治宏:《中國叢書綜録訂誤》)

左傳附注五卷(浙江巡撫採進本)①

明陸粲撰。粲字子餘,長洲人。嘉靖丙戌進士,官至工科給事中。以劾張璁、桂萼謫都鎮驛驛丞,終於永新縣知縣。事蹟具《明史》本傳。是編前三卷駁正杜預之注義,第二卷駁正孔穎達之疏文,第五卷駁正陸德明《左傳釋文》之音義。多旁採諸家之論,亦閒斷以己意,於訓詁家頗為有裨。顧炎武《日知録》於駁正《左傳注》後附書曰:"凡邵、陸、傅三先生所已辨者不録。"邵者,邵寶《左傳觿》,傅者,傅遜《左傳屬事》,陸即粲也。蓋炎武亦甚重此書矣。粲又有《春秋左傳鐫》二卷,大意以《左傳》為戰國人作,而劉歆又以意附益,故往往卑淺不中道②,或為奇言怪說,騖於末流。考粲以《左傳》為出戰國,蓋因程子謂臘為秦禮,庶長為秦官,已為膠固。其以竄亂歸之劉歆,蓋因林栗謂《左傳》凡言"君子曰"是劉歆之詞,尤無佐證。未免務為高論,仍蹈明人臆揣之習,所謂畫蛇添足者也。故惟録此編,而《左傳鐫》則別存其目焉。

**【彙訂】**

① 文淵閣《四庫》本尚有後録一卷。(沈治宏:《中國叢書綜

錄訂誤》）

②“卑淺”，底本作“卑賤”，據明嘉靖刻本《左傳春秋鐫》卷首題辭原文及殿本改。

春秋胡氏傳辨疑二卷（江蘇巡撫採進本）

明陸粲撰。前有自序，謂胡氏説經或失於過求，詞不厭煩而聖人之意愈晦，故著此以辨論之。大旨主於信經而不信例。其言曰：“不以正大之情觀《春秋》，而曲生意義，將焉所不至矣。”又曰：“昔之君子有言：《春秋》無達例。如以例言，則有時而窮。惟其有時而窮，故求其説而不得，從而為之辭。”又曰：“《春秋》褒善貶惡，不易之法。今用此説以誅人①，又忽用此説以賞人，使後世求之而莫識其意，是直舞文吏所為，而謂聖人為之乎？”其抉摘説經之弊，皆洞中癥結。其例皆先列胡《傳》於前，而以己説糾正於後。如以《春秋》始於隱公，獨取歐陽氏之説，以為遠而難明者不修，而不取胡氏罪平王之説；於“紀履緰來逆女”，以為為齊侯滅紀葬伯姬書，而不取胡氏逆女必親使大夫非正之説；於“遂以夫人婦姜至自齊”，以為聲姜、敬嬴、穆姜皆稱婦，以文、宣、成皆有母稱婦，以別於君母，而不取胡氏貶稱婦以見惡之説；於“齊人來歸鄆、讙、龜陰田”，以為魯及齊平而歸田，不必以夾谷之會悉歸功於孔子，三《傳》、《家語》及《史記》皆未足據②，而不取胡氏所稱攝相卻齊兵之説。如此者凡六十餘條，大抵明白正大，足以破繁文曲説之弊。自元延祐二年立胡《傳》於學官，明永樂纂修《大全》，沿而不改，世儒遂相沿墨守，莫敢異同。惟粲及袁仁始顯攻其失。其後若俞汝言、焦袁熹、張自超等，踵加論辨③，乃推闡無餘。雖卷帙不多，其有功於《春秋》固不尠也。朱彝尊《經義考》作四卷，注云“未見”。此本衹上、下二卷，實無所闕佚，殆彝尊考之未審歟？

**【彙訂】**

①“説”，殿本作“法”。此書卷下“吳子使劄來聘”條原文作“説”。

②“史記”，殿本作“史説”，誤。此書卷下“齊人來歸鄆、讙、龜陰田”條：“以歸三田為仲尼之功，自三《傳》、《家語》及太史遷所記皆然。以予考之……而於仲尼何與焉？”

③“加”，殿本作“以”。

春秋明志録十二卷（浙江吳玉墀家藏本）

明熊過撰。過有《周易象指決録》，已著録①。其注《周易》②，頗不主先儒舊説。此書亦多自出新意，辨駁前人。於《公羊》、《穀梁》及胡安國《傳》俱有所糾正，而攻《左傳》者尤甚。如以邢遷於夷儀為邢自遷，非桓公遷之；以城楚丘為魯備戎而城，非桓公城以封衛；以晉人執虞公為存於其國，制之使不得他去，而非執以歸；以甯母之會辭子華為不實；以洮盟謀王室為誣説；以用鄫子為出自邾人，非宋公之命；以晉懷公為卓子之謚，文公未嘗殺子圉；以趙盾並未使先蔑逆公子雍於秦；以衛石惡為孫氏黨，非甯氏黨；以楚殺慶封非以罪討，無負斧鉞徇軍事，俱不免鑿空立説。又如以郭公為鳥名，謂如螟蜮之類，書以紀異；以梁亡為魯大夫會盟所聞，歸而言之，不由赴告，故不著其亡之由，亦多出於臆斷。大抵務黜三《傳》，如程端學。端學不過疑傳，過乃至意造事蹟，其弊更甚於端學。然端學多繳繞拘牽，格格然不能自達。過則斷制分明，紕繆者極其紕繆，平允者亦極其平允。卓爾康《春秋辨義》謂其"頗出新裁，時多微中，亦《春秋》之警策者"，語固不誣。故今糾其廢傳之失，以彰炯戒，而仍不沒其所長焉。

**【彙訂】**

①《總目》卷五著錄熊過撰《周易象旨決錄》七卷。

②"注"，底本作"著"，據殿本改。

春秋正旨一卷（安徽巡撫採進本）

明高拱撰。拱字肅卿，新鄭人。嘉靖辛丑進士，官至吏部尚書，中極殿大學士，諡文襄。事蹟具《明史》本傳。是編之作，蓋以宋以來説《春秋》者穿鑿附會，欲尊聖人而不知所以尊，欲明書法而不知所以明，乃推原經意，以訂其謬。首論《春秋》乃明天子之義，非以天子賞罰之權自居。次論孔子必不敢改周正朔而用夏時。次論託之魯史者以其尚存周禮，非以其周公之後而假之。次論王不稱天乃偶然異文，滕侯稱子乃時王所黜，聖人斷無貶削天子降封諸侯之理。次論齊人歸鄆、讙、龜陰田非聖人自書其功，深斥胡《傳》以天自處之非。次論《春秋》作於哀公十四年，乃孔子卒之前一歲，適遇獲麟，因而書之①，經非感麟而作，麟亦非應經而至。次論説經以左氏為長，胡氏為有激而作，餘諸家之紛紛皆由誤解"天子之事"一語。其言皆明白正大，足破説《春秋》者之痼疾。卷帙雖少，要其大義凜然，多得經意，固迥出諸儒之上矣。

**【彙訂】**

①孔子卒於哀公十六年四月，獲麟在哀公十四年春，即孔子卒之前二歲。（楊武泉：《四庫全書總目辨誤》）

春秋輯傳十三卷宗旨一卷春秋凡例二卷（直隸總督採進本）[1]

明王樵撰。樵有《周易私録》，已著録。是編朱彝尊《經義考》作十五卷，又別出《凡例》二卷，注曰“未見”。此本凡《輯傳》十三卷，前有《宗旨》三篇、《附論》一篇，共為一卷，與十五卷之數不符。蓋彝尊偶誤。又《凡例》二卷今實附刻書中，彝尊亦偶未檢也。其《輯傳》以朱子為宗，博採諸家，附以論斷，未免或失之冗，然大旨猶為醇正。其《凡例》則比類推求，不涉穿鑿，較他家特為明簡。明人之説《春秋》，大抵範圍於胡《傳》。其為科舉之計者，庸濫固不足言[2]。其好持議論者，又因仍苟説，彌用推求，巧詆深文，爭為刻酷，尤失筆削之微旨。樵作此書，差為篤實。其在當日，亦可云不移於俗學者矣。

**【彙訂】**

① “宗旨一卷”，殿本脱，參文淵閣庫書。

② “庸濫”，殿本無。

春秋億六卷（江蘇巡撫採進本）

明徐學謨撰。學謨字叔明，嘉定人。嘉靖庚戌進士，官至禮部尚書。是編序題《春秋億》，而卷首題曰《徐氏海隅集》，目録又題曰《外編》。蓋其全集之一種。十二公各為一篇，不載經文，而一一排比年月，隨經詮義。蓋漢代經、傳別行，原不相屬。似乎創例，實古法也。大旨以《春秋》所書皆據舊史，舊史所闕聖人不能增益。如隱、莊、閔、僖不書即位，桓三年以後不書王，衛人、陳人從王伐鄭不稱天，以及日月之或有或無，皆非聖人所筆削。一掃《公羊》、《穀梁》無字非例之説與孫復、胡安國無事非譏之論。

夫《春秋》之作既稱筆削,則必非全錄舊文,漫無褒貶。學謨持論雖未免矯枉過直,然平心靜氣,不事囂爭,言簡理明,多得經意,實勝宋元諸儒之穿鑿。其駁夏時周月之說曰:"為下而先倍,烏在其為《春秋》也。"可謂要言不煩者矣。

春秋事義全考十六卷(浙江巡撫採進本)

明姜寶撰。寶有《周易傳義補疑》,已著錄。《明史·藝文志》、朱彝尊《經義考》俱載是書二十卷,而此少四卷。然檢其篇帙,未見有所闕佚,疑或別有附錄而佚之歟?其大旨雖以胡《傳》為本,而亦頗參以己意。襄公、昭公以下胡《傳》多闕,亦胥為補葺。中間地名以今證古,雖間有考訂,皆無以甚異於諸家。惟向來說《春秋》者以筆削褒貶為例,故如王不稱天、公不書即位之類,皆謂孔子有意貶絕。是褒譏之法且將上施於君父,揆諸聖人明倫垂教之本意,當必不然。寶獨謂孔子於周王、魯侯事有非者,直著其非而已。後人說經,用惡字、罪字、譏貶字,皆非聖人之意。其言明白正大,為啖、趙以來所未及。可謂闡筆削之微意,立名教之大防。雖頗近科舉之學,不以害其宏旨也。

春秋胡傳考誤一卷(通行本)[①]

明袁仁撰。仁有《尚書砭蔡編》,已著錄。是書前有自序,謂:"宋胡安國憤王氏之不立《春秋》,承君命而作《傳》。志在匡時,多借經以申其說。其意則忠,而於經未必盡合。"其說良是。至謂安國之《傳》非全書,則不盡然。安國是編,自紹興乙卯奉敕纂修,至紹興庚申而後繕本進御[②],豈有未完之理哉?然其抉摘安國之失,如周月非冠夏時;盟宿非宿君與盟;宰渠伯糾,宰非家宰，伯非伯爵；夏五非舊史闕文；齊仲孫來之非貶；召陵之役，齊桓不得為王德，管仲不得為王佐；首止序王世子於末，非以示謙；晉卓子立已踰年，非獨里克奉之為君；季姬之遇鄫子，非愛女使自擇壻；鼷鼠食牛角非三桓之應；正月書襄公在楚，非以存魯君之名；吳子使札非罪其讓國；《左傳》“莒展輿事以攻”當為“已攻”；齊豹非求名不得；歸鄆、讙、龜陰非聖人自書其功；獲麟而誇以《簫韶》、河洛為傳者之陋，皆深有理解。他若“會防”一條，義不係於胡《傳》；“蔡桓侯”一條，謂葬以侯禮，亦以意為之，別無顯證。石之紛如本非大夫，不應與孔父、仇牧一例見經。仁一概排之，則吹求太甚矣。

【彙訂】

① 底本此條與文淵閣庫書次序不符。文淵閣庫書與殿本均置“左氏釋二卷”條之前。

② 乙卯為紹興五年，庚申為紹興十年。案，《春秋傳》實上於紹興六年。（楊武泉：《四庫全書總目辨誤》）

左傳屬事二十卷（浙江巡撫採進本）

明傅遜撰。遜字士凱，太倉人。嘗遊歸有光之門。困頓場屋，晚歲乃以歲貢授建昌訓導。是書發端於其友王執禮，而遜續成之。倣建安袁樞《紀事本末》之體①，變編年為屬事。事以題分，題以國分。傳文之後，各隱括大意而論之。於杜氏《集解》之未安者，頗有更定。而凡傳文之有乖於世教者，時亦糾正焉。遜嘗自云：“傳中文義頗竭思慮，特於地理殊多遺憾，恨不獲徧蒐天下郡縣志而精考之。”又云：“元凱無漢儒不能為《集解》，遜無元凱不能為此注。”其用心深至，推讓古人，勝於文人相輕者多矣。

## 【彙訂】

① "建安"，殿本無。

左氏釋二卷（江蘇巡撫採進本）

明馮時可撰。時可字敏卿，號元成，華亭人。隆慶辛未進士，官至湖廣布政司參政。事蹟附見《明史·馮恩傳》。此書皆發明《左傳》訓詁。中如解莊公二十五年"秋，大水。鼓，用牲于社、于門"，謂王者事神治民，有祠而無祈，有省而無禳。用鼓已末，何況於攻？董仲舒、杜預之説皆誤。考《周禮·大祝》："六祈：一曰類、二曰造、三曰禬、四曰祭、五曰攻、六曰説。"鄭康成注謂："攻、説則以辭責之，如其鳴鼓。"然則攻固六祈之一矣。時可所言，殊為失考。至昭公二十九年"賦晉國一鼓鐵以鑄刑鼎"，杜注、孔疏皆謂："冶石為鐵，用橐扇火謂之鼓，計會一鼓便足。"時可則引王肅《家語注》云："三十斤為鈞，四鈞為石，四石為鼓。"蓋用四百八十斤鐵以鑄刑書，適給於用。則勝注、疏説多矣。蓋雖閒有臆斷，而精核者多，固趙汸《補注》之亞也。此書舊與《左氏討》、《左氏論》合為一書，總標曰《元敏天池集》。意當時編入集內，故鈔本尚襲舊題。今惟錄此編，而所謂《討》與《論》者則別存目，故各分著其名焉。

春秋質疑十二卷（安徽巡撫採進本）

明楊于庭撰。于庭字道行，全椒人。萬曆庚辰進士，官至兵部職方司郎中。此書之旨，以胡安國《春秋傳》意主納牗，褒諱抑損，不無附會。於《春秋》大義，合者十七，不合者十三。又於《左氏》、《公》、《穀》或採或駁，亦不能悉當，因條舉而論辨之。如胡氏謂"春王正月"乃以夏時冠周月，于庭則引《禮記》"孟獻子曰：

'正月日至,可以有事于上帝。七月日至,可以有事于祖<sup>①</sup>'",證
日至之為冬至,即知周以子月為正月。又胡氏謂經不書公即位
為未請命於王,于庭則引《文公元年》"春王正月,公即位。越四
月,天王使毛伯來錫公命",《成公八年》"秋七月,天子使召伯來
賜公命",據此則錫命皆在即位之後數年或數月,可知前此之未
嘗請命而皆書即位,胡說未可通。又胡氏以從祀先公為昭公,至
是始得從祀於太廟。于庭則謂季氏靳昭公不得從祀,其事不見
於三《傳》,至馮山始創言之,胡氏不免於輕信。凡此之類,議論
多為精確。固非妄攻先儒,肆為異說者比也。

【彙訂】

①"可以有事于祖",殿本作"可有事于其祖",誤,參《禮
記·雜記下》原文。

春秋孔義十二卷(浙江汪啟淑家藏本)

明高攀龍撰。攀龍有《周易易簡録》,已著録<sup>①</sup>。是書斟酌
於左氏、公羊、穀梁、胡安國四家之《傳》,無所考證,亦無所穿鑿。
意主於以經解經<sup>②</sup>,凡經無傳有者不敢信,傳無經有者不敢疑,
故名曰《孔義》,明為孔子之義,而非諸儒之臆說。雖持論稍拘,
較之破碎繳繞,橫生異議,猶說經之謹嚴者矣。朱彝尊《經義考》
此書之外別有李攀龍《春秋孔義》十二卷,注曰"未見"。今案書
名、卷數並同,攀龍之名又相同<sup>③</sup>,不應如是之巧合。考李攀龍惟
以詩名,不以經術見,其墓誌、本傳亦不云嘗有是書。豈諸家書目或
有以攀龍之名同,因而誤高為李者,彝尊未及考核,誤分為二歟?

【彙訂】

①《總目》卷五著録高攀龍撰《周易易簡說》,"《周易易簡

録》”誤。

　②“主於”，殿本作“在”。

　③殿本“攀”上有“李”字，衍。

春秋辨義三十九卷（浙江巡撫採進本）[①]

　　明卓爾康撰，爾康有《易學》，已著録。是書大旨分為六義：曰經義，曰傳義，曰書義，曰不書義，曰時義，曰地義，持論皆為醇正。其經文每條之下，皆雜取舊説排比詮次，而斷以己意。每公之末，又各附以《列國本末》一篇，舉繫於盛衰興亡之大者，別為類敍，亦頗有體要。中間如甲戌己丑陳侯鮑卒，以為是甲戌年正月己丑，史官偶倒其文。不知古人紀歳，自有閼逢、攝提格等歳陰[②]、歳陽二十二名。其六十甲子，古人但用以紀日，不以紀歳。又如“五石”、“六鶂”，為“外災，何以書？為其三恪，且在中國”。不知晉之梁山崩，宋、衛、陳、鄭災，豈皆三恪乎？又“天王狩于河陽”，謂：“晉欲率諸侯朝王，恐有畔去者，故使人言王狩以邀之。其心甚盛，無可訾議。”尤為有意翻新，反於理有礙。此類皆不可為訓。然如謂“鄭人來渝平”，當依《左氏》訓“更成”，其以為“墮成”、“不果成”者，文義皆誤。又解“戎伐凡伯于楚丘”，謂“一國言伐，一邑亦言伐，一家言伐，一人亦言伐。《公羊》以伐為大，乃不知侵伐之義，强為之辭”，則皆明白正大，足破諸説之拘牽。在明季説《春秋》家，猶為有所闡發焉。

　【彙訂】

　　①　文淵閣《四庫》本為《春秋辨義》三十卷卷首八卷。（沈治宏：《中國叢書綜録訂誤》）

　　②　“歳陰”，殿本脱。歳陰乃閼逢、旃蒙等十名，歳陽乃攝提

格、單閼等十二名。

讀春秋略記十卷（兩江總督採進本）[①]

明朱朝瑛撰。朝瑛有《讀易略記》，已著錄。其學出自黄道周，頗不拘墟於俗見，而持論不必皆醇。是書輯録舊文，補以己意。所採上自啖助、趙匡，下及季本、郝敬，大抵多自出新義，不肯傍三《傳》以説經者。朝瑛之所論斷，亦皆冥搜別解，不主故常。如謂甫、父二字古文通用，為男子之美稱，“孔父之字嘉，猶唐杜甫之字美”。此與程子以大為紀侯之名，援樂大為例者何異？又力斥《漢書·五行志》穿鑿傅會之非，而於“恒星不見”一條，乃引何休之説以為法度廢絶，威信不行之驗。與胡安國不談事應，而星孛北斗、大辰仍採董仲舒、劉向義者亦同。至於論隱公三年“春王二月己巳[②]，日有食之”，乃三月非二月；“夫人子氏”為隱公之夫人而非仲子，亦未嘗不考證分明。大致似葉夢得之《三傳讞》，而學不能似其博；又似程端學之《三傳辨疑》[③]，而論亦不至似其迂，其於二書，蓋皆伯季之閒。置其偏僻，擇其警策，要不失為讀書者之説經也。

【彙訂】

① 文淵閣《四庫》本為十二卷卷首一卷。（修世平：《〈四庫全書總目〉訂誤十七則》，苑）

②“三年”，殿本作“二年”，誤。

③“又”，殿本無。

春秋四傳質二卷（湖南巡撫採進本）

明王介之撰。介之字石崖，衡陽人。是書取三《傳》及胡安國《傳》異同，斷以己意。其“無駭卒”一條云：“《春秋》二百四十二年閒，事屢變，文亦屢易。四《傳》各成其説，而斷以義，則胡氏精而《公》、《穀》尤正；質以事，則《左氏》有徵為可信也。"蓋作書大旨如此。其中有本舊説者，如隱公元年闢胡《傳》"元即仁也"之説，本楊時《答胡康侯書》；闢胡《傳》"建子非春"之説，本熊朋來説是也。有據一《傳》而去取互異者，如"王正月"為大一統，從《公羊傳》，而闢其"王謂文王"之説是也。有就四《傳》互質之者，如文公"逆婦姜于齊"，四《傳》異説，舍《左氏》、《公羊》、胡《傳》而從《穀梁》。有專據胡《傳》而亦不盡從者，如定公"從祀先公"，取其"昭公始祀于廟"之説，而闢其"事出陽虎而不可詳"之説是也。俱頗有所見，不同剿説。至於桓公"公即位"①，《公羊》以為如其意也，介之誤作胡《傳》，而詆其巧而誣；文公"公四不視朔"②，《左氏》、《公羊》以為疾，《穀梁》以為厭政，胡《傳》從《穀梁》，介之誤作三《傳》皆以為疾，而胡氏辨其無疾，亦未免時有舛誤。然明之末造，經傳俱荒，介之尚能援據古義，糾胡安國之失，亦可謂拔俗千尋矣。

**【彙訂】**

①"公即位"，殿本作"之即位"。此書卷上桓公有"公即位"條。

②"公四不視朔"，殿本作"之四不視朔"。此書卷上文公有"公四不視朔"條。

左傳杜林合注五十卷（左都御史崔應階進本）①

明王道焜、趙如源同編。案朱彝尊《經義考》載宋林堯叟《春秋左傳句解》四十卷，引鄭玠之言曰："堯叟字唐翁，崇禎中杭州書坊取其書合杜注行之。"又載此書五十卷，引陸元輔之言曰"王道焜，杭州人。中天啟辛酉鄉試，與里人趙如源潛之共輯此書"
云云。今書肆所行卷數與彝尊所記合，而削去道焜、如源之名。
又首載凡例，題為堯叟所述，而中引永樂《春秋大全》，殆足哈噱。
蓋即以二人編書之凡例改題堯叟也②。杜預注《左氏》，號為精
密。雖隋劉炫已有所規，元趙汸，明邵寶、傅遜、陸粲，國朝顧炎
武、惠棟又遞有所補正，而宏綱巨目，終越諸家。堯叟之書，徒以
箋釋文句為事，實非其匹。第古注簡奧，或有所不盡詳。堯叟補
苴其義，使淺顯易明，於讀者亦不無所益。且不似朱申《句解》，
於傳文橫肆刊削。故仍錄存之，以備一解。中附陸德明《音義》，
當亦道焜等所加。原本所有，今亦並存焉。

### 【彙訂】

① 文淵閣《四庫》本尚有《春秋提要》一卷。（沈治宏：《中國
叢書綜錄訂誤》）

② 杜預、林堯叟注《春秋左傳》明嘉靖初已有刻本，且間缺
宋諱，疑元代林氏單注本以前，已有合於杜注之本。林堯叟《春
秋左傳句解》全依杜預注，合併之事或即林氏自為之。王道焜、
趙如源同編之説，則又明末書坊所託。（王重民：《中國善本書
提要》）

# 卷二九

# 經部二十九

## 春秋類四

日講春秋解義六十四卷①

謹案,是書為聖祖仁皇帝經筵舊稿,世宗憲皇帝復加考論,乃編次成帙。説《春秋》者莫夥於兩宋。其為進講而作者,《宋史·藝文志》有王葆《春秋講義》二卷,今已散佚。張九成《橫浦集》有《春秋講義》一卷,《永樂大典》有戴溪《春秋講義》三卷。大抵皆演繹經文,指陳正理,與章句之學迥殊。是非惟崇政邇英,奏御之體裁如是,亦以統馭之柄在慎其賞罰,賞罰之要在當其功罪。而別嫌疑,明是非,定猶豫者,則莫精於《春秋》。聖人筆削之旨,實在於是也。故孟子曰:"《春秋》,天子之事也。"公扈子曰:"有國者不可以不學《春秋》。《春秋》,國之鑑也。"董仲舒推演《公羊》之旨得二百三十二條,作《春秋決事》十六篇,其義蓋有所受矣。是編因宋儒進御舊體,以闡發微言。每條先列《左氏》之事蹟,而不取其浮誇,次明《公》、《穀》之義例,而不取其穿鑿。反覆演繹,大旨歸本於王道,允足明聖經之書法,而探帝學之本原。聖祖仁皇帝、世宗憲皇帝聖聖相承,鄭重分明,以成此一編,豈非以經世之樞要具在斯乎?

【彙訂】

① 文淵閣《四庫》本尚有《總説》一卷。（沈治宏：《中國叢書綜録訂誤》）

欽定春秋傳説彙纂三十八卷①

康熙三十八年奉敕撰②。初，胡安國作《春秋傳》，張栻已頗有異議。朱子編《南軒集》，存而不删，蓋亦以栻説爲然。至元延祐中復科舉法，始以安國之《傳》懸爲功令，而有明一代因之。故元吴澄作俞皋《春秋集傳》序，稱"兼列胡氏，以從時尚"。明馮夢龍作《春秋大全凡例》，稱："諸儒議論儘有勝胡《傳》者，然業以胡《傳》爲宗，自難並收以亂耳目。"豈非限於科律，明知其誤而從之歟？欽惟聖祖仁皇帝道契天經，心符聖義，於尼山筆削，洞鑒精微。雖俯念士子久誦胡《傳》，難以驟更，仍綴於三《傳》之末，而指授儒臣詳爲考證。凡其中有乖經義者，一一駁正，多所刊除。至於先儒舊説，世以不合胡《傳》擯棄弗習者，亦一一採録表章，闡明古學。蓋以聖人之德，居天子之位，故能蕩滌門户③，辨別是非，挽數百年積重之勢而反之於正也。自時厥後，能不爲胡《傳》所錮者，如徐庭垣之《春秋管窺》、焦袁熹之《春秋闕如編》，響然並作，不可殫數。衮鉞之義，遂皦若三光。維風維草之效，誠有自來矣。臣等繕校之餘，爲《春秋》幸，并爲天下萬世讀《春秋》者幸也④。

【彙訂】

① 文淵閣《四庫》本尚有卷首二卷。（沈治宏：《中國叢書綜録訂誤》）

② 此書總裁王掞於康熙五十四年上摺云："臣承命纂輯《春

秋》,於正月二十二日具摺奏請分修人員。"同年另一摺亦云"恭逢皇上纂修《春秋》"、"今逢編纂《春秋》",則其纂修始於康熙五十四年正月。又據顧陳垿《賓陽子年譜》,《春秋》館閉館在康熙五十七年,據卷首御製序文,刻成於康熙六十年。(王豐先:《〈欽定春秋傳説彙纂〉纂修時間考正》)

　　③"蕩湔",殿本作"蕩除"。

　　④"幷",殿本作"尤"。

　　御纂春秋直解十五卷

　　乾隆二十三年奉敕撰。以十二公為十二卷①,莊公、僖公、襄公篇頁稍繁,各析一子卷,實十五卷②。大旨在發明尼山本義而劃除種種迂曲之説,故賜名曰《直解》。冠以御製序文,揭胡安國《傳》之傅會臆斷,以明誥天下,與《欽定春秋傳説彙纂》宗旨同符。考班彪之論《春秋》曰:"平易正直,《春秋》之義也。"王充之論《春秋》曰:"公羊、穀梁之《傳》,日月不具,輒為意使。平常之事有怪異之説,徑直之文有曲折之義,非孔子之心。"蘇軾之論《春秋》曰:"《春秋》,儒者本務。然此書有妙用,儒者罕能領會,多求之繩約中,乃近法家者流,苛細繳繞,竟亦何用?"朱子之論《春秋》亦曰:"聖人作《春秋》,不過直書其事,而善惡自見。"又曰:"《春秋》傳例多不可信,聖人紀事,安有許多義例?"然則聖經之法戒,本共聞共見,聖人之勸懲,亦易知易從。自啖助、趙匡倡為廢傳解經之説③,使人人各以臆見私相揣度,務為新奇以相勝,而《春秋》以荒。自孫復倡為有貶無褒之説,説《春秋》者必事事求其所以貶,求其所以貶而不得,則鍛鍊周内以成其罪,而《春秋》益荒。俞汝言《春秋平義》序謂傳經之失不在於淺而在於深,

《春秋》尤甚。可謂片言居要矣。是編恭承訓示，務斟酌情理之平，以求聖經之微意。凡諸家所説穿鑿破碎者悉斥不採，而筆削大義愈以炳然。學者恭讀《御纂春秋傳説彙纂》以辨訂其是非，復恭讀是編以融會其精要，《春秋》之學已更無餘蘊矣。

## 【彙訂】

① "以"，殿本無。

② 此書實有卷三莊公、卷五僖公、卷九襄公、卷十昭公各分為上下卷，則析其子卷計之為十六卷。（江慶柏等：《四庫全書薈要總目提要》）

③ "為"，殿本無。

左傳杜解補正三卷（通行本）

國朝顧炎武撰。炎武一名絳，字寧人，崑山人。博極羣書，精於考證。國初稱學有根柢者以炎武為最。李光地嘗為作小傳，今載《榕村集》中。是書以杜預《左傳集解》時有闕失，賈逵①、服虔之注，樂遜之《春秋序義》今又不傳，於是博稽載籍，作為此書。至邵寶《左觿》等書，苟有合者，亦皆採輯。若"室如懸罄"，取諸《國語》；"肉謂之羹"，取諸《爾雅》；"車之有輔"，取諸《呂覽》；"田禄其子"，取諸《楚辭》；"千畝原之在晉州"，取諸鄭康成；"祐為廟主"，取諸《説文》；"石四為鼓"，取諸王肅《家語注》；"祝其之為萊蕪"，取諸《水經注》②。凡此之類，皆有根據。其他推求文義，研究訓詁③，亦多得左氏之意。昔隋劉炫作《杜解規過》，其書不傳，惟散見孔穎達《正義》中。然孔疏之例，務主一家，故凡炫所規，皆遭排斥。一字一句，無不劉曲而杜直，未協至公。炎武甚重杜《解》，而又能彌縫其闕失，可謂掃除門户，能持是非之平矣。近時惠棟作《左傳補注》，糾正此書"尨涼"一條、"大司馬固"一條、"文馬百駟"一條、"使封人慮事"一條、"遇艮之八"一條、"豆區釜鍾"一條。然其中"文馬"之説，究以炎武爲是。棟又摘其引古《春秋》左氏説，但舉《漢書·五行志》之名，又摘其"禮爲鄰國闕"一條用服虔之説，而不著所自。案徵引佚書，當以所載之書爲據。棟引《世本》不標《史記》注，引京相璠《土地名》不標《水經注》，正體例之疎，未可反譏炎武。至服虔一條，當由偶忘出典。棟注昭公二十九年"賦晉國一鼓鐵"，證以王肅《家語注》，亦明馮時可之説，未標時可之名也。是固不以掠美論矣。

**【彙訂】**

① 殿本"賈"上有"而"字。

②"諸"，殿本作"之"。

③"訓詁"，殿本作"詁訓"。

春秋稗疏二卷（湖南巡撫採進本）

國朝王夫之撰。夫之有《周易稗疏》，已著録。是編論《春秋》書法及儀象典制之類僅十之一，而考證地理者居十之九。其論書法，謂《閔公元年》書季子、仲孫、高子皆不名，乃閔公幼弱，聽國人之所爲，故從國人之尊稱。然考襄公之立實止四歲，昭公之出亦非一年，均未聞以君不與政書事或有變文，何獨閔公見存，反從國人立議①？其論《春秋》書戎皆指徐戎，斥杜預陳留、濟陽東有戎城之非。且謂曹、衛之閒不應有戎，證以《費誓》，似乎近理。然周之戎如今土司參錯於郡縣。觀追戎濟西，則去曹近而去徐遠。至於凡伯聘魯歸周而戎伐之於楚丘，則凡伯不涉徐方，徐戎亦斷難越國，安得謂曹衛之閒戎不雜居？ 如此之類，固未免失之臆斷②。至以鸜鵒為寒號蟲,反斥《埤雅》之謬,以延廄為延袤其廄,亦為穿鑿。杜注陘亭在召陵南③,不云即在召陵,乃删除"南"字而駁之,尤為文致其失。然如"莒人入向"之"向",謂當從杜預在龍亢,而駁《水經注》所引闞駰之説誤以邑名為國名,足以申杜注之義。辨杞之東遷在春秋以前;辨殺州吁於濮非陳地;辨洮為曹地非魯地,音推小反,不音他刀反;辨"貫"字非"貰"字之誤;辨厲即賴國,非隨縣之厲鄉;辨踐土非鄭地;辨翟泉周時不在王城之内;辨莒、魯之間有二鄆;辨仲遂所卒之垂非齊地;辨"次鄫"之"鄫"非鄫國,亦非鄭地;辨春秋之祝其非漢之祝其,皆足以糾杜注之失④。據《後漢·郡國志》謂郎在高平,據《括地志》謂胡在郾城,據《漢書·地理志》謂重邱在平原,據應劭《漢書註》謂陽在都陽,皆足以補杜注之闕。至於謂子糾為齊襄公之子,案劉瑾《詩集傳通釋》解《何彼襛矣》篇,亦以桓公為襄公子。然瑾由誤記,與夫之有所考辨者不同。謂魯襄公時頻月日食由於誤視暈珥,亦足以備一解。在近代説經之家,尚頗有根柢。其書向未刊行,故子糾之説,近時梁錫璵據為新義,翬不書族、定姒非謚之説,近時葉酉亦據為新義,殆皆未見其書也。

【彙訂】

①"議",殿本作"義"。

②"固",殿本無。

③"召陵",殿本作"邵陵",下同,誤。《左傳·僖公四年》注:"潁川召陵縣南有陘亭。"

④"以",殿本無。

春秋平義十二卷(浙江巡撫採進本)

國朝俞汝言撰。汝言字石吉,秀水人。前明諸生。是書多引舊文，自立論者無幾。然自宋孫復以來，説《春秋》者務以攻擊三《傳》相高，求駕乎先儒之上，而穿鑿煩碎之弊日生。自元延祐以後，説《春秋》者務以尊崇胡《傳》為主，求利於科舉之途，而牽就附合之弊亦遂日甚。明張岐然嘗作《五傳平文》以糾其謬，而去取尚未能皆允。汝言此書亦與岐然同意，而簡汰精審，多得經意，正不以多生新解為長。前有自序，謂：“傳經之失不在於淺而在於深，《春秋》為甚。”可謂片言居要矣。此本為汝言手稿，其中塗乙補綴，朱墨縱橫，其用心勤篤，至今猶可想見也。朱彝尊《經義考》載繆泳之言，稱汝言“研精經史，尤熟於明代典故①。嘗撰有《宰相列卿年表》。其詩、古文曰《漸川集》”。今皆未見。蓋亦好學深思之士，所由與枵腹高談者異歟？

## 【彙訂】

① “於”，殿本脱，據《經義考》卷二百八原文。

春秋四傳糾正一卷（浙江巡撫採進本）①

國朝俞汝言撰。康熙丙辰，汝言《春秋平義》始脱稿②。是歲之夏，復續作此書，以綜括大旨③。相傳其晚年失明，口授而成之者也。書中摘列《春秋》三傳及胡安國《傳》之失，隨事辨正，區為六類。一曰尊聖而忘其僭，計八條。二曰執理而近於迂，計十五條。三曰尚異而鄰於鑿，計二十三條。四曰臆測而近於誣，計四十三條。五曰稱美而失實情，計八條。六曰摘瑕而傷鍥刻，計六條。末附《春王正月辨》一篇，申左氏、公羊、孔安國、鄭元之説，明周正改時改月，《春秋》正朔皆從周。其中如華督奪孔父之妻、齊桓因蔡姬而侵蔡，史家簡策相傳，必有所據。即就傳文而論,亦無以斷其必不然。汝言皆以為臆測近誣,轉未免自蹈臆測。又《公羊》褒齊襄之復仇,固為謬戾。然紀侯譖齊哀公於周,至於見烹,則實有其事。汝言乃謂語言之故不足為仇,亦不甚可解。至《春王正月辨》中謂《左傳》"王周正月"句"王周"二字,猶漢稱皇漢、宋稱皇宋之義,則不知"正月"、"正歲"並見《周禮》,兼用夏正,實亦王制,故特言"王周正月",明非夏時。無庸牽引漢、宋,橫生曲説。又一行、衛朴推驗《春秋》日食皆合於建寅一條,汝言無以難之,遂泛謂不足深據。不知日月交食,推朔望不推時令,建子、建寅,食限無殊。一語可明,亦不必顢頇其説。如斯之類,雖或間有小疵,然六類之中,大抵皆立義正大,持論簡明。一卷之書,篇帙無幾,而言言皆治《春秋》者之藥石,亦可謂深得經意者矣。

【彙訂】

① 底本此條與文淵閣庫書次序不符。文淵閣庫書與殿本均置於"春秋平義十二卷"條之後。

② 殿本"言"下有"撰"字。

③ "復續作此書以綜括大旨",殿本作"乃作此書以其大旨"。

讀左日鈔十二卷補二卷(浙江巡撫採進本)

國朝朱鶴齡撰。鶴齡有《尚書埤傳》,已著録。是書採諸家之説,以補正杜預《春秋經傳集解》之闕譌。於趙汸、陸粲、傅遜、邵寶、王樵五家之書所取為多。大抵集舊解者十之七,出己意者十之三,故以"鈔"名。所補二卷,多用顧炎武説。炎武《杜解補正》三卷,具有完帙,此所採未及什一。其凡例稱"庚申之秋,炎武自華陰寄《左傳》注數十則",蓋是時《杜解補正》尚未成也。鶴齡斥林堯叟《音義》之陋，所取僅三四條，持論極允。至孔穎達《正義》，家弦戶誦，久列學官，斷無讀注而不見疏者，乃連篇採掇，殊屬贅疣。至《襄九年傳》"閏月"當作"門五日"①，本為杜注，乃引以補杜，尤為牀上牀矣。他如於《定公八年傳》②，謂："公山不狃之意在於張公室，陽虎之意不在公室，但欲假公室以制三桓為利而已。"《定公十二年傳》，則云"公山不狃、叔孫輒之徒據費以畔③，說者謂叛季非叛魯，其說非也。彼稔見三家不臣之跡，尤而效之，藉口於張公室耳"云云，是一事而臧否頓殊。又如《莊公二十二年傳》，引《史記正義》以"未羊巽女"為姜姓之訓，於《昭九年傳》④，又續引汪琬之說駁張守節失《左氏》之指⑤，是一義而去取迥異。皆未免於小疵。然其中如引鬬辛以駁伍員之復讎，天經地義，為千古儒者所未發。引《定公五年》、《文公十七年》二《傳》，證公壻池非晉侯之壻；引《檀弓》越人弔衛將軍文子事，證秦人歸僖公成風之禭；引《漢書・王嘉傳》，證"屈蕩尸之"當作"戶之"之類，亦具有考證。雖瑕瑜並陳，不及顧炎武、惠棟諸家之密，而薈粹衆長，斷以新義，於讀《左傳》者要亦不為無補焉。

**【彙訂】**

① 殿本"襄"下有"公"字。

② "於"，殿本無。

③ "叔孫輒"，殿本作"叔孫轍"，誤。《左傳・定公十二年》："季氏將墮費，公山不狃、叔孫輒帥費人以襲魯。"

④ 殿本"昭"下有"公"字。

⑤ "說"上"之"字，殿本無。

左傳事緯十二卷附録八卷（山東巡撫採進本）

國朝馬驌撰。驌字驄御，又字宛斯，鄒平人。順治己亥進士，官淮安府推官，終於靈璧縣知縣。是書取《左傳》事類，分為百有八篇，篇加論斷。首載晉杜預、唐孔穎達序論及自作《左丘明小傳》一卷[1]、《辨例》三卷[2]、《圖表》一卷、《覽左隨筆》一卷、《名氏譜》一卷[3]、《左傳字奇》一卷，合《事緯》為二十卷。内“地輿”有說無圖，蓋未成也。王士禛《池北偶談》稱其“博雅嗜古，尤精《春秋》《左氏》學”，載所著諸書與此本並同，惟無《字奇》及《事緯》，豈士禛偶未見歟？ 三《傳》之中，《左氏》親觀國史，事蹟為真，而褒貶則多參俗議；《公羊》、《穀梁》二家得自傳聞，記載頗謬，而義例則多有師承。《朱子語録》謂：“《左氏》史學，事詳而理差；《公》、《穀》經學，理精而事謬。”蓋篤論也。驌作是書，必謂《左氏》義例在《公》、《穀》之上，是亦偏好之言。然驌於《左氏》實能融會貫通，故所論具有條理，其圖表亦皆考證精詳。 可以知專門之學與涉獵者相去遠矣。

**【彙訂】**

① “左”，底本無，據殿本補。此書《前集》卷一為《左丘明小傳》。

② “三卷”，殿本作“一卷”，誤。《前集》卷二至卷四為《左傳辨例》。

③ “名氏譜”，殿本作“名字譜”，誤。《前集》卷七為《春秋名氏譜》。

春秋毛氏傳三十六卷（浙江巡撫採進本）

國朝毛奇齡撰。奇齡有《仲氏易》，已著録。自昔說《春秋》

者但明義例，至宋張大亨始分五禮，而元吳澄因之，然粗具梗概而已。奇齡是書分改元、即位、生子、立君、朝聘、盟會、侵伐、遷滅、昏覯、享唁、喪期、祭祀、蒐狩、興作、甲兵、田賦、豐凶、災祥、出國、入國、盜殺、刑戮，凡二十二門。又總該以四例：曰禮例，曰事例，曰文例，曰義例。然門例雖分，而卷之先後，依經為次①，無割裂分隸之嫌，較他家體例為善。其說以《左傳》為主，閒及他家，而最攻擊者莫若胡安國《傳》。其論安國開卷說“春王正月”已辭窮理屈，可謂確論。然《左傳》“元年春，王周正月”之文，本以《周禮》“正歲”、“正月”兼用夏正②，夏正亦屬王制。故變文稱“王周正月”，以為建子之明文。而奇齡乃讀“春王”為一句，“周正月”為一句，謂“王”字乃“木王於春”之王，而非“天王”之王。其為乖謬，殆更甚於安國。又如鄭康成《中庸注》：“策，簡也。”蔡邕《獨斷》亦曰：“策者，簡也。其制長二尺，短者半之。”《春秋正義》曰：“‘大事書於策’者，經之所書也；‘小事書於簡’者，傳之所載也。”又曰：“大事後雖在策，其初亦記於簡。”據此，則經傳簡策，並無定名。故崔杼之事稱“南史氏執簡”，而華督之事稱“名在諸侯之策”，其文互見。奇齡乃以簡書、策書為經、傳之分，亦為武斷。然其書一反胡《傳》之深文而衡以事理，多不失平允之意。其義例皆有徵據，而典禮尤所該洽。自吳澄《纂言》以後，說《春秋》者罕有倫比，非其說《詩》、說《書》好逞臆見者比。至於喧呼叫呶，則其結習所成，千篇一律，置之不議不論可矣。

**【彙訂】**

①“依”，殿本作“以”。

②“正月”，殿本作“正日”，誤。

春秋簡書刊誤二卷（浙江巡撫採進本）

國朝毛奇齡撰。是書刊正三《傳》、經文之誤。其以“簡書”為名者，蓋仍執其傳據策書、經據簡書之説也。大旨以《左傳》為主，而附載《公》、《穀》之異文，辨證其謬。因胡安國《傳》多從《穀梁》，併安國亦排斥之。其舍《左氏》而從《公羊》者，惟《襄公十四年》“衛侯衎出奔齊”一條耳。考《左傳》雖晚出，而其文實竹帛相傳。《公》、《穀》雖先立於學官，而其初皆經師口授，或記憶之失真，或方音之遞轉，勢所必然，不足為怪。奇齡所考正者，如會豕不當有齊侯；“單伯送王姬”，不應作“逆”；“齊人來歸衛俘”，據《書序》知“俘”即是“寶”，非經、傳有異；“公伐齊納子糾”，不應無“子”字；“齊人殲于遂”，不應作“瀸”；曹羈出奔陳、赤歸于曹，與鄭忽出奔衛、突歸于鄭同例；會洮不應有鄭世子華；“欒書救鄭”，不應作“侵鄭”；“召公來錫公命”，不應作“賜命”；“襄公五年救陳”①，不應有莒子、邾子、滕子、薛伯；會虢之衛齊惡，不應作“石惡”；“齊欒施”不應作“晉欒施”；叔孫婼不應名舍；“公會齊侯盟于黃”，不應作“晉侯”；“衛趙陽”不應作“晉趙陽”。皆極精核。至於經書“冬，宋人取長葛”，傳乃作“秋”，但知經、傳不符，而不知宋以先王之後用商正，取以建酉之月，則此冬而彼猶秋，實與晉用夏正，經、傳皆差兩月一例。又“衛師入郕”，《公羊》“郕”作“盛”，遂詆其“宋將作送，衛將作彗”②，不知《穆天子傳》所載盛姬即郕國之女。《考古圖》“許”或作“鄦”、“魯”或作“鹵”，俱勒諸鐘鼎，斷非譌寫。古字異文，如斯者衆，未可盡以今文繩之。又謂“昔恒星不見，夜中星隕如雨”，“昔”字訓“夜”，雖見《列子》，然不應一作“昔”，又一作“夜”。不知《列子》稱：“夜則昏憊而熟寐③，昔昔夢為國君。”又稱：“夜亦昏憊而寐，昔昔夢為人僕。”正

"昔"、"夜"二字並用。又謂皋陶可作咎由,由於音同;西乞術不可作西乞遂,由於音異。是以後世之平仄,律古人之轉音④。不知《檀弓》以"木"為"彌牟",《戰國策》以"包胥"為"勃蘇"者,不一而足也。如斯之類,特以偏主一家,曲加排斥,均為未得其平。甚至"于"作"於"、"饗"作"享",經、傳處處通用,於《公》、《穀》亦縷摘之,益瑣屑矣。然其可取者多,瑕究不掩其瑜也。

### 【彙訂】

① "陳",殿本作"鄭",誤。《春秋·襄公五年》:秋,"公會晉侯、宋公、陳侯、衛侯、鄭伯、曹伯、莒子、邾子、滕子、薛伯、齊世子光、吳人、鄫人于戚","冬戍陳"。

② "彗",殿本作"慧",誤。此書卷一原文作"是宋可作送,衛可作彗"。

③ 殿本"寐"下有"者"字。

④ "轉音",殿本作"傳音",誤。

### 春秋屬辭比事記四卷(浙江巡撫採進本)

國朝毛奇齡撰,奇齡作《春秋傳》,分義例為二十二門,而其書則仍從經文十二公之序①。此乃分門隸事,如沈棐、趙汸之體,條理頗為明晰,考據亦多精核。蓋奇齡長於辨禮,《春秋》據禮立制,而是書據禮以斷《春秋》,宜其秩然有紀也。至《周禮》一書,與《左傳》多不相合。蓋《周禮》為王制,而《左傳》則皆諸侯之事;《周禮》為初制,而《左傳》則皆數百年變革之餘。強相牽附,徒滋糾結。奇齡獨就經說經,不相繳繞,尤為特識矣。是書為奇齡門人所編,云本十卷。朱彝尊《經義考》惟載六卷,且云"未見"。此本於二十二門之中僅得七門,而"侵伐"一門尚未及半,蓋編次未竟之本。雖非完書，核其體要，轉勝所作《春秋傳》也。

【彙訂】

①"經文"，殿本作"經史"。

春秋地名考略十四卷（浙江巡撫採進本）

國朝高士奇撰。士奇字澹人，錢塘人，居於平湖。以諸生薦直內廷，授中書舍人，改翰林院侍講，官至內閣學士。是編乃康熙乙丑士奇奉敕撰《春秋》講義，因考訂地理，併成是書奏進。據閻若璩《潛邱劄記》稱"秀水徐勝敬可，為人作《左傳地名》訖①，問余成公二年韑之戰"云云，則實士奇倩勝代作也②。其書以《春秋》經傳地名分國編次，皆先列國都，次及諸邑。每地名之下，皆先列經文、傳文及杜預注，而復博引諸書，考究其異同，砭正其疏舛，頗為精核。惟時有貪多炫博，轉致瑣屑者。如魯莊公築臺臨黨氏③，遂立"黨氏臺"一條，殊於地理無關。又如晉以先茅之縣賞胥臣，遂立"先茅之縣"一條，既不能指為何地，但稱"猶云蘇忿生之田"，則亦安貴於考耶？是則過求詳備之失也。

【彙訂】

① 徐勝乃徐善之誤，說詳卷九《易論》條訂誤。

②《四庫》本此書朱彝尊序曰："今天子命儒臣編纂《春秋講義》，於是錢塘高學士充總裁官，既編成經進矣，又廣採方志，以餘力輯《春秋地名考》十四卷，彝尊受而讀之，愛其考跡疆理，多所釐正……而土地之名，尤其要焉者……若經之有緯，書之有正，必有攝也……今老矣，於經義無所發明，序學士之書，幸託姓名傳於後世，竊比於北宮、司馬諸子，獲附見於《春秋》之傳焉。"《曝書亭集》卷三四《春秋地名考序》云："《地名考》一十四卷，吾

鄉徐處士善所輯。予受而讀之，愛其考跡疆理，多所釐正（以下百餘字均雷同）……獲附見於《春秋》之傳焉。"可知前者為逢迎高士奇，後者為平居故交迎酬。據《曝書亭集》卷三三《報徐敬可處士書》，此書中卷一"召"條徐善從《帝王世紀》之說，而四庫本乃排《帝王世紀》之說，或高士奇亦有改竄。（楊武泉：《四庫全書總目辨誤》）

③"築"，殿本作"作"，誤。《春秋·莊公三十二年》載："初，公築臺臨黨氏。"

### 春秋管窺十二卷（浙江巡撫採進本）

國朝徐庭垣撰。據《浙江遺書總錄》："庭垣，秀水人，官新昌縣縣丞。"然不言書成於何時。前有庭垣自序，亦無年月。案庭垣為朱彝尊同縣人，而彝尊《經義考》不載是書，則在彝尊以後矣。自宋以來，說《春秋》者尊聖人而不知所以尊，遂以貶黜天王，改易正朔，舉天下干名犯義之事，皆誣稱為孔子之特筆，而不知已亂名教之大防。庭垣自序駁諸儒之失，有曰："世但知推尊聖人，而不知孔子當日固一魯大夫也①。於周天子則其大君，於魯公則其本國之君，於列國諸侯則俱周天子所封建，與魯君並尊者也。身為人臣，作私書以賞罰王侯君公，此犯上作亂之為，而謂聖人肯為之乎？如謂所誅絕者非在位之王公，豈先王、先公遂可得而誅之乎？昌言無忌，禍之招也。縱曰深藏其書，不輕示人，然聖人者不欺屋漏，明知犯上干禁而故作之，又深匿之以圖幸免，亦必無之事矣。舉世襲先儒之論，而不究其非。藉有妄人，亦曰我欲法《春秋》也，亦削天子位號②，黜當代公卿，其將何辭以過之？"云云。其持論最為正大。又自述注釋之例曰："以

《左傳》之事實質經，以經之異同辨例。於《公羊》、《穀梁》二傳及諸儒論釋，其合於義例，先後無悖者，不復置議。如其曲説偏斷，理有窒礙，則據經文先後以駁正之。”云云。其立義亦為明坦。其中如“桓不書王”之類，閒亦偶沿舊説，然其大旨醇正，多得經意。與焦袁熹之《闕如編》，其識皆在啖③、趙諸儒之上，正未可貴遠而賤近也。舊帙蠹蝕，字句閒有殘闕，無別本可以校補。然大旨宏綱，炳然無損，正不以一二斷簡廢之矣。

## 【彙訂】

① “固”，殿本作“故”，誤，參自序原文。

② “位號”，殿本作“之號”，誤，參自序原文。

③ “識”，殿本作“説”。

三傳折諸四十四卷（江蘇巡撫採進本）

國朝張尚瑗撰。尚瑗字宏蘧，一字損持，吳江人。康熙戊辰進士，改庶吉士。散館外補興國縣知縣。尚瑗初從朱鶴齡遊，講《春秋》之學。鶴齡作《讀左日鈔》，尚瑗亦作《讀三傳隨筆》。積累既久，卷帙遂夥，乃排纂而成是書。曰“折諸”者，取揚雄“羣言淆亂，折諸聖”之語也①。凡《左傳》三十卷，《公羊》、《穀梁》各七卷，而用力於《左傳》尤多。如卷首所列《郊禘五嶽考》、《地名同考》、《名諡同考》、《名姓世表》諸篇，皆引據典核，可資考證。惟其書貪多務得，細大不捐，每據摭漢、魏以下史事與傳文相證，往往支離曼衍。如因衛懿公好鶴，遂涉及唐元宗舞馬之類，不一而足。與經義或渺不相關，殊為蕪雜。然取材既廣，儲蓄遂宏。先儒訓詁之遺，經師授受之奧，微言大義，亦多錯見於其中。所謂披沙簡金，往往見寶，固未可以其糠粃遂盡棄其精英②。且《春秋》一經，説者至夥，自孫復、劉敞之徒倡言廢傳，後人沿其流派，遂不究事實而臆斷是非。胡安國《傳》自延祐以來懸為功令，而《僖公十七年》之滅項乃誤歸獄於季孫，由議論多而考證少也③。尚瑗是書雖未能刊削浮文，頗乖體要，而蒐羅薈粹，猶為撮實之言。過而存之，視虛談褒貶者固勝之遠矣。

**【彙訂】**

① “之”，殿本作“人”。

② “遂”，殿本作“而”。

③ 殿本“由”下有“於”字。

### 春秋闕如編八卷（江蘇巡撫採進本）

國朝焦袁熹撰。袁熹字廣期，金山人。康熙丙子舉人。是編為袁熹未成之書，僅及《成公八年》而止。每卷有袁熹名印，蓋猶其稿本。前有其孫鍾璜跋，亦當時手跡也。自《穀梁》發常事不書之例，孫復衍有貶無褒之文，後代承流，轉相摹仿，務以刻酷為經義。二百四十二年之中，上至天王，下至列國，無一人得免於彈刺。遂使游、夏贊之而不能者，申、韓為之而有餘。流弊所極，乃有貶及天道者。呂柟《春秋說志》謂：“書季孫意如卒，所以見天道之左。”《春秋》於是乎亂矣。袁熹是書獨酌情理之平，立褒貶之準，謹持大義而刊削煩苛。如隱公盟蔑，諸家皆曰惡私盟。袁熹則謂：“繼好息民，猶愈於相虞相詐。至七年伐邾，事由後起，不容逆料而加貶辭。”又謂：“會潛之戎，本雜處中國，修好息民，亦衰世之常事，褒貶俱無可加。”謂無駭之書名，“若後世帝室之冑不繫以姓，非貶而去之”。謂書齊侯弟年，“見齊之重我，使其親貴”，非譏過寵其弟。謂：“書螟為蟲傷苗稼，即當留意補助，不以此一事便為惡。"如此之類數十條，皆一洗曲説。至於"武氏子求賵"，乃魯不共命，天王詰責，豈敢反譏天王？"家父求車"，乃天子責貢賦有闕，經婉其文曰"求車"，不應舍其下，責其上。尤大義凜然，非陋儒所及。末附《讀春秋》數條，論即位或書或不書，四時或備或不備，有史所本無，有傳寫脱佚，非聖人增減於其閒，亦足破穿鑿之説。近代説《春秋》者，當以此書為最。雖編輯未終，而義例已備，於經學深為有裨，非其經説諸書出於門人雜録者比也。

　　春秋宗朱辨義十二卷（浙江巡撫採進本）[1]

　　國朝張自超撰。自超字彞歎，高淳人。康熙癸未進士，未仕而卒。《江南通志》列之《儒林傳》中。是書大意本朱子據事直書之旨，不為隱深阻晦之説。惟就經文前後參觀以求其義，不可知者則闕之。篇首《總論》二十條，頗得比事屬辭之旨。其中如"單伯逆王姬"，則從王氏之説，以為魯之大夫；於"秦獲晉侯"，辨所以不書名之故；於"宋師敗績"，辨所以不書公之故；於"司馬華孫來盟"，辨胡《傳》義不係乎名之説；於盟宋，罪趙武之致弱；於楚公子比、公子棄疾弑立，書法見《春秋》微顯之義；於"齊殺高厚"謂非説晉；而於"衛人立晉"一條尤得《春秋》深意。雖以"宗朱"為名，而參求經傳，務求心得，實非南宋以來穿鑿附會之説。後方苞作《春秋通論》，多取材此書。近時解《春秋》者，焦袁熹《春秋闕如編》外，此亦其亞矣。

　　【彙訂】

　　① 文淵閣《四庫》本尚有卷首一卷。（沈治宏：《中國叢書綜録訂誤》）

春秋通論四卷（江蘇巡撫採進本）

國朝方苞撰。苞有《周官集注》，已著録。是編本《孟子》“其文則史，其義則某竊取之矣①”，貫穿全經，案所屬之辭，合其所比之事。辯其孰為舊文，孰為筆削，分類排比，為篇四十。每篇之内，又各以類從。凡分章九十有九。考筆削之跡，自古無徵。《公羊傳》曰：“《不修春秋》曰：‘霣星不及地尺而復②。’君子修之曰：‘星霣如雨。’”原本、改本並存者此一條耳。《左傳》：“甯殖曰載在諸侯之策，曰：‘孫林父、甯殖出其君。’”經文則曰：“衛侯衎出奔齊。”其為聖人所改與否，已不可定。至《左傳》稱：“仲尼謂：‘以臣召君，不可以訓。’書曰：‘天王狩於河陽。’”則但有改本，不知原本為何語矣。故黄澤曰：“《春秋》所以難看，乃是失卻《不修春秋》。若有《不修春秋》互相比證，則史官記載，仲尼所以筆削者正自顯然易見。”是自昔通儒，已以不見魯史，無從辯别為憾。苞乃於二千餘載之後，據文臆斷，知其孰為原書，孰為聖筆，如親見尼山之操觚，此其説未足為信。惟其掃《公》、《穀》穿鑿之談，滌孫、胡鍥薄之見，息心静氣，以經求經，多有協於情理之平，則實非俗儒所可及。譬諸前修，其吳澄之流亞歟？

**【彙訂】**

①“矣”，底本作“意”，據殿本改。《孟子·離婁下》原文作：“其事則齊桓、晉文，其文則史。孔子曰：‘其義則丘竊取之矣。’”

②《春秋公羊傳·莊公七年》曰：“《不修春秋》曰：‘雨星不及地尺而復。’君子修之曰：‘星霣如雨。’”注云：“明其狀似雨爾，不當言雨星。不言尺者，霣則為異，不以尺寸録。何以書？記異也。”則“霣星”當作“雨星”。

春秋長曆十卷（兩江總督採進本）

國朝陳厚耀撰。厚耀字泗源，泰州人。康熙丙戌進士，官蘇州府教授。以通算入直內廷，改授檢討，終右諭德。是書補杜預《長曆》而作。原本不分卷帙，今約略篇頁，釐為十卷。其凡有四：一曰《曆證》。備引《漢書》、《續漢書》、《晉書》、《隋書》、《唐書》、《宋史》、《元史》、《左傳注疏》、《春秋屬辭》、《天元曆理》、朱載堉《曆法新書》諸說[1]，以證推步之異。其引《春秋屬辭》載杜預論日月差謬一條，為《注疏》所無。又引《大衍曆義》"春秋曆考"一條[2]，亦《唐志》所未錄。尤足以資考證。二曰《古曆》。以古法十九年為一章。一章之首，推合周曆正月朔日冬至。前列演算法，後以春秋十二公紀年，橫列為四章，縱列十二公，積而成表，以求曆元。三曰《曆編》。舉春秋二百四十二年，一一推其朔閏及月之大小，而以經傳干支為證佐。皆述杜預之說而考辨之。四曰《曆存》。以古曆推隱公元年正月庚戌朔。杜氏《長曆》則為辛巳朔，乃古曆所推之上年十二月朔，謂元年之前失一閏，蓋以經傳干支排次知之。厚耀則謂如預之說，元年至七年中書日者雖多不失，而與二年八月之庚辰、三年十二月之庚戌、四年二月之戊申，又不能合。且隱公三年二月己巳朔日食，桓公三年七月壬辰朔日食，亦皆失之。蓋隱公元年以前非失一閏，乃多一閏。因退一月就之，定隱公元年正月為庚辰朔，較《長曆》實退兩月，推至僖公五年止。以下朔閏，因一一與杜《曆》相符，故不復續載焉。杜預書惟以干支遞排[3]，而以閏月小建為之遷就。厚耀明於曆法，故所推較預為密。蓋非惟補其闕佚，並能正其譌舛，於考證之學極為有裨。治《春秋》者固不可少此編矣。

**【彙訂】**

①“朱載堉”，殿本作“朱載靖”，誤。《明史·藝文志》著録朱載堉撰《曆學新説》二卷。

②“大衍曆義”，殿本作“大衍曆數”。此書卷一《集證》“春秋屬辭”條引《大衍曆合朔議》曰：“春秋日食有甲、乙者三十四。殷曆、魯曆先一日者十三，後一日者三，周曆先一日者二十二，先二日者九。其偽可知矣。”則所引書名當作《大衍曆合朔議》。

③“遞排”，殿本作“遞推”。

春秋世族譜一卷①（兩江總督採進本）②

國朝陳厚耀撰。春秋之世，自王朝以迄諸侯大夫得姓受氏，各有源流。其人之見於經傳者，不可殫數。漢宋衷有《世本》四卷，唐代尚傳。今惟孔氏《正義》中偶載其文，而書則久佚。《隋書·經籍志》有《春秋左氏諸大夫世譜》十三卷，不知何人所撰，今亦無存。杜預作《春秋釋例》，中有《世族譜》一篇，具載其世系昭穆之詳。而自宋以來，湮没不見。今恭遇聖代表章遺籍，《釋例》一書，得於《永樂大典》中裒輯叢殘，復為完帙。獨《世族譜》僅存數條，仍不免於闕略。厚耀當時既未睹《釋例》原本，因據孔氏《正義》，旁參他書，作此以補之。其體皆仿旁行斜上之例，首周世次圖，而以周之卿大夫附後。次魯，次晉，次衛，次鄭，次齊，次宋，次楚，次秦，次陳，次蔡，次曹，次莒，次杞，次滕，次許，次邾，次吳，次越，次小國諸侯。皆先敘其君王世系③，而附以卿大夫。其偶見經傳而無世次可稽，如周之凡伯、南季，魯之眾仲、秦子之類，則別曰《雜姓氏名號》，另為一篇，附卿大夫世系之後。搜採頗為該洽。近時顧棟高作《春秋大事表》，有《世系表》二卷，其義例與此相近，而考證互有異同。如周卿大夫之周公忌父、召莊公諸人，此書徵引不及顧本之備。又脱漏王叔氏世系不載，亦為遜於顧本。然顧氏於有世系者敘次較詳，其無可考者概闕而不錄。此書則於經傳所載之人衹稱官爵及字者，悉臚採無遺，實為顧本所未及。讀《春秋》者以此二書互相考證，則《春秋》氏族之學幾乎備矣。

## 【彙訂】

① 文淵閣《四庫》本為二卷。（沈治宏：《中國叢書綜録訂誤》）

② 底本此條與文淵閣庫書次序不符。文淵閣庫書與殿本均置於"春秋長曆十卷"條之後。

③ "君王"，殿本作"君之"。

半農春秋説十五卷（内府藏本）①

國朝惠士奇撰。士奇有《半農易説》，已著録。士奇父周惕，長於説經，力追漢儒之學。士奇承其家傳，考證益密，於《三禮》核辨尤精。是書以《禮》為綱，而緯以《春秋》之事，比類相從，約取三《傳》附於下，亦閒以《史記》諸書佐之。大抵事實多據《左氏》，而論斷多採《公》、《穀》。每條之下，多附辨諸儒之説。每類之後，又各以己意為總論。大致出於宋張大亨《春秋五禮例宗》、沈棐《春秋比事》，而不立門目，不設凡例。其引據證佐，則尤較二家為典核。雖其中災異之類，反復辨詰，務申董仲舒《春秋》陰陽，劉向、劉歆《洪範》五行之説，未免過信漢儒，物而不化。然全書言必據典，論必持平，所謂元元本本之學，非孫復等之枵腹而談，亦非葉夢得等之恃博而辨也。

## 【彙訂】

① 文淵閣《四庫》本書名為《惠氏春秋説》。（沈治宏：《中國叢書綜録訂誤》）

春秋大事表五十卷輿圖一卷附録一卷（兩江總督採進本）①

國朝顧棟高撰。棟高有《尚書質疑》，已著録。是書以《春秋》列國諸事，比而為表。曰《時令》，曰《朔閏》，曰《長曆拾遺》，曰《疆域》，曰《爵姓存滅》，曰《列國地理犬牙相錯》，曰《都邑》，曰《山川》，曰《險要》，曰《官制》，曰《姓氏》，曰《世系》，曰《刑賞》，曰《田賦》，曰《吉禮》，曰《凶禮》，曰《賓禮》，曰《軍禮》，曰《嘉禮》，曰《王跡拾遺》，曰《魯政下逮》，曰《晉中軍》，曰《楚令尹》，曰《宋執政》，曰《鄭執政》，曰《争盟》，曰《交兵》，曰《城築》，曰《四裔》，曰《天文》，曰《五行》②，曰《三傳異同》，曰《闕文》，曰《吞滅》，曰《亂賊》，曰《兵謀》，曰《引據》，曰《杜注正譌》，曰《人物》，曰《列女》。其《險要表》後附以《地形口號》，《五禮表》後附以《五禮源流口號》。《輿圖》則用朱字、墨字以分别古今地名。《附録》則皆諸表序，并表中所未及者，又為辨論以訂舊説之譌。凡百三十一篇。考宋程公説作《春秋分紀》，以傳文類聚區分，極為精密。刊版久佚，鈔本流傳亦罕。棟高蓋未見其書，故體例之間往往互相出入。又表之為體，昉於周《譜》。旁行斜上，經緯成文，使參錯者歸於條貫。若其首尾一事，可以循次而書者，原可無庸立表。棟高事事表之，亦未免繁碎。至參以七言歌括，於著書之體亦乖。然條理詳明，考證典核，較公説書實為過之。其辨論諸篇，皆引據博洽，議論精確，多發前人所未發，亦非公説所可及。其《朔閏》一表，用杜預隱公元年正月起辛巳朔之説，與陳厚耀所推《長曆》退一閏者不合。蓋厚耀之書棟高亦未之見，故稍有異同云。

【彙訂】

① 文淵閣《四庫》本尚有《讀春秋偶筆》一卷。（沈治宏：《中國叢書綜録訂誤》）

②“五行”，殿本作“五刑”，誤。此書卷四十一為《五行表》。

春秋識小録九卷（浙江巡撫採進本）

國朝程廷祚撰。廷祚有《大易擇言》，已著録。是書凡《春秋職官考略》三卷，《春秋地名辨異》三卷①，《左傳人名辨異》三卷②。其考職官，首為數國共有之官，次為一國自有之官。皆分列排纂，凡與《周禮》異同者一一根據注、疏為之辨證，頗為精核。末為《晉軍政始末表》，序晉軍八變之制，而詳列其將佐之名。又以御戎、戎右附表於後，亦皆整密。惟置諸國而獨詳晉，則未知其例云何也。其考地名，首為地同而名異，次為地異而名同。末為《晉書地理志證今》，以杜預注《左傳》皆用晉代地名故也。其辨人名，自一人二名以逮一人八名者，皆彙列而分注之。大致與《春秋名號歸一圖》互相出入，而較為簡明。雖似與經義無關，然讀經、讀傳者往往因官名、地名、人名之舛異，於當日之事蹟不能融會貫通。因於聖人之褒貶，不能推求詳盡。如胡安國之誤執季孫，橫生異論；毛奇齡之附會尹氏，牽合正經者，蓋有之矣。則廷祚是書，固讀《春秋》家所當知也③。

【彙訂】

①“辨異”，殿本作“辨義”，誤。此書卷四至六為《春秋地名辨異》。

②“辨異”，殿本作“辨義”，誤。此書卷七至九為《春秋人名

辨異》。

③“家”，殿本作“者”。

左傳補注六卷（桂林府同知李文藻刊本）

國朝惠棟撰。棟有《周易述》，已著録①。是書皆援引舊訓，以補杜預《左傳集解》之遺。本所作《九經古義》之一，以先出別行，故《九經古義》刊本虛列其目而無書。目作四卷，此本實六卷，則後又有所增益也②。其中最典確者，如《隱五年》“則公不射”，引《周禮·射人》“祭祀則贊射牲”、《司弓矢》“供射牲之弓矢”及《國語》倚相之言，證旁引“射蛟”之誤。案此朱子之説，非杜注也，蓋因補杜而類及之。《莊公十四年》“繩息媯”，引《吕覽》“周公作詩，以繩文王之德”及《表記》鄭注“譽，繩也”，證杜訓“譽”之由③。《二十八年》“臧孫辰告糴于齊，禮也”，引《周書·糴匡解》“年儉穀不足④，君親巡方，卿告糴”，證為古禮。《僖五年》“虞不臘矣”，引《太平御覽》舊注及《風俗通》、《月令章句》，證臘不始秦。《十年》“七輿大夫”，引王肅《詩傳》，證“七”當作“五”。《二十二年》“大司馬固諫曰”，引《晉語》“公子過宋，與司馬公孫固相善”，證“固”為人名。《二十七年》“《夏書》曰”，引《墨子·明鬼篇》，證《尚書》但有《夏書》、《商書》、《周書》，本無《虞書》。《文十八年》“在九刑不忘”，引《周書·嘗麥解》，證為《刑書》九篇。《宣二年》“以視于朝”，引《毛詩·鹿鳴》箋、《儀禮·士昏禮》注，證“視”為正字，郭忠恕作“示”為誤。《三年》“不逢不若”，引郭璞《爾雅注》作“禁禦不若”，證以杜注“逢”字在下文，知今本謅寫。《六年》“以盈其貫”，引《韓非子》“以我滿貫”，證“貫”字。《成十六年》“徹七札焉”，引《吕覽·愛士篇》，證鄭康成“一甲七札”之

説。《襄二十三年》“娶于鑄”，引《樂記》鄭注，證“鑄”即祝國。又
“踞轉而鼓琴”，引許慎《淮南子注》⑤，證“轉”即“軫”。《二十五
年》“慎始而敬終⑥，終以不困”，引《周書·常訓解》，證不出古文
《蔡仲之命》。《二十七年》“崔杼生成及彊而寡”，引《墨子·辭過
篇》，證無妻曰寡。《昭元年》“具五獻之籩豆于幕下”，引《禮記正
義》，證杜注“五獻”之誤。《十五年》“一歲而有三年之喪二”，引
《墨子·公孟》、《非儒》二篇，證妻喪三年為春秋末造之禮。《二
十六年》“鑿而乘於他車⑦”，引《説文》，證“鼃”誤作“鑿”。《哀二
十五年》“韈而登席⑧”，引《少儀》，證燕必解韈。皆根據昭然，不
同臆揣。至《文二年》“廢六關”，引《公羊傳注》，證“廢”訓“置”則
是，又引韋昭《國語注》，證“置”訓“廢”則非。蓋“置”有二義，一
為“建置”之置，《公羊注》所言是也；一為“棄置”之置，《國語注》
所言是也。此猶“亂”可訓“治”，而“亂離瘼矣”不可訓“治”；“臭”
可訓“香”，而“逐臭之夫”不可訓“香”。古之設關在譏而不在征，
臧文仲廢六關以博寬大之譽，而使姦宄莫詰，陰以厲民，故誅其
心而謂之不仁。棟但執反覆旁通之義，殊為偏駁。又《文十三
年》“其處者為劉氏⑨”，孔穎達疏明言漢儒加此一句，則為“劉”
字無疑⑩。而必謂原作“留”字，漢儒改為卯金刀。《宣二年》“文
馬百駟”，當以邱〔丘〕光庭《兼明書》所辨為是，而必引《説文》“畫
馬”之訓。《襄十七年》“澤門之晳⑪”，謂古“皋”、“澤”字通，又謂
“諸侯有皋門”，其說固是。然邑中澤門，各指所居，皋門非所居
之地也。《二十一年》“公姑姊”，既謂注、疏皆非，斷為同宗之女，
然於“姑”可解，於“姊”終無解也。《二十五年》“執簡以往⑫”，引
服虔説一簡八字，證太史書崔杼事亦八字，殊嫌牽合。《三十年》
“亥有二首六身”，即指為《孟子》之“亥唐”，尤為附會。《昭七年》

“余敢忘高圉、亞圉”，引《竹書紀年》補杜預之闕。不知汲郡古文，預所目睹，預既不引，知原書必無此文，未可以後來僞本證其疏漏。案書中屢引《竹書紀年》，蓋未及詳考今本之僞。至於《二十一年》“鄭翩願爲鸛[13]”，引陸佃《埤雅》之雜説。案鸛井出《酉陽雜俎》，非始於佃。《哀六年》“無疾而死”，引《汲冢瑣語》之野談。《十二年》“效夷言[14]”，謂《春秋》時已重吳音，不始於晉。更非注經之體矣。他如“公即位”之“位”，必欲從古經作“立”；“屢豐年”之“屢”，必欲從《説文》作“婁”。亦皆徒駭耳目，不可施行。蓋其長在博，其短亦在於嗜博；其長在古，其短亦在於泥古也。

## 【彙訂】

① 依《總目》體例，當作“棟有《新本鄭氏周易》，已著録”。（漆永祥：《〈四庫總目提要〉惠棟著述糾誤》）

② 惠棟《左傳補注》序：“棟曾王父朴庵先生，幼通《左氏春秋》，至老不衰，嘗因杜氏之未備者，作《補注》一卷……棟少習是書，長聞庭訓，每謂杜氏解經，頗多違誤，因刺取經傳，附以先世遺文，廣爲《補注》六卷。”可知此書名非始於棟，文淵閣《四庫》本《九經古義》亦未列其目。（同上）

③ “杜”字下殿本有“注”字。

④ “糴匡解”，殿本作“糴匡篇”，誤。《逸周書·糴匡解第五》曰：“年儉穀不足……君親巡方，卿參告糴。”

⑤ “許慎”，殿本作“許懷”，誤，參此書卷四原文所引。

⑥ “終”，殿本脱，參《左傳·襄公二十五年》原文。

⑦ “二十六年”，殿本作“十六年”，誤。《左傳·昭公二十六年》：“鑿而乘于他車以歸。”

⑧ “哀”，殿本脱。《左傳·哀公二十五年》：“褚師聲子韤而

登席。”

⑨“文十三年”，殿本作“文十四年”，誤。《左傳·文公十三年》：“其處者爲劉氏。”

⑩“劉字”，殿本作“劉氏”。

⑪“襄”，殿本作“成”，誤，參《左傳·襄公十七年》原文。

⑫“以”，殿本作“而”，誤，參《左傳·襄公二十五年》原文。

⑬“二十一年”，殿本作“二十五年”，誤，參《左傳·昭公二十一年》原文。

⑭“夷”，殿本作“齊”，誤，參《左傳·哀公十二年》原文。

### 春秋左氏傳小疏一卷（江蘇巡撫採進本）

國朝沈彤撰。彤有《尚書小疏》，已著録。是編以趙汸、顧炎武所補《左傳杜注》爲未盡，更爲訂正。其中得失互見。如《襄公二十六年傳》①：“享子展，賜之先路、三命之服，先八邑。賜子産次路、再命之服，先六邑。”彤謂：“八邑、六邑其數少，乃《司勳》所云賞地，非采邑之加田，疏亦誤。”今考《司勳》曰：“凡頒賞地，參之一食，惟加田無國正。”注曰：“加田既賞之，又加賜以田，所以厚恩也。”據此，則是特以賞田有所未盡，更加以賞，未有賞田反少，加田反多者。今彤謂八邑、六邑爲數少，當是賞地，則加田爲數當多矣。與《周禮》殊爲未合。蓋彤著《周官禄田考》，誤以《大司徒》注小都②、大都旁加之數即爲《司勳》之加田。故今以子展、子産皆國卿，若受加田則約得小都，旁加四里。《傳》云“八邑”者，據注不過三十二井；云六邑者，不過二十四井。故疑其數少，非加田。其實皆不然也。又如《文公元年傳》“歸餘于終”，彤謂：“積氣朔餘日以置閏，在四季月，故曰‘歸餘於終’。經、傳所書閏月，皆不得其正。惟昭公二十年閏八月，於夏時適為閏六月，偶合耳。"今考《昭公二十年》書"春王正月"，《傳》曰："二十年春，王二月己丑③，日南至。"杜注謂當言"正月己丑朔④，日南至"。時史失閏更在二月後，故經因史而書正月，《傳》更具於二月。疏謂："曆之正法，往年十二月後宜置閏月。即此年正月，當是往年閏月，此年二月，乃是正月。時史於往年錯不置閏，閏更在二月之後，《傳》於八月之下乃云'閏月戊辰，殺宣姜'是也。注不言在八月後者，以正月之前當置閏，二月之後即不可也。"據此，則是年八月置閏，正史官之失。彤反以為偶合，亦非也。至如《襄公二十八年傳》"令倍其賦"，孔疏謂："賞地之稅三分，王食其一，二入于王臣。此采邑貢王之數。然則諸侯之臣受采地者，亦當三分之一歸於公。言重倍其賦，當以三分而二入公。"今考采邑貢王，《大司徒》注曰："采地食者皆四之一。百里之國凡四都，一都之田稅入于王。五十里之國凡四縣，一縣之田稅入于王。二十五里之國凡四甸，一甸之田稅入于王。"其賞地貢王，則孔疏所引《司勳》注"三分計稅，王食其一"是也。然則采地、賞地貢數顯異。今孔疏於侯國采地之賦不計四分之一而計三分之一，是誤以賞地為采地矣。彤辨正其非，足闢相沿之謬。又如《襄公二十五年傳》⑤"賦車兵、徒兵"，杜注云："車兵，甲士。"孔疏云："知非兵器者，上云數甲兵，下云甲楯之數，故知此謂人也。"顧炎武謂執兵者之稱"兵"自秦始，三代以上無之，凡杜之以士卒解"兵"者皆非。彤引《隱公五年傳》"諸侯之師敗鄭徒兵"、《襄公元年傳》"敗其徒兵于洧上"，云"徒兵"，則不得謂非士卒矣。亦可以補正顧氏之失。雖未完之書，錄而存之，於讀《左傳》者亦有所裨也。

## 【彙訂】

① "襄"，殿本作"文"，誤，參《左傳·襄公二十六年》原文。

② "大司徒注"，殿本作"大司農注"，皆誤，應為《周禮·小司徒》注文。

③ "王"，殿本脫，參《左傳·昭公二十年》原文。

④ "朔"，殿本脫，參《左傳·昭公二十年》杜預注原文。

⑤ "襄"，殿本作"文"，誤，參《左傳·襄公二十五年》原文。

春秋地理考實四卷（安徽巡撫採進本）

國朝江永撰。永有《周禮疑義舉要》，已著録。是編所列《春秋》山川國邑地名，悉從經傳之次。凡杜預以下舊説已得者仍之，其未得者始加辨證，皆確指今為何地。俾學者按現在之輿圖，即可以驗當時列國之疆域及會盟侵伐之迹，悉得其方向道里。意主簡明，不事旁摭遠引，故名曰《考實》。於名同地異，注家牽合混淆者，辨證尤詳。如謂《隱公元年傳》"費伯帥師城郎"，其地在今廢魚臺縣，去曲阜二百里許。而《九年》經書"城郎"及《桓十年》"齊侯、衛侯、鄭伯來戰于郎"、《莊十年》"齊師、宋師次于郎"者，別為魯近郊地名。則《公羊傳》所謂"吾近邑"、《左傳》記公子偃自雩門出，先犯宋師，與《哀十一年》"師及齊師戰于郊"，《檀弓》作"戰于郎"者，皆無疑矣。《僖公三十年傳》："燭之武見秦伯曰：'許君焦、瑕。'"杜預以焦、瑕為晉河外列城二邑，與《傳》所云晉惠公"賂秦以河外列城之五，東盡虢略，南及華山，内及解梁"者不合。永則謂之武所言，乃"于河外列城舉焦，于内及解梁城者舉瑕，以該所許之邑"。引《水經注》云"涑水西逕郇城"，"又西南逕解縣故城南，解梁即斯城也"，"又西南逕瑕城，晉大夫詹嘉之故邑也"云云。且考定郇城在解故城東北二十四里，瑕城在解西南五里，二地相距三十里許。杜預於《成公六年》"絳大夫言郇瑕氏之地，沃饒近鹽"合郇、瑕為一，於《僖公十五年》"瑕呂飴甥"以瑕呂為姓，皆失之。其訂譌補闕，多有可取。雖卷帙不及高士奇《春秋左傳地名考》之富，而精核則較勝之矣①。

**【彙訂】**

① "較勝之"，殿本作"勝之多"。

三正考二卷（編修勵守謙家藏本）

國朝吳鼐撰。鼐有《易象約言》，已著錄。《春秋》以周正紀時，原無疑義。唐劉知幾始有《春秋》用夏正之説。至宋儒泥"行夏之時"一言，遂是非蠭起。元李濂著《夏周正辨疑》，明張以寧著《春王正月考》，而經義始明。鼐復取兩家之説，節其繁冗，益以近儒所論，補所未備。駁胡氏、蔡氏改月不改時及諸儒時月俱不改之説，以明《左氏》"王周正月"之旨，辨證極有根據。其中"三正通於民俗"一條，所引陳廷敬、蔡德晉諸説，於三代諸書所紀年月差互之處，一一剖其所以然，更足以破疑似之見①。雖篇帙無多，而引證詳明，判數百年紛紜轇轕之論，於經學亦為有功矣。

**【彙訂】**

① "以"，殿本無。

春秋究遺十六卷（安徽巡撫採進本）①

國朝葉酉撰。酉有《詩經拾遺》，已著錄。是編多宗其師方苞《春秋通論》，而亦稍有從違。其曰"究遺"者，蓋用韓愈《贈盧仝》詩"《春秋》三傳束高閣，獨抱遺經究終始"語也。於胡《傳》苛刻之説及《公》、《穀》附會之例，芟除殆盡。於《左氏》亦多所糾正，乃往往并其事蹟疑之。如開卷之"仲子"，謂惠公違禮再娶，以嫡禮聘之可也。酉必據此謂諸侯可再娶，則衛莊公於莊姜見在復娶於陳，陳之屬爲有娣戴爲，其正名爲嫡可知，亦將據以爲諸侯之禮可並建兩嫡乎？郎之戰距桓公之立已十年，酉乃謂三國來討弑隱公之罪，《左傳》"周班後鄭"之説爲誣。鄫季姬之事，《左氏》以爲歸寧見止②，於事理稍近。《公羊》以爲使自擇配，已屬難據。酉乃斷爲季姬已許鄫子，而僖公悔婚，故季姬義不改適，私會鄫子。"天王狩于河陽"，《左氏》所傳必有所受，此正筆削之微旨。而酉以爲周王欲省諸侯殷見之費，自往就之，所傳仲尼之言不可信。皆未免鑿空。《文公十二年》之子叔姬與《十四年》之子叔姬，酉以爲孿生之女，已屬臆度。又以齊人所執之子叔姬爲舍之妻，《傳》誤以爲舍之母。又以《宣公五年》齊高固所娶之子叔姬即以妻舍之子叔姬，並非兩人。輾轉牽合，總以"叔"之一字不容有兩生義。不知女笄而字，不過伯、仲、叔、季四文。益以庶長之孟，亦不過五。設生六女，何以字之？是知未笄以前，用名爲別，既笄而字，字不妨複。因此而駁《傳》文，未免橫生枝節。"莒人滅鄫"，《傳》言恃賂。酉以爲襄公五年鄫已不屬魯，《傳》爲失實。而下文"季孫宿如晉"，又用《傳》"晉以鄫故來討，曰：'何故亡鄫'"之語。使鄫不屬魯，其亡與魯何關，亦爲矛盾。他如"王不稱天"、"桓無王"之説，因仍舊文，不能改正。而以趙岐《孟子注》"曹交，曹君之弟"語，證《左傳·哀公八年》"宋人滅曹"之誤，更爲倒置。然大致準情度理，得經意者爲多。其凡例中所謂變例、特文、隱文、闕文之説，亦較諸家之例爲有條理。他若據《漢·地理志》，辨戎伐凡伯之楚丘非衛地；據《史記》，夷姜為衛宣夫人，非烝父妾；據《宣公三年》經書“春王正月，郊牛之口傷，改卜牛，牛死，乃不郊”，辨魯不止僭祈穀之郊。若斯之類，亦時有考證[3]。統核全書，瑕固不掩其瑜也。

**【彙訂】**

① 文淵閣《四庫》本尚有《春秋總説》一卷《春秋比例》一卷。（沈治宏：《中國叢書綜録訂誤》）

② “以為”，殿本作“以之”。

③ “他若據漢地理志”至“亦時有考證”，殿本無。

春秋隨筆二卷（洗馬劉權之家藏本）

國朝顧奎光撰。奎光字星五，無錫人。乾隆乙丑進士，官瀘溪縣知縣。是編不載經文，但偶有所得則録之，故名《隨筆》。其中如“桓公會稷，以成宋亂”，“成”自訓“平”。其下取鼎納廟之事，所謂美始而惡終也。而奎光取劉敞之説，以為成就其亂。《春秋》諱國惡，二百四十二年無此徑遂之筆也。公子翬之寵自以翼戴之故，華氏之立自以賂故，兩不相謀。而奎光謂立華氏為翬之私，華氏立而翬遂命為公子。夫國君樹其私人，豈必援鄰國之例？不立華氏，翬將終身不命乎？鄭滅虢、檜，晉滅魏、霍，其事舊矣。而奎光謂滅國自齊桓始，何不考也？紀叔姬歸於酅，自重叔姬之節。而奎光謂以酅存紀，是牽陳滅書“陳災”之《傳》。莊公之娶哀姜，奎光謂因其色美，已為臆度之詞，而又謂莊公未聞好色。彼築台以臨黨氏，割臂以盟孟任，非好色之明證歟？公子友敗莒於酈，奎光以為與翬帥師、慶父帥師其專相等。此無論莒人責賂而來，居於必應之勢，非出軍疆外者比。且核以《傳》文，絕無專行之證，何所據而斷非君命也？子卒不書弒，自與隱公不書弑一例。而奎光以為史臣之曲筆，豈《春秋》亦曲筆乎？敬嬴"雨不克葬"，自是適值其時。《公羊》以為咎徵，已出附會，而奎光乃借以明天道，豈弑逆者葬必遇雨耶？且《春秋》以褒貶為賞罰，不以果報為勸戒，此非經義也。如斯之類，瑕纇蓋所不免。然如謂"《春秋》例從義起，非義從例生"，謂"《春秋》有達例，有特筆，然亦須理會大處，不可苛細繳繞"，謂"春秋時天子僅守府，方伯亦失職。説者乃於小國見伐，責其不告，不足以服其心"，謂"《春秋》將以治世之無王者，而胡氏於宰咺歸賵則曰'貶而書名'，於榮叔歸含及賵則曰'王不稱天'，如此則無王自《春秋》始矣"，謂"説《春秋》者自相矛盾，既云為賢者諱，又曰責賢者備；既曰隱公為攝，又曰桓公為篡，何者為是？"皆深中《春秋》家苛刻迂謬之弊，故其所論多能得筆削之旨。奎光嘗撰《然疑録》，所載説《春秋》諸條，與此相同。其為先有此本，又編於《然疑録》中，或先載《録》中，又摘出別為此本，均不可考。然《然疑録》頗為瑣雜[1]，論其菁華，則已盡此兩卷中矣。

## 【彙訂】

[1] "然"，殿本無。

附録

### 春秋繁露十七卷（永樂大典本）

漢董仲舒撰。"繁"或作"蕃"，蓋古字相通。其立名之義不可解。《中興館閣書目》謂："繁露，冕之所垂，有聯貫之象。《春秋》比事屬辭，立名或取諸此。"亦以意為説也。其書發揮《春秋》之旨多主《公羊》，而往往及陰陽五行。考仲舒本傳，《蕃露》、《玉杯》、《竹林》皆所著書名，而今本《玉杯》、《竹林》乃在此書之中。故《崇文總目》頗疑之，而程大昌攻之尤力。今觀其文，雖未必全出仲舒，然中多根極理要之言，非後人所能依託也。是書宋代已有四本，多寡不同。至樓鑰所校，乃為定本。鑰本原闕三篇。明人重刻，又闕第五十五篇及第五十六篇首三百九十八字，第七十五篇中一百七十九字，第四十八篇中二十四字，又第二十五篇顛倒一頁，遂不可讀①。其餘譌脱，不可勝舉。蓋海內藏書之家，不見完本三四百年於茲矣。今以《永樂大典》所存樓鑰本詳為勘訂，凡補一千一百二十一字，刪一百二十一字，改定一千八百二十九字。神明焕然，頓還舊笈。雖曰習見之書，實則絕無僅有之本也。倘非幸遇聖朝右文稽古，使已湮舊籍復發幽光，則此十七卷者，竟終沈於蠹簡中矣，豈非萬世一遇哉②！

　　案，《春秋繁露》雖頗本《春秋》以立論，而無關經義者多，實《尚書大傳》、《詩外傳》之類。向來列之"經解"中，非其實也。今亦置之於附録。

## 【彙訂】

　　① 此書卷十三《人副天數》第五十六題下小注云："案，此篇首他本闕三百九十六字。"蘇輿《春秋繁露義證》引盧文弨校本亦云："各本闕篇首三百九十六字。"卷十六《止雨》第七十五"里正父老三人以上，祝一人，皆齋"下小注云："案，以下他本闕一百八十字。"蘇輿引盧文弨校本亦云："以下一百八十字，各本闕。"卷十《深察名號》第三十五"今萬民之"下小注云："案，他本誤以下'文言無驗之説'至'故謹于正名名非'四百六字移在此處。"蘇輿引盧文弨校本亦云："今從官本移正。"（江慶柏等整理：《四庫全書薈要總目提要》）

②　國家圖書館藏有宋嘉定四年江右計臺刻本十七卷，即樓鑰校本，且完好無損。明影宋寫本、述古堂影宋鈔本亦優於《永樂大典》輯本。（李致忠：《宋版書敘録》；崔濤：《現存〈春秋繁露〉單行本版本考略》）

右春秋類一百十四部，一千八百三十八卷①，附録一部，十七卷，皆文淵閣著録。

【彙訂】

①　"一千八百三十八卷"，殿本作"一千八百一卷"，皆誤。實際著録一千八百七十七卷。

案，《春秋》三傳，互有短長，世以范寧所論為允，寧實未究其所以然也。《左氏》説經，所謂"君子曰"者，往往不甚得經意。然其失也，不過膚淺而已。《公羊》、《穀梁》二家，鉤棘月日以為例，辨別名字以為褒貶，乃或至穿鑿而難通。三家皆源出聖門，何其所見之異哉？左氏親見國史，古人之始末具存，故據事而言，即其識有不逮者，亦不至大有所出入。《公羊》、《穀梁》則前後經師，遞相附益，推尋於字句之間，故憑心而斷，各徇其意見之所偏也。然則徵實迹者其失小，騁虛論者其失大矣。後來諸家之是非，均持此斷之可也。至於《左氏》文章，號為富艷，殘膏剩馥，沾溉無窮。章沖聯合其始終，徐晉卿排比其對偶。後人接踵，編纂日多，而概乎無預於經義，則又非所貴焉。

# 卷三〇

# 經 部 三 十

## 春秋類存目一

左傳節文十五卷（兵部侍郎紀昀家藏本）

舊本題宋歐陽修編，明萬曆中刊版也①。取《左傳》之文略
為刪削。每篇之首，分標敍事、議論、詞令諸目。又標神品、能
品、真品、具品、妙品諸名及章法、句法、字法諸字。前有慶曆五
年修自序。序中稱胡安國《春秋傳》及真德秀《文章正宗》，是不
足與辨矣。

**【彙訂】**

①《明史·藝文志》著錄汪道昆《春秋左傳節文》十五卷。
（胡玉縉：《四庫全書總目提要補正》）

春秋道統二卷（兩江總督採進本）

是書僅分上、下二卷，而鈔本細字乃八巨冊。不著撰人名
氏，惟冠以乾道八年晉江傅伯成序，稱為元祐閒《春秋》博士劉絢
質夫所作。考陳振孫《書錄解題》載劉絢《春秋傳》，無“道統”二
字之名①。《文獻通考》作十二卷，《玉海》作五卷，與二卷之數亦
不合。又振孫稱“所解明正簡切”，而此本並無解經之語，止鈔撮

《左氏傳》,閒及《公》、《穀》、《國語》及略採諸家一二條。且不特
傳文多所删節,即經文亦止摘録一二字,如明代坊本之標題,宋
人經説亦無此例。序中以"何休學"連為人名,其陋已極。又稱
後之有功於《春秋》者有杜預、林堯叟。林堯叟乃在南宋中年②,
伯成此序作於南宋之初,何由得見? 且《杜林合注》是明末坊閒
所刻,伯成又何由以杜、林並稱乎③? 又伯成慶元初為太府丞,
寶慶初始加龍圖閣學士。此序既曰"乾道八年壬辰",是時伯成
方舉進士,何得先以龍圖閣學士結銜? 譌謬種種,不可殫述。偽
書之拙,無過是矣。其卷首收藏諸印亦一手偽造,不足信也。

**【彙訂】**

① "二字",殿本無。

② "乃",殿本無。

③《左傳杜林合注》早有刻本,説詳卷二八《左傳杜林合注》
條訂誤。

左氏君子例一卷詩如例一卷詩補遺一卷(內府藏本)

宋李石撰。石有《方舟易學》,已著録。《左氏春秋傳》多有
"君子曰"字,林栗指為劉歆所加,其説無據。案栗説見《經義考》所
引。石則以為《左氏傳》有所謂"君子曰"者,又有稱"仲尼孔子
曰"者,皆示後學以褒貶大法,聖人作經之意義。因録為例,凡
"君子"七十三條,而以"聖語"三十二條附之,皆無所發明。又以
《左傳》引《詩》不皆與今説《詩》者同,因取所載一篇一句,悉裒集
而闡論之,以蘄合於斷章取義之旨,凡一百六十八條,名曰《詩如
例》。復採《左傳》所載筮詞、歌謠三十八事,名曰《詩補遺》,於經
義悉無大禆益。特當南、北宋閒,正説《春秋》者捃擊三《傳》之

時，而石獨篤志古學為足尚耳。舊載《方舟集》中，石門人劉伯熊合為一編，題曰《左氏諸例》，實非石之舊名，今仍各標本目。其文則與《方舟易學》仍歸諸《方舟集》中，不更錄焉。

春秋通論二卷（兩江總督採進本）

舊本題曰宋人撰，不著名氏。諸家書目亦不著錄。其書統論周及列國大勢，推其興廢之由。周及魯、齊、晉、宋、衛、鄭、楚、秦各為一篇，吳、越共為一篇，皆捃拾舊文，為事後成敗之論。每句隸事，而各引《傳》以為之注。其言膚淺，無所發明。

春秋握奇圖一卷（永樂大典本）

金利鑾孫撰。鑾孫字士貴，旴江人①。前有自序，稱“《握奇圖》者，《春秋》家之學也，二百四十二年而該之萬八千言。編年以為經，而列五伯內外諸侯以緯之。縱取則年與事類，衡切則國之本末具在。乃各敍事略於其後，一覽而思過半矣”云云。據其所言，則此書所重在於年表。今年表散佚，祇存其論，已非鑾孫著書之本旨，不足取矣。

**【彙訂】**

①　“金利鑾孫撰鑾孫字士貴”，殿本作“金利鸞孫撰鸞孫字士貴”。《欽定續通志》卷一六五、《欽定續文獻通考》卷一五三皆著錄《春秋握奇圖》為金利鑾孫撰。然旴江乃宋人對建昌軍的代稱，從未隸金。明官修《寰宇通志》卷四二《建昌府》之“科目”項下所載元代進士有利鑾孫，云：“建昌人。泰定元年（1324）張益榜進士。”明《正德建昌府志》卷一五《選舉志》有元代鄉貢表，至治三年（1323）南城縣中鄉試有利鸞孫，清雍正《江西通志》卷五十一《選舉三》載至治三年癸亥蕭雲龍榜進士有利鸞孫，南城人。

顯為元人。（桂棲鵬：《〈四庫全書總目〉正誤六則》）

春秋左傳句解三十五卷（兩淮馬裕家藏本）

元朱申撰。申有《周禮句解》，已著錄①。是書惟解《左傳》，不參以經文，蓋猶用杜預以前之本。其一事而始末別見者，各附注本文之下，端委亦詳。惟傳文頗有刪節，是其所短。如《隱公》之首刪"惠公元妃孟子"一節②，則隱、桓兄弟之故何自而明哉？

【彙訂】

①《總目》卷十九《周禮句解》條云："宋朱申撰……李心傳《道命錄》有淳祐十一年新安朱申序，其結銜題'朝散大夫知江州軍州兼管內勸農營田事'。"宋刊《輿地廣記》卷末亦有"淳祐庚戌郡守朱申重修"一行，題作元人恐誤。（徐鵬、劉遠遊：《四庫提要補正》）

②"元妃"，殿本作"元配"，誤，參《左傳・隱公元年》原文。

春秋經疑問對二卷（永樂大典本）

元黃復祖撰。復祖字仲簴，廬陵人。《元史》仁宗皇慶三年復科舉法，漢人、南人第一場明經、經疑二問，《大學》、《論語》、《孟子》、《中庸》內出題。經義一道，各治一經。元統以後，少變程式①，易漢人、南人第一場《四書》為本經。復祖序云："至正辛巳大科載復有經義之條②。"即《元史・志》所謂變程式之時也。其書以經、傳之事同辭異者求其常變，察其詳略，以經覈傳，以傳考經，以待學子之問，蓋亦比事屬辭之遺意。其大旨則專為場屋進取而作，故議論多，而義理則疏焉。

【彙訂】

① 殿本"變"下有"其"字。

②"經義",底本作"經疑",據殿本改。

春秋合題著説三卷（永樂大典本）

元楊維楨撰。維楨字廉夫,號鐵崖,山陰人。泰定四年進士。初署天台尹,改錢清場鹽司令。轉建德總管府推官,擢江西儒學提舉。未及上而兵亂,遂不復仕,放浪於詩酒歌舞之閒。明初命修禮樂書,旋以老病辭歸。事蹟具《明史‧文苑傳》。案宋《禮部貢舉條式》、《崇寧貢舉令》,《春秋》義題聽於三《傳》解經處出。靖康元年,改止用正經出題。紹興五年禮部議,《春秋》正經詞語簡約,比之《五經》為略,問目所在,易於周徧。往往州郡問目,重複甚多,每遇程文,鮮不相犯。請仍聽於三《傳》解經處相兼出題。《元史‧選舉志》所載延祐條例①,不言《春秋》出題之法。以維楨是書考之,蓋亦以經文易複,改為合題。明制《春秋》合題之法,蓋沿元舊也。維楨自序曰:"《春秋》正變無定例,故關合無定題;筆削有微旨,故會通有微意。初學者不知通活法以求義,場屋中往往不得有司之意。今以當合題凡若干,各題著説,使推其正變無常,縱橫各出,以禦場屋之敵。"又曰:"學者因是而得其活法,則求經之微亦無出於此,不止決科之計。"然其書究為科舉而作,非通經者所尚也。

【彙訂】

①"延祐",殿本作"元祐",誤,參《元史‧選舉志》。

春秋透天關四卷（永樂大典本）

舊本題晏兼善撰,不著時代。據其兼及合題,是元人也。其書專為場屋而作,義殊膚淺。如解"元年春王正月",云:"若就'春'字正月上用工,則春者天之所為,聖人紀人道之始,全以天道、王道立説亦可。”云云。則一書之大指可知矣。

春秋四傳三十八卷（內府藏本）

不知何人所編。首載杜預、何休、范寧、胡安國四序，次《春秋綱領》，述各家議論。次《春秋提要》，如周十二王、魯十二公以及會盟戰伐之數，並撮舉大凡。次《春秋列國圖説》，次《春秋二十國年表》，次《春秋諸國興廢説》。凡經文之下，皆分注《左氏》、《公羊》、《穀梁》三傳，而胡《傳》則別為標出，閒加音注，別無發明參考之處。考元俞臯《春秋集傳釋義大成》始於三《傳》之後附錄胡《傳》。吳澄序稱其兼列胡氏，以從時尚，而“四傳”之稱亦即見於澄序中。知胡《傳》躋蹟三《傳》之列，自元初已然。此本驗其版式，猶為元槧，蓋當時鄉塾讀本也。

麟經指南一卷（永樂大典本）

不著撰人名氏。前有自序，署曰“退修菴題”，亦不詳何人也。序稱幼習是經，以舉進士為業。投老山林，兵火之餘，先世遺書無復存者。閒因餘暇，條分大義，立題命意。凡可引用之語，各附於後，又閒引先儒破題。蓋元末鄉塾之陋本也。

春秋圖説無卷數（浙江吳玉墀家藏本）

不著撰人名氏。前列目百二十有二，始十二公年譜，終諸儒傳授。中閒列國世次、輿地山川名號以及經傳所載名物典故，悉有圖有説。其年表皆鈔《史記》。其《名號歸一圖》即馮繼先所撰，而分為十九圖。至《歲星》、《八音》、《四凶》、《十六相》諸圖，則又掇之《五經圖》中，《春秋列國圖説》，則撫自《東坡指掌圖》。又列《鄭樵考定諸國地名》及《敘國邑地同異説》、《敘山水同異説》。大抵雜駁不倫，未見精核。卷首題曰《春秋筆削發微》。考楊甲《六經圖》中有《春秋筆削發微圖》，以此本互勘，一一相合。蓋掇取甲書《春秋》一卷，而攙以雜説，偽立此名。卷首有"竹垞"二字朱文印，蓋朱彝尊所藏，而《經義考》不著此名。是必後覺其贋託，棄之不録，而所棄之本又為吳氏所收耳。

　　春秋提要四卷（江西巡撫採進本）

　　明饒秉鑑撰。秉鑑字憲章，號雯峯，廣昌人。正統甲子舉人，官至廉州府知府。朱彝尊《經義考》載秉鑑《春秋會通》十五卷，《提要》一卷。今案此書實四卷，與《春秋會通》另為一書。彝尊蓋未見其本，故傳聞譌異。其書以《春秋》書時書月難於記誦，故錯綜而次序之，分十二公為十二篇。先列經文於右，而總論其義於後，大旨以胡《傳》為宗。

　　左觿一卷（通行本）

　　明邵寶撰。寶字國賢，號二泉，無錫人。成化甲辰進士，官至南京禮部尚書。諡文莊。事蹟具《明史・儒林傳》。是編乃其讀《左傳》所記，雜論書法及注解，然寥寥無多。蓋隨意標識於傳文之上，亦其《簡端録》之類也。其中精確者數條，顧炎武《左傳補注》已採之，所遺者其糟粕矣。

　　春秋經世一卷（安徽巡撫採進本）

　　明魏校撰。校有《周禮沿革傳》，已著録。是編名《春秋經世》者，蓋取《莊子》"《春秋》經世，先王之志"語也。所注惟隱公一卷，其注多從《左氏》。然如"公矢魚于棠"，全録臧僖伯諫詞，惟移傳末"非禮也，且言遠地也"二句於傳首，此亦何需校鈔録耶[①]？間有自出新意者，如謂紀子伯、莒子盟于密，當作紀侯子帛，以子帛為紀侯之名，又謂挾卒乃異姓之卿，則又皆杜撰之談矣。

**【彙訂】**

① 殿本“校”下有“之”字。

春秋説志五卷（浙江吳玉墀家藏本）

明吕柟撰。柟有《周易説翼》，已著録。柟所著他書率篤實近理，惟此書務為新説苛論。凡所譏刺①，皆假他事以發之，而所書之本事反置不論。如以“公及邾儀父盟于蔑”、“祭伯來”、“公及戎盟于唐”、“鄭人伐衛”、“衛人殺州吁”皆為平王之罪。又如“叔孫豹卒”，謂經不書餓死，乃為賢者諱；謂“郯子來朝”，以其知禮録之。大抵褒貶迂刻②，不近情理。至謂書季孫意如之卒為見天道之左，則聖人併怨天矣。其失不止於穿鑿也。

**【彙訂】**

① “刺”，殿本作“則”。

② “褒貶”，殿本作“持論”。

春秋集要十二卷（浙江巡撫採進本）

明鍾芳撰。芳字仲實，瓊山人。正德戊辰進士，官至户部左侍郎。是書以“集要”為名，故文殊簡略。中閒如謂“春王正月”為建子，謂桓公三年書“有年”非紀異，謂襄公二十八年書“衛侯衎”非侯其改過①；謂昭公元年書“敗狄大鹵”非譏毁車崇卒。與胡《傳》異者不過數條，餘大抵依回其説②。甚至如僖公十七年夏滅項③，胡《傳》誤以為季孫者，亦因仍不變，無所短長。又多採董仲舒、劉向、劉歆災異之説，穿鑿事應。至以宣公八年之大旱為十五年税畝之由，事在七年之後，而應在七年之前，尤為乖謬。其採用《公》、《穀》月日之例，既多附會，而採用《左傳》，尤無體例。其最甚者，莊公二十年“陳殺公子御寇”下，忽注“晉獻公患桓、莊之族偪，而士蔿譖去之”十五字；僖公二十二年“宋公伐鄭”下，忽附錄“被髮而祭於野，夷俗皆然”十字；二十三年“楚人伐陳”下，忽附錄“男女同姓，其生不蕃”八字，此類不可殫數。其採用《左氏》義者，襄公四年“叔孫豹如晉”下，惟辨古“自歌”、“工歌”二義；僖公九年“會於葵丘”下，責宰孔不當阻晉侯；成公五年“梁山崩”下，責伯宗之攘善，亦皆與經義渺不相關。陳烈序乃稱其擴前人之所未發，過矣。

**【彙訂】**

①《春秋·襄公二十六年》載“春王二月甲午，衛侯衎復歸于衛”，作“二十八年”誤。

②“依回”，殿本作“依違”。

③“僖公十七年夏”，殿本作“僖公二十七年”，誤，參《春秋·僖公十七年》原文。

春秋私考三十六卷（浙江汪啟淑家藏本）

明季本撰。本有《易學四同》，已著錄。本不信三《傳》，故釋經處謬戾不可勝舉。如言惠公仲子非桓公之母，盜殺鄭三卿乃晉人使刺客殺之，晉文公歸國非秦伯所納。諸如此類，皆無稽之談。夫孫復諸人之棄傳，特不從其褒貶義例而已；程端學諸人之疑傳，不過以所記為不實而已。未有於二千餘年之後，杜撰事蹟，以改易舊文者。蓋講學家之恣橫，至明代而極矣。

春秋世學三十二卷（兩淮鹽政採進本）①

明豐坊撰。坊有《古易世學》，已著錄。是書自稱即其先世宋御史中丞稷之《案斷》而為之釋義，故曰“世學”。然《案斷》之名,宋人書目及《宋史·藝文志》皆不著録②,向來説《春秋》者亦所未聞,其僞蓋無足辨也。

【彙訂】

①"春秋世學",殿本作"豐坊春秋世學"。

②"史",殿本無。

左氏春秋鐫二卷(浙江巡撫採進本)

明陸粲撰。粲有《左傳附注》,已著録。是編乃其由工科給事中坐劾張瓚、桂萼謫都勻驛丞時,途中所作。皆糾正《左氏》議論之失,亦柳宗元《非國語》之類。然於《左氏》釋經之謬,闢之可也,至記事記言,但各從其實。事乖言謬,咎在古人,與紀載者無與也。亦謂之"鐫左",則非其罪矣。甚哉其固也。

春秋讀意一卷(浙江汪啟淑家藏本)

明唐樞撰。樞有《易修墨守》,已著録。其論《春秋》,以為不當以褒貶看聖人,祇備録是非,使人自見。蓋以救宋儒穿鑿之失。然謂《春秋》字字褒貶固為偏論,謂《春秋》竟無褒貶,則數十特筆亦灼然不可誣也。讀者知其矯枉之意可矣。

春秋録疑十六卷(浙江范懋柱家天一閣藏本)

明趙恒撰。恒字志貞,晉江人。嘉靖戊戌進士,官至姚安府知府。是書本胡氏《傳》而敷衍其意,專為科舉而設。故經文可為試題者,每條各於講義之末總括二語,如制藝之破題。其合題亦附於後,標所以互勘對舉之意。

春秋國華十七卷(兩淮馬裕家藏本)

明嚴訥撰。訥字敏卿,常熟人。嘉靖辛丑進士,官至武英殿大學士，謚文靖。事蹟具《明史》本傳。是書以《春秋》所書周及列國之事分隸其國，而仍以魯十二公之年編之，雜採三《傳》附於經下，亦閒及《國語》、《史記》諸書。其甥陳瓚序稱訥請沐三月而成是書，則潦草編排，取盈卷帙，宜但鈔錄舊文，無所發明考證矣。

春秋四傳私考十三卷（兩淮鹽政採進本）

明徐浦撰。浦字伯源，浦城人。官監察御史。是書舉《左氏》、《公》、《穀》、胡《傳》之異同，衷以己意。於胡《傳》之深刻者多所駁正，持論頗平允。然每就事論事，不相貫串。如“朱公和卒”，謂不書“薨”以示褒，不知外諸侯經皆書“卒”也。又凡浦無所論斷之條，皆不存經之原文，似乎刪節聖經，亦非體制。

左傳注解辨誤二卷（江蘇巡撫採進本）

明傅遜撰。遜有《左傳屬事》，已著錄。是編皆駁正杜預之解，閒有考證，而以意推求者多。視後來顧炎武、惠棟所訂，未堪方駕。前有《古字奇字音釋》一卷，乃《左傳屬事》之附錄，裝緝者誤置此書中，頗淺陋無可取①。後附《古器圖》一卷，則其孫熙之所彙編。亦剿襲楊甲《六經圖》，無所考訂也。

【彙訂】

① 明萬曆十一年日殖齋刻本《左傳注解辨誤》二卷《補遺》一卷《古字奇字音釋》一卷《古器圖》一卷，共五冊。首冊封面題“春秋左傳注解辨誤”，其下小字雙行“附補遺、古器圖、古字奇字音釋”。則《古字奇字音釋》乃《左傳注解辨誤》之附錄，非《左傳屬事》之附錄。（杜澤遜：《四庫存目標注》）

左氏討一卷左氏論一卷（江蘇巡撫採進本）①

明馮時可撰。時可有《左氏釋》，已著錄。是書前有自序，稱先為《左氏討》，繼為《左氏釋》，後為《左氏論》。其《釋》則訓詁為多，《討》與《論》則皆評其事之是非。不知分為二書，以何別其體例也。然所討論，皆以意為之，往往失於迂曲。如謂陽虎之攻季氏為必受命魯君，是真信其張公室也，豈《春秋》書“盜”為曲筆乎？故今惟録《左氏釋》，而二書則附存其目焉。

【彙訂】

① 據明萬曆刻《馮元成雜著九種》本，《左氏論》為上下二卷。（杜澤遜：《四庫存目標注》）

春秋翼附二十卷（浙江汪啟淑家藏本）

明黃正憲撰。正憲有《易象管窺》，已著録。是書大旨以胡安國《傳》未免過於刻覈，因博採舊聞，自唐孔穎達以下悉為折衷。於明世諸家則多取山陰季本《私考》、金壇王樵《輯傳》二書。今觀其所論，如謂尹氏卒為吉甫之後，非即《詩》家父所刺者；仲孫蔑會齊高固於無婁，地非牟婁，亦閒有考證。然核其大體，則未能悉精確也。

春秋諸傳辨疑四卷（浙江范懋柱家天一閣藏本）

明朱睦㮮撰。睦㮮有《易學識遺》，已著録。是編凡一百八十八條。《明史·藝文志》著録，卷數與此本相合。然與睦㮮所撰《五經稽疑》中説《春秋》者，文並相同。據睦㮮《五經稽疑》自序，蓋此書先成①，別本行世，後乃編入《五經稽疑》中。今《五經稽疑》已別著録，則此本無庸復載。故附存其原名，備考核焉。

【彙訂】

① “成”，殿本作“有”。

春秋以俟録一卷（兩淮馬裕家藏本）

明瞿九思撰。九思字睿夫，黃梅人。萬曆癸酉舉人。為知縣張維翰所誣構，謫戍塞下。張居正援之，得釋。後薦授翰林待詔[1]，不赴。詔有司歲廩給之，終其身。事蹟具《明史·文苑傳》。是書多穿鑿附會之談。如十二公配十二月，二百四十年配二十四氣之類，皆迂謬不經，與洪化昭《周易獨坐談》皆明儒之行怪者也。

**【彙訂】**

[1] 殿本"林"下有"院"字。

### 春秋疑問十二卷（浙江巡撫採進本）

明姚舜牧撰。舜牧有《易經疑問》，已著錄。是書不盡從胡《傳》，亦頗能掃諸家穿鑿之說，正歷來刻深嚴酷之論。視所注諸經，較多可取，而亦不免於以意推求，自生義例。如列國之事，承告則書，左氏實為定說。舜牧於"宿男卒，不書名"既云"告不以名矣"，乃於"鄭伯克段"則曰："此鄭事也，魯《春秋》何以書？見鄭莊處母子兄弟之間，忍心害理，凡友邦必不可輕與之。此一語專為後日渝平[1]、歸祊、助鄭伐宋起，非謂此事極大，漫書於魯之《春秋》也。"是不考策書之例，但牽引經文，橫生枝節。至於解"紀季姜歸京師"，謂自季姜歸後，周聘不復加於魯，乃知以前三聘特在謀婚。此無論別無確據，即以年月計之，三聘之首，是為凡伯，其事在隱公九年，距祭伯之逆十四年矣。有天子求婚，惟恐弗得，謀於十四年之前者乎？此併經文亦不能牽合矣。說經不應如是也。

**【彙訂】**

[1] "渝平"，殿本作"輸平"。《左傳·隱公六年》"春，鄭人來渝平"，《公羊》、《穀梁》俱作"輸平"。明萬曆六經堂刻《五經疑問》本此書卷一"夏五月鄭伯克段于鄢"條亦作"輸平"。

春秋匡解六卷（浙江巡撫採進本）

明鄒德溥撰。德溥有《易會》，已著錄。是書專擬《春秋》合題，每題擬一破題，下引胡《傳》作注，又講究作文之法。蓋鄉塾揣摩科舉之本。德溥陋必不至是，疑或坊刻偽託耶？

春秋直解十五卷（浙江汪啟淑家藏本）

明郝敬撰。敬有《周易正解》，已著錄。是編前有《讀春秋》五十餘條。其言曰：“今讀《春秋》，勿主諸傳先入一字。但平心觀理，聖人之情恍然自見①。”蓋即孫復等廢傳之學而又加甚焉。末二卷題曰《非左》，凡三百三十餘條，皆摘傳文之紕繆。其中如費伯城郎，駁《左氏》“非公命不書”之誤，其說甚辨；公為天王請糴於四國，“不書者諱之也”，其說亦有理。凡此之類，不可謂非《左氏》諍臣。至於曲筆深文，務求瑕釁。如論“賓媚人稱五霸”一條，不信杜預豕韋、昆吾之說，必以宋襄、楚莊足其數，而謂五霸之名非其時所應。如此之類，則不免好為議論矣。

【彙訂】

① “恍然”，明萬曆郝氏《九經解》本《讀春秋》原文及殿本無。

讀左漫筆一卷（編修程晉芳家藏本）

明陳懿典撰。懿典字孟常，秀水人。萬曆壬辰進士，官至中允，乞假歸。崇禎初，起為少詹事，不赴。此書蓋其讀《左傳》時隨筆漫記，凡二十七條。《嘉禾徵獻錄》載懿典有《讀左史》二卷，此即其《讀左》一卷也。大抵如時文評語。如開卷“石碏殺州吁”一條云：“石碏誘州吁離窟穴而執之，大是高識。”又如“孟僖子知孔子”一條云：“孟僖子能知夫子，且能稱其上世而知後有達者，可謂具隻眼人。"此類亦何須贅論也？

春秋闡義十二卷（浙江汪啟淑家藏本）

明曹學佺撰。學佺有《易經通論》，已著錄。是書朱彝尊《經義考》注曰"未見"，蓋不甚傳。大抵捃摭舊文，無所闡發。

麟經統一篇十二卷（浙江巡撫採進本）①

明張杞撰。杞字成夫，湖州人。萬曆丁酉舉人，官福清縣教諭。其書不載經文，惟以經文之可作試題者，截其中二三字為目，各以一破題括其意，即注胡《傳》於下。後列合題數條，亦各擬一破題，并詮注作文之要。其體又在講章下矣。

【彙訂】

① 明萬曆三十三年自刻本題作《麟經統一編》，《浙江省第十一次呈送書目》、《浙江採集遺書總錄》閏集亦同。（杜澤遜：《四庫存目標注》）

春秋麟寶六十三卷（浙江汪啟淑家藏本）

明余敷中撰。敷中不知何許人。是書成於萬曆乙卯。全錄《左》、《國》、《公》、《穀》之文於經文之下。《左》、《國》則錄其全，《公》、《穀》則除其複。《國語》事有在《春秋》前者，別為首卷於前。無所訓釋，亦無所論斷。前有萬曆乙卯自序，言"夫子獲百二十國寶書作《春秋》，而絕筆於獲麟"，故曰《麟寶》。其命名取義，殆於"札闥鴻休"矣。

春秋續義發微十二卷（兩淮馬裕家藏本）

明鄭良弼撰。良弼字子宗，號肖巖，淳安人。萬曆中舉人①。此編取胡安國《傳》所未及者，拾遺補闕，續明其義。一步一趨,皆由安國之義而推之,故其得失亦與安國相等。朱彝尊《經義考》載良弼有《春秋或問》十四卷、《存疑》一卷,並《續義》三卷,俱云“未見”。今此本分十二卷,與所記卷數不符,殆彝尊以傳聞誤載歟?

## 【彙訂】

①《淳安縣志·選舉志》及《浙江通志·選舉志》無鄭良弼。據清華大學圖書館藏明鈔本《春秋續義纂要發微》七卷所附萬曆十四年顧雲程《刻春秋續義或問序》、同年江鐸《春秋續義序》、萬曆四年徐廷綬《春秋續義序》,良弼未曾中舉。(胡露、周錄祥:《〈四庫全書總目·經部〉禮類、春秋類存目補正》)

春秋心印十四卷(兩江總督採進本)

明鄭錄撰。錄,上海人。萬曆中,由貢生官青田縣訓導。是編取林堯叟《春秋句解》中所為提要,而推廣其門目,依類摘取經傳,疏列其下,雜引諸儒之說,而附以己意。前列《春秋總論》十二篇,語多凡陋,率以私意窺測聖人。其體例尤為複沓。如《莊元年》“王使榮叔來錫桓公命”,列於“錫命類”;《定十四年》“天王使石尚來歸脤”,列“周歸脤類”,而“五始類”中皆載之。《桓十一年》“柔會宋公、陳侯、蔡叔,盟于折”,既列“盟類”,又入“會類”;《僖九年》“九月戊辰,盟于葵丘”,亦列“盟類”,又入“殊盟類”。舛互殆不勝舉。其凡例末一條云:“書成之時,夢齊桓公、晉文公各持一單,單開七事,相揖贈予,若謝而辭之意。覺而思之,各開單七事者,二七十四也。卷完十四,其義已盡,以示不必再錄。又隆慶初輯《通史聚精》八十卷,亦夢文公朱先生慰余曰:‘余《綱目》甚覺煩冗。子能為我刪葺,深愜我意,故茲致謝。’”語殊怪妄。是又吳與弼《日録》之故智矣。

春秋左翼四十三卷（浙江汪啟淑家藏本）

明王震撰。震字子省，烏程人。其書繫傳於經文之下，凡先經起義，後經終事者，悉撮為一。《左傳》中稱號不一者，皆改從經文稱名。有經無傳者，採他書補之。前後編次，亦閒有改易。案朱彝尊《經義考》有王氏《春秋左翼》，不著撰人名氏①，亦不載卷數。而所録焦竑之序，與此本卷首序合，當即此書也。

**【彙訂】**

①　“名氏”，殿本作“名字”。

春秋衡庫三十卷（浙江吳玉墀家藏本）

明馮夢龍撰。夢龍字猶龍，吳縣人。崇禎中，由貢生官壽寧縣知縣①。其書為科舉而作，故惟以胡《傳》為主，雜引諸説發明之。所列《春秋前事》、《後事》，欲於經所未書、傳所未盡者，原其始末，亦殊沓雜。

**【彙訂】**

①　馮夢龍自撰《壽寧待志》卷下《官司》篇云：“馮夢龍，直隸蘇州府吳縣籍長洲縣人。”長洲古屬吳縣。（高洪鈞：《馮夢龍生平拾遺》）

別本春秋大全三十卷（內府藏本）

明馮夢龍撰。是書雖以《春秋大全》為名，而非永樂中官修之原本。其體例惟胡安國《傳》全録，亦閒附《左傳》事蹟，以備時文捃摭之用。諸家之説，則僅略存數條。其凡例有云：“《大全》中諸儒議論，儘有勝胡氏者。然業已宗胡，自難並收以亂耳目。”是不亦明知其謬而為之歟①？

**【彙訂】**

① 所引《凡例》之言正在《春秋衡庫·凡例》中，疑所謂《別本春秋大全》與《春秋衡庫》實爲一書，特爲坊賈改頭換面，以冀多售耳。（王重民：《中國善本書提要》）

春秋四傳通辭十二卷（浙江巡撫採進本）

明陳士芳撰。士芳字清佩，海寧人。是書採輯左氏、公羊、穀梁、胡氏四《傳》，削其繁冗。其《左氏傳》之不附經文者，咸删汰無遺，亦閒附己意於其下。因董仲舒有"《春秋》無通辭，隨變而移"之語，遂題曰"通辭"，以明義例之有定。然名曰"四傳"，實則合胡氏者留，不合胡氏者去，未嘗以經正傳也。

春秋左傳典略十二卷（江蘇巡撫採進本）

明陳許廷撰。許廷字靈茂，海鹽人。萬曆中諸生，以薦授兵部司務。其書每一公爲一卷①，皆摘取《左氏》中單文隻字之可資考核者②，證以他書，繁稱博引，以詭麗爲宗，不專主於疏通經義。然就其所論，亦往往失之穿鑿。如衛懿公好鶴，則取浮邱〔丘〕公之言；秦人歸帑，則指爲漢興之讖，多未免於蕪雜也。

**【彙訂】**

① "每一公爲一卷"，殿本作"以十二公爲十二卷"。

② "之"，殿本無。

春秋揆一卷（浙江汪啟淑家藏本）

明黃道周撰。道周有《易象正》，已著録。是書以天人之故，若表之於晷景，《春秋》以天治人，故以"揆"名書，通爲一篇。其説謂："揆者，晷也，表晷也。日南則其晷陰，日北則其晷陽。揆之則於其景也，宣公之三年景中也，僖公之十七年而景乃南，襄公之十年而景乃北。景南者極近，景北者極遠。”又謂：“《春秋》之紀二百四十有二，其三之八十有一，兩之一百二十。自文王受命之年以至仲尼之没①，參之而得七，兩之而得五。文王以四千三百二十年為春秋，仲尼以三千六百年為春秋。五文王之春秋，有五文王者出；六仲尼之春秋，有六仲尼者出。十一大聖人者，以行其二統，而天地為再開闢。”云云。蓋以《皇極經世》之學説《春秋》，自三《傳》以來，未之前聞，即邵子亦未發此義也。道周《禮記》諸傳，雖不必盡當於本旨，而借經抒論，於人事猶有所裨。此則真無用之數學，不能以道周之故，曲為之説矣。

**【彙訂】**

①“至”，殿本作“及”，誤，參今存清鈔本《春秋揆略》。

春秋實録十二卷（浙江吳玉墀家藏本）

明鄧來鷟撰。來鷟字繡青，宜黃人。天啟壬戌進士，官至武昌府知府。是編專為科舉而作，故其凡例曰：“《春秋》從胡，凡左與胡齟者必削，定是非也。”又曰：“《春秋左傳》惟有關經題者載之，從簡便也。”其書可不必問矣。

春秋纂無卷數（山西巡撫採進本）

明朱之俊撰。之俊有《周易纂》，已著録。是書大抵隨文生義，罕所根據。如“成風請救須”句，乃婦人左祖母家之常態，遽以“繼絶”美之。如斯之類，所見頗淺。又如芮伯萬母事，引隋獨孤后以責其妬，與經義了不相關。至於災異，必推事應，尤多穿鑿。

麟旨定無卷數（浙江汪啟淑家藏本）

明陳于鼎撰。于鼎字爾新，宜興人。是書成於崇禎庚午。

以"麟"字代"春秋"字，命名已陋。又但標擬題，各以一破題為式，而略為詮釋於下。即在舉業之中，亦為下乘矣。

春秋三書三十二卷（副都御史黃登賢家藏本）

明張溥撰。溥有《詩經注疏大全合纂》，已著錄。是書第一編曰《列國論》，凡二十四卷。第二編曰《四傳斷》，凡七卷。第三編曰《書法解》，凡一卷。同時徐汧、張采為之序。采又有《例言》，稱《列國論》中尚闕《雜國》一題，《四傳斷》中僖公闕十餘年，文公全闕，襄公以下亦全闕。采閒為補之。《書法解》為目多端，僅成一則。溥與采倡立復社，聲氣交通，蔓延天下，為明季部黨之魁。其學問則多由涉獵，未足專門。其所撰述，惟《漢魏六朝一百三家集》蒐羅放佚，採摭繁富，頗於藝苑有功。然在當時，止與梅鼎祚《文紀》諸書齊驅並駕。較之楊慎、朱謀㙔考證，已為少遜矣。至於經學，原非所擅長。此書為未成之本，亦別無奧義。采等以交游之故，為掇拾補綴而刊之，實不足以為溥重也。

春秋説三十卷附録三卷（山東巡撫採進本）

明王寀大撰。寀大字幼章，合肥人。崇禎丁丑進士。是書雜採諸説，斷以己意，而本於卓爾康《辨義》者為多。其首為《諸家考》，敍古來《春秋》家及所著書。次為《經傳大旨》，輯諸家議論之與己合者。次《紀傳》，輯周及列國事蹟，分析經文，各以類從，而附以《時義地義論》。次為《春秋總義》。次《比事》四十二則，自跋附焉。總為三卷弁於首。次乃詮釋經文，分十二公為三十卷。朱彝尊《經義考》不載，蓋此本為寀大孫雲龍所錄，未及刊版故也。寀大以《春秋》本魯史原文，孔子修之。蓋筆削史文以見義，非變史文以起義。自説經者不舉大義而求之名字、爵號、日月及"會"之類以為義例,蓋昉於《公》、《穀》,盛於胡氏,詮説愈繁而經學愈亂,故著是書以破諸家之言書法者。然《春秋》固本魯史,其閒亦有聖人特筆。如"天王狩于河陽",《左傳》具述改修之義。《坊記》所引《魯春秋》、《公羊傳》所引《不修春秋》及甯殖所稱載在"諸侯之策"者,揆之聖經,有同有異。欲駁"一字褒貶"之説,而謂聖經僅魯史之節文,未免矯枉而過直。其説經亦多臆斷。如解"尹氏卒"云:"《公》、《穀》謂譏世卿,鑿矣。欒、郤、韓、范世專晉,七穆世專鄭,曷為不譏,而特譏王朝大夫乎?"夫外大夫卒,例不見經,《春秋》何由譏之耶? 解"肆大眚"云:"文姜罪惡通天,歿後必有陰禍,莊公肆眚,為之求福免罪耳。"不知《春秋》時浮屠之教未入中土,何得有罪福之説? 解"鄭棄其師"云:"此高克怨辭。"夫克一逋臣,豈能以其事徧赴列國? 杜預所謂"克狀其事以告魯"者,本無確證,何得遽斷為據克之言? 又《比事》中解"城築"一條云:"邑書'城',臺、館、囿書'築'。城,土功也,故須築。南門、雉門書'作',木功也,故須作。"夫南門、雉門豈竟不須土功? 且兩觀何以亦書作也? 凡此皆隨意生文,不為典要。至其《紀傳》敍事,並始於隱元年,訖於哀十四年。其中止云某事書於經,某事不書。又自齊、晉以下皆以魯公年數紀年,即《周本紀》亦然。是屈天王之正朔,就侯國之紀年,經解、史裁蓋兩無所當矣。其《諸家考》中升胡《傳》於西漢諸儒之前,已為無識。卷後又自識云:"吕大圭、灌甫、趙企明、姜廷善未詳。"案灌甫,明宗室朱睦㮮字,已見《考》中,而遽忘之;吕大圭字圭叔,南宋末人,所著有《春秋或問》及《五論》;企明,宋趙鵬飛字,所著有《春秋經筌》;廷善,明姜寶字,所著有《春秋事義考》,而寖大俱曰"未詳"。是即此數家,尚未窺全帙。甚至引杜預《集解》,亦稱之為"杜疏”，尤為無據。蓋所見未博，故議論多而考證少也。

春秋義三十卷（江蘇周厚堉家藏本）

明顧懋樊撰。懋樊有《桂林點易丹》，已著録。是書朱彝尊《經義考》云“未見”。前有懋樊自序，稱以胡《傳》為宗，參之《左氏》、《公》、《穀》三家，佐以諸儒之説。今觀其書，直敷衍胡《傳》為舉業計耳。未嘗訂正以三《傳》，亦未訂正以諸儒之説也[1]。

【彙訂】

① 殿本“未”下有“嘗”字。

鍾評左傳三十卷（內府藏本）

是編為毛晉汲古閣所刻。惟録杜預《左傳集解》，較坊本兼刻林堯叟注者，特為近古。然綴以鍾惺評點，改其名為《鍾評左傳》，殊為蛇足。惺撰《詩歸》，別開蹊徑，尚能成一家之言。至於詁經[1]，則非其所長也。

【彙訂】

①“至於”，殿本無。

春秋左傳評注測義七十卷（浙江吳玉墀家藏本）

明淩稚隆撰。稚隆字以棟，烏程人。是書詮釋《左傳》，以杜預注為宗，而博採諸説增益之。其於《左氏》之不合者，亦閒有辨正。又取世次、姓氏、地名、諡號、封爵標於卷首，以便檢閲，然皆冗碎不足觀。朱彝尊《經義考》作七十卷，《浙江通志》作三十卷。此本與彝尊所記合，知《通志》為傳寫誤矣[1]。

【彙訂】

① 明萬曆十六年刻本作《春秋左傳注評測義》七十卷，另今存明萬曆刻本《春秋左傳注評測義》三十卷。（杜澤遜：《四庫存

目標注》）

麟傳統宗十三卷（浙江巡撫採進本）

明夏元彬撰。元彬本名彪，字仲彣，德清人。其書餖飣成編，漫無體例。隱公之前，冠以《國語》十數條，以志周東遷始末。蓋仿馮夢龍《春秋衡庫》為之，而疏略尤甚。經文之下，或錄《左氏》，或取《公》、《穀》、《國語》隸之。或標傳名，或不標傳名。其附錄者，或有“附”字，或無“附”字。端緒茫然，猝難究詰。又如“費伯”之注誤在“盟唐”之下。“楚殺公子側”《傳》上，忽注云：“出宋楚平《傳》”；“衛州吁弒君”下，衹載《詩·綠衣》一章，並無他注；“壬午大閱”，全錄《周官》“中春教振旅”以下四則，亦不置一詞。如是者指不勝屈。文震孟序乃稱其得於經術者深，亦可異矣。

春秋因是三十卷（浙江巡撫採進本）

明梅之熉撰。之熉字惠連，麻城人。是編專為《春秋》制義比題、傳題而作，每題必載一破題，而詳列作文之法。蓋舊制以《春秋》一經可命題者不過七百餘條①，慮其易於弋獲，因而創為合題。及合題之說紛紜淆亂，試官舉子均無定見，於是此類講章出焉。夫信傳不信經，先儒以為詬厲，猶為三《傳》言之也。至於棄置經文，而惟於胡《傳》之中推求語氣以行文，經已荒矣；其弊也，又於胡《傳》之中摘其一字兩字，牽合搭配，以聯絡成篇，則併傳亦荒矣。此類講章，皆經學之蟊賊，本不足錄。特一以見場屋舊制。所謂比題、傳題者，其陋如此，並非別有精微；一以見明季時文之弊。名為發揮經義，實則割裂傳文，於聖人筆削之旨南轅北轍，均可以為炯鑑。故附存其目，為學《春秋》者戒焉。

【彙訂】

①“七百”，殿本作“一百”，誤。清初金閶孝友堂刻本此書卷前自敍云：“國朝《春秋》一遵胡氏，而崩薨卒葬不以命題，其有傳可以試士者才七百有奇耳。”

春秋三傳衷考十二卷（浙江巡撫採進本）

明施天遇撰。天遇字昌辰，武康人①。是編雖以三《傳》為名，實以胡《傳》為去取。凡胡《傳》所駁，概從刊削，故所存僅三《傳》之事蹟。又雜引《詩》、《書》、《禮記》及《國語》之文以足之，特取備時文之捃摭而已。

【彙訂】

① 乾隆《青陽縣志》卷四《人物志·理學》有施天遇傳，云“十六都人”。“武康人”誤。（胡露、周録祥：《〈四庫全書總目·經部〉禮類、春秋類存目補正》）

春秋左傳地名録二卷（浙江巡撫採進本）

明劉城撰。城字伯宗，貴池人。是編前列國名，後列地名，各以十二公時代為序。地名之下各有注，少僅一二字，多亦不過六七字。蓋隨手集録，姑備記誦，無所考正。視後來高士奇、江永二家之書不及遠矣。

春秋五傳平文四十一卷（內府藏本）

明張岐然編。岐然字秀初，錢塘人。其書採《左傳》、《公羊傳》、《穀梁傳》、胡安國《傳》而益以《國語》。《國語》亦稱《春秋外傳》，故謂之“五傳”。曰“平文”者，明五傳兼取，無所偏重之義也。其自序曰“嘗與虞子仲皜泛覽《春秋》七十二家之旨，蓋鮮有不亂者。及觀近時經生家之說，殆不可復謂之《春秋》。究其弊，率起於不平心以參諸家，而過尊胡氏。久之，惟知有胡氏《傳》，更不知有他氏。又久之，惟從胡《傳》中牽合穿鑿，并不知有經。此所謂亂之極也"云云。考胡安國當高宗之時，以《春秋》進講，皆準南渡時勢以立言。所謂"喪欲速貧，死欲速朽"，有為言之者也。元、明兩代，時異勢殊，乃以其源出程子，遂用以取士，已非安國作《傳》之初意。元制兼用三《傳》，明制兼用張洽《傳》，蓋亦陰知胡安國之多僻，而補救其偏。永樂中修《春秋大全》，襲用汪克寬《纂疏》，乃專尊胡《傳》，又非延祐、洪武立法之初意。然胡廣等之《大全》，雖偏主一家，傷於固陋，猶依經立義也。其後剽竊相仍，棄經誦傳，僅摘經文二三字以標識某公某年。迨其末流，傳亦不誦，惟約略傳意，標一破題，轉相授受而已，蓋又併非修《大全》之初意矣。岐然指陳流弊，可謂深切著明，故其書皆參取四傳以救胡《傳》之失。雖去取未必盡當，要其鍼砭俗學，破除錮習，於《春秋》不為無功。惟五傳皆具有成編，人所習誦，不待此刻而傳。故取其衛經之意，而不復錄其書焉。

春秋年考一卷（浙江巡撫採進本）①

不著撰人名氏。後有自跋，稱初成於天啟甲子，重訂於崇禎辛未。自署曰"天畸人"。有三小印：一曰"三羡"，一曰"仲先"，一曰"且止菴居"，不知為何許人也。其書仿《史記·十二諸侯年表》之例，以年為經，以國為緯，各書大事於年下。然體例頗為叢雜。如周為第一格，平王四十九年稱"宰咺來賵仲子"。此內魯之詞，當繫之魯，不當繫之周也。至五十九年稱"武氏子來魯求賻"，則稱"來"似內魯，稱"魯"又似外魯，更無體例矣。又瓦屋之盟列之於晉，則排纂有譌；晉獲秦諜增"晉伐秦"字，則事實或誤，均不足以為據。

【彙訂】

①《四庫採進書目》中僅《浙江省第四次鮑士恭呈送書目》、《浙江採集遺書總録》著録此書,今存明末抄本,有"翰林院印"滿漢文大官印,卷前提要云"浙江鮑士恭家藏本"。(杜澤遜:《四庫存目標注》)

# 經 部 三 十 一

## 春秋類存目二

春秋程傳補二十卷（浙江汪啟淑家藏本）

國朝孫承澤撰。承澤有《尚書集解》，已著錄。是編以程子《春秋傳》非完書，集諸儒之説以補之。其詞義高簡者重為申明，闕略者詳為補綴。書成於康熙九年。案伊川《春秋傳》，《宋史·藝文志》作一卷。陳亮《龍川集》有跋云：“伊川先生之序此書也，蓋年七十有一矣，四年而先生殁。今其書之可見者纔二十年。”陳振孫《書録解題》云：“略舉大義，不盡為説。襄、昭後尤略。”考程子《春秋傳》序作於崇寧二年，書未定而黨論興，至《桓公九年》止。門人閒取《經説》續其後，此陳亮所謂“可見者二十年”也。是書《桓公九年》以前全載程《傳》，十年以後以《經説》補之，《經説》所無者採諸説補之，中取諸新安汪克寬《纂疏》者居多。《纂疏》即明代《春秋大全》所本。其書堅守胡安國《傳》，則仍胡氏之門户而已，未必盡當程子意也。又所補諸傳皆不出姓氏，於原文亦多所芟改，其《桓公九年》以前程子無傳者亦為補之。則是自為一書，特託名於程子耳。考陳亮跋有云：“先生於是二十年之閒，其義甚精，其類例甚博。學者苟優柔厭飫，自得於意言之表，不必惜其闕也。”然則何藉承澤之補乎？

左傳統箋三十五卷（浙江汪啟淑家藏本）

國朝姜希轍撰。希轍字二濱，餘姚人①。明崇禎壬午舉人，國朝官至奉天府府丞。此書循文衍義，所據者特杜預、林堯曳、孔穎達三家，參以朱申《句解》。其所引證，又皆不標所出，猶沿明季著書之習。

【彙訂】

① 毛奇齡《姜君希轍行狀》：“君諱希轍，浙之會稽人。”又《定庵姜公神道碑銘》云：“公諱希轍，字二濱……世居餘姚……曾祖翼龍公……遂徙家會稽，為會稽姜氏。”則希轍乃會稽人。（楊武泉：《四庫全書總目辨誤》）

春秋家說三卷（湖南巡撫採進本）

國朝王夫之撰。夫之有《周易稗疏》，已著錄。是書前有自序，稱大義受於其父，故以“家說”為名。其攻駁胡《傳》之失，往往中理，而亦好為高論，不顧其安，其弊乃與胡《傳》等。如文姜之與於弒，夫之謂：“不討則不免於忘父，討之則不免於殺母。為莊公者，惟有一死而別立桓公之庶子，庶子可以申文姜之誅。”不知子固無殺母之理，即桓之庶子亦豈有殺嫡母之理？視生母為母而視嫡母為非母，此末俗至薄之見，可引以斷經義乎？閔公之弒，夫之謂：“當歸獄於慶父，不當歸獄於哀姜。哀姜以母戕子，與文姜不同，不得以人爵壓天倫。”此亦牽於俗情，以常人立論。不知作亂於國家，即為得罪於宗廟。唐武后以母廢中宗，天下譁然而思討，君子不以為非。彼獨非母子乎？首止之會定王世子，所以消亂端於未萌。世子非不當立，則不得謂之謀位。諸侯非奉所不當奉，則不得謂之要狹。夫之必責以伯夷、叔齊之事，則張良之羽翼惠帝，何以君子不罪之乎？如此之類，皆以私情害大義。其他亦多詞勝於意，全如論體，非説經之正軌。至於《桓公元年》，無端而論及人君改元宜建年號之類，連篇累牘，橫生枝節，於《春秋》更無關矣。

春秋傳註三十六卷（浙江吳玉墀家藏本）

國朝嚴啟隆撰。啟隆字爾泰，烏程人。前明諸生。其説謂孔子欲討陳恒而不得，故作《春秋》以戒三家。不始惠公而始隱公者，以隱有鍾巫之難，特託以發凡；不終於陳恒、簡公之事而終以獲麟者，欲以諱而不書，陰愧三家之心①。又謂《春秋》治大夫，非治諸侯，以三十六君之事為經，而其餘為緯，以文公以前為賓，而以後為主。經之義當明，緯之義可以不問，主之義當明，賓之義可以不問。又謂《春秋》一字一句皆史舊文，聖人並無筆削。其意蓋深厭説《春秋》者之穿鑿②，欲一掃而空之，而不知矯枉過直③，反自流於偏駁也。

**【彙訂】**

① 殿本此句下有"論殊穿鑿"四字。

② "穿鑿"，殿本作"迂謬"。

③ "直"，殿本作"正"。

春秋論二卷（江蘇巡撫採進本）

國朝嚴毅撰。毅字佩之，無錫人。前明諸生。是書凡九十九篇。每篇略如袁樞《紀事本末》之例，標舉事目，類聚經文於前，而附論於下。其體在經義、史評之間。而持論嚴酷，又頗傷輕薄。其《莊公忘父讎》一篇云："王姬之卒，文姜之幸也。不然，

何以奪新婚之宴而復敘淫奔之好也？文姜數數與齊侯享會，是
又莊公之幸也。不然，安得結懽於齊侯，而有狩獵之馳騁、衛俘
之弋獲也?”是豈儒者説經之體耶？

春秋正業經傳删本十二卷（江蘇周厚堉家藏本）

國朝金甌撰。甌字完城，一字寧武，秀水人[1]。是書專爲舉
業而設，以胡《傳》爲主。凡經文之不可命題者，皆删去之，極爲
誕妄[2]。又上格標單題、合題等目，每題綴一破題而詳論作文之
法，與經義如風馬牛之不相及。其目本不足存[3]，然自有制藝以
來，坊本《五經》講章如此者不一而足，時文家利於剽竊，較先儒
傳注轉易於風行。苟置之不論不議，勢且蔓延不止，貽患於學術
者彌深。故存而闢之，俾知凡類於此者，皆在所當斥焉。

【彙訂】

① 清康熙三十七年受中堂刻本此書前有姜橚序云：“上虞
徐生枚臣著有《春秋正業》一書。”自序亦署“康熙丁丑歲春王正
月元旦古虞徐金甌枚臣氏”，卷首署“古虞金甌枚臣甫纂定”，下
注“本姓徐”。光緒《上虞縣志》卷三十六《經籍》著録《春秋正業
經傳删本》十二卷，亦云金甌上虞人。（胡露、周録祥：《〈四庫全
書總目·經部〉禮類、春秋類存目補正》）

② “極爲誕妄”，殿本無。

③ “不足存”，殿本作“可不存”。

春秋傳議四卷（山東巡撫採進本）

國朝張爾岐撰。爾岐有《周易説略》，已著録。是書意在折
衷三《傳》，歸於至當。然發明胡《傳》之處居多[1]，猶未敢破除門
户。同時有樂安李煥章爲爾岐作傳云：“著《春秋傳議》，未輟而

卒。”今此本闕略特甚，蓋未成之稿而好事者刻之也。

【彙訂】

① “處”，殿本作“意”。

學春秋隨筆十卷（浙江巡撫採進本）

國朝萬斯大撰。斯大有《儀禮商》，已著録。斯大曾編纂《春秋》為二百四十二卷，燬於火。其後更自蒐輯，以成此書。其學根柢於《三禮》，故其釋《春秋》也，亦多以《禮》經為根據①，較宋②、元以後諸家空談書法者有殊。然斯大之説經，以新見長，亦以鑿見短。如解《閔二年》“吉禘於莊公”，謂：“四時之祭，惟禘特大，故又曰大事。《王制》：‘天子犆礿，祫禘，祫嘗，祫烝。’三祫中惟禘特大，故又曰大祫。先儒因僖八年③、宣八年、定八年皆有禘，推合於三年一禘。惡知僖、宣、定八年之禘皆以有故而書，非謂惟八年乃禘，六年、七年與九年皆不禘也。”今考《禮緯》：“三年一祫，五年一禘。”《公羊》曰：“五年而再殷祭。”是五年而一祫一禘也，《公羊》必非無據。斯大謂每年皆祫，即以時祭為祫祭，蓋襲皇氏“虞夏每年皆祫”之説，而不知皇氏固未嘗以時祭為祫祭④。《王制》曰：“天子犆礿，祫禘，祫嘗，祫烝。諸侯礿犆，禘一犆一祫。嘗祫，烝祫。”注謂：“天子先祫而後時祭，諸侯先時祭而後祫。”如謂禘、烝、嘗即是祫，則與祫無分先後，何以經文於天子先言祫而後言禘、烝、嘗，於諸侯先言禘、烝、嘗而後言祫耶？又“禘一犆一祫”疏謂⑤：“諸侯當夏禘時，不為禘祭，惟一犆一祫而已。”皇氏謂諸侯夏時若祫則不禘，若禘則不祫。俱謂時禘不與祫並行也。若時禘即是禘，則經文又何以云“禘一犆一祫”耶？至於謂四時之祭，夏禘為大，故曰大事，又曰大祫，尤為牽合穿鑒。《周禮・司勳》曰：“凡有功者銘書于王之大常，享于大烝。”《禮記・祭統》曰：“内祭則大嘗禘。”是嘗、烝亦得稱大矣。烏得執一“大”字，獨斷為夏禘也？又“祔而作主，特祀於主，烝、嘗、禘于廟”，斯大謂祔于祖廟，主不復反于寢。引黄宗羲之説，謂祥、禫則于祖廟，特祭新死者⑥，不及皇祖，故云祭于主。烝、嘗、禘則惟及皇祖，不及新死者，故云于廟。今考鄭元《士虞禮注》：“凡祔已，主復于寢。”説最精確。《大戴禮・諸侯遷廟》曰⑦：“徙之日，君元〔玄〕服，從者皆元服⑧，從至于廟。”盧辯注：“廟謂殯宫也。”其下又曰：“奉衣服者至碑，君從，有司皆以次從。出廟門，至於新廟。”據此，則遷廟以前，主在殯宫明矣。鄭注謂“練而遷廟”，杜注謂“三年遷廟”。若卒哭而祔之後，主常在廟，則于練及三年又何得更自殯宫遷主乎？又引王廷相之説，謂遷廟禮出廟門至于新廟，是自所祔之廟而至新廟。今考《喪服小記》“無事不辟廟門”，注曰：“廟，殯宫。”《雜記》曰：“至于廟門，不毁牆，遂入，適所殯。”凡以殯宫為廟，見於經傳者甚多。其以《大戴禮》“出廟門”之廟為祔廟，由不知殯宫之亦名廟也。又考《禮志》云“更釁其廟”，則必先遷高祖于太廟，而後納祖考之主。又候遷祖考于新廟，然後可以改釁故廟，而納新祔之主。是新主祔于祖廟即遷于祖廟甚明。謂自所祔之廟遷于新廟，則是祔者一廟，遷者又一廟矣，與《禮志》全悖。斯大乃襲其説，而反攻鄭元及朱子，尤誤。又《成元年》“三月，作丘甲”。斯大謂：“車戰之法，甲士三人。一居左以主射，一居右以主擊刺，一居中以御車。間有四人共乘者，則謂之駟乘。魯畏齊强，車增一甲，皆為駟乘。因使一丘出一甲。”今考《春秋傳》，叔孫得臣敗狄於鹹，富父終甥駟乘，在《文十一年》。則是成元年以前魯人已有駟乘矣，其不因此年三月令丘出一甲始為馴乘可知。又考《襄二十三年傳》：“齊侯伐衛，燭庸之越馴乘。”然則馴乘者豈特魯乎？謂魯畏齊始為馴乘，尤屬臆測。又《成十年》“齊人來滕”，《左氏》曰：“同姓滕之，異姓則否。”故杜注謂“書以示譏”。斯大襲劉敞之説，謂諸侯得以異姓滕。今考《公羊》曰：“諸侯娶一國，則二國往滕之，以姪娣從之。”《白虎通》曰：“備姪娣從者，為其必不相嫉也。不娶兩娣何？博異氣也⑨。娶三國何？廣異類也。”又《周語》曰：“王御不參一族。”韋昭注：“參，三也。一族，一父子也。”故取姪娣以備三，不參一族之女。據此，則是同姓異族者得滕也。若異姓得滕⑩，則《周語》當云“不參一姓⑪”，不得云“不參一族”矣。至以仲子為惠公嫡配，孟任為莊公元妃⑫，以叔姬歸于紀為歸于紀季，則尤不根之論，全憑臆揣者矣。

**【彙訂】**

① “根據”，殿本作“據”。

② 殿本“較”下有“之”字。

③ “先”，殿本作“後”，誤，參清乾隆二十六年萬福刻本此書卷四“（閔公）二年夏五月乙酉吉禘于莊公”條原文。

④ “未嘗”，殿本作“謂嘗”，誤。

⑤ “疏”，殿本作“注”，誤。所引乃《禮記·王制》孔疏文。

⑥ “特”，殿本作“中”，誤，參此書卷五僖公三十三年“十有二月乙巳公薨于小寢”條原文。

⑦ 殿本“廟”下有“禮”字，衍。

⑧ “元”，殿本脱，參《大戴禮記·諸侯遷廟》原文。

⑨ “博”，殿本作“傳”，誤，參《白虎通義·嫁娶》“天子諸侯適滕之義”條原文。

⑩ “得”，殿本作“同”。

⑪“周語”，殿本無。

⑫“元妃”，殿本作“元配”。

## 春秋志十五卷（河南巡撫採進本）

國朝湯秀琦撰。秀琦有《讀易近解》，已著録。是書為表者八：曰《春秋事蹟年表》，曰《春秋大綱年表》，曰《天王年表》，曰《十二伯主年表》，曰《魯十二公年表》，曰《列國年表》，曰《經傳小國年表》，曰《列國卿大夫世表》。為書法者四：曰《書法精義》，曰《書法條例》，曰《書法比事》，曰《書法遺旨》。表以考事，書法以考義也。考《南史》稱：“司馬遷作表，旁行斜上，體仿周《譜》。”蓋以端緒參差，恐其瞀亂，故或國經而年緯，或國緯而年經，使一縱一横，絲牽繩貫，雖篇章隔越，而脈絡可尋。秀琦所作八表，惟《列國年表》不失古法。其餘年表但以字之多少，每半頁分為數格，横讀之成文，縱讀之即不相貫。半頁以外，則格數寬狹多寡互異，併横讀亦不可通。其《經傳小國年表》、《列國卿大夫世表》，或半頁之中、一行之内，參差界畫，各自為文，更縱讀、横讀皆不相屬。烏在其為年表也？《書法精義》皆依違胡安國之文，《書法條例》亦剽竊崔子方之式①。惟《書法比事》謂有順文上下以為比者，有分別事類以為比者。如方有天王之事而遽會蟲牢②，著其無王；楚滅江而晉伐秦，譏其不救；既伐邾而公如齊③，則侵小附强可知；介再朝而後侵蕭，則求援舉兵可知。如斯之類，皆順文上下，以見褒貶，其説為沈棐諸家所未及。又《書法遺旨》自抒己論，雖不免閒有騎牆，而駁正處時有特見，其長亦不可没耳。蓋秀琦之説，本可分繫經文之下，共為一書，而必欲變例見奇，多分門目，轉致重複糾結，治絲而棼，亦可謂不善用長矣。

**【彙訂】**

① "剽竊",殿本作"依仿"。

② "遯",殿本作"遞"。

③ "如",殿本作"入"。

春秋備要三十卷（江蘇周厚堉家藏本）

國朝翁漢麘撰。漢麘字仔安,常熟人。其書以胡《傳》為主,亦節錄《左氏》以明事之本末。至於書之上闌標破題,下闌標合題,則全非詁經之體矣。

春秋類義折衷十六卷（江蘇巡撫採進本）①

國朝王芝藻撰。芝藻有《大易疏義》,已著錄。是書以《左氏》、《公羊》、《穀梁》、胡《傳》為主,亦閒採程子及臨川吳氏、廬陵李氏諸家以為之注。其自出己見,則加"臆解"二字以別之。後附總論二十條。書成於康熙三十五年。自序稱《公羊》襲取《穀梁》之書而續為之,其說不知所據。大旨謂《左傳》可信者十之四,不可信者十之六,《公羊》亦多謬戾,惟《穀梁》猶不失聖門之舊。前有自題《口號》云:"自讀《春秋》四十年,只如羣動對青天。邇來深考流傳義,始覺先儒多誤傳。"其命意所在,可概見矣。

**【彙訂】**

① "江蘇巡撫採進本",底本作"浙江巡撫採進本",據殿本改。《四庫採進書目》中"江蘇省第一次書目"、"江蘇採輯遺書目錄簡目"著錄此書。（江慶柏:《殿本、浙本〈四庫全書總目〉著錄圖書進獻者主名異同考》）

春秋疏略五十卷（河南巡撫採進本）

國朝張沐撰。沐有《周易疏略》,已著錄。是書以經文為魯史,以《左傳》為孔子所作。謂孔子取魯史尊之為經,而以不可為經者挨年順月附錄經左,命之曰《左傳》。異哉斯言! 自有經籍以來,未之聞也。

春秋類考十二卷春秋疑義一卷(兩淮鹽政採進本)

國朝華學泉撰。學泉字天沐,無錫人。順治中布衣。其書取《春秋》大事分八十八門,以類排比。每事之下,附以諸家之注,閒綴己說。大旨崇尚宋儒,尤多主胡《傳》。其《疑義》一卷,則專抒《類考》中未盡之蘊。然有無庸疑而疑者。如謂《司馬法》一甸五百一十二家而出兵車一乘,甲士、步卒七十五人。若萬二千五百人為軍,當八萬五千三百家而後足一軍之數。天子六鄉止七萬五千家,不能供一軍。不知一甸五百一十二家出七十五人,此采地出軍之法也;每一家即出一人者,鄉遂出軍之法也。天子六軍出自六鄉,不出自采地。六鄉以七萬五千家而出七萬五千人,何患不足六軍之數? 學泉混二法而為一,宜其疑也。如此之類,頗為失考。近時顧棟高著《春秋大事表》,體例亦略仿此書,而大致皆不出宋程公說之《春秋分紀》。疑二人皆未見公說書也。

春秋輯傳辨疑無卷數(直隸總督採進本)

國朝李集鳳撰。集鳳字翻升,山海衛人,今其地為臨榆縣。集鳳嘗官洛陽縣丞。《畿輔通志》稱其“淹貫羣籍,尤善《春秋》。彙先儒注解,討辨詳核,歷三十年,凡四易稿,然後成書六十五卷,名曰《春秋辨疑》。”此本細字密行,凡五十二巨冊,不分卷帙,蓋猶其未編之稿。以紙數計之,當得一百餘卷,《通志》所言似未確也。其書所載經文,皆從胡《傳》,而三《傳》之異同則附錄之,

未免信新本而輕古經。説經則事多主左，義多主胡，故並尊之曰
“左子”、“胡子”，比擬亦為不類。其諸家所解，則臚列而參考之。
徵引浩博，辨論繁複，殆有《堯典》二字説十四萬言之勢焉。

春秋惜陰録八卷（兩江總督採進本）

國朝徐世沐撰。世沐有《周易惜陰録》，已著録。是編於經
義刻意推求，而往往失之迂曲。如“春王正月”，知斷斷不能稱夏
正，而必回護其説，謂冠之以春正，見周正之不善，言外見行夏時
之意。至經末“春，西狩獲麟”，亦謂春為夏之冬，蓋終以夏時之
意。經必一時無事，乃空書首月以備天道。其二月、三月有事，
則正月可以不書，此通例也。而於《定公元年》“春王三月①，晉
人執宋仲幾于京師”，蓋因穀梁氏發傳於“春王”二字之下，故注
疏家斷“春王”二字別為一條，其文實與“三月”相貫。世沐見其
別為一條，遂謂無君不可書“正月”②，故但書“春王”二字③。聖
人有是書法乎？“鄭伯克段”，則謂鄭莊謀逐其弟，魯當討之。聖
人書此，與討陳恒同義。是為臣討君，綱常倒置矣。“紀履緰來
逆女”，則疑魯喪制未滿，不應嫁女，聖人用以示譏。考是時距隱
公即位已二十二月。踰年改元之前，不知其已經幾月，安見惠公
之卒不在前一年之春夏乎？其他節外生枝，率皆此類。又自襄
公二十二年以後，每年必增書孔子事。夫《左傳》書孔子卒，二
《傳》紀孔子生，先儒已以為非禮。以先師家牒、年譜增入國史之
中，殆於周有二王，魯有兩公。尊聖人者不宜尊以所不受也。

【彙訂】

①“而於”，殿本作“至於”。

②“謂”，殿本作“以為”。

③“書”，殿本無。

春秋蓄疑十一卷（陝西巡撫採進本）

國朝劉蔭樞撰。蔭樞有《大易蓄疑》，已著録。是編以治《春秋》者信傳而不信經，故於經文各條下列三《傳》及胡氏《傳》為案，而以己意斷其得失。於胡《傳》尤多駁正，頗能洗附會穿鑿之習。而或併《左傳》事實疑之，則師心太過矣。

春秋集解十二卷附校補春秋集解緒餘一卷春秋提要補遺一卷（浙江汪啟淑家藏本）

國朝應撝謙撰。撝謙有《周易集解》，已著録。是書節録三《傳》及胡安國《傳》，參證諸家之説，而以己意折衷之。前有自序。末附《校補春秋集解緒餘》一卷，則其門人錢塘淩嘉邵所補輯也①。凡撝謙之説，稱曰“應氏”，而嘉邵之説則退一格以別之，皆摘論經中疑義②。又附《春秋提要補遺》一卷，如軍賦、祭祀等事，分門類記，不書撝謙姓氏，當亦嘉邵所著歟？

【彙訂】

① 清抄本有“翰林院印”滿漢文大官印，題“錢塘應撝謙述著，受業淩嘉印較補”。（杜澤遜：《四庫存目標注》）

②“中”，殿本作“之”。

春秋遵經集説二十六卷（兩淮鹽政採進本）

國朝邱〔丘〕鍾仁撰。鍾仁字近夫，崑山人。康熙戊午應博學宏詞①，老不與試，特賜中書舍人。其凡例稱：“是編本述孟子、朱子説經之義，故冠二子之説於簡端。”其“集説”則兼取諸家。然其書瑕瑜互見。如“春王正月”之説，自張以寧以後辨析已無疑義，乃仍以夏時謬論反覆支離；又如“荊敗蔡師于莘，以蔡侯獻舞歸”，乃以為志楚之強，所以旌將來齊桓之功。凡此之類，多不足據。其他如“叔孫得臣卒”一條，以“不日”為闕文，而以胡安國之從《公羊》為非；“許世子止”一條，用歐陽修之説，而證以蔡景公之書葬。凡此之類，亦閒有可取。然統核全書，瑜究不掩其瑕也。

**【彙訂】**

① “應”，殿本作“舉”。

春秋條貫篇十一卷（浙江巡撫採進本）

國朝毛奇齡撰。奇齡有《仲氏易》，已著録。初，康熙乙丑，奇齡充會試同考官，分閱《春秋》房。舊制，《春秋》一單題、二雙題、一脱經題。是時初罷脱經題，其雙題猶未罷。案，合題罷於乾隆初。奇齡與監試御史論雙題不合，因舉及“經之條貫①，必出於傳”語案，此杜預之説②。奇齡以為經文自有條貫，不待於傳，乃排比經文，標識端委，使自相聯絡，以成此書。大致用章沖《類事本末》之意。惟沖類傳，而奇齡則類經，沖於傳有去取，奇齡於經則十二公事仍其舊第，但以事之相因者移附首條之下。又每條各附論説，以闡發比事屬詞之義耳。其以隱公三年“四月，尹氏卒”、六年“春，鄭人來輸平”、十一年“冬十有一月壬辰，公薨”三條為一貫③，蓋據金履祥《通鑑前編》之説，以尹氏為鄭尹氏。然尹氏非卿，其卒例不見經，與叔肸之以公弟書者不同。似巧合而實附會，是為不當合而合。至於隱公元年“三月，公及邾儀父盟于蔑”，七年“秋，公伐邾”④，桓公十有七年“二月丙午，公會邾儀父，盟于趡。秋八月，及宋人、衛人伐邾”，其閒邦交離合，事亦相因，而歸單簡，是為不當分而分。以其體例而論，既於經文之首各題與某事相因，則何不仍經文舊第而逐條標識其故，脈絡亦自可尋。又何必移後綴前，使相陵亂？奇齡説《春秋》諸書，頗有可觀。惟此一編，則欲理之而反棼之，殆無取焉。

**【彙訂】**

①　"及"，殿本無。

②　"説"，殿本作"言"。

③　"十有一月"，殿本作"十一有月"，誤，參《春秋·隱公十一年》原文。

④　"七年"，殿本作"六年"，誤，參《春秋·隱公七年》原文。

春秋大義無卷數（湖北巡撫採進本）

國朝張希良撰。希良字石虹，黃安人。康熙乙丑進士，官至翰林院侍讀學士。是編前有自序，謂："善説經者莫若康侯。私心竊有所未滿者，聖心忠恕，刻則離；聖心簡直，曲則離；聖心明白而正大，纖則離。左氏即未親見聖人，亦必竊窺魯史。公、穀二氏得之傳聞，難以依據。康侯據二氏以駁左，亦未為盡得。故一本左氏，錯綜當時之事勢。平心以想聖人之心，而名字、人爵、時日諸例概所不取。"其持論甚確。然如《文公四年》"甯俞來聘"，謂以納饋貨醫而書；《昭公十七年》"郯子來朝"，謂以仲尼學官而紀。豈《成公三年》之孫良夫、《襄公元年》之公孫剽、《七年》之孫林父盡屬衛之君子，而《春秋》書"來朝"者四十，皆因孔子之問乎？此又過執左氏，以經外附錄之事橫生議論者也。至《宣公八年》之"公子遂卒"、"夫人嬴氏薨"，謂："八月之內同登鬼錄，有陰奪其魄者。"《春秋》之法，論是非，不論禍福。以是立義，所見彌淺矣。

春秋參義十二卷（浙江巡撫採進本）

國朝姜兆錫撰。兆錫有《周易本義述蘊》，已著録。是書仍以胡安國《傳》為宗。其所必不安者，亦閒有附論一二，然必援朱子。蓋恐人議其異於胡氏，故稱朱子以正之。猶之《書經參義》恐人議其異於蔡氏，亦必稱朱子以正之也。故卷首有《綱領》三十三條，於孔、孟之説題曰“特標”，於諸儒題曰“彙輯”、“彙録”，惟於朱子語録六則題曰“遵録”。其宗旨可以概見云。

春秋事義慎考十四卷（江蘇巡撫採進本）

國朝姜兆錫撰。是書凡上、中、下三考，共十二卷，而附以考前、考後各一卷。考上曰紀時，曰系名。考中曰正位，曰大婚，曰喪紀，曰祀典，曰賦税，曰工役，曰軍旅，曰蒐狩，曰刑法，曰朝聘之屬，曰會盟之屬，曰侵伐之屬，曰歸遺之屬，曰徵求之屬，曰告假之屬，曰取竊之屬，曰遊觀之屬，曰奔執之屬，曰歸入之屬，曰削亡之屬，曰弑殺之屬，曰災荒之屬，曰變異之屬[1]。考下曰事詞通義，曰事同書異，曰書同文異，曰釋文明義，曰隱文存義，曰省文約義，曰互文推義，曰單文錯義，曰闕文，曰衍文，曰誤文。考前曰聖經本末，曰列傳本末，曰王侯邦國，曰王侯世系，曰庶邦雜服，曰伯功本末，曰聖治本末。考後曰傳有經無。每條皆分晰辨論，大旨主於羽翼胡《傳》。然《春秋》一書，古今聚訟，胡氏曲為之解，已多牴牾。兆錫復從而割裂分配，彌繁瑣而失當也。

**【彙訂】**

①“之屬”，殿本脱，清乾隆刻本此書卷十二《考中九》為《災荒之屬考》、《變異之屬考》。

#### 公穀彙義十二卷（浙江巡撫採進本）

國朝姜兆錫撰，其書以《公》、《穀》二《傳》主於發義，與《左傳》主於紀事者不同。且《左氏》失誣，其事文與義不待言。至二《傳》中有混其文以害義者，有泥其文以害義者，並有竄其文而事與義俱害者。惟“正終以正始，貴道不貴惠之屬，固卓乎道義之權衡，聖哲之軌範也，故擇之宜慎焉”。因彙編二《傳》異同之處，別白其是非，而《左氏》發例釋經之文亦附見焉。於三家褒貶之例，無所偏主，頗足以資參考，較兆錫所注諸經似為可取。然《春秋》事蹟，二《傳》多據傳聞，《左氏》所述則皆據簡策。兆錫駁二《傳》之事蹟，往往併《左氏》而駁之，則終不出宋人臆斷之學也。

#### 春秋義疏無卷數（檢討蕭芝家藏本）

國朝蔣家駒撰。家駒有《尚書義疏》，已著錄。是書以胡《傳》為藍本，而稍以己意更正之，然終不出胡《傳》苛刻之習。或自出新意，又往往未安。如謂：“孝公、惠公賢未著，隱為賢君，是以託始。”且稱：“隱親親而尊王，睦鄰而守禮。”夫讓桓，可謂親親，若平王葬而不會，凡伯聘而不報，可謂尊王乎？ 無駭入極，翬伐鄭，伐邾，敗宋，可謂睦鄰乎？ 易祊於鄭，矢魚於棠，可謂知禮乎？ 後文每事示譏，而開卷極詞稱善，是自相矛盾也。“宰咺歸仲子之賵”，《左氏》但云“子氏未薨”耳。家駒謂：“以仲子為夫人，惠公宜死，仲子亦宜死，故天王并賵以示意。”是以車馬之錫為灰釘之賜，諷使仲子自裁也。有是情事耶？

#### 春秋指掌三十卷前事一卷後事一卷（內府藏本）

國朝儲欣、蔣景祁同撰。欣字同人，康熙庚午舉人，景祁字京少,皆宜興人。是書於三《傳》及胡氏《傳》外,多取馮夢龍《春秋指月》、《春秋衡庫》二書,蓋科舉之學也。末附《春秋前事》一卷,皆《國語》之文,《後事》一卷,備錄《左傳》"小邾射來奔"以下諸事,亦用馮氏之例。

### 春秋詳説無卷數(河南巡撫採進本)

國朝冉覲祖撰。覲祖有《易經詳説》,已著錄。是書大旨,事蹟多取《左傳》,而論斷則多主胡《傳》[①]。閒有與胡《傳》異同者。如胡《傳》以惠公欲立桓為邪心,隱公探其邪心而成之。覲祖則謂:"父之令可行於子,子之孝不當拒乎父,依泰伯、伯夷之事觀之[②],不可以為逆探其邪心。使桓不弒而隱終讓,可不謂之賢君?"其論頗為平允。又如於孔父之死,則駁杜、孔從君於非之説;於滕子來朝,則從杜、孔時王所黜之説,亦時時自出己意。然徵引諸家,頗傷蕪漫。又略於考證,而詳於議論。如夏正、周正,累牘連篇,卒不得一言之要領。而莊公元年"王使榮叔來錫桓公命"《傳》,則又謂聖人筆削,寧為深求,不可泛視。存此意以説《春秋》,宜失之穿鑿者多矣。

### 【彙訂】

①"主",殿本作"取"。

②"事",殿本作"孝"。清光緒刻《五經詳説》本此書卷六桓公元年"春王正月公即位"條注文作"事"。

### 宋元春秋解提要無卷數(左副都御史黃登賢家藏本)

國朝黃叔琳編。叔琳有《研北易鈔》,已著錄。是編雜採宋元諸家之説,而不加論斷。前有總論、凡例,亦皆採集舊文。卷首有自注脱落未寫者四十二條[①],書中亦多空白。蓋與其《宋元

《易解提要》均未竟之稿也。

**【彙訂】**

① "四十二"，殿本作"四十餘"。

**或菴評春秋三傳**無卷數（江西巡撫採進本）

國朝王源撰。源字崑繩，號或菴，大興人。康熙癸酉舉人。是書本名《文章練要》，分六宗、百家。六宗以《左傳》為首，百家以《公羊傳》、《穀梁傳》為首。然六宗僅《左傳》有評本，百家亦惟評《公羊》、《穀梁》二傳而已。經義、文章雖非兩事，三《傳》要以經義傳，不僅以文章傳也。置經義而論文章，末矣。以文章之法點論而去取之，抑又末矣。真德秀《文章正宗》始錄《左傳》，古無是例，源乃復沿其波乎？據其全書之例，當歸"總集"。以其僅成三《傳》，難以集名，姑仍附之《春秋》類焉。

**春秋鈔十卷**（江西巡撫採進本）

國朝朱軾撰。軾有《周易傳義合訂》，已著錄。是編不全載經文，但有所論說者①，標經文為題②，而註某年於其下③。其敘雖稱："惟恪守胡《傳》，閒有詞旨未暢及意有所未安者④，始妄陳管窺之見。"然駁胡《傳》者不一而足。如"春王正月"，即駁夏時之說；"伯姬歸于紀"，即駁諸侯親迎之說；"州吁弑其君完"，即駁不稱公子為責君之說；桓公、宣公書"有年"，即駁變異之說；"諸侯盟于幽"，即駁首叛盟之說；"楚宜申來獻捷"，即駁當力拒楚使上告天王之說；"齊人侵西鄙，公追齊師"，即駁書人見示弱、書師見伏衆之說；"陽處父救江"，即駁責晉不合諸侯之說；"齊人弑其君商人"，即駁歸罪國人之說；"楚子圍鄭"，即駁嘉楚討賊之說；"新宮災"，即駁神主未入哭為非禮之說；"甯喜弑其君剽"，即駁廢立之説；"叔孫豹會虢"，即駁尚信之説；"公如晉，至河乃復"，即駁從權適變之説；"暨齊平"，即駁暨為不得已之説；"季孫意如會厥憖"，即駁力不能加之説；"盜殺衛侯之兄縶"，即駁歸獄宗魯之説；"從祀先公"，即駁出于陽虎之説⑤。如斯之類，不可殫數⑥。所謂恪守胡《傳》，蓋遜詞耳。至於攻擊《左傳》，則頗傷臆斷。如以鄭叔段"觶口四方"為詭詞，謂段果出奔，鄭莊豈置之不問；以"戎伐凡伯于楚丘以歸"為凡伯忍辱而自歸，非戎挾之以去；以"楚執蔡世子有用之"為猶後世執蓋行酒之類，斷無殺而用祭之理；以《哀公八年》"宋執曹伯陽"為未嘗滅曹。揆之古書，皆無佐證，核以事理，亦未盡安。他如"以成宋亂"之説，從劉敞而駁杜預。然聖經之意，正以始於義而終於利，兩節相形，其事婉而章耳。如直書先公之助亂，暴揚國惡，《春秋》無此法也。"許叔入許"，責其不告於王，不知乘隙復國，機在呼吸，往返告王，不衣冠而救焚溺乎？召陵之役，不聲楚僭王之罪，自以王樵之説為定，而必謂苟以去王號責楚⑦，迫於大義，當無不從，似非當日之事勢。至首止之會，責王世子不能為伯夷、泰伯，抑又强天下以所難矣。其持論大旨，往往類此。雖駁胡《傳》，實仍在胡《傳》門徑之中，不及所作《周易傳義合訂》遠矣。

**【彙訂】**

① 殿本"但"下有"於"字。

②"標經文為題"，殿本作"標舉經文"。

③"而註"，殿本作"著"。

④"有"，殿本無。清乾隆元年刻本《朱文端公藏書》本此書卷首《總論》末云："惟恪守胡《傳》，閒有詞旨未暢及鄙意所未安者，妄陳管窺之見，敢以質之學《春秋》而理明義精者。"

⑤　"于"，殿本無。

⑥　殿本"可"下有"以"字。

⑦　殿本"以"下有"必"字。

春秋比事目録四卷（江蘇巡撫採進本）

國朝方苞撰。苞有《周官集注》，已著録。苞既作《春秋通論》，恐學者三《傳》未熟，不能驟尋其端緒。乃取其事同而書法互異者，分類彙録，凡八十有五類。然宋沈棐、元趙汸皆已先有此著。沈書僅有鈔本，趙書亦近日始刊行。苞在康熙中，二書未出，故不知而為此屋下之屋。猶之顧棟高未見程公説書，乃作《春秋大事表》也。

春秋三傳纂凡表四卷（兩淮馬裕家藏本）

國朝盧軒撰。軒字六以，海寧人。康熙己丑進士，官翰林院編修。其書以三《傳》所言書法之例，彙而為表。經文直書為經，傳文橫書為緯。凡分三格，以《左氏》居上格，《公羊》居中格，《穀梁》居下格。皆但列舊文，而於其同異是非不加考證。蓋軒欲作《三傳擇善》一書，故先纂此表，以便檢閲，尚未及訂正其得失也。

左傳拾遺二卷（直隸總督採進本）

國朝朱元英撰。元英字師晦，上元人。康熙己丑進士。是書摘取《左傳》一百一十事，為文一百一十有一，蓋仿《東萊博議》之體。惟《博議》多闡經義，此則頗訂傳文耳。然好出新意，亦往往失之過苛。如《桓公十七年》："冬十月朔，日有食之。"《傳》曰："不書日，官失之也。"元英則以不日為特筆，譏左氏不知聖人之意。《襄公二十九年》吳季札請觀周樂，歌《小雅》，有"周德之衰"一語。元英以為訓詁之失，而引《九章算法》，謂"差分"為"衰分"。其説皆不能確也。

春秋説十二卷（山西巡撫採進本）

國朝田嘉穀撰。嘉穀有《易説》，已著録。是書以胡《傳》為主，三《傳》有為胡《傳》所採者，亦附録之。胡《傳》所引事實，則依《春秋大全》小注録之。卷首兼論作文之法。蓋其書專為舉業而設，至於遣調鍊詞皆入凡例，與説經之體遠矣。

春秋義十五卷（山西巡撫採進本）

國朝孫嘉淦撰。嘉淦字錫公，興縣人。康熙癸巳進士，官至吏部尚書、協辦大學士，謚文定。嘉淦以《春秋》一書比事屬詞，經本甚明，無藉於傳。乃盡去各傳，反覆經文，就事之前後比而屬之，尋其起止，通其脈絡。其事俱存，義亦可見。至日月、名氏、爵謚之閒，則不復為之穿鑿。然大抵以《公羊》“常事不書”之説為根本，於《春秋》本旨未能盡愜。後自覺其失，旋燬其版。此猶其初刊時所印行云。語詳楊方達《春秋義補注》條下。

春秋集傳十卷（湖南巡撫採進本）

國朝李文炤撰。文炤有《周易本義拾遺》，已著録。是書大旨宗胡《傳》而稍採諸説，變其面貌，往往曼延於經義之外。如解“元年”而牽及改元，已為旁文，又因改元而深譽前明十三帝之不改元，不更蛇足乎？衛桓書“葬”，是為據事而筆諸册，乃牽及衛侯不當謚“桓”，謂以著衛人之私。然則凡葬必書謚，以何者別其非譏耶？許世子不嘗藥，引張氏之説，謂其必用砒霜鍜之不熟，已屬臆揣，又責以不能窮理居敬，去本事不太遠乎？是但知拾五子之緒言，而未嘗知三《傳》之古義者耳。

左傳杜註補義一卷（山西巡撫採進本）

國朝蘇本潔撰。本潔字幼清，常熟人。康熙癸巳舉人，官興化府知府。是編因顧炎武《左傳杜解補正》有所未盡，乃作此以補之。多推求文句，體味語意，而罕所引據考證，故名曰《補義》。前有康熙庚子陶貞一序，稱本潔原本兼補林堯叟注義，貞一為刪之。知所據者坊刻《杜林合注》之本，非《注疏》本也①。

【彙訂】

① "非注疏本"，殿本無。

### 左傳姓名考四卷（江蘇巡撫採進本）

國朝高士奇撰。士奇有《左傳地名考》，已著録①。是編蓋與《地名考》相輔而行，然體例龐雜，如出二手。如不論嫡妾皆謂之夫人，已於篇首發例，而於齊乃別出"悼公妾季姬"一條。有世系者從其世系不論歲月，亦於篇首發例，而晉丕鄭父丕豹、巫臣、邢伯皆不相隨，楚伯州犁、吳伯嚭仍系之晉、楚，管修仍系之齊，而巫臣之子乃不系之楚。魯婦人戴己、楚婦人鬭伯比妻、齊婦人棠姜、陳婦人夏姬、宋婦人蕩伯姬之類，各出一條，而他國皆不載。"僖負羈"下旁注一"妻"字，尤不畫一。魯君女紀伯姬、楚君女江芈之類，亦各出一條，而他國不載。秦女簡璧、衛孔伯姬併列之夫人條中，尤為舛謬。周石速以膳夫列之大夫，晉優施、寺人披、豎頭須並以賤役列之士。許叔名見於《傳》，削之不載。滕、薛、杞、莒皆自為篇，而虢公、虞公、紀侯、隨侯皆儼然躬桓之班，乃與潞子嬰兒、介葛盧等併為一篇。其他顛倒雜亂，自相矛盾者，幾於展卷皆然，不能備數。其委諸門客之手，士奇未一寓目乎？

【彙訂】

①《總目》卷二九著録高士奇撰《春秋地名考》十四卷，"左

傳地名考”誤。

春秋測微十三卷（浙江巡撫採進本）

國朝朱奇齡撰。奇齡字與三，號拙齋，海寧人。康熙中貢生。是書前冠以《王朝列國世次族系》一卷，經文則一公為一卷。其說多主胡《傳》，而稍糾其刻酷過當之論。然胡《傳》之所未及，而奇齡從而鍛鍊者亦復不少。大旨以意揣量，據理斷制，而不信《左氏》之事實，故往往不考典制，不近情理。如《左氏》稱聲子為繼室，此娣姪之名。而奇齡見今人繼妻稱繼室，遂謂聲子為嫡妻，而隱公為嫡子，稱其當立。胡《傳》指滅項為季氏，已為不考，然尚無主名。奇齡遂歸獄於行父，以執政在文公之世者，移之僖公之世。如斯之類，皆失之不考。至於“葬衛桓公”一條，謂桓之為諡，不宜加於衛完，閔其未有失德，不忍加以惡諡，故《春秋》因之。然則儻有失德，孔子當為改惡諡乎？“戎伐凡伯”一條，本在衛地①，乃責魯失於防送，以境外之事責之主人。然則凡有使臣，皆當大具甲卒，衛入本國而後返乎？以此說經，恐非筆削之旨也。其所自信，在於以經解經。然說“刺公子買”一條，言魯無殺大夫者，惟此一事，則未檢《成公十六年》又刺公子偃也。其說“刺公子偃”一條，謂刺者非明正其罪而隱殺之之謂。則又未檢“刺買”一條②，經書“不卒戍，刺之”，傳亦稱“以不卒戍說於楚”，固明正其罪也。是亦難言以經說經矣。

**【彙訂】**

①“衛地”，殿本作“楚丘”。《左傳·隱公七年》“戎伐凡伯于楚丘以歸”，杜預注：“楚丘，衛地，在濟陰城武縣西南也。”

②“則又未檢刺買一條”，殿本作“刺又未檢殺買一條”，誤。

《左傳·僖公二十八年》：“公子買戍衛，不卒戍，刺之”。

春秋三傳同異考一卷（浙江巡撫採進本）①

國朝吳陳琬〔琰〕撰②。琬字寶崖，錢塘人。其書取三《傳》人名、地名相異及事之不同者，各著於篇。又辨別三《傳》義例得失，而斷以己意。

【彙訂】

① 清康熙三十九年刻《昭代叢書》乙集本題作《春秋三傳異同考》。（杜澤遜：《四庫存目標注》）

②“陳琬”，當作“陳琰”，底本乃避嘉慶諱改。殿本作“陳琰”。

春秋左傳事類年表一卷（浙江鮑士恭家藏本）

國朝顧宗瑋撰。宗瑋字廷敬，吳江人。其書每一年為半頁，橫分十格：一曰周，二曰魯，三曰列國，四曰災異，五曰郊祀，六曰朝聘，七曰會盟，八曰征伐，九曰城築，十曰土田。各以經文散書其內，而傳文為經所不載者亦附見焉。據其凡例，尚有《三傳異同》一卷，《春秋通例》一卷，《春秋稽疑》一卷，《春秋參同》一卷，《春秋提要發明》一卷，《春秋圖譜》一卷①，《春秋箋釋》一卷，《春秋餘論》一卷。今皆未見，蓋非完書也。

【彙訂】

①“春秋圖譜”，殿本作“春秋提譜”，誤，參稿本此書凡例。

左繡三十卷（通行本）

國朝馮李驊、陸浩同編。李驊字天閑，錢塘人。浩字大瀛，定海人。是篇首載《讀左厄言》、《十二公時事圖説》、《春秋三變説》、《列國盛衰説》、《周十四王説》。書中分上、下二格，下格列杜預《經傳集解》及林堯叟《左傳解》。杜解悉依原文，林解則時多刪節。又摘取孔氏《正義》及國朝顧炎武《左傳補正》二書與杜氏有異同者，附於其後，別無新義。上格皆載李驊與浩評語，則竟以時文之法商榷經傳矣。

### 春秋剩義二卷（江西巡撫採進本）

國朝應麟撰。麟有《易經粹言》，已著録。是編亦摘經文標題而各為之説。其論“春王正月”，以為夫子行夏之時，改周正朔，大端已失。其他亦皆陳因之論。

### 春秋義存録十二卷（浙江巡撫採進本）

國朝陸奎勳撰。奎勳有《陸堂易學》，已著録。是編力破《春秋》一字褒貶之説，頗能掃《公》、《穀》拘例之失與宋儒深刻嚴酷之論。而矯枉過直，謂孔子全因舊史之文，然則所謂“筆削”者安在？所謂“其義竊取”者又安在？況《公羊》著《不修春秋》之文，《左氏》記河陽書狩之語，去聖未遠，必有所受。舉一二節可例其餘。乃謂除此數條之外，悉因魯國之成書。然則必如倪思之《班馬異同》，字字著原本①、改本；郭茂倩之《樂府詩集》，篇篇分本詞、入樂，而後信為孔子有所修改耶？其疑胡《傳》而信《左氏》，亦足破以經解經之空談。而乃別出新奇，欲以孔子之言解《春秋》。凡一切子書、緯書所引，不問真偽，一概闌入，已為蕪雜②。至於其文與《春秋》無關，如《莊公八年》“齊無知”一條引《坊記》曰“子云：君不與同姓共車”一節，又引《文言傳》“積善之家”一節，注曰：“案前條之義為齊僖言也，後條之義為齊襄言也。”似乎孔子一生無一語不因《春秋》而發者，有是理耶③？至於《僖公二十年》“杞子卒”一條引《論語》“子曰：夏禮吾能言之”一節，以合於《左傳》夷禮之説。而又注:"案杞稱子,《左傳》以為經夷之,不若《穀》註'時王所黜'之説為善。"是併駁孔義矣。全書大抵類是。是皆務高求勝之過也④。

【彙訂】

① "原本",殿本作"原文"。

② "已為蕪雜",殿本無。

③ "耶",殿本作"乎"。

④ "至於僖公二十年"至"是皆務高求勝之過也",殿本無。

春秋筆削微旨二十六卷(陝西巡撫採進本)

國朝劉紹攽撰。紹攽有《周易詳説》,已著録。是編採《公》、《穀》二傳附會之説,與孫、胡諸家臆斷之論彙為一書,而更以己意穿鑿之。大旨惟以名字、月日為褒貶,而掊擊《左氏》尤力。其説謂《左氏》不過敍事,於經義毫無發明。不知有事蹟而後有是非,有是非而後有褒貶。但據書字為褒矣,其所以褒之故,紹攽能研求其字而知之乎? 但據書人為貶矣,其所以貶之故,紹攽能研求一人字而知之乎? 如"宰咺賵惠公仲子"為貶,設無《左傳》,何由知仲子為妾而貶之? "齊高子來"為褒,設無《左傳》,何由知為高傒存魯而褒之? 幸藉《傳》而知其事,又諱所自來,以《傳》為不足據。是何異迷途之人藉人為導,得途之後鞭其人而逐之乎?

春秋通論五卷(陝西巡撫採進本)①

國朝劉紹攽撰。是書與所著《筆削微旨》相為經緯,而往往循文敷衍,罕所發明。如《桓三年》"日有食之既"一條云:"《春秋》日食三十六。隱之食者一,桓、文、成食者各二,僖、宣、定食者各三,莊之食者四,襄之食者九,昭之食者七。其中食既者三,此及《宣八年》七月、《襄二十四年》七月，皆變之甚者。"又《莊十五年》"鄭人侵宋"一條云："外書'侵'五十有七，始於此，終《哀十三》晉魏曼多侵衛。書'伐'二百一十三，始《隱二年》鄭人伐衛，終《哀十三》公子申伐陳②。天下之無道甚矣。"《僖十九年》"邾人執鄫子，用之"一條云："用人者二。此年用鄫子，《昭十一年》'楚執蔡世子有，用之'，其虐為已甚矣。"夫日食之為變③，侵伐之為無道，殺人以祭之為虐，亦何待贅言乎？

**【彙訂】**

①　清乾隆刻本、同治十二年刻本皆作六卷。（杜澤遜：《四庫存目標注》）

②　"陳"，殿本作"鄭"，誤。《左傳·哀公十三年》："楚公子申帥師伐陳。"

③　"變"，底本作"災"，據殿本改。

空山堂春秋傳十二卷（通行本）

國朝牛運震撰。運震有《空山堂易傳》，已著錄。是編説經，不信三《傳》，動相駁難，蓋宋劉敞、孫復之流。由其記誦淹通，足以濟其博辨，故異論往往而生也。

春秋管見無卷數（奉天府尹採進本）

國朝魏樞撰。樞有《東易問》，已著錄。是書雜採《春秋》三傳及胡《傳》之文，亦以己意附注於後。然大抵用意苛深，不出胡氏之門徑。其自出新意者，尤往往乖舛。如《春秋》魯史，以魯紀年，故正月書"王"，以明有統。樞乃擅改經文，以周紀年，以魯附注。是但知竊襲《通鑑綱目》之例，而不知以周紀年則正月書"王"為複。與偽本《元〔玄〕經》既書"某帝某年"，又書"帝正月"

者同一失矣。《哀公十四年》"春，西狩獲麟"，自當以獲麟為重。樞乃謂："冬獵曰狩，經雖絶筆於十四年之春，而實則十有三年之冬。不没其春者，所以奉正朔而大一統之尊；必終於冬者，所以明天道而順四時之序。蓋隱寓行夏時之意。"是又節外生枝，屈孔子以就己説矣。如斯之類，比比而然，皆不足為訓也。

　　春秋義補注十二卷（江蘇巡撫採進本）

　　國朝楊方達撰。方達有《易學圖説會通》，已著録。初，孫嘉淦作《春秋義》，大旨祖胡安國之説。後漸悟其非，旋自燬版。<sub>案嘉淦自燬其版，事見此書凡例第三條中。</sub>方達嘗受知於嘉淦，因為删補其文，以成是編。大旨於三《傳》多取《公》、《穀》經文。如"裂繻"作"履綸"，"矢魚"作"觀魚"、"叔孫婼"作"叔孫舍"、"定姒"作"定弋"之類，亦多從《公》、《穀》。其《左傳》事蹟，往往在所擯斥。如"天王狩于河陽"，《傳》有明文，乃云："或魯史本書狩，或夫子書狩，皆不可知。"是併其可取之説亦不信也。於諸家多取宋以後，其唐以前之説僅採劉向災異一兩條。如"文公喪娶"一條，全用《春秋繁露》而不肯標董仲舒之名，蓋諱言宗漢儒也。其持論尤務為深刻。二百四十二年之中，偶免譏彈者，惟"叔姬歸于紀"、"紀季以酅入于齊"、"紀叔姬歸于酅"、"葬蔡桓侯"、"齊師、宋師、曹師城邢"、"齊侯伐楚，次陘，盟于召陵"、"諸侯遂救許"①、"宋公御説卒"、"狄救齊"、"楚人救衛"、"甯俞來聘"、"叔肸卒"、"伯姬歸于宋"、"仲孫蔑卒"、"宋伯姬卒"、"劉子、單子以王猛入于王城"、"叔孫舍卒"、"宋公佐卒于曲棘"、"劉卷卒"十八九條而已。而召陵之盟、甯俞之聘，嘉淦所許者，方達又推論其失，咎齊桓不聲楚僭王之罪，咎甯俞知聘魯而不知朝周。實則幸邀寬論者，僅十五六事也。其中自相矛盾者，如既謂隱公為篡，又謂桓公為弒，是以討篡為弒也。既謂州吁弒桓公而王不問，衛人立晉而王不問，咎在天王，於王人子突救衛，又罪其知順逆而不知衆寡。是為天王者進退無不干咎也。朱子稱孫復説《春秋》如商君之法，若是書者又豈止於商君乎②？其最甚者，拘泥常事不書之説，於十二公之薨，即終於路寢合禮之正者，亦必求其所以貶。然則苟無所貶，則國君易代，史可不詳歟？至於"紀季姜歸于京師"，謂季姜非嫡長，不可以為王后；"許叔入于許"，謂許君有子叔不奉之而自立，又不知其所據矣。

**【彙訂】**

①　"許"，殿本作"宋"，誤。《左傳·僖公六年》："秋，楚人圍許。諸侯遂救許。"清乾隆復初堂刻本此書卷五有此條。

②　"朱子稱孫復説春秋如商君之法若是書者又豈止於商君乎"，殿本無。

春秋原經四卷（副都御史黃登賢家藏本）①

國朝王心敬撰。心敬有《豐川易説》②，已著録。是編不載經文，亦不及經中所書之事，惟泛論孔子之意。分為四篇：一曰《講讀八法》，二曰《通論》，三曰《原春秋之由作》，四曰《諸儒論春秋》。其大旨本《孟子》之言，以尊王抑伯為主，持論甚正。其謂孔子不以一字為褒貶，亦足以破諸家紛紜繆戾之陋。而矯枉過直，加以懸揣臆斷，不顧事理之安。至謂《左傳》事蹟皆聖人之所刪，不當復存其説。考古者左史記言，右史記事。《尚書》者，左史類也；《春秋》者，右史類也。劉知幾作《史通》，敍述源流，至為明析。心敬乃援《尚書》為例，謂事蹟之可存者聖人必存，如典、謨、訓、誥是也。事蹟之不可存者，聖人必删，如《左傳》所載是也。因而盡廢諸傳，惟以經解經。不思經文簡質，非傳難明。即如"鄭伯克段于鄢"一條，設無傳文，則段於鄭為何人，鄭伯克之為何故，經文既未明言③，但據此六字之文，抱遺經而究終始，雖聖人復生，沈思畢世，無由知其為鄭伯之弟，以武姜內應作亂也。是開卷數行，已窒礙不行，無論其餘矣。況自有《六經》以後，歷漢至今，通儒輩出，其失經意者固多，得經意者亦不少。心敬乃一概排斥，謂孔子之後惟孟子能知，孟子之後直至心敬乃能知。甚至謂孔門諸子未見《春秋》，故《論語》無一字及之；子思亦未見《春秋》，故《中庸》亦無一字及之④。至孟子搜索闕里，始見本經。揆以事理，豈其然乎？

**【彙訂】**

①"四卷"，底本作"二卷"，據《江蘇採輯遺書目錄》、《浙江省第四次汪啟淑呈送書目》著錄卷數及殿本改。（王重民：《跋新印本〈庫全四書總目〉》；杜澤遜：《四庫存目標注》）

②"豐川易説"，殿本作"豐州易説"，誤。《總目》卷六著錄王心敬撰《豐川易説》十卷。

③"言"，殿本作"書"。

④"子思亦未見春秋，故中庸亦無一字及之"，殿本無。

春秋深十九卷（湖北巡撫採進本）

國朝許伯政撰。伯政有《易深》，已著錄。是書謂孔子既因魯史作《春秋》，其史中所載事實，即為之傳。今《左傳》中敘而不斷，言約旨精者，即孔子所作。其有加注解，如"段不弟，故不言弟"之類；又加論贊，如"君子曰"、"仲尼曰"之類，詞氣浮夸，多與經旨相悖,乃屬左氏增設。書內皆列之小註,使不與本傳相混。其有傳無經者,則全刪不錄。案近時河南張沐著《春秋疏略》,以"左"為"列於經左"之義①,不為人姓。伯政蓋踵是說。然又覺傳中論贊或稱孔子、或稱仲尼,究不類孔子所自作②,故變更其說,歸於左氏增加耳。至《春秋》之用周正,原無可疑。其兼用夏正,以便民事,則有《周禮》"正月"、"正歲"之文顯然可據。伯政但摭經書中"夏正"之文以相詰難,蓋知其一不知其二。其《左傳》"王周正月"一語,尤為確證。伯政并此二字詆為不通,以為後人所加。則凡古書之害於己說者,悉以後人竄入概之,天下無不可伸之論矣。惟其考定每年十二月朔日甲子及節氣時刻,俾二百四十年閏置閏之得失、干支之次序一一可見,以伸其合於夏正之說,似乎可據。不知周正、夏正,在月不在日。其月雖相差六十日,而其日則六十甲子剛及一週。不論周正、夏正,其朔望原未嘗改,不足以為建寅之據。亦不揣本而齊末也。

**【彙訂】**

① "以"下"左"字,殿本作"左傳"。

② "所",殿本無。

春秋集古傳註二十六卷或問六卷(兩江總督採進本)

國朝郜坦撰。坦,淮安人①。是書成於乾隆乙丑。首為《纂例》十五篇,末為《或問》六卷,言所以去取諸家之意。經文皆遵《左氏》,不遵《左氏》者,惟"紀子帛"改從伯、"君氏卒"改從尹、"鄭人來渝平"改從輸三條耳。其事蹟亦據《左氏》。其所集傳註,多用杜預、孔穎達、啖助、趙匡、陸淳、孫復、劉敞、孫覺、程子、許翰、胡安國、高閌、陳傅良、張洽、趙鵬飛、家鉉翁、吳澄十七家之説，而別採宋、元諸家以輔之。在説《春秋》家，亦非純尚空談者。然持論亦傷深刻②，又時時好出新意，而不盡允協。如改"君氏"為"尹氏"，仍以為即公囚於鄭之"尹氏"③，則沿襲金履祥之説④，殊為附會。又如"趙盾弑君，越境乃免"，趙匡、劉敞、孫覺、朱子、呂祖謙諸儒皆以為必非孔子之言。而坦於《或問》中則云："越境而不返乎？晉國董狐又何言以正其弑？"於《集古傳註》中則云："去國不返，然後君臣之義絶。越境乃免之言，為無今將之心者開一門路⑤。"云云。夫《春秋》作而亂臣賊子懼，曾謂聖人而為後世開一門路，使姦雄藉口乎？至於城楚丘之説，其《傳註》本主劉敞，而《或問》則以為主孫復。二書之中，不免偶傷牴牾，猶其小節矣。

【彙訂】

①　清光緒刻本《春秋集古傳註》二十六卷《卷首》一卷《或問》六卷，《或問》前有郜坦自序，署"乾隆戊辰四月壬午五河縣學廩膳生員臣郜坦序"。《春秋集古傳註》前載咸豐九年祁寯藻《克寬先生春秋集古傳註序》、同治二年吳棠《春秋集古傳註序》亦云五河縣人。嘉慶《五河縣志》卷六《人物·鄉賢傳》有郜坦傳。（胡露、周録祥：《〈四庫全書總目·經部〉禮類、春秋類存目補正》）

②　"傷"，殿本作"多"。

③　"仍"，殿本無。

④　"則"，殿本無。

⑤　"無今將之心"，底本作"今無將之心"，據清光緒刻本此書卷十三宣公二年"秋九月乙丑趙盾弑其君夷皋"條原文及殿本改。"今將之心"本《公羊傳》"何氏曰：今將欲弑"。

春秋義解十二卷（湖北巡撫採進本）

國朝劉夢鵬撰。夢鵬字雲翼，蘄水人。乾隆辛未進士，官饒陽縣知縣。是書卷首列孟子、朱子之論《春秋》者為《述孟》、《述朱》。次為《王朝世次考》、《列國世次考》、《魯世次考》。以下十二公為十二卷。大旨尊《公》、《穀》而斥《左氏》。其自序謂："《公》、《穀》比事屬辭，義不詭於儒者，而斤斤於日月、名氏、爵號以求例，曾謂《春秋》之旨盡如是乎？若《左氏》紀事多而誤，說經疏而謬。如莒密州之事，經不云世子展輿也，而《左》以為展輿；莒庶其之事，經不云世子僕也，而《左》以為僕；蔡侯申之事，經賤者書盜也，而《左》以為公孫翩；晉州蒲之事，經不云欒書、中行偃也，而《左》以為欒書、中行偃；晉夷皋之事，經以為趙盾也，而《左》以為穿；鄭伯夷之事，經以為歸生也，而《左》以為宋；吳僚之事，經不云公子光也，而《左》以為公子光；鄭髡頑，經以為卒也，而《左》以為公子騑之謀；楚子麇，經以為卒也，而《左》以為公子圍之逆；齊陽生，經以為卒也，而《左》以為陳乞以說於吳。其他大夫奔殺①，經或止一二人，而《左》增入數人；會盟侵伐，經各有其事，而《左》或牽移他事；滕、薛，杞、宋，蔡、邾，各二國，經載分明，而《左》誤合為一；緣陵、城杞，實繫兩地，而《左》以為俱繫淳于；入祊、假田，各有情事，而《左》以為魯、鄭相易；子帛、君氏，譌誤字也②，而《左》以為名稱；甲戌、己丑，兩存日也，而《左》以為再赴；葬桓王，諱也，而《左》以為改葬；子般，卒也，而《左》以為殺；子牙，卒也，而《左》以為酖。諸如世次增添，事蹟舛誤，難以殫述。"其持論甚辨，幾於季本、郝敬、毛奇齡。然經垂書法，傳述事實，必以經所不書即為增設，則河陽之狩，周天子真巡狩矣。其論似通而實謬。至於深文過當，憑臆率斷。如以隱為竊國，欺桓幼而攘之，垂涎十有餘年；以子同生為哀姜張本，自子生至婦人，見其過期不取，昏姻不時；以季友志在奉僖，援齊得復，故賊閔公者乃季友非慶父；以齊崔杼之事，亦因景公附杼，故杼為立景而生逆謀；以昭公三十二年吳伐越乃南越芉姓③，非於越之越，亦可謂果於自信者矣。

**【彙訂】**

①“奔殺”，底本作“奔殿”，據殿本改。《春秋》所記列國大夫出奔或殺其君主之事，實不止一二人，而傳中則更多。但“殿”字只有殿軍之義，而《春秋》中未有殿軍之事者。（王重民：《跋新印本〈四庫全書總目〉》）

②“譌誤”，殿本作“誤譌”。

③“芉”，殿本作“芊”，皆誤，應作“芈”。《國語·鄭語》：“芈姓夔、越，不足命也。”羅泌《路史·國名記丙》：“越，芈姓，古南越……非姒姓之越。”據改。

**讀左補義五十卷**（浙江巡撫採進本）

國朝姜炳璋撰。炳璋有《詩序補義》，已著錄。是書欲破說《春秋》者屈經從例之弊，謂《春秋》無例，《左傳》所言之例皆史氏之舊文。其凡有五：一曰西周舊典，二曰東遷後列國相沿之例，三曰魯史自相傳授之例，四曰霸國更定之例，五曰魯君臣私定之例。杜預所謂“凡例皆周公之禮經，變例皆聖人之新意”者，未為定論。其援據頗典博，參考亦頗融貫。然謂史氏相沿有此五例，左氏遂據以推測聖經可也，謂《春秋》全因五例之舊文，則聖人直錄魯史，不筆不削，何以云“其義竊取”？何以云“知我、罪我，其惟《春秋》乎”？觀《襄公二十年傳》甯殖曰：“名藏在諸侯之策，

曰：‘孫林父、甯殖出其君。’”而經書“襄公十四年夏四月己未，衛
侯出奔齊”，是亦不盡用策書之明證矣。所註用杜解者十之六
七，兼採他説并參以己意，亦頗簡潔。而傳後必附以説，簡端又
冠以評，或論事，或論文，如坊選古文之例，殊非註經之體也。

　　春秋經傳類求十二卷（兩江總督採進本）

　　國朝孫從添、過臨汾同編。從添號石芝，常熟人。臨汾，長
洲人。是書始刻於乾隆己卯，取《春秋》三傳及胡安國《傳》，分為
一百二十門。每門前列書法，後載事類，事類之中又自分經、傳。
其自述謂本於蘇軾“《春秋》當以類求”一語。雖亦欲發比事屬辭
之旨，然割裂繁碎，彌難尋檢。卷首列《春秋諸國圖説》一篇，亦
取之蘇軾《指掌圖》。不知《指掌圖》後人贋作，非軾書也。

　　春秋一得一卷（編修周永年家藏本）

　　國朝閻循觀撰。循觀有《尚書讀記》，已著錄。然《尚書讀
記》多推求文句，未能闡帝王經世之大法，是編則於筆削大義多
所發明。如曰：“胡氏夏時冠周月之説，理所必無。夫子作《春
秋》以明文武之道、文武之制，而夫子更之，可乎？”曰：“武氏子來
求賻，罪魯也。”曰：“州吁不稱公子，絶之於衛也。胡氏謂莊公不
待以公子之道，以為為人君父之戒，何以懼亂臣乎？”曰：“諸侯不
得專殺大夫。故凡大夫之殺，《春秋》皆稱國舉官，不論有罪、無
罪及殺當其罪否也。此義先儒多誤會。”曰：“説者謂王不稱天為
《春秋》貶黜天子，不亦甚乎？春王正月不曰天王，則天王、王一
也。”曰：“梁山崩，穀梁氏曰：‘君親縞素帥羣臣而哭之，既而祠
焉。斯崩山之壅河流者矣。’此術者之言也。左氏曰：‘君為不
舉，降服乘縵，徹樂出次，祝幣史辭以禮焉。’此有司之存也。胡

氏曰：‘古之遭變異而外為此文者，必有恐懼修省之心生於内，徒舉其文而無實以先之，何以弭災變乎？’此儒者之道也。”其言明白正大多類此。惜止八十八條，未能成書也。

左傳評三卷（山東巡撫採進本）

國朝李文淵撰。文淵字靜叔，益都人。《春秋左傳》本以釋經，自真德秀選入《文章正宗》，亦遂相沿而論文。近時寧都魏禧、桐城方苞於文法推闡尤詳。文淵以二家所論尚有未盡，乃自以己意評點之。僅及《僖公二十四年》而文淵夭逝，書遂未畢。其兄文藻哀次遺稿，編為三卷，刊版於潮陽。末有文藻跋，稱其“潛心《易》、《禮》兩經，取古人圖象、傳註羅而繹之者數年，以至於病且死。故所評閱，多未終卷”云。

春秋日食質疑一卷（編修程晉芳家藏本）

國朝吳守一撰。守一字萬先，歙縣人。是書推考歲差加減，以證《春秋》所載日食之誤。《春秋》日月，以《長曆》考之，往往有謬，見於杜預《釋例》。此更詳其進退遲速，以求交限。末附《詩書日食考》二條，以互相參證。但其云《隱公三年》“春王二月己巳朔，日有食之”當是三月己巳朔，書“二月”者，晦朔之誤；《桓公三年》“秋七月壬辰朔，日有食之”當是五月癸丑朔，書“三月”者，或夏正之譌。近者陳厚耀作《春秋長曆表》，以為隱公元年以前非失一閏，乃多一閏。退一月就之，隱公元年正月為庚辰朔，較《長曆》實退兩月，推至僖公五年止，以閏月小建為之遷就。則隱、桓三年日食更不必疑矣。《僖公十五年》“夏五月，日有食之”，守一以為當是三月甲戌，而顧棟高《春秋長曆拾遺表》以為當是四月癸丑朔。《襄公二十四年》七月、八月遞食，守一與棟高皆從《大衍曆》，以為八月無食。其他守一、棟高説亦多同，而皆不及厚耀之密。生數千載之後，必欲求歲差於秒忽之閒，亦未見其悉得。姑存其説焉可矣。

春秋不傳十二卷（江蘇巡撫採進本）

國朝湯啟祚撰。啟祚字迪宗，寶應人。其書自稱"不傳"者，謂於四《傳》無所專從也。今觀所説，特不從《左傳》耳。於《公羊》、《穀梁》、胡氏皆掇其餘論，而日月之例信《公》、《穀》尤篤。蓋三家之傳皆以譏貶為主[①]，而亦各有所平反[②]。啟祚乃專取三家嚴刻鍛鍊之説，合為一書。如其所論，是聖人之立法，更酷於商鞅、韓非也。

**【彙訂】**

① "蓋三家之傳皆"，殿本作"然三家之傳雖皆"。

② "亦"，殿本作"尚"。

春秋集解讀本十二卷（安徽巡撫採進本）

國朝吳應申撰。應申字文在，歙縣人。以《春秋》經解卷帙浩繁，難於徧讀，因薈萃衆説，擇其合於經旨者詳註經文之下，以資記覽。自序謂："詞可計日而誦，為愚魯者計甚便。"蓋特課讀之本，非有意於闡發經義者也[①]。

**【彙訂】**

① "蓋特課讀之本非有意於闡發經義者也"，殿本作"蓋特鄉塾課讀之本也"。

春秋三傳事實廣證無卷數（兩江總督採進本）

不著撰人名氏。採諸書所載春秋時事迹列於三《傳》之下，意取互相參證。然左氏親見國史，公、穀兩家已不及其確實，乃兼採諸子雜説寓言。欲以考校其是非，亦徒成其龐雜而已矣。於經義無補也。

右春秋類一百十八部，一千五百七十六卷，內十一部無卷數①。皆附存目。

**【彙訂】**

① "一千五百七十六卷內十一部無卷數"，殿本作"一千五百二十一卷內十一部無卷數"，底本實著録一千五百七十四卷，殿本實著録一千五百七十六卷，皆有十一部無卷數。

案，明科舉之例，諸經傳註皆因元制，用宋儒。然程子作《春秋傳》未成，朱子又未註《春秋》。以胡安國學出程子，張洽學出朱子，《春秋》遂定用二家。蓋重其所出之淵源，非真有見於二人之書果勝諸家也。後張《傳》以文繁漸廢，胡《傳》竟得孤行，則又考官、舉子共趨簡易之故，非律令所定矣。且他經雖限以一説立言，猶主經文。《春秋》一經，則惟主發揮傳義。其以經文命題，不過傳文之標識，知為某公某年某事而已。觀張朝瑞《貢舉考》，備列明一代試題，他經皆具經文首尾，惟《春秋》僅列題中兩三字，如盟密、夾谷之類，其視經文不為輕重可知矣。是《春秋》雖列在學官，實以胡《傳》當一經，孔子特擁其虛名而已。經義之荒，又何足怪乎？《欽定春秋傳説彙纂》總括衆説，折衷聖言，凡安國迂謬之談，悉一一駁正。此足見是非之公，終有不能強掩者矣。今檢校遺書，於明代説《春秋》家多所刊削。庶不以科舉俗學，蝕聖經之本旨云爾①。

**【彙訂】**

① 殿本"蝕"上有"晦"字。

# 經 部 三 十 二

## 孝 經 類

蔡邕《明堂論》引魏文侯《孝經傳》,《吕覽·審微篇》亦引《孝經·諸侯章》[①],則其來古矣[②]。然授受無緒,故陳騤、汪應辰皆疑其偽。今觀其文,去二戴所録為近,要為七十子徒之遺書。使河間獻王採入一百三十一篇中,則亦《禮記》之一篇,與《儒行》、《緇衣》轉從其類。惟其各出別行,稱孔子所作,傳録者又分章標目,自名一經。後儒遂以不類《繫辭》、《論語》繩之,亦有由矣。中閒孔、鄭兩本,互相勝負。始以開元《御註》用今文,遵制者從鄭;後以朱子《刊誤》用古文,講學者又轉而從孔。要其文句小異,義理不殊,當以黃震之言為定論。語見《黃氏日鈔》。故今之所録,惟取其詞達理明,有裨來學,不復以今文、古文區分門户,徒釀水火之爭。蓋註經者明道之事,非分朋角勝之事也。

**【彙訂】**

①"審微篇"當作"察微篇"。(楊武泉:《四庫全書總目辨誤》)

②"古",殿本作"久"。

古文孝經孔氏傳一卷附宋本古文孝經一卷（光禄寺卿陸錫熊家藏本）

舊本題"漢孔安國傳，日本信陽太宰純音"。據卷末乾隆丙申歙縣鮑廷博新刊跋，稱其友汪翼滄附市舶至日本，得於彼國之長崎澳。核其紀歲干支，乃康熙十一年所刊[1]。前有太宰純序，稱："古書亡於中夏、存於日本者頗多。昔僧奝然適宋，獻鄭注《孝經》一本。今去其世七百餘年，古書之散逸者亦不少，而《孔傳古文孝經》全然尚存。惟是經國人相傳之久，不知歷幾人書寫，是以文字譌謬，魚魯不辨。純既以數本校讎，且旁採他書所引，苟有足徵者，莫不參考。十更裘葛，乃成定本。其經文與宋人所謂'古文'者亦不全同，今不敢從彼改此。《傳》中閒有不成語，雖疑其有誤，然諸本皆同，無所取正，故姑傳疑以俟君子。今文唐陸元〔玄〕朗嘗音之，古文則否。今因依陸氏音例，並音經傳，庶乎令讀者不誤其音。"云云。考世傳海外之本，別有所謂《七經孟子考文》者，亦日本人所刊，稱"西條掌書記山井鼎輯，東都講官物觀補遺"。中有《古文孝經》一卷，亦云："古文孔《傳》，中華所不傳，而其邦獨存。"又云："其真偽不可辨，末學微淺，不敢輒議。"云云。則日本相傳，原有是書，非鮑氏新刊贋造。此本核其文句，與山井鼎等所考大抵相應。惟山井鼎等稱每章題下有劉炫直解，其字極細寫之，與註文麤細弗類。又有引及邢昺《正義》者，為後人附録。此本無之，為少異耳。其《傳》文雖證以《論衡》、《經典釋文》、《唐會要》所引，亦頗相合。然淺陋冗漫，不類漢儒釋經之體，并不類唐、宋、元以前人語。殆市舶流通，頗得中國書籍，有桀黠知文義者摭諸書所引孔《傳》，影附為之，以自誇圖籍之富歟？考元王惲《中堂事紀》有曰[2]："中統二年，高麗世子植來朝，宴於中書省。問曰：'傳聞汝邦有《古文尚書》及海外異書？'答曰：'與中國書不殊。'"高麗、日本比鄰相接，海東經典大概可知。使果有之，何以奝然不與鄭註並獻，至今日而乃出？足徵彼國之本出自宋、元以後③。觀山井鼎亦疑之，則其事固可知矣。特以海外祕文，人所樂覯。使不實見其書，終不知所謂《古文孝經孔傳》不過如此，轉為好古者之所惜。故特錄存之，而具列其始末如右。

**【彙訂】**

① 太宰純校刊之本刻於享保十七年，當雍正十年，非康熙十一年。（胡玉縉：《四庫全書總目提要補正》）

② "中堂事紀"，底本作"中堂紀事"，據殿本改。王惲《秋澗先生大全集》卷八十至八十二即《中堂事紀》。"有"，殿本無。

③ 此書有弘安二年刻本，當宋祥興二年，元世祖至元十六年，則非元以後始出。（胡玉縉：《四庫全書總目提要補正》）

孝經正義三卷（內府藏本）①

唐元〔玄〕宗明皇帝御註，宋邢昺疏。案《唐會要》："開元十年六月，上註《孝經》，頒天下及國子學。天寶二年五月，上重註，亦頒天下。"《舊唐書‧經籍志》"《孝經》一卷，元宗註。"《唐書‧藝文志》"今上《孝經制旨》一卷"，註曰"元宗"。其稱"制旨"者，猶梁武帝《中庸義》之稱"制旨"，實一書也②。趙明誠《金石錄》載《明皇註孝經》四卷。陳振孫《書錄解題》亦稱："家有此刻，為四大軸。"蓋天寶四載九月，以《御註》刻石於太學，謂之《石臺孝經》。今尚在西安府學中③，為碑凡四，故拓本稱四卷耳。元宗御製序末稱："一章之中凡有數句，一句之內義有兼明，具載則文

繁,略之則義闕。今存於疏,用廣發揮。"《唐書·元行沖傳》稱:
"元宗自註《孝經》,詔行沖為疏,立於學官。"《唐會要》又載:"天
寶五載,詔《孝經書疏》雖麤發明,未能該備,今更敷暢以廣闕文,
令集賢院寫頒中外。"是註凡再修,疏亦再修。其疏《唐志》作二
卷,《宋志》則作三卷,殆續增一卷歟? 宋咸平中,邢昺所修之疏
即據行沖書為藍本。然孰為舊文,孰為新説,今已不可辨別矣。
《孝經》有今文、古文二本。今文稱鄭元註,其説傳自荀昶,而《鄭
志》不載其名。古文稱孔安國註,其書出自劉炫,而《隋書》已言
其偽。至唐開元七年三月,詔令羣儒質定。右庶子劉知幾主古
文,立十二驗以駁鄭;國子祭酒司馬貞主今文,摘《閨門章》文句
凡鄙,《庶人章》割裂舊文,妄加"子曰"字,及註中"脱衣就功"諸
語以駁孔,其文具載《唐會要》中。厥後今文行而古文廢。元熊
禾作董鼎《孝經大義》序,遂謂貞去《閨門》一章,卒啟元宗無禮無
度之禍。明孫本作《孝經辨疑》,併謂唐宮閫不肅,貞削《閨門》一
章乃為國諱。夫削《閨門》一章,遂啟幸蜀之衅,使當時行用古
文,果無天寶之亂乎? 唐宮閫不肅誠有之,至於《閨門章》二十四
字,則絕與武、韋不相涉。指為避諱,不知所避何諱也[①]? 況知
幾與貞兩議並上,《會要》載當時之詔,乃鄭依舊行用,孔註傳習
者稀,亦存繼絕之典。是未因知幾而廢鄭,亦未因貞而廢孔。迨
時閲三年,乃有《御註》太學刻石,署名者三十六人,貞不預列。
《御註》既行,孔、鄭兩家遂併廢,亦未聞貞更建議廢孔也。禾等
徒以朱子《刊誤》偶用古文,遂以不用古文為大罪。又不能知唐
時典故,徒聞《中興書目》有"議者排毁,古文遂廢"之語,遂沿其
誤説,憒憒然歸罪於貞。不知以註而論,則孔佚鄭亦佚。孔佚罪
貞,鄭佚又罪誰乎? 以經而論,則鄭存孔亦存,古文並未因貞一

議亡也,貞又何罪焉? 今詳考源流,明今文之立,自元宗此註始;元宗此註之立,自宋詔邢昺等修此疏始。 衆説喧呶,皆揣摩影響之談,置之不論不議可矣。

**【彙訂】**

① 文淵閣《四庫》本為《孝經注疏》九卷《孝經注解傳述人》一卷《孝經注疏序》一卷《孝經序》一卷,各卷末附《考證》(清李清檀等撰)。(修世平、張蘭俊:《〈四庫全書總目〉訂誤十六則》)

②《新唐書・藝文志》著録今上《孝經制旨》一卷,注"玄宗"二字,又載元行沖《御注孝經疏》二卷,行沖疏引《制旨》以申《御註》,可證《制旨》與《御注孝經》並非一書。(余嘉錫:《四庫提要辨證》)

③ "在",殿本作"存"。

④ 武、章之禍在前,司馬貞删《閨門章》在後,并非時不相及,何以説"絶不相涉"? 司馬貞排斥《閨門章》有"為國諱"的用意還是很明顯的,正表明唐人家庭倫理觀念淡薄,不重閨門之訓的特點。(舒大剛:《宋代〈古文孝經〉的流傳與研究述評》)

古文孝經指解一卷(内府藏本)

不著編輯者名氏。以宋司馬光、范祖禹之説合為一書。案宋《中興藝文志》曰:"自唐明皇時議者排毀古文,以《閨門》一章為鄙俗,而古文遂廢。案此説舛誤,辨已見《孝經正義》條下。至司馬光始取古文為《指解》。"又范祖禹《進〈孝經説〉劄子》曰:"仁宗朝司馬光在館閣,為《古文指解》表上之。臣妄以所見,又為之説。"《書録解題》載光書、祖禹書各一卷。此本殆以二書相因而作,故合編也。王應麟《玉海》載光書進於至和元年,時為殿中丞、直祕閣，與祖禹説小異。然光集所載進表稱："嘗撰《古文孝經指解》，皇祐中獻於仁宗皇帝。竊慮歲久不存，今繕寫為一卷上進。"云云。則祖禹所説者初進之本，應麟所説者重進之本耳。《孝經》今文、古文，自《隋志》所載王劭、劉炫以來，即紛紛聚訟。至唐而劉知幾主古文，司馬貞主今文。其彼此駁議，《唐會要》具載其詞①。至今説經之家亦多遞相左右，然所爭者不過字句之閒。觀光從古文，而句下乃備載唐元〔玄〕宗今文之註，使二本南轅北轍，可移今文之註以註古文乎？宋黃震《日鈔》有曰："案《孝經》一爾，古文、今文特所傳微有不同。如首章今文云：'仲尼居，曾子侍。'古文則云：'仲尼閒居，曾子侍坐。'今文云：'子曰先王有至德要道。'古文則曰：'子曰參先王有至德要道。'今文云：'夫孝，德之本也，教之所由生也。'古文則曰：'夫孝，德之本，教之所由生。'文之或增或減，不過如此，於大義固無不同。至於分章之多寡，今文《三才章》'其政不嚴而治'與'先王見教之可以化民'通為一章，古文則分為二章；今文《聖治章》第九'其所因者本也'與'父子之道天性'通為一章，古文則分為二章；'不愛其親而愛他人者'，古文又分為一章。章句之分合，率不過如此，於大義亦無不同。古文又云：'閨門之內，具禮矣乎，嚴父嚴兄，妻子臣妾，猶百姓徒役也。'此二十二字，今文全無之，而古文自為一章，與前之分章者三，共增為二十二。所異者又不過如是。非今文與古文各為一書也。"其説可為持平。光所解及祖禹所説，讀者觀其宏旨，以求天經地義之原足矣。其今文、古文之爭，直謂賢者之過可也。胡爌《拾遺録》嘗譏祖禹所説以光註"言之不通也"句誤為經文。今證以朱子《刊誤》，爌説信然。然亦非大義所係，今姑仍原本録之，而附存爌説，以糾其失焉。

案，註《孝經》者駁今文而遵古文，自此書始；五六百年門戶相持，則自朱子用此本作《刊誤》始，皆逐其末而遺其本也。今特全録黄震之言，發其大凡，以著詬争之無謂。餘一切紛紜之説，後不復載，亦不復辨焉。

## 【彙訂】

①"至唐而劉知幾主古文司馬貞主今文其彼此駁議唐會要具載其詞"，殿本無。

### 孝經刊誤一卷（通行本）

宋朱子撰。書成於淳熙十三年，朱子年五十七，主管華州雲臺觀時作也。取古文《孝經》分為經一章、傳十四章，删舊文二百二十三字。後有《自記》曰："熹舊見衡山胡侍郎《論語説》，<sub>案胡宏</sub>高宗時為禮部侍郎，居衡州，故曰衡山，所著有《五峯論語指南》一卷。疑《孝經》引《詩》，非經本文。初甚駭焉，徐而察之，始悟胡公之言為信，而《孝經》之可疑者不但此也，因以書質之沙隨程可久丈，<sub>案可久，程迥之字也。</sub>程答書曰：'頃見玉山汪端明，<sub>案汪應辰，孝宗時為端明殿學士。</sub>亦以此書多出後人附會。'於是乃知前輩讀書精審，其論固已及此。竊幸有所因述，而得免於鑿空妄言之罪。"云云。今以《朱子語録》考之，黄螢記云："《孝經》除了後人所添前面'子曰'及後面引《詩》，便有首尾。"又云："'以順則逆①，民無則焉'，是季文子之詞。'言斯可道，行斯可樂'一段，是北宫文子論令尹之威儀，在《左傳》中自有首尾。載入《孝經》，都不接續，全無意思。"又葉賀孫記云："古文《孝經》有不似今文順者。如'父母生之，續莫大焉'，又著一個'子曰'字。方説'不愛其親而愛他人者，謂之悖德'，此本是一段。以'子曰'分為二，恐不是。"又輔廣記云："'孝莫大於嚴父,嚴父莫大於配天',豈不害理? 如此則須是如武王、周公方能盡孝道,尋常人都無分,豈不啟人僭亂之心?"是朱子詆毀此書,已非一日,特不欲自居於改經,故託之胡宏、汪應辰耳。歐陽修《詩本義》曰:"删《詩》云者,非止全篇删去也,或篇删其章,或章删其句,或句删其字。"引《唐棣》、《君子偕老》、《節南山》三詩為證。朱子蓋陰用是例也[②]。陳振孫《書錄解題》載此書,註其下曰:"抱遺經於千載之後,而能卓然悟疑辨惑,非豪傑特起獨立之士,何以及此? 此後學所不敢仿效,而亦不敢擬議也。"斯言允矣。南宋以後,作註者多用此本。故今特著於錄,見諸儒淵源之所自與門戶之所以分焉。

**【彙訂】**

①"以",殿本脱。《孝經·聖治章》:"以順則逆,民無則焉。"

②"陰",殿本無。

孝經大義一卷(兩江總督採進本)

元董鼎撰。鼎有《尚書輯錄纂註》,已著錄。初,朱子作《孝經刊誤》,但為釐定經傳,删削字句,而未及為之訓釋。鼎乃因朱子改本,為之詮解。凡改本圈記之字[①],悉為芟除;改本辨正之語,仍存於各章之末。所謂"右傳之幾章釋某義"者,一一順文衍出[②],無所出入;第十三章[③]、十四章所謂"不解經而別發一義"者,亦即以經外之義説之,無所辨詰。惟增註今文異同為鼎所加耳。其註稍參以方言,如云"今有一個道理",又云"至此方言出一'孝'字"之類,略如語錄之例。其敷衍語氣,則全為口義之體。雖遣詞未免稍冗,而發揮明暢,頗能反覆以盡其意,於初學亦不為無益也。前有熊禾序，蓋大德九年鼎子真卿從胡一桂訪禾於雲谷山中，以此書質禾，禾因屬其族兄熊敬刊行，而自序其首。序稱朱子為"桓桓文公"。案《書》曰："勖哉夫子，尚桓桓。"孔《傳》曰："桓桓，武貌。"《爾雅》曰："桓桓、烈烈，威也。"均與著書明道之旨無關，頗為杜撰。又"文公"字跳行示敬，而"孔子"、"曾子"字乃均不跳行，亦殊顛倒④。以原本所有，姑仍其舊録之焉。

## 【彙訂】

① "圈記"，殿本作"圖記"，誤。文淵閣《四庫》本書前提要不誤。

② "出"，殿本作"説"。

③ "第十三章"，殿本作"第十二章"，誤。文淵閣《四庫》本書前提要不誤。朱熹《孝經刊誤》云："此不解經而別發一義，宜為《傳》之十三章"；"《傳》之十四章，亦不解經而別發一義"。

④ 殿本"殊"下有"屬"字。

孝經定本一卷（兩江總督採進本）

元吳澄撰。澄有《易纂言》，已著録。此書以今文《孝經》為本，仍從朱子《刊誤》之例，分列經傳。其經則合今文六章為一章。其傳則依今文為十二章，而改易其次序。至朱子所删一百七十二字案朱子《刊誤》凡删二百二十三字①，中有句删其字者。此惟載所删之句，故止一百七十二字。與古文《閨門章》二十四字，並附録於後。後有大德癸卯澄門人河南張恒跋，稱澄"觀邢疏而知古文之偽，觀朱子所論知今文亦有可疑。因整齊諸説，附入己見，為家塾課子之書。不欲傳之，未嘗示人"云云。蓋心亦有所不安也。其謂漢初諸儒始見此書，蓋未考魏文侯嘗為作傳，見於蔡邕《明堂論》

中。至其據許氏《説文》所引古文《孝經》"仲尼居"無"閒"字，知古文之"仲尼閒居"為劉炫所妄增；又據桓譚《新論》稱古文千八百七十二字，與今文異者四百餘字。今劉炫本止有千八百七字②，多於今文八字，除增《閨門》一章二十四字外，與今文異字僅二十餘字。則較司馬貞之攻古文，但泛稱文句鄙俗者，特有根據。所定篇第雖多分裂舊文，而詮解簡明，亦秩然成理。朱子《刊誤》既不可廢，則澄此書亦不能不存。蓋至是而《孝經》有二改本矣。

**【彙訂】**

①"二百二十三字"，殿本作"二百一十三字"，誤，見本卷《孝經刊誤》條。文淵閣《四庫》本書前提要不誤。

②"千八百七字"，底本作"千八百七十字"，據殿本改。今文《孝經》為一千七百九十九字。

孝經述註一卷（永樂大典本）

明項霶撰。霶始末無可考。惟《江西志》載："項霶，浙江臨海人。洪武閒為按察司僉事。"與黄昭原序所言合，當即其人也。是編用古文《孝經》本。其所詮釋，不務為深奧之論，而循文衍義，案章標旨，詞意頗為簡明，猶説經家之不支蔓者。《明史·藝文志》不著錄，朱彝尊《經義考》亦不載其名，惟《永樂大典》僅存此本。然編次佚脱，以第七章註文入第六章經文下，遂使六章無註，七章無經。今以所佚經文案古文原本補入。所佚註文，則世無別本，無從葺完矣。以其沈埋蠹簡之内三百餘年，世無能舉其名者，今幸際昌期，發其光耀，亦萬世一時之遭際①。故特採掇出之，俾聞於後，不以殘闕而廢焉。

**【彙訂】**

①“遭際”，殿本作“遭遇”。

孝經集傳四卷（福建巡撫採進本）

明黃道周撰。道周有《易象正》，已著録。是書作於廷杖下獄之時。其作書之旨，見於門人所筆記者，曰：“《孝經》有五大義。本性立教，因心為治，令人知非孝無教，非性無道，為聖賢學問根本，一也。約教於禮，約禮於敬，敬以致中，孝以導和，為帝王致治淵源，二也。則天因地，常以地道自處，履順行讓，使天下銷其戾心，覺五刑、五兵無得力處，為古今治亂淵源，三也。反文尚質，以夏、商之道救周，四也。闢楊誅墨，使佛、老之道不得亂常，五也。”以是五者，別其章分，然後以《禮記》諸篇條貫麗之。其自序中所謂“五微義”、“十二著義”者，不出於此，實其著書之綱領也。然其初説以引《詩》數處各屬下章，如《中庸・尚絅章》例，今則仍附於各章之後，蓋亦自知其説之不安。又其初欲先明篇章，次論孝敬淵源，三論反文歸質，似欲自立名目，如《大學衍義》之體。今本則仍依經文次第，而雜引經記以證之，亦與初例不同。昔朱子作《刊誤後序》曰：“欲掇取他書之言可發此經之旨者別為《外傳》，顧未敢耳。”道周此書，蓋與之闇合。其推闡頗為詳洽，蓋起草於崇禎戊寅，卒業於癸未，屢變其例而後成，故較所註《禮記》五篇成於一歲之中者為精密云。

御註孝經一卷

順治十三年世祖章皇帝御撰。《孝經》詞近而旨遠，等而次之，自天子以至於庶人；推而廣之，自閨門可放諸四海；專而致之，即愚夫、愚婦可通於神明。故語其平易①，則人人可知可行；

語其精微，則聖人亦覃思於闡繹。是編《御註》約一萬餘言，用石臺本，不用孔安國本，息今文、古文門户之争也；亦不用朱子《刊誤》本，杜改經之漸也。義必精粹，而詞無深隱，期家喻户曉也。考歷代帝王註是經者，晉元帝有《孝經傳》，晉孝武帝有《總明館孝經講義》，梁武帝有《孝經義疏》，今皆不存。惟唐元〔玄〕宗《御註》列《十三經註疏》中，流傳於世。司馬光、范祖禹以下，悉不能出其範圍。今更得聖製表章，使孔、曾遺訓，無一義之不彰，無一人之不喻。回視元宗所註，度而越之，又不啻萬倍矣。

## 【彙訂】

① "平易"，殿本作"平近"。

### 御纂孝經集註一卷

雍正五年世宗憲皇帝御定。《孝經》書止一卷，而虞淳熙稱，作傳註者自魏文侯而下至唐、宋①，有名可紀者，幾九十九部，二百二卷，元、明兩代不預焉。其書雖歲久多佚，近時曹庭棟《孝經通釋》所引，尚於唐得五家，宋得十七家，元得四家，明得二十六家，國朝得十家。然宋以前遺文緒論，傳者寥寥。宋以後之所説，大抵執古文以攻今文，又執朱子《刊誤》以攻古文，於孔、曾大義微言，反視為餘事，註愈多而去經愈遠。世宗憲皇帝以諸註或病庸膚，或傷蕪雜，不足闡天經地義之理，爰指授儒臣，精為簡汰，刊其糟粕，存其菁華，仿朱子《論語》、《孟子集註》之體，纂輯此編。凡斧藻羣言，皆親為鑒定，與世祖章皇帝《御註》並發明聖教，齊曜儀璘。蓋我世祖章皇帝四海會同，道光纘緒。我世宗憲皇帝九重問視，禮備承顏。孝治覃敷，臚驩萬國。以聖契聖，實深造至德要道之原。故能衡鑒衆論，得所折衷，於以建皇極而立人紀,固非儒生義疏所能比擬萬一矣。

【彙訂】

① "而下至唐宋",殿本作"以下至於唐宋"。

孝經問一卷(浙江巡撫採進本)

國朝毛奇齡撰。奇齡有《仲氏易》,已著錄。是編皆駁詰朱子《孝經刊誤》及吳澄《孝經定本》二書。設為門人張燧問而奇齡答,凡十條。一曰《孝經》非偽書,二曰今文、古文無二本,三曰劉炫無偽造《孝經》事,四曰《孝經》分章所始,五曰朱氏分合經、傳無據,六曰經不宜刪,七曰《孝經》言孝不是效,八曰朱氏、吳氏刪經無優劣,九曰閒居侍坐,十曰朱氏極論改文之弊。然其第十條乃論明人敢詬劉炫,不敢詬朱、吳,附及朱子之尊二程過於孔子,與所標之目不相應。蓋目為門人所加,非奇齡所自定,故或失其本旨也。漢儒說經以師傳,師所不言,則一字不敢更;宋儒說經以理斷,理有可據,則《六經》亦可改。然守師傳者其弊不過失之拘,憑理斷者其弊或至於橫決而不可制。王柏諸人點竄《尚書》,刪削二《南》,悍然欲出孔子上,其所由來者漸矣。奇齡此書負氣叫囂,誠不免失之過當。而意主謹守舊文,不欲啟變亂古經之習,其持論則不能謂之不正也。

右孝經類十一部,十七卷,皆文淵閣著錄。

案,《孝經》文義顯明,篇帙簡少,註釋者最易成書。然陳陳相因,亦由於此。今擇其稍有精義者,略錄數家,以見梗概,故所存獨少①。

【彙訂】

① 此段案語殿本無。

# 孝經類存目

孝經句解一卷（內府藏本）

元朱申撰。申有《周禮句解》，已著錄。是編註釋極淺陋。如"仲尼閒居"句下註曰："孔子名某，字仲尼。閒居謂閒暇居處之時。""曾子侍"句下註曰："曾子，孔子弟子，名參，字子輿。侍孔子坐。""子曰"句下註曰"孔子言曰"。"參"字下註曰："呼其名而告之。"蓋鄉塾課蒙之本，不足以言詁經者也。卷首題《晦菴先生所定古文孝經句解》，而書中以今文章次標列其間，其字句又不從朱子《刊誤》本，亦殊糅雜無緒。《通志堂經解》刻之，蓋姑以備數而已。

孝經正誤一卷附錄一卷（兩江總督採進本）

明潘府撰。府字孔修，上虞人。成化丁未進士，官至太常寺卿。事蹟具《明史·儒林傳》[①]。府以《孝經》皆孔子語，不應強分經、傳[②]。因舊本而校正之，或數章而合為一章，或一章而分作數章，一節之內前後互移，數節之中上下變置，定為一十三章。其註則兼採諸儒之說。附錄《曾子孝實》一卷。卷首有府自序，并載《總說》六條。自謂幸復聖經之舊。然亦孰見聖經之舊本而證其能復否乎？

【彙訂】

①《明史·儒林傳一》云："潘府，字孔修，上虞人。成化丁未進士……起太僕少卿，改太常，致仕。"《明儒學案》卷四六《諸儒學案》太常潘南山先生府條云："後以薦升太僕寺少卿，改太常

寺，致仕……”由太僕寺少卿改爲太常寺少卿，非太常寺卿。（楊武泉：《四庫全書總目辨誤》）

②“强”，殿本無。

### 孝經宗旨一卷（通行本）

明羅汝芳撰。汝芳字維德，南城人。嘉靖癸丑進士，官至布政使參政。《明史·儒林傳》附見《王畿傳》中。此書皆發明《孝經》之大旨，用問答以暢己説，與依文詮釋者不同。汝芳講良知之學，書中專明此旨，故以“宗旨”二字標題。朱彝尊《經義考》以爲“未見”，而陳繼儒《祕笈》中實有此本，彝尊殆偶然失考。黃虞稷《千頃堂書目》又別引一説，以爲羅洪先撰，亦非也。

### 孝經疑問一卷（浙江巡撫採進本）

明姚舜牧撰。舜牧有《易經疑問》，已著錄。是書以《孝經》語意聯貫，不應分章，尤不宜立章名。如首章之《開宗明義》、七章之《三才》、十七章之《事君》，無所取義，因悉爲刪去。其所詮釋，則皆老生常談也。又謂經文多出漢儒附會。如“則天之經，因地之利，以順天下”等語，似類漢儒之言，“父子之道天性也”以下，義不接續，並宜刪去。又病其各章皆引《詩》、《書》爲結，與《韓詩外傳》、《天祿閣外史》相類。夫《孝經》今文、古文雖至今聚訟，然自漢以來即分章，無合爲一篇者也。其字句異同，雖以朱子之學，因古文而作《刊誤》，終不能厭儒者之心也。舜牧何人，乃更變亂古籍乎？況惟聖人能知聖人，舜牧何所依據，而能一一分別此爲孔子之語，此非孔子之語，若親見聖人之原本耶？

### 孝經集講一卷（浙江范懋柱家天一閣藏本）

原本首題“直隸揚州府泰州端本社學教讀後學草茅臣熊兆

集講”，又有“直隸揚州府知府巡按直隸監察御史再呈看過收受”字。蓋鄉曲陋儒投獻干進之書也。其訓釋皆詞旨鄙陋，一無可觀。前列一圖，以圈內為五品人倫之正，圈外為萬物之偏邪。又以元為天、父、君，亨為長男、中男、少男，利為長女、中女、少女，貞為地、母、后。又演為《天經地義人行之圖》、《修學致用推孝為忠之圖》，皆迂謬穿鑿，毫無義理，蓋無知妄作之尤者也。

孝經註義一卷（直隸總督採進本）

國朝魏裔介撰。裔介字石生，號貞菴，柏鄉人。順治丙戌進士，官至保和殿大學士。乾隆元年追謚文毅。是書以《孝經》分章詮釋。其訓詁字義者，標題曰“註”；其敷衍語意者，標題曰“義”。詞旨淺近，蓋課蒙之作也。

孝經集解一卷（江蘇巡撫採進本）

國朝蔣永修撰。永修字慎齋，宜興人。順治丁亥進士，官至平越府知府[①]。是編順文詮釋，以訓童蒙，乃其官給事中督學湖廣時所作。本與《小學》合刊，名曰《孝經小學集解大全》。以宋儒雜纂之本與聖經併為一編，儗不於倫，難於著錄。今分為二書，各存其目焉。

**【彙訂】**

① 雍正《江南通志》卷一四二《人物志·常州府》蔣永修條云：“字紀友，宜興人。順治丁亥進士……出知平越府……擢湖廣提學副使……”《嘉慶增修宜興縣舊志》卷八《治績篇》云：“蔣永修，字紀友……鑛級知貴州平越府……擢湖廣提學副使……升陝西參政，未任卒。”可知蔣永修“字慎齋”當作“字紀友”，官至陝西參政。（楊武泉：《四庫全書總目辨誤》）

讀孝經四卷（江西巡撫採進本）

國朝應是撰。是字敬非，號敬齋，宜黃人。康熙己酉舉人。是書以唐、宋註疏為主，參以陳選《集註》及各家之説。其自為之註者，稱“愚案”，多循文摘句，無所發明。

孝經類解十八卷（安徽巡撫採進本）

國朝吳之騄撰。之騄字耳公，歙縣人。康熙壬子舉人，官績溪縣教諭，遷鎮江府教授。是書多引經史子集以證經文。然釋經在發揮微意，不當旁引後代故實，牽合比附。若釋“中於事君”句，所引之經，則《曲禮》“四十曰强而仕，五十曰服官政”等語；所引之史，則文天祥起兵入衛等事。是每句之下皆可成類書一門。典籍浩博，豈復勝載乎？

孝經正文一卷内傳一卷外傳三卷（湖北巡撫採進本）

國朝李之素撰。之素字定菴，麻城人。是書成於康熙丙辰。以朱子《古文孝經刊誤》為本。首為《正文》一卷，經文每章之後，綴以註釋數語，詞旨頗為淺略。次為《内傳》一卷，雜引經史子集之言與《孝經》相證佐者。次為《外傳》三卷，則大舜以下迄於明末孝子行實也。

孝經詳説二卷（河南巡撫採進本）

國朝冉覲祖撰。覲祖有《易經詳説》，已著録。是書遵用今文，全載唐元〔玄〕宗之註，節録邢昺之疏，兼採元董鼎，明瞿罕、陳士賢諸家之説，末附以朱子《刊誤》。而大旨則在辨定吕維祺所著《孝經本義》、《大全》、《或問》三書。所附《吕氏〈或問〉摘録》一篇，既逐條闡發其義，復附《餘義》一篇，以糾其誤。蓋維祺之學兼入陸、王，覲祖則恪守程、朱，故所論有合有不合也。顧所載維祺《表章孝經疏》後，附錄《擬題》數目，有單句題，雙句題，連句題，摘段題，搭截題，全章、合章、搭章題諸名，非詁經之體，亦非講學之道。觀祖顧深取之，何耶？

孝經一卷（江西巡撫採進本）

國朝朱軾註。軾有《周易傳義合訂》，已著錄。是編用吳澄考定之本，而略為推衍其義。凡不題姓名者，皆澄原文。凡稱“軾案”者，皆所加也。前有自序，又有梁份、殷元福二序。份序稱：“其書不標目第，自稱曰朱某學。公，大儒也，大臣也，而撝謙若是”云云。案漢儒傳經如梁邱〔丘〕氏《易》、夏侯氏《尚書》之類，多不立名目，軾蓋從此例。又何休註《公羊傳》，稱“何休學”，亦非軾所自創也。

孝經三本管窺一卷（江西巡撫採進本）

國朝吳隆元撰。隆元有《易宮》，已著錄。是編首為《孝經今古文考》，次為古文本，次為今文本，次為朱子《刊誤》本。其大旨以古文為是，蓋以朱子《刊誤》用古文本云。

孝經集解一卷（福建巡撫採進本）

國朝張星徽撰。星徽號北山，永城人。自朱子作《孝經刊誤》，始刪削字句，分別經傳，定為經一章，傳十四章，後儒已不能無疑。至國朝蔡衍鎤又合為經一章，傳十章，以合於朱子更定《大學》之本。夫聖經賢傳，其垂訓之意並同，而文章體例則非有一定。今《大學》一經十傳，《孝經》亦必一經十傳以相配合，是孔、曾著作竟如時文程式，必限以八比矣。有如是之聖賢乎？衍鎤所見殊誤，星徽乃遵而用之，即所解可知矣。

孝經章句一卷（江蘇巡撫採進本）

國朝任啟運撰。啟運有《周易洗心》，已著錄。是書一遵朱子《刊誤》本，而於《傳》之十章增"君子無不敬也"云云一百一十二字。其文與《禮記》小有異同，而今本《孝經》皆無之。啟運自序稱得之山西佛寺中，疑為熊安生所傳之本。又云："王肅於《家語》言本文有見《戴記》者，後人輒於《家語》除其文。此章之闕，亦必因本文見《戴記》，而後人於此除其文也。"案熊安生為北齊人，其傳本安得至今猶在？其說無徵。且馬昭以《家語》為王肅偽作，其說今載《禮記疏》中，言之鑿鑿。啟運乃又引以為證，恐此章亦王肅《家語》之類矣。

孝經通義一卷（兩江總督採進本）[①]

國朝華玉淳撰。玉淳有《禹貢約義》，已著錄。是書成於雍正甲寅。大旨謂《孝經》一篇，首尾通貫，不必分經與傳。其閒字句刪削，則從朱子《刊誤》。簡文錯誤，則從吳澄所考定。蓋《孝經》至玉淳而又變一本矣。

【彙訂】

① "兩江總督採進本"，殿本作"浙江總督採進本"，誤。《四庫採進書目》中"兩江第一次書目"著錄此書。浙江與福建自乾隆三年以後合一總督，浙江總督自撤銷後未有復置。（馮春生、柳斌：《〈四庫全書〉經部底本來源分析》；江慶柏：《殿本、浙本〈四庫全書總目〉著錄圖書進獻者主名異同考》）

孝經本義一卷（浙江巡撫採進本）

國朝姜兆錫撰。兆錫有《周易本義述蘊》，已著錄。是書隨文詮釋，別無考訂，僅塾師課蒙之本。

孝經通釋十卷（浙江巡撫採進本）

國朝曹庭棟撰。庭棟有《易準》，已著録。此書力主古文，而以今文附載於下。其輯註則徵引頗備，所録凡唐五家、宋十七家、元四家、明二十六家、國朝十家，旁證諸説者又十有二家。然《孝經》詞義顯明，不比他經之深隱，諸説大同小異，特多出名氏而已。

右孝經類十八部，五十三卷，皆附存目。

　　案，虞淳熙《孝經集靈》，舊列經部。然侈陳神怪，更緯書之不若，今退列於“小説家”。黄榦《孝經本旨》、江直方《孝經外傳》、李長桂《孝經綱目》、朱鴻《經書孝語》，絶不箋釋經文，今別列於“儒家”①。若李之素《孝經内、外傳》猶列《孝經》正文後，則姑附存焉。

【彙訂】

① 黄、江、李三書，儒家類不載，《總目》各部亦未著録。（胡玉縉：《四庫全書總目提要補正》）

# 卷三三

## 經 部 三 十 三

### 五 經 總 義 類

漢代經師如韓嬰，治《詩》兼治《易》者，其訓故皆各自為書。宣帝時，始有《石渠五經雜義》十八篇。《漢志》無類可隸，遂雜置之《孝經》中。《隋志》録許慎《五經異義》以下諸家，亦附《論語》之末。《舊唐書·志》始別名"經解"，諸家著録因之，然不見兼括諸經之義。朱彝尊作《經義考》，別目曰"羣經"。蓋覺其未安而採劉勰《正緯》之語以改之，又不見為訓詁之文[1]。徐乾學刻《九經解》，顧湄兼採總集經解之義，名曰《總經解》，何焯復斥其不通。語見沈廷芳所刻何焯《點校經解目録》中。蓋正名若是之難也。考《隋志》於統說諸經者雖不別為部分，然《論語》類末稱"《孔叢》、《家語》、《爾雅》諸書，併五經總義附於此篇"，則固稱"五經總義"矣。今準以立名，庶猶近古。《論語》、《孝經》、《孟子》雖自為書，實均《五經》之流別，亦足以統該之矣[2]。其校正文字及傳經諸圖併約略附焉，從其類也。

**【彙訂】**

[1] 殿本"又"上有"然"字。

[2] "矣"，殿本無。

駁五經異義一卷補遺一卷（山西巡撫採進本）

漢鄭元所駁許慎《五經異義》之文也。考《後漢書・許慎傳》稱：“慎以《五經》傳説臧否不同，於是撰為《五經異義》，傳於世。”《鄭元傳》載元所著百餘萬言，亦有《駁許慎五經異義》之名。《隋書・經籍志》有《五經異義》十卷，後漢太尉祭酒許慎撰，而不及鄭元之《駁議》。《舊唐書・經籍志》：“《五經異義》十卷，許慎撰，鄭元駁。”《新唐書・藝文志》並同。蓋鄭氏所駁之文，即附見於許氏原本之内，非別為一書，故史志所載亦互有詳略。至《宋史・藝文志》①，遂無此書之名，則自唐以來失傳久矣。學者所見《異義》，僅出於《初學記》、《通典》、《太平御覽》諸書所引。而鄭氏《駁義》則自《三禮正義》而外，所存亦復寥寥。此本從諸書採綴而成，或題宋王應麟編，然無確據。其閒有單詞隻句，《駁》存而《義》闕者，原本錯雜相參，頗失條理。今詳加釐正，以《義》、《駁》兩全者彙列於前。其僅存《駁》、《義》者，則附錄以備參考。又近時朱彝尊《經義考》内亦嘗旁引鄭《駁》數條，而長洲惠氏所輯則搜羅益為廣備，往往多此本所未及。今以二家所採，參互考證，除其重複，定著五十七條，別為《補遺》一卷，附之於後。其閒有《異義》而鄭無駁者，則鄭與許同者也。兩漢經學，號為極盛，若許若鄭，尤皆一代通儒，大敵相當，輸攻墨守，非後來一知半解所可望其津涯。此編雖散佚之餘，十不存一，而引經據古，猶見典型。殘章斷簡，固遠勝於後儒之累牘連篇矣②。

【彙訂】

①“至”，殿本無。

②“於”，殿本無。

鄭志三卷補遺一卷（兩江總督採進本）①

　　案《隋書・經籍志》：“《鄭志》十一卷，魏侍中鄭小同撰。《鄭記》六卷，鄭元弟子撰。”《後漢書》鄭元本傳則稱：“門生相與撰元答弟子，依《論語》作《鄭志》八篇。”劉知幾《史通》亦稱：“鄭弟子追論師說及應答，謂之《鄭志》。分授門徒，各述師言，更不問答，謂之《鄭記》。”案《通典》及《初學記》所引《鄭記》，均有王贊答詞，與知幾所云“更不問答”者不合。考《孝經疏》引此文作“各述師言，更為問答”，知“不”字乃“為”字之譌。王應麟《玉海》、朱彝尊《經義考》並沿用誤本，殊失訂正。又《通典》所引《鄭志》，皆元與門人問答之詞，所引《鄭記》，皆其門人互相問答之詞，知《志》之與《記》，其別在此。《曲禮正義》引《鄭志》，有崇精之問、焦氏之答；《月令正義》引《鄭志》，有王權之問、焦喬之答，焦氏之問、張逸之答。疑本《鄭記》之文，校刊者惟據《史通》“更不問答”之說，改為《鄭志》也。其說不同。然范蔚宗去漢未遠，其說當必有徵。《隋志》根據《七錄》，亦阮孝緒等所考定，非唐、宋諸《志》動輒疏舛者比，斷無移甲入乙之事。疑追錄之者諸弟子，編次成帙者則小同。《後漢書》原其始，《隋書》要其終。觀八篇分為十一卷，知非諸弟子之舊本也②。新、舊《唐書》載《鄭記》六卷，尚與《隋志》相同。而此書則作九卷，已佚二卷。至《崇文總目》始不著錄，則全佚於北宋初矣。此本三卷，莫考其出自誰氏。觀書中《禮運註》“澄酒”一條答趙商之問者，前後兩見，而詳略小異；又陳鑠之名前後兩見，而後一條註“一作鏗”。知為好鄭氏之學者惜其散佚，於諸經《正義》裒輯而成。然如所載“弼成五服”答趙商問一條，不稱《益稷》而稱《皋陶謨》，則正合孔疏所云鄭氏之本。又卷首冷剛問《大畜》“童牛之牿”一條，今《周易正義》中不見，而《周禮正義》引之，較此少“冷剛問云”以下六十餘字；《周禮正義》引“答孫皓問”一條，較此少“夏二月仲春，太簇用事,陽氣出,地始温,故禮應開冰,先薦寢廟"五句。其《皋陶謨》註與《經典釋文》及《正義》所引,亦互有詳略,而《堯典》註一條乃不載《正義》中。則亦博採諸書,有今日所不盡見者,非僅剽剟《正義》。又《玉海》十八卷引《定之方中》詩,張逸問:"仲梁子何時人[③]?"答曰:"先師魯人。"此本"先師"之下多一"云"字,方知先師非指仲梁子。如此之類,亦較他書所載為長。足證為舊人所輯,非近時所新編也。閒有蒐採未盡者,諸經《正義》及《魏書・禮志》、《南齊書・禮志》、《續漢書・郡國志》註、《藝文類聚》諸書所引尚有三十六條。又《鄭記》一書,亦久散佚。今可以考見者,尚有《初學記》、《通典》、《太平御覽》所引三條,併附錄之,以存鄭學之梗概。併以見漢代經師專門授受,師弟子反覆研求,而後筆之為傳註,其既詳且慎至於如此。昔朱子與胡紘争寧宗持禫之禮,反覆辨難,終無據以折之。後讀《禮記・喪服小記》疏所引《鄭志》一條,方得明白證驗。因自書於本議之後,記其始末,有"向使無鄭康成,則此事終未有所斷決"語。是朱子議禮,未嘗不折服於元矣。後之臆斷談經而動輒排斥鄭學者,亦多見其不知量也。

**【彙訂】**

① 文淵閣《四庫》本無補遺。(沈治宏:《中國叢書綜錄訂誤》)

② 康成卒時,小同僅四五歲,安能記述祖時師弟問答,必是康成殁未久,諸弟子即各出所記,分五經類而萃之,為志八卷。後來小同更有所得,增編為十一卷,自題己名,故《隋志》歸之小同撰耳!(鄭珍:《鄭學錄》)

③ "人",殿本脫,參《玉海》卷三十八《魏毛詩義問》條引文。

經典釋文三十卷（內府藏本）

唐陸元朗撰。元朗字德明，以字行，吳人。貞觀中，官國子博士，兼太子中允。事蹟具《唐書》本傳。此書前有自序云：“癸卯之歲，承乏上庠，因撰集五典、《孝經》、《論語》及《老》、《莊》、《爾雅》等音。古今並録，經註畢詳，訓義兼辯，示傳一家之學。”考癸卯為陳後主至德元年，豈德明年甫弱冠，即能如是淹博耶①？或積久成書之後，追紀其草創之始也。首為《序録》一卷，次《周易》一卷、《古文尚書》二卷、《毛詩》三卷、《周禮》二卷、《儀禮》一卷、《禮記》四卷、《春秋左氏》六卷、《公羊》一卷、《穀梁》一卷、《孝經》一卷、《論語》一卷、《老子》一卷、《莊子》三卷、《爾雅》二卷。其列《老》、《莊》於經典而不取《孟子》，頗不可解。蓋北宋以前，《孟子》不列於經，而《老》、《莊》則自西晉以來為士大夫所推尚。德明生於陳季，猶沿六代之餘波也②。其例，諸經皆摘字為音，惟《孝經》以童蒙始學，《老子》以衆本多乖，各摘全句。原本音經者用墨書，音註者用朱書，以示分別。今本則經、註通為一例。蓋刊版不能備朱墨，又文句繁夥，不能如《本草》之作陰陽字，自宋以來已混而併之矣。所採漢、魏六朝音切凡二百三十餘家，又兼載諸儒之訓詁，證各本之異同。後來得以考見古義者，《註疏》以外，惟賴此書之存。真所謂殘膏賸馥，沾漑無窮者也。自宋代監本《註疏》，即析附諸經之末。故《文獻通考》分見各門後，又散附《註疏》之中。往往與註相淆，不可辨別。此為通志堂刻本，猶其原帙。何焯點校《經解》目録，頗嗤顧湄校勘之疏。然字句偶譌，規模自在，研經之士終以是為考證之根柢焉。

**【彙訂】**

①“耶”，殿本作“抑”。《新唐書》陸元朗本傳明言陳太建中

始冠，至至德癸卯年已三十。（余嘉錫：《四庫提要辨證》）

②此書當最後成書於唐初。《老子》和《莊子》雖自西晉以來為士大夫所推崇，把它們列為經書卻始於唐代。唐王朝與老子李聃同姓，並視之為始祖。《老子》等道家著作被列入經書之列，是很自然的事情。（多洛肯：《〈經典釋文〉成書時間考》）

七經小傳三卷（兩江總督採進本）

宋劉敞撰。敞有《春秋傳》，已著錄①。是編乃其雜論經義之語。其曰"七經"者，一《尚書》，二《毛詩》，三《周禮》，四《儀禮》，五《禮記》，六《公羊傳》，七《論語》也。然《公羊傳》僅一條，又皆校正傳文衍字，於傳義無所辨正，後又有《左傳》一條、《國語》一條，亦不應獨以《公羊》標目。蓋敞本欲作《七經傳》，惟《春秋》先成。凡所劄記②，已編入《春秋傳》、《意林》、《權衡》、《文權》、《說例》五書中。此三條一校衍字，一論都城百雉，一論禘郊祖宗報，於經文無所附麗，故其文仍在此書中。其標題當為《春秋》，故得兼及《外傳》。傳寫者見第一條為《公羊》，第二條末亦有"公羊"字，遂題曰《公羊》而註曰"《國語》附"，失其旨矣。《論語》諸條，有與諸經一例者，又有直書經文而夾註句下如註疏體者，亦註《論語》而未成，以所註雜錄其中也。吳曾《能改齋漫錄》曰："慶曆以前，多尊章句註疏之學。至劉原甫為《七經小傳》，始異諸儒之說。王荊公修《經義》，蓋本於原甫。"案《讀書志》亦載此文，以為元祐史官之說。晁公武《讀書志》亦證以所說"湯伐桀升自陑"之類，與《新經義》同，為王安石剿取敞說之證。大旨均不滿於敞。《朱子語類》乃云"《七經小傳》甚好"，其說不同。今觀其書，如謂《尚書》"愿而恭"當作"愿而荼"③，"此厥不聽"當作"此厥不

德”；謂《毛詩》“烝也無戎”當作“烝也無戍”；謂《周禮》“誅以馭其
過”當作“誅以馭其禍”，“士田賈田”當作“工田賈田”，九簭“五曰
巫易”當作“巫陽”；謂《禮記》“諸侯以《貍首》為節”當作“以《鵲
巢》為節”，皆改易經字以就己說。至《禮記》“若夫坐如尸”一節
則疑有脫簡，“人喜則斯陶”九句則疑有遺文，“禮不王不禘”及
“庶子王亦如之”則疑有倒句。而《尚書·武成》一篇考定先後，
移其次序，實在蔡沈之前。蓋好以己意改經，變先儒淳實之風
者，實自敞始。又如解《尚書》“鳥獸蹌蹌”，謂古者制樂，或法於
鳥，或法於獸；解《毛詩》“葛之覃兮”，謂葛之茂盛，則有人就而刈
之，以為絺綌，如后妃在家，德美充茂，則王者就而聘之，以為后
妃；解《論語》“乘桴浮於海”，謂夫子周流列國，如桴之在海，流轉
不定。其說亦往往穿鑿，與安石相同。故流俗傳聞，致遭斯謗。
然考所著《弟子記》，排斥安石，不一而足，實與新學介然異趣④。
且安石剛愎，亦非肯步趨於敞者⑤。謂敞之說經，開南宋臆斷之
弊，敞不得辭。謂安石之學由於敞，則竊鈇之疑矣⑥。且略其厄
詞，採其粹語，疏通剔抉，精鑿者多。又何可以末流之失，併廢敞
書歟？

**【彙訂】**

① 依《總目》體例，當作“敞有《春秋權衡》，已著錄”。

② “劄記”，殿本作“創記”，誤。

③ “荼”，殿本作“茶”，誤。此書卷上注《皋陶謨》“愿而恭”
云：“‘恭’當作‘荼’，字誤也。”

④ 劉敞熙寧元年已去世，不可能攻擊排斥王安石新法新
學，說詳卷九二《公是先生弟子記》條。

⑤ 殿本“亦”上有“亦”字，衍。

⑥《七經小傳》自出新意、增字為釋,改經就義等特點正為王安石所本。吳曾之語見於《能改齋漫錄》卷二"注疏之學"條,乃採自國史。其意也並非指《三經義》的内容來自劉敞,而是指其解經尚新的精神來自劉敞。(李裕民:《四庫提要訂誤》增訂本)

程氏經説七卷(通行本)

不著編輯者名氏。皆伊川程子解經語也。《書錄解題》謂之《河南經説》,稱《繫辭》一,《書》一,《詩》二,《春秋》一,《論語》一,《改定大學》一。又稱程氏之學,《易傳》為全書,餘經具此。其門目卷帙,與此本皆合,則猶宋人舊本也。其中若《詩》、《書解》,《論語説》,本出一時雜論①,非專著之書。《春秋傳》則專著而未成,觀崇寧二年自序可見。至《繫辭説》一卷,《文獻通考》併於《易傳》,共為十卷。《宋志》則於《易傳》九卷之外②,別著録一卷。然程子《易傳》實無《繫辭》,故吕祖謙集十四家之説為《繫辭精義》以補之。此卷疑或後人掇拾成帙,以補其闕也。《改定大學》兼載明道之本,或以兄弟之説,互相參考歟? 明徐必達編《二程全書》,併《詩解》二卷為一卷,而別增《孟子解》一卷、《中庸解》一卷,共為八卷。然《經義考》引康紹宗之言,謂《孟子解》乃後人纂集《遺書》、《外書》而成,非程子手著。至《中庸解》之出吕大臨,朱子辨證甚明,亦不得竄入《程氏經説》,增此一種。故今所録,仍用宋本之舊焉。

【彙訂】

① "一時雜論",殿本作"平時所講論"。

② "易傳",殿本作"易説",誤。《宋史·藝文志》著録程頤

《易傳》九卷，無程氏所著《易説》。

六經圖六卷（通行本）①

宋楊甲撰，毛邦翰補，甲字鼎卿，昌州人。乾道二年進士②。《成都文類》載其數詩，而不詳其仕履。其書成於紹興中。邦翰不知何許人，嘗官撫州教援。其書成於乾道中。據王象之《輿地記勝碑目》，甲圖嘗勒碑昌州郡學。今未見拓本，無由考其原目。陳振孫《書録解題》引《館閣書目》載邦翰所補之本，《易》七十圖，《書》五十有五圖，《詩》四十有七圖，《周禮》六十有五圖，《禮記》四十有三圖，《春秋》二十有九圖，合為三百有九圖。此本惟《易》、《書》二經圖與《館閣書目》數相合。《詩》則四十有五，《禮記》四十有一③，皆較原數少二。《周禮》六十有八④，較原數多三。《春秋》四十有三⑤，較原數多十四。不知何人所更定⑥。考《書録解題》載有東嘉葉仲堪字思文，重編毛氏之書，定為《易圖》一百三十，《書圖》六十三，《周禮圖》六十一，《禮記圖》六十三⑦，《春秋圖》七十二，惟《詩圖》無所增損。其卷則增為七，亦與此本不符。然則亦非仲堪書。蓋明人刊刻舊本，無不臆為竄亂者。其損益之源委，無從究詰。以其本出楊、毛二家，姑從始事之例，題甲及邦翰名云爾。

**【彙訂】**

① 文淵閣《四庫》本為十卷。（沈治宏：《中國叢書綜録訂誤》）

② 宋有二楊甲，一字鼎卿，昌州（今大足）人，兩宋之交布衣（據民國重修《大足縣志》卷五《楊甲傳》等），《六經圖》作者。一字嗣清，遂寧人，楊輔兄，孝宗乾道二年進士，歷官國子學録，曾

任知縣（據雍正《四川通志》卷九上《人物直隸潼川府》、《鶴山大全集》卷七一）。（李更：《楊甲生平及著作考辨》）

③　殿本“四”上有“則”字。

④　殿本“六”上有“則”字。

⑤　殿本“四”上有“則”字。

⑥　《總目》所據為明南京戶部刊本《六經圖》十卷。元、明所刊皆出於毛邦翰增補之宋乾道本，雖所分圖數不同，而內容並無多大變動。（張富祥：《宋代文獻學研究》）

⑦　《直齋書錄解題》卷三著錄葉仲堪重編《六經圖》七卷，其中《禮記圖》六十二。

### 六經正誤六卷（兩淮馬裕家藏本）

宋毛居正撰。居正字誼父，或曰義甫。義、誼，父、甫，古字通也。衢州人。免解進士晃之子。晃嘗著《增註禮部韻略》及《禹貢指南》，居正承其家學，研究六書。嘉定十六年，詔國子監刊正經籍，當事者聘居正司校讎。已釐定四經，會居正目疾罷歸，其《禮記》及《春秋》三傳遂未就。然所校四經，亦以工人憚煩，詭竄墨本以給有司，版之誤字未改者猶十之二三。居正乃裒所校正之字，補成此編。楊萬里為作序，述其始末甚詳①。陳振孫《書錄解題》謂其惟講偏旁之疑似。今觀是書，校勘異同，訂正訛謬，殊有補於經學。其中辨論既多，不免疏舛者。如“勑”古文作“敕”，隸變作“勅”。居正乃因高宗御書石經誤寫作“勑”，遂謂“來”字中從兩“人”，不從兩“人”。“享”字古文作“亯”，隸變作“享”，或省作“亨”。居正乃謂“享”字訓“祭”，“亨”字訓“通”，兩不相溷。“坤”古從“土”從“申”，隸別為“巛”。居正乃謂“巛”是古字,乾、離、坎等俱有古文,如卦畫之形。"遲"、"遟"古文本一字,《説文》以為"遲,籒文作遟"者是也。居正乃謂兩字是非相半,不敢擅改。"賴"字古從"貝"從"剌",俗誤書作"頼"[2]。居正乃謂"賴"從"束"從"負"。其於六書皆未確。又《禮·大行人》"立當前疾","疾"乃"庆"字之誤。"庆"在車轅前,鄭康成所謂"車轅前胡,下垂挂地"者是也。居正乃以為應作"軹"。"軹"[3],前掩版,實與"庆"不相涉。如此類者,於經義亦不合。然許氏《説文解字》、陸德明《經典釋文》亦不免小有出入,為後人所摭拾,在居正又烏能求備? 論其大致,則審定字畫之功,固有不可泯没者矣。

**【彙訂】**

① 據《宋史》本傳,楊萬里卒於開禧二年(1206),下至嘉定十六年(1223)尚有十七年。為此書作序者實為魏了翁。(楊武泉:《四庫全書總目辨誤》)

②"頼",殿本作"賴",誤。

③ 二"軹"字,皆當作"軌"。《説文·車部》:"軌,車徹前也。"何晏《論語集解》引包咸曰:"軌者,轅端上曲鉤衡。"(江慶柏等:《四庫全書薈要總目提要》)

刊正九經三傳沿革例一卷(兩江總督採進本)

宋岳珂撰①。珂字肅之,號倦翁,湯陰人,居於嘉興。鄂忠武王飛之孫,敷文閣待制霖之子也。官至户部侍郎、淮東總領制置使②。宋時《九經》刊版,以建安余氏、興國于氏二本為善。廖剛又釐訂重刻,當時稱為精審。珂復取廖本《九經》,增以《公》、《穀》二傳及《春秋年表》、《春秋名號歸一圖》二書,校刊於相臺書塾。並述校刊之意，作《總例》一卷③。余仁仲《左傳》，《字辨》嘗論其誤，以杜註"不皆與今説《詩》者同"倒寫為"皆不與今説《詩》者同"，則尚見原刻。今則諸經印本率已罕傳，僅王弼《易註》有翻刻之本，已失其真。《春秋年表》及《名號歸一圖》有重刻之本，亦頗非其舊。惟此《總例》一卷，尚行於世。其目一曰書本，二曰字畫，三曰註文，四曰音釋，五曰句讀，六曰脱簡，七曰考異。皆參訂同異，考證精博，釐舛辨疑，使讀者有所據依，實為有功於經學。其論字畫一條，酌古準今，尤屬通人之論也。

**【彙訂】**

① 此書非岳珂所撰，乃咸淳初年廖瑩中所刻，元代大德末宜興岳浚補刻。（翁同文：《九經三傳刻梓人為岳浚考》；崔文印：《相台岳氏刊正九經三傳沿革例及其校勘學上的價值》；張政烺：《讀〈相台書塾刊正九經三傳沿革例〉》）

② 岳珂嘉定七年為奉議郎、權發遣嘉興府兼管內勸農事，十四年除軍器監、淮東總領（《景定建康志》卷二六），攝制置使則在寶慶三年（《宋史》卷四一《理宗紀一》），未嘗正除。罷官在紹定六年（《玉楮集》卷一及《金陀續編》跋）。此後，嘉熙二年復除戶部侍郎、湖廣總領，三年除寶謨閣直學士、提舉江州太平興國宮，四年權戶部尚書、淮南江浙荆湖制置茶鹽使。淳祐元年十二月，被劾罷職（《玉楮集》卷一、二、四，《永樂大典》卷七三〇三《岳珂除戶部侍郎湖廣總領制》、《宋史全文》卷三三）。非移居嘉興，亦非終於淮東總領制置使。（張政烺：《讀〈相台書塾刊正九經三傳沿革例〉》；王瑞來：《岳珂生平事蹟考述》，李裕民：《四庫提要訂誤》增訂本）

③《總例》即廖瑩中《九經總例》之原文。（張政烺：《讀〈相台書塾刊正九經三傳沿革例〉》）

融堂四書管見十三卷（浙江吳玉墀家藏本）

宋錢時撰。時有《融堂書解》，已著錄。此編凡《論語》十卷，《孝經》一卷，《大學》一卷，《中庸》一卷，即嘉熙二年喬行簡奏下嚴州取時所著書之一也。俱先列經文，略加音訓，而詮釋其大旨於後。《孝經》用古文。《大學》但析為六章，不分經、傳。蓋時之學出於楊簡，簡之學出於陸九淵，門户迥殊，故不用程、朱之本。其解《論語》"崇德辨惑"章，謂"誠不以富，亦祇以異"二句乃證愛欲其生、惡欲其死者之為異。"齊景公有馬千駟"節，合上文為一章，謂"其斯之謂與"句乃指夷、齊，便是求志達道而言。又《大學》"此謂知本，此謂知之至也"二句，仍附第一章末，謂是聖人承上厚本薄末，反覆曉人之意。亦俱根據舊文，不肯信為錯簡。朱子《與陸九淵書》所謂"各尊其所聞，各行其所知"也。然金谿之學，惟憑心悟，或至於恍惚窈冥。時則以篤實為宗，故其詮發義理，類多平正簡樸，不為離析支蔓之言，又敖繼公《儀禮集説》後序所謂"以魯男子之不可學柳下惠之可"者矣。卷首有紹興己丑時自序①，末有景定辛酉天台錢可則刊書跋。《宋史·藝文志》、馬端臨《經籍考》皆不著錄，獨張萱《內閣書目》有之。雖以"四書"為名，所解不及《孟子》，與朱子所稱《四書》者異。故附列於"五經總義"類焉②。

【彙訂】

① 紹興紀年無己丑。錢時之時代已近南宋末，此書卷首自序末署"紹定己丑四月二十日蜀阜錢時書"，己丑為紹定二年

（1229）。（楊武泉：《四庫全書總目辨誤》）

②“附”，殿本作“今”。

四如講稿六卷（福建巡撫採進本）

宋黃仲元撰。仲元字善甫，號四如，莆田人。咸淳七年進士，授國子監簿，不赴。宋亡，更名淵，字天叟，號韻鄉老人。教授鄉里以終。考《福建通志》暨《莆田縣志》，皆載仲元有《四書講稿》。今觀是書所講，實兼及諸經，不止《四書》①。其說多述朱子之緒論，然亦時出新義，發前儒所未發。如“行夏之時”，則據《禮運》“孔子得夏時於杞”註，謂夏四時之書，而不取三正之說。《周官》井田，則謂周時皆用井田，而不取鄭氏畿內用貢，都鄙用助之說。伯魚為《周南》、《召南》，則據《詩·鼓鐘》及《內傳》“季札觀樂”，謂南即是樂。又謂周、召為二公采邑，非因二公得名。雖案之經義，不必一一脗合，要為好學深思，能自抒所見者也。此本出其裔孫文炳家藏，已有殘闕。嘉靖丙午始雕版印行。朱彝尊《經義考》但載其所著《經史辨疑》，而不及是書。當由刊在家塾，閩中僻遠，偶然未見傳本歟？

【彙訂】

① 今存明嘉靖二十七年刻本，卷端題《黃四如先生六經四書講稿》六卷。（崔富章：《四庫提要補正》）

六經奧論六卷①（浙閩總督採進本）②

舊本題宋鄭樵撰。朱彝尊《曝書亭集》有是書跋，曰：“成化中盱江危邦輔藏本，黎溫序而行之，云是鄭漁仲所著。荊川唐氏輯《稗編》從之。”今觀其書，議論與《通志》略不合。樵嘗上書自述其著作③，臚列名目甚悉，而是書曾未之及，非樵所著審矣。

後崑山徐氏刻《九經解》，仍題樵名。今檢書中論《詩》，皆主毛、鄭，已與所著《詩辨妄》相反④。又"天文辨"一條引及樵説，稱"夾漈先生"，足證不出樵手。又論《詩》一條，引晦菴説《詩》。考《宋史》樵本傳，卒於紹興三十二年。朱子《詩傳》之成在淳熙四年，而晦菴之號則始於淳熙二年，皆與樵不相及。論《書》一條併引《朱子語録》，且稱朱子之謚。則為宋末人所作，具有明驗⑤。不知顧湄校《九經解》時，何未一檢也。第相傳既久，所論亦頗有可採。故仍録存之，綴諸宋人之末，而樵之名則從刪焉。

**【彙訂】**

① 文淵閣《四庫》本尚有《總文》一卷。（沈治宏：《中國叢書綜録訂誤》）

② "浙閩總督採進本"，殿本作"浙江總督採進本"，誤。《四庫採進書目》中"兩江第一次書目"、"福建省呈送第六次書目"著録此書。（江慶柏：《殿本、浙本〈四庫全書總目〉著録圖書進獻者主名異同考》）

③ "嘗"，殿本作"所"。

④《六經奧論》論詩綜合諸家，重在立説，並非"主毛、鄭"，《詩辨妄》今存佚文與此書所論大多相合。（楊新勳：《〈六經奧論〉作者與成書考》）

⑤ 宋末黃震《日鈔》引"夾漈鄭氏"所言"案周公攝政時，淮夷、奄已與管、蔡同亂……蓋周公之為《周禮》，亦猶唐之顯慶、開元禮也……"見於《六經奧論》卷六《周禮辨》，故至少此段可視為鄭樵之説。（李國玲、楊世文：《從〈周禮〉一書略説宋代周禮學》）

### 明本排字九經直音二卷（江蘇巡撫採進本）

不著撰人名氏[1]。書中《春秋傳》"素王"二字下引真宗《宣聖讚》[2]，但標真宗，不稱宋，又稱御製，則為宋人所著可知。卷首題曰"明本"者，宋時刊版多舉其地之首一字，如建本、杭本之類。此蓋明州所刊本，即今寧波府也。末題"歲次丁亥梅隱書堂新刊"，不著年號。考丁亥為元世祖至元二十四年，是元初刊本矣。其書不用反切而用直音，頗染鄉塾陋習。然所音俱根據《經典釋文》，猶為近古。《釋文》一字數音者皆並存之。如《金縢》"辟"字下云："孔音闢，法也。《說文》音必，鄭音避[3]。"《大誥》"賁"字下云："音墳。王讀為賁卦之賁。"《禮・內則》"接以太牢[4]"，"接"字下云："鄭音捷。王、杜並以為接待。"《祭法》"相近於坎壇"，"坎"字下云："註作禳祈。《孔叢子》以為祖迎。"《祭義》"爓"字下云："徐廉反。古音燖。"《周禮・太宰》"圃"字下云："布古反，又音布。""牧"字下云："徐音目，劉音茂。""頒"字下云："鄭音班，徐音墳。"《籩人》"茆"字下云："茆音卯，又音柳。"《遺人》下云："遺音位。劉音遂，乃與卷首序'遺人'音推異。"如此者不可枚舉。固非後來坊本直音，以意屬讀，惟趨便捷者比也。惟《禮記》"敖不可長"，《釋文》："敖，依註五報反，慢也。王肅五高反，遨遊也。長，竹丈反。盧植、馬融、王肅並直亡反。"此書云："敖，王音平。"則《釋文》所云"王五高反"也。而於"長"字下又註云："長，張上，又平。"則又兼用鄭註"竹丈反"。一句之內，於鄭註半從半違，遂使"敖"字、"長"字音義兩不相應。又《周禮・太宰》"斿貢"下云："斿音留，燕游也。"今考鄭註，"斿"讀如"燕游"之"游"。此書既用鄭義，則"斿"當作"以周反"。其作"良周反"音"留"者，乃《春秋傳》"鞶厲游纓"之"游"。更自相矛盾。又《月令》“審端徑術”下云：“術，註作遂。方曰：‘徑，道之小。術，道之末。’則如字是。”今考《學記》“術有序”，註：“術當為遂。”《水經注》引《學記》“術有序”作“遂有序”。《春秋·文公十二年》“秦伯使術來聘”，《公羊傳》、《漢書·五行志》“術”並作“遂”。是古字“術”、“遂”本通。此書反信方氏之曲説，殊為未協。又《中庸》“壹戎衣”下云：“《書·武成》作‘如字’者是，註讀為‘殷’者無據。”今考古“衣”字作“𧘇”⑤，从反身，“殷”字从此。故讀“殷”為“𧘇”，音與“衣”同。《白虎通》曰：“衣之為言隱也，所以隱身也。”則“衣”、“隱”音近。《楚詞》“新浴必振衣”，與“汶”、“塵”合韻，則“衣”、“殷”二字音通。是書以為無據，亦為失考。然核其大致，則多能決擇是非。如於《三禮》雖多守方慤註，然如《祭法》“幽宗”，註“讀如‘禜’”，方慤“宗”作“如字”，則兼存鄭義。又《書·武成》“識”字下云：“陸無音，漢翟酺疏引此作‘恭’。”則補苴闕遺，亦頗能有所考據。又《檀弓》“卜人師扶右”下云：“卜讀為如字者非。”考鄭註：“卜當為僕，聲之誤也。”“僕人、射人，皆平生時贊正君服位者⑥”，若卜人則於義無取，此書不用《釋文》所載前儒之説最當。又《周禮·醢人》“箈”字下云：“音治，又音代⑦。”今考《釋文》云：“又丈之反。未知所出。”不知《説文》“菭，水衣”，本作“菭”，“从草，治聲”。水衣之“菭”既以“治”為聲，則“丈之反”乃為“箈”之古音矣。故“菭藼”草名，作“澄之切”，可以相證。是書用“丈之切”為本音，而以“代”為又音。較之《釋文》以“丈之切”為無出，考核尤精。且《釋文》所載皆唐以前音，而此書則兼取宋儒。如於《詩》、《中庸》、《論語》、《孟子》則多採朱子，於《易》則兼採程、朱，於《禮》則多採方慤，其他經引胡瑗、司馬光音讀尤多，與陸氏之書尤足相續。在宋人經書音釋中，最為妥善。若九經前後失次，則當為坊刻之誤。既無關大旨，固無庸深論矣。

【彙訂】

① 今存元刊本《九經直音》十五卷，宋廬陵孫奕撰。（崔富章：《四庫提要補正》）

② 殿本“真”上有“宋”字。

③ “避”，殿本作“辟”。此書卷上《尚書·金縢》“辟”字下注：“馬、鄭音璧。”

④ “太牢”，殿本作“太宰”，誤。《禮記·內則》：“國君世子生，告於君，接以大牢，宰掌具。”

⑤ “衣”，殿本作“依”，誤。

⑥ “生”，殿本脫，參《禮記·檀弓》原文。

⑦ “代”，殿本作“殆”，下同。此書卷下《周禮·醢人》“醯”字下注：“迨，又簽。”

五經說七卷（江蘇巡撫採進本）①

元熊朋來撰。朋來字與可，南昌人。登宋咸淳十年進士，仕元為福清縣判官。事蹟具《元史·儒學傳》②。朋來之學恪守宋人，故《易》亦言先天、後天、河圖、洛書，《書》亦言《洪範》錯簡，《詩》亦不主《小序》，《春秋》亦不主三《傳》。蓋當時老師宿儒，相傳如是，門戶所限，弗敢尺寸踰也。惠棟《九經古義》詆其論《大學》“親民”一條，不知親、新通用，本馬、鄭之解《金縢》為夏蟲之見；又詆其論“言乃讙”一條，不考《史記·魯世家》所引《無逸》及裴駰《集解》所引鄭註；論《周禮·樂師》“皋”字與《大祝》“皋”字，不考皋、告、嗥三字相同，乃謂鄭氏先後異讀，均為妄下雌黃。蓋於古義、古音亦多所出入。然其書發明義理，論頗醇正，於《禮經》尤疏證明白。在宋學之中,亦可謂切實不支矣。寸有所長,固無妨録備一家也。

**【彙訂】**

① 此書内容涉及《易》、《詩》、《書》、《春秋》、《儀禮》、《周禮》、《大小戴記》等七經,《總目》著録名不副實。庫書依《通志堂經解》本繕録,但題《經説》七卷。(崔富章:《四庫提要補正》)

② "儒學傳",底本作"儒林傳",據殿本改。《元史》卷一八九、一九〇為《儒學傳》,後者有熊朋來傳。

十一經問對五卷(兩江總督採進本)①

舊本題何異孫撰,不著時代。考其第二卷中論《孟子》徹法、助法,稱"大元官制承宋職田",則當為元人。第一卷中論《論語》"暮春"者,稱"王稼村先生於杭州府學講此一章"。稼村為王義山之號。義山,宋景定中進士,入元官江西儒學提舉。異孫及見其講經,則當在元初。故論《孟子》"恒心恒產"一條,謂老儒猶讀"恒"為"常",避宋真宗諱,今當讀"胡登反"。是宋亡未久之證也。所説凡《論語》、《孝經》、《孟子》、《大學》、《中庸》、《詩》、《書》、《周禮》、《儀禮》、《春秋》三傳、《禮記》十一經。其敘次先後頗無倫理,又以《大學》、《中庸》各為一經,亦為杜撰,皆頗不可解②。其書皆仿朱子《或問》之體,設為問答。《大學》、《中庸》、《論語》、《孟子》大致用《章句集註》,而小有異同。如"君子居之,何陋之有",則以為箕子曾居其地,至今禮義教化與中州同,不可謂之為陋。案鄭汝諧《論語意原》已先有此説,異孫蓋與之闇合。至於"日至之時皆熟矣",則以為夏至;"君子不亮,惡乎執",以"惡"字讀去聲,皆不為無理。至於"菉竹猗猗",因毛《傳》"綠,木賊"之説,遂以"切磋琢磨"為用此艸以治物;"父母惟其疾之憂",謂孟武伯為人多憂，夫子寬以他事不必憂，惟當憂父母之疾；“雍也可使南面”，謂孔子之言為礙理；“人皆謂我毀明堂”，謂當時七國皆僭造明堂，則未免橫生異説。他若以《汲冢紀年》為淳于髡所作③，謂《孝經》十八章次序為唐元宗所定，尤鑿空無據矣。其餘説《詩》多據鄭元《譜》，説《書》多據蔡沈《傳》，説《三禮》、三《傳》多撮舉《註疏》。然其閒隨文生義，觸類旁通，用以資幼學之記誦，亦不為無益。其論趙岐註《孟子》曰，“《六經》、《論語》、《孟子》，前後凡經幾手訓解，宋儒不過集衆説以求一是之歸。如説《易》便罵王弼，講《周禮》便責鄭康成、賈公彦，解《尚書》便駁孔安國，傷乎已甚。畢竟漢儒亦有多少好處。趙岐在夾柱中三年，註一部《孟子》，也合諒他勤苦”云云，尤平心之論也。

### 【彙訂】

① “十一經問對”，殿本作“十一經問答”，誤。文淵閣本書前提要不誤。（江慶柏等：《四庫全書薈要總目提要》）

② 傳世元刊本題《新編十一經問對》，有大德二年八月何異孫自序，云：“豐城開州治之八月，會曾、鄒二教諭於講堂，相與言曰：近府庠小學訓導為學生承問失對而停職……嘗有感於教諭之相與言，因就《六經》、《四書》、《十七史》、《左傳》、《通鑑》、文公《綱目》，擇其可助蒙訓者，緝為《小學問對》。”由此知，是書本名《小學問對》，名實相副。《十一經問對》之名，或傳刻者取便通行耳。（崔富章：《四庫提要補正》）

③ “汲冢紀年”，底本作“汲冢記年”，據殿本改。

五經蠡測六卷（兩江總督採進本）

明蔣悌生撰。悌生字叔仁，福寧州人。洪武初，以明經官訓

導。是書乃其元季避兵藍田谷中所作。嘉靖戊戌，<sub>案原序不題年</sub>
號<sup>①</sup>，<sub>但稱戊戌。以序中"一百六十餘年"語推之，知為嘉靖十七年。</sub>浮梁閔文
振纂修州志，始得稿於其裔孫宗雨，序而刻之。前有洪武庚戌悌
生自序。凡《易》一卷，《書》一卷，《詩》三卷，《春秋》一卷。後有
文振附記，曰"右五經，《詩》說獨多，《易》、《書》次之，《春秋》為
少，《禮記》亡闕。今猶題曰《五經蠡測》，仍其舊也"云云。今觀
其書，或載經文，或但標章句之目，所說或大書，或夾註，體例絕
不畫一，蓋猶未成之草稿<sup>②</sup>。又《尚書·太甲篇》首有曰："《詩》、
《書》小序，前已詳言之矣。"然以前絕未論《詩》、《書》序，則不但
《禮記》散佚，併《尚書》亦有佚脫也。其說《易》，多斟酌程《傳》、
《本義》之異同。如解《頤卦》"虎視耽耽，其欲逐逐"，謂大臣之求
賢為助，如虎之求肉為食，穿鑿太甚。如解"龍戰于野"，謂坤象
不得稱龍<sup>③</sup>，龍即乾卦六爻之龍。陰盛而與之戰，嫌於无陽，故
稱龍以明陽未嘗无。則立義特為正大。其說《書》，於蔡沈《集
傳》多所訂正。解《盤庚》，疑有錯簡三章，未免因王柏謬說，又加
推廣。至於《高宗肜日》，謂果為高宗之事，則當稱王，不當首稱
廟號。用鄒氏《音釋》之說，以為祖庚祀高宗。亦不為無見。其
說《詩》，謂《小序》固有紕繆，而朱子疾之太甚。於諸篇同異，務
持兩家之平。在元、明之閒，可謂屹然獨立，無依門傍户之私。
至其以《鴟鴞》為美周公，乃《豳風》之詩，錯簡入於《曹風》，則又
臆斷之餘習矣。《春秋》僅說"滕子來朝"、"子同生"、"夫人姜氏
孫于齊"、"夫人姜氏會齊侯于禚"、"公及夫人會齊侯于陽穀"、
"齊仲孫來"六條，<sub>案"孫于齊"與"會禚"合為一條。</sub>而"仲孫"一條與
"陽穀"一條年月又復顛倒。其說不甚主胡《傳》，然既曰胡《傳》
不合筆削之初意，又曰聖人復生，亦將有取於胡氏之言，又何必

一一盡合於筆削之初意，則於胡《傳》亦尚在疑信閒也。大抵僻處窮山，罕窺古籍，於考據引證，非其所長。而覃精研思④，則往往有所心得。名雖不及熊朋來，書則實在朋來上也。

【彙訂】

① 殿本"不"上有"內"字。

② "草稿"，殿本作"稿草"。

③ "象"，殿本脫，參此書卷一坤卦"上六，龍戰于野"句注文。

④ "覃"，殿本作"單"，誤。

簡端録十二卷（江蘇巡撫採進本）

明邵寶撰。寶有《左觿》，已著録。是編皆其讀書有得即題釋簡端①，積久漸多，其門人天台王宗元鈔合成帙，因以"簡端"為名。凡《易》三卷，《書》二卷，《春秋》三卷，《禮記》一卷，《大學》、《中庸》合一卷，《論語》、《孟子》合一卷②。前有寶自序。又有雍正壬子華希閔重刊序，稱："格物一義，頓悟者方欲掃除一切。先生則曰：'格物猶言窮理也，理即物之所以為物也。不曰窮理而曰物者，要之於其實也。'"云云。蓋時方趨向良知，以為聖人祕鑰，儒者日就元虛③。寶所學獨篤實不支，故其言如此。全書大旨，不外於斯。雖步步趦趄，尚未為沈酣經窟。然馬、鄭、孔、賈之學，至明殆絕。研思古義者，二百七十年內，稀若晨星。迨其中葉，狂禪瀾倒，異說飈騰，乃併宋儒義理之學亦失其本旨。寶所劄記，雖皆寥寥數言，而大旨要歸於醇正。亟録存之，亦不得已而思其次也。

【彙訂】

① "題釋"，殿本作"題識"。

② 所列止十一卷，"《書》二卷"下當增"《詩》一卷"三字。（胡玉縉：《四庫全書總目提要補正》）

③ "元虛"，殿本作"虛無"。

五經稽疑六卷（浙江巡撫採進本）①

明朱睦㮮撰。睦㮮有《易學識遺》，已著録。據《明史》睦㮮傳，稱其"萬曆五年舉周藩宗正，領宗學。約宗生以三、六、九日午前講《易》、《詩》、《書》，午後講《春秋》、《禮記》，雖盛寒暑不輟。所撰有《五經稽疑》六卷。"《藝文志》載睦㮮《五經稽疑》六卷外，又載睦㮮《春秋諸傳辨疑》四卷②。其《春秋稽疑》又有別行之本，析為四卷，乃與《明史》所稱《春秋經傳辨疑》合。考睦㮮自序稱："少靡所好，游心《六經》，嘗作《春秋稽疑》，餘未及為也。癸未四月，案《明史》稱睦㮮以萬曆五年舉宗正，又三年卒，則其卒當在萬曆八年。癸未乃萬曆十一年，與史文不合，疑史誤也。杜門謝客，乃取四經，時披閱焉。或有疑者，參訂諸家而折衷之。且述且作，得若干卷。"云云。據其所言，絶不及《春秋經傳辨疑》一字。殆初註《春秋》四卷，名以《經傳辨疑》，先行於世。後乃足成五經，併為一帙，統改今名。著録家各據所見之本，遂析而為二耳。《明史·睦㮮傳》但稱作《五經稽疑》六卷，不及《春秋經傳辨疑》，從其最後之定本也。《春秋》乃其初稿，蓋以全力為之。大旨取直書其事，美惡自見之義。其中如誤以邾儀父為邾命卿，蓋沿程端學之曲説，不思及晉處父盟，經自有例。未免傷於武斷。然如"春正月"不書王，"王使榮叔來錫桓公命"不書天③，"譚子"不書名，"柯之盟"不書日，"祭叔來聘"不書使之類，以為傳寫脱誤，非孔子有意筆削。旁引曲證，足破穿鑿附會之論。又謂"穀伯綏來朝"、"鄧侯吾離

來朝”二“朝”字當作“奔”；“鄭游速帥師滅許”，“滅”當作“入”；又
辨《左氏》以“城小穀”為“城穀”之非；《公羊》謂“晦不書事”之誤。
則精核者居多。《易》、《書》、《詩》、《禮》所説殊略。《易》多誤採
郭京之本。《書》既以古文為疑，又以《大禹謨》、《皋陶謨》篇首之
語為後人所加。又用程子之説，引“文命允迪”之文以駁“放勳”
之非號。亦頗涉矛盾。《詩》多採用《小序》，亦乏新義。《禮》則
所辨後儒增益之詞，頗為有見。而末附以所定藩府禮制八條，則
亘古説經無此體例矣。以其考證古義，尚時有可取，亦併録之。
鈔本不分卷帙，今約其篇頁，以四經各為一卷，《春秋》為兩卷，仍
合於《明史》所載之卷數焉。

**【彙訂】**

① 文淵閣《四庫》本為八卷。（沈治宏：《中國叢書綜録
訂誤》）

② “春秋諸傳辨疑”，底本作“春秋經傳辨疑”，據《明史·藝
文志》及殿本改。（崔富章：《四庫提要補正》）

③ “榮叔”，殿本作“桓叔”，誤，參《春秋·莊公元年》原文。

經典稽疑二卷（江蘇巡撫採進本）

明陳耀文撰。耀文字晦伯，確山人。萬曆庚戌進士，官至按
察司副使①。此書取漢、唐以來説經之異於宋儒者，分條輯載。
上卷為《四書》，下卷為《易》、《書》、《詩》、《春秋》、《禮記》、《周
禮》。先儒專門之學，各有師承，非同臆説。耀文欲存諸經古訓，
但當採鄭、王、賈、孔遺言，不應雜以明人議論。又如“宰予晝
寢”，但取《七經小傳》“寢為内寢”之説，而不引《資暇集》所載“梁
武帝繪畫寢室”一條；“竊比老彭”，但取《經典釋文》所引鄭云

“老,老聃。彭,彭祖”之説,而不引《禮記疏》、《文選註》所載鄭註“老聃,周之太史。彭,彭咸也”一條;“乾,元亨利貞”,但取《子夏傳》始通和正之説,而不引《義海撮要》所載梁武帝“義始為元,遂為亨,益為利,不私為貞”一條。此類頗多,亦傷漏略。又如《周禮》備載宋、元諸儒攻駁之語,則徒啟紛紛[2];《孟子》備載《筆談》所紀王聖美因何卻見梁惠王之言,則更涉諧謔。蓋耀文因當時帖括之士墨守方隅,稍為裒集異同,以存古義,而不必一一悉從其朔,故所採亦未盡精純。然嘉、隆之間,心學盛而經學衰,耀文獨能遠討逷搜,潛心訓詁,亦可云空谷之足音矣。

**【彙訂】**

①《千頃堂書目》卷一二陳耀文《學圃萱蘇》條注云:“碻山人,嘉靖庚戌(二十九年)進士,使西行太僕寺卿。”雍正《河南通志》卷六五《文苑・陳耀文小傳》:“登嘉靖庚戌進士。”可知“萬曆庚戌”為“嘉靖庚戌”之誤,官至“西行太僕寺卿(從三品)”而非“按察司副使(正四品)”。(楊武泉:《四庫全書總目辨誤》)

②“紛紛”,殿本作“紛紜”。

欽定翻譯五經五十八卷四書二十九卷[1]

乾隆二十年初,欽定翻譯《四書》,續翻譯《易》、《書》、《詩》三經,續又繙譯《春秋》、《禮記》二經。至乾隆四十七年,而聖賢典籍釋以國書者,燦然備焉。案鄭樵《通志・七音略》曰:“宣尼之書,自中國而東則朝鮮,西則涼夏,南則交阯,北則朔易,皆吾故封也。故封之外,其書不通。何瞿曇之書能入諸夏,而宣尼之書不能至跋提河,聲音之道有障礙耳。”其説良是,然文字之聲音,越數郡而或不同。文字之義理,則縱而引之,千古上下無所異;

横而推之,四海内外無所異。苟能宣其意旨,通以語言,自有契若符節者,又何聲音之能障礙乎哉?考《隋書》載魏氏遷洛,未達華語。孝文帝命侯伏侯可悉陵以其言譯《孝經》之旨,教於國人,謂之《國語孝經》。《經籍志》載其書作一卷。是古人已有行之者。特其學其識,均未窺六藝之閫奧,故能譯者僅文句淺顯之《孝經》[2],而諸經則未之及耳。我國家肇興東土,創作十二字頭,貫一切音;復御定《清文鑒》,聯字成語,括一切義。精微巧妙,實小學家所未有。故六書之形聲訓詁,皆可比類以通之。而列聖以來,表章經學,天下從風,莫不研究微言,講求古義,尤非前代之所及。故先譯《四書》,示初學之津梁。至於《五經》,《易》則略象數之跡,示其吉凶;《書》則疏佶屈之詞,歸於顯易;《詩》則曲摹其咏嘆,而句外之寄託可想[3];《春秋》則細核其異同,而一字之勸懲畢見;《禮記》則名物度數,考訂必詳,精理名言,推求必當,尤足破講家之聚訟。蓋先儒之詁經,多株守其文,故拘泥而鮮通;此編之詁經,則疏通其意,故明白而無誤。不立箋傳之名,不用註疏之體,而屑脂輕重之閒,自然契删述之微旨,厥有由矣。學者守是一編,或因經義以通國書,而同文之聖化被於四方;或因國書以通經義,而明道之遺編彰於萬世。其有裨於文教,均為至大。雖堯帝之文章,尼山之删定,又何以加於兹哉!

**【彙訂】**

① 文淵閣《四庫》本為《欽定翻譯五經》一百十二卷《四書》十九卷。(修世平、張蘭俊:《〈四庫全書總目〉訂誤十六則》)

② 殿本“能”上有“所”字。

③ “想”,殿本作“思”。

　　七經孟子考文補遺一百九十九卷①（浙江汪啟淑家藏本）②

　　原本題西條掌書記山井鼎撰，東都講官物觀校勘。詳其序文，蓋鼎先為《考文》③，而觀補其遺也。二人皆不知何許人。驗其版式紙色，蓋日本國所刊。凡為《易》十卷，《書》二十卷，附《古文考》一卷，《詩》二十卷，《左傳》六十卷，《禮記》六十三卷，《論語》十卷，《孝經》一卷，《孟子》十四卷④。別《孟子》於《七經》之外者，考日本自唐始通中國，殆猶用唐制歟？前有凡例，稱其國足利學有宋版《五經正義》一通，又有古本《周易》三通⑤，《略例》一通，《毛詩》二通，皇侃《論語義疏》一通，《古文孝經》一通，《孟子》一通。又有足利本《禮記》一通，《周易》、《論語》、《孟子》各一通。又有正德、嘉靖、萬曆、崇禎《十三經註疏》本。崇禎本即汲古閣本也。其例首經，次註，次疏，次釋文，專以汲古閣本為主，而以諸本考其異同。凡有五目：曰考異，曰補闕，曰補脫，曰謹案，曰存舊⑥。案所稱古本為唐以前博士所傳，足利本乃其國足利學印行活字版。今皆無可考信。書中所稱宋版《五經正義》，今以毛居正《六經正誤》及岳珂《九經三傳沿革例》所引宋本參校⑦，如《尚書·益稷篇》註“粉若粟冰”，《六經正誤》引紹興本作“粟冰”，監本作“粟水”，興國軍本作“粟米”，今汲古閣本作“粟冰”，而此書不引“粟水”、“粟米”二條；《毛詩·鴟鴞章》“予尾翛翛”，《經傳沿革例》引監本、蜀本、越本作“脩脩”，今汲古閣作“翛翛”，而此書不引“脩脩”一條；《生民章》箋“訏謂張口鳴呼”，《經傳沿革例》引余仁仲本“鳴”作“鳴”，今汲古閣本作“鳴”，而是書不引“鳴”字一條⑧；《春秋左氏傳·隱四年》“老夫耄矣”，《六經正誤》引潭本“耄”作“耄”，今汲古閣本作“耄”，而此書不引“耄”字一條；《襄三十一年》“夭厲不戒”，《六經正誤》引臨川本“夭”作

“天”，今汲古閣本作“夭”，而此書不引“天”字一條；《禮記·曲禮》“二名不偏諱”，《經傳沿革例》引蜀大字本、興國本“偏”作“徧”，今汲古閣本作“偏”，而此書不引“徧”字一條。悉與毛、岳兩家所稱宋本不符，不知所據宋本定出誰氏。然如《周易·小過·九四》註“不為貴主”，此書引宋版“貴”作“貴”，與《六經正誤》所引善本合；又《春秋傳·昭十二年》“昔我先王熊繹與呂級”，此書引宋永懷堂本“級”作“伋”，與《六經正誤》所引興國本合；《昭二十四年》註“不侫獻王”，此書引宋版“王”作“玉”，與《六經正誤》所引臨川本合；《僖三十一年》註“濟水滎陽東過魯之西”，此書引宋永懷堂本“滎”作“熒”，與《經傳沿革例》所據之善本合；《僖二十三年》“懷其安，實敗名”，此書引宋永懷堂本“其”作“與”，與《經傳沿革例》所引監本、蜀本及諸善本合；《禮記·曾子問》註“則卒哭而致事”，此書引宋版“則”作“周”，《喪服小記》“殤無變文不縞”，此書謂“縞”乃“緆”字之誤，皆與《經傳沿革例》所引興國本合。考《經傳沿革例》所載宋版二十一種，多不附《釋文》，其附《釋文》者獨有建本及蜀中大字本。此書載宋版《毛詩》、《左傳》，獨附《釋文》，則或為建本及蜀中大字本歟[9]？又鼎稱足利本乃統括古本[10]，而所引古本，如《尚書·舜典》註云：“使各陳進治理之言。古‘理’作‘禮’。”而《六經正誤》所引監本亦云“理”作“禮”，則知古本非無稽也。至所正《釋文》錯誤，多稱“元文”，不知“元文”為何本。今以通志堂所刊考之，一一皆合。蓋徐本未出以前，其書已傳入彼國矣。歐陽修作《日本刀歌》曰：“徐福行時書未焚，遺書百篇今尚存。”今考此書所列《尚書》，與中國之本無異。又明豐坊偽造諸經，皆稱海外之本。今考此書與坊本亦無一同，是亦足釋千古之疑也。

## 【彙訂】

①　"一百九十九卷"，殿本作"二百六卷"。文淵閣《四庫》本作二百卷。（沈治宏：《中國叢書綜錄訂誤》）

②　此條殿本置於《十三經義疑》條之後，與文淵閣庫書次序不符。

③　殿本"鼎"上有"井"字，誤。

④　"易十卷書二十卷附古文考一卷詩二十卷左傳六十卷禮記六十三卷論語十卷孝經一卷孟子十四卷"，殿本作"易十卷書十八卷詩二十卷禮記六十三卷論語二十卷孝經一卷孟子十四卷"。文淵閣《四庫》本卷一至九為《周易兼義》，卷十為《周易略例》，卷十一為《古文考》，卷十二至三十一為《尚書註疏》，卷三十二至五十二為《毛詩註疏》，卷五十三至一百十二為《春秋左傳註疏》，卷一百十三至一百七十五為《禮記註疏》，卷一百七十六至一百八十五為《論語註疏》，卷一百八十六為《孝經註疏》，卷一百八十七至二百為《孟子註疏》。（馬劉鳳：《〈四庫〉訂誤十五則》）

⑤　"古本"，底本作"古文"，據殿本改。此書凡例云："有曰古本者，亦足利學所藏書寫本也。《周易》三通，各三本，《略例》一通……"文淵閣本書前提要不誤。（崔富章：《四庫提要補正》）

⑥　凡例所列為六目，"補脫"後尚有"正誤"，與正文相符。（馬劉鳳：《〈四庫〉訂誤十五則》）

⑦　"六經正誤"，殿本作"五經正誤"，誤。《總目》本卷著錄毛居正《六經正誤》六卷，六經乃《周易》、《尚書》、《毛詩》、《禮記》、《周禮》、《春秋左傳》。"參校"，殿本作"參核"。

⑧　"生民章箋訂謂張口鳴呼經傳沿革例引余仁仲本鳴作鳴今汲古閣本作鳴而是書不引鳴字一條"，殿本作"生民章箋訂謂

張口鳴呼，經傳沿革例引余仁仲本鳴作鳴今汲古閣本作鳴而是書不引鳴字一條"，誤。《九經三傳沿革例・詩・生民》"實覃實訏"條："箋云'訏謂張口鳴呼也'。諸善本皆作'鳴'，余仁仲本作'鳴'，蓋以'鳴'字駭俗而從'鳴'字也。"

⑨"建本"，殿本作"監本"，誤。

⑩"又鼎"，殿本作"井鼎"，誤。

九經誤字一卷（內府藏本）①

國朝顧炎武撰。炎武有《左傳杜解補正》，已著錄。是書以明國子監所刊諸經字多譌脫，而坊刻之誤又甚於監本，乃考石經及諸舊刻作為此書。其中所摘監本、坊本之誤，諸經尚不過一二字，惟《儀禮》脫誤比諸經尤甚。如《士昏禮》"視諸衿鞶"下，脫"壻授綏②。姆辭曰：'未教，不足與為禮也。'"十四字；《鄉射禮》"各以其物獲"下，脫"士鹿中翿旌以獲"七字；《燕禮》"享于門外東方"下，脫"其牲狗也"四字；《特牲饋食禮》"長皆答拜"下，脫"舉觶者祭，卒觶，拜。長皆答拜"十一字；《少牢饋食禮》"振之三"下③，脫"以授尸。坐取簞，興"七字。其一兩字之脫，尚有二十處④，皆賴炎武此書校明，今本得以補正，則於典籍不為無功矣。惟所引石經"子朝奔郊"四字，字體與唐不類。考《左傳・昭公二十二年》："王師軍于京楚，辛丑伐京。"註云："京楚，子朝所在。"又《昭公二十三年》"王子朝入于尹"，註云："自京入尹氏之邑。"則子朝無奔郊之事，此四字為王堯惠等妄加明矣。炎武亦復採之，未免泥古之過，然不以一眚掩也。

【彙訂】

① 殿本此條置於《經問》條之後，與文淵閣庫書次序不符。

②“授”，殿本作“之”，誤，參《儀禮·士昏禮》原文。

③“少牢饋食禮”，殿本脱。

④“尚有二十處”，殿本作“尚十九處”，誤。此書《儀禮》目中列“介俎脊脅肫胳肺”（監本脱“肫”字）等二十條均為脱一兩字。

經問十八卷經問補三卷（浙江巡撫採進本）①

國朝毛奇齡説經之詞，其門人録之成編。皆一問一答，故題曰《經問》。其後三卷，則其子遠宗所補録也。其中如論褚師聲子不解襪；論蕭容、蕭揖、蕭拜三者之分；論婦人不稱斂衽；論稽首、頓首之誤用；論杜預註丘甲之非；論《儀禮》出二戴，《禮記》不出二戴；論甘盤不遯於荒野；論姓分為氏，氏分為族；論以字為氏，不必定用王父；論兄弟不相為後，破汪琬以弟後兄之説；以《史記·諸侯年表》正《趙世家》記屠岸賈之譌；謂衛宣公無烝夷姜事；謂《孟子》記齊、楚伐宋時，宋猶未滅滕；謂《春秋·桓公》多闕文；論公行子有子之喪；論微子、微仲；論鄭康成誤註勦説為雷同；論孔子非攝相；論孔子適周非昭公二十四年；論畏厭溺；論魯鼓、薛鼓非無詞；論媒氏禁遷葬嫁殤；論子文三仕三已；論束牲載書，皆證佐分明，可稱精核。至其中所排斥者，如錢丙、蔡氏之類，多隱其名。而指名而攻者，惟顧炎武、閻若璩、胡渭三人。以三人皆博學重望，足以攻擊，而餘子則不足齒録。其傲睨可云已甚。李塨《序目》稱：“仁和汪祭酒嘗答人書，謂‘西河説經②，終不見有紬理’。似乎鄭康成、杜預、孔穎達、賈公彥輩皆有贏有紬，而西河隨問隨答，無不是焉。”其推挹甚至。而其以辨才求勝，務取給一時，不肯平心以度理，亦於是見之，可謂皮裏陽秋

矣。然以馬、鄭之淹通，濟以蘇、張之口舌，實足使老師宿儒變色
失步，固不可謂非豪傑之士也。

【彙訂】

① 殿本此條置於《欽定翻譯五經四書》條之後，與文淵閣庫
書次序不符。

② “說”，殿本作“論”。

十三經義疑十二卷（江蘇巡撫採進本）

國朝吳浩撰。浩字養齋，華亭人。是書取諸經箋註，標其疑
義，考訂之力頗勤。如季本《讀禮疑圖》以萬人爲一軍，浩襲其
說。於《詩》“公車千乘，公徒三萬”，不主鄭箋舉成數之解，而引
《司馬法》文①，以一乘總三十人，定千乘當三萬人，而疑賈疏附
會此法爲畿內之制。今考《大司馬》“萬有二千五百人爲軍”，《小
司徒》“五人爲伍，五伍爲兩，四兩爲卒，五卒爲旅，五旅爲師，五
師爲軍”。天子、諸侯同制。《小司徒》疏謂《司馬法》“成百井，三
百家，革車一乘，士十人，徒二十人”。至“同方百里，萬井，三萬
家，革車百乘，士千人，徒二千人”，乃天子畿內采地法。又《司馬
法》“甲士三人，步卒七十二人”，乃是畿外邦國法。此周之定制
也。《齊語》：“管子制國，五家爲軌，故五人爲伍。十軌爲里，故
五十人爲小戎。四里爲連，故二百人爲卒。十連爲鄉，故二千人
爲旅。五鄉爲師，故萬人爲軍。”韋昭註：“萬人爲軍，齊制也。周
則萬二千五百人爲軍。”此春秋列國之變制也。僖公之《頌》正當
齊桓之時，或其時即用齊法，亦未可知。浩據以疑《周禮》則非也。
浩又於《儀禮·聘禮》引崔靈恩之說，謂諸侯三卿，司徒兼冢宰，司
馬兼宗伯，司空兼司寇。諸侯雖正卿，猶不敢稱“大”，《史記》

謂魯以孔子為大司寇,若然,豈魯有六卿如天子耶？宋二王之後,故有大司馬。楚之有大司馬也,因僭稱王耳。今考《管子・王言篇》,甯戚藝粟盡地利,立為大司徒,王子城父為大司馬,則春秋時諸侯正卿明稱"大",而稱大司馬者又不止宋、楚矣。又《左氏傳》曰："向為人為大司寇。"則宋稱"大"者又不特司馬矣。魯司寇為司空兼官,本非正卿,或止得稱司寇。而概謂諸侯正卿皆不得稱"大",則亦弗之考也。又《周禮》"乃立春官宗伯",鄭註引"夏父弗忌為宗人"。浩謂《春秋》內、外傳俱作"我為宗伯",宗人雖亦掌禮之官,但位卑權輕,焉能擅為逆祀？今考宗人之名,通於上下。《左傳・哀公二十四年》："使宗人釁夏獻其立夫人之禮。對曰：'無之。'公怒曰：'汝為宗司。'"尊之曰"宗司",是非卑位矣。又《文王世子》"公族其在宗廟之中,則如外朝之位。宗人授事,以爵以官"。註："宗人掌禮及宗廟。"與鄭氏《周禮・大宗伯》註"宗官典國之禮與其祭祀"合。又《大戴禮・諸侯遷廟》"齊祝[②],宗人及從者皆齊,宗人擯",與《周禮》大宗伯職掌王之儐相合。鄭註宗伯為宗人,蓋即據此。此天子、諸侯之宗人也。《魯語》："公父文伯之母欲室文伯[③],饗其宗老。"韋昭註："宗,宗人。"《晉語》："范文子謂其宗祝。"韋昭註亦曰："宗,宗人。"此卿、大夫之宗人也。浩以宗人為位卑權輕,是以卿、大夫之宗人與天子、諸侯之宗人合為一也,考核頗疏。其他如釋《左傳》"得祐於橐中",謂大夫亦有主[④],與蔡謨之說合。而引《說文》"大夫以石為主"[⑤],則出前儒所引之外。釋《爾雅》"昏,強也",謂"昏"當作"昬"。《書》"不昬作勞","昬"音"閔",與"啓"同,強也。又《爾雅》："夏日復胙",郭註："未見所出。"浩引《穀梁》楊疏云："復胙者,復前日之禮。"《有司徹》賈疏云："復胙者,

復昨日之胙祭。”則均可補郭註⑥，其説亦頗有可採者。蓋於註
疏之學雖未能貫通融會，而研究考證，具有根柢。視勦剟語録，
枵腹談經，徒以大言臆斷者，則勝之遠矣。

**【彙訂】**

① “文”，底本作“又”，據殿本改。

② “齊”，殿本作“例”。《大戴禮·諸侯遷廟》原文作“齋”。

③ “父”，殿本脱，參《國語·魯語下》原文。

④ 底本“夫”下有“士”字，據殿本删。此書卷四“得祐於橐
中”條云：“春官司巫有匰主，則木主盛於匰。大夫無木主，其以
石為之而無匰與。崔靈恩謂士、大夫主以幣帛。竊疑幣帛易壞，
安能遞遷三廟之久哉？惟師行無遷主乃可耳。”

⑤ 殿本“大”上有“謂”字。

⑥ 殿本“註”下有“之闕”二字。

### 九經古義十六卷（桂林府同知李文藻刊本）

國朝惠棟撰，棟有《周易述》，已著録①。是編所解，凡《周
易》、《尚書》、《毛詩》、《周禮》、《儀禮》、《禮記》、《左傳》、《公羊》、
《穀梁》、《論語》十經。其《左傳》六卷，後更名曰《補註》，刊版別
行，故惟存其九②。曰“古義”者，漢儒專門訓詁之學，得以考見
於今者也。古者漆書竹簡，傳寫為艱，師弟相傳，多由口授，往往
同音異字，輾轉多岐。又六體孳生，形聲漸備，毫釐辨別，後世乃
詳。古人字數無多，多相假借，沿流承襲，遂開通用一門。談經
者不考其源，每以近代之形聲究古書之義旨，穿鑿附會，多起於
斯。故士生唐宋以後，而操管摛文，動作奇字，則生今反古，是曰
亂常。至於讀古人之書，則當先通古人之字，庶明其文句而義理

可以漸求。棟作是書，皆蒐採舊文，互相參證。其中愛博嗜奇，不能割愛者。如《易》之需卦，據《歸藏》作"溽"，於象傳飲食之義固符，於爻詞"需泥"、"需沙"則義不相協。《書》之"曰若稽古"，用鄭康成之義，實則訓"古"為"天"，經典更無佐證[③]。《儀禮·士昏禮》之"皇舅某子"，申《註疏》"張子、李子"之義，駁顧炎武之説。實則《春秋傳》所謂男婦辨姓[①]，乃指婚姻，不指稱號。《禮記·檀弓》之"子夏喪明"，《漢冀州從事郭君碑》作"喪名"，實係假借之字。乃引《爾雅》"目上為名"，謂名為目珠。實則目珠不在眉目之間。《公羊·隱十一年傳》，蔡邕石經以"弒"為"試"，引《白虎通》證之，已屬附會，又引《荀子·議兵篇》"威厲而不試，刑措而不用"句為證。實則此"試"字又別一意，蔡邕所書，義不緣此。《成二年傳》"是土齊也"，自以何休註文為正解，而引《周禮》、《司馬法》解"土"為"杜"。實則"盡東其畝"，原非杜塞鄰國之交通。《論語》之"詠而歸"，據鄭康成、王充之説，以"歸"為"饋"。實則風雩無饋祭之理。如斯之類，皆不免曲徇古人，失之拘執。又如據《周禮·牛人》謂"任器"字出於經文，不出子、史，駁宋祁《筆記》之誤。則體同説部，與經訓無關。引《荀子》、《墨子》證《學記》之"撞鐘"，引《荀子》證秦穆公之能變，引《墨子》證"許止不嘗藥"，引楊方《五經鉤沈》證《論語》"生知"，亦皆牽引旁文，無關訓詁，未免為例不純。然自此數條以外，大抵元元本本，精核者多。較王應麟《詩考》、鄭氏《易註》諸書，有其過之無不及也。

**【彙訂】**

①　依《總目》體例，當作"棟有《新本鄭氏周易》，已著録"。（漆永祥：《〈四庫總目提要〉惠棟著述糾誤》）

② 此書名非始於惠棟，説詳卷二九《左傳補注》條訂誤。

③ “佐證”，殿本作“證佐”。

④ “男婦”，殿本作“男女”。此書卷九“皇舅某子”條云：“張稷若《儀禮節解》云疏之意或以婦新入門，稱姓以告，故亦以姓稱其舅。《春秋傳》云‘男女辨姓’，其此之謂。”

經稗六卷（福建巡撫採進本）①

國朝鄭方坤撰。方坤字則厚，號荔鄉，建安人。雍正癸卯進士，官至兗州府知府。是編雜採前人説經之文，凡《易》、《書》、《詩》、《春秋》各一卷，《三禮》共一卷，《四書》共一卷。以多摭諸説部之中，故名曰“稗言”，猶正史之外別有稗官耳。漢代傳經，專門授受，自師承以外，罕肯旁徵。故治此經者，不通諸別經。即一經之中，此師之訓故，亦不通諸別師之訓故。專而不雜，故得精通。自鄭元淹貫六藝，參互鉤稽，旁及緯書，亦多採摭。言考證之學者自是始。宋代諸儒，惟朱子窮究典籍。其餘研求經義者，大抵斷之以理，不甚觀書。故其時博學之徒，多從而探索舊文，網羅遺佚，舉古義以補其闕。於是漢儒考證之學，遂散見雜家筆記之内。宋洪邁、王應麟諸人，明楊慎、焦竑諸人，國朝顧炎武、閻若璩諸人，其尤著者也。夫窮經之要在於講明大義，得立教之精意，原不以搜求奇祕為長。然有時名物訓詁之不明，事蹟時地之不考，遂有憑臆空談，乖聖人之本旨者。諸人於漢學放失之餘，捃摭而存一線，亦未始非餼羊之遺也。顧諸家無談經之專書，篇帙紛繁，頗難尋檢。方坤能薈粹衆説，部居州分，於考核之功深為有裨。特録存之，亦朱子註《中庸》不廢沈括《夢溪筆談》之意也。

## 【彙訂】

① 文淵閣《四庫》本作十二卷，書前提要云："原本《易》、《書》、《詩》、《春秋》各一卷，《三禮》共一卷，《四書》共一卷，篇頁頗為繁重。今析為十有二卷，以便省覽云。"（修世平：《文淵閣〈欽定四庫全書總目〉訂誤六則》）

十三經註疏正字八十一卷（浙江巡撫採進本）

國朝沈廷芳撰①。廷芳字椒園，仁和人。乾隆丙辰，召試博學鴻詞，授翰林院編修，官至山東按察使。是編校正《十三經註疏》，以監本、重修監本、陸氏閩本、毛氏汲古閣本參互考證，而音義釋文則以徐氏通志堂本為準。凡《周易》三卷，《尚書》五卷，《詩》十四卷，《周禮》十卷，《儀禮》十一卷，《禮記》十五卷，《左傳》十卷，《公羊傳》四卷，《穀梁傳》二卷，《孝經》一卷，《論語》二卷，《孟子》一卷，《爾雅》三卷。考諸經《正義》，宋端拱、咸平、景德遞有校正，而版本久湮。明以來公私刊版②，亦有據宋本刊正者，而所校往往不同。廷芳是書，每條標其本句，而疏其譌誤於下。其據某本改者，並顯出之；有未定者，則以疑存之；或有據某人說者，亦綴附焉。於形聲六體，尤所究詳。然籀改而篆，篆改而八分，而隸書，偏旁點畫，或因或革，不能限以許慎之所述。又經師口授，各據專門。《春秋》則三《傳》異文，《詩》則四家殊字。而假借通用，又復錯出於其閒。故"曰若"、"越若"，《書》自不同；"桑葚"、"桑椹"，《詩》亦各體，此一經自不相同者也。《周禮》之"簭"，不可通乎《周易》之"筮"；《儀禮》之"庿"，不可通於《禮記》之"廟"，此諸經各不相謀者也。鄭康成之屢稱舊書，陸德明之多引別本，更不論矣。故是書所舉，或漏或拘，尚未能毫髮無憾。

至於參稽衆本，考驗六書，訂刊版之舛譌，袪經生之疑似。《註疏》有功於聖經，此書更有功於《註疏》。較諸訓詁未明而自謂能窮理義者，固有虛談、實際之分矣。

【彙訂】

① 沈廷芳為浦鏜作傳云：“《正字》書存余所，故人苦心，會當謀諸剞劂，芳得附名足矣。”而鏜弟銑作《秋稼吟稿序》云：“《正字》書沈椒園先生許為付梓，今已入《四庫全書》，而非兄之名也。”則此書為浦鏜撰。（胡玉縉：《四庫全書總目提要補正》）

②“刊版”，殿本作“刻板”。

朱子五經語類八十卷（江蘇巡撫採進本）

國朝程川編。川字鄘渠，號春疁，錢塘人。乾隆元年，薦舉博學鴻詞。是書成於雍正乙巳，乃川肄業敷文書院時所刊。取《朱子語錄》之說《五經》者，州分部居，各以類從，以便參考。凡《易》四十卷，《書》九卷，《詩》七卷，《春秋》三卷，《禮》二十一卷。昔朱子之孫鑑，嘗緝文公《易說》二十三卷，又緝《詩傳遺說》六卷。國朝李光地又有《朱子禮纂》五卷。而《書》與《春秋》卒無專書。特諸家援引遺文，據以折衷衆說而已。且其閒各以意為去取，不能盡睹其全。又不著為某氏某年所錄，亦無以考其異同先後之由。黎靖德所編《語錄》，雖薈粹無遺，然不及一一詮次，亦猝不得其端緒。川此編於每經皆以總論居前，論舊說得失者次之。其餘則以經文為序，並各著某人所錄於下，且註其年月及朱子是時年若干歲於首條。條分縷析，至為明白。雖其閒記錄或失其真，前後偶異其說者未為一一辨明，然比類而觀，互相勘校，其得失亦粲然具見矣。《三禮》之末，綴以《大戴禮記》，似乎不倫。考是書歷代史志皆著錄於禮類。史繩祖《學齋佔畢》稱宋時嘗併《大戴記》於《十三經》末，稱《十四經》。雖繩祖不詳事在何朝，然諒非誣説。且其文與《三禮》多相出入，可以為參考之資。附錄於末，亦不得以泛濫為疑矣。

群經補義五卷（安徽巡撫採進本）

國朝江永撰。永有《周禮疑義舉要》，已著錄。是書取《易》、《書》、《詩》、《春秋》、《儀禮》、《禮記》、《中庸》、《論語》、《孟子》九經，隨筆詮釋，末附雜說，多能補《註疏》所未及。惟有過矯鄭義者。如《禮記補義》云：“主常在室，朝事雖延尸出戶[①]，而主不動。故云：‘詔祝于室[②]，坐尸于堂。’堂上有尸無主也。《大司樂職》云：‘尸出入則令奏《肆夏》。’而《司巫》無奉主出入之文也。”今考《郊特牲》註曰：“朝事延尸于戶西，南面。布主席，東面。取牲膟脊燔於爐炭，洗肝於鬱鬯而燔之。入以詔神于室，又出以墮于主。主人親制其肝，所謂制祭也。時尸薦以籩豆，至薦孰，乃更延主于室之奧。尸來升席，自北方坐于主北焉。”康成此註雖不見於經傳，必有根據。今永謂坐尸于堂，則堂上無主，不知下文云“直祭祝于主”，謂薦孰時也。經亦但云“祝于主”，不云“祝于尸”，豈亦得謂薦孰時尸不在室乎？蓋言室則統有主，言主則統有尸。經以互文見義，益以見尸[③]、主之不相離也。況《大司樂》“尸出入奏《肆夏》”，註謂出入廟中。如第據出入廟中，則《曾子問》曰“主出廟、入廟必蹕”，此不得以《司巫》不言主出入而遂不信《曾子問》也。《公羊傳》曰：“祫祭者，毀廟之主陳于太祖，未毀廟之主皆升，合食于太祖。”周旅酬六尸，則毀廟有主而無尸。若朝踐之節，但有尸在堂，而主皆在室，則毀廟之主不得與於朝踐之禮矣。《曲禮》曰"措之廟，立之主，曰帝主"，所以識世系也。
尸之所在，以主辨其昭穆，故尸與主不相離。《白虎通》曰："主所
以依神也。"《淮南子》曰："神之所依者尸也。"若主在室而尸在
堂，則朝踐之節，神一依於在堂之尸，又一依乎在室之主，散而無
統，非所以明精專也。《論語補義》又謂："魯禘行於秋嘗之時。
周正之秋，實是夏月。故《明堂位》曰'季夏六月，禘周公于明堂'
也。"今考《閔二年》："夏五月，吉禘于莊公。"《僖八年》："秋七月，
禘于太廟。"《文二年》："八月，大事于太廟。"《宣八年》："夏六月，
有事于太廟。"《昭十五年》："二月，禘于武宮。"《定八年》："冬，禘
于僖公。"據此，則魯之禘祭四時皆舉，不得拘以嘗月也。《明堂
位》曰："季夏六月，以禘禮祀周公于明堂。"《雜記》："孟獻子曰：
'正月日至，可以有事于上帝；七月日至，可以有事于祖。'七月而
禘，獻子為之也。"稱七月日至乃夏至建午之月，則六月實建巳之
月，於周正為夏，不為秋也。永既據《明堂位》六月為禘月，而以
六月為周正之秋，則是以六月為建未之月矣。同一魯也，記者於
正月、七月稱日至，則用周正，而於六月則又用夏正，恐無是理。
永又引《祭統》"内祭則大嘗禘"，書"禘"于"嘗"下，明大禘在嘗
月。不知"禘"在"嘗"下，不過錯舉之詞。猶之《傳》曰"烝嘗禘于
廟"，"嘗"在"烝"前而錯舉之，則曰"烝嘗"也。然則經文"嘗"在
"禘"上，原不謂禘在嘗月也。永又引《魯頌》"秋而載嘗，夏而福
衡，白牡騂剛"，為禘在嘗月之證。不知毛《傳》曰："諸侯夏禘則
不礿，秋禘則不嘗，惟天子兼之。"鄭箋曰："秋嘗祭，于夏則養
牲。"是毛、鄭皆不以此節為禘祭也。今據《魯頌》為禘、嘗同月，
尤為未允。然其他條則多典確不磨[①]。若《尚書補義》以西海為
青海，謂西海郡雖始立於王莽，而《山海經》云"西海之南，流沙之

濱”，則西海之名甚古，並不始于莽也。《春秋補義》謂兄終弟及，宗廟昭穆之世，天子諸侯不得過四親，而昭穆之廟不必限以四，並斥萬斯大所據“明堂五室”之説。又謂春秋之世兵農已分，引《管子》：“制國二十一鄉：工商之鄉六，士鄉十五。公帥五鄉，國子、高子各帥五鄉。”是在當時，齊之三軍悉出近國都之十五鄉，而野鄙之農不與。《論語補義》謂先儒以麻冕用三十升，布八十縷為升，三十升則二千四百縷。布一尺二寸，容一千二百縷，朱子已謂其極細，如今之細絹。豈更可倍為二千四百縷？然則麻冕亦不過十五升。辨析尤為精核。其他於《禹貢》之輿地、《春秋》之朔閏，皆考證賅洽，於經文、註義均有發明。固非空談者所及，亦非捃拾為博者所及也。

**【彙訂】**

① “出”，殿本作“坐”，誤，參此書卷三《禮記補義》。

② “祝”，殿本作“主”，誤，參《禮記·郊特牲》原文。

③ “益”，殿本作“蓋”，誤。

④ “多”，殿本無。

經咫一卷（江蘇巡撫採進本）

國朝陳祖范撰。祖范字亦韓，亦字見復，常熟人。雍正癸卯會試中式舉人，未及殿試。乾隆辛未薦舉經學，特賜國子監司業銜。是書皆其説經之文。名“經咫”者，用《國語》晉文公“咫聞”語也。祖范膺薦時，曾録呈御覽。此其門人歸宣光等所刊。凡《易》七條，《書》十二條，《詩》七條，《春秋》十三條，《禮》六條，《論語》十三條，《中庸》二條，《孟子》十條，而以雜文之有關《禮》義者八篇列於《禮》後。其論《書》不取梅賾，論《詩》不廢《小序》，論

《春秋》不取義例，論《禮》不以古制違人情，皆通達之論。原序稱："文不離乎《六經》、《四書》，說不參乎支離怪僻。"視蕭山毛奇齡之專攻前人，同一說經，而純駁顯然。今觀其書，如駁《公羊傳》"弟為兄後"之說，而取其"母以子貴"之文；駁婚禮不告廟之非；《論語》"無所取材"主鄭康成"桴材"之說；謂甯武子不及仕衛文公；謂"瓜祭"非"必祭"，及政逮大夫四世之類，取奇齡說者不一而足。惟《古文尚書》顯然立異耳。祖范學問篤實，必非剽取人書者。或奇齡之書，盛氣叫囂，肆行誹詆，為祖范所不欲觀。故不知先有是說，偶然闇合耶①？然如奇齡經說，以諸賢配享為多事，而謂學宮祀文昌、魁星為有理，則祖范終無是也。

## 【彙訂】

① "耶"，殿本作"歟"。

九經辨字瀆蒙十二卷（浙江巡撫採進本）

國朝沈炳震撰。炳震，歸安人。是書校正《九經》文字。第一卷為《經典重文》，如"翩翩"、"坎坎"之類。第二卷為《經無重文》，如"襪"字、"獺"字之類。第三卷為《經典傳譌》。如《文言傳》"重剛而不中"，"重"字《本義》疑衍；《象傳》"履霜堅冰"，《魏志》作"初六履霜"之類。第四卷、第五卷為《經典傳異》，以《註疏》本列於上，以石經不同者列於下。其諸書援引異文，亦併附著。第六卷為《經典通借》。如"君子以順德"，"順"王肅本作"慎"；"磐桓，利居貞"，"磐"《釋文》"一本作盤"之類。第七卷、第八卷、第九卷為《先儒異讀》。如《易》"大人造也"，"造"劉歆引作"聚"；"君子體仁"，"仁"董遇本作"信"之類。第十卷為《同音異義》①。如"彖"本訓豕走，而《易》之"彖"則訓為"斷"；"毒"本訓

"害"，而王弼註師卦"毒天下"訓為"役"之類。然其音不改。第十一卷為《異音異義》②。如"元亨"之"亨"，在"王用亨于岐山"則讀"饗"③；"乾坤"之"乾"，在噬嗑"乾胏"則讀"干"之類。併其音而改之矣。併附以《異字同義》。如《易》之"鼫鼠"，即《詩》之"碩鼠"；《易》之"虺虺"，即《書》之"杌捏"之類。第十二卷則《註解傳述人》也。其排比鉤稽頗為細密，可以因文字之異同，究訓詁之得失，於經學頗為有裨。惟末卷《註解傳述人》，全錄陸德明《釋文》所載，無所考證，苟盈篇帙，殊無可取。駢拇枝指，姑置而不論可矣。

**【彙訂】**

①"同音異義"，底本作"同音易義"，據文淵閣庫書及殿本改。

②"異音異義"，底本作"易音易義"，據文淵閣庫書及殿本改。

③"用"，殿本脫，參《周易·升·六四》原文。

古經解鉤沉三十卷（江蘇巡撫採進本）

國朝余蕭客撰。蕭客字仲林，長洲人。是編採録唐以前諸儒訓詁。首為《敘録》一卷，次《周易》一卷，《尚書》三卷，《毛詩》二卷，《周禮》一卷，《儀禮》二卷，《禮記》四卷，《左傳》七卷，《公羊傳》一卷，《穀梁傳》一卷，《孝經》一卷，《論語》一卷，《孟子》二卷，《爾雅》三卷，共三十卷。而《敘録》、《周易》、《左傳》均各分一子卷，實三十三卷也。自宋學大行，唐以前訓詁之傳，率遭掊擊，其書亦日就散亡。沿及明人，説經者遂憑臆空談，或蕩軼於規矩之外。國朝儒術昌明，士敦實學。復仰逢我皇上稽古右文，詔校刊

《十三經註疏》，頒行天下，風教觀摩。凡著述之家，爭奮發而求及於古。蕭客是書其一也。其《敍録》備述先儒名氏、爵里及所著義訓。其書尚存者不載，或名存而其説不傳者亦不載。餘則自諸家經解所引，旁及史傳、類書，凡唐以前之舊説[①]，有片語單詞可考者，悉著其目。雖有人名而無書名、有書名而無人名者，亦皆登載。又以傳從經，鉤稽排比，一一各著其所出之書。並仿《資暇集》、《龍龕手鏡》之例，兼著其書之卷第，以示有徵。又經文同異，皆以北宋精本參校，正前明監版之譌闕。自序謂創始於己卯，成稿於壬午。晝夜手録，幾於左目青盲而後成帙。其用力亦可謂勤矣。至梁皇侃《論語義疏》，日本尚有全帙；又唐史徵《周易口訣義》，今《永樂大典》尚存遺説。是書列皇氏書於佚亡，而史氏書亦未採[②]。蓋海外之本，是時尚未至中國，而天禄之珍，庋藏清祕，非下里寒儒力所能睹也。然經生耳目之所及者，則捃摭亦可謂備矣。

**【彙訂】**

① “之”，殿本無。

② 殿本“亦”下有“皆”字。


附録

古微書三十六卷（江蘇巡撫採進本）

明孫瑴編。瑴字子雙，華容人。考劉向《七略》，不著緯書。然民閒私相傳習，則自秦以來有之。非惟盧生所上見《史記·秦本紀》，即吕不韋《十二月紀》稱某令失則某災至，伏生《洪範五行傳》稱某事失則某徵見，皆讖緯之説也。《漢書·儒林傳》稱孟喜得《易》家候陰陽災變書，尤其明證。荀爽謂起自哀、平，據其盛行之日言之耳。《隋志》著録八十一篇。燔燒之後，湮滅者多。至今僅有傳本者，朱彝尊《經義考》稱《易乾鑿度》、《乾坤鑿度》、《禮含文嘉》猶存，顧炎武《日知録》又稱見《孝經援神契》。然《含文嘉》乃宋張師禹所撰，非其舊文。《援神契》則自宋以來不著於録，殆炎武一時筆誤，實無此書。則傳於世者，僅《乾鑿度》、《乾坤鑿度》二書耳。皇上光崇文治[①]，四庫宏開，二酉祕藏，罔弗津逮。又於《永樂大典》之中搜得《易緯稽覽圖》、《通卦驗》、《坤靈圖》、《是類謀》、《辨終備》、《乾元序制記》六書，為數百年通儒所未見，其餘則仍不可稽。蓋遺編殘圖[②]，十不存其一矣。毂嘗雜採舊文，分為四部，總謂之《微書》。一曰《焚微》，輯秦以前逸書。一曰《綫微》，輯漢、晉閒箋疏。一曰《闕微》，徵皇古七十二代之文。一曰《删微》，即此書。今三書皆不傳，惟此編在，遂獨被《微書》之名，實其中之一種也。所採凡《尚書》十一種，《春秋》十六種，《易》八種，《禮》三種，《樂》三種，《詩》三種，《論語》四種，《孝經》九種，河圖十種，洛書五種。以今所得完本校之，毂不過粗存梗概。又唐瞿曇悉達《開元占經》，去隋未遠，所引諸緯，如《河圖聖洽符》、《孝經雌雄圖》之類，多者百餘條，少者數十條。毂亦未睹其書，故多所遺漏。又摘伏勝《尚書大傳》中《洪範五行傳》一篇，指為神禹所作，尤屬杜撰。然其採摭編綴，使學者生於千百年後，猶見東京以上之遺文，以資考證，其功亦不可没。《經義考》"毖緯"一門所引據[③]，出毂書者十之八九，則用力亦可謂勤矣[④]。緯與經，名雖相輔，實各自為書[⑤]。卦氣之説，孟喜始據以詁《易》，何休、鄭元援引尤多。宋歐陽修《乞校正五經劄子》欲於註疏中全削其文，而説不果用。魏了翁作《九經正義》，始盡削除。此實説經家謹嚴之旨,與孫復説《春秋》而廢《傳》,鄭樵説《詩》而廢《序》,深文巧詆,務排漢學者不同。然義理則當尊正軌,考證則不廢旁稽。如鄭元註《禮》,五天帝具有姓名,此與道家符籙何異?宋儒闢之是也。至於蔡沈《書集傳》所稱"崑崙周天三百六十五度四分度之一",實《洛書甄耀度》⑥、《尚書考靈耀》之文;"黑道二去黄道北,赤道二去黄道南,白道二去黄道西,青道二去黄道東",實《河圖帝覽嬉》之文;朱子註《楚詞》"崑崙者地之中也,地下有八柱,互相牽制,名山大川,孔穴相通",實《河圖括地象》之文;"三足烏,陽精也",實《春秋元命包》之文。案此四條皆朱彝尊《經義考》之説。以至"七日來復",自王弼以來承用;"六日七分"之説,朱子作《易本義》亦弗能易,實《易稽覽圖》之文。洛書四十五點,邵子以來傳為祕鑰,其法出於太乙九宮,實《易乾鑿度》之文。是宋儒亦未能盡廢之。然則戮輯此編於經義亦不無所裨,未可盡斥為好異,故今仍附著"五經總義"之末焉。

**【彙訂】**

① 殿本"皇"上有"我"字。

② "殘圖",殿本作"殘闕"。

③ 殿本"所"上有"其"字。

④ "可謂",殿本作"甚"。

⑤ "自",殿本無。

⑥ "洛書甄耀度",殿本作"洛書增耀度",誤。《經義考》卷一六四《洛書甄耀度》條云:"周天三百六十五度四分度之一……此《甄曜度》之文,九峯蔡氏注《堯典》採之。"

右"五經總義類"三十一部,六百七十五卷①,附錄一部,三十六卷,皆文淵閣著録。

**【彙訂】**

① "六百七十五卷"，殿本作"六百八十一卷"，誤。殿本實
著録六百八十二卷。

　　案漢儒《五經》之學，惟《易》先變且盡變，惟《書》與《禮》
不變，《詩》與《春秋》則屢變而不能盡變。蓋《易》包萬彙，隨
舉一義，皆有説可通。數惟人所推，象惟人所取，理惟人所
説，故一變再變而不已。《書》紀政事，《禮》具器數，具有實
徵，非空談所能眩亂，故雖欲變之而不能。《詩》則其美其
刺，可以意解，其名物訓詁，則不可意解也。《春秋》則其褒
其貶，可以詞奪，其事蹟始末，則不可以詞奪也。故二經雖
屢變而不盡變。劉勰有言："意翻空而易奇，詞徵實而難
巧。"此雖論文，可例之於説經矣。今所甄録，徵實者多，不
欲以浮談無根啟天下之捷徑也。蓋自王柏諸人以下，逞小
辨而汩聖籍者，其覆轍可一一數矣。

# 卷三四

## 經 部 三 十 四

### 五經總義類存目

五經圖六卷（河南巡撫採進本）

不著撰人名氏。雍正癸卯，襄城常定遠得明章達原本重刻。
達序稱是本得自盧侍御，盧又得之信州鉛山，為鵝湖石刻本。考
明盧謙字默存，廬江人。萬曆甲辰進士，官至江西布政使參政。
初官永豐縣知縣時，得信州學《五經圖》石本，廬江縣知縣章達為
刻之。其始末見李維楨序及謙孫雲英重編《五經圖》中。此本稱
章達刊，當即謙所傳信州石本也。前有萬邦榮序，稱是書與信州
石本對校，前後參錯，多所不同。蓋又有所竄亂矣。且原書兼圖
《周禮》，是以名為“六經”。此本仍存《周禮》諸圖，而改題曰“五
經”，名實亦相舛迕。又每經縮為八頁，而諸圖雜列其閒，大圖之
餘隙，即填小圖補之，尤毫無體例矣。

羣經辨疑録三卷（浙江吳玉墀家藏本）[①]

明周洪謨撰。洪謨字堯弼，長寧人。正統乙丑進士，官至禮
部尚書，諡文安。事蹟具《明史》本傳。是編蓋其官祭酒時與諸
生講論之語。凡辨正《四書》、《五經》訓釋與經旨違誤者百有四

條，又發明先儒言外之旨者百有九條。自序稱："寧為朱子忠臣，無為朱子佞臣。"成化十五年嘗疏進於朝，併請敕修諸經。憲宗以《大全》諸書久為學者所誦習，不允所請。觀此書，頗可得其用意所在。然其說以三光、五行為七政，則不及古傳日月五星之確。其辨《周書》八誥及蘇軾之說，以為思殷叛周者皆紂所比昵之罪人，則於當時情事未合，仍不及蘇《傳》之允當。至謂社稷之神，龍柱、農棄以前，仍當有所謂稷者。其言雖似有理，然亦無所依據。至下卷則多屬空言，益無所取矣。

**【彙訂】**

① 今存明嘉靖十三年刻本、清吳氏繡谷亭抄本均題《疑辨錄》三卷，《浙江省第四次吳玉墀家呈送書目》、《浙江採集遺書總錄》亦作《疑辨錄》、《羣經疑辨錄》，可知"辨疑"乃"疑辨"之誤。（崔富章：《四庫提要補正》；杜澤遜：《四庫存目標注》）

石渠意見四卷拾遺二卷補闕二卷（兩淮鹽政採進本）

明王恕撰。恕有《玩易意見》，已著錄。考《明史》恕本傳，其初致仕在成化二十二年。孝宗立，復召用。後與邱〔丘〕濬不合，求去，以宏治六年閏五月復致仕。自是家居凡十五年。此本首篇自題云"己未季秋"，據《七卿表》，當在弘治十二年①，則是書作於再致仕時。故自序稱作《意見》時八十四，作《拾遺》時八十六，作《補闕》時八十八，可謂耄而好學矣。其書大意以《五經》、《四書》傳註列在學官者，於理或有未安，故以己意詮解而筆記之。閒有發明可取者②，而語無考證，純以臆測武斷之處尤多③。如謂《左傳》為子貢等所作之類，殊游談無根也。

## 【彙訂】

① "弘"，底本缺末筆，殿本作"宏"，均避乾隆諱。

② "閒有發明可取者"，殿本作"閒亦有所發明"。

③ "武斷之處尤多"，殿本無。

### 五經心義無卷數（浙江巡撫採進本）

明王崇慶撰。崇慶有《周易議卦》，已著録。此本又合所著《書經説略》、《詩經衍義》、《春秋斷義》、《禮記約蒙》與《議卦》共為一編。唯《周易》無序，餘皆有自序。大抵皆剽掇舊文，罕所心得。

### 十三經解詁五十六卷（兩淮鹽政採進本）

明陳深撰。深有《周禮訓雋》，已著録。是編凡《易》三卷、《書》三卷、《詩》四卷、《周禮》六卷、《儀禮》四卷、《禮記》十卷、《左傳》十四卷、《公羊傳》三卷、《穀梁傳》二卷、《論語》一卷、《孝經》一卷、《爾雅》三卷、《孟子》二卷。其《易》惟取程《傳》及《本義》，各標其名。《書》惟取孔《傳》、蔡《傳》，不復分別。《詩》取《小序》及朱子《集傳》，亦兼採子貢《詩傳》。《周禮》分《序官》於各職之前，使長屬相統，用王應電本，稱曰古本。《禮記》增入《夏小正》一篇，置《曾子問》前。《左傳》主夏正之説，謂用周正為誣。《論語》、《孝經》、《孟子》俱無註。惟《孟子》加以評點，用世所稱蘇洵本。餘亦皆鈔録舊註，無所發明。

### 説經劄記八卷（浙江巡撫採進本）

明蔡汝楠撰。汝楠字子木，號白石，德清人。嘉靖壬辰進士，官至南京工部侍郎。《明史·文苑傳》附見《高叔嗣傳》中。是編《説易》、《説書》、《説詩》、《説春秋》、《説禮記》、《説論語》、《説學庸》、《説孟子》各為一卷，末附《太極問答》數則。史稱汝楠以憂歸，聚諸生石鼓書院，講求經義。此書即是時作也。汝楠少嘗從湛若水游，晚更友鄒守益、羅洪先。其學皆本於良知，欲以治經為治心之功。故所説多如語録，罕博考之功云。

五經異文十一卷（浙江汪啟淑家藏本）[①]

明陳士元撰。士元有《易象鉤解》，已著録。是編考訂《五經》文字異同，大抵以許慎《説文》、陸德明《經典釋文》為主，而捃摭雜説附益之。所援據頗為寒窘[②]。如《易本義》坤初爻小象“順”當作“慎”，《詩集傳》“景，古影字”之類，亦縷載之。又如宋本“恒”之作“恒”避真宗諱，猶“真”之作“貞”避仁宗諱，“慎”之作“昚”避孝宗諱[③]。而於恒卦註曰：“恒，《釋文》作恒。”殊為失考。至“雎”、“雍”一字，而於《書》“於變時雍”註：“《路史》作‘時雎’”；“眉”、“眉”一字，而於“以介眉壽”註：“吕氏《讀詩記》‘眉’作‘眉’”，益可以不必矣。

**【彙訂】**

①“浙江汪啟淑家藏本”，底本作“浙江巡撫採進本”，據殿本改。《四庫採進書目》中“浙江省第四次汪啟淑家呈送書目”、“浙江採集遺書總録簡目”皆著録此書。（馮春生、柳斌：《〈四庫全書〉經部底本來源分析》）

②殿本“所”上有“其”字。

③“猶真之作貞避仁宗諱慎之作昚避孝宗諱”：按，仁宗名禎，孝宗名昚，此真、貞，慎、昚當誤倒。殿本作“猶貞之作貞避仁宗諱慎之作慎避孝宗諱”，不誤。

五經繹十五卷（江西巡撫採進本）

明鄧元錫撰。元錫有《三禮編繹》，已著録。是書凡《易》五卷,《書》二卷,《詩》三卷,《三禮》四卷,《春秋》一卷。元錫先有《三禮編繹》二十卷別行①,故此編惟摘録其中自作發明之語,而删其經文及註。《書》、《詩》、《春秋》亦不載經文,惟存篇目。其所詮釋,多屬空談。《易》則雖載經文而頗更其次第。如《乾卦》"乾,元亨利貞"句下繼以"大哉乾元"至"萬國咸寧"五十七字,又繼以"元者,善之長也"至"故曰:乾,元亨利貞"六十四字,又繼以"乾元者"至"天下平也"五十七字,又繼以"天行健"十字。乃繼以六爻及小象,小象以後復繼以《文言》"初九曰"以下之文。皆元錫以意更定。其《繫辭》、《説卦》、《序卦》、《雜卦》則全删傳文,而自撰《天圖原》等三卷以代之。其憑臆杜撰,亦略與《三禮編繹》等也。

**【彙訂】**

①《明史·藝文志》著録鄧元錫《三禮編繹》二十六卷,《總目》卷二五《三禮編繹》條亦作二十六卷。(崔富章:《四庫提要補正》)

經書音釋二卷(浙江汪啟淑家藏本)

明馮保撰。保字永亭,號雙林,深州人。嘉靖中秉筆司禮太監,隆慶及萬曆之初最用事。事蹟具《明史·宦官傳》。是編摭拾《經典釋文》、《説文》、《廣韻》諸書,參以己意。如解《論語》"過則勿憚改""憚"字曰:"難也,畏也。"則已詳於朱註;解"宓不齊""宓"字曰:"三國時秦宓,人名。"則更與音釋無關。至其鈔襲舛誤,更不可枚舉。末有隆慶辛未保自跋,其私印曰"内翰之章",尤可怪矣①。史稱保善琴能書,是編當即所自撰。意當時士大夫憚其權勢,必有從而譽之者,故竟至於災梨。其人其書,本均不足存。以趙高《爰曆》六篇,《漢志》著録,故存其目。亦以見明代貂璫之横,至儼然以詞臣自居,而無一人議之,足爲萬世之炯戒也。

**【彙訂】**

① “矣”,殿本作“笑”。

### 孫月峯評經十六卷(江蘇周厚埁家藏本)

明孫鑛撰。鑛字文融,月峯其號也。萬曆甲戌進士,官至南京兵部尚書。是編《詩經》四卷,《書經》六卷①,《禮記》六卷,每經皆加圈點評語。《禮記》卷前載其所評書目,自經史以及詩集,凡四十三種。而此止三種,非其全書。然《詩經》前有慈谿馮元仲序,稱其舉《詩》、《書》、《禮》鼎足高峙。蓋元仲所別刻者,以三經自爲一類也。經本不可以文論②,蘇洵評《孟子》,本屬僞書;謝枋得批點《檀弓》,亦非古義③。鑛乃竟用評閱時文之式,一一標舉其字句之法,詞意纖仄。鍾、譚流派,此已兆其先聲矣。今以其無門目可歸④,姑附之“五經總義”類焉。

**【彙訂】**

① “詩經四卷書經六卷”,殿本作“詩四卷書六卷”。

② “本不可以文論”,殿本作“不可僅以文論”。

③ “古義”,殿本作“真本”。

④ “門目”,殿本作“類”。

### 七經圖七卷(副都御史黄登賢家藏本)

明吳繼仕編。繼仕字公信,徽州人。案,宋《館閣書目》載《六經圖》六卷,楊甲撰,毛邦翰增補之,爲圖三百有九。又《宋史·藝文志》有葉仲堪《六經圖》七卷。陳振孫《書録解題》謂仲堪即以邦翰舊本增損改定①。是書刊於萬曆己卯②。前有繼仕自序云："得舊本摹校，舊圖三百有九，今加校正為三百二十有一。又增《儀禮圖》二百二十有七，共為圖五百四十有八③。"所謂舊本即毛邦翰之書，所謂《儀禮圖》亦即楊復之書，均非繼仕所自撰也。

**【彙訂】**

① "案"至"增損改定"，殿本無。

② 明萬曆四十三年吳繼仕熙春樓刻本此書，有萬曆四十三年乙卯焦竑序，可知刊於萬曆乙卯。（杜澤遜：《四庫存目標注》）

③ 吳繼仕《儀禮圖》序中並無此語，蓋誤以告白當之也。（王重民：《中國善本書提要》）

九經考異十二卷附九經逸語一卷（兩淮馬裕家藏本）

明周應賓撰。應賓，鄞縣人。萬曆癸未進士，官至禮部尚書。是編考證"九經"之異文。"九經"者，以《五經》、《四書》合而為九，非古所謂《九經》。又以《四書》居《五經》前，益非古矣。其書以陳士元《五經異文》為藍本，稍拓充之，而舛漏彌甚。如《書》"浮于江沱潛漢"下云"陸一作'潛于漢'"，今《釋文》並無此文。又如《詩》"有渰萋萋"，知引《韓詩》作"有弇"，而不引《呂氏春秋》之"有晻①"；"興雨祁祁"，知引《韓詩》之"興雲"，而不知《呂氏春秋》亦作"興雲"。如斯之類，尤失之目睫之前也。

**【彙訂】**

① "有晻"，殿本作"有醃"，誤。《呂氏春秋·務本》："《詩》云：'有晻萋萋，興雲祁祁。'"

談經九卷（江蘇巡撫採進本）

明郝敬撰。敬有《周易正解》，已著録。此書一名《經解緒言》。敬所著《九經解》，凡一百六十五卷①，一百六十七萬餘言。此則提其大要，別為九卷，總題曰《山草堂集》。蓋後來編入集中也。凡《易》七十條，《書》三十條，《詩》五十四條，《春秋》五十六條，《禮記》十三條，《儀禮》二十條，《周禮》四十二條，《論語》二十六條，《孟子》三十二條。敬天資高朗，論多創闢，而臆斷者亦復不少。其詳皆具《經解》中。此亦可見所學之大概也。

【彙訂】

① 今存明萬曆四十三年至四十七年郝千秋、郝千石刻本《九經解》一百七十五卷。（崔富章：《四庫提要補正》）

六經三註粹鈔無卷數（浙江巡撫採進本）

明許順義撰。順義字如齋①，晉江人。是書前後無序跋，不知何時所作。驗其版式，蓋萬曆以後之坊本。其書以《易》、《詩》、《書》、《春秋》、《禮記》、《周禮》為“六經”，名既杜撰②，又經文多所刪節③，其註亦割裂餖飣。所謂“三註”者，亦不知三家為誰。殆書賈射利所刊也。

【彙訂】

① 明萬曆十八年萃慶堂余泗泉刻本此書第一種《周易三註粹鈔》首頁題“晉江和齋許順義時制甫註抄”，知其字和齋，非如齋。（杜澤遜：《四庫存目標注》）

② “名既杜撰”，殿本無。古以《易》、《書》、《詩》、《禮》、《春秋》、《樂》為六經，後《樂經》亡佚，遂有以《周禮》補之者。宋楊甲《六經圖》，明吳繼仕《重刻六經圖》，章達據石本刻《五經圖》，及

清雍正間致用堂刻《五經圖》、盧雲英輯刻《五經圖》,皆含《易)、《書》、《詩》、《禮記》、《周禮》、《春秋》,並非出於許順義"杜撰"。(崔富章:《四庫提要補正》)

③"又",殿本作"於"。

### 五經纂註五卷(江蘇周厚堉家藏本)

舊本題竟陵鍾惺纂註,有惺自序。而書前又有舒文鼎所為凡例,云:"今本朱、蔡、陳、胡之統訓,一就伯敬先生為取衷。"則其書非惺所為矣。其書皆刪節經文,《易》則一卦內刪數爻,《詩》則一篇中刪數章,《書》則一篇中刪數段,《春秋》、《禮記》刪節尤甚。惺似不謬陋至此,或亦書賈所託名歟?

### 崇陽草堂說書七卷(浙江巡撫採進本)

明鄭鄤撰。鄤號崇陽,武進人。天啟壬戌進士,改庶吉士。崇禎中,為溫體仁所搆,誣以杖母不孝,磔於市。是編首為《中庸說》一卷,次《大學意》一卷。以《中庸》冠《大學》前者,其說謂《中庸》以明德終,《大學》以明德始,《大學》實繼《中庸》而作也。《論語詠》一仿宋張九成之例,以絕句代箋疏。次《孟子略述》,隨意標舉而說之,故曰"略"焉。四書皆崇禎十二年詔獄中作,以授其子玨者。次《詩書論世》三卷,則雜論《詩》、《書》二經。大抵皆明末狂禪,提唱心學,無當於聖賢之本旨。

### 拙存堂經質二卷(兩江總督採進本)

明冒起宗撰。起宗字宗起,如皋人。崇禎戊辰進士,官至湖廣布政使參議。是書凡九十六篇,分條考辨,其中頗有典核之條①。如辨《書》七政皆右旋,蔡《傳》未為實測;《詩·小序》與經傳多相符;申公《詩說》不合於《魯詩》者凡數端;《國風》非徒詩,程大昌《詩議》頗誤；引《方言》"東齊土作謂之杼，木作謂之柚"，證《詩》"杼柚其空"；引《史記》、《國語》，證趙朔生年。其他考《書》與《春秋》輿地者，亦見根據。他如謂《大司徒》、《小司徒》等止言都鄙而不及鄉遂，以都鄙即鄉遂也；《鄉師》言六鄉，《遂人》言六遂，而不及都鄙，以鄉遂即都鄙也。且謂六鄉七萬五千家，六遂亦如之，則十五萬家。一人受百畝，百里之國，田九百萬畝。除公田外，僅八萬家，其餘七萬家將於何處受田？若都鄙在鄉遂外，彼公、侯、伯等國，卿、大夫、士之采地將何所受？今考《大司徒》曰："辨其邦國都鄙之數。"又曰："帥六鄉之衆。"《小司徒》曰："以稽國中及四郊都鄙之夫家九比之數。"又曰："乃頒比法于六鄉之大夫。"則一職之內，都鄙與六鄉並舉，何得謂《大司徒》、《小司徒》等止言都鄙而不及鄉遂耶？至謂百里之國尚不能容六鄉、六遂之夫田，何得更有都鄙，不知天子六鄉、六遂，大國止有三鄉、三遂，次國二鄉、二遂，小國一鄉、一遂。《費誓》"魯三郊三遂"，是其明證。且鄉遂之制，既據《周禮》，即當以《周禮》封國之數為正。如公五百里，開方百里者五五二十五，侯四百里，開方百里者四四十六。大國三鄉，止三萬七千五百家，合三遂止七萬五千家。二十五同而容七萬五千家，僅得三十五分之一，豈此外更不容有都鄙乎？起宗誤以侯國亦六鄉、六遂，與天子同制，而又不用《周禮》封國之數，宜乎以百里之國不能容六鄉、六遂也。《春秋·襄七年傳》"叔仲昭伯為隧正[②]"，"隧"與"遂"通，則有遂之名。又《襄九年傳》曰"二師令四鄉正敬享"，則有鄉之名；《莊二十八年傳》曰[③]："凡邑有宗廟先君之主曰都"，則有都之名。又《莊二十八年傳》曰[④]："羣公子皆鄙。"《昭二十年傳》曰："縣鄙之人。"則有鄙之名。《襄三十年傳》曰："子產使都鄙有章。"則有都鄙之名。何謂諸侯有鄉遂即不得有都鄙乎？起宗徒以遂官所統之縣正、鄙師與稍縣之縣、都鄙之鄙名稱相混，遂謂都鄙統於鄉遂，不知《周禮》名同者不一而足。閭師之名與閭胥同，縣師之名與縣正同，豈得謂閭師、縣師即閭胥、縣正乎？又《周禮》有都宗人、家宗人、都司馬、家司馬，皆都鄙之官也，而起宗謂《周禮》有鄉遂之官，無都鄙之官，誤矣。又《雜記》曰："大夫為其父母兄弟之未為大夫者之喪服如士服。"註："大夫雖尊，不以其服服父母兄弟，嫌若踰之于禮。"其意最精，而起宗乃以為訾。又於《書》則極尊《古文尚書》，力詆梅鷟。於《春秋》謂周不用子正，并謂秦不用亥正。此皆誤襲前人之説，而不知所擇，以致失其綱要也。

**【彙訂】**

① "條"，殿本作"處"。

② "昭"，殿本脱，參《左傳·襄公七年》原文。

③ "二十八年"，殿本作"二十六年"，誤。引文見於《左傳·莊公二十八年》。

④ "又"，殿本無。

五經讀五卷（浙江巡撫採進本）

明陳際泰撰。際泰有《易經説意》，已著録。其平生以制藝傳，經術非所專門。故是編詮釋《五經》，亦皆似時文之語，所謂習慣成自然也。

五經圭約無卷數（浙江巡撫採進本）

明蔣鳴玉撰。鳴玉字楚珍，號中完，金壇人。崇禎丁丑進士，官台州府推官。鳴玉於《四書》、《五經》皆有講義。解《四書》者名《舌存》，今未見。解《五經》者名《圭約》，言如土圭之測日影，以至約而賅至廣也。其初每經皆分《總論》、《別論》、《緒論》三編。康熙九年，其子編修超校正付梓。以分析瑣屑，難以檢閱，乃循經文次第，合三編而一之。仍分標《總論》、《別論》、《緒論》之名，以存其舊。王崇簡、魏裔介各為之序。其書皆採用舊文，而不著前人之姓名。超所述凡例，稱鳴玉食貧之時，借書鈔撮①，故不及詳載書名，理或然耳。其說《易》，先義理而後象數。《書》則多本《註疏》。《詩》多宗《小序》，與朱《傳》時有異同。《春秋》兼取三《傳》，不主胡安國刻深之説。《禮》惟闡發文義，於考證頗疏。附以《周禮》、《儀禮》二論，亦皆推測之談。蓋於明季經解之中，猶不失為平近易究者，而精深則未之能也。

**【彙訂】**

① "鈔撮"，殿本作"撮鈔"。

經髓七卷（兩淮鹽政採進本）

明陳世濟撰。世濟字學元，閩縣人。其書成於崇禎己卯。前有自序，稱題於九龍學署。按清流縣有九龍灘，或即是縣之學官歟？五經各為一卷，益以《周禮》一卷。皆摘録經文之可入制藝者，略為詮釋。末為《孫子》一卷，蓋併以備對策之用。而與聖籍同名曰"經髓"，不倫尤甚也。

墨庵經學無卷數（浙江巡撫採進本）

國朝沈起撰。起字仲方，秀水人。前明諸生，後為沙門。此編皆其所著經説，凡五種：一曰《大易測》，分《圖象疏義》、《字畫訂譌》二篇。二曰《春秋經傳引》①，分《經引》、《傳引》十六篇。三曰《詩説》，凡四十五則。皆隨時有所得，劄而記之者②。四曰《詩匡偶存》。起嘗著有《詩匡》一書，因為人借去遺失，僅存十一則,故曰"偶存"。五曰《四書慎思録》,皆雜論《四書》之語。其中亦閒有新意,而寥寥數條,不能大有所發明也。

【彙訂】

①"引",據殿本補。(王重民:《跋新印本〈四庫全書總目〉》)

②"皆隨時有所得劄而記之者",殿本無。

五經翼二十卷(原任工部侍郎李友棠家藏本)

國朝孫承澤撰。承澤有《尚書集解》,已著録。是編雜取前人諸經序跋、論説,以類相次,得《易》四卷、《書》二卷、《詩》四卷、《春秋》六卷、《禮記》二卷。餘杭嚴沆益以承澤所著《周禮舉要》二卷①,共爲一編刊之。其書採摭未備,不及朱彝尊《經義考》之淹洽。至《周禮舉要》備舉五官大義,亦頗有所發明。然議論多而考證少,亦異於先儒專門之學。王士禎《池北偶談》記康熙辛亥與承澤論經學,承澤自言"《五經翼》是十五年前所撰,不過集諸經緒論耳②,無當經學也"。是承澤亦有自知之明矣。

【彙訂】

①"著",殿本作"作"。

②"諸",底本作"説",據《池北偶談》卷十五"退谷論經學"條原文及殿本改。

稽古訂譌無卷數(江蘇巡撫採進本)

國朝龔廷歷撰。廷歷字玉成,書中稱"震西氏"者,其別號也。武進人。順治壬辰進士,嘗任湖南推官。其官於何府,則不可考矣。是編首摘《周禮》鄭註之可疑及後人引用誤解《周禮》之文者,次解釋《儀禮》,次論朱子《孝經刊誤》之失及諸家解經之謬。其論《周禮》，謂祀昊天於南郊，服裘固宜。祀黄帝於季夏，盛暑之月，豈亦服裘？此論足破宋儒等加葛於裘之議。又《五服九服辨》謂禹之五服各五百里，自其一面數之。此説雖本羅泌《五服圖》，而辨析較暢。至以《周官》之制，冢宰統膳夫、饔人及宿衛之士，後世不宜分屬他職。是則不知時世異宜，未免泥古太甚。又謂唐之門下省乃《周官》宫伯、宫正之遺，宋之閤門使、内侍省亦掌宿衛。不知唐之門下省專掌覆奏書制，宋之閤門使專掌宣贊，内侍省專掌承應奉御之事，並非宿衛也。至其《儀禮》各條，皆鈔撮《註疏》，無所辨正闡發。惟《士冠禮》"北面見于母，母拜受"引孔氏《正義》，謂母拜其酒脯，重尊者處來，非拜子也。差可存備一解耳。至《孝經》專駁朱子《刊誤》之非，所争不過字句之末，抑又細矣。勘其標題體例，似乎此本所存僅辨論此三經之語，全書尚不止此。今無别本相校，故以所存者著於録焉。

五經辨譌五卷（浙江巡撫採進本）

國朝吕治平撰。治平號愚菴，海寧人。順治中歲貢生，官德清縣教諭。是編考論《五經》疑義，皆就坊本講章辨駁語意之是非。

勉菴説經十卷（直隸總督採進本）

國朝齊祖望撰。祖望字望子，號勉菴，廣平人。康熙庚戌進士，官至南安府知府。是書凡《讀易辨疑》三卷、《尚書一得録》一卷、《詩序參朱》一卷、《説禮正誤》三卷、《春秋四傳偶筆》一卷、《續筆》一卷。大概《易》則辨程、朱之誤，《書》則正蔡氏之譌，《詩》多遵《小序》而攻朱註，《禮》則正陳氏之失，《春秋》則糾駁胡《傳》，而《左氏》、《公》、《穀》亦互有是非。然率以臆斷，不能根據古義,元元本本,以正宋儒之失也①。

【彙訂】

①"不能根據古義元元本本以正宋儒之失也",殿本作"不能原原本本根據古義也"。

七經同異考三十四卷(江蘇巡撫採進本)

國朝周象明撰。象明字懸著,太倉人。康熙壬子舉人。是編凡《易》四卷,《書》五卷,《詩》六卷,《春秋》六卷,《三禮》十三卷。皆衰集舊說,亦閒附以己意,略為折衷。然採撫之功多而考證之功少,其體例略近黃震《日鈔》、章如愚《山堂考索》也。

經說一卷(副都御史黃登賢家藏本)

國朝冉覲祖撰。覲祖有《易經詳說》,已著錄。是編或錄其序,或偶論一二條。似乎偶鈔成冊,以質正於人,非勒為定本者也。覲祖以講學自命,惡漢、唐諸儒如讎。故是編宗旨,皆深以研求註、疏為戒。門户之見既深,是不可以口舌爭矣①。

【彙訂】

①"門户之見既深是不可以口舌爭矣",殿本無。

此木軒經說彙編六卷(江蘇巡撫採進本)

國朝焦袁熹撰。袁熹有《春秋闕如編》,已著錄。是編乃袁熹讀諸經《註疏》,閒為標識,其門人掇拾成編。凡《易》、《書》、《詩》、《三禮》、三《傳》、《爾雅》十經。而《書》僅三十四條,《周禮》僅十六條,《儀禮》僅一條,《公羊傳》僅九條,《穀梁傳》僅七條,皆殊寥寥,實止五經而已。其說《易》主義理,惟末列《說卦傳》諸條,推言卦象。然其門人編輯凡例,以為雜鈔諸書,非所自撰。說《詩》力排《小序》,而兼主叶韻;說《禮記》不考禮制,惟推言禮意;説《左傳》差詳,末附評語。如"虢叔死焉"句下註"怕人"二字,"王曰無之"句下註"如何瞞得"四字之類,蓋從其讀本鈔出。《爾雅》頗有考證,如"嫁"之訓"往",引《列子》"將嫁于衛"句為證;"孟"之訓"進",引班固《幽通賦》"盍孟晉以迨羣"句為證①,則皆郭璞、鄭樵所未及也。大抵袁熹究心《註疏》,時有所觸,隨筆記録。本非有意著書,故其説往往泛及雜事。如因《左傳》懿氏之卜有"鳳皇"字,疏引《山海經》"首文曰德,翼文曰順"之語,遂譏崇禎甲戌進士文德翼之名為割截;因季友酖叔牙,遂議石崇以鴆鳥與王愷養之為晉政不綱;因長狄鄋瞞,遂論其國女子亦必長大,乃能配合生子,否則八尺之婦,不可配三丈之男;因公子宋嘗黿染指,遂記康熙中吳門進士顧三典因食一黿,暴下不止,遂殞其命。皆偶然筆記,非以談經。其門人過尊師説,一一録而編之,遂為後人口實。觀其於《木瓜》一詩,前後兩解,但註前後不同,不敢删一存一。《狡童》一詩,説《詩》則以刺忽為非,説《左傳》又以刺忽為是,亦不訂正。又論齊桓九合兵車之會,原稿譌"兵"為"丘",此無庸擬議,而亦云"丘車"當作"兵車",但原稿作"丘",不敢擅改。推信過甚,至有此失,反為其師之累,殆亦非袁熹意矣。末附《讀〈朱子語類〉》一卷,列之經説,殊為不類,尤見編録之無體例也。

**【彙訂】**

① "盍",殿本脱。《漢書·敘傳》載班固《幽通賦》云:"盍孟晉以迨羣兮,辰倏忽其不再。"

六經圖十六卷(通行本)

國朝江為龍等編。為龍,桐城人。康熙庚辰進士,官吏部主事。是編皆以前人舊圖鈔録成書。末附以《四書圖》，亦自諸書摘入也。

重編五經圖十二卷（浙江汪啟淑家藏本）

國朝盧雲英編[1]。雲英，廬江人。明江西布政司參政盧謙之曾孫[2]。以謙在永豐所刻《五經圖》原本行款參差，復釐定增補，以成是編。凡例稱所改正凡五百餘處。今以楊甲本與此相較，楊於《大易》有《象數鉤深圖》七十，此則存六十八；於《尚書》有《軌範撮要圖》五十有五，此則存七十三；於《毛詩》有《正變指南圖》四十有七，此則存四十有八；於《春秋》有《筆削發微圖》二十有九，此則存十五；於《周禮》有《文物大全圖》六十有五，此則存五十七；於《戴記》有《制度示掌圖》四十有三，此則存五十有一，增減多有不同。然大抵以楊書為藍本也。

【彙訂】

① 據清雍正二年盧雲英刻本楊恢基序、王皞凡例，此書為王皞重編繪，盧雲英重刊。（杜澤遜：《四庫存目標注》）

② 殿本“孫”下有“也”字。

冬餘經説十二卷（編修邵晉涵家藏本）

國朝邵向榮撰。向榮字東葵，餘姚人。康熙壬辰會試中式舉人，官鎮海縣教諭。此書雜釋諸經，凡《易説》二卷，《書説》一卷，《詩説》二卷，《春秋説》二卷，《周禮説》一卷，《儀禮説》一卷，《禮記説》一卷，《論語説》一卷，《孟子説》一卷。多引先儒成説，而辨其同異。如謂孔穎達兼領《五經正義》，然諸經分手編纂[1]，穎達未嘗統覈。《詩·般》正義引鄭註“九河周時齊桓公塞之，同為一”，稱：“鄭氏云齊桓公塞為一者，不知所出何書。”又《禹貢》

正義亦引鄭註而釋之曰："《春秋緯寶乾圖》云：'移河為界②，在齊呂填闕八流以自廣。'鄭氏據此文為齊桓公塞之。"是撰《詩正義》者不知有《書正義》也。《左氏‧哀十七年傳》衛侯繇辭云："如魚頹尾，衡流而方羊裔焉。"《正義》謂"裔焉"為語助之辭，不當以"方羊"斷句。《詩‧汝墳》正義又引《左傳》"如魚竅尾，衡流而彷徉"，以鄭眾註為證，是撰《左傳正義》者不知有《詩正義》也。其言頗切中歷代官書雜出眾手之病。其書則猶未完之稿，其子孫以簡端標識雜鈔而成也。

**【彙訂】**

①"諸經"，殿本作"五經"。

②"界"，殿本作"畧"，誤，參《尚書注疏‧禹貢》"九河既道"句注文。

　　三傳三禮字疑六卷附春秋大全字疑一卷禮記大全字疑一卷（江蘇巡撫採進本）

　　國朝吳浩撰。浩有《十三經疑義》，已著錄。是編因《十三經註疏》，明王鏊《震澤長語》稱其時惟汀州版存①。今汀州版不概見，世所行者惟明萬曆中北監版及毛晉汲古閣版，均有譌誤。而明代諸儒，《註疏》皆庋閣不觀。三《傳》、《三禮》尤幾成絕學，其版更乖舛不可讀。浩因取監本、毛本校其字畫之譌謬，集錄成編，凡三《傳》三卷，《三禮》三卷②。大抵推尋文句，未能有所考證。亦未能博徵互勘③，以定是非。後附《春秋大全》、《禮記大全》各一卷。二書為胡廣陋本，何足訂正？且坊本歧出，校此一本之誤，而他本之誤又不相同。欲盡校之，是畢世莫殫之功也，尤敝精神於無用之地矣。

## 【彙訂】

①“是編因十三經註疏明王鏊震澤長語稱其時惟汀州版存”，殿本作“明王鏊震澤長語稱十三經註疏惟汀州板存”。

②“《三禮》三卷”，殿本脫。

③“勘”，殿本作“考”。

經史辨疑一卷（兩江總督採進本）

國朝朱董祥撰。董祥有《讀禮記略》，已著録。是書前有目次，載辨經者三十二條，辨史者二十三條，當為五十五條。此本僅五十一條，蓋經、史各闕二條。其中辨“繼父同居”一條，徐乾學《讀禮通考》嘗採用之。然全書好為新説，未見根據。如謂：“《喪服》‘大功’章曰‘為人後者降其昆弟’，則知伯叔父母不降，‘小功’章曰‘為人後者降其姊妹適人者’，則知姑不降也。凡人無子以嫡兄弟之子為後，本生父母降為伯叔父母，期①，本生兄弟姊妹降為伯叔兄弟姊妹，服大功，禮也。第伯叔父、諸姑則仍嫡也，曷為而概降之哉？《家禮》大功概及伯叔父母，小功及姑適人，於禮未當。”今考“斬衰三年”章曰：“何如而可為之後？同宗則可為之後。”疏曰：“同宗謂同承別子一宗之内。”是雖族遠而宗同者亦得為後，本篇自有明文。董祥獨據嫡兄弟之子何也？至於經云：“為人後者降其昆弟，不及世叔父母。降其姊妹適人者，不及姑。”猶“齊衰不杖期”章但載世叔父母不及姑，而鄭註則云為姑在室亦如之；但載昆弟不及姊妹，而鄭註則云為姊妹在室亦如之；但載為衆子不及女子子，而鄭註則云女子子在室亦如之。又焉得謂經文偶省，即本未嘗有此服哉？至小功降服并及姑適人，始於《開元禮》。而董祥歸之《家禮》，尤誤。董祥又謂：“《喪服小記》曰‘妾母不世祭’，蓋言祀妾之禮當殺耳。《小記》本文曰：‘妾無妾祖姑者，易牲而祔于女君。’禮，有牲曰祭，無牲曰薦。易牲則不用牲矣，不用牲則謂之薦，不謂之祭。豈絕之而不祀耶？註家以為子祭孫不祭，非也。不世祭者，非惟孫不為祭，即子亦不得為祭。"據董祥此説，即《小記》"世"字内兼統子孫言，世世俱得薦，特不得祭耳。但考《雜記》曰②："主妾之喪，則自祔至于練祥，皆使其子主之，其殯祭不于正室。"是妾之子祭其母，明曰祭，不曰薦，則何妾不得祭之有乎？又《隱五年》"考仲子之宮"，《穀梁傳》曰："禮，為其母築宮③，使公子主其祭。"註曰："公子者，長子之弟及妾之子。"是公子祀妾母，禮得稱祭之顯證也。而董祥謂不得祭，尤為不根。又《禮》凡言"易牲"，非謂不得用牲也。《小記》曰："士祔于大夫則易牲。"註曰："不敢以卑牲祭尊也。大夫少牢。"據此，則是易士之牲，用大夫之牲。義主隆，不主殺。故《小記》又曰："妾無妾祖姑者，易牲而祔于女君可也。"註："易牲而祔④，則凡妾下女君一等。"是方易妾之牲，用女君之牲。而董祥反以易牲為不用牲，誤矣。又《小記疏》曰："妾與女君牲牢無文。既云‘易牲’，故註云‘下女君一等’。若女君少牢，妾則特牲；若女君特牲，妾則特豚。"據此，則妾得有牲可知。而董祥謂妾不得有牲，總由誤會經文"易牲"二字耳。其他若以郊為天地合祭；中月而禫為二十五月；三代不改時，亦不改月，太襲前人已廢之説。至謂置閏當在四季之月，及解《蓼莪》"揖揖"為"拱揖"之揖，則又杜撰顯然者也。

## 【彙訂】

① "期"，殿本脱，即"齊衰不杖期"，為世叔父母服之。

② "但"，殿本無。

③“母”，殿本脱，參《春秋穀梁傳·隱公五年》原文。

④“祔”，殿本作“祭”，誤，參《喪服小記》“妾無妾祖姑者，易牲而祔於女君可也”句注文。

經玩二十卷（山西巡撫採進本）

國朝沈淑編。淑有《周官翼疏》，已著録。此書録唐陸德明《經典釋文》中文字之異者為六卷，次以經傳中文字互異，及録《春秋左傳》分國土地名①、職官、器物、宫室之類為四卷，次輯註疏《十三經》瑣語為四卷。其檢核之功，頗為勤篤，然無所考證發明。若《毛詩異文補》之全引偽申培《詩說》，尤失考也。

【彙訂】

①“分”，殿本作“中”，誤。清雍正七年刻本此書分金、石、絲、竹、匏、土、革、木八帙，其匏、土二帙為“《春秋左傳》分國土地名”。

三經附義六卷（浙江巡撫採進本）

國朝李重華撰。重華字君實，號玉洲，吳江人。雍正庚戌進士①，官翰林院編修。是編所說，凡《易經》二卷，《書經》二卷，《詩經》二卷。於《易》皆推求於反對、正對之間，中引閩本異文者十八條，惟賁卦“小利有攸往”一條、中孚卦“信及豚魚”一條、既濟卦“小亨”一條，重華不以為然，餘皆從之。其所據實皆郭京《周易舉正》之文，不知何以稱閩本。京書謁託王、韓，宋趙以夫、王應麟諸人皆排其謬。重華取之，亦好奇之過歟？又謂《繫辭》所釋十九爻，皆《文言傳》之文，王弼輩將經文參雜，遂遺入《繫辭傳》中。折中尚未歸正，古本不如是也。案王弼以前之古本，無可考矣。晁、吕以來之古本，一一可稽，並無十九爻原在《文言傳》之本。惟元吳澄作《易纂言》，始以臆見移之。而重華以為古本，誤之甚矣。其說《書》亦多臆斷。如謂《堯典》"象恭滔天"當作"饕餮"，音聲相近，由伏生之女口授而譌。然《漢書·藝文志》稱："秦燔書禁學，濟南伏生獨壁藏之，漢興亡佚，求得二十九篇②，以教齊魯之閒。"《儒林傳》及王充《論衡》亦同。是伏生本自有書，獨遭亂亡失，百篇僅存二十有九。自衛宏定《古文尚書》序，以今文詰屈，始造為伏生之女口授晁錯之說。其事本無根據，重華乃因此以改經，未為至當。其於古文之偽，亦灼然能解，而又執後世文體，揣度經文。謂若無《舜典》之首二十八字，"則'鼇降'以下徑接'慎徽五典'，文勢究不和順。必須此段另起一頭，通篇始有綱領"。則又騎牆之見。他如謂："《竹書紀年》成王十一年命周平公治東都，沈約註平公即君陳，伯禽之弟。鄭康成以君陳為周公之子，蓋據此。"案《竹書》及約註皆屬偽本，固不必論。即姑以真本論之，約註作於梁代，《竹書》出於晉太康中，康成惡得而據之耶？ 其說《詩》較二經為詳，頗欲推求言外之意，勝於株守文句者，而亦每以好生新意失之。如《燕燕》篇謂："戴媯大歸，莊姜送之，恐其不終不慎③，美之而實戒之。"又曰"'先君之思，以勖寡人'，勖戴媯也。而反言勖寡人，此立言之妙也。春秋時妾媵歸國，鮮克有終，懷嬴與焉。其明徵已"云云。案《史記·年表》，魯隱公之元年，當衛桓公之十三年。桓公以隱公四年見弒，在位已十七年。計其年雖至幼弱，已在二十以外，則戴媯之年已在四十外矣。既非盛顏，諒不慮其改節。不合者一。且《春秋》妾媵見出而嫁者，惟齊桓蔡姬有明文。遽以為無不鮮終，亦涉武斷。不合者二。懷嬴，秦穆公之女，晉懷公之嫡妃，實非妾媵。其備奉匜之數，乃在文公。不合者三。此豈非循文生義,不加深考之過乎？至於晉風名唐,亦猶邶、鄘之因舊地。而重華謂唐叔封唐,號仍其舊。其子孫雖有失德,而猶狎主夏盟,皆始封之遺澤。亦傷穿鑿。特以三經較之,則所得視《易》、《書》為多耳。

**【彙訂】**

① 庚戌為雍正八年,然乾隆元年《江南通志》卷一二四《進士篇》載雍正甲辰科陳德華榜進士續榜:“李重華,吳江人。”乾隆《吳江縣志》卷二四《科舉志》亦載李重華為雍正二年甲辰科進士,而雍正八年庚戌科無同名者。（楊武泉:《四庫全書總目辨誤》）

②“求”,殿本作“獨”,誤,參《漢書·藝文志·六藝略》原文。同書《儒林傳》作“獨”。

③“終”,殿本作“忠”。

松源經說四卷（浙江吳玉墀家藏本）

國朝孫之騄撰。之騄所輯《尚書大傳》,已著錄。是編皆說經之文。或提舉一義,各立篇題。大抵薈稡成說而不能自研經義,其體例頗近於策略。又以所作《檡山學記》、《新荷賦》、《括蒼山賦》雜列於第一卷中,尤非說經之體。

心園說二卷（浙江巡撫採進本）

國朝郭兆奎撰。兆奎有《書經知新》,已著錄。是書於《四書》及《易》、《書》、《春秋》諸經,各摘舉而詮釋之,然淺近特其①。如“子在齊聞韶”,謂:“須知夫子之聞不是季札觀樂。”“柳下惠不以三公易其介。”謂:“此章獨舉惠之和以明其介。”皆里塾訓蒙之語②,別無創獲。又釋《尚書》“敬授人時”,多論西洋推測之法為臆造，且議其"所載《月令》僅取'東風解凍'一條，而於迎春祈穀之大、覆巢殺胎之禁，一切不載"云云。不知取《月令》之文分為七十二候③，自《逸周書》已然，並非始自歐邏巴人也。

【彙訂】

①"淺近特甚"，殿本作"所得頗淺"。

②"里塾訓蒙之語"，殿本無。

③"之文"，殿本無。

### 六經圖六卷（江蘇巡撫採進本）

國朝王皜撰。皜字又皓，號雪璣，"璣"字見周伯琦《六書正譌》。蓋不知"江"字古亦音"工"，遂別造此字，取"工"字諧聲，反以《說文》"鴻"字為俗體。皜不知其誤而從之，亦好奇之過也。六安人。是編刻於乾隆庚申，取《六經圖》舊本，稍加損益。凡所補校，具列於每卷之末。其中如《書經圖》中所繪十二章服，日為三足烏形，已自非古；月作白兔搗藥形，杵臼宛然，曾唐、虞而有此說乎？《周禮圖》中所繪墨車，以四馬盡置兩轅之中，亦全不解古車之制。如此之類，皜毫無訂正①，其校補概可見矣。

【彙訂】

①"皜毫無訂正"，殿本作"皆無所訂正"。

### 十三經字辨無卷數（兩江總督採進本）

國朝陳鶴齡撰。鶴齡字瑤賓，南通州人。初著有《五經四書字辨》①，後又自為補訂，以成此書。刻於乾隆乙酉。前為校畫，後為校音，皆多舛漏。所謂《十三經》者，為《大學》、《中庸》、《論語》、《孟子》、《易》、《書》、《詩》、《春秋》、《禮記》、《周禮》、《儀禮》、《爾雅》。無論古無此例，即以所列計之，如分三《傳》為三，則加

《四書》為十四；如併三《傳》總為《春秋》，則又為十二，於數亦不相合也。

【彙訂】

① "有"，殿本無。

古學偶編一卷（安徽巡撫採進本）

舊本題潛山張綱撰，不著時代。考明代有吉水張綱，嘉靖癸未進士，官河南巡撫，非潛山人也①。書中自註云"本之御製《周易述義》"云云，則知其為近時人②。書止三卷。一曰《觀物篇》，皆述《易》旨，猶圖書家恒談。一曰《月令夏小正同異說》，參校頗詳，而牽引《先天易圖》，則橫生枝節。其言醫書九十二候，不知所據。考宋林億等校正《素問》有此文，然億等所述乃《唐月令》，非醫書也。《春秋天王辨》謂特書則稱天，合書則稱王。其特書而不稱天者，乃闕文。孔子無貶削天王之理。其說甚正，然亦先儒舊義也。

【彙訂】

① "不著時代"至"非潛山人也"，殿本無。

② 殿本"人"下有"也"字。

九經圖無卷數（福建巡撫採進本）

國朝楊魁植編。其子文源增訂。魁植字輝斗，文源字澤汪，長泰人。是書以信州學宮石刻《易》、《書》、《詩》、《禮記》、《周禮》、《春秋》六經圖，析《春秋》三傳為三，而益以《儀禮》為九經。其信州石刻原本殘脫者，則仍闕之。但其中如《易》既載河圖、洛書，又載古河圖、洛書二圖，一為旋毛，一為龜坼，據明以來之偽本①，殊為失考。末復載邵子《皇極經世》、司馬光《潛虛》、關朗《洞極》、揚雄《太元〔玄〕準易》、《運會曆數》等圖，皆《易》外支流，亦失之泛濫。《書》不載序而《詩》獨載序，例不盡一。所註地理，皆沿石本之舊。如魯云"今仙源縣"、荆山云"今襄州"之類，時代未明。《春秋列國表》内增入孔子，亦非體例。《三禮》皆剿聶崇義、楊復諸圖，而喪禮及行禮諸圖又删不載。蓋科舉對策之本，不足以資考據也。

### 【彙訂】

① "明以來"，殿本作"元吳澄"。

### 説書偶筆四卷（山東巡撫採進本）

國朝丁愷曾撰。愷曾字蕚亭，日照人。是書一卷、二卷説《大學》、《論語》、《中庸》。三卷説《孟子》，附以《四書補遺》及《宗獻九獻歌括》。四卷一為《〈大學〉、〈孟子〉、〈王制〉、〈周禮〉造士之制》，一為《〈虞書〉三苗辨》，一為《〈天官〉九賦斂財賄解》，一為《冬官考》，一為《古建國分田原非死法》，而附以《説詩》。前有李在坊序，稱愷曾之子東生就其寫於書文者，蕞錄成帙。則愷曾偶然筆記，本無意於著書，故皆鄉塾課授之語。而説"行夏之時"句，至載時文二比以為程式。在坊序又稱："明永樂閒，有專以詆朱註為能者，上其所著書。成祖深加譴責，急命火其書，磔其人。"考楊士奇《三朝聖諭録》載："永樂二年，饒州府士人朱季之獻所著，專斥濂洛關閩之説。上覽之怒甚，敕行人押季之還饒州，會布政司府縣官及鄉之士人明論其罪，笞以示罰。而搜檢其家所著書，會衆焚之。"則但火其書耳，無磔人之事。在坊意在尊朱，故偽造此説，不足據也。

### 經解五卷經義雜著一卷（浙江巡撫採進本）

國朝黃文澍撰。文澍字雨田，一曰穀田，又曰穀亭，豐城人。

是編每卷首題曰《桃榖山房稿》,而側註其下曰《石畦集經解》、《石畦集經義雜著》。蓋《桃榖山房稿》者,其集之總名。《石畦集》者,其稿中之一種。《經解》諸書,又其集中之子部也。《經解》凡《易》二卷,《書》一卷,《詩》、《春秋》共一卷,《禮》一卷。《易》多衍圖書之學。書多辨《禹貢》山川,因而蔓延於輿地形勝,為經所不載者。《詩》最寥寥,惟主廢《小序》而尊朱傳。《春秋》多排擊三《傳》。《禮》多拘泥古制,糾時俗之非。大抵皆衍宋儒舊說。《經義雜著》凡序四篇、說十一篇、辨二篇,大旨亦不出所著《經解》之內。其《顏子心齋坐忘辨》二篇[1],乃《莊子》之文,無關經義,泛濫及之。亦猶《經解》之中,因解《禹貢》而及五嶺以南山川脈絡考也。書袛一卷,而標題乃曰"卷之一"。或刊版未竟,抑裝緝者有所遺歟?

【彙訂】

[1] "心齋",殿本作"心齊",誤。《莊子・人間世》:"顏回曰:'敢問心齋?'仲尼曰:'若一志;無聽之以耳,而聽之以心;無聽之以心,而聽之以氣;聽止於耳,心止於符。氣也者,虛而待物者也,唯道集虛,虛者心齋也。'"《莊子・大宗師》:"顏回曰:'回益矣。'仲尼曰:'何謂也?'曰:'回坐忘矣。'仲尼蹵然曰:'何謂坐忘?'顏回曰:'墮枝體,黜聰明,離形去知,同於大通,此謂坐忘。'"

右五經總義類四十三部,三百四十九卷[1],內七部無卷數。皆附存目。

【彙訂】

[1] "三百四十九卷",殿本作"三百五十一卷",實著錄三百四十七卷。

　　案：先儒授受，大抵專治一經。其兼通諸經，各有論説者，鄭康成以下曠代數人耳。宋以後著作漸夥，明以來撰述彌眾。非後人學問遠過前修，精研之則見難，涉獵之則見易。求實據則議論少，務空談則卷軸富也。孫承澤鈔撮經解諸序，寥寥數卷，亦命之曰《五經翼》，則孰非兼通五經者哉。略存其目而不錄其書，古今人巧拙之異、華實之分，亦大概可覩矣。

# 經 部 三 十 五

## 四 書 類 一

《論語》、《孟子》,舊各為帙,《大學》、《中庸》,舊《禮記》之二篇。其編為《四書》,自宋淳熙始,其懸為令甲,則自元延祐復科舉始,古來無是名也。然二戴所録《曲禮》、《檀弓》諸篇,非一人之書,迨立名曰《禮記》,《禮記》遂為一家。即王逸所録屈原、宋玉諸篇,《漢志》均謂之賦,迨立名曰《楚詞》,《楚詞》亦遂為一家。元邱〔丘〕葵《周禮補亡》序稱"聖朝以《六經》取士",則當時固以《四書》為一經。前創後因,久則為律,是固難以一説拘矣。今從《明史·藝文志》例,別立《四書》一門,亦所謂禮以義起也。朱彝尊《經義考》於《四書》之前仍立《論語》、《孟子》二類,黃虞稷《千頃堂書目》凡説《大學》、《中庸》者,皆附於《禮》類,蓋欲以不去餼羊略存古義。然朱子書行五百載矣,趙岐、何晏以下,古籍存者寥寥,梁武帝《義疏》以下,且散佚並盡[1],元、明以來之所解,皆自《四書》分出者耳[2]。《明史》併入《四書》,蓋循其實,今亦不復強析其名焉。

## 【彙訂】

[1] "梁武帝義疏以下且散佚並盡",殿本無。案《義疏》當作

《講疏》，即《隋書·經籍志》禮類著録之梁武帝《中庸講疏》一卷。然《中庸》之有註解，非始於此。《漢書·藝文志》六藝略禮類已著録《中庸説》二篇。（呂友仁、李正輝：《〈四庫全書總目〉補正十六則》）

② 殿本“皆”上有“則”字。

### 孟子正義十四卷（内府藏本）①

漢趙岐註，其疏則舊本題宋孫奭撰。岐字邠卿，京兆長陵人，初名嘉，字臺卿。永興二年，辟司空掾，遷皮氏長。延熹元年，中常侍唐衡兄玹為京兆尹，與岐夙隙。岐避禍逃避四方，乃自改名字。後遇赦得出，拜并州刺史。又遭黨錮十餘歲。中平元年，徵拜議郎，舉燉煌太守。後遷太僕，終太常。事蹟具《後漢書》本傳。奭字宗古，博平人。太宗端拱中《九經》及第，仁宗時官至兵部侍郎、龍圖閣學士。事蹟具《宋史》本傳。是註即岐避難北海時，在孫賓家夾柱中所作②。漢儒註經，多明訓詁名物，惟此註箋釋文句，乃似後世之口義，與古學稍殊。然孔安國、馬融、鄭元之註《論語》，今載於何晏《集解》者，體亦如是。蓋《易》、《書》文皆最古，非通其訓詁則不明；《詩》、《禮》語皆徵實，非明其名物亦不解；《論語》、《孟子》詞旨顯明，惟闡其義理而止，所謂言各有當也。其中如謂宰予、子貢、有若緣孔子聖德高美而盛稱之，孟子知其太過，故貶謂之污下之類，紕繆殊甚。以屈原憔悴為徵於色，以甯戚扣角為發於聲之類，亦比擬不倫。然朱子作《孟子集註》、《或問》，於岐説不甚掊擊。至於書中人名，惟盆成括、告子不從其學於孟子之説，季孫、子叔不從其二弟子之説，餘皆從之。書中字義，惟“折枝”訓按摩之類不取其説，餘亦多取之。蓋其説雖不及後來之精密，而開闢荒蕪，俾後來得循途而深造，其功要不可泯也。胡爌《拾遺録》據李善《文選註》引《孟子》曰："墨子兼愛，摩頂致於踵。"趙岐曰："致，至也。"知今本經文及註均與唐本不同。今證以孫奭《音義》所音，岐註亦多不相應，語詳《孟子音義》條下。蓋已非舊本。至於《盡心下》篇"夫子之設科也"，註稱"孟子曰：夫我設教授之科"云云，則顯為"予"字，今本乃作"夫子"。又"萬子曰"句，註稱"萬子，萬章也"，則顯為"子"字，今本乃作"萬章"。是又註文未改，而經文誤刊者矣。其疏雖稱孫奭作③，而《朱子語録》則謂邵武士人假託④，蔡季通識其人。今考《宋史·邢昺傳》稱昺於咸平二年，受詔與杜鎬、舒雅、孫奭、李慕清、崔偓佺等校定《周禮》、《儀禮》、《公羊》、《穀梁春秋傳》、《孝經》、《論語》、《爾雅》義疏，不云有《孟子正義》。《涑水紀聞》載奭所定著有《論語》、《孝經》、《爾雅正義》，亦不云有《孟子正義》。其不出奭手，確然可信。其疏皆敷衍語氣，如鄉塾講章。故《朱子語録》謂其全不似疏體，不曾解出名物制度，只繞纏趙岐之説。至岐註好用古事為比，疏多不得其根據。如註謂非禮之禮，若陳質娶妻而長拜之；非義之義，若藉交報仇。此誠不得其出典。案藉交報讎，似謂藉交游之力以報讎，如朱家、郭解，非有人姓藉名交也。疑不能明，謹附識於此⑤。至於單豹養其内而虎食其外，事出《莊子》，亦不能舉，則寡陋太甚。朱彝尊《經義考》摘其欲見西施者人輸金錢一文事，詭稱《史記》。今考註以尾生為不虞之譽，以陳不瞻為求全之毀，疏亦並稱《史記》。尾生事實見《莊子》，陳不瞻事實見《説苑》⑥，案《説苑》作"陳不占"，蓋古字同音假借。皆《史記》所無。如斯之類，益影撰無稽矣。以久列學官，姑仍舊本録之爾。

**【彙訂】**

① 文淵閣本書名為《孟子注疏》，附考證（清陸宗楷等撰）。（沈治宏：《中國叢書綜錄訂誤》）

② 據《後漢書》卷六四趙岐本傳，"孫賓"乃"孫賓石"之誤。（胡玉縉：《四庫全書總目提要補正》）

③ "其疏雖稱孫奭作"，殿本作"孫奭之疏"。

④ "而朱子語錄則謂邵武士人假託"，殿本作"朱子語錄謂邵武士人所假託"。

⑤《史記》所謂"以軀藉交報仇"者，乃謂以其身代為交友報仇。（余嘉錫：《四庫提要辨證》）

⑥ 陳不瞻事見《新序·義勇》篇，非出《說苑》。（胡玉縉：《四庫全書總目提要補正》）

論語義疏十卷（浙江巡撫採進本）

魏何晏註，梁皇侃疏。書前有《奏進〈論語集解〉序》，題光祿大夫關內侯孫邕、光祿大夫鄭沖、散騎常侍中領軍安鄉亭侯曹羲、侍中荀顗、尚書駙馬都尉關內侯何晏五人之名。《晉書》載"鄭沖與孫邕、何晏、曹羲、荀顗等共集《論語》諸家訓詁之善者，義有不安，輒改易之，名《集解》"。亦兼稱五人。今本乃獨稱何晏。考陸德明《經典釋文》於"《學而》第一"下題"集解"二字，註曰："一本作何晏《集解》。"又《序錄》曰："何晏集孔安國、包咸、周氏、馬融①、鄭元、陳羣、王肅、周生烈之說，并下己意為《集解》。正始中上之，盛行於世。今以為主。"云云。是獨題晏名，其來久矣。殆晏以親貴總領其事歟？邕字宗儒，樂安青州人。沖字文和，滎陽開封人。羲，沛國譙人，魏宗室子。顗字景倩，荀彧之子。晏字平叔，南陽

宛人。何進之孫，何咸之子也。侃，《梁書》作偘，蓋字異文。吳郡
人，青州刺史皇象九世孫。武帝時官國子助教，尋拜散騎侍郎，兼
助教如故。大同十一年卒。事蹟具《梁書・儒林傳》。《傳》稱所
撰《禮記義》五十卷，《論語義》十卷。《禮記義》久佚，此書《宋國史
志》、《中興書目》、晁公武《讀書志》、尤袤《遂初堂書目》皆尚著錄。
《國史志》稱：“侃疏雖時有鄙近②，然博極羣言，補諸書之未至，為
後學所宗。”蓋是時講學之風尚未甚熾，儒者説經亦尚未盡廢古
義，故史臣之論云爾。迨乾、淳以後，講學家門户日堅，羽翼日衆，
剗除異己，惟恐有一字之遺，遂無復稱引之者。而陳氏《書錄解
題》亦遂不著錄，知其佚在南宋時矣。惟唐時舊本流傳，存於海
外。康熙九年，日本國山井鼎等作《七經孟子考文》，自稱其國有
是書，然中國無得其本者，故朱彝尊《經義考》註曰“未見”。今恭
逢我皇上右文稽古，經籍道昌，乃發其光於鯨波鮫室之中，藉海舶
而登祕閣。殆若有神物撝訶，存漢、晉經學之一線，俾待聖世而復
顯者。其應運而來，信有非偶然者矣。據《中興書目》，稱侃以何
晏《集解》去取為《疏》十卷。又列晉衞瓘、繆播、欒肇、郭象、蔡謨、
袁宏、江厚、蔡溪、李充、孫綽、周懷③、范寧、王珉等十三人爵里於
前，云：“此十三家是江熙所集。其解釋於何集，案“何集”二字不甚可
解，蓋何氏《集解》之省文，今姑仍原本錄之。無妨者亦引取為説，以示廣聞
云云④。”此本之前，列十三人爵里，數與《中興書目》合。惟“江厚”
作“江淳”、“蔡溪”作“蔡系”、“周懷”作“周壞⑤”，殆傳寫異文歟？
其經文與今本亦多異同。如“舉一隅”句下有“而示之”三字，頗為
冗贅，然與《文獻通考》所引石經《論語》合；“夫子之言性與天道不
可得而聞也”下有“已矣”二字，亦與錢曾《讀書敏求記》所引高麗
古本合⑥。其疏文與余蕭客《古經解鉤沉》所引，雖字句或有小異，

而大旨悉合。知其確為古本，不出依託。觀《古文孝經》孔安國《傳》，鮑氏知不足齋刻本信以為真，而《七經孟子考文》乃自言其偽。則彼國於授受源流，分明有考，可據以為信也。至"臨之以莊則敬"作"臨民之以莊則敬"，《七經孟子考文》亦疑其"民"字為誤衍，然謹守古本而不敢改。知彼國遞相傳寫，偶然譌舛或有之，亦未嘗有所竄易矣。至何氏《集解》，異同尤夥。雖其中以"包氏"為"苞氏"，以"陳恒"為"陳桓"之類，不可據者有之，而勝於明刻監本者亦復不少，尤可以旁資考證也。

**【彙訂】**

①"馬融"，殿本作"馬氏"，誤，參《經典釋文·序録》原文。

②"時"，殿本脱，據《玉海》卷四一"梁《論語疏》"條引《國史志》。

③"江厚蔡溪……周懷"，底本作"江淳蔡系……周瓊"，據《玉海》卷四一"梁《論語疏》"條引《中興書目》及殿本改。

④"亦引取為説以示廣聞云云"，殿本作"引取以廣異聞"。

⑤"周壞"，殿本作"周瓊"，誤，據文淵閣庫書序文後所列人名。

⑥《讀書敏求記》卷一著録高麗舊抄本何晏《集解》云："此書乃遼海蕭公諱應宮監軍朝鮮時所得。甲午初夏，予以重價購之公之乃孫。"甲午即順治十一年，早於康熙九年十七載。（徐鵬、劉遠遊：《四庫提要補正》）

論語正義二十卷（内府藏本）①

魏何晏註，宋邢昺疏。昺字叔明，曹州濟陰人。太平興國中擢《九經》及第，官至禮部尚書。事蹟具《宋史》本傳。是書蓋咸平二年詔昺改定舊疏，頒列學官，至今承用，而傳刻頗譌。《集解》所引十三家，今本各題曰"某氏"，皇侃《義疏》則均題其名。案奏進序中稱："集諸家之善，記其姓名。"侃疏亦曰："何《集註》皆呼人名，惟包獨言'氏'者，包名咸，何家諱咸，故不言也。"與序文合。知今本爲後來刊版之省文②。然周氏與周生烈遂不可分，殊不如皇本之有別。考邢昺疏中亦載皇侃"何氏諱咸"之語，其疏"記其姓名"句則云："註但記其姓，而此連言名者，以著其姓所以名其人，非謂名字之名也。"是昺所見之本已惟題姓，故有是曲説。《七經孟子考文》稱其國皇侃《義疏》本爲唐代所傳，是亦一證矣。其文與皇侃所載亦異同不一，大抵互有短長。如《學而篇》"不患人之不己知"章，皇疏有王肅註一條；《里仁篇》"君子之于天下也"章，皇疏有何晏註一條，今本皆無。觀顧炎武《石經考》以石經《儀禮》校監版③，或併經文全節漏落，則今本《集解》傳刻佚脱，蓋所不免。然蔡邕石經《論語》於"而在蕭牆之内"句兩本並存，見於《隸釋》。陸德明《經典釋文》於諸本同異，亦皆並存。蓋唐以前經師授受，各守專門。雖經文亦不能畫一，無論註文。固不必以此改彼，亦不必以彼改此。今仍從今本録之，所以各存其舊也。昺疏，《宋志》作十卷。今本二十卷，蓋後人依《論語》篇第析之。晁公武《讀書志》稱其"亦因皇侃所採諸儒之説刊定而成④"。今觀其書，大抵翦皇氏之枝蔓，而稍傅以義理。漢學、宋學，兹其轉關。是疏出而皇疏微，迨伊、洛之説出而是疏又微。故《中興書目》曰："其書於章句訓詁名物之際詳矣。"蓋微言其未造精微也。然先有是疏，而後講學諸儒得沿溯以窺其奥。祭先河而後海，亦何可以後來居上，遂盡廢其功乎？

## 【彙訂】

① 文淵閣本書名爲《論語注疏》，附考證（清陸宗楷等撰）。

（沈治宏：《中國叢書綜錄訂誤》）

　　② 清胡克家刻《文選》李善注中引包咸注二十七處，或稱名，或稱氏。然今本李善注前後未必出自李善一人，則其見書，當皆為寫本無疑。（汪習波：《隋唐文選學研究》）

　　③ 殿本“武”下有“之”字。

　　④ 晁公武《郡齋讀書志》衢本卷四“論語正義”條原文作：“右皇朝邢昺等疏。先是梁皇侃採衛瓘、蔡謨等十三家說為疏，昺等因之成此書。”袁本前志卷一下解題迥異：“右梁王侃（一云皇甫侃）採衛瓘、蔡謨等十三家說為疏，國朝邢昺等因之撰此書。”《文獻通考·經籍考》卷十一解題作：“皇朝邢昺等撰，亦因皇侃所採諸儒之說刊定而成書。”當出馬端臨改寫，非公武原文。（孫猛：《郡齋讀書志校正》）

　　論語筆解二卷（浙江鄭大節家藏本）

　　舊本題唐韓愈、李翱同註。中間所註以“韓曰”、“李曰”為別。考張籍集《祭韓愈》詩有“《論語》未訖註，手跡今微茫”句，邵博《聞見後錄》遂引為《論語註》未成之證。而李漢作《韓愈集》序，則稱有《論語註》十卷，與籍詩異，王楙《野客叢談》又引為已成之證。晁公武《讀書志》稱《四庫》、《邯鄲書目》皆無之，獨田氏《書目》有韓氏《論語》十卷，《筆解》兩卷，是《論語註》外別出《筆解》矣。《新唐書·藝文志》載愈《論語註》十卷，亦無《筆解》。惟鄭樵《通志》著錄二卷，與今本同。意其書出於北宋之末①。然唐李匡乂，宣宗大中時人也。所作《資暇錄》一條云②：“《論語》‘宰予晝寢’，梁武帝讀為寢室之寢，‘晝’作胡卦反，且云當為‘畫’字，言其繪畫寢室。今人罕知其由，咸以為韓文公所訓解。”

又一條云："'傷人乎，不問馬'，今亦謂韓文公讀'不'為'否'。"然則大中之前已有此本，未可謂為宋人偽撰③。且"晝寢"一條今本有之，"廢焚"一條今本不載。使作偽者剽掇此文，不應兩條相連，摭其一而遺其一，又未可謂因此依託也。以意推之，疑愈註《論語》時，或先於簡端有所記錄，翱亦閒相討論，附書其閒。迨書成之後，後人得其稿本，採註中所未載者，別錄為二卷行之④。如程子有《易傳》，而《遺書》之中又別有論《易》諸條；朱子有《詩傳》，而朱鑑又為《詩傳遺說》之例。題曰《筆解》，明非所自編也⑤。其今本或有或無者，則由王存以前世無刊本，傳寫或有異同。邵博所稱"三月"字作"音"一條，王楙所見本亦無之，則諸本互異之明證矣⑥。王存本今未見。魏仲舉刻《韓文五百家註》，以此書附末，今傳本亦稀。此本為明范欽從許勃本傳刻，前載勃序⑦，仍稱"《筆解論語》一十卷"，疑字誤也⑧。又趙希弁《讀書附志》曰："其閒'翱曰'者，李習之也⑨。"明舊本愈不著名，而翱所說則題名以別之。此本改稱"韓曰"、"李曰"，亦非其舊矣。

**【彙訂】**

　　① 宋趙希弁《讀書後志》卷一云《田氏書目》"元祐中袁默為之序"，王應麟《玉海》卷四一釋唐《論語筆解》條曰："《宋咸增註論語》十卷，序云：'《韓愈註論語》與《筆解》大概多竊先儒義而遷易其辭，因擇二書是否並舊註未安，辨正焉。'"《續資治通鑑長編》卷一八六云："嘉祐二年（1057）……十一月癸酉朔……己亥，屯田員外郎宋咸上所註《論語》。"則在元祐中成書的《田氏書目》之前，有更早的史料可證《韓愈註論語》與《筆解》絕非一書，成書時閒也不會是北宋之末。（李最欣：《〈論語筆解〉提要補正》）

　　② "資暇錄"，殿本作"資暇集"。

③ 據《資暇録》卷上，"宰予晝寢"條讀晝為畫者乃梁武帝，非韓愈；而"傷人乎不問馬"條"今亦謂韓文公讀不為否……況又非韓公所訓。案，陸氏《釋文》已云：一讀至不字句絕。則知以不為否，其來尚矣。"已明云"非韓公所訓"。（徐鵬、劉遠遊：《四庫提要補正》）

④ 文讜於宋孝宗乾道二年（1166）進呈的《新刊經進詳註昌黎先生文集》所附録的《論語筆解》録有許勃序，經過文字比對知，此文讜本《論語筆解》二卷確實是從許勃的《韓文公論語筆解》十卷本而來。"別録為二卷"的説法不成立。（李最欣：《〈論語筆解〉提要補正》）

⑤ 替別人編文集或者記録別人言行而成書，與以"筆解"為書名並無關聯。"筆"即書寫之意。（同上）

⑥ 邵博《聞見後録》卷四所云"今世所傳"者，顯指韓愈《論語》傳或者韓愈《論語》注，而不會指《論語筆解》。（同上）

⑦ 范欽刻本雖載許勃序，實出自文讜本。（同上）

⑧ 衢本《郡齋讀書志》卷四著録韓、李《論語筆解》十卷，《天禄琳琅書目》卷三、《故宮善本書目》亦著録十卷本。是確有其書，非許勃序字誤也。（崔富章：《四庫提要補正》）

⑨ 趙希弁《讀書附志》所云"其間'翶曰'者，李習之也"，乃據許勃序"其間'翶曰'者，蓋李習之同與切磨"而來。館臣不直引許勃語而轉引趙希弁語，捨近求遠，顯然是一時疏忽。（李最欣：《〈論語筆解〉提要補正》）

孟子音義二卷（兩江總督採進本）

宋孫奭撰。唐陸德明《經典釋文》於羣經皆有《音義》，獨闕

《孟子》。奭奉敕校定趙岐註,因刊正唐張鎰《孟子音義》及丁公著《孟子手音》二書①,兼引陸善經《孟子註》以成此書。其序文前半與世傳奭《孟子正義》序同,蓋《正義》僞序即緣此序而點竄也。書中所釋,稱一遵趙註,而以今本校之,多不相符。如《梁惠王篇上》曰集穆、曰大平、曰譎,《篇下》曰恂、曰無墮、曰夫將;《公孫丑篇上》曰介者,《篇下》曰素餐、曰藉道、曰危行、曰食功;《滕文公篇上》曰景行、曰論語、曰力行近仁、曰師知,《篇下》曰素餐、曰湼、曰駢躓、曰周公印思;《離婁篇上》曰踏、曰恐栗、曰三省、曰而錯、曰桐子,《篇下》曰不比、曰由天、曰風諭、曰見幾、曰好言、曰忮、曰之行、曰行其、曰五伯、曰辟害、曰跌、曰汙;《萬章篇上》曰百行、曰舍小,《篇下》曰沮溺、曰景行、曰伊發有莘;《告子篇上》曰長義、曰好下、曰幾成,《篇下》曰雨雪、曰瀺灂、曰見睨、曰或折;《盡心篇上》曰遠之、曰下賤、曰邪辟、曰辟若、曰蟠辟、曰論之一簣②、曰督、曰柚梓③、曰和寡,《篇下》曰遠禍、曰惡殺、曰舍生、曰為之、曰造、曰臧否、曰自遺、曰子率、曰剖其末、曰孟子;《篇敘》曰其行、曰當期、曰括。凡六十有九條,皆今本註文所無④。惟《孟子註》之單行者,世有傳鈔宋本,尚可稽考。僞《正義》刪改其文,非復趙岐原書,故與《音義》不相應也。因是書可以證岐註之舊,並可以證奭疏之僞,則其有功典籍,亦不細矣。

**【彙訂】**

①“丁公著”,殿本作“丁公註”,誤。此書自序云:“為之註者,則有趙岐、陸善經,為之音者,則有張鎰、丁公著。”《宋史·藝文志》著録丁公著《孟子手音》一卷,其書今存。

②“一簣”,殿本脫,參此書卷下《盡心章句上》原文。

③“柚梓”,殿本作“柚莘”,誤,參此書卷下《盡心章句上》原文。

④ 所舉各例,《梁惠王篇》六條,《公孫丑篇》五條,《滕文公篇》八條,《離婁篇》十七條,《萬章篇》五條,《告子篇》七條,《盡心篇》十九條,《篇敘》三條,共七十條。(李裕民:《四庫提要訂誤》)

案,宋《禮部韻略》所附條式,自元祐中即以《論語》、《孟子》試士。是當時已尊為經。而晁氏《讀書志》,《孟子》仍列儒家。至陳氏《書錄解題》,始與《論語》同入經部。蓋宋尊《孟子》,始王安石。元祐諸人務與作難,故司馬光《疑孟》、晁說之《詆孟》作焉。非攻《孟子》,攻安石也。白珽《湛淵静語》所記,言之頗詳。晁公武不列於經,猶説之之家學耳。陳振孫雖改晁氏之例,列之於經。然其立説,乃以程子為詞。則亦非尊《孟子》,仍尊程子而已矣。考趙岐《孟子》題詞,漢文帝時已以《論語》、《孝經》、《孟子》同置博士。而孫奭是編,實大中祥符閒奉敕校刊《孟子》所修。然則表章之功,在漢為文帝,在宋為真宗;訓釋之功,在漢為趙岐,在宋為孫奭。固不始於王安石,亦不始於程子。紛紛門户之愛憎,皆逐其末也。

論語拾遺一卷(江蘇巡撫採進本)

宋蘇轍撰。轍有《詩傳》,已著錄。是書前有自序,稱少年為《論語略解》,其兄軾謫黄州時,撰《論語説》,取所解十之二三。大觀丁亥,閒居潁川,與其孫籀等講《論語》,因取軾説之未安者,重為此書。軾書《宋志》作四卷,《文獻通考》作十卷。今未見傳本,莫詳孰是,其説亦不可復考。此書所補凡二十七章,其以“思無邪”為無思,以“從心不踰矩”為無心,頗涉禪理。以“苟志於仁矣,無惡也”為有愛而無惡,亦冤親平等之見。以“朝聞道,夕死可矣”為雖死而不亂,尤去來自如之義。蓋眉山之學本雜出於二氏故也。其顯駁軾説者凡三條。“請討陳恒”一章,軾以為能克田氏則三桓不治而自服,孔子欲借此以張公室。轍則以為雖知其無益,而欲明君臣之義。“子見南子”及“齊人歸女樂”二章①,軾以為靈公未受命者故可,季桓子已受命者故不可。轍則以為諸侯之如衛靈公者多,不可盡去。齊閒孔子,魯君大夫已受其餌,孔子不去則坐受其禍。“泰伯至德”一章,軾以為泰伯不居其名,故亂不作;魯隱、宋宣取其名,是以皆被其禍。轍則以為魯之禍始於攝,宋之禍成於好戰,皆非讓之過。其説皆較軾為長。他如以“剛毅木訥”與“巧言令色”相證,以“六蔽”章之“不好學”與“入孝出弟”章之“學文”互勘,亦頗有所發明。歷來著録,今亦存備一家焉。

**【彙訂】**

①“齊人歸女樂”,殿本作“齊歸女樂”,脱“人”字,參《論語・微子》原文。

孟子解一卷(江蘇巡撫採進本)

宋蘇轍撰。舊本首題“潁濱遺老”字,乃其晚歲退居之號。以陳振孫《書録解題》考之,實少年作也。凡二十四章。一章謂聖人躬行仁義而利存,非以為利。二章謂文王之囿七十里,乃山林藪澤與民共之。三章謂小大貴賤,其命無不出於天,故曰畏天、樂天。四章引責難於君,陳善閉邪,畜君為好君。五章謂浩然之氣即子思之所謂誠。六章論養氣在學,而待其自至。七章論“知言”,曰知其所以病。八章以“克己復禮”解“射者正己”。九章論貢之未善,由先王草創之初,故未能周密。十章論陳仲子之廉，病在使天下之人無可同立之人。十六章論孔子以微罪行，為上以免君，下以免我。十八章論事天、立命。十九章論"順受其正"。二十二章論進銳退速。二十四章論擴充仁義。立義皆醇正不支。二十章以《周官》八議駁竊負而逃，二十三章以司馬懿、楊堅得天下，言仁不必論得失，亦自有所見。惟十一章謂學聖不如學道，十二章、十三章、十四章以孔子之論性難孟子之論性，十五章以智屬夷、惠，力屬孔子，十七章以"貞而不亮"難"君子不亮"，二十一章以"形色天性"為強飾於外，皆未免駁雜。蓋瑕瑜互見之書也。然較其晚年著述純入佛老者，則謹嚴多矣。

論語全解十卷（浙江汪啟淑家藏本）

宋陳祥道撰。祥道有《禮書》，已著録。晁公武《讀書志》云："王介甫《論語註》，其子雱作《口義》[①]，其徒陳用之作《解》[②]。紹聖後皆行於場屋，為當時所重。"又引或人言，謂："用之書乃鄒浩所著，託之用之。"考《宋史・藝文志》別有鄒浩《論語解義》十卷，則浩所著原自為一書，並未託之祥道，疑或人所言為誤。此本有祥道自序，首題"門人章粹校勘"，而每卷皆標曰"重慶陳用之真本入經論語全解"，未詳其義[③]。豈爾時嘗以是本為經義通用之書，故云然耶？祥道長於《三禮》之學，所作《禮書》，世多稱其精博。故詮釋《論語》，亦於禮制最為明晰。如解"躬自厚而薄責於人"章，則引《鄉飲酒》之義以明之；解"師冕見"章，則引《禮》"待瞽者如老者"之義以明之。雖未必盡合經義，而旁引曲證，頗為有見。又如"臧文仲居蔡"章，則云："冀多良馬稱驥，瀘水之黑稱盧，蔡出寶龜稱蔡。"於"《關雎》之亂"章，則云："治汙謂之汙，治弊謂之弊，治荒謂之荒，治亂謂之亂。"此類俱不免創立別解，而連類引伸,亦多有裨於考證。惟其學術本宗信王氏,故往往雜據《莊子》之文以作證佐④,殊非解經之體⑤。以其閒徵引詳核,可取者多,故不以一眚掩焉。

**【彙訂】**

① 殿本無"其"、"作"字。

② "作",殿本無。

③ 今存明、清抄本此書每卷皆題"重廣陳用之真本入經論語全解義",或"用之"下增"學士"二字。(崔富章:《四庫提要補正》)

④ "文",殿本作"説"。

⑤ 書中廣引及孟子、荀子、揚雄等諸儒之説,只是諸儒對此書思想的影響不如老莊而已。(鍾彩鈞:《游酢的經學思想》)

孟子傳二十九卷(内府藏本)

宋張九成撰。九成字子韶,自號無垢居士。其先開封人,徙居錢塘。紹興二年進士第一人,授鎮東軍僉判,歷宗正少卿,兼侍講,權刑部侍郎。忤秦檜,誣以謗訕,謫居南安軍。檜死,起知溫州,勾祠歸。卒贈太師、崇國公,諡文忠。事蹟具《宋史》本傳。《宋史・藝文志》載九成《孟子拾遺》一卷,今附載《橫浦集》中。《文獻通考》載九成《孟子解》十四卷,朱彝尊《經義考》註云"未見"。此本為南宋舊槧①,實作《孟子傳》,不作《孟子解》。又《盡心篇》已佚,而《告子篇》以上已二十九卷,則亦不止十四卷,蓋《通考》傳寫誤也②。九成之學出於楊時,又喜與僧宗杲遊,故不免雜於釋氏。所作《心傳》、《日新》二録,大抵以禪機詁儒理。故朱子作《雜學辯》,頗議其非。惟註是書,則以當時馮休作《删孟子》，李覯作《常語》，司馬光作《疑孟》，晁說之作《詆孟》，鄭厚叔作《藝圃折衷》，皆以排斥《孟子》為事。故特發明於義利經權之辨③，著《孟子》尊王賤霸有大功，撥亂反正有大用。每一章為解一篇，主於闡揚宏旨，不主於箋詁文句。是以曲折縱橫，全如論體。又辨治法者多，辨心法者少，故其言亦切近事理，無由旁涉於空寂。在九成諸著作中，此為最醇。至於草芥寇讎之說，謂人君當知此理，而人臣不可有此心。觀其"眸子"之說，謂瞭與眊乃邪正之分，不徒論其明暗，又必有孟子之學識，而後能分其邪正。尤能得文外微旨。王若虛《滹南老人集》有《孟子辨惑》一卷，其自述有曰："孟子之書，隨機立教，不主故常，凡引人於善地而已。司馬君實著所疑十餘篇，蓋淺近不足道也。蘇氏解《論語》，與《孟子》辨者八，其論差勝。及細味之，亦皆失其本旨。張九成最號深知者，而復不能盡。如論'行仁政而王'、'王者之不作'，曲為護諱，不敢正言，而猥曰'王者，王道也'，此猶是鄭厚叔輩之所見。至於對齊宣湯武之問、辨任人食色之惑，皆置而不能措口。"云云。蓋於諸家註中獨許九成，而尚有所未盡慊。不知"行仁政而王"之類，文義分明，九成非不能解，特以孟子之意欲拯當日之戰爭，九成之解則欲防後世之僭亂。雖郢書燕說，於世道不為無益。至於湯武放伐、任人食色，闕其所疑，正足見立說之不苟。是固不足為九成病也。

**【彙訂】**

① 四庫底本乃琴川毛氏影宋抄本，今存。（崔富章：《四庫提要補正》）

②《直齋書錄解題》卷三著錄張九成《孟子解》十四卷，《文獻通考·經籍考》因之，非傳寫之誤。（同上）

③“於”，殿本無。

尊孟辨三卷續辨二卷別録一卷（永樂大典本）

宋余允文撰。允文字隱文①，建安人。陳振孫《直齋書録解題》載是書，卷數與今本合。朱彝尊《經義考》僅云附載《朱子全集》中，而條下註“闕”字。蓋自明中葉以後，已無完本矣。今考《永樂大典》所載，凡辨司馬光《疑孟》者十一條，附《史剡》一條，辨李覯《常語》者十七條，鄭厚叔《藝圃折衷》者十條②。《續辨》則辨王充《論衡·刺孟》者十條，辨蘇軾《論語説》者八條。此後又有《原孟》三篇，總括大意，以反覆申明之。其《尊孟辨》及《續辨》、《別録》之名，亦釐然具有條理，蓋猶完書。今約略篇頁，以《尊孟辨》為三卷，《續辨》為二卷，《別録》為一卷。冠原序於前，而繫朱子《讀余氏〈尊孟辨〉説》於後。首尾完具，復還舊觀，亦可謂久湮復顯之祕帙矣。考朱子集中有《與劉共父書》，稱允文干預宋家產業，出言不遜，恐引惹方氏復來生事，令陳、吳二婦作狀經府告之。則允文蓋武斷於鄉里者，其人品殊不足重。又周密《癸辛雜識》載晁説之著論非《孟子》。建炎中，宰相進擬除官，高宗以《孟子》發揮正道，説之何人，乃敢非之，勒令致仕③。然則允文此書，其亦窺伺意旨，迎合風氣而作，非真能闢邪衛道者歟。然當羣疑蠭起之日，能別白是非而定一尊，於經籍不為無功。但就其書而觀，固卓然不磨之論也。

【彙訂】

①《直齋書録解題》卷九有《尊孟辨》七卷，建安余允文隱之撰。可知“字隱文”乃“字隱之”之誤。（崔富章：《四庫提要補正》）

②《藝圃折衷》作者名鄭厚，字叔友，《文獻通考·經籍考》誤引為鄭厚叔，朱彝尊《經義考》"尊孟辨"條引陳振孫語，亦誤為鄭厚叔。（同上）

③此條記載不見於《癸辛雜識》，實出自羅大經《鶴林玉露》卷七。（張劍：《晁說之研究》）

　　大學章句一卷論語集註十卷孟子集註七卷中庸章句一卷（通行本）

　　宋朱子撰。案《論語》自漢文帝時立博士。《孟子》據趙岐《題詞》，文帝時亦嘗立博士。以其旋罷，故史不載。《中庸說》二篇見《漢書·藝文志》。戴顒《中庸傳》二卷，梁武帝《中庸講疏》一卷，見《隋書·經籍志》。惟《大學》自唐以前無別行之本。然《書錄解題》載司馬光有《大學廣義》一卷、《中庸廣義》一卷①，已在二程以前，均不自洛、閩諸儒始為表章。特其論說之詳，自二程始；定著《四書》之名，則自朱子始耳。原本首《大學》，次《論語》，次《孟子》，次《中庸》。書肆刊本以《大學》、《中庸》篇頁無多，併為一冊，遂移《中庸》於《論語》前②。明代科舉命題，又以作者先後，移《中庸》於《孟子》前。然非宏旨所關，不必定復其舊也。《大學》古本為一篇，朱子則分別經、傳，顛倒其舊次，補綴其闕文。《中庸》亦不從鄭註分節。故均謂之《章句》。《論語》、《孟子》融會諸家之說，故謂之《集註》。猶何晏註《論語》，裒八家之說稱《集解》也。惟晏註皆標其姓，朱子則或標或不標，例稍殊焉。《大學》章句，諸儒頗有異同。然"所謂誠其意者"以下並用舊文，所特創者不過補傳一章，要非增於八條目外。既於理無害，又於學者不為無裨，何必分門角逐歟？《中庸》雖不從鄭註，而實較鄭註為精密。蓋考證之學，宋儒不及漢儒；義理之學，漢儒亦不及宋儒。言豈一端，要各有當。況鄭註之善者，如"戒慎乎其所不睹"四句，未嘗不採用其意；"雖有其位"一節，又未嘗不全襲其文。觀其去取，具有鑒裁，尤不必定執古義以相争也[③]。《論語》、《孟子》亦頗取古註。如《論語》"瑚璉"一條與《明堂位》不合，《孟子》"曹交"一註與《春秋傳》不合，論者或以為疑。不知"瑚璉"用包咸註，"曹交"用趙岐註，非朱子杜撰也。又如"夫子之牆數仞"註"七尺曰仞"，"掘井九仞"註"八尺曰仞"，論者尤以為矛盾。不知"七尺"亦包咸註，"八尺"亦趙岐註也。是知鎔鑄羣言，非出私見。苟不詳考所出，固未可概目以師心矣。大抵朱子平生精力，殫於《四書》。其剖析疑似[④]，辨別毫釐，實遠在《易本義》、《詩集傳》上。讀其書者要當於大義微言求其根本。明以來攻朱子者務摭其名物度數之疏，尊朱子者又併此末節而回護之。是均門户之見，烏識朱子著書之意乎？

**【彙訂】**

①《直齋書録解題》卷二著録《中庸大學廣義》一卷，《宋史·藝文志》、《文獻通考·經籍考》亦同。（黃嬿婉：《〈四庫全書總目〉誤引〈直齋書録解題〉訂正十七則》）

② 四種著作非一時所成，在修訂刊刻過程中，既有分別單行，也有合刻，鬆散組合，未必有嚴格的次序。倒是《論語集註》與《孟子集註》，《大學章句》與《中庸章句》往往一組。（顧歆藝：《〈四書章句集註〉成書考略》）

③"以"，殿本無。

④"剖析"，殿本作"判析"。

四書或問三十九卷（江蘇巡撫採進本）

宋朱子撰。朱子既作《四書章句集註》，復以諸家之説紛錯不一，因設為問答，明所以去取之意，以成此書。凡《大學》二卷，《中庸》三卷，《論語》二十卷，《孟子》十四卷。其書非一時所著。《中庸或問》原與《輯略》俱附《章句》之末，《論語》、《孟子》則各自為書。其合為一帙，蓋後來坊賈所併也。中閒《大學或問》用力最久，故朱子答潘恭叔問，嘗自稱："諸書修得一過，《大學》所改尤多，比舊已極詳密。"《中庸或問》則朱子平日頗不自愜。《語類》載游某問："《中庸》編集如何？"曰："緣前輩諸公説得多了，其閒儘有差舛處，又不欲盡駁難他底，所以難下手。不比《大學》，都未曾有人説。"又載朱子以《中庸或問》授黃㽦云："亦未有滿意處。如評論程子、諸子①，説處尚多牾。"云云。是其意猶以為未盡安也。至《論》、《孟或問》，則與《集註》及《語類》之説往往多所牴牾，後人或遂執《或問》以疑《集註》，不知《集註》屢經修改，至老未已，而《或問》則無暇重編。故《年譜》稱："《或問》之書，未嘗出以示人。書肆有竊刊行者，亟請於縣官，追索其版。"又《晦菴集》中有《與潘端叔書》曰："《論語或問》，此書久無工夫修得。只《集註》屢更不定，卻與《或問》前後不相應。"云云。可見異同之迹，即朱子亦不諱言。並録存之，其與《集註》合者，可曉然於折衷衆説之由；其於《集註》不合者，亦可知朱子當日原多未定之論。未可於《語録》、《文集》偶摘數語，即為不刊之典矣②。

【彙訂】

①"諸子"，底本作"朱子"，據《朱子語類》卷六十二原文及殿本改。

② 殿本"為"上有"據"字。

論孟精義三十四卷（江蘇巡撫採進本）[①]

宋朱子撰。初，朱子於隆興元年輯諸家説《論語》者為《要義》，其本不傳。後九年為乾道壬辰，因復取二程、張子及范祖禹、呂希哲、呂大臨、謝良佐、游酢、楊時、侯仲良、尹焞、周孚先等十二家之説，薈粹條疏，名之曰《論孟精義》，而自為之序。時朱子年四十三。後刻版於豫章郡，又更其名曰《要義》。《晦菴集》中有《書〈論語孟子要義〉序後》，曰：“熹頃年編次此書，鋟版建陽，學者傳之久矣。後細考之，程、張諸先生説尚或時有所遺脱。既加補塞，又得毘陵周氏説四篇有半於建陽陳焞明仲，復以附於本章。豫章郡文學南康黃某商伯既以刻於其學，又慮夫讀者疑於詳略之不同也，屬熹書於前序之左，且更定其故號《精義》者曰《要義》。”云云。是其事也。後又改其名曰《集義》[②]，見於《年譜》。今世刊本仍稱《精義》，蓋從朱子原序名之也。凡《論語》二十卷，《孟子》十四卷。又各有《綱領》一篇，不入卷數。朱子初集是書，蓋本程氏之學以發揮經旨。其後採攝菁華，撰成《集註》，中閒異同疑似，當加剖析者，又別著之於《或問》，似此書乃已棄之糟粕。然考諸《語錄》，乃謂：“讀《論語》須將《精義》看。”又謂：“《語孟集義》中所載諸先生語，須是熟讀。一一記於心下，時時將來玩味，久久自然理會得。”又似不以《集註》廢此書者。故今亦仍録存之焉。

**【彙訂】**

① 文淵閣《四庫》本尚有《綱領》一卷。（沈治宏：《中國叢書綜録訂誤》）

②“其”，殿本無。

中庸輯略二卷（江蘇巡撫採進本）

宋石𡼖編，朱子刪定。𡼖字子重，號克齋，新昌人①。紹興十五年進士，官至太常主簿，出知南康軍。《中庸》為《禮記》第三十一篇，孔穎達疏引鄭元《目錄》云：“此書於《別錄》屬通論②。”《漢書‧藝文志》有《中庸說》二篇③，顏師古註曰：“今《禮記》中有《中庸》一篇，亦非本禮經，蓋子思之作。”是書本以闡天人之奧，漢儒以無所附麗，編之《禮記》。實於五禮無所屬，故劉向謂之“通論”，師古以為“非本禮經”也。梁武帝嘗作《義疏》，見於《隋志》，然其書不傳。迨有宋諸儒研求性道，始定為心傳之要④，而論說亦遂日詳。故𡼖輯是編，斷自周子、二程子、張子，而益以呂大臨、謝良佐、游酢、楊時、侯仲良、尹焞之說。初名《集解》。乾道癸巳，朱子為作序，極稱其謹密詳審。越十有六年，淳熙己酉，朱子作《中庸章句》，因重為刪定，更名《輯略》，而仍以《集解》原序冠其首。觀朱子《中庸章句》自序，稱“既定著《章句》一篇，以俟後之君子，而一二同志復取石氏書刪其繁亂，名以《輯略》，且別為《或問》以附其後”云云。據此，則是編及《或問》皆當與《中庸章句》合為一書。其後《章句》孤行，而是編漸晦。明嘉靖中，御史新昌呂信卿始從唐順之得宋槧舊本，刻之毗陵。凡先儒論說見於《或問》所駁者，多所芟節。如第九章游氏“以舜為絕學無為”之說、楊氏“有能斯有為”之說、第十一章游氏“離人立於獨未發有念”之說，多竟從刪薙，不復存其說於此書。至如第一章內所引程子答蘇季明之次章，《或問》中亦力斥其記錄失真，而原文乃仍載書中。或為失於刊削，或為別有取義，則其故不可得詳矣。

**【彙訂】**

① 康熙《臨海縣志》卷七《人物傳》：“石憝（𡼖之訛），字子

重，其先新昌人，大父公孺遷居臨海。”雍正《浙江通志》卷一七六《石塾（塾之訛）傳》引《台學源流》所載同。民國《新昌縣志》卷一二《石塾傳》引《兩浙防護錄》亦謂石氏“後徙居臨海”。臨海屬台州，新昌屬紹興府。（楊武泉：《四庫全書總目辨誤》）

②“書”，《禮記·中庸》孔穎達疏及殿本無。

③“中庸説”，底本作“中庸傳”，據《漢書·藝文志》及殿本改。

④“心傳”，殿本作“傳心”。

論語意原二卷（浙江吳玉墀家藏本）①

宋鄭汝諧撰。汝諧有《東谷易翼傳》，已著錄。是編前有自序，稱：“二程、橫渠、楊、謝諸公互相發明，然後《論語》之義顯。謂諸公有功於《論語》則可，謂《論語》之義備見於諸公之書則不可。予於此書少而誦，長而辨，研精覃思，以求其指歸。既斷以己説，復附以諸公之説，期歸於當而已。”又稱：“初鑴版於贛、於洪。始意欲以誘掖晚學，失之太詳，輒掇其簡要者，復鑴於池陽②。”則汝諧此書凡再易稿，亦可謂刻意研求矣。陳振孫《書錄解題》載《論語意原》一卷，不著撰人。《宋志》因之。似乎尚別有一書適與同名。然振孫載《詩總聞》謁為三卷，亦云不知撰人。及核其解題，則確為王質之書。疑所載者即汝諧此書，偶未考其名也③。真德秀序稱其學出於伊、洛，然所説頗與朱子《集註》異。如以衛靈公問陳非不可對，乃有託而行；以子賤為人沈厚簡默④，非魯多君子，不能取其君子，皆足以備一解。至以“使民戰栗”為魯哀公之語、以“見善如不及”二節連下“齊景公”、“伯夷叔齊”為一章，則大奇矣。案錢時《四書管見》亦以“見善如不及”章與下章聯合為一。然綜其大致，則精密者居多。故德秀稱其言雖異於先儒，而未嘗不合義理之正。朱子亦曰："贛州所刊《論語解》，乃是鄭舜舉侍郎者。中閒略看，亦有好處。"是朱子亦不以其異己為嫌矣⑤。

**【彙訂】**

① 文淵閣、文溯閣庫書皆作四卷，文淵閣本書前提要不誤。（崔富章：《四庫提要補正》）

②"鑴"，武英殿聚珍本此書自序原文及殿本作"鍐"。

③《宋史·藝文志》於經部論語類著錄"《意原》十卷"（無撰人），又"《論語意原》一卷"（黃榦撰），即所謂"別有一書，適與同名"者，然卷數不同。（崔富章：《四庫提要補正》）

④"沈厚簡默"，殿本作"沈默簡重"。

⑤"矣"，殿本作"也"。

癸巳論語解十卷（浙江汪啟淑家藏本）

宋張栻撰①。其書成於乾道九年，是年歲在癸巳，故名曰《癸巳論語解》。考朱子《大全集》中備載與栻商訂此書之語，抉摘瑕疵多至一百一十八條，又訂其誤字二條。以今所行本校之，從朱子改正者僅二十三條，餘則悉仍舊稿，似乎斷斷不合。然"父在觀其志"一章，朱子謂舊有兩說，當從前說為順。反覆辨論，至於二百餘言。而後作《論語集註》，乃竟用何晏《集解》所引孔安國義，仍與栻說相同。蓋講學之家，於一字一句之異同，務必極言辨難，斷不肯附和依違。中閒筆舌相攻，或不免於激而求勝。迨學問漸粹，意氣漸平，乃是是非非，坦然共白，不復回護其前說。此造詣之淺深，月異而歲不同者也。然則此一百一十八條者，特一時各抒所見，共相商榷之言，未可以是為栻病。且二十三條之外，栻不復改，朱子亦不復争，當必有涣然冰釋，始異而終同者。更不必執文集舊稿，以朱子之説相難矣。

【彙訂】

① 依《總目》體例，當補"栻有《南軒易説》，已著録"。

癸巳孟子説七卷（浙江汪啓淑家藏本）

宋張栻撰。是書亦成於乾道癸巳。於王霸之辨、義利之分，言之最明。自序稱："歲在戊子，綴所見爲《孟子説》。明年冬，會有嚴陵之命，未及終篇。辛卯歲自都司罷歸，秋冬行大江中，讀舊説，多不滿意，從而删正之。還抵故廬，又二載始克繕寫。"蓋其由左司員外郎出知嚴州①，退而家居時作也②。栻之出也，以諫除張説爲執政，故是編於"臧倉沮孟子"及"王驩爲輔行"兩章，皆微有寄託於時事。至於解"交鄰"章云："所謂畏天者，亦豈但事大國而無所爲也，蓋未嘗委於命而已。故修德行政、光啓王業者，太王也；養民訓兵、卒殄寇仇者，句踐也。末及周平王，惟不怒驪山之事，故東周卒以不振。"其辭感憤，亦爲南渡而發。然皆推闡經義之所有，與胡安國《春秋傳》務於借事抒議而多失筆削之旨者，固有殊焉。

【彙訂】

① 胡宗楙《張宣公年譜》乾道五年記："除知撫州，未上，改嚴州。"乾道六年十二月記："除左司員外郎。"乾道七年記："六月十三日，公出知袁州。"姚鼐分纂稿亦作"出知袁州"。（江慶柏等：《四庫全書薈要總目提要》）

②"家居"，殿本作"居家"。

石鼓論語問答三卷（江蘇巡撫採進本）①

宋戴溪撰。溪有《續吕氏家塾讀詩記》，已著録。是書卷首有寶慶元年許復道序，稱淳熙丙午[②]、丁未閒，溪領石鼓書院山長，與湘中諸生集所聞而為此書。朱子嘗一見之，以為近道。陳振孫《書録解題》所載與序相符。其書詮釋義理，持論醇正，而考據閒有疎舛。如解“緇衣羔裘”節，先加明衣親身，次加中衣，冬則次加裘，裘上加裼衣，裼衣之上加朝服。其說本於崔靈恩，不為無據。然《詩·羔裘》篇孔疏謂：“《玉藻》：‘君衣狐白裘，錦衣以裼之。’又云：‘以帛裏布[③]，非禮也。’鄭註云：‘冕服中衣用素，朝服中衣用布。若皮弁之下即以錦衣為裼，即是以帛裏布。故知中衣在裼衣之上。’”其文甚明。溪蓋未之深考。又解“吉月必朝服而朝”節，謂《玉藻》“天子元〔玄〕端而朝日於東門之外”，不必依鄭註改“端”為“冕”，蓋稱端者通冠冕言之。其說亦據《樂記》“端冕而聽古樂”鄭註“端為元衣”、孔疏“端為元冕。凡冕服皆其制正幅，故稱端也”。然《玉藻》“天子元端而朝日於東門之外”與下文“元端而居”對舉見異，故“朝日元冕”即不得通稱元端。此鄭所以決“冕”之誤為“端”，溪亦失考也。然訓詁、義理，說經者向別兩家。各有所長，未可偏廢。溪能研究經意，闡發微言，於學者不為無補，正不必以名物典故相繩矣。

**【彙訂】**

① 底本此條與文淵閣庫書次序不符。文淵閣庫書與殿本均置於“論語意原二卷”之前。

②“丙午”，殿本作“丙子”，誤，參許序原文。丙午、丁未干支相接，且淳熙無丙子。

③“以帛裏布”，底本作“以帛裏布”，據《禮記·玉藻》原文及殿本改。下同。

蒙齋中庸講義四卷（永樂大典本）

宋袁甫撰。甫字廣微，鄞縣人。寶文閣直學士燮之子。嘉定七年進士，官至吏部侍郎，兼國子祭酒，權兵部尚書，諡正肅。事蹟具《宋史》本傳。史稱所著有《孟子解》，今未見傳本，殆已亡佚。此書散見《永樂大典》中，而史志顧未之及。惟朱彝尊《經義考》有甫所撰《中庸詳說》二卷，註云“已佚”，或即是書之別名歟？其書備列經文，逐節訓解。蓋平日錄以授門弟子者。中閒委曲推闡，往往言之不足，而重言以申之。其學出於楊簡，簡之學則出於陸九淵，故立説多與九淵相合。如講“語大語小”一節云：“包羅天地，該括事物，天下不能載者，惟君子能載之，而天下又何以載？幽通鬼神，微入毫髮，天下不能破者，惟君子能破之，而天下又何以破？”此即《象山語錄》所云“天下莫能載者，道大無外，若能載，則有分限矣。天下莫能破者，一事一物，纖悉微末，未嘗與道相離”之説也。其講“自誠明”一節云：“誠不可傳，可傳者明。明即性也，不在誠外也。”此即《象山語錄》所云“誠則明，明則誠，此非有次第，其理自如此”之説也。其他宗旨，大都不出於此。雖主持過當，或不免惝恍無歸，要其心得之處，未嘗不自成一家。謹依經排輯，釐為四卷，以存金溪之學派。至其甚謬於理者，則於書中別加案語，考正其誤，以杜狂禪恣肆之漸焉。

四書集編二十六卷（兩江總督採進本）①

宋真德秀撰。德秀字希元，浦城人。慶元五年進士，中詞科。紹定中拜參知政事，進資政殿直學士，提舉萬壽觀。卒諡文忠。事蹟具《宋史·儒林傳》②。此書惟《大學》一卷、《中庸》一卷為德秀所手定。《大學章句》序後有題記一行，稱“寶慶三年八月丁卯，後學真德秀編於學易齋"者，其成書年月也。其子志道序亦惟稱《大學》、《中庸》，而云《論語》、《孟子集註》雖已點校，《集編》則未成。咸淳九年<sub>案原本作咸寧九年。宋無此年號，今改正。</sub>劉才之序始稱："西山所編《中庸》③、《大學》，惟《論》、《孟》二書闕焉。扣之庭聞，則云已經點校，但未編輯。是《論》、《孟》固未嘗無成書。一旦論諸堂上，學正劉樸溪承謂《讀書記》中所載《論》、《孟》處，與今所刊《中庸》、《大學》凡例同。其他如《文集》、《衍義》等書，亦有可採摭者。因勉其彙集成書，凡五閱月而帙就，又五閱月而刊成。"云云④。是《論語》十卷、《孟子》十四卷，皆劉承以德秀遺書補輯成之者也。朱子以《大學》、《中庸》、《論語》、《孟子》合為《四書》。其《章句》多出新意，其《集註》雖參取舊文⑤，而亦多與先儒異。其所以去取之意，散見《或問》、《語類》、《文集》中，不能一一載也。而《或問》、《語類》、《文集》又多一時未定之說與門人記錄失真之處，故先後異同，重複顛舛，讀者往往病焉。是編博採朱子之說以相發明，復間附己見以折衷譌異⑥。志道序述德秀之言，自稱有銓擇刊潤之功，殆非虛語。趙順孫《四書纂疏》備列德秀所著諸書，而不載其目。蓋至宋末始刊，其出最晚，順孫未之見也。自是以後，踵而作者汗牛充棟，然其學皆不及德秀，故其書亦終不及焉。

**【彙訂】**

① 文淵閣《四庫》本為二十九卷。（沈治宏：《中國叢書綜錄訂誤》）

② "儒林傳"，殿本作"道學傳"，誤。《宋史》卷四三七《儒林七》有《真德秀傳》。魏了翁《鶴山大全集》卷六十九《真德秀神道碑》曰："端平二年……三月乙巳除參知政事……四月辛卯，除資

政殿學士提舉萬壽觀。"劉克莊《劉後村先生大全集》卷一六八
《真德秀行狀》所載同。《宋史·理宗記》端平二年三月乙巳條
稱:"真德秀拜參知政事兼給事中兼侍讀。"《宋史·宰輔表五》、
《宋季三朝政要》亦謂端平二年拜參知政事。(莊劍:《〈四庫全
書總目提要〉訂誤二則》;孫先英:《〈西山真夫子年譜〉正誤》)

③ "之",殿本脱,此書卷首有劉才之序。

④ "又五閲月而刊成",殿本"五"下有"月"字,衍。"云云",
殿本"云"字不重。

⑤ "雖",殿本無。

⑥ "閒",殿本無。

孟子集疏十四卷(兩江總督採進本)

宋蔡模撰。模字仲覺,號覺軒,建安人①。蔡沈之子,蔡抗
之兄也②。趙順孫《四書纂疏》載模所著有《大學演說》、《論語集
疏》、《孟子集疏》,今惟此書存。據卷末抗後序,稱沈嘗以"《論
語》③、《孟子集註》氣象涵蓄,語意精密,至引而不發,尤未易讀,
欲取《集義》、《或問》及張、吕諸賢門人高第往復問答語,如朱子
所謂'搜輯條流,附益諸説'者,類聚縷析,期於語脈分明,宗旨端
的",未及編次而卒。模乃與抗商榷以成此書。皆備列朱子《集
註》原文,而發明其義,故曰《集疏》,言如註之有疏也。然賈、孔
諸疏循文闡衍,章句不遺。此則或佐證註義,或旁推餘意,不盡
一一比附。又謹守一家之説,亦不似疏文之曲引博徵。大抵於
諸説有所去取,而罕所辨訂。惟"不得於言"一條④,致疑於《語
録》、《集註》之不同,以為未及修改⑤。"效死而民勿去"一條,引
《語録》謂註中"義"字當改"經"字而已。又"是乃仁術"一條,《集

註》以"術"為法之巧,模則引蔡氏之說曰:"《樂記》註:術,所由也。"又曰:"術,猶道也。此言仁術,恐是仁心所發之路。"又"禹疏九河"一條,《集註》以簡潔為兩河,模則引《爾雅》"九河",以簡潔為一。謂:"《書傳》與《集註》少異,《書傳》實經先師晚年所訂正,當以為定。"案朱子訂正《書傳》,僅及《大禹謨》之半。此模委曲回護之言,不足為據。又"仁之端也",《集註》訓"端"為"緒",蔡元定則訓"端"為"尾",亦兩存之。蓋他說與師說異,則舍他說從師說,師說與祖父說異,則又不得不舍師說以從祖父之說。此亦人情之至也。然抗序稱始事於嘉熙己亥,至丙午尚未敢脫稿,其簡汰頗為不苟。故所取甚約,而大義已皆賅括,迥異後來鈔撮朱子之說,務以繁富相尚者。亦可知其淵源有自,知之確故擇之精矣。

**【彙訂】**

　　① 雍正《福建通志》卷四七:"蔡模字仲覺,沈長子。"同卷:"蔡沈字仲默,元定子。"又:"蔡元定,字季通,諒孫。"又:"蔡諒,字守信,其先弋陽人,唐昭宗時,八世祖墉,從王潮入閩,為建陽長官,居麻沙鎮。"《宋元學案》卷六七"文正蔡九峯先生沈"條云:"蔡沈,字仲默,建陽人……"《總目》卷一一《書集傳》條云:"宋蔡沈撰。沈……建陽人,元定之子也。"則"建安人"當作"建陽人"。(楊武泉:《四庫全書總目辨誤》)

　　② "蔡抗",殿本作"蔡杭",下同,誤。《宋史》卷四二〇有蔡抗傳。抗字仲節,乃取"抗節致忠"之義。

　　③ "嘗",底本作"書",據殿本改。

　　④ "不得於言",殿本作"不得於心",誤。此書卷三《公孫丑章句上》"不得於言,勿求於心;不得於心,勿求於氣"一段註文末云"模案,'不得於言',《集註》與《語錄》不同,豈後說未及修

改邪?"

⑤"修改",殿本作"改正"。

論語集説十卷(内府藏本)①

宋蔡節撰。節,永嘉人。始末未詳。惟書首淳祐五年進表結銜稱"朝散郎、試太府卿兼樞密副都承旨②",末有淳祐丙午文學掾姜文龍跋,即進書之次年也。其例於全用一家者則獨書姓名,於參用一兩家者則各註本語之下,雜用衆説者則疊書姓名於末,潤色以己意者則曰"本某氏",皆謂之曰"集"。或附己説於後,則别曰"節",謂節自為説者,謂之曰"釋"。其互相發明之説,則夾註於下③。其推闡旁意之説,則低一字書之。是時朱子之説已行,故大旨率從《集註》。其閒偶有異同者,如"賢賢易色",謂賢人之賢為之改容更貌;"攻乎異端",謂攻為攻擊,害為反貽吾道之害案此鄭汝諧之説。"知其説者之於天下也",謂知魯之僭禘則名正,名正而天下不難治;"無所取材",謂無所取桴材案此鄭元之説。"不有祝鮀之佞"三句,謂美色尚不足以免禍,惟口才乃可免;"不圖為樂之至於斯也",謂《韶》本揖遜之樂,今乃至於齊國;案此亦鄭汝諧之説。"五十以學《易》",謂夫子是時年未五十,故云加年;"互鄉童子"一章,不作錯簡;"不至於穀",謂三年不能至於善,則所學已難乎有得;"没階趨進",謂"進"疑作"退"④;"雖疏食菜羹瓜祭",謂"瓜"為如字,以"祭"字屬下句;"三嗅而作",謂"嗅"疑作"嘆",案此徐積之説。"冉有退朝",謂朝為從季氏至魯君之朝;"不恒其德"一節,謂别為一章;"曰今之成人者何必然",謂為子路之言;"有馬者借人乘之",謂即史之闕文;"齊景公有馬千駟"章,連上為一章;案此鄭汝諧、錢時二家之説。"太師摯適齊"一章,謂魯君荒於女樂，故樂官散去。其中惟"太師摯"一章可備一説，餘皆牽強穿鑿。蓋朱子於註《易》、註《詩》，誠不免有所遺議。至於《論語集註》，則平生精力具在於斯，其説較他家為確。務與立異，反至於不中理也。然出入者不過此數條，其餘則皆詮釋簡明，詞約理該，終非胡文炳等所可及焉⑤。

【彙訂】

①"十卷"，殿本作"十三卷"，誤。今存宋本、《通志堂經解》本、文淵閣《四庫》本皆作十卷。

②"樞密副都承旨"，殿本作"樞密右承旨"，誤。清康熙《通志堂經解》本此書蔡節淳祐五年進表結銜，《經義考》卷二一九、《天禄琳琅書目》卷四著録均作"都承旨"。宋無樞密右承旨之職。（江慶柏等：《四庫全書薈要總目提要》）

③"於"，殿本作"其"。

④"疑作"，殿本作"當作"，誤。此書卷五《鄉黨第十》"没階趨進"句註文云："晦庵朱氏曰：陸氏云'趨'下本無'進'字，俗本有之，誤也。節疑是'退'字。"

⑤胡文炳乃胡炳文之誤，著有《四書通》二十八卷。（周春健：《讀〈四庫總目〉小札》）

中庸指歸一卷中庸分章一卷大學發微一卷大學本旨一卷（浙江巡撫採進本）

宋黎立武撰。立武字以常，新喻人。咸淳中舉進士第三，仕至軍器少監、國子司業。宋亡不仕，閒居三十年以終。立武官撫州時校文，舉吳澄充貢士。故澄誌其墓，自稱曰門人。又稱立武官祕省時，閲官書，愛二郭氏《中庸》。郭游程門，新喻謝尚書仕夷陵，嘗傳其學，將由謝溯程以嗣其傳。故言《大學》、《中庸》等書，閒與世所崇尚者異義。蓋《中庸》之學傳自程子，後諸弟子各述師説，門徑遂歧。游酢、楊時之説為朱子所取，而郭忠孝《中庸説》以中為性，以庸為道，亦云程子晚年之定論。立武《中庸指歸》，皆闡此旨。至其《中庸》分章，則以"天命之謂性"以下為一章，"仲尼曰"以下為二章，"君子之道費而隱"以下為三章，"道不遠人"以下為四章，"君子素其位而行"以下為五章，"君子之道，辟如行遠"以下為六章，"鬼神之為德"以下為七章，"哀公問政"以下為八章，"誠者天之道也"以下為九章，"惟天下至誠"以下為十章，"誠者自成"以下為十一章，"大哉聖人之道"以下為十二章，"仲尼祖述堯舜"以下為十三章，"惟天下至聖"以下為十四章，"《詩》曰衣錦尚絅"以下為十五章。皆發明郭氏之旨，所言亦具有條理。其《大學》，則《發微》一卷，謂曾子傳道在一貫，悟道在忠恕，造道在《易》之艮。大旨以止至善為歸，而以誠意為要。《本旨》一卷，仍用古本，皆以為曾子之書，不分經、傳，而以所稱曾子為曾皙之言。要其歸宿，與程、朱亦未相牴牾，異乎王守仁等借古本以伸己説者也。惟其謂《中庸》、《大學》皆通於《易》，列圖立説，絲連繩貫而排之，則未免務為高論耳。此四書本合編，前有大德八年趙秉政序。其先《中庸》後《大學》，蓋亦從《禮記》原次。此本從今本《四書》之序，移《大學》於《中庸》前，而以秉政之序介於四書之閒，殊失本旨。今釐正之，還其舊第焉。

四書纂疏二十六卷（內府藏本）[①]

宋趙順孫撰。順孫字格菴，括蒼人[②]。考《黄潛集》有順孫《阡表》，曰："自考亭朱子合四書而為之説，其微詞奥旨散見於門人所記錄者，莫克互見。公始採集以為《纂疏》。蓋公父少傅魏公雷，師事考亭門人滕先生璘，授以《尊所聞集》。公以得於家庭者溯求考亭之原委，《纂疏》所由作也。"則順孫距朱子三傳矣。故是書備引朱子之説，以翼《章句集註》。所旁引者惟黃榦、輔廣、陳淳、陳孔碩、蔡淵、蔡沈、葉味道、胡泳、陳植、潘柄、黃士毅、真德秀、蔡模一十三家，亦皆為朱子之學者，不旁涉也。鄧文原作胡炳文《四書通》序，頗病順孫此書之冗濫，炳文亦頗摘其失。然經師所述，體例各殊。註者詞尚簡明，疏者義存曲證。順孫書以疏為名，而自序云"陪穎達、公彥後"，則固疏體矣。繁而不殺，於理亦宜。文原殆未考孔、賈以來之舊式，故少見而多怪歟？

**【彙訂】**

① 文淵閣《四庫》本為二十八卷。（沈治宏：《中國叢書綜録訂誤》）

② 元黃溍《黃文獻集》卷一〇下《格齋先生趙公阡表》、《宋元學案》卷七〇趙順孫小傳、光緒《處州府志》卷一九《趙順孫傳》均作處州縉雲人。又據《阡表》及《學案》小傳，趙順孫字和仲，著《格齋集》，學者稱"格齋先生"，非字"格菴"。（楊武泉：《四庫全書總目辨誤》）

大學疏義一卷（浙江巡撫採進本）

宋金履祥撰。履祥有《尚書考註》①，已著録。履祥籍隸蘭溪，於王柏為同郡，故受業於王柏。然柏之學，其詆毀聖經②，乖方殊甚。履祥則謹嚴篤實，猶有朱子之遺。初，朱子定《大學章句》，復作《或問》以申明之。其後《章句》屢改，而《或問》則不復改③。故前後牴牾，學者猶有所疑。履祥因隨其章第，作《疏義》

以暢其旨，並作《指義》一篇以括其要，柳貫嘗為之序。朱彝尊《經義考》於二書皆註"未見"，但據《一齋書目》著於録。此本為金氏裔孫所刊，蓋出於彝尊《經義考》之後。然僅存此《疏義》一卷，其《指義》及貫序則並佚之矣。書中依文銓解，多所闡發。蓋仁宗延祐以前尚未復科舉之制，儒者多為明經計，不為程試計，故其言切實，與後來時文講義異也。

**【彙訂】**

① 《總目》卷十一著録金履祥撰《尚書表註》二卷。

② "其"，殿本無。

③ "則"，殿本無。

論語集註考證十卷孟子集註考證七卷（浙江巡撫採進本）

宋金履祥撰。後有自跋，謂："古書之有註者，必有疏。《論》、《孟考證》即《集註》之疏。以有《纂疏》，故不名疏。而文義之詳明者，亦不敢贅。但用《經典釋文》之例，表其疑難者疏之。"其書於朱子未定之説，但折衷歸一。於事蹟典故，考訂尤多①。蓋《集註》以發明理道為主，於此類率沿襲舊文，未遑詳核。故履祥拾遺補闕，以彌縫其隙，於朱子深為有功。惟其自稱："此書不無微牾，自我言之則為忠臣，自他人言之則為讒賊。"則殊不可訓。夫經者古今之大常，理者天下之公義。議論之得失惟其言②，不惟其人。使所補正者果是，雖他人亦不失為忠臣；使所補正者或非，雖弟子門人亦不免為讒賊。何以履祥則可，他人則必不可？此宋元閒門户之見，非篤論也。其中如辨《論語註》"公孫枝"，云："案《左傳》，當作公叔發③，《集註》或傳寫之誤。"辨《孟子註》"許行神農之言，史遷所謂農家者流"，云："《史記》六家無農家，《漢書·藝文志》九流之中乃有農家。"皆為典確。至於辨《公劉》"后稷之曾孫"一條，謂公劉避桀居邠，去后稷世遠，非其曾孫。不知古人凡遠祖多稱高祖，《左傳》郯子稱"我高祖少皡"是也；凡遠孫多稱曾孫，《左傳》蒯聵稱"曾孫蒯聵敢昭告皇祖文王"是也。如此之類，則註不誤而履祥反誤，亦未盡確當不移。然其旁引曲證，不苟異亦不苟同，視胡炳文輩拘墟回護，知有註而不知有經者，則相去遠矣。書凡一十七卷。首有許謙序，後有吕遲刊書跋，猶為舊本。朱彝尊《經義考》稱《一齋書目》作二卷，註曰"未見"。蓋沿襲之誤，不足據也。

**【彙訂】**

①"考訂"，殿本作"辨訂"。

②"議"，殿本無。

③"公叔發"，殿本作"公孫拔"，誤，參《論語集註考證》卷七《憲問》"公孫枝"條原文。

# 經部三十六

## 四書類二

四書集義精要二十八卷（兩淮鹽政採進本）

元劉因撰。因字夢吉，號静修，容城人。世祖至元十九年徵授承德郎、右贊善大夫。未幾辭歸，再以集賢學士徵，不起。事蹟具《元史》本傳。朱子爲《四書集註》，凡諸人問答與《集註》有異同者，不及訂歸於一。而卒後盧孝孫取《語類》、《文集》所説，輯爲《四書集義》，凡一百卷，讀者頗病其繁冗。因乃擇其指要，删其複雜，勒成是書。張萱《内閣書目》作三十五卷，《一齋書目》則作三十卷。考蘇天爵作因《墓誌》，亦稱是書三十卷，則萱所記誤矣。此本僅存二十八卷，至《孟子·滕文公上篇》而止。其後並已闕佚①，亦非完帙②。然朱彝尊《經義考》註云"未見"，則流傳頗罕，亦元人遺笈之僅存者，不以殘闕病也。其書芟削浮詞，標舉要領，使朱子之説不惑於多岐。蘇天爵以"簡嚴粹精"稱之，良非虚美。蓋因潛心義理，所得頗深，故去取分明，如別白黑。較徒博尊朱之名，不問已定未定之説，片言隻字無不奉若球圖者，固不同矣。

【彙訂】

① "已"，殿本作"久"。

②“亦”，殿本作“已”。

### 四書辨疑十五卷（内府藏本）

不著撰人名氏。書中稱：“自宋氏播遷江表，南北分隔纔百五六十年，經書文字已有不同。”則元初人所撰矣。蘇天爵《安熙行狀》云：“國初有傳朱子《四書集註》至北方者，滹南王公雅以辨博自負，為説非之。趙郡陳氏獨喜其説，增多至若干言。”是書多引王若虛説，殆寧晉陳天祥書也。朱彝尊《經義考》曰：“《四書辨疑》，元人凡有四家：雲峯胡氏、偃師陳氏、黄巖陳成甫氏、孟長文氏。成甫、長文並浙人，雲峯一宗朱子，其為偃師陳氏之書無疑。”所説當矣。其曰偃師者，《元史》稱天祥因兄祐仕河南，自寧晉家洛陽，嘗居偃師南山故也。天爵又謂安熙為書以辨之，其後天祥深悔而焚其書。今此本具存，或天爵欲張大其師學，所言未足深據也①。凡《大學》十五條，《論語》一百七十三條，《孟子》一百七十四條，《中庸》十三條。其中如駁“湯盤”非沐浴之盤，謂盤乃淺器，難容沐浴。是未考《禮·喪大記》鄭註有“盤長二丈②，深三尺”之文，頗為疏舛。又多移易經文以就己説，亦未見必然。然亦多平心剖析，各明一義，非苟為門户之爭。説《春秋》者三《傳》並存，説《詩》者四家互異，古來訓詁，原不專主一人。各尊所聞，各行所知，固不妨存此一家之書，以資參考也。

**【彙訂】**

①“深”，殿本無。

②“二丈”，殿本作“二尺”。《禮記·喪大記》“君設大盤”句鄭玄註引漢禮云：“大盤廣八尺，長丈二，深三尺，赤中。”

## 讀四書叢説四卷（兩江總督採進本）

元許謙撰。謙有《詩集傳名物鈔》，已著録[①]。案《元史》本傳："謙讀《四書章句集註》，有《叢説》二十卷。謂學者曰：'學以聖人為準的，然必得聖人之心而後可學聖人之事。聖賢之心具在《四書》，而《四書》之義備於朱子。顧辭約意廣，讀者安可易心求之乎？'"黃溍作謙《墓誌》，亦稱是書"敦繹義理，惟務平實"。所載卷數與本傳相同。明錢溥《祕閣書目》尚有《四書叢説》四册。至朱彝尊《經義考》，則但據《一齋書目》編入其名，而註云"未見"。蓋久在若存若亡間矣。此本凡《大學》一卷，《中庸》一卷，《孟子》二卷。《中庸》闕其半，《論語》則已全闕，亦非完書。然約計所存，猶有十之五六[②]。即益以所闕之帙，亦不能足原目二十卷之數，殆後來已有所合併歟？書中發揮義理，皆言簡意該。或有難曉，則為圖以明之，務使無所凝滯而後已。其於訓詁名物，亦頗考證，有足補《章句》所未備。於朱子一家之學，可謂有所發明矣。

### 【彙訂】

① 依《總目》體例，當作"謙有《讀書叢説》，已著録"。

② 今存元刻本許謙撰《讀四書叢説》八卷，乃《讀大學叢説》一卷、《讀中庸叢説》二卷、《讀論語叢説》三卷、《讀孟子叢説》二卷，四庫本所存實不足其半。（張元濟：《元本〈讀四書叢説〉跋》）

## 四書通二十六卷（兩江總督採進本）[①]

元胡炳文撰。炳文有《周易本義通釋》，已著録。是編以趙順孫《四書纂疏》、吳真子《四書集成》皆闡朱子之緒論，而尚有與朱子相戾者。因重為刊削，附以己説，以成此書。凡朱子以前之説，嫌於補朱子之遺，皆斥不録，故所取於《纂疏》、《集成》者僅十四家。二書之外，又增入四十五家，則皆恪守考亭之學者也。大抵合於經義與否非其所論，惟以合於註意與否定其是非。雖堅持門户，未免偏主一家，然觀其凡例，於“顔淵好學”章，“哀樂”、“哀懼”一字之筆誤，亦必辨明；於“為政以德”章，初本作“行道而有得於身”，祝洙本作“行道而有得於心”，改本又作“得於心而不失”，刊本先後之差，亦悉加考正。其於一家之學，用心亦勤且密矣。《章句集註》所引凡五十四家，今多不甚可考。蔡模《集疏》閒有所註，亦不甚詳。是書尚一一載其名字，頗足以資訂證。然如《集註》以“有婦人焉”為邑姜，所引“劉侍讀曰”者即劉敞《七經小傳》之説也，炳文獨遺漏不載。蓋敞在北宋，閉户窮經，不入伊、洛之派。講學之家，惡其不相攀附，遂無復道其姓名者。故朱子雖引之，而炳文不知為誰也[②]。是亦各尊所聞之一驗矣。

**【彙訂】**

① 文淵閣《四庫》本為二十八卷。（沈治宏：《中國叢書綜録訂誤》）

②“為”，殿本作“其”。

四書通證六卷（兩江總督採進本）

元張存中撰。存中字德庸，新安人。初，胡炳文作《四書通》，詳義理而略名物。存中因排纂舊説，成此書以附其後，故名曰《四書通證》。炳文為之序，稱：“北方杜緻山有《語孟旁通》，平水薛壽之有《四書引證》，案杜緻山名瑛，金人。薛壽之名引年，元初人。皆失之太繁。存中能删冗從簡，去非取是。”又曰：“學者於余之《通》，知《四書》用意之深；於《通證》，知《四書》用事之審。”推之甚至。今核其書，引經數典，字字必著所出。而《論語》"夏曰瑚，商曰璉"一條承包氏之誤者，乃不引《禮記》以證之；又"時見曰會，衆頫曰同"，與《周禮》本文小異。蓋宋代諱"殷"，故改"殷"為"衆"。乃但引《周禮》於下，而不辨其何以不同，皆不免有所回護。不知朱子之學在明聖道之正傳，區區訓詁之閒，固不必為之諱也。《孟子》"與楚將昭陽戰，亡其七邑"一條，存中謂："《史記》作'八邑'，未詳孰是。"不知司馬貞《史記索隱》明註《史記》古本作"七邑"。是朱子稱"七邑"乃據古本，原非謬誤。存中持疑不決，亦失於考核。又如"三讓"引《吳越春秋》，泛及雜說。而於歷代史事，每多置正史而引《通鑑》，亦非根本之學。然大概徵引詳明，於人人習讀不察者，一一具標出處，可省檢閱之煩，於學者亦不為無補矣。

四書疑節十二卷（浙江汪啟淑家藏本）

元袁俊翁撰。俊翁字敏齋，袁州人。前有黎立武、李應星序，又有彭元龍序二篇。應星、元龍序皆稱"俊翁"，獨立武序作"雋翁"，蓋傳寫字異也。其仕履無可考。立武序稱"以重吾榜"，應星序亦稱"奕奕魁文"，知嘗首舉於鄉矣。立武、應星序及元龍前一序並側註"經史疑義"字，元龍後一序又側註"四書經疑"字，而卷首標題則作《待問集四書疑節》，互相參錯。考俊翁題詞，稱："科目以《四書》設疑，以經史發策，因取《四書》、經史門分而類析之。"蓋《待問集》者其總名，《經史疑義》、《四書經疑》其中之子部。今《經史疑義》已佚，故序與書兩不相應也。惟"疑節"之名不甚可解。卷首有"溪山家塾刊行"字，或重刻時有所刪節，故改題曰"節"歟？朱彝尊《經義考》中載之，註曰"未見"。此本猶從元版傳鈔。其例以《四書》之文互相參對為題，或似異而實同，或似同而實異，或闡義理，或用考證，皆標問於前，列答於後，蓋當時之體如是。雖亦科舉之學，然非融貫經義，昭晰無疑，則格閡不能下一語，非猶夫明人科舉之學也。

四書經疑貫通八卷（浙江范懋柱家天一閣藏本）

元王充耘撰。充耘有《讀書管見》，已著錄。是編黃虞稷《千頃堂書目》謂其已佚。此本為明范欽天一閣舊鈔，尚首尾完具。惟第二卷中脱一頁，第八卷中脱一頁，無從校補，則亦僅存之笈矣。其書以《四書》同異參互比較，各設問答以明之。蓋延祐科舉，經義之外有經疑，此與袁俊翁書皆程試之式也。其閒辨別疑似頗有發明，非經義之循題衍説可以影響揣摩者比。故有元一代，士猶篤志於研經。明洪武三年初行科舉，其《四書》疑問以《大學》“古之欲明明德於天下者”二節與《孟子》“道在邇而求諸遠”一節合為一題，問二書所言平天下大指同異，<sub>案此題見《日知錄》。</sub>蓋猶沿元制。至十七年改定格式，而經疑之法遂廢。錄此二書，猶可以見宋、元以來明經取士之舊制也。

四書纂箋二十八卷（內府藏本）

元詹道傳撰。道傳，臨川人。其始末未詳。是書略仿古經箋疏之體，取朱子《四書章句集註》、《或問》，正其音讀，考其名物度數，各註於本句之下。亦閒釋朱子所引之成語。如“真積力久”出《荀子·勸學篇》，“孝子愛日”出《揚子·孝至篇》，皆為證其出處。其所援引，亦閒有牴牾。如《論語》夏瑚、商璉，朱子本引包咸舊註。<sub>案咸註久佚，此據何晏《集解》所引。</sub>道傳既引《明堂位》“夏后氏之四璉，殷之六瑚”，辨其異同，而復謂“夏曰瑚，商曰璉”

本於《爾雅·釋器》。今檢校《爾雅》，實無此文，則道傳杜撰附會也。又此書於朱子所引諸儒，皆詳其名字、里居。而《孟子·盡心章》引陳氏“厭於嫡母”之説，實陳耆卿《孟子紀蒙》中語。耆卿字壽老，臨海人，見葉適《水心集》。此獨失載，亦未免有所疏漏。然大致皆有根柢，猶元儒之務實學者。與張存中《四書通證》相較，固猶在其上矣。

　　四書通旨六卷（內府藏本）

　　元朱公遷撰。公遷有《詩傳疏義》，已著録。是編取《四書》之文，條分縷析，以類相從，凡為九十八門。每門之中，又以語意相近者聯綴列之，而一一辨別異同，各以“右明某義”云云標立言之宗旨。蓋昔程子嘗以此法教學者，而公遷推廣其意以成是書。其閒門目既多，閒涉冗碎。故朱彝尊《經義考》謂讀者微嫌其繁。又如“樊遲請學稼”，不過局於末業，乃列之於“異端”門，與許行同譏；上士一位，中士一位，下士一位，本周室班爵之制，乃列之於“士”門，與處士一例，亦頗傷蹐駁。堯、舜、禹、湯、文、武、周公、孔子、孔門弟子、子思、孟子諸門，以人隸事，體近類書，尤為無所發明。然於天人性命之微，道德學問之要，多能剖其疑似，詳其次序，使讀者因此證彼，渙然冰釋。要非融會貫通，不能言之成理如是也。所引諸家之説，獨稱饒魯為饒子，其淵源蓋有自矣[①]。明正統中何英作《詩傳疏義》序，稱：“永樂乙酉，因閱《四書通旨》，而語及《疏義》。”則是書行世在《疏義》之前。顧明以來説《四書》者罕見徵引，近《通志堂經解》始刊行之，蓋久微而復出也。句下閒列異同。如“喜怒哀樂”一條，謂“右以體言”，而註“亦曰以性言”字；“允執其中”一條，謂“右以用言”，而註“亦曰以事理言"字,如是者不一。疑刊是書者參校諸本所附,非公遷之舊。其出自誰手,則不可考矣。

**【彙訂】**

① "有自",殿本作"可知"。

四書管窺八卷(兩江總督採進本)

元史伯璿撰。伯璿字文璣,溫州平陽人。據所作《管窺外篇》成於至元丁未①,即元亡之年②,計其人當已入明③。然始末不可考矣。是編見於《祕閣書目》者五册。楊士奇《東里集》則稱有四册,刻版在永嘉郡學。永嘉葉琮知黃州府,又刊置府學。是明初所行,已有二本。然刊本皆散佚不傳,故朱彝尊《經義考》註云"未見"。此本乃毛晉汲古閣舊鈔,《大學》、《中庸》、《孟子》尚全,惟《論語》闕《先進篇》以下,蓋傳寫有所佚脱。然量其篇頁,釐而析之,已成八卷。《經義考》乃作五卷,或誤以五册為五卷歟?其書引趙順孫《四書纂疏》、吳真子《四書集成》、胡炳文《四書通》、許謙《四書叢説》、陳櫟《四書發明》及饒氏、張氏諸説,取其與《集註》異同者,各加論辨於下。諸説之自相矛盾者,亦為條列而釐訂之。凡三十年而後成④。於朱子之學,頗有所闡發。考朱子著述最多,辨説亦最夥。其間有偶然問答未及審核者,有後來考正未及追改者,亦有門人各自記録,潤色增減,或失其本真者。故《文集》、《語録》之内,異同矛盾,不一而足。即《四書章句集註》與《或問》,亦時有牴牾。原書具在,可一一覆案也。當時門人編次,既不敢有所別擇,後來讀朱子書者,遂一字一句奉為經典,不復究其傳述之真偽與年月之先後。但執所見一條,即據以詆排衆論,紛紜四出,而朱子之本旨轉為尊信者所淆矣。夫載寶而朝,論南宮者有故;越境乃免,惜趙盾者原誣。述孔子之言者,尚不免於舛異,況於朱門弟子斷不及七十二賢,又安能據其所傳,漫無釐正? 伯璿此書,大旨與劉因《四書集義精要》同。而因但為之刊除,伯璿更加以別白。昔朱子嘗憾孔門弟子留《家語》作病痛⑤,如伯璿者,可不謂深得朱子之心歟?

【彙訂】

① 據《管窺外篇》序,實成於至正庚寅(1350)。(孫詒讓:《溫州經籍志》)

② “至元”當作“至正”,丁未為至正二十七年,次年元亡。(楊武泉:《四庫全書總目辨誤》)

③《四書管窺》自序末署“至正丙戌孟夏朔旦”,丙戌為至正六年,則此書成於元亡前二十二年。自序言:“伯璿幼而廢學,歲辛酉,春秋二十有三,始知以書籍自課。”可知其人生於大德三年己亥。民國《平陽縣志》本傳云:“至正十四年某月日卒。”又載《舊志》云:“年五十六。”則卒年恰為至正十四年甲午。不得謂其人已入明。(同上)

④ 自辛酉至丙戌,凡歷二十四年。(胡玉縉:《四庫未收書目提要續編》)

⑤ “弟子”,殿本作“諸子”。

大學中庸集説啟蒙二卷(內府藏本)①

元景星撰。星號訥菴,餘姚人。據卷末宣德九年錢時跋②,稱得禮部侍郎蔣驥寫本。驥跋題“庚辰歲”,當為建文元年。驥為景之門人,則星元末人也。前有星自序,標題為《學庸集説啟蒙》,而序中實曰《四書集説啟蒙》。凡例中如“《孟子》章指”云云，亦兼言《四書》。驥跋稱訥菴先師用功於《四書》十年，去取諸說而為此書。《大學》已有刊本，而《語》、《孟》、《中庸》則未刊。時跋稱得驥《中庸》寫本③，謄校刊梓。然則星本全註《四書》，驥先刊其《大學》，時續刊其《中庸》，而《語》、《孟》則已佚。通志堂刻《經解》，病其不完，併序文標題改之耳。其書發揮頗簡切，《大學》"聖經"章句，"欲其一於善而無自欺"句註："'一於善'，祝本改作'必自慊'。"於字句亦復不苟。又《傳》之二章註"'盤'，邵氏謂恐是盤頮之盤"，《傳》之四章註備引程子、饒魯、吳澄之說，《中庸》三十二章註引鄱陽李氏之說，皆與《章句》異同，亦非胡炳文等堅持門戶者比。蓋猶能自抒心得者也。書上闌附載細字，如《大學傳》之五章載矩堂董氏之說，《中庸》第一章載饒魯之說，亦與《章句》有出入。據錢時跋，稱："增魯齋批點、勿軒標題，以便幼習。"則時益以許衡、熊禾二人之語，非星本書也。其孰為衡語，孰為禾語，刊板一同，今則不可辨別矣。

**【彙訂】**

　　① 文淵閣《四庫》本為三卷。（沈治宏：《中國叢書綜録訂誤》）

　　② 此書卷下之首，有蔣驥、夏時跋，夏跋署"宣德九年春正月望日錢唐後學夏時謹跋"。（周春健：《元代四書類著述考》）

　　③ "時"，殿本脫。

四書大全三十六卷（通行本）①

　　明永樂十三年翰林學士胡廣等奉敕撰。成祖御製序文，頒行天下，二百餘年尊為取士之制者也。其書因元倪士毅《四書輯釋》稍加點竄。顧炎武《日知録》曰："自朱子作《大學》、《中庸》

“章句”、“或問”，《論語》、《孟子集註》之後，黄氏有《論語通釋》。其採《語録》附於朱子《章句》之下，則始於真氏。祝氏仿之，爲《附録》。後有蔡氏《四書集疏》、趙氏《四書纂疏》、吴氏《四書集成》，論者病其泛濫。於是陳氏作《四書發明》，胡氏作《四書通》，而定宇之門人倪氏案定宇，陳櫟之别號。合二書爲一，頗有删正，名曰《四書輯釋》。永樂所纂《四書大全》，特小有增删。其詳其簡，或多不如倪氏。《大學》、《中庸或問》則全不異，而閒有舛誤。”云云。於是書本末言之悉矣。考士毅撰有《作義要訣》一卷，附刻陳悦道《書義斷法》之末②，今尚有傳本。蓋頗講科舉之學者。其作《輯釋》，殆亦爲經義而設，故廣等以夙所誦習，剽剟成編歟？初與《五經大全》並頒。然當時程式，以《四書》義爲重，故《五經》率皆庋閣，所研究者惟《四書》，所辨訂者亦惟《四書》。後來《四書》講章，浩如煙海，皆是編爲之濫觴。蓋由漢至宋之經術，於是始盡變矣。特録存之，以著有明一代士大夫學問根柢具在於斯，亦足以資考鏡焉。

**【彙訂】**

① 文淵閣《四庫》本爲四十卷。（沈治宏：《中國叢書綜録訂誤》）

② 陳悦道乃鄒悦道之誤，説詳卷十二《書義斷法》條訂誤。

四書蒙引十五卷别附一卷（江蘇巡撫採進本）

明蔡清撰。清有《易經蒙引》，已著録。其作此書，初已有稿本而遺失，乃追憶舊文，更加綴録。久而復得原稿，以兩本相校，重複過半，又有前後異同未歸畫一者。欲删正而未暇，乃題爲“蒙引初稿”，以明其非定説。《虛齋集》有是書序，述其始末頗

詳。嘉靖中武進莊煦參校二稿，刊削冗複，十去三四，輯成一書
而刊之。書末又別附一冊，則煦與學錄王升商榷訂定之語也。
清人品端粹，學術亦醇。此書雖為科舉而作，特以明代崇尚時
文，不得不爾。至其體認真切，闡發深至，猶有宋人講經、講學之
遺。未可以體近講章，遂視為揣摩弋獲之書也。

四書因問六卷（浙江巡撫採進本）

明呂柟撰。柟有《周易說翼》，已著錄。是編皆記其門人質
問《四書》之語。《大學》、《中庸》各一卷，《論語》、《孟子》各二卷。
然其中稱柟為“先生”，又“先生”字或跳行，似乎非柟自作。卷首
有“門人魏廷萱等校刊”字，當即廷萱等所記也。其書《大學》從
古本次序，《中庸》亦從古本分章。所說多因《四書》之義推而證
諸躬行，見諸實事。如講“八佾舞於庭”章[①]，因指在座門人衣服
華靡者曰“此便是僭”之類[②]，皆開示親切，不徒為訓詁空談。柟
文集佶屈聱牙，純為偽體。而其解《四書》，平正篤實乃如此。蓋
其文章染李夢陽之派，而學問則宗法薛瑄。二事淵源各別，故一
人而如出兩手也。

**【彙訂】**

① 殿本“如”下有“因”字。

②“因”，殿本作“而”。

問辨錄十卷（副都御史黃登賢家藏本）

明高拱撰。拱有《春秋正旨》，已著錄。此編取朱子《四書章
句集註》疑義，逐條辨駁。其論《大學》，謂“新民”即明德中事，不
應分之為三綱領。不知經文三“在”字顯然並列，安能不區別為
三？又論“賢賢易色”一章，謂人能如是，必其務學之至。覺“生

質之美"四字,朱子可不必加。亦未深體抑揚語意。如斯之類,
皆不免有意推求。至如伊川謂"敬事而信"一章皆言所存而不及
於事,拱則謂節用使民,非事而何? 又謂孔子之責臧文仲,正以
其賢而責之備。如斯之類,則皆確有所見,足以備參考而廣見
聞。鄭汝諧《論語意原》頗與朱子異同,而朱子於汝諧之説反有
所取。朱子作《周易本義》,與程《傳》亦有異同,世未嘗以是病朱
子。拱之是編,亦可作如是觀矣。

　　論語類考二十卷(浙江巡撫採進本)

　　明陳士元撰。士元有《易象鉤解》,已著錄。是編皆考證《論
語》名物典故,分十八門,又分子目四百九十有四。朱子以後解
《四書》者,如真德秀、蔡節諸家,主於發明義理而已。金履祥始
作《論語孟子集註考證》。後有杜瑛《論語孟子旁通》[1]、薛引年
《四書引證》、張存中《四書通證》、詹道傳《四書纂箋》,始考究典
故,以發明經義。今杜、薛之書不傳,惟金氏、張氏、詹氏書尚傳
於世。三人皆篤信朱子,然金氏於《集註》之承用舊文偶失駁正
者必一一辨析,張氏、詹氏皆於舛誤之處諱而不言,其用意則小
異。士元此書大致遵履祥之例,於《集註》不為苟同。每條必先
列舊説,而搜討諸書,互相參訂,皆以"元案"二字別之[2]。凡一
切杜撰浮談,如薛應旂《四書人物考》稱"有若字子有"之類,悉為
糾正。較明代諸家之書,殊有根柢。特以專考《論語》,不備《四
書》,故不及應旂書之盛傳,實則有過之無不及也。

　　【彙訂】

　　①"論語孟子旁通",殿本作"語孟旁通"。

　　②"別",底本作"列",據殿本改。

### 孟子雜記四卷（浙江汪啟淑家藏本）

明陳士元撰。自宋熙寧以前，《孟子》僅列於儒家。《史記》以孟子、荀卿合傳，寥寥十數語，於所歷鄒、滕、任、薛、魯、宋之事，略不一書。至朱子《綱目》，始於適魏、之齊大書特書，明聖賢之去就。而編年之體亦不能詳述一人之始末。明薛應旂撰《四書人物考》，始採摭他書，以為補傳。而應旂不長於考證，舛漏頗多。士元嗣輯此書，第一卷敘孟子事蹟，後三卷發明孟子之言。名以傳記，實則經解居多。其所援引亦皆謹嚴有體，不為泛濫之卮言。若趙岐《註義》以尾生抱柱不去證不虞之譽，以陳不瞻失氣而死證求全之毀，概為删薙。與所作《論語類考》均為有裨於經義。故今特附於《四書》類焉。

### 學庸正說三卷（直隸總督採進本）

明趙南星撰。南星字夢白，號儕鶴，高邑人。萬曆甲戌進士，官至吏部尚書，以忤魏忠賢削籍譎戍。崇禎初追諡忠毅。事蹟具《明史》本傳。是編凡《大學》一卷、《中庸》二卷。每節衍為口義，逐句闡發，而又以不盡之意附載於後。雖體例近乎講章，然詞旨醇正，詮釋詳明。其說《大學》，不從姚江之“知本”，而仍從朱子之“格物”，併《補傳》一章亦為訓解。其說《中庸》，不以無聲無臭虛論性天，而始終歸本於慎獨，皆確然守先儒之舊。蓋南星為一代名臣，端方勁直，其立朝不以人情恩怨為趨避，故其說經亦不以流俗好尚為是非。雖平生不以講學名，而所見篤實，過於講學者多矣，未可以其平近而忽之也。

### 論語商二卷（浙江汪啟淑家藏本）

明周宗建撰。宗建字季侯，吳江人。萬曆辛丑進士[①]，官至監察御史巡案湖廣，為魏忠賢所害。崇禎初追贈太僕寺卿，諡忠毅。事蹟具《明史》本傳。此書乃其授徒湖州之時與諸生所講論也。宗建剛方正直，屹然獨立。而其學則沿姚江之末派，乃頗近於禪。如云："人心之樂，非情非趣，非思非為，虛中之影，水中之相。"如斯之類，殆似宗門語錄。然講"素絢"章②，謂："後人求深反淺。在當時夫子、子夏不過隨境觸悟，非子夏欲抹煞禮，亦非夫子不重禮。"講"顏淵問為邦"，云："夫子略指大意，非只執定數件。"其言皆簡要明通，足釋訓詁之轇轕。且其人與日月爭光，則其書亦自足不朽。小小疵瑕，不足累之。此固不與講學之家爭一句一字之出入也。

**【彙訂】**

① 辛丑為萬曆二十九年，然《明史》本傳謂為"萬曆四十一年（癸丑）進士"，雍正《江南通志》卷一二三《選舉志》、乾隆《吳江縣志》卷二九周宗建傳所載均同。（楊武泉：《四庫全書總目辨誤》）

② 殿本"然"下有"如"字。

論語學案十卷（浙江巡撫採進本）

明劉宗周撰。宗周有《周易古文鈔》，已著錄。宗周講學，以慎獨為宗，故其解"為政以德"及"朝聞道"章首揭此旨。其傳雖出姚江，然能救正其失。其解"多聞擇善，多見而識"章有云："世謂聞見之知與德性之知有二，予謂聰明睿知非性乎？睿知之體不能不窮於聰明，而聞見啟焉。今必以聞見為外，而欲瀝明黜聰求睿知，并其睿知而槁矣。是瀝性於空而禪學之談柄也。"其鍼砭良知之末流，最為深切。其解"性相近"章謂：

“氣質還他氣質，如何扯著性？性是就氣質中指點義理者，非氣質即為性也。”雖與朱子之說稍異，然亦頗分明不苟。蓋宗周此書直抒己見，其論不無純駁。然要皆抒所實得，非剿竊釋氏以說儒書，自矜為無上義諦者也。其解“見危致命”章曰：“人未有錯過義理關，而能判然於生死之分者。”卒之明社既屋，甘蹈首陽之一餓，可謂大節皭然，不負其言矣。與其為孫承澤，又何如為劉宗周乎①？

【彙訂】

①“劉”，殿本無。

四書留書六卷（江蘇巡撫採進本）

明章世純撰。世純字大力，臨川人。天啟辛酉舉人，官至柳州府知府。聞流寇陷京師，悲憤而卒。《明史·文苑傳》附見《艾南英傳》中。所著總名曰《留書》。此其說《四書》者六卷。又別有《內集》一卷，乃所著子書，《散集》一卷，乃所作筆記。《明史·藝文志》總題曰《留書》，入之“儒家類”中。然說《四書》六卷之前有天啟丁卯世純自序，後有世純自作《四書留書》跋，皆言詮釋《四書》之意，不及其他。其書分章抒論，體例類劉敞《春秋意林》。但敞不標經文，此標某章某章耳①。解經家本有此體，入之子書，殊非其類。今割其《內集》、《散集》別著錄，而說《四書》者入經部，存其實也。世純與艾南英、羅萬藻、陳際泰號“臨川四家”，悉以制義名一時，而世純運思尤銳。其詁釋《四書》，往往於文字之外標舉精義，發前人所未發。不規規於訓詁，而亦未嘗如講良知者至於滉漾以自恣。揚雄所謂“好深湛之思”者，世純有焉。

【彙訂】

① "此"，底本作"止"，據殿本改。

日講四書解義二十六卷

康熙十六年聖祖仁皇帝御定。自朱子定著《四書》，由元、明以至國朝，懸為程試之令甲，家弦户誦，幾以為習見無奇。實則內聖外王之道備於孔子，孔子之心法寓於《六經》，《六經》之精要括於《論語》，而曾子、子思、孟子遞衍其緒。故《論語》始於言學，終於堯、舜、湯、武之政，尊美屏惡之訓；《大學》始於格物致知，終於治國平天下；《中庸》始於中和位育，終於篤恭而天下平；《孟子》始於義利之辨，終於堯、舜以來之道統。聖賢立言之大旨①，灼然可見。蓋千古帝王之樞要，不僅經生章句之業也。我聖祖仁皇帝初年訪落，即以經筵講義親定是編。所推演者，皆作聖之基、為治之本，詞近而旨遠，語約而道宏。聖德神功所為，契洙泗之傳而繼唐虞之軌者，蓋胥肇於此矣。

【彙訂】

① "之"，殿本無。

四書近指二十卷（直隸總督採進本）

國朝孫奇逢撰。奇逢有《周易大旨》，已著録①。是編於四子之書挈其要領，統論大指，間引先儒之説以證異同，然旨意不無偶偏。如云"聖人之訓，無非是學"，此論最確，乃兩論逐章皆牽合"學"字，至謂"道千乘之國"章敬信、節愛、時使皆時習事，《大學》"聖經"章所論本末先後，以明德須在民上明，修身須在天下、國家上修。又云："格物無傳，是《大學》最精微處。以物不可得而名，無往非物，即無往非格。朱子所謂窮至事物之理，乃通

《大學》數章而言。"云云。皆不免高明之病。蓋奇逢之學兼採朱、陸，而大本主於窮則勵行，出則經世，故其說如此。雖不一一皆合於經義，而讀其書者知反身以求實行實用，於學者亦不為無益也。

**【彙訂】**

①《總目》卷六著錄孫奇逢撰《讀易大旨》。

### 孟子師説二卷（浙江巡撫採進本）

國朝黃宗羲撰。宗羲有《易學象數論》，已著錄。是編以其師劉宗周於《論語》有《學案》①，於《大學》有《統義》，於《中庸》有《慎獨義》，獨於《孟子》無成書，乃述其平日所聞，著為是書，以補所未備。其曰"師説"者，仿趙汸述黃澤《春秋》之學，題曰《春秋師説》例也。宗周之學雖標慎獨為宗，而大旨淵源究以姚江為本。故宗羲所述，仍多闡發良知之旨。然於"滕文公為世子"章力闢沈作喆語，辨無善無惡之非；於"居下位"章力闢王畿語，辨性亦空寂，隨物善惡之説，則亦不盡主姚江矣。其他議論，大都案諸實際，推究事理，不為空疎無用之談。略其偏駁而取其明切，於學者不為無益。固不必執一格而廢眾論，因一眚而廢全書也。

**【彙訂】**

①"編"，殿本作"篇"。

### 大學翼真七卷（浙江巡撫採進本）

國朝胡渭撰。渭有《禹貢錐指》，已著錄①。是書卷一分四目：曰《大學二字音義》，曰《先王學校之制》，曰《子弟入學之年》，曰《鄉學之教》。卷二分三目：曰《小學之教》，曰《大學之教》，曰《學校選舉之法》。卷三分三目：曰《大學經傳撰人》，曰《古本大學》，曰《改本大學》。皆引據精核，考證詳明，非空疏游談者可比。卷四以下為渭所考定之本。大旨仍以朱子為主，力闢王學改本之誤。以經為一章，傳為八章。其"誠意"章以下與諸本並同，惟以"《康誥》曰"至"是故君子無所不用其極"為第一章，統釋三綱領。以"《詩》云邦畿千里"至"此以没世不忘也"為第二章，謂前三節釋經"知止"、"能得"之序，後兩節釋"知止"之由與"能得"之序。以"聽訟吾猶人也"一節為第三章，謂釋本末之意，而移"此謂知本"二句於前章"止於信"之下，與諸本為異。其説與朱子雖小異，然僅謂"格致"一章不必補傳耳。其論格物，固仍然朱子之旨也。其卷末一條謂"古之大學所以教人者，其文則《詩》、《書》、《禮》、《樂》，其道則父子、君臣、夫婦、長幼、朋友，其法則博學、審問、慎思、明辨、篤行，故孟子謂'庠序學校，皆所以明人倫'"云云，所見切實。視泛為性命理氣之談，似五常百行之外別有一物謂之道，別有一事謂之學者，勝之遠矣。

**【彙訂】**

① 依《總目》體例，當作"渭有《易圖明辨》，已著録"。

四書講義困勉録三十七卷（浙江巡撫採進本）

國朝陸隴其撰。隴其有《古文尚書考》①，已著録。是書因彦陵張氏《講義》原本②，删剟精要，益以明季諸家之説，而參配以己意。凡《大學》一卷，《中庸》二卷，《論語》二十卷，《孟子》十四卷。創始於順治戊戌，草槁尚未全定而隴其殁。後其族人公穆始為繕寫編次，其門人席永恂等為之刊板。其曰《困勉録》者，則隴其所自署也。明自萬曆以後，異學爭鳴。攻《集註》者固人自為説，即名為闡發《集註》者，亦多陽儒陰釋，似是而非。隴其篤信朱子，所得於《四書》者尤深③。是編薈粹羣言，一一別擇，凡一切支離影響之談，刊除略盡。其羽翼朱子之功，較胡炳文諸人，有過之無不及矣。

**【彙訂】**

①“考”，據殿本補。《總目》卷十四著録陸隴其撰《古文尚書考》一卷。

②“彦陵”，底本作“彦陵”，據殿本改。《總目》卷八著録《周易説統》十二卷，“明張振淵撰。振淵號彦陵，仁和人……凡所援引，各標姓氏，間或附以己意，則以‘彦陵氏’別之”。當即其人。清乾隆《浙江通志》卷二四二《經籍二·經部下》“經解類”著録《四書説統》二十六卷，“《仁和縣志》：張振淵著”。同書卷二五一《經籍十一·集部四》“別集類”著録《是堂文集》十卷，“《仁和縣志》：張振淵著，字彦陵”。

③“深”，殿本作“多”。

松陽講義十二卷（浙江巡撫採進本）

國朝陸隴其撰。是書乃其官靈壽知縣時與諸生講論而作，故所説止一百十八章，於《四書》不能遍及。蓋隨時舉示，非節節而為之解也。隴其之學期於潛修自得，不甚以爭辨為事。惟於姚江一派，則異同如分白黑，不肯假借一詞。時黄宗羲之學盛於南，孫奇逢之學盛於北，李容〔顒〕之學盛於西①，隴其皆不以為然。故此編於學術醇疵，再三致意。其閒融貫舊説，亦多深切著明，剖析精密。蓋朱子一生之精力盡於《四書》，隴其一生之精力盡於《章句集註》。故此編雖得諸簿書之餘，而抒所心得以啟導後生,剴切詳明,有古循吏之遺意。較聚生徒,刻語録,以博講學之名者,其識趣固殊焉。

【彙訂】

① "李容",當作"李顒",乃避嘉慶諱改。殿本作"李顒"。

大學古本説一卷中庸章段一卷中庸餘論一卷讀論語劄記二卷讀孟子劄記二卷(福建巡撫採進本)

國朝李光地撰。光地有《周易觀象》,已著録①。是編《大學》用古本,後有自記,稱"讀朱子之書五十年,凡如《易》之卜筮,《詩》之雅、鄭,周子'無極'之旨,邵子'先天'之傳,皆能灼然不惑,老而逾堅。獨於此書,亦牽勉應和焉,而非所謂心通默契者。閒考鄭氏舊本,尋逐經意。竊疑舊貫之仍,文從理得,況'知本'、'誠身'二義,尤為《大學》樞要所存,似不應溷於衆目中。致陸、王之徒得攘袂扼臂,自託於據經詰傳"云云,蓋意所未合,不欲附和以自欺,非故與朱子為難也。其《中庸》不用朱子本,亦不用鄭註古本,自分為一十二章。然特聯屬其文,使節次分明,大旨則固無異。《餘論》一卷,闡發精義尤多。《論語》、《孟子》則隨有所見即劄記之,但舉經文首句②,標曰某章,其無所詮解者則併其章目不存焉。大旨皆主於尋求義理,宛轉發明,不似近代講章,惟以描摹語氣為時文敷衍地也。

【彙訂】

① 依《總目》體例,當作"光地有《周易通論》,已著録"。

② "文",殿本無。

論語稽求篇四卷(浙江巡撫採進本)①

國朝毛奇齡撰。奇齡有《仲氏易》,已著録。朱子《四書章句集註》，研究文義，期於愜理而止，原不以考證為長。奇齡學博而好辨，遂旁採古義，以相詰難。此其攻駁《論語集註》者也。其中有強生支節者。如古人有所師法皆謂之學，即至鱣諸學炙、秦青學謳，亦無異訓。朱子註"學"為"效"，原無疵病。奇齡必謂："學者業道之名，泛訓作'效'，與工師授受何別？"不知學道與學藝②，所學之事異，而"學"字不能別釋。亦猶"喻義"、"喻利"，所喻之事異，而"喻"字不能兩解。以此發難，未見其然。有半是半非者。如"非其鬼而祭之"，註引季氏旅泰山，固為非類。奇齡謂："鬼是人鬼，專指祖考，故曰'其鬼'。"引《周禮·大宗伯》文為證，謂泰山之神不可稱泰山之鬼，其說亦辨。然鬼實通指淫祀，不專言人鬼。果如奇齡之說，宋襄公用鄫子於次睢之社，《傳》稱"淫昏之鬼"者，其鬼誰之祖考耶？有全然無理者。如"無所取材"，鄭康成註"材"為"桴材"，殊非事理。即牛刀之戲，何至於斯？朱子訓"材"為"裁"，蓋本諸韋昭《國語註》，未為無據。奇齡必申康成假設之說以攻《集註》，不幾於侮聖言乎？然其中如謂甯俞不仕文公，及禄去公室三世，政逮大夫四世之類，考據特詳；解"為政以德"之類，持論亦正。較陳天祥《四書辨疑》徒推尋於文句之間以難朱子者，固自勝之。漢代學官，齊論、魯論、古論三家並立，兼採異說以備參考，是亦古人諸家並存之義也。

**【彙訂】**

① 文淵閣《四庫》本為七卷，書前提要不誤。（沈治宏：《中國叢書綜録訂誤》）

② "與"，殿本無。

四書賸言四卷補二卷（浙江巡撫採進本）

國朝毛奇齡雜論《四書》之語。前二卷為其門人盛唐、王錫所編，後二卷為其子遠宗所編①。《補》二卷則其門人章大來所編也。其書本語録之流，隨時雜記，不以經文次序為先後，亦不以《四書》分編，惟每卷目録各稱《論語》若干條，《大學》若干條，《中庸》若干條，《孟子》若干條耳。奇齡説經，善考證而喜辨論，故詮釋義理，往往反覆推衍，以典籍助其駁詰，支離曼衍，不顧其安。至於考核事實，徵引訓詁，則偏僻者固多，而精核者亦復不少。如以姚方興所補《舜典》二十八字為偽，其論本確。而考其所著《古文尚書冤詞》，則力以此二十八字為真，引證諸史，亦言之鑿鑿。豈非辯之所至，輒負氣求勝，遂不暇顧其矛盾耶？至於以畏匡為鄭地、以公山弗擾之畔不在定公十二年諸條，則證據確然，實有出於《集註》之外者。棄短取長，未嘗不可與閻若璩《四書釋地》並傳也。《補》二卷中多載其門人子姪之説，疑唐、錫等亦有所删潤，非盡奇齡之舊觀。大來序稱"補綴所聞，各有記憶，且亦陸續成此書，不能一轍"，則雜出於眾手明矣。

**【彙訂】**

①　"遠宗"，殿本作"宗遠"，誤。毛奇齡《西河文集》卷一百一《自為墓誌銘》云："予出遊時懼予不得還，以兄子珍後予，未成丁死。既而以其弟遠宗繼之。"

大學證文四卷（浙江巡撫採進本）

國朝毛奇齡撰。是書備述諸家《大學》改本之異同。首列《註疏》本，《大學》之真古本也。次列漢《熹平石經》本，有録無書。以原本不傳，且考驗舊文，知即今《註疏》之本，故不復列。

次為魏《正始石經》本，即豐坊所依託者。仍列於前，從其所偽之時代也。次為明道程子改本，次為伊川程子改本，次為朱子改本，皆録全文。次為王柏改本，次為季本改本，次為高攀龍改本，即崔銑改本，次為葛寅亮改本，皆僅列其異同之處，而不録全文。漢以來專門之學，各承師説，但有字句訓詁之異，無人敢竄亂古經。鄭元稱好改字，特註某當作某耳，不敢遽變其字也。費直始移《周易》，杜預始移《左傳》，但析傳附經耳，亦未敢顛倒經文也。自劉敞考定《武成》，列之《七經小傳》，儒者視為故事，遂寖以成風。《大學》一篇，移掇尤甚。譬如增減古方，以治今病，不可謂無裨於醫療，而亦不可謂即扁鵲、倉公之舊劑也。奇齡備列諸本，使沿革秩然，亦足以資考證。蓋一則欲綱目分明，使學者易於致力，一則欲章句不易，使古經不至失真。各明一義，固可以並行不悖耳。

四書釋地一卷四書釋地續一卷（以上二種[①]，江蘇巡撫採進本）四書釋地又續二卷四書釋地三續二卷（以上二種[②]，編修勵守謙家藏本）[③]

國朝閻若璩撰。若璩有《古文尚書疏證》，已著録。是編因解《四書》者昧於地理，往往致乖經義，遂撰《釋地》一卷，凡五十七條。復摭所未盡，為《釋地續》一卷。因牽連而及人名，凡八十條。復因地理、人名而及物類、訓詁、典制得一百六十三條，謂之《又續》。其他解釋經義者又得一百二十六條，謂之《三續》。總以“釋地”為名，從其朔也。大抵事必求其根柢，言必求其依據，旁參互證，多所貫通。雖其中過執己意，如以“鄒君假館”謂曹國為復封，以“南蠻鴃舌”指許行為永州人者，亦間有之[④]。然四百二十一條之中，可據者十之七八。蓋若璩博極羣書，又精於考證，百年以來，自顧炎武以外，罕能與之抗衡者。觀是書與《尚書古文疏證》，可以見其大概矣。

**【彙訂】**

① "以上二種"，殿本無。

② "以上二種"，殿本無。

③ 文淵閣《四庫》本《三續》為三卷。（沈治宏：《中國叢書綜錄訂誤》）

④《四書釋地又續》卷下"南蠻鴃舌"條："孫學翼令之讀《柳子厚與蕭翰林俛書》記，來質書中曰：'……意許行或是今永州一帶人……'余領之。"則"指許行為永州人"乃學翼之説。（胡玉縉：《四庫全書總目提要補正》）

四書剳記四卷（兩江總督採進本）

國朝楊名時撰。名時有《周易剳記》，已著録。是編乃其讀《四書》所記也。《大學》不標古本之名，亦不顯言古本、改本之是非，而皆用李光地古本之説。故其首條曰："文貞公以知止屬志學，以静安屬主敬，能慮能得屬致知力行，知所先後為知本知至，此解確不可易。"其以格物為明善，不取王守仁"格庭前一竹"之説，亦不主朱子"補傳"之説。《論語》如"謂之吳孟子"句及"非禮勿視"四句，雖以時文為説，而大致主於闡明義理，多所心得。《中庸》立論切實，如云"鬼神之為德"章，"以前説子臣弟友、妻子父母，忽然説到鬼神，似乎隱怪，不知如何接逗。曰宗廟社稷即人倫之極致處，不說到此，如何得完人倫分量？"又云："無聲臭即以無極言之亦無弊，然卻落空，不如以天無心而成化言之。"又云："無聲無臭謂天命本然，莫説入於元〔玄〕妙①。"其宗旨可見。《孟子》一卷最簡略，疑其未成之書。然總非近時講章所有也。

**【彙訂】**

①"元妙"，殿本作"神妙"。此書卷三《中庸》"衣錦尚絅"章原文作"玄妙"。

此木軒四書説九卷（江蘇巡撫採進本）

國朝焦袁熹撰。袁熹有《春秋闕如編》，已著録。是書據其子以敬、以恕所作凡例，袁熹手定者十之六，以敬等掇拾殘稿、補綴成編者十之四。故與所作《經説》偶有重複，然較《經説》多可取。其中强傅古義者，如《大學章句》中"常目在之"，自為"所在"之在，乃從《尚書》訓為"察"。《中庸》"如鼓瑟琴"，即本《詩》，亦但言聲和耳，乃以為琴屬陽，瑟屬陰，喻陰陽之和。《論語》"女弗能救"，自是匡救，乃引《周禮·司救》註，解為防禁；"天將以夫子為木鐸"，自取覺世之義，乃引《明堂位》"天子振木鐸"，謂夫子當有天下；"達巷黨人"本無名氏，乃因《史記》有"童子"二字，指為項橐。雖不免賢智之過，然其他皆疏理簡明，引據典確。閒與《章句集註》小有出入，要能犖然有當於人心。自明以來講《四書》者，多為時文而設。袁熹是書，獨能深求於學問。原序稱其心師陸隴其，終身不名不字，而不走其門，蓋志不近名，宜其言之篤實矣。

鄉黨圖考十卷（安徽巡撫採進本）

國朝江永撰。永有《周禮疑義舉要》，已著録。是書取經傳中制度名物有涉於鄉黨者，分為九類：曰圖譜，曰聖跡，曰朝聘，曰宮室，曰衣服，曰飲食，曰器用，曰容貌，曰雜典。考核最為精密。其中若深衣、車制及宮室制度尤為專門，非諸家之所及。閒有研究未盡者。若謂："每日常朝，王但立於寢門外，與羣臣相揖而已。既畢朝，若有所議，則入內朝。"引《左傳·成公六年》"晉人謀去故絳。韓獻子將新中軍①，公揖而入②，獻子從。公立於寢庭"，為內朝議政之證。謂"鄭註《太僕》燕朝王圖宗人嘉事者，特舉其一隅，非謂宗人得入，異姓之臣不得入。後儒誤會《太僕》註，以異姓之臣不得入路門，遂謂攝齊升堂為升路門外之堂，其實路門之外無堂"云云。今考永謂異姓之臣得入內朝，永說為是。若謂路門之外無所議，欲有所議必入內朝，則永未詳考。《魯語》曰："天子及諸侯合民事於外朝。"註："言與百官合考民事於外朝也③。"又曰："合神事於內朝。"註："內朝在路門內。"是則路門以外之朝，天子諸侯於以合考民事，豈謂無所議耶？永又謂"《禮緯》'天子外屏'乃樹屏於應門之外，'諸侯內屏'乃樹屏於應門之內。以內屏為在路門內者誤"云云。今考《曲禮》、《爾雅》疏俱云諸侯內屏為在路門內，且《爾雅》曰："門屏之閒謂之宁。"此門既據路門，則屏之內外亦自據路門內外可知。《晉語》曰："驪姬之讒，爾射予於屏內④。"韋昭註"樹謂之屏。《禮》：'諸侯內屏。'"亦謂路門內也。《吳語》⑤："王乃入命夫人。王背屏而立，夫人向屏。"又曰："王遂出，夫人送王不出屏。"韋昭註："屏，寢門內屏也。婦人禮，送迎不出門⑥。"據此，則諸侯之屏明在寢門內矣。《淮南子·主術篇》"天子外屏所以自障"，高誘註："諸侯在內，天子在外，故曰所以自障。"若諸侯亦設屏於朝門外，其何以別天子之自障乎？但考《大戴禮·武王踐阼篇》："師尚父亦端冕奉書而入，負屏而立。王下堂，南面而立。"云下堂，則路寢也。奉書而入,則入路門也。其内有屏,則似天子亦内屏。不知《釋名》曰:"罘罳在門外。罘,復也。罳,思也。臣將請事,於此復重思之。"又曰:"蕭牆在門内,蕭,肅也。將入於此,自肅敬之處也。"《論語》孔安國註:"蕭牆,屏也。"則門内蕭牆亦通名屏。崔豹《古今註》:"罘罳,屏之遺象。行至門内屏外,復應思惟。"則門内之牆,《古今註》又名曰罘罳。天子外屏,乃《釋名》所云門外罘罳也。《大戴禮》所云"負屏",則又《古今註》所云門内罘罳也。《古今註》又謂西京門闕殿舍前皆有罘罳,蓋天子非若諸侯内屏,門内堂前,亦宜有隱蔽之處,故路門内外俱有屏。證諸《大戴禮》、《釋名》等書,最確鑿⑦。今永謂天子屏在應門外,則未知所據。考《三輔黃圖》"漢未央宮擬於路寢",《五行志》"未央宮東闕,所以朝諸侯之門",則擬於路門。罘罳在東闕外,則天子外屏在路門外,漢時猶存遺制。《覲禮》:"侯氏再拜稽首,出自屏南,適門西⑧,遂入門左。"則廟門外有屏也。《管子》"明日皆朝於太廟之門",則廟門外之朝宁與路門外之朝宁同。天子廟門外之朝宁有屏,則路門外之朝宁亦當有屏,故可以廟門例路門也。鄭氏於《覲禮》引"天子外屏"為證,實有精義。而永必易之,仍不若依鄭之為得也。然全書數十百條,其偶爾疏漏者不過此類,亦可謂邃於《三禮》者矣。

**【彙訂】**

①"將新",殿本作"新將",誤,參《左傳·成公六年》原文。

②"公揖而入",殿本作"公揖之入",誤,參《左傳·成公六年》原文。

③"與",殿本作"以",誤,參《國語·魯語下》注文。

④"射",殿本脱,參《國語·晉語四》原文。

⑤ "吳語"，殿本作"越語"，誤，參《國語·吳語》原文。

⑥ "送迎"，殿本作"送人"，誤，參《國語·吳語》注文。

⑦ 殿本"最"下有"爲"字。

⑧ "適"，殿本脱，參《儀禮·覲禮》原文。

四書逸箋六卷（湖南巡撫採進本）①

國朝程大中撰。大中字拳時，號是菴，應城人。乾隆丁丑進士。是編採輯諸書之文與《四書》相發明者②，或《集註》所已引而語有舛誤，或《集註》所未發而義可參訂，皆爲之箋其出處。其與《集註》小異者，則爲附録，其他書中所載四子書文與今本異者，則爲附記。第六卷則專考《四書》人物遺事③。又雜事數十條，别爲《雜記》。援據頗極詳明。中如"束帶"一條，不引《玉藻》"肄束及帶，勤者有事則收之"之文；"朋友死，無所歸"一條，引《白虎通》而不引《檀弓》"夫子曰'生於我乎館，死於我乎殯'"之文；"廛無夫里之布"一條，《集註》止引《載師職》，而此不引《閭師職》"凡無職者出夫布"之文以補之，未免疏漏。至《雜記》内因《論語》有"夢周公"一語，遍引堯、舜、禹、文諸夢事，如《夢書》、《六帖》皆爲引入，亦稍涉泛濫。然詞皆有據。雖不能與閻若璩《四書釋地》並駕齊驅，較張存中之《通證》、詹道傳之《纂箋》，要無所讓也。

【彙訂】

① 底本此條與文淵閣庫書次序不符。文淵閣庫書與殿本均置於"鄉黨圖考十卷"條之前。

② "輯"，殿本無。

③ 殿本"卷"下有"中"字。

右四書類六十三部，七百二十九卷<sup>①</sup>，皆文淵閣著録。

【彙訂】

① "六十二部七百二十九卷"，殿本作"六十三部七百三十二卷"，誤。殿本實著録六十二部，七百三十二卷。

　　案，《四書》定於朱子《章句集註》，積平生之力為之。至垂没之日，猶改定《大學》"誠意"章註<sup>①</sup>，凡以明聖學也。至元延祐中用以取士，而闡明理道之書遂漸為弋取功名之路。然其時經義、經疑並用，故學者猶有研究古義之功。今所傳袁俊翁《四書疑節》、王充耘《四書經疑貫通》、詹道傳《四書纂箋》之類，猶可見其梗概。至明永樂中，《大全》出而捷徑開，八比盛而俗學熾。科舉之文，名為發揮經義，實則發揮註意，不問經義何如也。且所謂註意者，又不甚究其理，而惟揣測其虛字語氣以備臨文之摹擬，併不問註意何如也。蓋自高頭講章一行，非惟孔、曾、思、孟之本旨亡，併朱子之《四書》亦亡矣。今所採録，惟取先儒發明經義之言，其為揣摩舉業而作者則概從刪汰。惟胡廣《大全》既為前代之功令，又為經義明晦、學術升降之大關，亦特存之，以著明二百餘年士習文風之所以弊。蓋示戒，非示法也。

【彙訂】

① "註"，殿本作"句"。

# 經 部 三 十 七

## 四 書 類 存 目

蘇評孟子二卷（兵部侍郎紀昀家藏本）

舊本題宋蘇洵評。考是書《宋志》不著録。孫緒《無用閒談》稱其論文頗精，而摘其中引洪邁之語在洵以後，知出依託。則正德中是書已行矣。此本爲康熙三十三年杭州沈季雲所校[①]，其子心友刻之。然無所謂洪邁語者。豈經緒指摘，故削之以滅跡耶？抑併非孫緒所見之本，又僞本中之重僞耶？宋人讀書，於切要處率以筆抹。故《朱子語類》論讀書法云先以某色筆抹出，再以某色筆抹出。吕祖謙《古文關鍵》、樓昉《迂齋評註古文》亦皆用抹，其明例也。謝枋得《文章軌範》、方回《瀛奎律髓》、羅椅《放翁詩選》始稍稍具圈點，是盛於南宋末矣。此本有大圈，有小圈，有連圈，有重圈，有三角圈，已斷非北宋人筆[②]。其評語全以時文之法行之，詞意庸淺，不但非洵之語[③]，亦斷非宋人語也。

【彙訂】

① "沈季雲"，殿本作"沈李雲"，皆誤。清康熙三十三年載詠樓刻硃墨本此書題"眉山蘇洵老泉氏原本，西湖沈李龍雲將氏較閲"。（杜澤遜：《四庫存目標注》）

②據諸敘跋，原書確以朱墨區別，今式乃後刻者改作。（曾棗莊、舒大剛等：《三蘇全書敘錄》）

③“之”，殿本無。

### 孟子解二卷（浙江吳玉墀家藏本）

舊本題宋尹焞撰。案陳振孫《書錄解題》載《尹氏論語解》十卷，《孟子解》十四卷，徽猷閣待制河南尹焞彥明紹興中經筵所上。《孟子解》未成，不及上而卒。趙希弁《讀書附志》則謂焞於紹興初再以崇政殿說書召。既侍經筵，首解《論語》以進。繼解《孟子》，甫及終篇而卒，邢正夫嘗刻於岳陽泮宮。其書世罕傳本，故朱彝尊《經義考》註曰“已佚”。此本出浙江吳玉墀家，莫知其所自來。每章之末，略贅數語，評論大意，多者不過三四行，皆詞義膚淺。或類坊刻史評，或類時文批語，無一語之發明。焞為程氏高弟，疑其陋不至於此。又書止上、下二卷，首尾完具，無所闕佚，與十四卷之數亦不相合。殆近時妄人所依託也。

### 孟子發題一卷（江蘇巡撫採進本）

宋施德操撰。德操字彥執，海昌人。以病廢不能婚宦，坎壈而歿。此書所述《孟子》七篇之旨，大意謂孟子有大功四：一曰道性善，二曰明浩然之氣，三曰闢楊墨，四曰黜五霸而尊三王。皆聖人心術之要，而孟子直指以示人者。其前後反覆，不外此意。張九成門人嘗取附九成《橫浦集》末，鋟版以傳。今析出存目於經部，庶不沒其名焉。

### 或問小註三十六卷（安徽巡撫採進本）

舊本題朱子撰。宋以來諸家書目皆不著錄，諸儒傳朱子之學者亦無一人言及之。康熙壬午，始有陳彝則家刻本，稱明徐方廣所增註。越二十年壬寅，鄭任鑰又為重刻，而附以己說，併作後序。反覆力辨，信為朱子書。如卷首載朱子《與劉用之書》及序四篇，《晦菴集》中不載，則以為集中偶佚。《年譜》不記作此書，則以為《年譜》遺漏。書中多講時文作法，則以為制義始王安石，朱子亦十九舉進士，必善時文。連篇累牘，欲以強詞奪理。至如解《中庸》"其至矣乎"一節、"道之不行也"一節，皆剽《四書大全》所載雙峯饒氏語；"射有似乎君子"一節，全剽《四書大全》所載新安陳氏語，偽蹟昭然，萬難置喙，則以為《大全》誤題姓名。其偏執殆不足與辨。又既稱此書作於《集註》之後，而《孟子》"萬物皆備於我矣"一章，乃於第三條下附記曰："此條係《語類》說，第八條係《或問》說，前輩多疑此為未定之說①，在《集註》之前，信哉！"是《小註》又在《集註》前矣，不亦自相牴牾耶②？所載《中庸》原序稱"淳熙己酉冬十月壬申"。考《宋史·孝宗本紀》，是月有庚子、壬寅二日。使庚子為朔，則下推三十二日為壬申，使壬寅為晦，則上推三十一日為壬申，均不得在十月。《文獻通考》載朱子之言曰："《集註》後來改定處多，遂與《或問》不相應，又無工夫修得"云云，是《或問》尚未暇改，何暇又作《小註》？陳振孫《書錄解題》又曰："《論語通輯》十卷，黃榦撰。其書兼載《或問》，發明婦翁未盡之意。"使朱子果有此書，榦亦何必發明乎？其為近人依託無疑。王懋竑《白田雜著》有是書跋，稱任鑰刻是書後，自知其謬，深悔為湯友信所賣。併稱序及諸論皆友信之筆，任鑰未嘗寓目云③。

【彙訂】

①"定"，底本作"完"，據清康熙六十一年刻本此書《孟子·盡心上》"萬物皆備于我"章原文及殿本改。

②　在《集註》之前者指《語類》説、《或問》説，并非指《小註》。
（胡玉縉：《四庫全書總目提要補正》）

③　此文見《白田雜著》卷八，原目為《題〈四書或問小註〉
前》，非跋也。（同上）

#### 四書問目無卷數（浙江吳玉墀家藏本）

舊本題曰“考亭朱元晦先生講授，門人雲莊劉爌、睦堂劉炳
述記”。前有永樂壬寅其九世孫劉文序，稱：“《四書問目》世所傳
者，《四書大全》、《朱子文集》内載數條而已。近於親表教授程著
家求得《論語》二十篇。及任江西豐城尉，適吳侍御家，得《大
學》、《中庸》數十條。而《孟子》則同修國史崇邑邱〔丘〕公永錫家
藏焉。於是散者復合，而闕者幾全。”又有宏治十一年鄭京序稱：
“宣德閒書林有與同姓者，欲附其族，為劉氏子孫所辱。遂於凡
載籍閒二人姓名悉剔去之，或易以他名，欲滅其迹。”又稱“劉文
所輯湮晦失傳，其裔孫復於鳷山游氏得其全帙”云云。案朱彝尊
《經義考》，劉爌有《四書集成》，劉炳有《四書問目》，並註“已佚”。
則《問目》獨出於炳，不應兼題爌名。又《豐城縣志》載明一代典
史六十三人，亦無所謂建陽劉文。且建陽一書賈，其力幾何，安
能盡毀爌、炳之書？又安能盡剗爌、炳之名易以他氏？其説皆牴
牾支離。書中問答，亦皆粗淺，不類朱子之語。殆皆其後人所依
託歟？

#### 朱子四書語類五十二卷（江西巡撫採進本）

國朝周在延編。在延，祥符人，後流寓於江寧。其書乃於
《朱子語類》中專取《四書》諸卷刊行，別無增損，亦無所考訂
發明。

## 論語孟子考異二卷（浙江巡撫採進本）

舊本題宋王應麟撰。凡《註疏》諸儒之説與《集註》互異者，各為考訂。然應麟著作傳世者多，而此書諸家皆不著録。今考所載，實皆採之《困學紀聞》中。蓋書肆作偽之本也。

## 中庸合註一卷（浙江汪啟淑家藏本）

不著撰人名氏。前有元吳澂序。然篇末題曰“序”，而篇首題曰“總説”，其文亦不類序體。殆割裂移掇，强為標目。書中所載雙峯饒氏、新安陳氏所説，皆澂同時之人，而“郊社之禮”一條，乃引“吳氏澂曰”云云。其不出於澂，更無疑義。《元史》澂傳亦不言澂有此書。考其所引，皆明永樂中所修《四書大全》之説。必書賈摘録《大全》，偽託澂名以售也①。

**【彙訂】**

①“以售”，殿本無。

## 重訂四書輯釋二十卷（浙江巡撫採進本）

元倪士毅撰。士毅字仲宏〔弘〕，歙縣人①。是書前有至正丙戌汪克寬序，稱：“近世儒者取朱子平日所以語諸學者及其弟子訓釋之詞，疏於《四書》之左。真氏有《集義》②，祝氏有《附録》，蔡氏、趙氏有《集疏》、《纂疏》，相繼成編，而吳氏最晚出。但辨論未為完備，去取頗欠精審。定宇陳氏、雲峯胡氏因其書行於東南，輾轉承誤，陳氏因作《四書發明》，胡氏因作《四書通》。陳氏晚年又欲合二書為一而未遂。士毅受業於陳氏，因成此書。”至正辛巳，刻於建陽。越二年，又加刊削，而克寬為之序③。卷首有士毅與書賈劉叔簡書，述改刻之意甚詳。此“重訂”所由名也。此本改題曰《重訂輯釋章圖通義大成》。首行列士毅之名，次列新安東山趙汸同訂，次列鄱陽克升朱公遷《約旨》④，次列新安林隱程復心《章圖》、莆田王元善《通考》，次列鄱陽王逢《訂定通義》。書中亦糅雜蒙混，紛如亂絲，不可復究其端緒。是已為書賈所改竄，非士毅之舊矣⑤。然陳櫟、胡炳文本因吳真子之書，士毅又因陳、胡之書。究其由來，實轉相稗販。則王逢因人成事，亦有所效法，不足為譏。至明永樂中詔修《四書大全》，胡廣等又併士毅與逢之書一概竊據，而《輯釋》、《通義》並隱矣⑥。有明一代，尊《大全》為菁龜。沿及近代講章，亦無非依傍《大全》，變換面貌。烏知其淵源所自，不過如斯哉？

**【彙訂】**

① 趙汸《東山存稿》卷七《倪仲弘先生改葬志》云："乃克反葬於休寧故里。"可知為休寧人。（朱冶：《元儒倪士毅的生平與交遊》）

② 真德秀所著為《四書集編》，《總目》卷三五著錄，卷九二《大學衍義》、卷一六二《西山文集》、卷一八七《文章正宗》諸條皆不誤。（李暢然：《〈四書大全〉的性質、歷史地位及相關問題》）

③ 此書初刊於至正二年壬午（1342）建陽劉叔簡日新書堂，至正六年丙戌（1346）仍由劉叔簡改刻，汪克寬序而傳之。"至正辛巳，刻於建陽。越二年，又加刊削"云云不確。（崔富章：《四庫提要補正》）

④ 朱公遷所著為《四書約說》。（李希聖：《雁影齋題跋》卷三）

⑤ 《總目》著錄者實為明正統五年刻王逢《通義》重訂四十五卷本，非出"書賈所改竄"。（崔富章：《四庫提要補正》）

⑥ 王逢後於倪士毅約百年，故能重訂其書。逢著《通義》，

亦後於胡廣,則"永樂中詔修《四書大全》,胡廣等又併士毅與逢之書一概竊據"云云,失於考訂。(同上)

四書通義二十卷(江西巡撫採進本)

明劉剡撰。剡字用章,休寧人[①]。是書因倪士毅《四書輯釋》重為訂正,更益以金履祥《疏義》、《指義》,朱公遷《通旨》、《約說》,程復心《章圖》,史伯璿《管窺》,王元善《通考》及當時諸儒著述,改題此名[②]。夫吳真子據真氏、祝氏、蔡氏、趙氏之書纂為《四書集成》,自以為善矣,而胡炳文、陳櫟重訂之。胡氏、陳氏自以為善矣,而倪士毅又重訂之。倪氏自以為善矣,而剡又重訂之。自剡以後,重訂者又不知凡幾,蓋隸首不能算其數也。而大旨皆曰前人未善,吾不得已而作焉。實則轉相剽襲,改換其面貌,更易其名目而已。輯一《四書》講章,是何名山不朽之業,而紛紛竊據如此?是亦不可以已乎?

## 【彙訂】

① 劉剡本建陽人,《建陽縣志》有小傳。(王重民:《中國善本書提要》)

② 檢上海圖書館藏明正統五年詹氏進德堂刻《重訂四書輯釋》,可知《總目》所載二書皆係劉剡就倪士毅《四書輯釋》增加諸家注說而成,刊版書名或異,不應並存。南京大學圖書館、臺灣圖書館均著錄該書為四十卷。中國科學院圖書館、上海圖書館藏進德書堂補修本《重訂四書輯釋》凡四十五卷,卷首有"《四書通義》總二十冊"目次,可知四庫館臣誤將冊數當作卷數。臺灣"中央圖書館"藏本《重訂四書輯釋章圖通義大成》四十卷即二十冊,亦可為證。《適園讀書志》卷二、《善本書室藏書志》卷四

都著録《重訂四書輯釋》四十一卷，亦是劉剡重訂本。（顧歆藝：
《從〈四書輯釋〉的編刻看〈四書〉學學術史》；杜澤遜：《四庫存目
標注》）

　　大學指歸二卷附考異一卷（安徽巡撫採進本）

　　明魏校撰。校有《周禮沿革傳》，已著録。是編乃其所解《大
學》。首以古篆寫古本正文，奇形詭狀，多所作《六書精蘊》中杜
撰之字。次乃為《指歸》一卷。其辨“致知在格物”云：“致知不可
懸空，就格物上用功則著實。知誘乎外物，引之也，何故反求諸
物？曰：‘物欲令人心走，豈有物理走心者。所謂格，揆物定理
也，理乃在外乎？’曰：‘物在外，理固在心。理非一定，其見於物
者各有定也。’”又云：“朱子嘗取程叔子之意以補傳，校謂《樂記》
一章乃天留之以補‘格物致知’傳也。其言曰：‘人生而靜，天之
性也。感於物而動，性之欲也。物至知，知而好惡形焉。好惡無
節於内，知誘於外，不能反躬，天理滅矣。夫物之感人無窮，而人
之好惡無節，則是物至而人化物也。物至而人化物也者[①]，滅天
理而窮人欲者也。’人生而靜，天之性也，非《大學》所謂至善耶？
性之欲非他，動以天也。人欲不可謂性之欲，好惡之形非《大學》
所謂意耶？物至知，知人與聖人亦同耳。聖人内有節而人無節，
故流而不反。節也者，本然之權度非耶？古語：‘無節於内者，其
察物弗之省矣。’反躬也者，非《大學》所謂知本耶？反躬力如萬
鈞，把柄在手，可以作聖矣。是故病莫重於知誘物化，樂莫重於
格物致知。”其說介於朱、王二本之間，而更巧於附會。其他所
論，亦往往重守約而輕博文，仍未免失之偏枯。夫揆物定理，必
有所以能揆物定理者，究不知以何法揆定之也。《考異》一卷，凡

十五條，亦多穿鑿篆文，不為典要，總一好異而已矣。

【彙訂】

①“物至而”，底本脫，據明刻《莊渠先生遺書》本此書原文及殿本補。

大學管窺一卷（衍聖公孔昭煥家藏本）

明廖紀撰。紀字時陳，號龍灣，東光人。宏治乙丑進士，官至吏部尚書，諡靖僖。事蹟具《明史》本傳①。是書首載琴川周木所集《大學》古本及二程、朱子改本。其後依《大學》古本次序，採輯衆說，加以己意而疏解之②。其書流傳絕少，朱彝尊《經義考》僅列其目，亦未之見也。

【彙訂】

①　焦竑《國朝獻徵録》卷二五李時《廖公紀墓誌銘》云：“世居閩，父瑄，商於東光，因家焉……成化庚子領京闈鄉薦，庚戌舉進士登第……贈少保，諡僖靖。”庚戌即弘治三年。《弇山堂別集》卷四七“吏部尚書表”廖紀條、雍正《畿輔通志》卷六二《選舉志》廖紀條所載均同。可知“弘治乙丑進士”與“諡靖僖”皆誤。《國朝獻徵録》卷一〇一蔣冕《廣西按察司副使廖公紀墓誌銘》云：“公諱紀，字惟修，姓廖氏。其先自臨江遷黃梅……今為九江人……弘治十一年，以《詩經》中江西鄉選，十八年登進士第。”可知弘治乙丑（十八年）登第者乃九江廖紀。（盧弼：《四庫湖北先正遺書札記》；楊武泉：《四庫全書總目辨誤》）

②“而”，殿本無。

中庸管窺一卷（衍聖公孔昭煥家藏本）

明廖紀撰。是書不用朱子《章句》，亦不從鄭元舊註。分《中庸》為二十五段，與《章句》同者十四段。其異者，以《中庸》“其至矣乎”以下二章為第三段，“道其不行矣夫”二章為第四段，“人皆曰予知”二章為第五段，“天下國家可均也”三章為第六段，“道不遠人”至“亦勿施於人”為第八段，“君子之道四”一節為第九段，“武王、周公”至“孝之至也”為第十五段，“郊社之禮”一節為第十六段，“哀公問政”合“自誠明”二章為第十七段，“大哉聖人之道”至“王天下”三章為第二十三段，“仲尼祖述堯舜”至“唯天下至誠”三章為第二十四段。其中如以“道其不行”一節與“舜其大知”一節合為一段，殊為牽強。謂“君子之道”一節與上文不相蒙，以“郊社之禮”一節承上起下，亦未能深思文意，特自抒其一人之見而已。後附《性學》、《心學》二篇，亦無甚精微之論。

### 大學千慮一卷（副都御史黃登賢家藏本）

明穆孔暉撰。孔暉字元庵，堂邑人。弘治乙丑進士，官至翰林院侍講學士，諡文簡。是書就《章句》、《或問》引伸其說。中引《佛遺教經》以為儒、釋一本，可謂小言破道。其引隋智顗《法華經》文句解《分別功德品》及《大莊嚴經論》之說，以“格量”訓“格物”之義，亦深為王士禎《池北偶談》所譏。《明史·儒林傳》附孔暉於《鄒守益傳》中，稱：“孔暉端雅好學，初不肯宗王守仁說。久而篤信之，自名王氏學，浸淫入於釋氏。”觀是書，良不誣云。

### 大學稽中傳三卷（江西巡撫採進本）

明李經綸撰。經綸有《禮經類編》，已著錄。是編攻擊朱子《大學章句》深闢格物之說，而以誠意為根本，蓋推衍姚江古本義也。上卷凡十章。一為《稽中》，二為《原明》，三為《稽聖經》，四為《原敬》，五為《慎致知之要》，六為《原內外動靜之合一》，七為

《原誠意》，八為《原正心》，九為《原修身》，十為《舉全書》。每章各疏大意於末。其不及治平之事，則謂天德修而王道隨之也。中卷為《辨疑》四條，設問答以申上卷之旨，兼抉摘句讀之謬。如"舉而不能先，命也"，以"先命"二字連讀，謂不能先命以官，尚可強通。至下句以"遠過"二字連讀，訓"過"為"責"，謂不能屏之遠方而責之，則無此文義矣。下卷為《考證》。引朱子書七條、陸九淵書六條，謂二人其初均有弊，其終均無所偏。亦王守仁《晚年定論》之餘緒耳。

四書講義<sub>無卷數</sub>（浙江汪啟淑家藏本）①

明鄭曉撰。曉有《禹貢圖說》，已著錄。是編乃其為南京太常寺卿時所作，以授其子履準。萬曆己酉，其孫心材始刊之。其說皆隨文闡意，義理異同之處亦閒有論辨。持論頗醇，而不免失之曼衍。

**【彙訂】**

① "四書講義"，殿本作"四書講意"，誤。《浙江省第四次汪啟淑家呈送書目》、《浙江採集遺書總錄》皆作《四書講義》六卷。

大學註一卷（御史蕭際韶家藏本）

明蔡悉撰。悉有《書疇彝訓》，已著錄。此編詮解《大學》，雖分章立說，而不錄經文。頗似論體，與依文訓詁者不同。後有《致知格物》及《誠意關》二圖，大旨以慎獨為要義，致知格物為先務。書末載《居身訓言》十則、《居家訓言》十則。蓋以旁衍修齊之義，故附《大學》之後云。

四書人物考四十卷補考八卷（通行本）

明薛應旂撰。應旂字仲常，武進人。嘉靖乙未進士，官至陝西按察司副使。是編於《四書》所載人物，援引諸書，詳其事蹟。凡記三卷，傳三十七卷。記、傳之末，各系以論贊①，蓋仿宋王當《春秋臣傳》之體。中閒多採雜說，而不著所出。其自序有云："泛引雜證，雖嘗刪次，而文章事行，苟有裨於問學治理者，或在所錄，固不敢過求其真贗也。"其得失固自知之矣。閒有附註，題閩朱焯維盛撰，其言頗為淺陋。《續考》八卷，題應旃元孫寀編。雜考《四書》名物，餖飣尤甚。明代儒生，以時文為重，時文以《四書》為重。遂有此類諸書，襞積割裂，以塗飾試官之耳目。斯亦經術之極弊。非惟程、朱編定《四書》之時不料其至此，即元延祐用《四書》義，明洪武定三場法，亦不料其至此者矣。

**【彙訂】**

① "記"當為筆誤，原書作"紀"。（董洪利、李暢然：《明清四書典故類著作的歷史地位——兼論清代考據學與明代後期雜考之學的淵源關係》）

日進直講五卷（河南巡撫採進本）

明高拱撰。拱有《春秋正旨》，已著錄。嘉靖三十一年，拱以翰林編修與檢討陳以勤同為裕王講官，進講四子書。先訓句解，次敷陳大義，蓋從日講之例。裕王即穆宗也。時拱已遷國子祭酒，於嘉靖庚申編次成帙。《千頃堂書目》作十卷。今本止五卷，自《學》、《庸》至《論語》"子路問成人"章止，蓋未全之本也。

大學新編五卷（江西巡撫採進本）

明劉元卿撰。元卿有《大象觀》，已著錄。是書前列《大學正文》一卷，以豐坊偽石經為據，殊為不考。其《略疏》一卷，乃詮發大旨，以誠意為主，亦與朱子互異。《發明》一卷，乃取明儒所論與己意相合者。《廣義》二卷,則本真德秀《衍義》而刪節之,又附益以明初諸事。朱彝尊《經義考》作一卷,由未見其書,據傳聞載之故也。

孟義訂測七卷(浙江吳玉墀家藏本)

明管志道編。志道字登之,婁縣人[①]。《江南通志》稱其由隆慶辛未進士官南京刑部主事。疏陳利弊九事,忤張居正,出為分巡嶺東道。與巡按御史齟齬,為御史劾奏鐫秩。遂移疾歸。考《明史·顏鯨傳》載御史顧雲程疏言:"神宗大起遺逸,獨鯨及管志道以考察格之。又登用被察吳中行、艾穆、魏時亮、趙世卿,獨斬鯨、志道。"是志道以察典罷官,疑《通志》誤也。是書詮解《孟子》,分訂釋、測義二例。"訂釋"者,取朱子所釋而訂之。"測義"則皆自出臆説,恍惚支離,不可勝舉。蓋志道之學出於羅汝芳,汝芳之學出於顏鈞,本明季狂禪一派耳。

【彙訂】

①《國朝獻徵錄》卷九九載焦竑《澹園集·廣東按察司僉事管公志道墓誌銘》、錢謙益《牧齋初學集》卷四九《朝列大夫管公行狀》、雍正《江南通志》卷一四五均謂管志道為太倉人。且《墓誌銘》云管氏生於嘉靖丙申正月九日,距卒年七十有三。《行狀》云卒於萬曆戊申七月十六日,享年七十有三。而婁縣順治十二年始置(《清史稿·地理志》松江府婁縣注)。(楊武泉:《四庫全書總目辨誤》)

四書疑問十一卷(浙江巡撫採進本)

明姚舜牧撰。舜牧有《易經疑問》,已著錄。是編但各章總論其大旨,不復逐句箋釋,立説多與朱子異。如謂《大學》"親民"

之"親"不當作"新","格物"之"物"即"物有本末"之"物","此謂知本"、"此謂知之至也"二句非衍文，亦無闕文。蓋沿姚江古本之説，自為一解。謂《孟子》"無以則王"、"保民而王"、"是心足以王矣"數"王"字，俱讀如字，不作去聲；"伯夷非其君不事"章是論去就，非論清和，隘與不恭非其流弊，亦尚有見。至於訓"格物"之"格"為品格，"自謙"之"謙"為謙虛，"命也"之"命"為命數，"致曲"之"曲"為心曲，則穿鑿附會，礙不可通。他若謂《中庸》"不睹不聞"即是隱微，即是獨，"戒慎恐懼"即是慎其獨，而以朱子為支離破碎。又謂"性分中不墮形體，不落方所，直恁廣大。"又謂："喻義、喻利之'喻'是不待詞説，都無知覺而默與之俱。註訓'曉'字便有知覺，不得此字之旨。"尤以禪機詁儒理矣。前有萬曆丁巳自序，謂"夢見夫子出一玉印，牧齋拜於下，夫子亦答拜於座右，視其髮特焦黄"云云，尤怪誕不經也。

　　經籍異同三卷（兩淮馬裕家藏本）

　　明陳禹謨撰。禹謨字錫元，常熟人。萬曆中由舉人官至四川按察司僉事。其書雜引《五經》之文，證《四書》所引之異同，併波及他書語意相近、字句略同者①，頗為龐雜。如李尤《盤銘》，與經一字無涉，而引以證湯之《盤銘》。又如班昭《東征賦中》"由力行而近仁"句，乃運用《中庸》之語，而引以為"力行近乎仁"句之異同，殊為舛誤。至石經《大學》，本豐坊偽撰，據為定論，尤失考矣。

　　**【彙訂】**

　　①"略"，殿本作"異"。

　　經言枝指一百卷（浙江巡撫採進本）

　　明陳禹謨撰。是編於《四書集註》之外，旁搜諸説，故取《莊子》"駢拇枝指"之意為名。凡《漢詁纂》十九卷,《談經菀》四十卷,《引經釋》五卷,《人物概》十五卷,《名物考》二十卷①。其《漢詁纂》乃删取《註疏》之文,割裂餖飣,全無義例。其《談經菀》則自經、史、子、集以逮二氏之言,苟與《四書》文義仿彿者,即摭以相證,冗雜尤甚。其《引經釋》則以《四書》所引經文為綱,而雜採訓釋以附之。既非釋《四書》,又非釋《五經》,莫究其何所取義。其《人物概》、《名物考》摭拾舊文,亦罕能精核。蓋浮慕漢儒之名,而不能得其專門授受之奧者也。

**【彙訂】**

① 所列子目卷數合計九十九卷,與明萬曆原刻本同。標目"一百卷"則不確。(崔富章:《四庫提要補正》)

別本四書名物考二十四卷(内府藏本)

明陳禹謨撰。已載《經言枝指》中,此則錢受益、牛斗星所補訂也。受益字謙之,杭州人。斗星有《檀弓評》,已著録。禹謨原本多疏舛,受益等所補乃更蕪雜。如《淇澳》"緑竹"而引及《爾雅》會稽之竹箭、《華陽國志》哀牢之僕竹,已泛濫矣,更引及《異苑》竹化蛇、蛇化雉。釋"肺肝"而引《素問》、《靈樞》,已旁支矣,更引及《黄庭經》"肺神皓華字虛成,肝神龍煙字含明"語。是於經義居何等也? 其最異者,如標一"目"字為題,釋《大學》"十目所視也",而"目"字下註曰"附眼"。無論《四書》無"眼"字,且"目"之與"眼",又何所分别而别為附録乎? 尤不可解也。

孟子説解十四卷(浙江汪啟淑家藏本)

明郝敬撰。敬有《周易正解》,已著録。是書前有《孟子遺事》及《讀孟子》三十一條。所論孟子生卒,以為當在安王時,非定王時。其説近是。但直斷孟子生於安王初年，卒於赧王元年，則似未可為定。孟子生卒大略，當以閻若璩所訂為正。考"去齊"章云："由周而來七百有餘歲。"《盡心》章云："由孔子而來百有餘歲。"若據呂氏《大事記》及《通鑑綱目》，孟子於赧王元年始致為臣而歸，則周已八百有九年，距孔子生年已二百三十餘歲矣。孟子如梁、仕齊、適宋、之魯、之滕、還鄒，游歷先後，班班可考。魯平公元年即赧王元年，其時孟子似未至八十九歲也。至書中所解，往往失之粗獷，好議論而不究其實。蓋敬之説經，遞坐此弊，不但此書矣。

### 論語義府二十卷（浙江巡撫採進本）

明王肯堂撰。肯堂有《尚書要旨》，已著録。是編不列經文，但標章目，歷引宋、元、明諸家講義。其唐人以前舊説，偶亦採録，然所取無多。或與《集註》兩歧者，則低一格録之。觀其體例，似尊朱子，然其説頗雜於禪。如解"子貢問貧而無諂"一章，"有境"、"無境"諸義，豈可以詁儒書哉？

### 中庸點綴一卷（江蘇周厚堉家藏本）

明方時化撰。時化有《易引》，已著録。是書首為《中庸總提》，次全載《中庸》之文。每段或總批，或旁批，其體例略如時文，其宗旨則純乎佛氏。

### 元〔玄〕晏齋困思鈔三卷（浙江巡撫採進本）

明孫慎行撰。慎行字聞斯，武進人。萬曆乙未進士，官至禮部尚書。事蹟具《明史》本傳。是書乃其自萬曆庚戌至甲寅積年鈔存，其中頗多心得之語，然亦不免好出新論。如解《鄉黨》"色斯舉矣"節，以"虞廷獸舞"志聖之隆，"山梁雌雉"志聖之逸；又以

《中庸》"致曲"之"曲"爲即"經禮三百,曲禮三千"之"曲"①。雖才辨縱橫,足以自暢其説,然非經之本旨矣。卷首繪《性善》、《性教》爲二圖。卷末一條,則慎行自序其作書大旨也。

【彙訂】

①"千"下"之曲",殿本無。明萬曆刻本此書卷三"致曲"條:"'曲'者何,'禮儀三百,威儀三千'是也。"

四書湖南講九卷(浙江巡撫採進本)

明姚應仁撰。應仁有《檀弓原》,已著録。是書成於萬曆乙未,據豐坊僞撰魏《政和石經》以攻朱子《章句》。至《修身》章中竄入"顏淵問仁"五句,應仁不能曲説,乃言"只須削去此節"。夫此五句既屬當削,則所謂《石經》豈復可信哉? 至其持論,則多引佛經。解《淇澳》節有曰:"密多者'瑟'也,金剛不壞者'僩'也,枝枝葉葉光明者'赫喧'也。"是不止陽儒而陰釋矣。

四書湖南講九卷(浙江巡撫採進本)

明葛寅亮撰。寅亮,錢塘人。萬曆辛丑進士。是書分標三例,凡剖析本章大義者曰"測",就經文語氣順演者曰"演",與其門人問答辨難者曰"商"。閒有引證他書及先儒之論,則細書於後。大抵皆其口授於門弟子者也。《浙江通志》載寅亮《四書湖南講》二十六卷,與此本卷數不合。然此本首尾完具,或《通志》之誤歟? 抑或別有續編也?

四書會解十卷(浙江巡撫採進本)

明毛尚忠撰。尚忠字子亮,號誠菴,嘉善人。萬曆甲辰進士,官至監察御史。其書分章立説,不録經文。頗似書塾講義,而議論則務與朱子相左。如《大學》首章謂:"'當因其所發'非聖經本旨。親民即明德内事，不親民叫不得明德，何須説推以及人。曰皆當'止於至善'，是分明德、親民而二之。謂止即'止泊'之止，何須添'不遷'二字。定乃明道'静亦定，動亦定'之定，不是志有定向。安即居之安，安字以心言，曰所處而安，似著身矣。"且謂："'物有本末'節是起下文，非結上文也。物與事只泛説，若定分物屬，明親事屬，知得何等拘滯！至明明德於天下，若曰使之明，則民不可使知，且於文法甚不類。"如此類凡十數條。其解"格物"，既不從朱子"事物"之説，而亦不取王守仁所云"格去此心之物"。乃謂即上文"物有本末"之物，其中精微處如等格然，不可不分曉。信如尚忠説，則"格"乃實字，無用力之意，"致知在格物"句文義豈復可通？亦徒好立異而已。

　　四書正學淵源十卷（副都御史黃登賢家藏本）

　　明章一陽編。一陽，金華人。自何基受業黃榦之門，其後王柏、金履祥、許謙遞相傳受，皆自稱朱子之傳。一陽因取四人之發明《四書》者，分載於《章句集註》之下，名曰《正學淵源》。蓋以闡揚金華之宗派，不為發明《四書》作也。

　　大學古今通考十二卷（浙江巡撫採進本）①

　　明劉斯源編②。斯源字憲仲，臨潁人。是書成於萬曆戊申。首列朱子《大學》改本，次列《禮記》古本，次列魏石經本，次列二程本，而以宋、元、明諸儒説《大學》者附焉。以諸説並陳，無所去取，故名"通考"。然《禮記》傳自戴聖，鄭元不過依經作註，指為鄭元之本，已為未安。至政和石刻出自豐坊偽撰，其政和年號以宋為魏，賈逵姓名以漢為魏，前人駁之悉矣。斯源猶珍重而信之耶？

【彙訂】

①《浙江省第六次呈送書目》載《大學古今正本通考》十二卷,《浙江採集遺書總錄》作《大學古今本通考》十二卷。(崔富章:《四庫提要補正》)

② 明萬曆刻本《大學古今本通考》題"後學臨潁劉斯原編輯",作"劉斯源"誤。(杜澤遜:《四庫存目標注》)

四書測六卷(内府藏本)

明萬尚烈撰。尚烈字思文,南昌人。是書首有萬曆辛亥自序。於《大學》、《中庸》獨尊古本,而議論宗旨則全入異端。如解"季路問事鬼神"章①,專取釋氏輪回因果之説以釋聖言,駁雜已甚。其尤誕者,如"原壤夷俟",乃取其母死而歌為喜死者之得所,而非放乎禮法之外。蓋姚江末流,其弊每至於此,不但李贄諸人彰彰耳目者然也。

【彙訂】

①"事",殿本脱。《論語·先進》:"季路問事鬼神,子曰:'未能事人,焉能事鬼。'敢問死,曰:'未知生,焉知死。'"

四書説叢十七卷(浙江汪啟淑家藏本)

明沈守正撰。守正有《詩經説通》,已著録。是書彙萃諸家之説,分章條列,同異兼收。每案而不斷,以待人之自考,亦或偶存己説一二。所採書凡二百二十六種,雖釋、道家言亦頗兼取。其中如解"子游問孝"章則用古説;解"士而懷居"章則用管志道説,以為即懷土;解"不動心"則用郝敬説,以為非比枯木槁灰;解"心之官則思"則用羅欽順《困知記》,皆頗有所見。然所引明人諸説,榛楛錯陳,不免傷於蕪雜。

四書説約無卷數（直隸總督採進本）

明鹿善繼撰。善繼字伯順，定興人。萬曆癸丑進士，官至太常寺少卿。崇禎壬午，大兵攻定興，善繼率鄉人拒守，城破死之。贈大理寺卿，諡忠節。事蹟具《明史》本傳[1]。是書就《四書》以講學，與明人講義為時文而作者頗殊。卷首為《認理提綱》九條。如曰：“此理不是涉元〔玄〕空的[2]，子、臣、弟、友是他著落。不然則日新顧諟，成湯且為枯禪矣。”其自序亦曰：“夫讀聖賢書而不反求之心，延平所謂玩物喪志者，可汗人背也。即云反求之心，而一切著落不以身實踐之，徒以天倪之頓現，虛為承當，陽明所稱將本體只作一番光景玩弄者，更可汗人背也。”其持論亦頗篤實。然學出姚江，大旨提唱良知，與洛、閩之學究為少異[3]。

**【彙訂】**

[1]《明史》本傳云：“（崇禎）九年七月，大清兵攻定興，善繼……與里居知州薛一鶚等共守，守六日而城破，善繼死……事聞，贈善繼大理寺卿，諡忠節。”崇禎九年歲次丙子，非壬午。雍正《畿輔通志》卷七六《人物·忠節》保定府鹿善繼條、同卷《薛一鶚傳》亦作丙子。（楊武泉：《四庫全書總目辨誤》）

[2]“元空”，殿本作“懸空”。清道光二十四年刻本此書卷首《認理提綱》第三條原文作“玄空”。乃避康熙諱改字。

[3]“與洛閩之學究為少異”，殿本作“也”。

四書酌言三十一卷（陝西巡撫採進本）

明寇慎撰。慎字永修，號禮亭，自號袦褵逸叟[1]，同官人。萬曆丙辰進士，官至蘇州府知府。天啟中周順昌被逮，顏佩韋等五人擊殺緹騎。後佩韋臨刑，稱曰“公好官，知我等倡義，非倡

亂”者，即其人也。其學出於姚江，故是編多與朱子立異。如解
《論語》“至於犬馬”句，主犬馬養人之義，本諸《註疏》，猶有説也。
至於解“齊必變食”句，謂為“心齋”之齋，非“齋戒”之齋；解“弗如
也”二句為“盡奪前塵，忽渡彼岸”；解“始可與言《詩》”句為“入無
上妙明”；解“是知也”句，謂“知原在知不知外理會。其他學問，
不過此知中之法塵。此處掃除乃為逗機，又扭來補綴”，則純乎
明末狂禪之習矣。

【彙訂】

①“祋祤”，殿本作“祋栩”，誤。清道光二十三年濟峯活字
本此書卷一首題“祋祤寇慎永修氏參訂”。祋祤乃漢縣名，即清
陝西同官縣。

四書考二十八卷四書考異一卷（江蘇周厚堉家藏本）

明陳仁錫撰。仁錫有《繫辭十篇書》，已著録。是書因薛應
旂《四書人物考》而廣之，仍餖飣之學①。卷首別為《考異》一卷，
載《四書》字句異同，摭拾亦頗簡略。如“惟”之作“維”、“貢”之作
“贛”，不過字體偶別，無關文意。至豐坊古本《大學》，其偽託可
不待辨，而仁錫乃為持疑之辭。則茫無考證，亦可見矣②。

【彙訂】

①“仍餖飣之學”，殿本無。

②“其偽託可不待辨”至“亦可見矣”，殿本作“乃為持疑之
詞不敢斥言其偽託尤騎牆之見矣”。

四書通義三十八卷（江西巡撫採進本）

明魯論撰。論字孔壁，號西麓，江西新城人。天啟中，以貢
生授潁州州同，官至福州府同知。論以取士必重制科之經義，崇

禎時雜用薦舉，不足以得人，乃作此書，以發明體用合一之理。其解《大學》"平天下"章，言"潢池弄兵，外患踵至，勢不得不加田賦。而聚斂之臣半以聚之於國，半且以聚之於囊，以致天菑流行而不常之命已去"，專為明末時事而發。又解《孟子》"許行"章，謂"堯之欽明足以知人，四岳之咸舉，為之師錫，猶其難其慎。然則枚卜豈易易哉"，亦以隱指莊烈帝命相之非。全書大旨不出於此，故往往雜引史事以相發明，固不主於闡繹經義也。

三經見聖編一百八十卷（江蘇巡撫採進本）

明譚貞默撰。貞默字梁生，別號埽菴，嘉興人。崇禎戊辰進士，官至國子監祭酒。是編前有自序，結銜稱"敕掌國子監整理祭器書籍等務"，而不言祭酒。《明史·職官志》亦無此稱，蓋明人杜撰之文也。其序稱："《六經》無非孔經，而《論語》為著。子思子之書，今名《中庸》、《大學》者，實一《中庸》。"統稱《孔經編》。《孟子》七篇則曰《孟經編》。又言"《論語》，子夏述也。《中庸》，子思繼《論語》而作也。《大學》即《中庸》之後小半也。《孟子》，繼《中庸》而作也[①]。《中庸》'天命之謂性'三句接《論語》'知命'章，明是釋詁《論語》。讀'予懷明德'，而'大學之道，在明明德'，不膠自連；讀'國不以利為利，以義為利'，而《孟子》'何必曰利，亦有仁義'，不呼自應。今之所謂《四書》，實三書也"云云，說殊穿鑿。至其詮釋支離，類皆因言求事。如以《論語》"孝弟"章為有子譏刺三家，"巧言"章為孔子評論老聃，皆率其胸臆，務與程朱牴牾，可謂敢為異說者矣。卷中或稱"默案"，或自稱"譚子"，體例亦叢雜不一云。

**【彙訂】**

① 殿本"作"下有"者"字。

四書經學考十卷補遺一卷續考六卷（江蘇周厚堉家藏本）

《四書經學考》，明徐邦佐撰。《續考》，陳鵬霄撰。邦佐字孟超，錢塘人。鵬霄字天羽，山陰人。《經學考》成於崇禎戊辰，雜鈔故實，疏漏實甚。《續考》成於甲戌，又皆時文評語①，講章瑣說。而題曰"經考"，未詳其義。然坊刻陋本，亦不足以究詰也②。

【彙訂】

① "又"，殿本無。

② "而題曰經考"至"亦不足以究詰也"，殿本無。

四書讀十卷（江西巡撫採進本）

明陳際泰撰。際泰有《易經說意》，已著録。際泰以制義名一代，是編詮發《四書》大義，亦略如制藝散行之體。其議論駿發，視章世純《留書》過之，而不及世純《留書》時有精義。蓋際泰用縱橫之才，去說經之道遠；世純用深湛之思，去說經之道稍近也①。

【彙訂】

① "稍"，殿本無。

四書則無卷數（山西巡撫採進本）

明桑拱陽撰。拱陽字暉升，蒲州人。崇禎癸酉舉人。其書取諸家講章立說不同者，删定歸一，閒以己意參之。命之曰"則"，以見"其則不遠"之意。先《大學》、《中庸》，次《論語》、《孟子》，各有圖說、總論，大旨為舉業而作。

四書集説二十八卷（直隸總督採進本）

明徐養元、趙漁同撰。養元字長善，漁字問源，俱唐山人，崇禎癸未同榜進士。是編採集朱子《或問》、《存疑》、《大全》諸書及諸家之説而成①，不出流俗講章之派②。

**【彙訂】**

①"朱子或問存疑大全諸書及諸家之説而成"，殿本作"四書大全益以諸家之説"。據清康熙留耕堂刻本，此書多引朱熹《四書或問》等著作之説，當從底本。

②"流俗"，殿本作"坊刻"。

圖書衍五卷（直隸總督採進本）

明喬中和撰。中和有《説易》，已著録。是編為《四書》講義。而名之為《圖書衍》者，凡《四書》所言皆以五行八卦配合之也。如説《大學》"明德"為火，"新民"為水，"至善"為土之類，皆穿鑿無理，不足與辨①。

**【彙訂】**

①"不足與辨"，殿本無。

四書大全辨三十八卷附録六卷（江蘇周厚堉家藏本）①

明張自烈撰②。自烈字爾公，宜春人。崇禎末南京國子監生。自烈與艾南英為同鄉，而各立門户，以評選時文相軋，詬厲喧呶，没世乃休。蓋亦社黨之餘派也。是編舉永樂中胡廣等所修《四書大全》條析而辨之。冠以《古本大學》一卷，明道程子、伊川程子改定《大學》各一卷，顧起元《中庸外傳》一卷，王應麟《論語》、《孟子考異》各一卷。福王時，嘗以擅改祖宗頒行之書，挂諸彈章，至憤而囂嘩於朝。案《四書大全》誠為猥雜，然自烈所辨又往往强生分別，不過負氣求勝，藉以立名。觀其首列揭帖、序文之類，盈一巨册，而所列參訂姓氏至四百八十六人。非惟馬、鄭以來無是體例,即宋人盛相標榜,亦未至是也。

【彙訂】

① 明崇禎十三年石嘯居刻本作《四書大全辯》。(杜澤遜：《四庫存目標注》)

② 書中各卷或題"明張曰楨、張自烈定",或題"張自烈、張自熙定"。自烈序云:"予不揣固陋,偕家仲季定著《四書大全辯》"。只題"張自烈撰"欠妥。(王重民、屈萬里:《普林斯頓大學葛思德東方圖書館中文善本書志》)

學庸切己録二卷(江西巡撫採進本)

明謝文洊撰①。文洊字約齋,號程山,南豐人。其書首作《君子有三畏講義》一篇,發明張子主敬之旨。次為《程山十則》,亦以躬行實踐為主。書中皆隨文講解,旁採《大全》諸儒之説,而參以己見,其體頗似語録。卷末附《西銘解》一篇,謂其立義宏深,為學者究竟指歸,篇名不可不尊,因易之曰《事天謨》,以示崇信之意,然究不免自我作古也。

【彙訂】

①《總目》卷一八一《謝程山集》條謂"國朝謝文洊撰",前後不一。《清史稿·謝文洊傳》云:"文洊為明諸生……年四十著《大學中庸切己録》……康熙二十年卒,年六十有七",則其撰《學庸切己録》當在順治十一年,是時已入清多年,當以題清為宜。(江曦:《〈四庫全書總目〉條辨》)

麗奇軒四書講義無卷數(編修勵守謙家藏本)

國朝紀克揚撰。克揚有《易經講義》,已著録。其書不録正文,每章約詁數語,大旨為科舉而作。

四書翊註四十二卷（直隸總督採進本）

國朝刁包撰。包有《易酌》，已著録。是編凡《大學》五卷，《中庸》三卷，《論語》二十卷，《孟子》十四卷。於《大學》三綱八目，詮解特備。又以《中庸》、《論》、《孟》為格物之書，《五經》、諸史皆條貫於其中，故於格物條目尤為曲盡。其他闡發義理，於史傳事蹟、先儒議論，亦多所徵引。然其去取是非，總以朱子之説為斷，不必自有所見也。卷首有黃越所作《綱領》一篇，其孫顯祖所作《緣起》一篇，敍述著書大旨及刊刻始末。

聖學心傳無卷數（山東巡撫採進本）

國朝薛鳳祚編。鳳祚字儀甫，益都人。嘗師事定興鹿善繼、容城孫奇逢①，因會輯善繼《四書説約》、奇逢《四書近指》共為一編。卷首列善繼《認理提綱》②、《尋樂大旨》，又列善繼、奇逢二人小傳。前有鳳祚自序，謂：“此書出，當與孔、曾、思、孟四聖賢書，共揭星日而行中天”，其説殊夸。又謂：“於舉業非相遠。倘於此有得，以應試場，主司必當驚羨，以冠多士”，又何其陋歟！鳳祚天文、地理之學皆能明其深奧，如《兩河清彙》、《天學會通》、《天步真元》諸書，已卓然足以自傳，又何必畫此蛇足乎③？且二書皆有刊本，豈藉鳳祚之標榜？即以二書而論，亦蛇足也。

**【彙訂】**

①　錢儀吉《碑傳集》卷一三二佚名《梅文鼎傳》云：“薛鳳祚，字儀甫，淄川人。”李元度《國朝先正事略》云：“薛先生鳳祚，字儀甫，山東淄川人。嘗師事定興鹿忠節善繼、容城孫徵君奇逢，著《聖學心傳》，發明認理尋樂之旨。”《清史列傳》卷六八薛鳳祚傳亦謂“山東淄川人”。淄川明清屬濟南府，益都屬青州府。（楊武

泉：《四庫全書總目辨誤》）

②“卷”，殿本無。

③“乎”，殿本無。

**四書大全纂要**無卷數（直隸總督採進本）

國朝魏裔介撰。裔介有《孝經註義》，已著錄。是編以明永樂間所著《四書大全》泛濫廣博，舉業家鮮能窮其説①，乃採其要領，俾簡明易誦。然《大全》龐雜萬狀，沙中金屑，本自無多。裔介所摘，又未能盡除枝蔓，獨得精華，則亦虛耗心力而已。

【彙訂】

①“能”，殿本無。

**四書惜陰録二十一卷**（兩江總督採進本）

國朝徐世沐撰。世沐有《周易惜陰録》，已著錄。是書前有胡渭生、趙天潤、仇兆鼇序并自記一首，後有陸隴其跋。以隴其《三魚堂集》勘之，其文相合，實非依託。然其書則不稱隴其之所言。據世沐自記曰：“仇滄柱示以關中李中孚《反身録》。中孚曾講學毘陵，會過一次。彼深惜南、浙兩省學者害於舉業，彼時心不甘南士必遜北士。如此迄今，幾三十年，彼學已成，名已立，南士竟無與頡頏。細讀其《録》，愈不心服。摘《録》中數處，以質滄柱翁。狂不自量，續為《惜陰二集》，不覺積成二十一卷，幾乎有六百葉。”又曰：“李從陸、王入，而出入於程、朱四子。余從程、朱入，而準則於周、宋八賢。雖沐染南風，剛峻良有不逮，而古人所云醇正，則當仁不欲多讓。”云云。則世沐此書蓋為與盩厔李容〔顒〕相訐而作①。故隴其喜其能排陸、王，為之作跋。然講學以明道，非以求勝。但為朱、陸而爭，已不免門户之見，況世沐以聖學自任，而不能化一南北之畛域，則先不自克其私心矣。又何學之可講乎？

**【彙訂】**

①“李容”，當作“李顒”，乃避嘉慶諱改。殿本作“李顒”。

三魚堂四書大全四十卷（通行本）

國朝陸隴其編①。隴其有《古文尚書考》，已著録。初，明永樂間，胡廣等奉詔撰《四書大全》，陰據倪士毅舊本，潦草成書。而又不善於剽竊，龐雜割裂，痕跡顯然。雖有明二百餘年懸為功令，然講章一派從此而開，庸陋相仍，遂似朱子之書專為時文而設，而經義於是遂荒。是編取胡廣書，除其煩複，刊其舛謬，又採《蒙引》、《存疑》、《淺說》諸書之要以附益之②，自較原本為差勝，然終未能盡廓清也。其初稿成於康熙辛酉③，前有自序，尚歉然以為未定。及晚年輯《困勉録》，復取是書互相參考，別以朱筆點次，乃成定本，然未及重為之序。故其門人席永恂、侯銓、王前席等校刊之時，仍以原序冠卷端。實則序在前而書在後也。《大學》、《中庸》并載《或問》，亦仍《大全》之舊。卷末附載王應麟《論語》、《孟子考異》，不知何人採摭《困學紀聞》為之，非應麟原有是書也。

**【彙訂】**

①“編”，殿本作“撰”。

②“之要”，殿本無。

③“辛酉”，殿本作“辛未”，誤。清康熙嘉會堂刻本此書有康熙二十年辛酉自序。

續困勉録六卷（江蘇周厚垍家藏本）

國朝陸隴其撰。隴其所著《困勉録》，分學、問、思、辨、行五類。此《續錄》則專解《四書》，凡《大學》一卷，《中庸》一卷，《論語》二卷，《孟子》二卷。中多採錄時文評語，似乎狹視《四書》矣。

四書初學易知解十卷（内府藏本）

國朝邵嗣堯撰。嗣堯有《易圖定本》，已著錄。是編乃督學江南時所刊[①]。每章前為口義，後附論斷，專為童蒙講解而設，故曰"易知"。嗣堯服官清苦，至今凡歷任之地皆稱名宦。而自命太高，亦或傷於偏激。如解"於我如浮雲"句，謂："不特不義之富貴如浮雲，即義中之富貴亦如浮雲。不特富貴如浮雲，即我亦如浮雲。"如此之類，蓋欲以發明"不愛官，不愛錢，不愛命"之意，而過於取快，未免墮入禪宗矣[②]。

【彙訂】

① 殿本"乃"下有"其"字。

② "入"，殿本作"於"。

四書述十九卷（浙江巡撫採進本）

國朝陳詵撰。詵有《易經述》，已著錄。是書多不主朱子《章句集註》。如以《大學》"聽訟"章為解"格物"，而以朱子補傳為不知聖賢經傳化工之妙。其學蓋源出於姚江，而於姚江之中又主調停之説者。觀其自序曰"朱子慮佛教之足以惑人，故確切分疏，以為下學所遵守。陸子略其枝葉而獨抉其宗旨，蓋於朱子有一本散殊之分，而非有所悖謬"云云，其所學可以睹矣。

四書鈔十八卷（直隸總督採進本）

國朝祕丕笈撰。丕笈字仲負，故城人。康熙癸丑進士，官至陝西提學副使。是編以四子之書近世多為新説所惑，於是纂輯《或問》及《大全》、《蒙引》、《存疑》等説，彙成一編。以非自己出，故以"鈔"為名。其旁註批閱之語,則丕笈自抒所見也。

四書貫一解十二卷(編修閔惇大家藏本)

國朝閔嗣同撰。嗣同字來之,號雙溪,烏程人。康熙乙卯副榜貢生,官景寧縣教諭。此書於每章各為總解,而不錄經文。皆取諸儒之説,以己意融貫成篇。其説有同異者,則別附於後,以備參考。

四書索解四卷(浙江巡撫採進本)

國朝毛奇齡撰。奇齡有《仲氏易》,已著錄。是書為其子遠宗所編[①],本名《四書疑義》,有問有答。奇齡没後,遠宗衰輯成書,存所疑而删所解,名曰《疑案》。奇齡門人王錫序之,謂:"必有以解之,直是索解人不得耳。一經考索,則世多學人,豈無始而驚,既而疑,又既而劃然以解者?"因更名《索解》。然有問無答。其旨在於駁註,而其迹乃似於攻經。且據錫所序,其解已散見奇齡各書中,亦何必更出此書,蹈禪家機鋒之習?則非欲詰經,直欲駁俗耳。漢、晉以來儒家,無此體例也。

**【彙訂】**

① "遠宗",殿本作"宗澋",下同。清康熙書留草堂刻《西河合集》本此書卷一題"蕭山毛奇齡字老晴又初晴,稿文輝克有、遠宗姬澋較",可知遠宗字姬澋,"宗澋"顯誤。

大學知本圖説一卷(浙江巡撫採進本)

國朝毛奇齡撰。是書由古本《大學》之説以攻朱子格物之傳。首為《知本圖説》。次為知本圖四:一曰《大學有本》,一曰《格物知本》,一曰《格物以修身為本》,一曰《修身以誠意為本》。末為《附錄》,又有《後圖》。以《大學知本》與《中庸立本》並列,二圖節次相配，亦前有圖説，後有附録。夫知行並用，博約兼資，聖賢經典之文或有偏舉，而理無偏廢。經文既明言格物，即不補傳亦必有説。奇齡乃以格物為量度之意，以知本為誠意，不知未知本時持何術以量度之？且既已指誠意為本，則遵而行之已矣，又何用量度？蓋奇齡歷詆先儒，而頗尊其鄉學。其直指知本仍王守仁之良知，其主誠意則劉宗周之慎獨也。而自稱嵩山廟市高笠先生所傳，為遼東賀欽之孫所祕授，蓋託詞也。

大學問一卷（浙江巡撫採進本）

國朝毛奇齡撰，以答其門人餘姚邵廷采之問者也。仍因其《大學知本圖説》而衍之，以歸於良知之説。其解“在明明德”句，以“明明”二字重文連讀。如“明德”連讀，則德已明，何用復明？是不必遠引他説，即以《大學》“克明峻德”言之，德已峻，何用復明乎？所引“明明”重文之證《尚書》三條、《詩》四條，皆其《四書賸言》中所謂以雩見為龍，以王良為星者也。

逸講箋三卷（浙江巡撫採進本）

國朝毛奇齡所論，而其子及門人編録之。上卷為章世法所録，乃所講《孟子》“不動心”章之稿。第二卷為其姪文輝所録，乃所講《論語》問答。第三卷題曰《大學辨業》[①]，為樓宅中所録。《大學辨業》者，奇齡門人蠡縣李塨所著。塨初師博野顏元，既而舍之，從奇齡。後撰是書，又兼用元説，故奇齡惡其叛己而攻之。大抵皆詬爭之言也。以録其叢殘之稿，故曰“逸講”。中雜門人子姪之附論，故曰“箋”焉。

**【彙訂】**

① “大學辨業”，當作“大學辨業辨”，參清康熙書留草堂刻

《西河合集》本此書。

中庸説五卷（浙江巡撫採進本）

國朝毛奇齡所論，其門人章大來、樓宅中、朱樟、陳佑及其子遠宗、姪文輝編次①。而各附以已説，皆與朱子《章句》互異。大旨以慎獨為主，闡劉宗周之旨。蓋宗周，奇齡之鄉人也。奇齡博洽羣書，其説經善於考證。至於舍考證而談義理，則違才易務，非其所長。又以辨才濟之，愈辨而愈支，固其所矣。

**【彙訂】**

① "其子遠宗姪文輝"，殿本作"其姪文輝子遠宗"。

聖門釋非録五卷（浙江巡撫採進本）

國朝陸邦烈編。邦烈字又超，平湖人。毛奇齡之門人也。是書因朱子《四書集註》頗有疑諸賢之説，或有流弊者，因取奇齡《經説》所載諸論裒合成帙，而附以奇齡門人子姪諸説，以辨其非。前有邦烈自記，稱："北宋諸儒，高樹門幟，不容一人訾議。如劉共父改《二程全書》一二字，便作札四布，痛加譏貶，必欲使其還復舊文而後已。而於先聖、先賢恣情詆駁，《大學》、《孝經》連篇删改。即孔門諸賢，何一不受其削斲？ 相其用心，實有抑聖賢以揚同類之意。因稍輯先生所言，與他書偶録可引據者，彙為一卷，名曰《釋非》。以為聖門口語，各有精義，或未可盡非。"云云。考宋儒標榜門户，以劫制天下之異端①，誠所不免。至坐以詆誣聖賢，則未免深文。且朱子《集註》補苴舊説，原恐後學之誤會，亦非主於排斥孔門。邦烈此書雖無作可也。此本刻《西河合集》中，舊題奇齡自撰。今考究始末，實邦烈所為。其中如謂"本"字《書》不訓"始"，惟宋人《廣韻》因程子是解增一"始"訓。

案陳彭年、邱雍等重修《廣韻》在大中祥符間，其時程子未生，安得因程子之説？如斯之類，似非奇齡所宜有。又朱子與張栻、劉共父書，謂《二程遺書》乃胡安國所改，而此序作劉共父所改，亦誤。故改題邦烈，從其實焉。

**【彙訂】**

①"異端"，殿本作"異論"。

論語傳註二卷大學傳註一卷中庸傳註一卷傳註問一卷（直隸總督採進本）

國朝李塨撰。塨有《周易傳註》，已著録。是編解釋經義，多與宋儒相反。蓋塨之學出於顔元，務以實用為主。故於程、朱之講習，陸、王之證悟，凡不切立身經世者，一概謂之空談。而於心性之學，排擊尤甚。其解《四書》，亦即此旨。中惟《孟子註》未成，今傳者《論語》、《大學》、《中庸》耳。《論語》多用古義，亦兼取毛奇齡之説。如以"無所取材"從鄭康成作"桴材"，"偏其反而"從何晏作反經合道之譬，則不免故相違迕，有意異同。《大學》用古本，讀"大"為"泰"，及"親民"之"親"讀本字，皆仍舊説。其以"格物"之"物"為《周禮·司徒》之"鄉三物"，則塨自申其學也。《中庸》不取朱子天道、人道之説，一切歸於實際，證以人事。在三書之中，較為完密。《傳註問》則仿朱子《或問》之例，一一辨其去取之所以然，辭氣多不和平，徒以氣相勝而已。

四書反身録六卷續補一卷（浙江巡撫採進本）

國朝李容〔顒〕撰①。容字中孚，盩厔人。康熙己未，薦舉博學鴻詞，以年老不能赴京而罷②。康熙四十二年，聖祖仁皇帝西巡，召容入見。時容已衰老，遣子慎言詣行在陳情，以所著《二曲集》、《反身録》奏進。上特賜御書"操志高潔"以獎之。是書本題曰"二曲先生口授，鄠縣門人王心敬録"。"二曲"者，容之別號。水曲曰盩，山曲曰厔。盩厔當山水之曲，故因其地以稱之。是此書成於心敬之手，容特口授。然核其序文年月，則是書之成，容猶及見，非身後追録之比，實仍容所自定也。容之學本於姚江。書中所載，如《大學》"格物"之物為身心意知家國天下之物，即"物有本末"之物。又謂"明德與良知無分別。念慮微起，良知即知善與不善。知善即實行其善，知惡即實去其惡。不昧所知，心方自慊"云云，其説皆仍本王守仁。又書中所引呂原明渡橋，輿人墜水，有溺死者，原明安坐橋上，神色如常，原明自謂未嘗動心[3]。容稱其臨生死而不動，世間何物可以動之？夫死生不變，固足徵學者之得力。然必如容説，則孔子之微服過宋，孟子之不立巖牆[4]，皆為動心矣。且"廄焚"必問"傷人"[5]，"乍見孺子入井，必有怵惕惻隱之心"。輿夫溺死而原明安坐不動，此正原明平時強制其心而流為谿刻之過。容顧稱之為不動，則與告子之"不動心"何異乎？是亦主持太過，而流於偏駁者矣。

**【彙訂】**

①　"李容"，即"李顒"，乃避嘉慶諱改，下同。殿本作"李顒"。

②　李顒不赴鴻詞科，實因不願臣附清廷，見《國朝先正事略》卷二七《李二曲先生事略》、《清史列傳》卷六六《李容〔顒〕傳》所載。（楊武泉：《四庫全書總目辨誤》）

③　呂原明即呂希哲，《宋元學案》卷二三《滎陽學案》云："（呂希哲）自歷陽赴單父，過山陽渡橋，橋壞，轎人俱墜，浮於水，而公安坐轎上，神色不動，從者有溺死者。"可知乃"安坐轎上"，溺死者乃"從者"。且下文云："晚年嘗言：十餘年前在楚州（即

山陽)，橋壞墮水，時覺動心。數年前大病，已稍稍勝前。今次疾病，全不動矣。"可知當年並非全不動心，乃故作矜持。(同上)

④ "之"，殿本無。

⑤ 殿本"必"下有"先"字。

辟雍講義一卷大學講義一卷中庸講義一卷(兩江總督採進本)

國朝楊名時撰。名時有《周易劄記》，已著録。《辟雍講義》乃乾隆元年名時兼領國子監時所著①。《大學》、《中庸講義》則因其《劄記》之説而暢之耳。

【彙訂】

① "領"，殿本作"管"。

雜説無卷數(江蘇巡撫採進本)

國朝焦袁熹撰。袁熹有《春秋闕如編》，已著録。是編乃以《禮記》中《大學》、《中庸註疏》及《論語》、《孟子註疏》，與朱子《章句集註》兩兩相勘，決擇是非，而左袒朱子者為多。其中考證過疏，如謂《論語》孔註"誄①，禱篇名"，"不知誄乃施於死後者"，未詳孔註所出。今考《大祝》："作六辭以通上下、親疏、遠近，其六曰誄。"註引《論語》："誄曰：禱爾于上下神祇。"賈公彦疏："生人有疾亦誄，列生時德行而為辭，與哀公誄孔子意同。"是死諡名誄，生禱亦名誄之顯證。奈何於孔註疑之耶？

【彙訂】

① "如"，殿本作"若"。

考定石經大學經傳解一卷(戶部尚書王際華家藏本)

國朝邱〔丘〕嘉穗撰。嘉穗字實亭，上杭人。康熙壬午舉人，官歸善縣知縣。是編大旨謂《大學》“格致”一傳，本未闕佚，不過錯簡，非惟朱子所補為誤，即諸儒所定亦皆未安。因參取舊説，以“物有本末”一節、“子曰聽訟”一節、“《詩》云：邦畿千里”一節、“知止而后有定”一節，終以“此謂知之至也”句，合為“格物致知”之傳，而詮解以明之。其意以豐坊偽石經為真，而又未見坊之原本，但據鍾惺《四書聚考》所載。又見朱彝尊、毛奇齡等素號博洽者，皆引據舊文，掊擊甚力，遂依違瑟縮，不敢訟言。然其割取“《詩》云：邦畿千里”十字，實用偽石經本也。

中庸本旨二卷（江蘇巡撫採進本）

國朝朱謹撰。謹號雪鴻，崑山人。是編前有康熙己丑魏一川序，稱其歲易一稿，踰三十年。今觀其書首列《中庸圖》十七，其分配五行者多涉牽合。其解“中”字，謂中即太極，即伏羲一畫而縱之。其解“天”字，謂上一畫為天，下一畫為地，人居其中。一川序又為補解“庸”字，以為古文作“蕭”。“𡗦”，古“庚”字，為陽金，“𤰒”，古“鏞”字[①]，為樂器，而附於黃鍾之末。亦皆附會。其註以天命為源，以無聲無臭為歸宿，多涉恍惚。其《中庸續論》又時時評論文法，如謂“‘三重’章、‘大哉’章是兩扇格局，不露排偶”之類，併引而歸之時文矣。

**【彙訂】**

① “鏞”，殿本作“鍾”，誤。

大學本文一卷大學古本一卷中庸本文一卷（通行本）

國朝王澍撰。澍有《禹貢譜》，已著錄。是書取《大學》、《中庸》本文及朱子《章句》原序，各為批點，大意欲因文法以闡書理。然聖經雖文字之祖，而不可以後人篇法、句法求之。世傳蘇洵評

《孟子》、謝枋得評《檀弓》，皆出於明人刊本。其源流授受，莫得而明，大抵皆後人偽撰。澍因仍其例，實非先儒之舊法。又既用朱子改本，發揮文字之妙，又列古本一卷，其發揮妙處亦如之。古本是則改本非，改本是則古本非。兩相尊奉，不亦合之兩傷乎？

　　大學困學錄一卷中庸困學錄一卷（浙江巡撫採進本）

　　國朝王澍撰。自明以來，解《四書》者，惟以尋繹語脈為時文敷衍之具。澍是二書，獨發揮學問之功，其識在坊刻講章上。而意取詳明，或失之冗，遂不免間有出入。如《大學補傳》第五章辨陸、王致知之誤，極為分明，而《傳》第七章乃云“心中不可存一物”，則仍闌入金溪、姚江門徑矣。呂坤《呻吟語》謂：“佛氏論心爭有無，儒者論心爭是非。如貞女思夫、忠臣思君，可謂之放心乎？”其說當矣。又何可以不存一物為正心也？亦間有寬廓語。如《中庸》第二章謂“君子時中”只是敬其意，以敬為無忌憚之反。而不知此“時中”字徹上徹下，徹內徹外，當由格物窮理、明體達用而來，非一“敬”字所能盡。又如《中庸》第二十章謂“《九經》句句有一篇《西銘》在內”，其理固然，然不可如此說書。必充類至盡，雖謂“句句有一篇《太極圖說》在內”，亦何嘗不可通乎？

　　成均講義無卷數（江西巡撫採進本）

　　國朝孫嘉淦撰。嘉淦有《春秋義》，已著録。是編乃嘉淦攝國子監祭酒時[①]，以《大學》“聖經”一章為學者入德之門，乃逐節疏解，以發明朱子《章句》之義。其講“致知格物”，謂：“釋氏欲正心而不先誠意，陸子靜欲誠其意而不先致知，王陽明欲致其知而不先格物。惟程、朱之書，詳言格物，獨得孔子之傳。今日學者之流弊,譏釋氏之不能誠意,並其正心而失之;譏子靜之不能致知,並其誠意而失之;譏陽明之不能格物,並其致知而失之;名為守程、朱之學,並其格物而失之。古之所謂物者,盈天地之法象道器,書其一也;古之所謂格物者,極事理之廣大精微,讀書其一也;古之所謂讀書博洽,無所不通,作文其一也;古之所謂作文者,體製不可枚舉,制藝其一也。然則今日士子之所學,視古者綱領條目之大全,相去何如哉?"亦頗中學者之流弊也。

**【彙訂】**

①"攝",殿本作"兼領"。

**五華纂訂四書大全十四卷**（洗馬劉權之家藏本）

國朝孫見龍撰。見龍字叶飛,號潛村,烏程人。康熙癸巳進士,改庶吉士。是編乃見龍掌教雲南五華書院時所輯,故以"五華"為名。自序謂於《四書大全》舊本,"譌者正之,偏者刪之",明以來諸家制藝評語,併為採入。間附以近時李光地、楊名時之説。見龍有所自見,亦附著於後云。

**四書纂言**無卷數（兵部侍郎紀昀家藏本）

國朝王士陵撰。士陵有《易經纂言》,已著録。是編採攎坊刻《四書》講章,排比成書。以先儒之説列前,近人之説列後,亦間以己意推闡。大抵以永樂《四書大全》為藍本。

**大學偶言一卷**（浙江巡撫採進本）

國朝張文蓋撰。文蓋字風林,又字樹聲,蕭山人。康熙甲午舉人,官成都縣知縣。是書凡四十六條。雖以《大學偶言》為名,前有劉紹攽序,亦以《大學》為説,而其書多論理氣心性,辨諸家之是非,説《中庸》者為多,解《大學》者僅數條,未喻其故也。文蓋受業於毛奇齡，故此書亦因其師説。特文蓋至乾隆甲子尚存，當日久論定之餘，知奇齡以負氣詬屬，為後人所不滿，鑒於前車，詞氣較為和平耳。其論人無二性，與顏元《存性編》之説同，不為無理。其論朱子補《大學》"格物"傳全為禪學，則有意巧詆，純乎門户之見矣。

成均課講學庸無卷數（江蘇巡撫採進本）

國朝崔紀撰。紀有《成均課講周易》，已著録。是書亦其官國子監祭酒時所著也①。其旨謂："《大學》以慎動為宗，故所言多顯，《中庸》以主静為宗，故所言多微。究則體用一原，顯微無間者也。學者惟是微《大學》之顯，而闡《中庸》之幽，庶有以得其源流旨趣之一矣。"云云。然以《學》、《庸》分屬微、顯，且謂《中庸》以主静為宗，而不言存誠，似於理終未周密也。

【彙訂】

① "亦"，殿本無。

讀孟子劄記無卷數（江蘇巡撫採進本）

國朝崔紀撰。是書以七篇大旨出於《大學》，其言性情即"明德"；言知言、養氣即"明之"之事；告齊、梁諸君以憂樂同民，即"恕與絜矩"之意；其論"執中"，以"射之巧，稱之權"譬之，即"至善"之理，其説亦自成理。然聖賢之旨，原自貫通，正不必如此節節比附。又稱本於《中庸》，亦可不必也。

論語温知録二卷（山西巡撫採進本）①

國朝崔紀撰。皆其平日讀《論語》所筆記。官湖北巡撫時，乃彙而輯之②。每章統論其大意，皆以闡發《集註》為主。

【彙訂】

① "山西巡撫採進本"，殿本作"江西巡撫採進本"，誤。《四

庫採進書目》中僅“山西省呈送書目”著録此書。（江慶柏：《殿本、浙本〈四庫全書總目〉著録圖書進獻者主名異同考》）

②“而”，殿本無。

四書參註無卷數（直隸總督採進本）

國朝王植撰。植字槐三，深澤人。康熙辛丑進士，官至邠州知州。是書多掊擊《註疏》，以自表尊崇朱子之意，而掊擊鄭元、孔穎達尤甚於趙岐、何晏、孫奭、邢昺。然先有漢儒之訓詁，乃能有宋儒之義理，相因而入，故愈密愈深。必欲盡掃經師，獨標道學，未免門户之私。譬之天文算數，皆今密而古疏，亦豈容排擊羲氏，詆諆隸首哉？且所採多近時王廷諍、崔紀、傅泰諸人之説。在諸人研究《四書》，固各有所得，然遽躋諸鄭、孔諸儒之上，恐諸人亦未必自安矣。

菜根堂劄記十二卷（檢討蕭芝家藏本）

國朝夏力恕撰。力恕字觀川，孝感人。康熙辛丑進士，官翰林院編修。是編乃乾隆己未至辛酉力恕在武昌書院時，與諸生講授《四書》所作[1]。初名曰《題解》，蓋專為制藝言之，已授梓矣。丙寅以後，又取程、朱之説參校同異，勒為此編，至戊辰而脱稿。其父以此事不止關係時文，《題解》之名不佳，乃改題今名。見於力恕之自序[2]。而《題解》舊序亦併存之於卷端[3]，不没其始也。原書本十八卷，其後六卷，別題曰《證疑備覽》，則皆考辨《四書》中名物典故者。此本有録無書，而前有朱印曰“《證疑備覽》嗣出”[4]，蓋刊尚未竟云。

【彙訂】

①“四書”，殿本無。

②“見於力恕之自序”，殿本作“見力恕自序”。

③“之”，殿本無。

④ 殿本“出”下有“翻刻必究”四字。

中庸解一卷（江蘇巡撫採進本）

國朝任大任撰。大任字鈞衡，吳江人。此書分段詮釋，但標節次，不録經文，大抵多先儒緒言也。

四書録疑三十九卷（福建巡撫採進本）

國朝陳綽撰。綽有《周易録疑》，已著録。是書成於康熙後壬寅。凡《大學》二卷，《中庸》三卷，《論語》二十卷，《孟子》十四卷，皆每章摘句解之。然解《章句集註》者多，解經文者轉少。其大旨在於鑽研朱子之説，一字一句，務發明盡致。殆如業《春秋》者以經命題，以胡《傳》行文耳。據其子湜跋語，綽實積數十年之力，乃成此書，湜亦時有所附記。蓋其父子以此為世學也。

四書本義匯参四十五卷（贊善韋謙恒家藏本）

國朝王步青撰。步青字漢階，或自書曰罕皆，以同音相代也。號已山，金壇人。雍正癸卯進士，官翰林院檢討。是書凡《大學》三卷，附一卷，《中庸》七卷，附一卷，《論語》二十卷，《孟子》十四卷。大旨據《章句集註》斷諸家之是非，而引朱子《或問》、《語類》、《文集》及元、明以來之講章，條分縷析，為之證佐。於語脈字義，推闡頗詳。在近時講章之中，尚較為切實。考古無“四書”之名，其名實始於朱子①。朱子註《詩》、註《易》，未必遽淩跨漢、唐。至詮解《四書》，則實亦無踰朱子。故自明以來，科舉之學以朱子為斷。然聖賢立訓以垂教，非以資後人之辯説為作語録計也。即朱子《章句集註》亦以明聖賢之道，非以資後人之揣摩為取科第計也。是書乃以場屋八比之法，計較得失，斯已逐影而失形矣。其發凡病汪份删纂《四書大全》[2]，参取閻若璩、顧炎武之説，或與朱子相左。是未考漢學、宋學各有源流。至於贋本《或問小註》，明知其依託朱子，而有意模棱。殆慮一斥其偽，即不能假朱子之名鉗伏眾論。故存為疑案，不欲顯言。不知其説可取，不必以贋本而廢之，其書非真，亦不必以其説可取併諱其贋本。是是非非，當以其書為斷，不必定使其書出朱子而後謂之是也。是又門户之見未能盡化矣。

**【彙訂】**

① “始”，殿本作“定”。

② 殿本“凡”下有“中”字。

鼇峯講義四卷（兩江總督採進本）[1]

國朝潘思榘撰。思榘有《周易淺釋》，已著録。鼇峯書院在福州，為巡撫所掌。此其官福建巡撫時與諸生講《大學》、《中庸》之語，諸生編而刊之者也。

**【彙訂】**

① “兩江總督採進本”，底本作“兩浙總督採進本”，據殿本改。《四庫採進書目》中“兩江第一次書目”、“江蘇採輯遺書目録簡目”皆著録此書。（江慶柏：《殿本、浙本〈四庫全書總目〉著録圖書進獻者主名異同考》）

論語説二卷（浙江巡撫採進本）

國朝桑調元撰。調元字弢甫，錢塘人。雍正癸丑進士，官工部主事。是書詮解《論語》凡五百條，分上、下二卷，每卷又分五子卷。所言皆闡《集註》未盡之義。如謂“人知有懲不剛，而不知無慾尚非剛"之類,頗為細密。然是書為其門人所錄,尊崇師説,一字不遺,或併其偶批數字亦悉載之。如"不有祝鮀之佞"章,但註"自古如此,可傷可歎"八字,別無一言。是豈詁經之法、著書之體耶? 再刪汰之則善矣。

四書約旨十九卷(禮部尚書德保家藏本)

國朝任啟運撰。啟運有《周易洗心》,已著錄。是編乃平日與門人講貫,隨筆劄記之文。其中如論管叔以殷畔,謂管叔監殷,在武王時有功,引《汲冢書》為據之類,亦閒有所考證。然大旨為科舉作也。

翼藝典略十卷(江西巡撫採進本)

國朝蕭正發撰。正發字次方,廬陵人。是書首《至聖紀》一卷,《諸賢紀》一卷,《二帝三王紀》一卷,《春秋紀》三卷,《戰國紀》一卷,《龐紀》三卷,皆詮釋《四書》典故。曰"翼藝"者,據卷首劉吳龍序,謂以羽翼制藝也。其著書之意可知矣。

讀大學中庸日録二卷(陝西巡撫採進本)

國朝康吕賜撰。吕賜字復齋,別號一峯,又自稱南阿山人,武功人。是書《讀大學日録》一卷,《讀中庸日録》一卷。其言"王文成以格物致良知,此功夫知行兼到,自是切實精詳"。又云:"《中庸》揭出'慎獨',即孔子修己以敬血脈,王文成更提掇明快。"二《録》大旨,已盡於此。書首載自作《墓誌》一篇,述其講學宗旨最詳,亦自稱為姚江之支派云。

江漢書院講義十卷(陝西巡撫採進本)

國朝王功述其父心敬之論也。心敬有《豐川易説》,已著錄。

此其在湖北江漢書院時與諸生講論《四書》之説，功録而存之，故每條稱“家君曰”。以附刻文集之中，故標目為《豐川全集》，而以《存省稿》為子目云。

四書説註扈詞十卷（直隷總督採進本）

國朝胡在咠撰。在咠，永年人。乾隆丙辰進士，官湖北松滋縣知縣。是編雖以“説註”為名，然頗因以講學，尚不似鄉塾講章全為時文而作。然亦未全脱坊刻之窠臼，蓋其用力之始，從講章入也。

四書順義解十九卷（御史戈岱家藏本）

國朝劉琴撰。琴字松雪，任邱人。乾隆丙辰舉人，官順義縣教諭。是編皆先標章次，而後循文以衍其意。每節之末，又雜引舊説以析之。以成於官順義時，因以為名。前有同邑邊連寶序，稱其“自雍正丁未至乾隆壬午，三十年而後脱稿。臨没，猶斟酌改竄”，又稱其“一以紫陽為主，不敢稍背”云。

四書就正録十九卷（江蘇巡撫採進本）

國朝陳鋐撰。鋐字宏猷，嘉定人[1]。是書雜採坊本講章而敷衍之，多沿陸隴其、汪份兩家《重訂四書大全》之説。

**【彙訂】**

[1] 李桓《國朝耆獻類徵初編》卷四一一載錢大昕所作“陳鋐墓碣”云：“太倉之南鄉，有陳君宏猷者，幼而穎敏。”宣統《太倉州志》卷二一《人物五》亦有其傳略。（楊武泉：《四庫全書總目辨誤》）

四書晰疑無卷數（江蘇巡撫採進本）

國朝陳鋐撰。是書成於乾隆辛酉。前有例言，謂：“《四書》

疑義雖多，其閒或有一説之確當於經義者，概不敢贅。特輯朱註以來，諸説之所未備而或未定者。故《論》、《孟》皆少，而《學》、《庸》多"云云。今核其見解，仍不出所著《就正録》也。

虹舟講義二十卷（浙江巡撫採進本）

國朝李祖惠撰。祖惠本姓沈，字屺聖，嘉興人。乾隆壬申進士，官高安縣知縣。是編大抵涵泳《章句集註》之文，一字一句，推求語意。其體會頗費苦心，在時文家亦可云操觚之指南矣。

四書句讀釋義十九卷（山西巡撫採進本）

國朝范凝鼎撰。凝鼎字庸齋，自號磨鏡居士，洪洞人。選拔貢生。是編成於乾隆癸酉。《四書》次第用朱子原本，皆先明句讀，次詮文義。先列《集註》，次録《或問》、《語類》。其餘諸儒議論與朱註相發明者，乃採録之。稍有同異，則斥不載焉。

四書講義尊聞録二十卷（江蘇巡撫採進本）

國朝戴鉉撰。鉉字景亭，長洲人。以《四書大全》諸説紛錯，無所適從，因以己意點次之。每章列"總旨"於前，每節列"本義"及"附解"於下。"總旨"、"附解"皆本《大全》所録諸儒之語，而附益元明以來諸説①。"本義"則順文詮釋，略如直講之體。蓋亦科舉之學也。

【彙訂】

① "而附益"，殿本作"附益以"。

四書窮鈔十六卷（山西巡撫採進本）

國朝王國瑚撰。國瑚字夏器，號珍吾，臨縣人。是書卷首郭九有序稱為《四書主意》，而標題又稱為《四書窮鈔六補定本》。

疑其書非一稿，故命名亦隨時而異歟？ 其解頗與朱子立異，然僅鑽研於字句之間，無以相勝也。

古本大學解二卷（湖北巡撫採進本）

國朝劉醇驥撰。醇驥字千里，號廓菴，廣濟人。是書遵用古本《大學》，不分經、傳。首《大學考》，次《〈戴記〉中古本》，又次為《大學解》，力辨二程子、朱子及董槐、王柏諸人改本之非。夫竄易古經以就己意，其事原不可訓，然姚江之徒所以必復古本者，實欲引託始知本、不言格物之義，以陰助良知，非盡為尊經也。

雜説八卷（江蘇巡撫採進本）

不著撰人名氏，亦無序跋。相其紙墨圈點，不過數十年中物，殆近人作也。其書凡《讀論語註疏》一卷，《讀大學註疏》一卷，《讀中庸註疏》一卷，《讀孟子註疏》五卷。皆標舉舊文，辨其得失，大抵以意斷制之。其《讀大學註疏》以今本糾古本，頗為枘鑿。今本以“格物”為先，自有今本之義，古本以“誠意”為始，亦自有古本之義。既不從古本，則竟置《註疏》不用可矣。必強合之，則不揣其本而齊其末也。

右四書類一百一部，一千三百四十一卷[①]，內十四部無卷數。皆附存目。

【彙訂】

① “一千三百四十一卷”，殿本作“一千三百九十六卷”，誤。

　　案，古書存佚，大抵有數可稽。惟坊刻《四書》講章，則旋生旋滅，有若浮漚，旋滅旋生，又幾如掃葉，雖隸首不能算其數。蓋講章之作，沽名者十不及一，射利者十恒踰九。一變其面貌，則必一獲其贏餘；一改其姓名，則必一趨其新異。

故事同幻化，百出不窮。取其書而觀之，實不過陳因舊本，
增損數條，即別標一書目，別題一撰人而已。如斯之類，其
存不足取，其亡不足惜，其剽竊重複不足考辨，其庸陋鄙俚
亦不足糾彈。今但據所見，姑存其目。所未見者，置之不問
可矣。

# 經部三十八

## 樂　類

沈約稱《樂經》亡於秦。考諸古籍，惟《禮記·經解》有樂教之文。伏生《尚書大傳》引“辟雍舟張”四語，亦謂之樂。然他書均不云有《樂經》。《隋志》：“《樂經》四卷”，蓋王莽元始三年所立。賈公彥《考工記·磬氏疏》所稱“《樂》曰”，當即莽書，非古《樂經》也。大抵《樂》之綱目具於《禮》，其歌詞具於《詩》，其鏗鏘鼓舞則傳在伶官。漢初制氏所記蓋其遺譜，非別有一經為聖人手定也。特以宣豫導和，感神人而通天地，厥用至大，厥義至精，故尊其教，得配於經。而後代鍾律之書，亦遂得著録於經部，不與藝術同科。顧自漢氏以來，兼陳雅俗，豔歌側調，並隸雲韶。於是諸史所登，雖細至箏、琶，亦附於經末。循是以往，將小説、稗官，未嘗不記言記事，亦附之《書》與《春秋》乎？悖理傷教，於斯為甚。今區別諸書，惟以辨律呂、明雅樂者仍列於經。其謳歌末技，弦管繁聲，均退列“雜藝”、“詞曲”兩類中。用以見大樂元音，道侔天地，非鄭聲所得而奸也。

皇祐新樂圖記三卷（兩淮馬裕家藏本）

宋阮逸、胡瑗奉敕撰。仁宗景祐三年二月，以李照樂穿鑿，特詔校定鍾律，依《周禮》及歷代史志立議範金。至皇祐五年，樂成奏上，此其圖記也。舊本從明文淵閣録出，後有宋陳振孫嘉定己亥跋云[①]：“借虎邱寺本録。”蓋當時所賜，藏之名山者。又有元天曆二年吳壽民跋、明萬曆三十九年趙開美跋，敘此書源委頗詳。考初置局時，逸、瑗與房庶等皆驛召預議。詔命諸家各作鍾律以獻，而持論互異。司馬光主逸、瑗之説，范鎮主房庶之説[②]，往反爭議，卒不能以相一。其往返書牘，具光《傳家集》中。而鎮所作《東齋記事》，亦略存其概。大抵逸、瑗以為黃鍾之管積八百一十分，容一千二百黍。又以《九章》圜田算法計之，黃鍾管每長一分，積九分，容十三黍三分黍之一，空徑三分四釐六毫，圍十分三釐八毫。圍徑用“徑三圍九”古率，而改圍九分為九方分，則遷就之術也[③]。司馬光曰：“古律已亡，非黍無以見度，非度無以見律。律不生於度與黍，將何從生？ 非謂太古以來，律必生於度也。特以近世古律不存，故返從度法求之耳。”其論最明。范鎮譏其以度起律，誠為過當。然鎮以秬、黍、律、尺、龠、鬴、斛、算數、權衡、鍾聲十者必相合而不相戾，然後為得，亦不為無見也。以律起度，與以度起律，源流本無異同，而二家算術不精。逸、瑗等得之於橫黍，而失之於圍徑，又以大黍累尺，小黍實管，自相乖反。房庶以千二百黍實之管中[④]，隨其長短，斷之以為九寸之管，取三分以度空徑，則空徑不生於黍，而別有一物為度以起分，竟不必實黍於管，亦未見其為通論也。是書上卷具載律呂、黍尺、四量、權衡之法，皆以橫黍起度，故樂聲失之於高。中、下二卷考定鍾磬、晉鼓及三牲鼎、鸞刀制度，則精核可取云。

**【彙訂】**

①　據陳氏跋原文，當作嘉熙己亥。嘉定無己亥。（胡玉縉：

《四庫全書總目提要補正》）

②“主房庶之説”，殿本作“則主庶之説”。

③“則”，底本作“別”，據殿本改。

④“房庶”，殿本作“至庶”。

樂書二百卷（福建巡撫採進本）

宋陳暘撰。暘字晉叔[①]，閩清人。紹聖中登制科，官禮部侍郎，事蹟具《宋史》本傳。此書乃建中靖國間，暘為祕書省正字時所進。自第一卷至九十五卷，引《三禮》、《詩》、《書》、《春秋》、《周易》、《孝經》、《論語》、《孟子》之言，各為之訓義。其第九十六卷至二百卷，則專論律吕本義、樂器、樂章及五禮之用樂者，為《樂圖論》。引據浩博，辨論亦極精審。視其兄祥道《禮書》，殆相伯仲。第《禮書》所載，只詳於三代器數，是書則又推及律吕本原及後世雅俗諸部，故陳振孫《書録解題》謂：“《樂書》博則博矣，未能免於蕪穢也。”然暘書包括歷代，總述前聞，既欲備悉源流，自不得不兼陳正變。使振孫操筆而修史，將舉古來秕政亂法一切刪之不載乎？此南宋人迂謬之見，不足據也。其中惟辨“二變”、“四清”二條，實為紕繆。自古論“四清”者，舉民臣相避以為尊卑立説[②]，本屬附會。暘則曰：“黃鍾至夾鍾四清聲，以附正聲之次。”其意蓋為夷則至應鍾四宮而設[③]。既謂黃鍾至夾鍾為清，又謂為夷則至應鍾而設，是兩“四清”也。不知每一均必具五聲[④]，夷則一均以夷、南、無、應為次，而闕角聲，必須黃鍾清為角。南吕一均以南、無、應為次，而闕羽、角二聲，必須黃清為羽、大清為角。以調而論，則謂夷、南、無、應四律；以聲而言，則為黃、大、太、夾四清，非有二也。其不用正聲而用清聲者，樂之高下以漸，無驟高驟下之理。以夷則一均言之，如用夷、南、無、應四正律，則其聲以次而高。而忽用黃鍾正律，雖同在一均，而高下不協，故必以黃清協之也。暘引李照"十二鍾"之說，殊為舛誤。又論"二變"曰："五聲者，樂之指拇也⑤，二變者，五聲之駢枝也。五聲可益為七音，則五星、五行、五常亦可益而七之乎？'二變'之說始於《尚書》，而蔓衍於《左傳》、《國語》、《書傳》、《漢志》。是不知《書》之'在治忽'，有'五聲'而無'七始'；《國語》之'七同'，有四宮而無徵也；《左氏》為七音之說，蓋八音耳。八音以土為主，而七音非土不和。故《書》之《益稷》、《禮》之《樂記》，其言八者皆虛其一，猶大衍虛其一也。"云云。不知二變之生，由於高下之次，蔡元定"相去二律則音節遠"之說最有根據。若不究其理之所由然，而但以數相較，則七較之五而多其二者，將十二較之五而亦多其七，是音不得有其七，而律亦不得有其十二乎？且五聲二變，有管律弦度之不同。半太蔟與正黃鍾應，半夾鍾與正大呂應，此理尤為暘所不知也。至以七音為八音虛土而言，尤為牽強矣。又其釋《周官》三宮之樂，以圜、黃、太、姑為宮之旋而在天者，故其合別而為四；函、太、姑、南為宮之旋而在地者，故其合降而為三；黃、大、太、應為宮之旋而在人者，故其合降而為二。若然，則天宮用八律，地宮用六律，人宮用四律，以多少為差別也。而圜丘樂六變、方丘樂八變、宗廟樂九變，又何以解耶？凡此之類，皆不可據為典要。然唐以來樂書無傳，北宋樂書惟《皇祐新樂圖記》及此書存耳。遺文緒論，條理可徵，又安可以一眚廢耶？

【彙訂】

①"字晉叔"，殿本作"字晉之"，誤，參《宋史》卷四三二

本傳。

②"舉",殿本作"以"。

③"蓋為",底本作"蓋謂",據下文及殿本改。

④"一",殿本無。

⑤"指拇",底本作"拇指",據殿本改。本書卷一百七"明二變"條云:"五聲者,樂之指拇也,二變者,五聲之駢枝也。"

### 律吕新書二卷(編修李潢家藏本)

宋蔡元定撰。元定字季通,建陽人。慶元中坐黨禁,流道州卒。事蹟具《宋史·道學傳》①。朱子稱其律書"法度甚精,近世諸儒皆莫能及",又云:"季通理會樂律,大段有心力,看得許多書。"及為是書作序,又曰:"黃鍾圍徑之數,則漢斛之積分可考。寸以九分為法,則《淮南》、太史、小司馬之説可推。五聲二變之數、變律半聲之例,則杜氏之《通典》具焉。變宮、變徵之不得為調,則孔氏之《禮疏》固亦可見。至於先求聲氣之元,而因律以生尺,則尤所謂卓然者,而亦班班雜見於兩漢之制、蔡邕之説,與夫國朝《會要》以及程子、張子之言。"蓋是書實朱、蔡師弟子相與共成之者,故獨見許如此。書分二卷。一為《律吕本原》,凡十三篇:《黃鍾》第一,《黃鍾之實》第二,《黃鍾生十一律》第三,《十二律之實》第四,《變律》第五,《律生五聲圖》第六,《變聲》第七,《八十四聲圖》第八,《六十調圖》第九,《候氣》第十,《審度》第十一,《嘉量》第十二,《謹權衡》第十三。其一卷為《律吕證辨》,凡十篇:《造律》第一,《律長短圍徑之數》第二,《黃鍾之實》第三,《三分損益上下相生》第四,《和聲》第五,《五聲大小之次》第六,《變宮變徵》第七,《六十調》第八,《候氣》第九,《度量權衡》第十。今考元定之説，多截竹以擬黃鍾之管，皆即以其長權為九寸，而度其圍徑如黃鍾之法。更迭以吹，則中聲可得。淺深以列，則中氣可驗。是截管之法必本之候氣也，而候氣之説最為荒渺。後漢、晉、隋《志》所載，又各異同。既云“以木為案，加律其上”，又云“埋之，上與地平”②，又云“置於案上而以土埋之，上平於地”。此置律有淺深高下之不一也。既云“以葭莩灰抑其内端，氣至者灰去”，又云：“以竹莩灰實律③，以羅縠覆律口，氣至吹灰動縠，有小動、大動、不動三説”，又云“灰飛動素④，散出於外。而氣應有早晚，灰飛有多少”。其説又不一也。然則候氣既不足憑，人聲又無左驗，是蔡氏所謂“聲氣之元”者，亦徒為美聽而已，非能見之實事也。劉歆銅斛，具詳《漢志》。而《隋志》又詳載其銘曰：“律嘉量斛，方尺而圓，其外庣旁，九氂五毫，冪百六十二寸，深尺，積一千六百二十寸，容十斗。”祖沖之所譏，以為漢世斛銘，劉歆詭謬其數，為算氏之劇疵者是也。元定乃併《漢志》取之，以定黃鍾積實為八百一十分，何也？荀勖之尺，《隋志》所謂晉前尺也。當晉之時，阮咸已譏其高。而元定以為“此尺出於汲冢之律，與劉歆之斛最為近古，樂聲高急，不知當時之圍徑果為何如”。夫古人所云徑三分圍九分者，言圓徑三分而周九分也，空圍即圓周也。胡瑗疑其管狹，不足容千二百黍，遂大其空徑四氂六毫，而周為十分三氂八毫，是亦徑三圍九之率也。因以空圍為管内之面冪為容九方分矣。元定從之，而以圓田術起算黃鍾積實，又失之太大，則不精算術之誤也。至謂“黃鍾六變律不與本均之聲相應”⑤，而不知當用清聲。又謂“二變不可以為調”，而不知二變之調具足五音，若以二變音為每調之七音，則反為出調。凡此皆元定之所未及詳者，故特著之，以糾其失焉。

**【彙訂】**

① 蔡元定傳在《宋史》卷四三四《儒林四》,非《道學傳》。《總目》卷一百九《發微論》條不誤。

② "上與地平",底本作"土與地平",據《晉書》卷十六《律曆上》及殿本改。

③ "竹莩灰",底本脱"莩"字,據《晉書》卷十六《律曆上》及殿本補。

④ "灰飛動素",據《隋書》卷十六《律曆上》,當作"灰飛衝素"。

⑤ "至謂",殿本作"至若謂"。

瑟譜六卷(永樂大典本)

元熊朋來撰。朋來有《五經説》,已著録。是書大旨以為在禮堂上侑歌,惟瑟而已,他弦莫侑,為古人所最重。自瑟教廢而歌《詩》者莫為之譜。既作《瑟賦》二篇發明其理,復援據古義,參以新意,定為一編。首為《瑟弦律圖》,次為《旋宮六十調圖》,次為《雅律通俗譜例》,次為《指法》,次為《詩舊譜》,凡《鹿鳴》、《四牡》、《皇皇者華》、《魚麗》、《南有嘉魚》、《南山有臺》、《關雎》、《葛覃》、《卷耳》、《鵲巢》、《采蘩》、《采蘋》十二篇,即趙彥肅所傳《開元十二詩譜》,次曰《詩新譜》,凡《騶虞》、《淇澳》、《考槃》、《黍離》、《緇衣》、《伐檀》、《蒹葭》、《衡門》、《七月》、《菁菁者莪》、《鶴鳴》、《白駒》、《文王》、《抑》、《崧高》、《烝民》、《駉》十七篇①,皆朋來所補,次曰《樂章譜》,為學宮釋奠樂章,終以《瑟譜後録》,則古來論瑟之語也。其《瑟弦律圖》以中弦為極清之弦,虛而不用,駁姜氏《瑟圖》二十五弦全用之非。案聶崇義《三禮圖》:"雅瑟二十三弦，其常用者十九弦②，其餘四弦謂之番。番，嬴也。頌瑟二十五弦，盡用之。”又《莊子》、《淮南子》均有“鼓之二十五弦皆動”之文，則姜氏之説於古義有徵，未可盡斥。其《旋宫圖》内所列六十調，皆據蔡氏《律吕新書》所推。其十二宫則用《禮記正義》黄鍾一、林鍾二之次，與蔡氏黄鍾一、大吕二之次不同。又改“二變”爲“二少”，少與老相應，變與正不相應，實不如《律吕新書》之確。又黄鍾一均，惟黄鍾宫用七正律，無射商則一正一半五變半，夷則角則二正二半三變半。朋來列七正律於黄鍾宫之前，而無射商以下不書正變及半律、變半律，亦爲疏略。其《樂章譜》既用唐樂三和之法，註曰“如大吕爲角，則於大吕均取中吕起調畢曲。太蔟爲徵，則於太蔟均取南吕起調畢曲。應鍾爲羽，則於應鍾均取夷則起調畢曲。”然於黄鍾爲宫無義。又曰“今釋奠迎神，或祇用黄鍾爲宫一曲疊奏之”云云。案范鎮《皇祐新樂圖記》曰③：“黄鍾爲角者，夷則爲宫。黄鍾之角者，姑洗爲角。十二律之於五聲，皆如此率。而世俗之説乃去之字，謂太蔟曰黄鍾商，姑洗曰黄鍾角，林鍾曰黄鍾徵，南吕曰黄鍾羽。”其義至明④。今因大吕爲角而取中吕起調畢曲，太蔟爲徵而取南吕起調畢曲，應鍾爲羽而取夷則起調畢曲，則是大吕之角、太蔟之徵、應鍾之羽，而非大吕爲角、太蔟爲徵、應鍾爲羽矣。至於黄鍾爲宫，與黄鍾之宫則同一黄鍾，無以異也。朋來既用唐制，而又云“祇用黄鍾爲宫一曲疊奏”，豈非於意亦有所未安，而爲騎牆之論歟？他如《後録》中以“堯作十五弦之瑟”見於《吕覽》者誤爲《樂記》，記憶偶疏，又其小疵矣。然樂律一門，諸家著録，琴譜爲多。瑟則東晉之初尚有桓伊歌曹植詩事，以後傳者寥寥。錢起所云“二十五弦彈夜月”、李商隱所云“錦瑟無端五十弦”者，特詩人寄興之詞，不必真有其事。古調之僅存者不過郊廟朝會，備雅樂之一種而已。朋來於舊譜放佚之餘⑤，為之考訂蒐羅，尚存梗概。史稱其通曉樂律，尤善鼓瑟，則與儒者不通宮調而坐談樂理者，尚屬有殊。存之亦足見古樂之遺也。

**【彙訂】**

①《烝民》、《駉》間有《清廟》、《載芟》、《良耜》三篇，實二十篇。（胡玉縉：《四庫全書總目提要補正》）

② 底本"其"下有"所"字，據《三禮圖集注》卷五原文及殿本刪。

③《總目》本卷著錄《皇祐新樂圖記》，作"宋阮逸、胡瑗奉敕撰"。

④ "其義"，殿本作"其論"。

⑤ "放佚"，殿本作"放失"。

韶舞九成樂補一卷（永樂大典本）

元余載撰。載始末無考，惟據其進書原序，自稱三山布衣、前福州路儒學錄。又據其門人新安朱模《進〈樂通韶舞補略〉序》，知為仁宗天曆中人，其字曰大車。以養親辭官，篤行授徒，自甘嘉遯而已。是編《文淵閣書目》著錄，世無傳本。惟《永樂大典》所載，篇帙猶完。首為《九德之歌音圖》，次為《九德之歌義圖》，次為《九磬之舞綴兆圖》，次為《九磬之舞采章圖》。其歌圖以五聲、五言相配，所謂平濁、平清者，與沈約、徐景安分平聲為上下以配五音者異，沈約說見米芾《書史》，徐景安說見王應麟《困學紀聞》①。與司馬光、劉鑑諸家以喉舌脣齒牙配五音者亦異。又以六律、六呂分用，與諸家樂書以十二律相生之次為旋宮七音之次者尤截然不同。然考周德清《中原音韻》所謂陰平、陽平,即載平濁、平清之説也。《周官·大司樂》鄭元註所謂"六律合陽聲,六呂合陰聲"②,即載律呂分用之説也。則雖自出新意,亦不爲無據。至於準大衍之數以製河圖,準太乙行九宮法以造洛書,皆起於陳摶以後,后夔典樂之日,實無是文。載所定舞圖,皆根河、洛以起數,尤不免附會牽合。然數不外於奇偶,奇偶不外於陰陽,《易》道廣大,事事可通,亦未始不言之成理。束晳之補《六詩》,皮日休之補《九夏》,不必其定合於古。要猶存古義於萬一,終勝於側調幺弦,導欲增悲者也,則載是書,亦不妨存備一説矣。其書屢經傳寫,譌誤宏多。如《音圖》第八章"至哉坤元"之"坤"字,據後《義圖》應在第八格,而舊本誤在第七格。又如《綴兆始成圖》中層左右皆闕兩位,據舞用八佾,當得六十四人。不應再成以下皆六十四,始成乃止六十。且復綴即始成之位次,後《采章圖》内亦各有黄衣二人之位,則此圖之佚脱顯然。今並校正,使復其舊。其以朱圈、墨圈記舞人之位者,亦閒有淆亂,並釐正焉。

## 【彙訂】

①"書史",底本作"畫史",據殿本改。"困學紀聞",殿本作"困學記聞",誤。

②"鄭元",殿本作"鄭氏"。

### 律吕成書二卷(永樂大典本)

元劉瑾撰。瑾有《詩集傳通釋》,已著録①。是書以候氣爲定律之本,因而推其方圓周徑,以考求其積分。蓋瑾之學篤信宋儒,故其註《詩》守朱子之説,不踰尺寸。其論樂守蔡氏、彭氏之説,亦不踰尺寸也。考《管子·地員篇》②,稱"呼音中徵、中羽之數”，及《呂氏春秋·古樂篇》稱“伶倫先制黃鍾之宮，次制十有二筒”，咸不言候氣。至司馬彪《續漢書志》，始載其法。相傳為出於京房，然別無顯證。《隋書》載：“後齊信都芳能以管候氣，仰觀雲色。嘗與人對語，即指天曰：‘孟春之氣至矣。’人往驗管而飛灰果應。”又稱：“毛爽草候氣法，述漢魏以來律尺稍長，灰悉不飛。其先人柄誠與其兄喜所為律管，皆飛灰有徵應。”然後來均不用其法。蔡邕有言：“古之為鍾律者，以耳齊其聲。後人不能，假器以定其度。以度量者可以文載口傳，然不如耳治之明決也。”然則舍可辨之音而求諸杳茫不可知之氣，斯亦末矣。至蔡氏《律呂新書》推衍舊文，仍言候氣。其數以“徑一圍三”立度，為算頗疏。彭氏覺其未合，改用祖沖之“徑七圍二十二”之率。然稽諸《隋志》，此猶約率，非密率也。瑾合二家之書，反復推衍以成是編，較諸古人之神解，誠未必窺其精微。然宋儒論樂，所見不過如此。有元一代，著述尤稀，此書猶不甚支離者。長短兼存，以資考訂，固亦不妨姑備一説云爾。

**【彙訂】**

①《總目》卷十六著録劉瑾撰《詩傳通釋》。

②“地員”，殿本作“地圓”。

苑洛志樂二十卷（浙江汪啟淑家藏本）

明韓邦奇撰。邦奇有《易學啟蒙意見》，已著録。是書首取《律呂新書》為之直解，凡二卷。前有邦奇自序，後有衛淮序。第三卷以下乃為邦奇所自著。其於律呂之原，較明人所得為密，而亦不免於好奇。如《雲門》、《咸池》、《大章》、《大夏》、《大韶》、《大濩》六樂，名雖見於《周官》，而音調節奏，漢以來無能傳者。邦奇乃各為之譜，謂："黃帝以土德王，《雲門》象天用火，起黃鍾之徵，以生為用，則林鍾也。《咸池》象地用水，起大呂之羽，以土所尅為用，則無射也。《大章》《大韶》皆起於黃鍾。夏以金德王，林鍾律屬金[①]，商聲，故《大夏》用林鍾之商南呂，以南呂起聲[②]。商以水德王，應鍾律屬水[③]，羽聲，故《大濩》用應鍾之羽夷則，以夷則起聲。"今考旋宮之法，林鍾一律以黃鍾之徵為火，以仲呂之商為金。若以月律論之，則是六月之律而非金也。故邦奇於《大夏》下自註云："相緣如此，還用夷則為是。"則夷則為七月之律屬金，與《大濩》用應鍾為十月之律屬水者一例矣。然則林鍾、夷則不已兩岐其說乎？又謂："《大司樂》'圜鍾為宮'，以南呂起聲，一變在姑洗，至六變在圜鍾，故云'若樂六變，則天神皆降'。'函鍾為宮'，以應鍾起聲，一變在蕤賓，至八變在函鍾，故云'若樂八變，則地祇皆出'。'黃鍾為宮'，以南呂起聲，一變在姑洗，至九變在黃鍾，故云'若樂九變，則人鬼可得而禮'。"今考《左氏傳》謂"五降之後不容彈矣"，則宮、徵、商、羽、角五聲也。《前漢書·禮樂志》曰"八音七始"，則宮、徵、商、羽、角、變宮、變徵七聲也。凡譜聲者率不越此二端。此書圜鍾為宮，初奏以黃鍾之羽南呂起聲，順生至黃鍾收宮，凡得十聲。次奏用林鍾之羽姑洗起聲，而姑洗實為前奏黃鍾之角，所謂"用宮逐羽而清角生"也。函鍾為宮，用太蔟之羽應鍾起聲，順生至本宮太蔟，又順生徵、商二律，復自商逆轉徵、宮二律收宮，凡得十四聲。商不順生羽而逆轉為徵，所謂"引商刻羽而流徵成"也。黃鍾為宮，凡陽律之奏用宮逐羽，陰呂之奏引商刻羽，是以十聲與十四聲各五奏也。至謂周樂皆以羽起聲，本於《咸池》，而於黃鍾為宮，起南呂，則用黃鍾本宮之羽。函鍾為宮，起應鍾，應鍾為太蔟之羽，太蔟為林鍾之徵，則又用徵之羽矣。圜鍾為宮,起南呂,南呂為黃鍾之羽,黃鍾為圜鍾之羽,則又用羽之羽矣。同一用羽起聲,而所用之法又岐而為三。推其意,不過誤解《周禮》"八變"、"九變"之文。以函鍾為宮當在初奏之第九聲,方與"八變"合,即不得不以應鍾為第一聲①,而應鍾非函鍾之羽也。以圜鍾為宮當在初奏之第七聲,方與"六變"合,即不得不以南呂為第一聲,而南呂非圜鍾之羽也。即又不得不謂應鍾為羽之羽,南呂為徵之羽矣。由杜撰而遷就,由遷就而支離,此數卷最為偏駁。其他若謂凡律空圍九分,無大小之異,其九分為九方分;蕤賓損一,下生大呂,優於益一,上生大呂;以黃鍾至夾鍾四清聲為可廢,以夷則至應鍾四律圍徑不當遞減。雖其説多本前人,然決擇頗允。 又若考定度量、權衡、樂器、樂舞、樂曲之類,皆能本經據史,具見學術,與不知而妄作者究有逕庭。 史稱邦奇性嗜學,自諸經子史及天文、地理、樂律②、術數、兵法之書,無不通究,所撰《志樂》尤為世所珍,亦有以焉。末有嘉靖二十八年其門人楊繼盛序。據繼盛自作《年譜》,蓋嘗學樂於邦奇。所云"夜夢虞舜擊鍾定律③"之事,頗為荒渺。然繼盛非妄語者,亦足見其師弟覃精是事,寤寐不忘矣。

**【彙訂】**

① "律",據此書卷七原文及殿本補。

② "以",殿本作"用"。

③ "律",據此書卷七原文及殿本補。

鍾律通考六卷(浙江范懋柱家天一閣藏本)

明倪復撰。復有《詩傳纂義》,已著録。是書凡二十七章,始於《黃鍾本原》,終於《風雅十二詩圖譜》。其中或標卷目,或不標卷目，疑傳寫者有所佚脱，非其舊也。卷首有嘉靖丙戌張邦奇序，謂其“本之《儀禮》經傳，參之西山蔡氏之説，歷考古今制度，辨正百家之得失，以求合乎聲氣之元”。今考是書，大端不失古法。其中如《吕氏春秋》“黄鍾三寸九分”，與歷代律書九寸之説不合。是書則謂：“三寸者，三三九寸也，九分者，九方分也。”後何瑭及鄭世子載堉皆用是説。至於“五聲二變”，明有《國語》伶州鳩之説可證。而是書乃謂“宫屬君，周加變宫，因誅紂也；徵屬事，周加變徵，示革商之舊政也”，殊杜撰無稽。又所載《六十調圖》，若黄鍾五調以無射爲商、夷則爲角、仲吕爲徵、夾鍾爲羽之故，同時韓邦奇於蔡氏舊圖疏解甚詳，而此書乃竟不之及①，尤不免於漏略。然其中亦頗有可採者。如《左氏傳》“中聲以降，五降之後不容彈矣”，蔡元定謂“五聲之後二變不容爲調”，朱子謂“蕤賓以下不可爲宫”，是書則謂朱子之説與《禮記》所云“旋相爲宫”似有未合，故特從元定。又若黄鍾生十一律，倍其實，四其實，三其法②，及角音六十四，生變宫、變徵，類能並列朱、蔡異同之法，參互詳審，頗爲不苟，亦可謂勤於此事者矣。

**【彙訂】**

① “竟”，殿本無。

② “三其法”，殿本作“參其法”。

樂律全書四十二卷（浙江巡撫採進本）

明朱載堉撰。載堉，鄭恭王厚烷世子也。是書萬曆間嘗進於朝，《明史·藝文志》作四十卷。今考此本所載，凡書十一種。惟《律吕精義》內、外篇各十卷，《律學新説》四卷，《鄉飲詩樂譜》六卷，皆有卷數；其《樂學新説》、《算學新説》、《操縵古樂譜》、《六代小舞譜》、《二佾綴兆圖》[①]、《靈星小舞譜》、《旋宮合樂譜》七種，則皆不分卷[②]。與《藝文志》所載不符，疑史誤也。載堉究心律數，積畢生之力以成是書，卷帙頗為浩博，而大旨則盡於《律呂精義》一書。其說謂度本起於黃鍾之長，就此黃鍾而均分為十寸，寸十分，命曰一尺，當橫黍百粒，是為度尺。若以此黃鍾分為八寸一分，寸九分，凡八十一分，當縱黍八十一粒，是為律尺。又橫黍百粒，縱黍八十一粒，當斜黍九十粒，是黃鍾之長。以橫黍尺度之，則為一尺，寸十分，凡百分。以縱黍尺度之，則為八寸一分，寸九分，凡八十一分。以斜黍尺度之，則為九寸，寸十分，凡九十分也。其十二律長短之數則據"㮚氏為量，內方尺而圜其外"之文，謂圓徑即方斜，命黃鍾正律為一尺，用句股求弦術，得弦為蕤賓倍律。蓋黃正為句股，則蕤倍為弦，蕤正為句股，則黃正為弦，黃、蕤二律互為句股也。其生南呂、應鍾諸律，非句股所能御，蓋本於諸乘方比例相求之法[③]。載堉云"句股術"者，飾詞也。律管長短，由於尺有大小。其云"黃鍾九寸"者，蓋算術設率如此。亦猶鄭康成註十二律，分寸、釐、毫、絲之數，破一寸以為十分，乃審度之正法，太史公約十為九，則欲其便於損益而為假設之權制也。或者訶其以一尺為黃鍾，與九寸之文相反[④]，可謂不達其意矣。仲呂反生黃鍾，自何承天、劉焯、胡瑗皆有是說。蔡氏論之，以為惟黃鍾一律成律，他十一律皆不成律。不知律生於聲，不生於數，吹之而聲應，則成律矣。若遷就其聲以就數，則五音且不和矣，尚得謂之律耶？又或者以其開方乘除有不盡之數為病。夫理之當用開方乘除而數有畸零者，雖秒、忽不盡何害？假令句股求弦，而句方、股方相併以平方開之不盡，亦將謂之不成弦耶？此不知算術者也。是書所論橫黍百粒當縱黍八十一粒之尺度，及半黄鍾不與黄鍾應而半太蔟與黄鍾應之説，皆精微之論。聖祖仁皇帝《律吕正義》一書備採其説，不可以其與蔡氏有異同而置之也。至其十二律相生之法，以黄鍾正律一尺為第一率，倍黄鍾二尺為第十三率，則蕤賓倍律為第七率，故仲吕可以反生黄鍾。左旋、右旋，皆可徑求次律，即諸乘方用連比例相求之法也。試列十三率明之：以真數一為首率，即第一率，方邊二為二率，平方四為三率，立方八為四率，三乘方十六為五率，四乘方三十二為六率，五乘方六十四為七率，六乘方一百二十八為八率，七乘方二百五十六為九率，八乘方五百一十二為十率，九乘方一千零二十四為十一率，十乘方二千零四十八為十二率，十一乘方四千零九十六為末率，即十三率。以首率一乘末率四千零九十六開平方，即得七率六十四，即黄鍾求蕤賓法。以七率六十四乘首率一開平方，得八為四率，即蕤賓求南吕法也。以首率一自之，又以四率八乘之，開立方得二率方邊二，即南吕求應鍾法也。若四率八自之，再以首率一乘之，開立方得三率四，即南吕求無射法也。其比例則首之於二，猶二之於三；二之於三，猶三之於四，依次至第十三率，比例皆同。或前隔一位，隔二、三位，與後隔一位，隔二、三位，比例亦同，即各律求各次律法也，書中未明言其立法之根。又黄鍾正律倍律相乘開方，有類句股求弦與方求斜二術。自蕤賓求南吕法以下，非句股法所能御，而亦以句股言之，未免過於祕惜，以塗人耳目耳。江永著《律吕闡微》一書，專解載堉之法。永最深晰算術，而猶不能得其立法之意，餘可知矣。

**【彙訂】**

①“二佾綴兆圖”，底本作“八佾綴兆圖”，據此書卷四十及

殿本改。（范鳳書：《朱載堉著述考》）

　　②　文津閣、文溯閣本均為《律呂精義內篇》十卷,《律呂精義外篇》十卷,《律學新說》四卷,《樂學新說》一卷,《算學新說》一卷,《操縵古樂譜》二卷,《旋宮合樂譜》二卷,《鄉飲詩樂譜》六卷,《六代小舞譜》二卷,《小舞鄉樂譜》一卷,《二佾綴兆圖》一卷,《靈星小舞譜》四卷,共四十四卷。文淵閣作四十二卷,則唯《靈星小舞譜》析為二卷,餘皆同。《總目》所列,遺漏《小舞鄉樂譜》一種。（崔富章：《四庫提要補正》）

　　③　"之",殿本無。

　　④　"相反",殿本作"相戾"。

### 御定律呂正義五卷

　　康熙五十二年聖祖仁皇帝《御定律曆淵源》之第三部也。凡分三編：上編二卷,曰《正律審音》,以發明黃鍾起數及縱長體積、面冪周徑、律呂損益之理,管弦律度旋宮之法;下編二卷,曰《和聲定樂》,以明八音制器之要,各有圖說①,而於各篇之中詳考古今之同異;續編一卷,曰《協均度曲》,則取波爾都哈兒國人徐日升及壹大里呀國人德里格所講聲律節奏②,證以經史所載律呂宮調諸法,分配陰陽二均字譜,亦有圖有說。案,造律之法必先累黍,漢魏以後,迄無定論。尺既不定,則黃鍾真度亦無由得。恭惟聖祖仁皇帝天縱神聖,以縱、橫二黍相較,橫黍百粒,適當縱黍八寸一分之限。用四率比例,推得古黃鍾九寸為今尺之七寸二分九釐。其體積、面冪、周徑皆用密率乘除,至為精密。此千古難明之絕學,待聖人而明者也。又言樂者率宗司馬遷、《淮南子》之說,以三分損益之術誤為管音"五聲二變"之次,復執

《管子》"弦音五聲度分"牽合於十二律呂之中,故管律弦度俱不可得而明,而陽律陰呂又錯互用之,益滋譌謬。不知律呂分用,顯有《周官》"六律合陽聲,六呂合陰聲"及《國語》"六閒"之文可據。而弦管之生聲取分,各有不同。弦度全半相應,管音半律較全律則下一音。《呂覽》以三寸九分之管為聲中黃鍾之宮,即半太蔟合黃鍾之義。若不問管弦全半之分而概以三分損益所得之黃、林、太、南、姑、應、蕤為七音,又以半黃鍾為清宮,失之遠矣。至旋宮之法,宮自為宮,調自為調。《管子》"羽徵之數大於中",《國語》"宮逐羽音",是其遺法。故以宮主宮,羽主調,則當二變者不起調,而與調首不合之徵音亦不起調,一均凡羽、宮、商、角四調,七均凡二十八調。至弦度自首音至第八音,得六全分,與管律之得全分者不同。若以律呂之分索之弦音,則陰陽相雜,聲隨度移,即《隋志》所云"七聲之內,三聲乖應"者是也。故但以弦音奏之而不和,以管音亦止有宮、商、徵、羽之四調而已。凡此皆自來論樂家所昧昧者,非聖人心通制作之原,烏能立均出度③,妙合造化,有如是之精微廣大耶? 若夫播之聲器④,則和聲定樂,論竹音以律呂相和而設孔,琴以倍徵為第一弦,協均度曲,論弦音清濁二均遞轉合聲之法,皆迥出昔人議論之外,而一一莫不與經史所載相發明。斯誠聰明天亶,度越千古者矣。

### 【彙訂】

① "各有圖說",殿本作"器各有圖有說"。

② "德里格",殿本作"德禮格"。

③ "立均",底本作"律均",據《國語·周語下》及殿本改。

④ "聲器",底本作"聲氣",據殿本改。

御製律吕正義後編一百二十卷①

乾隆十一年奉敕撰。律吕之書，人各異說。聖祖仁皇帝累黍而得黃鍾真度，陰陽分用，各加以一半律而成七音，共為清濁一十四音。又以管律弦度生聲取分，各有不同，明弦音不可以律吕之度取分。凡所以定尺考度，製器審音，與夫五聲五變應和之原，剖析微芒，發千古未有之精義，而樂器、樂章則尚未及釐定。蓋欲俟審比樂音之法具有成書，而後考證古今，勒為定制，以徵大樂之明備也。我皇上德蘊中和，業隆繼述，凡太常之襲謬承譌者，音節篇章，親加釐定。合則仍其故，不合則易其辭、更其調，字櫛句比，盡美盡善。爰命廷臣，詮次以成是編，凡分十類：曰祭祀樂，曰朝會樂，曰宴饗樂，曰導引樂②，曰行幸樂。並詳其用樂節次，隨月旋宮之法，而備及曲詞調譜、佾數舞勢、鼓拍疾徐之節。次曰《樂器考》，器各有圖，圖各有說，而御製諸銘具載焉。次曰《樂制考》，溯自上古，若《雲門》、《大卷》以降，迄於前明，博采經義③，遍徵史志，凡其制作命名之由，因革損益之故，靡不殫述。次曰《樂章考》，亦自上古迄明，依類臚舉。次曰《度量權衡考》，制器定律之本也。次曰《樂問》，則設為問答，以窮竟其義，而前人舊說可采者，閒亦附錄。蓋《御製律吕正義》殫窮理數之蘊，妙契聲氣之元者，至是而被諸金石，形諸歌頌，一一徵實用焉。神聖制作，洵先後同揆矣。至於首載歷奉諭旨及館臣諸奏議，積盈二卷。於古今異同之辨④，名物度數之詳，並指示是非，考詢得失，務協於伶倫、榮瑗之舊。又豈皇祐定樂，但聽司馬光、范純仁等盈廷聚訟，莫能稱制臨決者所可比擬萬一哉⑤？古者《六經》並重，而樂無專書。漢、魏而下，歷代沿革之故，具在史册。先儒殫精推測，究莫能以相一者，一則尺度不同，莫能定黃鍾之真數；一則無制作之權，而空談其理，未能實諧諸管絃也。是編本《御製律呂正義》正律審音、和聲定樂之法，而審訂源流，驗諸器數，揚雄《法言》所謂"羣言淆亂折諸聖"，鄭氏《禮記註》所謂"作禮樂者，必聖人在天子之位也"。依永和聲之盛，蔑以加於此矣。

**【彙訂】**

① 文淵閣《四庫》本為一百二十八卷卷首二卷。（沈治宏：《中國叢書綜録訂誤》）

② 此書卷五七作《導迎樂》，其序云："凡遇大祀，皇帝出宮，鼓吹陳而不作。禮畢還宮……非齋期，則駕前《導迎樂》奏焉。"（江慶柏等整理：《四庫全書薈要總目提要》）

③ "博采經義"，底本作"博采精義"，據殿本改。

④ "古今異同"，殿本作"古今同異"。

⑤ 皇祐中司馬光等論樂事，《宋史·樂志》所載甚詳。與司馬光爭論者為范鎮，《總目》卷三八《皇祐新樂圖記》提要亦述其事。《宋史·范純仁傳》："仲淹没，始出仕，以著作佐郎知襄城縣。"王得臣《麈史》卷一"惠政"條："范純仁政和間宰汝之襄城。"可知純仁皇祐四年（仲淹卒年）始出仕，至政和年間一直為襄城知縣，不在朝中。且今存《范忠宣集》無一篇論樂律。（楊武泉：《四庫全書總目辨誤》）

欽定詩經樂譜三十卷樂律正俗一卷①

乾隆五十三年奉敕撰。我皇上啟六義不傳之祕，示千秋大樂之原，特命皇子暨樂部諸臣，據文義以定宮調。援古證今，親加指示，而於永言之微旨，御定為一字一音，合於"大音希聲"之義。並遵《御製律呂正義》體例,分列《八音譜》、《旋宮表》,字色各異,而聲律則同,可謂盡美盡善,足以識性情之正,而建中和之極矣。考歌詩之見於史册者,漢宗廟樂用《登歌》,而猶仿《清廟》遺音;晉正會樂奏《於赫》,而不改《鹿鳴》聲節,則知古樂雖屢變,而其音節不能盡變也。唐《開元鄉飲樂》雖不著宮譜,而獨取一字一音,朱子蓋嘗言之。豈非古有其法而不能用,我皇上深究其本原,適合於古哉②?後世譜《詩》者,明朱載堉《樂律全書》所載《關雎》數篇,琴瑟至用一字十六彈。皇上親命樂工按譜試之,俱不成聲。屢降諭旨駁正之,復撰《樂律正俗》一書以糾其誤。又考嘉靖十五年國子祭酒呂柟著《詩樂圖譜》,共六集,分為六譜,以教六館諸生。而其譜專取黃鍾一調,即朱載堉以笛合字為宮聲之法也。歌字不論平仄,亦不取某字起某字止之例。鍾磬止用黃、大、仲、林、南、清黃六音,而虛其十二不用,琴瑟止用六弦,蓋以意為之,不知而作者也。且自《周南》至《商頌》僅八十餘譜,烏足與語全《詩》之盛美、聖皇之作述哉?總計原詩三百五篇,增入御製《補笙詩》六篇,凡三百十一篇。簫、笛、鐘、琴、瑟,凡一千五百五十五譜云。

**【彙訂】**

① 文淵閣《四庫》本尚有卷首一卷。(沈治宏:《中國叢書綜録訂誤》)

② "深究其本原適合於古",殿本作"深究其本而適合於古"。

古樂經傳五卷(左副都御史黃登賢家藏本)

國朝李光地撰。光地有《周易觀象》,已著録①。是書取《周禮·大司樂》以下二十官為經,以《樂記》為之傳②。又有《附樂經》、《附樂記》，統為五卷。《樂經》、《樂記》為光地所自訂，其《樂教》、《樂用》二篇，則其孫清植以遺稿輯成者也。《樂經》之最不易通者，莫若《大司樂》一篇。蓋竇公以後，久失其傳。鄭氏所注[3]，亦自隱奧難曉。學者各為之説，遂至紛紜軮轕，聚訟無休。光地之論，謂經文"圜鍾為宮"當作"黃鍾為宮"，蓋即以黃鍾為宮也。黃鍾為角，則黃鍾角調也，其起調、畢曲之律以姑洗。太蔟為徵，則太蔟徵調也，其起調、畢曲之律以南呂。姑洗為羽，則姑洗羽調也，其起調、畢曲之律以大呂。據此，則黃鍾為角，乃姑洗為黃鍾之角；太蔟為徵，乃南呂為太蔟之徵；姑洗為羽，乃大呂為姑洗之羽。經文似當云"黃鍾之角，太蔟之徵，姑洗之羽"，不得云"黃鍾為角，太蔟為徵，姑洗為羽"。光地錯綜比附，亦未免迂曲而不可通。然其以上文"祀天神四望所用之律"為證，亦自有意義，正不妨存此一解，以補前人所未備也。其他立説，亦多考核確當，議論精詳。蓋其究心此事，用力甚深，與一切師心臆度者固自有閒矣。

【彙訂】

① 依《總目》體例，當作"光地有《周易通論》，已著録"。

② "為之傳"，殿本作"為之記"，誤。

③ "所注"，殿本作"之注"。

古樂書二卷（浙江巡撫採進本）

國朝應撝謙撰。撝謙字嗣寅，仁和人[1]。是書上卷論律呂本原，大旨本蔡氏《新書》，而參以《注疏》及朱子之説。下卷論樂器制度，則本陳祥道《禮書》及李之藻《頖宮禮樂疏》者為多。議論醇正，考訂簡核，頗得要領。其閒立説之未合者，如《六十聲圖》以宮為最濁之音。謂十二律旋宮，自黃鍾而下，林鍾均則太、姑二律為陵宮，南呂均則太、姑、蕤三律為陵宮。其意蓋以太、姑二律長於林鍾之六寸，太、姑、蕤三律長於南呂之五寸餘，故應鍾為最短之律，應鍾均則徵、商、羽、角四律皆為陵宮也。不知旋宮之法，本於十二律之相生，不以長短為相生之次。至長生短為下生，短生長為上生，不過以上下為別，非謂徵必短於宮，商必短於徵也。其失總由於“宮為最濁”之一言，而不知宮為中聲，故致此誤。撝謙又謂“古人既云黃鍾九寸，則其制度必加一寸而為尺[②]。謂黃鍾九寸竟作一尺者固非，謂黃鍾九寸止得八寸一分者亦非”云云。夫黃鍾九寸為本造律度十分之九，而折九寸為一尺[③]，則橫黍之度；約九寸為八寸一分，則縱黍之度。是云九寸與云一尺、云八寸一分者，非有異也。撝謙强加分析，尤屬未合。然其他精審處，亦往往足資考證。如《考工記》：“鳧氏為鍾，兩欒謂之銑，銑閒謂之于，于上謂之鼓[④]，鼓上謂之鉦，鉦上謂之舞。十分其銑，去二以為鉦。以其鉦為之銑閒，去二分以為鼓閒。以其鼓閒為之舞修，去二分以為舞廣。”《記》文不言鉦閒及鼓徑之度。鄭注云“鉦閒亦當六”，故又云：“鉦六、鼓六、舞四，此鍾口十者其長十六。”然鉦閒、鼓閒既同方六，而《記》又云：“大鍾十分，其鼓閒以其一為之厚。小鍾十分，其鉦閒以其一為之厚。”則鼓閒、鉦閒不得同度。撝謙云“鉦閒與舞廣同為四”，較之鄭注，頗為可通。又“銑閒謂之于”，先儒皆無明訓。撝謙作《正體》二圖，則鼓閒下段兩角之下垂者，即銑閒[⑤]。蓋古之鍾制，如鈴而不圓。兩角相距之中徑為十分，其自兩角至鼓閒之長體為八分，至兩角相距之外體獨缺。故鄭注鍾長十六，不算銑閒。又以于、鼓、鉦[⑥]、舞四名為皆鍾體，則銑閒自有體長之度可知。撝謙此二圖，固為最明晰也。

【彙訂】

① 依《總目》體例，當作“撝謙有《周易應氏集解》，已著録”。

② “一寸”，殿本作“以寸”，誤，參此書卷上原文。

③ “折九寸”，底本作“析九寸”，據殿本改。

④ “于于上謂之”，殿本脱，參《考工記》卷上。

⑤ 據本書卷下，應指《黄鍾側體鍾制圖》，無《正體》二圖。

⑥ “鉦”，殿本作“徵”，誤。

聖諭樂本解説二卷（浙江巡撫採進本）

　　國朝毛奇齡撰。奇齡有《仲氏易》，已著録。是書成於康熙三十一年五月，擬進呈未果。至三十八年三月，聖祖仁皇帝南巡，奇齡迎駕於嘉興，乃以是書恭進。故卷首載三十五年一疏，而卷末又有三十八年《附記》。其書因大學士伊桑阿《論樂原疏》本於“徑一圍三、隔八相生”之聖諭，故推闡考證，分條注釋。其進書原疏稱：“合三書十三卷。首為《樂本解説》一卷。”今此本乃分二卷，蓋全書文義相屬，本為一篇。刊版之時，乃以論“徑一圍三”者為前卷，論“隔八相生”者為後卷，取其條例明晰。當迎駕恭進之時，即此刊本，則仍奇齡所自分矣。

皇言定聲録八卷（浙江巡撫採進本）

　　國朝毛奇齡撰。書内推本聖祖仁皇帝論樂，而自附其“九聲七調”之説。合五聲及宮清、商清、角清、徵清為九聲，合五聲及變宮、變徵為七調。謂曲終不用二變，而器色以七調之色字應之，故九聲為聲，七調為調。因又辯昔人以變宮在宮前、變徵在徵前為非，而移二變於二正後。蓋熟於吹簫笛者，翻宮換調，以宮逐羽聲則羽為宮，而宮當商，商當角，角當徵，徵當羽，皆差一位。故變宮本在羽後宮前者，變而居宮後商前矣；變徵本在角後徵前者，變而居徵後羽前矣。此今時管色字所常用①，非奇齡以獨創得之者也。其餘自行己意，攻駁古人，辭氣往往太過。姑存之以備參考可矣。

**【彙訂】**

①"時"，殿本無。

竟山樂錄四卷（浙江巡撫採進本）

國朝毛奇齡撰。是書據明寧王權《唐樂笛色譜》為準，以四、乙、上、尺、工、凡、六字循環成七調。如四為領調，則乙為變宮，上為商，尺為角，工為徵，凡為變徵，六為羽。又除羽無清聲，置乙、凡二字不用，復從六而推，高四為宮清，高上為商清，高尺為角清，高工為徵清，合之宮為九聲。蓋簫笛色字譜及金元曲調，其動盪曲折，總不出此九聲之環轉。伶官遞相授受，稱為唐樂之遺法。奇齡遂據以解五音十二律，還相為宮，以攻司馬遷《律書》、蔡元定《律呂新書》之說，欲舉古來所謂"三分損益、隔八相生"者一切廢之，併伶州鳩所對亦斥為妄言。夫寧王《笛色譜》果否為唐人之舊，未可知也。即真出唐人，而唐之雅樂固未聞能與三代比。乃執其優伶賸譜以定天地之元音，舉漢氏以來諸儒授受去古未遠者，悉指為謬。揆以事理，似乎未然。惟寧王《譜》今已不傳，存錄是編，俾唐以來教坊舊調、金以來院本遺音，猶有考焉，亦技藝之一種也。是書本奇齡作①，而託於其父鏡所傳，故題曰《竟山樂錄》。竟山者，鏡之字也。末一卷為《采衣堂論樂淺說》十四條，稱出自其兄仁和教諭萬齡，而詞氣亦宛似奇齡。無可佐證，亦姑妄聽之焉。

【彙訂】

① 殿本“作”上有“所”字。

李氏學樂録二卷（浙江巡撫採進本）

　　國朝李塨撰。塨有《周易傳注》，已著録。塨嘗學五音、七聲、十二律以器色相配之説於毛奇齡。作《宮調圖》、《七調全圖》及《十二律旋相為宮隔八相生合圖》、《器色七聲還相為宮隔八相生圖》、《籥色下生上生圖》、《五音七聲十二律器色七字為七調還相為宮隔八相生全圖》、《六律正五音圖》，而皆為之論。其説主於四、上、尺、工、六五字，除一領調字，餘字自領調一聲遞高，又自領調一聲遞低，圓轉為用。雖於黃鍾之宮所以為律本者無所發明，然亦可備一家之説。是書本塨所編，以皆述其聞於奇齡者，奇齡又手定之，故後人編入《西河合集》中，而題奇齡之名於首。然實非奇齡所自著。趙汸《春秋師説》未嘗題黃澤之名，古之例也。故今改題塨名，以不没其真焉。

樂律表微八卷（浙江巡撫採進本）

　　國朝胡彦昇撰。彦昇字竹軒，德清人。雍正庚戌進士，官定陶縣知縣。是書凡《度律》二卷、《審音》二卷、《製調》二卷、《考器》二卷，多糾正古人之謬。如謂：“十二律相生終於仲吕。其復生黃鍾之清聲，以為仲吕之徵、夷則之角者，《淮南》所謂變宮生徵、變徵生商、變商生羽、變羽生角、變角生宮也。其聲由五音之變生[①]，非由仲吕之數生。若欲由仲吕還生黃鍾，則其數有所不足。五音相生窮於角，其又生變宮遞相生以至仲吕之為角者，《淮南》所謂‘角生姑洗，姑洗生應鍾，應鍾生蕤賓，而七音備’也。

其音由律生，非由角之數生。若欲由角更生變宮，再生變徵，則其數有所不盡。故十二律相生不計餘數，五音相生不計變音。"其論甚正。蓋旋宮之法，清濁以漸，而清極則反濁，濁極則反清，亦一定之理。仲呂為宮，其黃清之為徵者，在弦音則黃鍾之半音，在管音則太蔟之半音，由絲竹之生聲取分，各有不同。但取高下之相協，不必計其數之損益者，盡與不盡也。必欲數之適盡，則京房之"六十律"亦有不盡之數矣。至錢樂之"三百律"、杜佑之"十二變律"、蔡西山之"六變律"，則又皆襲京房之謬説而失之者也。古人止十二律旋宮最為簡便。即如琴之七弦，每位必有三準，其音皆與全弦散音合。簫笛六孔，並出音孔為七，而四字高吹即五，合字高吹即六，此其聲之高下清濁，自然相應，豈假於變律耶？至於變宮、變徵二音，本在五音之外，故以變目之。今因仲呂以下之十律，而皆如《地形訓》之説，目以變宮、變商，恐黃鍾變律縱與正律有分②，亦必不能獨成一聲。彥昇是論，可謂精且審矣。彥昇又謂荀勗十二笛是古人遺法。今但作黃鍾、大呂二笛，而十二畢具。其法黃鍾笛用黃、林、太、南、姑、應、蕤七律，大呂笛用太、夷、夾、無、仲、黃、林七律。作大呂笛之法，但以黃鍾笛相較，其黃、林二律之孔無所挪移，餘四孔及出音孔皆下黃鍾笛半孔。其七調除黃、林二調相同外，其大、夾、仲、夷、無五調，合黃鍾笛之七調為十二律調。較古人之云"六十調"及"八十四調"者亦為簡易可從。在近代講樂諸家，猶為有所心得者也。

**【彙訂】**

① "其聲"，殿本作"其音"。

② "正律"，殿本作"變律"，誤。

律吕新論二卷（山東巡撫採進本）

國朝江永撰。永有《周禮疑義舉要》，已著録。是編上卷首《論蔡氏律書》，次《論五聲》，次《論黄鍾之宫》，次《論黄鍾之長》，次《論黄鍾之積》，次《論十一律》[①]，次《論三分損益》，次《論二變聲》，次《論變律》。下卷首《論琴》，次《論四清聲》，次《論旋宫》，次《論樂調》，次《論造律》，次《論候氣》，次《律吕餘論》。其大旨以琴音立説。考古人皆以管定律，漢京房作準定數[②]，由十二律生六十律，因而生三百六十律，此用弦求聲之始。永之説殆源於是。然管音、弦音其生聲取律微有不合，故不免有所牽合。然其“論黄鍾之積”、“論宋儒算術之誤”、“論律生於曆”諸條，皆能自出新意。蓋律、曆皆由算積，故《漢書》併爲一《志》。永深於演算法，故於律度能推其微渺也。至於定黄鍾之宫，則據蔡邕《月令章句》以校《吕氏春秋》之譌，併糾《漢志》删削之誤；辨損益相生以爲均匀截管，則不致往而不返，亦能發前人所未發。固亦可存備一家之學者矣。

【彙訂】

① “論十一律”，底本作“論十二律”，據此書卷上及殿本改。

② “作準定數”，殿本作“始造爲均”。

律吕闡微十卷（兩江總督採進本）[①]

國朝江永撰。是書引聖祖仁皇帝“論樂五條”爲《皇言定聲》一卷，冠全書之首。而《御製律吕正義》五卷，永實未之見，故於西人“五線”、“六名”、“八形號”[②]、“三遲速”，多不能解。其作書大旨，則以明鄭世子載堉爲宗。惟方圓周徑用密率起算，則與之微異。載堉之書，後人多未得其意，或妄加評騭。今考載堉命黄鍾為一尺者，假一尺以起句股開方之率，非於九寸之管有所益也。其言"黃鍾之律長九寸，縱黍為分之九寸也。寸皆九分，凡八十一分，是為律本。黃鍾之度長十寸，橫黍為分之十寸也。寸皆十分，凡百分，是為度母。縱黍之律，橫黍之度，名數雖異，分劑實同"，語最明晰。而昧者猶執九寸以辨之，不亦惑乎？《考工記》："㮚氏為量，內方尺而圜其外。"則圓徑與方斜同數，方求斜術與等邊句股形求弦等。今命內方一尺為黃鍾之長，則句股皆為一尺。各自乘併之，開方得弦為內方之斜，即外圓之徑，亦即蕤賓倍律之率。蓋方圓相函之理，方之內圓得外圓之半，其外圓必得內圓之倍；圓之內方得外方之半[③]，其外方亦必得內方之倍。今圓內方邊一尺，其冪一百；外方邊二尺，其冪四百。若以內方邊一尺求斜，則必置一尺自乘而倍之以開方。是方斜之冪二百，得內方之倍、外方之半矣。蕤賓倍律之冪，得黃鍾正律之倍，倍律之半。是以圓內方為黃鍾正律之率，外方為黃鍾倍律之率，則方斜即蕤賓倍律之率也。於是以句乘之，開平方得南呂倍律之率；以股再乘之[④]，開立方得應鍾倍律之率。既得應鍾，則各律皆以黃鍾正數十寸乘之為實。以應鍾倍數為法除之，即得其次律矣。其以句股乘、除、開方所得之律，較舊律僅差毫釐而稍贏。而左右相生，可以解往而不返之疑。且十二律周徑不同，而半黃鍾與正黃鍾相應，亦可以解同徑之黃鍾不與半黃鍾應，而與半太蔟應之疑。永於載堉之書，疏通證明，具有條理。而以蕤賓倍律之率生夾鍾一法，又能補原書所未備。惟其於開平方得南呂之法，知以四率比例解之，而開立方得應鍾法則未能得其立法之根而暢言之。蓋連比例四率之理，一率自乘，用四率再乘之，與二率自乘再乘之數等。今以黃正為首率，應倍為二率，無倍為三率，南倍為四率，則黄正自乘，又以南倍乘之，開立方即得二率，為應鍾倍律之率也。其實載堉之意，欲使仲吕返生黄鍾，故以黄正為首率，黄倍為末率。依十二律長短之次，列十三率，則應鍾為二率，南吕為四率，蕤賓為七率也。其乘、除、開平方、立方等術皆連比例相求之理，而特以方圓、句股之説隱其立法之根，故永有所不覺耳。

## 【彙訂】

① 文淵閣《四庫》本尚有卷首一卷。（沈治宏：《中國叢書綜録訂誤》）

② "八形號"，殿本作"八刑號"，誤，參本書卷首。

③ 殿本"得"上有"亦必"二字。

④ 殿本"股"上有"句"字，衍。

琴旨二卷（兩江總督採進本）①

國朝王坦撰。坦字吉途，南通州人。自來言琴律者，其誤有五。一在不明《管子》"五音四開"之法②，而以管音律吕定弦音。一在不知以五聲二變明弦音之度分，而以律吕分徽位。一在不知《管子》"一百八為徵"及《白虎通》"離音尚徵"之意③，泥於"大不踰宫"之説，而以大弦為宫。一在不知三弦為宫，而以一弦十徽為仲吕。一在據正宫一調論律吕，謂隋廢旋宫，止存黄鍾一均，而不知五聲旋宫轉調之全。惟《御製律吕正義》一書，考定詳明，發古人之所未發。坦作是書，一一本《正義》之旨，而反覆推闡。其"五聲數論琴"説，謂："絲樂弦音，其體本實。當以五聲之數定其絲綸多寡之數為之體，徽分疏密之數為之用，不可以黄鍾九寸、大蔟八寸為準。蓋管音全半不相應，弦音全半相應。以管律與徽分較之，欲取其聲之同，則其分不同。欲取其分之同，則其聲不同”，即《正義》“以五聲二變定弦音之度”及“管音弦音全半應聲不同”二篇之旨也。其“釋黃鍾均以仲呂為角之疑”説，謂：“一弦全度散聲為林鍾，徽則十徽乃黃鍾宮位，故應三弦散聲。如以一弦全度散聲為黃鍾，則十徽乃仲呂之位，不能應三弦之姑洗角。”即《正義》“絲音尚徵、一弦非宮”之義也。其“三弦獨下一徽”説，謂：“十分之徽為全度四分之三，宮聲三弦之全度八十一分三，因之則為二百四十三。以二百四十三而四分之，則六十零七五為十徽之分，而五弦之全度則為角聲六十四之分。必按三弦六十四之分，始與之應，故在十一徽。”其“五弦獨上半徽”説，謂：“五聲以倍半取應，凡九徽之分為全度三分之二，其聲為本弦相生之聲。五弦角聲，角生變宮。其三弦為宮聲，故不能與九徽變，宮聲變而必在上半徽。”即《正義》“宮聲三弦之角位在十一徽，與角聲之宮位在八徽九徽正中”之義也。其“泛音四準”説，謂：“全弦以七徽為界，自七徽上至岳山，得聲之清。所出五聲二變度分之聲，與實音相應。八徽至十三徽得聲之濁。泛音不與實音相應，乃從焦尾至各徽而出。”其“旋宮轉調”説，謂：“角調之角弦緊一聲而為宮聲，即為旋宮。角既為宮，則宮轉徵，徵轉商，商轉羽，羽轉角，皆以次而移。”於《正義》諸圖説尤能精思闡發。在近時言琴諸家，可謂不失其宗者矣。

**【彙訂】**

① 文淵閣《四庫》本尚有卷首一卷。（沈治宏：《中國叢書綜録訂誤》）

② “五音四開”，殿本作“三因九開”，誤，參《管子・地員》。

③ “一百八為徵”，底本作“百有八為倍徵”，據《管子・地

員》及殿本改。

　　右樂類，二十二部，四百八十二卷[1]，皆文淵閣著録。

## 【彙訂】

① "四百八十二卷"，底本作"四百八十三卷"，據殿本改。

　　　案，天文、樂律，皆積數之學也。天文漸推漸密，前不及後。樂律則愈久愈失，後終不得及前。蓋天文有象可測，樂律無器可憑也。宋儒不得其器，因遁辭於言樂理，又遁辭於言樂本。夫樂生於人心之和，而根於君德之盛，此樂理、樂本也。備是二者，莫過堯舜，而后夔所典，尚規規於聲音器數，何哉？無聲音器數則樂本、樂理無所附。使十二律之長短不按陰陽，八音之宮調不分抗墜，雖奏諸唐、虞之廷，知其不能成聲也。泛談樂本、樂理，豈非大言寡當歟？今所採録，多以發明律吕者為主，蓋制作之精，以徵諸實用為貴焉耳。

# 經 部 三 十 九

## 樂 類 存 目

雅樂發微八卷（兩淮馬裕家藏本）

明張敔撰。考明有兩張敔，其一字伯起，合肥人，永樂中貢入太學，除廣東道監察御史，官至陝西按察使僉事，所著有《京氏易考》，見朱彝尊《經義考》。此張敔饒州人，朱載堉《律呂精義》第五卷中載有其名。又《明史·陸粲傳》載粲劾張璁、桂萼疏，有"禮部員外郎張敔假律曆而結知"之語，與此書亦相合，蓋即其人也①。敔論樂大旨，以入聲最低者命為黃鍾，其最高者為應鍾之變宮。是書自元聲正半律諸法，以逮樂器、樂歌、懸圖舞表，分門畢具。後又作《雅義》三卷附之。六十律、八十四調、十六鍾以及累黍生尺之法，無不悉究。其序謂論琴律本之朱子，論笛制本之杜夔，論旋宮本之《周禮》，論鍾鎛本之《國語》，於樂制頗有考證。然如論蕤賓生大呂，主《呂覽》、《淮南子》上生之説。不知律呂相生定法，上生與下生相閒，故左旋與右旋相乘。今應鍾既上生蕤賓，而蕤賓又上生大呂，與上下相生之序極為錯迕。乃先儒已廢之論，殊不足據也。

**【彙訂】**

① 朱彝尊《經義考》卷四九著録："張氏敔《京氏易考》，未

見。"《人物考》："張敔，字伯起，合肥人。永樂中貢入太學，除廣東道監察御史，遷陝西按察僉事。"《明史·劉世揚傳》亦載世揚於桂萼被劾罷後，續劾萼黨時列張敔名而令之遭罷，顯為同一人。檢清蔣啟揚等修、余廷愷等纂《德興縣志·人物志》載："張敔，字叔成，領鄉薦，授教江陰丹陽。正德丙子，典四川試，有權貴以厚賂求關節者，敔屬聲斥之。己卯復主考廣東，校閱得人，擢國子監助教，歷禮部員外郎，提督欽天監事。敔博極羣書，通邵子《皇極數》，尤邃於律曆。楊邃庵謂'張叔成是一大學者'，廖洞野稱為'真儒'。所著有《律呂新書解》、《皇極經世聲音譜》、《飲射輯略》、《二百五十六卦祕鈴》、《京氏易考》、《大統曆議》、《雅樂發微》、《雅議》、《鄱濱集》。"復檢錫德修、石景芬纂之《饒州府志》（同治十一年刊）中《藝文志》經、子二部亦著録其《京氏易考》、《祕鈴》、《飲射輯略》、《雅議》及《律呂新書解》、《皇極經世聲音譜》、《大統曆議》、《雅樂發微》，與《德興縣志》悉合。清同治刊楊重雅纂《德興縣志·藝文志序》中亦稱："張叔成敔著《京氏易考》及《祕鈴》。"又邵寶《容春堂後集》卷二載有《律呂新書解序》，文中稱讚張敔該書"何其悉而理也"，"叔成之所造者深矣"。介紹作者時說："叔成名敔，饒之德興人，予弘治辛酉江西所舉士也。"而另一張敔據左輔纂修《合肥縣志》之《人物傳》載："張敔，字伯起，永樂中貢入太學，除廣東道監察御史，扈從北征，軍令嚴肅，有金牌錫幣之賜，監閩延平府銀屏山務，擢陝西按察司僉事，政尚平恕，務存大體，因被誣左遷知廣平縣，後復官僉事致仕……"趙良墅修、田實發等纂《合肥縣志》略同。叔成張敔既以精研音律曆法著稱，而京房治《易》且"其（焦延壽）說長於災變，分六十四卦，更直日用事，以風雨寒溫為候，各有占驗，房用之尤

精。好鍾律，知音聲"(《漢書·京房傳》)。以叔成張敬與其共同
愛好、專長及其所具知識基礎，寫出《京氏易考》乃是順理成章之
事。《總目》輕信《經義考》之說，未加細察，遂以訛傳訛。(王同
策：《〈京氏易考〉作者辨——〈經義考〉、〈四庫全書總目提要〉
訂誤》)

大樂律呂元聲六卷附律呂考註四卷(兩淮鹽政採進本)

明李文利撰。文利字乾遂，號兩山，莆田人。成化庚子舉
人，官思南府教授。是書據《呂氏春秋》"黃鍾長三寸九分"之說，
駁司馬遷"黃鍾長九寸"之誤。《明史·藝文志》又載黃積慶作
《樂律管見》二卷，駁文利之說。考《呂氏春秋·仲夏·古樂篇》
言[①]："黃帝令伶倫自大夏之西，阮隃之陰，取竹嶰溪之谷，空竅
厚均者，斷兩節間，其長三寸九分，而吹之以為黃鍾之宮，吹曰含
少[②]。次制十二筒以聽鳳凰之鳴，以別十二律，其雄鳴為六，雌
鳴亦六，以比黃鍾之宮，而皆可以生之。故曰黃鍾之宮，律呂之
本。"其《季夏·音律篇》又曰[③]："黃鍾生林鍾，林鍾生太蔟，太蔟
生南呂，南呂生姑洗，姑洗生應鍾，應鍾生蕤賓，蕤賓生大呂，大
呂生夷則，夷則生夾鍾，夾鍾生無射，無射生仲呂。三分所生，益
之一分以上生；三分所生，去其一分以下生。黃鍾、大呂、太蔟、
夾鍾、姑洗、仲呂、蕤賓為上，林鍾、夷則、南呂、無射、應鍾為下。"
是其損益相生，與《史記》同也。假令以三寸九分為黃鍾，而如其
上下相生之法，而三分損益之至於應鍾，止長一寸八分四釐有
奇，何以成聲耶？又案，吳韋昭註《國語》曰："黃鍾，陽之變。"言
陽氣變而為黃鍾耳，猶《漢志》云"黃鍾為乾之初九"也，與蕤賓無
與也。其言"黃鍾為管長九寸，徑三分，圍九分"，而又舉蕤賓成

數云："管長六寸三分。"所以分別黃鍾、蕤賓者，尋文案數，甚為明了。其不以九寸本蕤賓之律而為黃鍾之變者，亦甚明矣。至《呂覽》先言"三寸九分為黃鍾之宮"，又云"次制十二筒以比黃鍾之宮，而皆可以生之"，則黃鍾之宮非即黃鍾，與《月令》云"六月律中黃鍾之宮，十一月律中黃鍾"者正同也。文利誤解《呂覽》、韋昭之意，而堅執三寸九分為黃鍾，并以黃鍾之九寸為蕤賓，不至舛乎？至於以三寸九分起數，循環升降，自大呂以至蕤賓五陽辰，皆以陽升而進九分，惟黃鍾陽氣尚微，故止進六分；自林鍾以至黃鍾五陰辰，皆以陰降而退九分，惟林鍾陰氣未盛，故止退六分。夫陰陽進退，皆由馴致，或多或少，以漸而加，不得進退先以六分而後驟增至九分也。又五聲生數次第，宮五十，商八十，角九十，徵七十，羽六十，多少之數，毫無法象。又云："變宮五十，變徵七十。"二變與正律同數，尤不可解也。其《六十調圖》雖本《律呂新書》，改其次序以從左旋，而每五調之後又列一宮，與《大司樂》奏歌之說相附，其《雙宮對調圖》則止據奏歌二律分配之，更為牽強矣。

## 【彙訂】

①　"古樂篇"，殿本作"適音篇"，誤。

②　"吹"，殿本脫。《呂氏春秋·仲夏紀·古樂篇》作"吹曰舍少"，或引作"含少"，李文利亦主此說。

③　"音律篇"，殿本作"六月紀"，誤。

六樂說無卷數（江蘇巡撫採進本）

明劉績撰。績有《三禮圖說》，已著錄①。此其論樂之書也。前有自序，謂蔡氏《律呂新書》不合者多，因以古義求已亡之器，以古器推未言之義，作為此書。然持論偏執，且多疏略。如云：

"七音漢以前但謂之和繆,不能立名。"又云:"天地自然之聲,每律有極清聲,清多濁少聲。五聲未盡,故又生變徵極清、變商清多濁少以盡之。"而不取先儒變宮之説。夫變宮之説,漢以前固無有矣,若變商之説,則《淮南》以後亦無有也,斯亦杜撰之甚者矣。又云:"凡字能調為他字者為陰聲,不能調為他字者為陽聲,如黃陽荒陰之類。"案,字分陰陽始於周德清《中原音韻》。以聲之高下論之,非謂其能調他聲否也。以字母言之,則見有陰無陽,疑有陽無陰,即純清、純濁字也。見之陽,疑之陰,雖有聲而無其字。溪、羣二母,則即一聲,而溪陰羣陽,自為清濁。劉氏所言,於音韻殊為隔閡。至於鐘、磬等制,多據《博古圖》以變亂古人舊説,尤不可訓矣。

**【彙訂】**

①《總目》卷二二著錄劉績撰《三禮圖》。

### 古樂經傳三卷（兩淮鹽政採進本）

明湛若水撰。若水有《二禮經傳測》,已著錄。是書《補樂經》一篇,若水所擬;《古樂正傳》十篇,則錄其門人呂懷之書;《古樂本傳》一篇,即《樂記》原文;《別傳》一篇,皆《周禮》所言樂事;《雜傳》一篇、《律傳》一篇,則雜採《孟子》以下及歷代論樂語也。其大旨以論度數為主,以論義理為後。故以己所作者反謂之經,而《樂記》以下古經反謂之傳。然古之度數,其密率已不可知。非聖人聲律身度者,何由於百世之下,闇與古合,而用以播諸金石管弦之器? 若水遽定為經,未免自信之過矣。

### 樂律纂要一卷（兩淮馬裕家藏本）

明季本撰。本有《易學四同》,已著錄。是書凡十三篇。其論聲氣之源，欲舍古尺而治以耳，亦不甚取候氣之法。其論律管圍徑，頗以祖沖之密率疑胡瑗"三分四釐六毫有奇"之説。其論黃鍾生十一律，以蕤賓生大吕非本法。其論十二律寸法，以六變律補《鍾律解》之闕。其論正變倍半，駁但用四清聲之非。其論五聲相生，不取沈括《筆談》，論二變聲，不取杜佑《通典》。後附趙彦肅所傳《開元詩譜》十二章，則舊文也。本承姚江之學派，其持論務欲掃滌舊文，獨標心得。至於論禮論樂，亦皆自出新裁。一知半解，雖不無可取，而大致不根於古義。觀其自序，亦言無所師承，以意考究而得之也。

　　蔡氏律同二卷（浙江吳玉墀家藏本）

　　明蔡宗兗撰。宗兗字我齋，山陰人。正德丁丑進士，官興化府教授。是書以《本性》、《稽數》、《候氣》三篇為上卷，以《文聲》、《協律》、《制器》、《正度量權》四篇為下卷。其《稽數》所據《史記》"生鍾分演為圖説"，皆人所同有。其以古人半律當元定蔡氏變律，不如仍古人之名為是。其謂變律之不必增設，亦似有所見，而未盡其奧。《文聲》一篇，不用二變，古亦有此論。驗之於今，南曲如此，北曲則必有二變矣，皆其宮調之乙、凡二字也。至謂五聲則有二變，如樓之梯、堂之階，則殊未協。又以疊字散聲之説而當二變，則益不合矣。《制器篇》皆古人樂書中所有，而漏略未全。《正度量權篇》亦《律吕新書》之舊文。其候氣之説，尤拘泥而不驗者也。《協律篇》牽引四聲，究古人歌法。不知近起水磨腔，乃斤斤於此。前人以平、上、去、入配宮、商、角、徵、羽，分為舌居中、口開張等説，實於五聲無與，不可混并為一。宗兗雖小變其意，然以公、隆、麻、禾等韻配十二律，則亦尚沿其誤耳。

樂律舉要一卷（編修程晉芳家藏本）

明韓邦奇撰。邦奇有《易學啟蒙意見》，已著録。此書為曹溶《學海類篇》所載。校核其文，乃從邦奇《苑洛志樂》中摘録十餘條，為立此名也。

樂經元義八卷（直隸總督採進本）

明劉濂撰。濂有《易象解》，已著録。是書第一卷曰《律吕篇》，二卷曰《八音篇》，三卷曰《萬舞篇》，四卷至七卷曰《古詩音調篇》，八卷曰《微言篇》。其論律吕也，專駁《樂記》與《周禮·大司樂》。其論音調也，謂“三百篇”之中宫、商近雅，徵、羽近淫。每篇每章，分出某宫某律，又於其中分列有和、有亂。其論《頌》，又極駁圜鍾、函鍾。大都自任臆見，無所師承。前有嘉靖二十九年自序，稱：“上下數千年，閱歷聖哲不知凡幾，皆見不及此。”亦僭之甚矣。

樂典三十六卷（副都御史黃登賢家藏本）

明黃佐撰。佐有《泰泉鄉禮》，已著録。是編自一卷至十二卷為《樂均》，自十三卷至二十一卷為《樂義》，自二十二卷至二十四卷為《大司樂義》，自二十五卷至三十五卷為《樂記》，三十六卷為《詩樂》。其所重者則尤在《樂均》。其言律吕之數，以為每律虛三分，吹口黃鍾之管其數七十八，半之為含少，以求合於《吕氏春秋》“黃鍾之宫三寸九分”之説。又引《史記·律書》黃鍾、太蔟、姑洗、林鍾、南吕五律之數，以為虛三分之證。不知《律書》中諸“七分”字皆為“十分”字之譌，司馬貞《索隱》已辨之。而三寸九分亦為四寸五分之譌，近時江永《律吕闡微》辨之尤詳。佐據此誤本為宗，故其説愈推愈謬。又古者吹律本為無孔之管，後乃一律一呂，各為一聲。每管設孔備五聲二變之數，兼旋宮換調之法。佐乃疑為無孔之管氣從下洩，欲每管設孔以為律始，亦殊臆撰。至於解釋經義，往往支離。若解《大司樂》"奏黃鍾，歌大呂，舞《雲門》，以祀天神"，謂："黃鍾七變蕤賓為繆羽，應合大呂。大呂七變函鍾為繆羽，應合太蔟。"其圖列黃鍾、大呂各正聲三調、變聲九調，合為十二調。然謂正聲第一調七聲俱備，第二調則有變宮而無變徵，第三調則變宮、變徵全無，至變聲第六調則自宮至羽并無角音，第七調則自宮至商并無羽音，第八調則自宮至徵并無商音，第九調則惟宮之一聲。夫天下安有一聲而可列為一調者乎？徒為異説而已。《明史》本傳載佐自稱此書洩造化之祕，殆不然乎！

　　琴瑟譜三卷（浙江巡撫採進本）

　　明汪浩然撰。浩然始末未詳。自稱"廣東瓊州府正樂生員"，殆樂生也。第一卷言琴瑟之制以及圖説指法。下二卷則各分諸調。浩然能協琴瑟之聲為八音，嘗譜《大成樂》奏之廣州學宮，湛若水嘗為作《記》。其自序謂與其子合奏之[1]。蓋以專門世業[2]，故言之特詳耳。

【彙訂】

①"合奏"，殿本作"合作"。

②"以"，殿本無。

　　八音摘要二卷（兩淮鹽政採進本）

　　明汪浩然撰。是書凡二十五目。上卷自《歷代樂議》、《旋相為宮議》以下為十五目。下卷分列八音及舞圖、歌譜為十目。大抵摭拾舊論，如制氏之記其鏗鏘而已。

律吕新書分註圖算十三卷（安徽巡撫採進本）①

明許珍撰。珍字時聘，號静菴，天長人。卷首葉良佩序有
"掌教吾庠"之語②。據《太學題名碑》，良佩，嘉靖癸未進士，浙
江太平人，則珍乃太平學官也。是編以蔡氏《律吕新書》分前、後
二卷，前為《律吕本原》，後為《證辨》，前後隔越，不便初學。乃以
後卷《證辨》分入前卷各章之末，又取《性理大全三註》、《集覽》、
《補註》諸書分疏於前章各段之下，以便觀覽。大抵依文為訓，無
所發明。

**【彙訂】**

①"算"，底本作"纂"，據今存鈔本此書、《安徽省呈送書目》
及殿本改。（杜澤遜：《四庫存目標注》）

②"良佩"，殿本作"良珮"，下同，誤。清雍正《江西通志》
卷六二、嘉慶《太平縣志》卷十一小傳均作"葉良佩"。《總目》
卷七《周易義叢》條云："葉良佩撰。良佩字敬之，台州太平人。
嘉靖癸未進士。官至刑部郎中。"明嘉靖刻本《周易義叢》書前
有《周易義叢引》，末署"嘉靖二十六年秋九月望日 海峯居士葉
良佩書"。

簫韶考逸二卷（浙江巡撫採進本）

明吕懷撰。懷有《周易卦變圖傳》，已著録。懷律吕之學受
之於湛若水，若水嘗採所論入《古樂經傳》中。是書則又懷與其
門人胡采輩問答而作也。其説以黄、大、太、夾、姑、仲、蕤、林、夷
九均為《韶》之九成，雜引五行、納音以相配合。其論《韶》舞則倣
周人四表之制，以黄、林、太、夾、南、姑、應、蕤、夷為九成。其論
樂器則據《風俗通》笙、柷、鼓、簫、瑟、塤、鍾、磬為八音之器。卷

末又雜録問答之語。所載十二律積數，繁衍無當。又以陰陽術數之説附會其閒，益雜糅矣。

律吕古義三卷（兩淮鹽政採進本）

明吕懷撰。此編前載《總序》，後列七圖，分律本、律變、候氣、納音等門，並載《雜説》内、外篇及《答問》數條。其中心統之説，頗近釋氏。所論亦時多牽合，未能得律吕之本也。

律吕分解二卷律吕發明二卷（浙江巡撫採進本）

明孫應鼇撰。應鼇有《淮海易談》，已著録。是書考辨律吕，多出臆斷。如旋宫之法以十二律相生爲次，每調用五聲二變，止得七聲。如通計一均五調所用之七律，則三十五聲祇得十一律①。今以黄鍾一均言之，自黄鍾而上，用夷則、夾鍾、無射、仲吕四律；自黄鍾而下，用林鍾、太蔟、南吕、姑洗、應鍾、蕤賓六律，併黄鍾爲十一律。其不用大吕者，以旋宫之法所不及也。應鼇不解其義，乃云："大吕助黄鍾宣氣，后妃之象，地道無成，而代有終，故虚而不用。"穿鑿殊甚。其算漢斛銘文之徑，尤爲疏舛。嘉量方尺圖，其外方斜即圓徑也。方求斜術，以方尺自乘倍之，開方得斜，即以之爲圓徑。用祖氏密率得圓周，乃不易之法。今應鼇以徑一圍三最疏之率起算，命斜徑爲一尺四寸有奇，周四尺二寸。是以開方乘除所得之數無一不謬，與祖氏所有徑一一四周三五五密率相去殊遠，乃自云依祖氏布算，何也？況即以徑一圍三論之，則斜徑一尺四寸有奇者，周亦不止於四尺二寸。總之根柢不明，故無往而不牴牾也。

【彙訂】

① "得"，殿本無。

舞志十二卷（浙江鮑士恭家藏本）

明張敉撰。敉初名獻翼，有《讀易紀聞》，已著錄。是書凡十二篇：一曰《舞容》，二曰《舞位》，三曰《舞器》，四曰《舞服》，五曰《舞人》，六曰《舞序》，七曰《舞名》，八曰《舞音》，九曰《舞什》，十曰《舞述》，十一曰《舞議》，十二曰《舞例》。大旨以韓邦奇《志樂》為本，而雜引史傳以暢其旨，頗為詳備。然多闌入後世俗樂，未免雅、鄭雜糅。至援《山海經》"刑天舞干戚"之類以證古義，尤為貪多嗜奇，擇焉不精矣。

李氏樂書十九卷（山東巡撫採進本）

明李文察撰。文察里貫未詳，嘉靖十七年官遼州同知時，表進此書於朝，詔授太常寺典簿①。其書凡《古樂筌蹄》九卷、《律呂新書補註》一卷、《青宮樂調》三卷、《興樂要論》三卷②、《樂記補說》一卷、《四聖圖解》二卷。文察生平所學，具見於《古樂筌蹄》③，大旨本《史記·律書》與《周官·大司樂職》文而自為之說。《律書》生鍾術："上九，商八，羽七，角六，宮五，徵九，置一而九三之以為法，實如法得長一寸，凡得九寸，命曰黃鍾之宮。"文察解之曰："上九者，以九為上。尺取九寸，寸取九分，去十而存九之謂也。以下八、七、六、五、九之數，皆自西而定。蓋西為寸法，其位當乎十也。商八，太蔟為商，居寅，自寅數西當八。羽七，南呂為羽，居酉，酉衝在卯，自卯數西當七。角六，姑洗為角，居辰，自辰數西當六。宮五，黃鍾為宮，居子，自子數西當十。十者，二其五也，是亦五焉。徵九，林鍾為徵，居未，未衝在丑，自丑數西當九。"今以其言考之，酉為寸法而位居十，已與上九之義不合。八、七、六、五、九之數，羽酉、徵未皆取衝位，雖可以六陽當

位，自得六陰，則居其衝解之，而自宮子至酉實為十數，不得云
"宮五"，乃云"十者，二其五也"，勉強牽合，莫此為甚。《六十調
圖》率以羽聲起調，如黃鍾宮起南呂，黃鍾徵起姑洗，黃鍾商起應
鍾，黃鍾羽起蕤賓，黃鍾角起大呂之類，皆以羽聲數至黃鍾而止，
以合宮五、徵九、商八、羽七、角六之數。今以黃鍾言之，黃鍾、林
鍾、太蔟、南呂、姑洗、應鍾、蕤賓七律即宮、徵、商、羽、角、變宮、
變徵一均之數。黃鍾為宮，則七律自蕤賓止矣。文察不用黃鍾、
林鍾、太蔟三律，而以其南呂羽起調。至蕤賓以下，乃取大呂、夷
則、夾鍾、無射、仲呂、黃鍾六律繼之，共得十聲，而合宮五之數。
大呂、夷則等律於黃鍾宮不相干涉，而第十聲之黃鍾亦非黃鍾為
宮之原律。至黃鍾徵調，林鍾為宮，七律以林鍾、太蔟、南呂、姑
洗、應鍾、蕤賓、大呂為次。文察不用林鍾、太蔟、南呂三律，而以
其姑洗羽起調。至大呂下，取夷則、夾鍾、無射、仲呂、黃鍾五律
繼之，共得九聲，以合徵九之數，其謬與黃鍾宮同。而更有甚者，
黃鍾宮雖不用黃鍾本律，而有第十聲之變律，猶可言也。黃鍾徵
調以林鍾徵為宮，今棄之不用，而自姑洗至黃鍾九聲並無林鍾之
律，得命之為宮。而仍名之為黃鍾徵，是名實錯亂也。《大司樂》
三大祀樂天神之樂，文察以黃鍾、林鍾、太蔟、南呂、姑洗、應鍾、
蕤賓、大呂、夷則、夾鍾順行為十奏之次，大呂、蕤賓、應鍾、姑洗、
南呂、太蔟、林鍾、黃鍾、仲呂、無射逆行為十歌之次，姑洗、應鍾、
蕤賓、大呂、夷則、夾鍾為六變之次。六變之樂夾鍾為宮，則黃鍾
為羽，起聲在羽之羽，則為南呂。故一變姑洗，至六變仍得夾鍾，
合南呂六變數之，則羽七也。夫經文明言"黃鍾為角，太蔟為
徵"，文察因其不合，則云："黃鍾乃夾鍾羽在第九奏，為夷則之
角。太蔟乃夾鍾變宮，在第二奏，為林鍾之徵。"至姑洗為羽，萬

不得通,乃云:"姑洗在夾鍾前一位,乃黃鍾之角。黃鍾乃夾鍾之羽,其氣相關,在第三奏,為林鍾之羽。"夫六十調八十四聲旋宮之法,每一律皆含五聲二變,特以宮調不同,某律之為某聲,乃一定之次,而不相假借。若彼此移易而仍不可通,亦徒為好異而已矣。其《律呂新書補註》、《青宮樂調》、《興樂要論》[2]三書,大旨不出乎此。《樂記補説》,因陳澔之註而補之,以發明"禮先樂後"之旨,不及於器數。《四聖圖解》上卷四圖:一為《伏羲先天卦圖》,一為《文王後天卦圖》,一為《夏禹九疇圖》,一為《箕子洪範圖》。下卷四圖:一曰《用保聖躬》,二曰《用明聖心》,三曰《用一聖動》,四曰《用直聖政》,更一字不及於樂。據其自序,欲以德政為作樂之本也。然當世宗元修之日[4],而引蔡沈之説,稱"老彭得之以養身"云云,毋亦欲希時好乎?

**【彙訂】**

① "詔",殿本無。

② "興樂要論",底本作"典樂要論",下同。據明嘉靖刻本此書及殿本改。(杜澤遜:《四庫存目標注》)

③ "古樂筌蹄",殿本作"古學筌蹄",誤。

④ "元修",殿本作"學仙"。

雅樂考二十卷(兩淮鹽政採進本)

明韋煥撰。煥,常熟人,嘉靖中官福建仙游縣教諭。是書雜引前代論樂之事,鈔撮成編。前三卷題曰《經書》,皆引《六經》言樂之文,《論語》、《孟子》亦皆詳載,而《左傳》惟引"初獻六羽"、"季札來聘"二條,《儀禮》則不録一字。四卷題曰《諸子》,自太公《六韜》以至《莊子》、《列子》皆取一二條。五卷為《五聲》,六卷、七卷為《六律》，八卷、九卷為《律制》，十卷至十二卷為《八音》，十三卷至十六卷為《樂制》，皆剽剟習見之言。十七卷至末皆明之樂章，併教坊曲令亦載焉。全書無所發明，惟"六羽"條下稱"祀孔子當增武舞"耳。

律吕正聲六十卷（內府藏本）

明王邦直撰。邦直字子魚，即墨人。李維楨序以為曾官鹽山縣縣丞，林增志序則以為鉛山縣縣丞，二序同時，自相矛盾。考《明世宗實錄》，實作"鹽山"，則增志序誤也。其書以卦氣定律吕，推步準之《太元經》，分寸準之《吕覽》，故大旨主李文利"黃鍾三寸九分"之説，而獨斜其律[1]，以左律為右律。又以三分損一[2]、隔八相生，截然兩法，而力辨古來牽合為一之非。援引浩繁，其説甚辨。自漢司馬遷至明韓邦奇諸家，皆有節取，而無一家當其意。蓋邦直當嘉靖閒上書論時政，坐是閒廢，閉户二十年乃成此書。王士禎《池北偶談》記萬曆甲午詔修國史，翰林周如砥嘗上其書於史館，蓋亦篤志研思之作也[3]。然維楨序述其欲比孔子自衛反魯，使《雅》、《頌》得所，邦直自序亦稱千載之謬可革，往聖之絕學不患於無繼，則未免過夸矣。

**【彙訂】**

① "獨斜其律"，殿本作"獨糾其誤"。

② "三分損一"乃"三分損益"之誤。

③ "也"，殿本無。

律吕正論四卷（浙江巡撫採進本）

明朱載堉撰[1]。是書掃除古法，自生新意。謂："《史記》稱黃鍾八寸十分一，乃約十分為寸；《管子》稱九九以是生黃鍾，乃約九分為寸；自京房、劉歆始以九寸為九十分，以空圍相乘得八百一十分，宋蔡元定祖之，其説皆謬。"因創為縱黍、斜黍、橫黍三等尺圖，謂元定誤以斜黍之積為橫黍之積，故諸律尺度皆謬。於是每律長短皆列三等新法，以紏其失。又以密術推内外周徑、面冪及積實，而終之以琴律圖譜，大抵皆掊擊前人之説也。以載堉所撰《律呂精義》與是書相考，是書大呂橫黍律長九寸四分三釐九毫[2]，而《律呂精義》則載大呂橫黍律長九寸四分三釐八毫七絲四忽三微一纖；是書太蔟橫黍律長八寸九分一釐九毫，而《律呂精義》載太蔟橫黍律長八寸九分一釐八毫九絲八忽七微一纖；是書夾鍾橫黍律長八寸四分一釐九毫，而《律呂精義》夾鍾橫黍律長八寸四分一釐八毫九絲六忽四微一纖。其餘絲、忽以下，收零作整者甚多。蓋此書為載堉草創之本，而《律呂精義》後出，其算術與年俱進，故得數不同也[3]。

**【彙訂】**

① 依《總目》體例，當補"載堉有《樂律全書》，已著録"。

② "律"，殿本脱。

③《律呂精義》有萬曆丙申（二十四年，1596）正月自序，而此書傳世有萬曆三十八年鄭藩原刊本，朱載堉歿於次年，可知密律數字"收零作整"並非"草創"之故，而是其學術思想與年俱進，已至化繁為簡的程度。（陳萬鼐：《朱載堉研究》）

律呂質疑辨惑 無卷數（浙江巡撫採進本）

舊本題曰"句曲山人伯勤甫撰"。伯勤者，明鄭世子載堉字也。書中有云："《律呂精義》内篇備載各律内外周徑、面冪、積實乘除算術已詳。今恐文煩，故不細解，只將倍、正、半三十六律內、外徑數開如左。”蓋載堉既為《律吕精義》，又為此書以約其義也。其說謂“《前漢志》度本起於黄鍾之長，黄鍾之長便是一尺。若外加一寸然後成尺，則不可謂度本起於黄鍾之長”矣。故全書俱從黄鍾長一尺立算，與所謂《律吕精義》及《正論》互相闡發。《千頃堂書目》不著録，蓋未之見。今鈔本附於《律吕正論》之後，而以王所用《律吕正論》序冠於卷端，則二書一時傳寫裝潢者誤移也。

樂經以俟録無卷數（兩江總督採進本）

明瞿九思撰。九思有《春秋以俟録》，已著録。是編首以十二律衍為十二月令，摹做《禮記》之文，頗為蕪雜。其解“用宫逐羽而清角生，引商刻羽而流徵成”，以為“凡樂調每均自下而上，初律謂之宫，次二謂之商，次三謂之角，次四謂之徵，次五謂之羽，則五乃羽位，非宫與商之位。因下宫居於羽調之羽位，似乎以宫逐羽，而宫下閒一之陽律即是角，故曰‘用宫逐羽而清角生’。以下商居於羽調之羽位，似乎引商逐羽[①]，而商下閒一之陰律即是徵，故曰‘引商刻羽而流徵成’”云云。案，“下宫”之名見《國語》伶州鳩所論七律，“下商”之名則亘古未聞，殆由九思杜撰。又以四清為清宫、清商、清角、清徵，如商調之數少，宫調之數多，則宫調謂之正宫；宫調之數少，而商調之數多，則宫調謂之下宫。其法以宫與商相較，商與角相較，角與徵、羽莫不皆然。惟羽居五調之末，更無他調相較，以知其孰為正羽，孰為清羽。然宫商、商角、角徵、徵羽，既以次相較，羽調獨不可與宫相較乎？且古人有“少羽”、“繆羽”、“清羽”諸説，《管子》又有“倍羽”之律。九思不知凡一律皆有正、倍、半三聲，遂謂“羽無清調”，誤矣。又論蔡元定《旋相為宮圖》，"黃律雖在黃鍾宮調之首，而黃律不在黃鍾羽調之末，不得謂之以黃鍾起調畢曲"。案，樂律始終，條理出於自然。起調畢曲，必用本律，本屬臆度。蔡元定以黃、太、姑、蕤、林、南、應為黃律宮者，乃合五聲二變而計之。黃鍾既在一均之內，自可以為起調畢曲。九思乃分十二律為五段，每調止用五聲，而其所用者乃長短大小之次，非相生之律，已屬乖舛。又謂"一均以十二律周而復始"，不知五聲二變可以該括萬聲，亦為淺陋。至謂"十二律之黃、太、姑、夾等字即為切腳[②]"，尤不知而作矣。

### 【彙訂】

① 明萬曆三十五年史學遷刻本此書"用宮逐羽引商刻羽解"條原文，"似乎"皆作"似於"。

② "切腳"，底本作"均腳"，據殿本改。"切腳"即以反切上下字代替本字，"均腳"則不辭。

律呂解註二卷（浙江汪啟淑家藏本）

明鄧文憲撰。文憲號念齋，新會人。官晉江縣教諭。是書成於萬曆癸未[①]，全錄《律呂新書》舊註，所自為詮解者，殊不及十之一。至蔡書《六十調》一圖，於旋宮之法，已為賅備。文憲又每調各為一圖，附於蔡圖之後，尤徒為繁碎矣。

### 【彙訂】

① 據書中史于光序、文憲自序、王宣後序，乃嘉靖二年癸未所刻。（王重民：《中國善本書提要》）

樂經集註二卷（山東巡撫採進本）

明張鳳翔撰。鳳翔有《禮經集註》，已著錄。是書取《春官 ·

大司樂》以下二十官為《樂經》，謂漢竇公獻《古樂經》，文與《大司樂》合，是其明證。今以所述二十官之義證之註、疏，多相符合。惟《大司樂》一官序樂制最詳，而文亦最奧。鄭註"圜鍾為宮"以下文，謂："天宮夾鍾陰聲，其相生從陽數。其陽無射，無射上生中呂。中呂與地宮同位，不用中呂上生黃鍾。黃鍾下生林鍾，林鍾地宮，又不用林鍾上生太蔟。太蔟下生南呂，南呂與無射同位，又不用南呂上生姑洗。其林鍾為宮、黃鍾為宮，相生之例亦然。"其義頗奧，故宋、元人多不從。是書於此類要義多未發明，而徒事牽衍文句①，蓋亦無足深取矣。

【彙訂】

① "而"，殿本無。

大樂嘉成一卷（浙江巡撫採進本）

明袁應兆撰。應兆字瑜石，江寧人。崇禎中舉人，官休寧縣教諭。明自洪武二十六年頒《大成雅樂》於天下，令學官依式製造。然奉行者或舉或不舉，其舉者或久而廢。故明之季年，休寧學尚不備樂。應兆乃與知縣王佐考核定制，編為此書。實明一代享祭先師之樂譜，非一縣之樂譜也。

古樂義十二卷（湖南巡撫採進本）

明邵儲撰。儲此書《明史·藝文志》不著錄，書中考辨《韶樂》尤詳。大概據《虞書》"戛擊鳴球，搏拊琴瑟以詠"為堂上之樂，"合止柷敔、笙鏞以閒"為堂下之樂，"簫韶九成"為樂之始終節奏。又據《漢志》"樂歌九德"顏師古註"九功之德，皆可歌也"之語，以"水火金木土穀惟修"至"勸之以九歌俾勿壞"、自"天敘有典"至"政事懋哉懋哉"、自"庶頑讒說"至於"否則威之"、自"股肱喜哉"至"百工熙哉”、自“元首明哉”至“庶事康哉”，為《九德之歌》。據“舞蹈宣八風之氣”及“文始五行舞”諸説，推之為《九韶》之舞。不知經傳所云《韶樂》，本寥寥數語，毫無聲律器數可推。而儲乃敷衍之以為當時《韶樂》如是，其勉强附會，自不待言。至其論十二律皆具正管正聲、子管子聲，為二十四律。其十二律衍唱之法①，如黃鍾宮衍唱，以黃、林、太、南、姑、應為一均，應、蕤、大、夷、夾為一均，皆用正管。無、仲、黃、林、太一均四律，皆用正管，獨黃鍾用子管。南、姑、應、蕤、太一均，獨大吕用子管。不知聲音之道，高下以漸。諸高之中而忽雜一下，或諸下之中而忽雜一高，則律不成律，歌不成歌。儲侈言《韶樂》，實於尋常聲音之道尚未能辨也②。

**【彙訂】**

①“二”，殿本脱。

②“儲侈言韶樂實於”，殿本作“是於”。

大成樂律一卷（山東巡撫採進本）

國朝孔貞瑄撰。貞瑄字璧六，號歷洲，晚號聊叟，曲阜人。順治庚子舉人，官大姚縣知縣。是編乃貞瑄為濟南教授時作，推洞簫七調以明“三分損益上生下生”之旨①，尤詳於琴瑟譜。其節奏大概本之闕里廟中。其辨鄭世子“瑟以合宮命之，別於旋宮”之説有五不可通，頗多訂正。然謂樂亡而求諸俗，至以箏為瑟之遺制，未免亂鄭聲於雅樂矣。

**【彙訂】**

①“益”，底本作“一”，據殿本改。

律吕新書衍義一卷（浙江巡撫採進本）

國朝吕夏音撰。夏音字大昭，新昌人。雍正丙午舉人，官知縣。是編取蔡元定之書，更為推闡。凡為說五、圖六，圖後又各附以論及歌訣[1]。其論律呂相生之次，與元定頗有異同。元定謂："六律在子、寅、辰、午、申、戌六陽辰者，皆損而下生。六呂在丑、卯、巳、未、酉、亥六陰辰者，皆益而上生。至蕤賓生大呂，損而下生，其管只四寸一分八釐三毫。夷則生夾鍾，損而下生，其管只三寸六分六釐三毫。無射生仲呂，損而下生，其管只三寸二分八釐六毫。"於是謂："三呂在陰無所增損，三呂在陽則用倍數，使與十二月之氣相應。"夏音不從，專主《呂氏春秋》及《淮南子》之說，謂自子至巳前六辰為陽，皆下生，下生則損。自午至亥後六辰為陰，皆上生，上生則益。子之生未，一陽生二陰。未之生寅，二陰生三陽。寅之生酉，三陽生四陰。酉之生辰，四陰生五陽。辰之生亥，五陽生六陰。午之生丑，一陰生二陽。丑之生申，二陽生三陰。申之生卯，三陰生四陽。卯之生戌，四陽生五陰。戌之生巳，五陰生六陽。自矜其說為前人未發。然應鍾生蕤賓，以亥之六陰生午之一陰，與陰陽相生之例不合。終未若元定之書[2]，深有合於司馬遷、班固諸家古法也。

**【彙訂】**

① "各"，殿本作"合"，誤。

② 殿本"終"上有"則"字。

律呂圖說九卷（陝西巡撫採進本）[1]

國朝王建常撰。建常字仲復，渭南人[2]。是書成於康熙戊辰，自謂殫四十餘年之功。大抵依蔡氏《律呂新書》次第為之圖說，尤力申候氣之法，歷引《隋志》及明人韓邦奇、王邦直之說，為之發明。案候氣之說雖詳具於《續漢志》，然隋開皇九年高祖遣毛爽、蔡子元候氣於普明寺，其法已不能應，其事具詳《隋志》。即蔡氏所謂"多截管以求黃鍾"者，亦究未之能得。建常所論，亦泥古而不知變通者矣。末有王宏〔弘〕撰後序，歷稱黃宗羲、梅文鼎、毛奇齡諸家，以為與建常此書皆不合，其惑滋甚。"安得聚諸人於一堂，窮其本而究其變！"則亦深有微詞矣。

**【彙訂】**

① 清華大學藏清乾隆三十九年朝阪集義堂刻本，有乾隆三十九年其子劉甡序，知係家刻本。書凡九篇，分上下二卷。（杜澤遜：《四庫存目標注》）

②《清史列傳》卷六六《王建常傳》："字仲復，陝西朝邑人，明贈刑部侍郎知宷從子。"劉紹攽《王建常傳》、錢林《文獻徵存錄》、王克允《關中人物考略》王建常條均謂朝邑人。《明史·王知宷傳》亦謂朝邑人。明清二代朝邑屬同州府，渭南屬西安府。（楊武泉：《四庫全書總目辨誤》）

鍾律陳數一卷（兩江總督採進本）

國朝顧陳垿撰。陳垿字玉停①，太倉人。康熙己酉舉人，官行人司行人。自孟康、韋昭皆有"黃鍾管徑三分圍九分"之說，算家以其周徑相求之率，於術最疏，久廢不用。陳垿仍本舊說，以徑三分為生律之數。又云："即九為寸，律之九、度之十也。取徑之三十，因九歸得三分又三分分之一，為律生之度。黃鍾管徑三分又三分分之一，以九還原，即三周十分又三百三十九分分之一十六。以九還原，為九分又一百一十三分之四十八。則是徑九分者乃虛立之率，而非實數。"其說與蔡氏"約十為九"之論合。然圍九之率終為疎舛，即陳垿究不能強解也。《隋書·律志》載祖沖之密率徑一百一十三周三百五十五[②]。陳垿用此率以算周徑，較徑三圍九之法爲密。如以新率四率比例推之，徑一爲一率，周三一四一五九二六五爲二率，徑一百一十三爲三率，推得四率之周爲三五五九九九九六九四五，比祖氏三五五密率尾數尚多八位，又陳垿所未知矣。

【彙訂】

①“玉停”，底本作“玉亭”，據殿本改。清道光十年《賜硯堂叢書新編》本此書卷首題“太倉顧陳垿玉停述”，道光十三年刻《婁東雜著》本《八矢注字説》亦作“顧陳垿玉停著”。

②“周三百五十五”，殿本作“周三百三十五”，誤，參《隋書·律曆上》。

樂經内編二十卷（江蘇巡撫採進本）

國朝張宣猷撰。雜採諸經書言樂之文，排纂成書，無所考正。自序又稱：“採諸史者，謂之《外編》。”今《外編》未見，非完書也。

律吕新書註三卷（河南巡撫採進本）

國朝周模撰。模，儀封人。是書成於雍正甲辰。所註皆依文訓義，惟於魯齋彭氏所算黄鍾圍徑字畫譌舛者，能訂正其失耳。自序云：“不得黄鍾則十一律無由而正。”然不究黄鍾之真度，而徒以“在聲爲中聲”、“在氣爲中氣”、“在人爲喜怒哀樂未發”與“發而中節”等理語解之。此所謂言之可聽而用之無當者也。

賡和録二卷（廣東巡撫採進本）

國朝何夢瑶撰。夢瑶字報之，南海人，雍正庚戌進士。是書恭録聖祖仁皇帝《律吕正義》爲《述要》上、下二卷。又以所纂蔡氏《律呂新書訓釋》、曹庭棟《琴學纂要》附入下卷。謹案,《正義》所論琴律,據《管子》、《白虎通》諸書以大弦為倍徵、三弦為宮,與諸家云"一弦為宮"者迥異。蔡、曹二書尚仍舊説,夢瑤依文訓釋,尚未能推闡御製之精微,以糾正流傳之舛誤也。

### 易律通解八卷(浙江巡撫採進本)

國朝沈光邦撰。光邦,臨海人。雍正中,官中書舍人。《易》道陰陽,律呂亦本陰陽。《易》為天地自然之數,律呂亦本天地自然之數,故推而衍之,其理可以相通。然《易》不為律作,律亦不為《易》作,無容牽合而一之也。是書引律以合《易》,以天地五十有五之數畫為三角圖,與算家開方廉率立成之法相類。所用過揲之數以九八不以九六,策數以五十五不以五十,於律義頗多牴牾。至律管不用圍徑,又於十二律之外,增小呂、含少二律於無射之後,亦自我作古也。

### 樂律古義二卷(福建巡撫採進本)

國朝童能靈撰。能靈有《周易剩義》,已著録。是書謂:"洛書為五音之本,河圖為洛書之源。河圖圓而為氣,洛書方而為體。五音者氣也,氣凝為體,體以聚氣,然後聲音出焉。蔡氏《律呂新書》沿《淮南子》、《漢書》之説,誤以亥為黃鍾之實,惟所約寸、分、釐、絲、忽之法,其數合於《史記·律書》。因取其説為之推究源委,以成是書。"夫萬事萬物,不離乎數,故旁牽蔓引,無不可比附於圖、書。而律、曆兩家以數為根,尤易於假借其文,敷衍成理,然非聖人作樂之本旨也。伶倫製律,何嘗一字及圖、書哉?

### 大樂元音七卷(山東巡撫採進本)

國朝潘士權撰。士權號龍菴,黔陽人。官太常寺博士。是書成於乾隆己丑。前五卷據琴定樂，大旨本《管子》"下徵之數一百八，下羽之數九十六"、《白虎通》"絃音離，故首徵"二説而通之。案絃審音，以首絃為下徵，二絃為下羽，三絃為宮，四、五、六、七為商、角、徵、羽，并附以《儀禮樂譜》十二篇。圖説頗繁，然實本《欽定律呂正義》"琴以首絃為下徵"之説，旁為推演。其由琴聲而推諸樂，與近時江永《律呂新論》所見略同，但不及永書之精密耳。六卷附以琴譜、曲譜，七卷附《曆學音調》，類例甚詳。惟"合、四、乙、上、尺、工、凡"，唐人新法，兹既不取，而又兼以"凡"字代變宮，"乙"字代變徵，則矛盾在所不免矣。

律呂新書箋義二卷附八音考略一卷（湖南巡撫採進本）

國朝羅登選撰。登選，衡山人。是編取蔡元定書為之訓釋，亦有强為之説者。如《八十四聲圖》箋云："合為黃鍾[①]，六為黃鍾清。"本之《宋志》所載《燕樂字譜》。合、六皆頭管翕聲，非笛色也。《六十調圖》箋云："今民間俗樂亦有調法，如用六字調是古清黃鍾調。"不知俗樂以笛色正宮之字定調，頭管之翕聲為合，是加上字哨吹之而為合。若去哨吹之，則祇是上字也。且唐宋時燕樂高於雅樂三律，以夾鍾清為宮。蔡氏《新書》云："緊五者夾鍾之清聲，俗樂以為宮是也。燕樂之黃鍾，其聲當雅樂夾鍾。《新唐書》云'宮聲應夾鍾之律'是也。"然則笛色六字已非雅樂黃鍾，其非古黃鍾益可知矣。至於書中所引推步算術之類，尤為牽合。末附《八音考略》一卷，亦無大闡明云。

【彙訂】

① 底本"鍾"下有"古"字，衍。據清乾隆刻本《律呂新書箋義》上卷《八十四聲圖》箋原文及殿本删。

律呂圖説一卷（江蘇巡撫採進本）

國朝張紫芝撰。紫芝字鷲山，一字秀山，杭州人。是書首引朱子《鍾律篇》，次列《黃鍾圖》，自此以下凡三十八圖，以《月建日躔圖》終焉。每圖皆為之説，大都不出蔡元定、韓邦奇及鄭世子載堉舊説。前有孔毓璣序，稱其“為學徒講解，以‘六律正五音’句著為此書，於四子書中不留纖毫疑義”。則亦舉業之緒餘矣[1]。

**【彙訂】**

[1] “前有孔毓璣序”至“則亦舉業之緒餘矣”，殿本無。

音律節略考一卷（兩江總督採進本）

國朝潘繼善撰。繼善號本菴，婺源人。是編首列律呂損益上下相生之法，次列正半變半諸律長短之法，次列十二律還相為宮之法，後列《黃宮七管》至《應宮七管》十二圖，即《律呂新書》所謂八十四聲，蓋《旋宮譜》也。其中所云本朱子《儀禮經傳通解》者，乃局於所見而云然。朱子亦考據舊文，非自立新法也。

黃鍾通韻二卷（翰林院筆帖式都保家藏本）

國朝都四德撰。都四德字乾文，號秋莊，滿洲鑲紅旗人。是書凡十篇：曰律度量衡第一、五音位次第二、六律第三、七均第四、五音六律相生第五、律呂名義第六、律本第七、循環為宮第八、聲字第九、律數第十。末又附以《琴圖》，共為上、下二卷。多本蔡元定《律呂新書》而附益以己意。如《聲字》一篇，於國書十二字頭獨取第一、第二、第四、第五、第十二章之字，而其餘皆不之及。而五章中又雜取第四章之ᠠ安、ᠠᠨ恩二字以配宮，第五章之ᠠ昂[1]、ᠣ鞰二字以配商，第一章之ᠠ阿、ᠢ額二字以配角，第十章之□敖、□歐二字以配徵，第二章之□愛，平聲讀[2]、□額依二字以配羽。以上十字，分之配十干。又取首章之□依、□烏兩字，共為十二字，分配十二律，作為橫直方圓之圖，且謂人之言語聲音止此數字。殊不知我國書十二字頭，整齊肅括，無音不備，無韻不該，非可偏舉其五字頭以為分配也。據其所論，蓋以此五章可用漢字對音，其餘七章雙聲疊韻為漢文所無，故不用耳。然國書有二合、三合切音之不同。推其原本，則自首句六字而外，其餘何一非雙聲疊韻，而謂止於七章而已乎？今以漢文字有無為國音之區別，漢文所有者[3]，則取配五音十二律，而漢文所無者，概置弗論，是未究國書制作之本也。且字頭十二，雖曰平列，其實十一章皆以第一章為綱領，而第一章又以第一句為綱領。觀國語中並無以他字加於□阿、□額、□依、□鄂、□烏之上者，其偶遇此音，亦以他字代之。蓋此數字總貫十二章，如臣之有君，子之有母，其體統實為最尊，不宜與眾音並列。又所列□阿、□愛，平聲讀、□安、□昂、□敖等字反居□額、□額依、□恩、□鞥、□歐等字之下，亦多未安。伏稽《欽定國書新語》，即以□阿為陽，以□額為陰。以此可見□阿之類皆陽位也，□額之數皆陰位也。陰不可以先陽，乃國書之義例，不可以隨章布列矣。至其以五章字頭統詩韻三十部，雖亦近似，然限以前所拈之數字，亦不足以盡清文之蘊。惟所論清字切音之法，皆中竅要，為有益於學者耳。

**【彙訂】**

①　“昂”，殿本作“昂”，下同，誤，參清乾隆刻本此書卷下《聲字第九》所列十二律圖。

②　殿本無“讀”字，下同。

③"所"，殿本作"之"。

樂原無卷數（江蘇巡撫採進本）

舊本題囂囂子撰。不著名氏。相其紙色版式，蓋近時人也。首為《總論》一篇，泛摭聲律身度之常談。書中亦録《通典》、《玉海》之舊文。其他若謂"陽律有二變，陰律無二變"，不知十二律旋相為宮，各有五聲二變，故得八十四聲，若陰律無二變，則十二律旋宮止得七十二聲矣。又謂"吉事用九寸起律，則黃鍾也；凶事用八寸起律，則大呂也"。考之《周禮·大司樂》①，凡日月食、四鎮五嶽崩、大傀、異烖、諸侯薨令去樂，從未見有凶事用樂，亦未見先王特別八寸之管為凶事用者。至《史記》述漢制，始有"吹簫給喪"之語，然豈可以論古樂歟？

【彙訂】

①"之"，殿本無。

律呂纂要二卷（内府藏本）

不著撰人名氏，前後亦無序跋。分上、下二篇，每篇各十有三説，大意以律呂之要在辨其聲音之高下長短。上篇則發明高下之節，下篇則發明長短之度。似乎近人節録《欽定律呂正義》，以便記誦者也①。

【彙訂】

①《律呂纂要》與《欽定律呂正義·續編》的内容基本相同，但總的説來，前者略詳，其成書較早，作者應是後者的作者之一葡萄牙人徐日升。（王冰：《〈律呂纂要〉之研究》）

右樂類，四十二部，二百九十卷，内四部無卷數①。皆附存目。

【彙訂】

① “二百九十卷”，底本作“二百九十一卷”，據殿本改。

　　案，樂為古制，宜遵古法。阮咸、荀勖之争不過尺之長短，房庶、范鎮之争不過黍之縱横耳。宋魏漢津以徽宗指節定尺，明李文利以黄鍾為長三寸九分，盡改古法，皆世衰而邪説作也。今於詭詞新論悉斥不録，庶不失依永和聲之本旨焉。

# 經 部 四 十

## 小 學 類 一

古小學所教，不過六書之類。故《漢志》以《弟子職》附《孝經》，而《史籀》等十家四十五篇列為小學。《隋志》增以金石刻文，《唐志》增以書法、書品，已非初旨。自朱子作《小學》以配《大學》，趙希弁《讀書附志》遂以《弟子職》之類併入小學，又以《蒙求》之類相參並列，而小學益多岐矣①。考訂源流，惟《漢志》根據經義，要為近古。今以論幼儀者別入“儒家”，以論筆法者別入“雜藝”，以《蒙求》之屬隸“故事”，以便記誦者別入“類書”。惟以《爾雅》以下編為“訓詁”，《說文》以下編為“字書”，《廣韻》以下編為“韻書”。庶體例謹嚴，不失古義。其有兼舉兩家者，則各以所重為主。如李燾《說文五音韻譜》實字書，袁子讓《字學元元〔玄玄〕》實論等韻之類。悉條其得失，具於本篇。

**【彙訂】**

① 據《禮記·內則》、《大戴禮·保傅篇》、《尚書大傳》等所載，幼童之入小學，其所學皆幼儀也，所謂學小藝而履小節也，斷不止教之六書而已。以《弟子職》之類併入小學並無不宜。（余嘉錫：《四庫提要辨證》）

爾雅註疏十一卷（內府藏本）

晉郭璞註，宋邢昺疏。璞字景純，河東聞喜人，官至宏〔弘〕農太守。事蹟具《晉書》本傳。昺有《孝經疏》，已著錄。案《大戴禮·孔子三朝記》稱孔子教魯哀公學《爾雅》，則《爾雅》之來遠矣，然不云《爾雅》為誰作。據張揖《進〈廣雅〉表》稱："周公著《爾雅》一篇。"案，《經典釋文》以揖所稱一篇為《釋詁》。今俗所傳三篇，案，《漢志》：《爾雅》三卷。此三篇謂三卷也。或言仲尼所增，或言子夏所益，或言叔孫通所補，或言沛郡梁文所考。皆解家所說，疑莫能明也。於作書之人，亦無確指。其餘諸家所說，小異大同。今參互而考之，郭璞《爾雅註》序稱："豹鼠既辨，其業亦顯。"邢昺疏以為漢武帝時終軍事①。《七錄》載犍為文學《爾雅註》三卷，案《七錄》久佚，此據《隋志》所稱"梁有某書，亡"，知為《七錄》所載。陸德明《經典釋文》以為漢武帝時人，則其書在武帝以前②。曹粹中《放齋詩說》曰：案此書今未見傳本，此據《永樂大典》所引。"《爾雅》，毛公以前其文猶略，至鄭康成時則加詳。如'學有緝熙于光明'，毛公云：'光，廣也。'康成則以為'學于有光明者'，而《爾雅》曰：'緝熙，光明也。'又'齊子豈弟'，康成以為'猶言發夕也'③，而《爾雅》曰：'豈弟，發也。''薄言觀者'，毛公無訓。'振古如茲'，毛公云：'振，自也。'康成則以觀為多，以振為古，其說皆本於《爾雅》。使《爾雅》成書在毛公之前，顧得為異哉？"則其書在毛亨以後。案《詩傳》乃毛亨作，非毛萇作，語詳《詩正義》條下。大抵小學家綴緝舊文，遞相增益，周公、孔子皆依託之詞。觀《釋地》有鶼鶼，《釋鳥》又有鶼鶼，同文複出，知非纂自一手也。其書歐陽修《詩本義》以為學《詩》者纂集博士解詁，高承《事物紀原》亦以為大抵解詁詩人之旨。然釋《詩》者不及十之一，非專為《詩》作④。揚雄《方言》

以為孔子門徒解釋六藝⑤，王充《論衡》亦以為《五經》之訓故，然釋《五經》者不及十之三四，更非專為《五經》作。今觀其文，大抵採諸書訓詁名物之同異，以廣見聞，實自為一書，不附經義。如《釋天》云：“暴雨謂之涷。”《釋草》云：“卷施草，拔心不死。”此取《楚辭》之文也。《釋天》云：“扶搖謂之猋。”《釋蟲》云：“蒺藜，蚰蛆。”此取《莊子》之文也。《釋詁》云：“嫁，往也。”《釋水》云：“濆，大出尾下。”此取《列子》之文也。《釋地》“四極”云“西王母”⑥，《釋畜》云“小領，盜驪”⑦，此取《穆天子傳》之文也。《釋地》云：“東方有比目魚焉，不比不行，其名謂之鰈；南方有比翼鳥焉，不比不飛，其名謂之鶼鶼⑧。”此取《管子》之文也。又云：“邛邛岠虛負而走，其名謂之蹶。”此取《呂氏春秋》之文也。又云：“北方有比肩民焉，迭食而迭望。”《釋地》云：“河出崑崙虛。”此取《山海經》之文也。《釋詁》云“天、帝、皇、王、后、辟、公、侯”⑨，又云“洪〔弘〕、廓、宏、溥、介、純、夏、幠”，《釋天》云“春為青陽”至“謂之醴泉”，此取《尸子》之文也⑩。《釋鳥》曰“爰居，雜縣”，此取《國語》之文也。如是之類，不可殫數，蓋亦《方言》、《急就》之流。特説經之家多資以證古義，故從其所重，列之經部耳。璞時去漢未遠，如“遂幠大東”稱《詩》，“釗我周王”稱《逸書》，所見尚多古本，故所註多可據。後人雖迭為補正，然宏綱大旨，終不出其範圍。昺疏亦多能引證，如《尸子·廣澤篇》、《仁意篇》，皆非今人所及睹。其犍為文學、樊光、李巡之註，見於陸氏《釋文》者，雖多所遺漏，然疏家之體，惟明本註，註所未及，不復旁搜。此亦唐以來之通弊，不能獨責於昺。惟既列註文，而疏中時複述其文，但曰“郭註”云云，不異一字，亦更不別下一語，殆不可解。豈其初疏與註別行歟？今未見原刻，不可復考矣。

## 【彙訂】

①"豹鼠之辨"為漢武帝時終軍事,邢昺疏實本於《釋獸》郭璞註。然《漢書·終軍傳》未載其事。而據《太平御覽》卷九百十一引《竇氏家傳》,乃光武時竇攸之事,酈道元《水經·谷水注》及李善《文選·任昉薦士表注》並引摯虞《三輔決錄注》,文亦相同。(余嘉錫:《四庫提要辨證》)

② 犍為文學《爾雅注》,陸德明《經典釋文敘錄》稱:"一云犍為郡文學卒史臣舍人,漢武帝時待詔。"清儒以《文選·羽獵賦》李善注嘗引犍為舍人注,又引郭舍人注,遂定為一人。以為舍人郭姓,即漢武時與東方朔同為隱語之郭舍人也。案漢代《爾雅》一書之傳習,孝平以前猶未顯著,若舍人果為武帝時人,而有《爾雅注》,劉歆《七略》必著於目矣。然《漢志》不載其書,且《經典釋文》及唐人《五經正義》與宋《太平御覽》、邢昺《爾雅疏》所引舍人注,已雜有讖緯既興之後所用說經解字之法,則舍人蓋生於後漢之世矣。(同上)

③"言",殿本脫,參宋段昌武《毛詩集解》卷首《學詩總說·詩之序》注文引曹氏說。

④《爾雅》雖以釋"六藝"成言,然多為釋《詩》而作,釋《詩》之比例為百分之二十二。(丁忱:《爾雅毛傳異同考》)

⑤ 揚雄《方言》無孔子門徒解釋六藝之文,實出自葛洪《西京雜記》卷上:"余嘗以問揚子雲,子雲曰:'孔子門徒游、夏之儔所記,以解釋六藝者也。'"(余嘉錫:《四庫提要辨證》)

⑥"釋地四極云西王母",殿本作"釋地云西至西王母",誤,據《爾雅·釋地》"四極"條。

⑦"釋畜",殿本作"釋獸",誤,參《爾雅·釋畜》"馬屬"條。

⑧ "鶬鶊"，殿本作"鶊"，誤，參《爾雅·釋地》"五方"條。

⑨ "釋詁"，殿本作"釋言"，誤，參《爾雅·釋詁》。

⑩ "取"，殿本脫。

## 爾雅註三卷（兩淮鹽政採進本）

宋鄭樵撰。樵字漁仲，莆田人。居夾漈山中，因以為號。又自稱西溪逸民。紹興閒以薦召對，授右迪功郎，兵部架閣。尋改監潭州南嶽廟，給札歸鈔所撰《通志》。書成，入為樞密院編修。事蹟具《宋史·儒林傳》。南宋諸儒大抵崇義理而疏考證，故樵以博洽傲睨一時，遂至肆作聰明，詆諆毛、鄭。其《詩辨妄》一書開數百年杜撰說經之捷徑，為通儒之所深非。惟作是書，乃通其所可通，闕其所不可通，文似簡略，而絕無穿鑿附會之失，於說《爾雅》家為善本。中閒駁正舊文，如後序中所列饡餬、訊言、襧袍、袞黻四條，峨峨、丁丁、嚶嚶三條，註中所列《釋詁》"台、朕、陽之予為我，賚、畀、卜之予為與"一條、"關關嘤嘤"當入《釋訓》一條①，《釋親》據《左傳》辨正"娣姒"一條，《釋天》"謂之景風"上脫文一條②、星名脫實沈、鶉首、鶉尾三次一條，《釋水》"天子造舟"一條，《釋蟲》"食根蟊"一條，《釋魚》"鯉、鱣"一條③、"蝮虺，首大如臂"一條，皆極精確。惟"魚枕謂之丁"一條④，牽引假借⑤，以就其《六書略》之說。又堅執作《爾雅》者江南人，凡郭璞所云"蜀語"、"河中語"者，悉駁辨之。是則偏僻之過，習氣猶未盡除。又《汪師韓集》有書此書後一篇，駁其誤改郭註者，以"劉劉杙"為安石榴、以"藋雕蓬"為其米雕胡二條；補郭註而未確者，"孟，勉也"，以為"孟"即"晉"，"於，代也"，以為更詞二條；仍郭註之誤未改者，訓"郵，過也"為道路所經過，不知"郵"古字同"尤"，訓"比目魚”為“王餘”，不知《吳都賦》“雙則比目，片則王餘”二條，亦頗中其失。至於議其《釋言篇》内經文脱“弇，同也”三字，《釋水篇》内經文脱“水之由膝以下為揭”至“為屬”十八字，《釋草篇》内經文脱“葦，醜芀”三字，《釋魚篇》内經文脱“蛭、蝚”二字，《釋鳥篇》内脱“倉庚，䴿黄也”五字，皆當為毛氏刊本之誤⑥，併以詆樵則過矣。

【彙訂】

①“關關嗈嗈”，殿本作“閟閟嗈嗈”，誤。此書卷上《釋詁》“諧輯，協和也。關關嗈嗈，音聲和也”句注云：“據二文一義者，皆當在《釋訓》部，恐誤在此。”

②“謂之景風”，殿本作“謂景風句”，誤。此書卷中《釋天》“謂之景風”句注云：“據下文敵體，則此上容有二句亡焉。”

③“釋蟲食根蟊一條釋魚鯉鱣一條”，殿本作“釋魚鯉鱣釋蟲食根蟊一條”，誤。下文“蝮虺，首大如臂”一條亦屬《釋魚》。

④“枕”，殿本脱。《爾雅・釋魚》云：“魚枕謂之丁，魚腸謂之乙，魚尾謂之丙。”此書卷下《釋魚》有此條。

⑤殿本“牽”上有“務”字。

⑥舊本如此，非毛刻舛誤。（瞿鏞：《鐵琴銅劍樓藏書目録》）

方言十三卷（永樂大典本）

舊本題漢揚雄撰，晉郭璞註。考《晉書・郭璞傳》有註《方言》之文，而《漢書・揚雄傳》備列所著之書，不及《方言》一字。《藝文志》亦惟“小學”有雄《訓纂》一篇；“儒家”有雄所序三十八篇，註云：“《太元〔玄〕》十九，《法言》十三，樂四，箴二。”“雜賦”有雄賦十二篇，皆無《方言》。東漢一百九十年中，亦無稱雄作《方言》者。至漢末應劭《風俗通義》序始稱："周、秦常以歲八月，遣輶軒之使，求異代方言，還奏籍之，藏於祕室。及嬴氏之亡，遺棄脫漏，無見之者。蜀人嚴君平有千餘言，林閭翁孺才有梗概之法。揚雄好之，天下孝廉衛卒交會，周章質問，以次註續。二十七年爾乃治正，凡九千字。"又劭註《漢書》，亦引揚雄《方言》一條。是稱雄作《方言》，實自劭始。魏晉以後，諸儒轉相沿述，皆無異詞。惟宋洪邁《容齋隨筆》始考證《漢書》，斷非雄作[①]。然邁所摘劉歆與雄往返書中既稱在成帝時，不應稱孝成皇帝一條，及東漢明帝始諱莊[②]，不應西漢之末即稱莊遵為嚴君平一條，則未深中其要領。考書首"成帝時"云云，乃後人題下標註之文，傳寫舛譌，致與書連為一，實非歆之本詞，文義尚犖然可辨。書中載揚莊之名，不作"嚴"字，實未嘗預為明帝諱。其"嚴君平"字，或後人傳寫追改，亦未可知。皆不足斷是書之偽。惟後漢許慎《說文解字》多引雄說，而其文皆不見於《方言》。又慎所註字義，與今《方言》相同者不一而足，而皆不標揚雄《方言》字。知當慎之時，此書尚不名《方言》，亦尚不以《方言》為雄作，故馬、鄭諸儒未嘗稱述。至東漢之末，應劭始有是說。魏孫炎註《爾雅》"莫貈、螳螂，蚱"字，晉杜預註《左傳》"授師子焉"句，始遞相徵引。沿及東晉，郭璞遂註其書。後儒稱揚雄《方言》，蓋由於是。然劭序稱《方言》九千字，而今本乃一萬一千九百餘字[③]，則字數較原本幾溢三千。雄與劉歆往返書皆稱《方言》十五卷，郭璞序亦稱"三五之篇"。而《隋志》、《唐志》乃並載揚雄《方言》十三卷，與今本同，則卷數較原本闕其二，均為牴牾不合。考雄《答歆書》，稱："語言或交錯相反，方復論思，詳悉集之。如可寬假延期，必不敢有愛。"云云。疑雄本有此未成之書，歆借觀而未得，故《七略》不

載,《漢志》亦不著録。後或侯芭之流收其殘稿,私相傳述。閱
時既久,不免於輾轉附益,如徐鉉之增《説文》,故字多於前。
厥後傳其學者,以《漢志》無《方言》之名,恐滋疑竇,而"小學"
家有《別字》十三篇,不著撰人名氏,可以假借影附,證其實出
於雄,遂併為一十三卷,以就其數,故卷減於昔歟? 反覆推求,
其真偽皆無顯據。姑從舊本,仍題雄名,亦疑以傳疑之義也。
雄及劉歆二書,據李善《文選註》引"懸諸日月不刊之書"句,已
稱《方言》。則自隋唐以來,原附卷末,今亦仍之。其書世有刊
本,然文字古奥,訓義深隱,校讎者猝不易詳,故斷爛譌脱,幾
不可讀。錢曾《讀書敏求記》嘗據宋槧駁正其誤,然曾家宋槧,
今亦不傳。惟《永樂大典》所收,猶為完善。檢其中"秦有榛娥
之臺"一條,與錢曾所舉相符,知即從宋本録入。今取與近本
相校,始知明人妄行改竄,顛倒錯落,全失其初,不止錢曾所舉
之一處。是書雖存而實亡,不可不亟為釐正。謹參互考訂,凡
改正二百八十一字,删衍文十七字,補脱文二十七字。神明焕
然,頓還舊觀。併逐條援引諸書,一一疏通證明,具列案語。
庶小學訓詁之傳,尚可以具見崖略,並以糾坊刻之謬,俾無迷
誤後來。舊本題曰《輶軒使者絶代語釋別國方言》,其文冗贅。
故諸家援引及史志著録皆省文謂之《方言》,《舊唐書·經籍
志》則謂之《別國方言》,實即一書。又《容齋隨筆》稱此書為
《輶軒使者絶域語釋別國方言》,以"代"為"域",其文獨異。然
諸本並作"絶代",書中所載亦無"絶域重譯"之語。洪邁所云,
蓋偶然誤記,今不取其説焉。

**【彙訂】**

① "雄",殿本作"揚雄"。

②“及”，殿本作“又”。

③“乃”，殿本作“内”。

釋名八卷（内府藏本）

漢劉熙撰。熙字成國，北海人。其書二十篇。以同聲相諧，推論稱名辨物之意。中閒頗傷於穿鑿，然可因以考見古音。又去古未遠，所釋器物，亦可因以推求古人制度之遺。如《楚辭·九歌》“薜荔拍兮蕙綢”，王逸註云：“拍，搏壁也①。”“搏壁”二字，今莫知為何物。觀是書《釋牀帳篇》，乃知以席搏著壁上謂之“搏壁”。孔穎達《禮記正義》以深衣十二幅皆交裁謂之衽。是書《釋衣服篇》云：“衽，襜也，在旁襜襜然也。”則與《玉藻》言“衽當旁”者可以互證。《釋兵篇》云：“刀室曰削，室口之飾曰琫，下末之飾曰琕。”又足證《毛詩詁訓傳》之譌。其有資考證，不一而足。吳韋昭嘗作《辨釋名》一卷，糾熙之誤，其書不傳。然如《經典釋文》引其一條曰：“《釋名》云：‘古者車音如居，所以居人也。今曰車，音尺遮反，舍也。’”案《釋名》本作“古者曰車聲如居，言行所以居人也。今曰車，車舍也，行者所處若居舍也。”此蓋陸德明約舉其文，又取文義顯明，增入“音尺遮反”四字耳。韋昭云：“車，古皆音尺奢反②，後漢以來，始有‘居’音。”案《何彼襛矣》之詩以“車”韻“華”，《桃夭》之詩以“華”韻“家”，“家”古音“姑”，“華”古音“敷”，則“車”古音“居”，更無疑義。熙所説者不譌，昭之所辨亦未必盡中其失也。別本或題曰《逸雅》。蓋明郎奎金取是書與《爾雅》、《小爾雅》、《廣雅》、《埤雅》合刻，名曰“五雅”。以四書皆有“雅”名，遂改題《逸雅》以從類。非其本目，今不從之。又《後漢書·劉珍傳》稱珍“撰《釋名》五十篇③，以辨萬物之稱號。”其書名相同，姓又相同。鄭明選作

《秕言》，頗以為疑。然歷代相傳，無引劉珍《釋名》者。則珍書久佚，不得以此書當之也。明選又稱此書為二十七篇，與今本不合。明選，萬曆中人，不應別見古本。殆一時失記，誤以"二十"為"二十七"歟④？

【彙訂】

①　"搏壁"，殿本作"搏辟"，下同。

②　"音"，殿本作"因"，誤，參《經典釋文》卷五《毛詩音義上》"車服"注文。

③　《後漢書·劉珍傳》原文作"三十篇"。

④　劉熙《自敍》云"凡二十七篇"，《玉海》引《崇文總目》云"凡二十七目"，《直齋書錄解題》卷三亦云"凡二十七篇"。今世所行本，皆自《釋天》起至《釋喪服》第二十七止。（余嘉錫：《四庫提要辨證》）

廣雅十卷（內府藏本）

魏張揖撰。揖字稚讓，清河人。太和中官博士。其名或從木作"楫"。然證以"稚讓"之字，則為揖讓之"揖"審矣。後魏江式《論書表》曰："魏初博士清河張揖，著《埤倉》、《廣雅》、《古今字詁》。究諸埤廣，增長事類，抑亦於文為益者也。然其《字詁》方之許篇，或得或失矣。"是式謂《埤倉》、《廣雅》勝於《字詁》。今《埤倉》、《字詁》皆久佚，惟《廣雅》存。其書因《爾雅》舊目，博採漢儒箋註及《三蒼》、《說文》諸書以增廣之，於揚雄《方言》亦備載無遺。隋祕書學士曹憲為之音釋，避煬帝諱，改名《博雅》。故至今二名並稱，實一書也。前有揖進表，稱凡萬八千一百五十文，分為上、中、下。《隋書·經籍志》亦作三卷，與表所言合，然註曰"梁有四卷”。《唐志》亦作四卷。《館閣書目》又云：“今逸，但存《音》三卷。”憲所註本，《隋志》作四卷，《唐志》則作十卷，卷數各參錯不同。蓋揖書本三卷，《七錄》作四卷者，由後來傳寫，析其篇目。憲註四卷，即因梁代之本。後以文句稍繁，析為十卷。又嫌十卷煩碎，復併為三卷。觀諸家所引《廣雅》之文皆具在，今本無所佚脱，知卷數異而書不異矣。然則《館閣書目》所謂“逸”者，乃逸其無註之本。所謂“存《音》三卷”者，即憲所註之本。揖原文實附註以存，未嘗逸，亦未嘗闕。惟今本仍為十卷，則又後人析之以合《唐志》耳。考唐元〔玄〕度《九經字樣》序，稱音字改反為切實始於唐開成閒。憲雖自隋入唐，至貞觀時尚在，然遠在開成以前。今本乃往往云某字某切，頗為疑竇。殆傳刻臆改，又非憲本之舊歟？

### 匡謬正俗八卷（安徽巡撫採進本）

唐顏師古撰。師古名籀，以字行，雍州萬年人。歷官祕書監。事蹟具《唐書》本傳。是書永徽二年其子符璽郎揚庭表上於朝，高宗敕録本付祕閣。卷首載揚庭《表》，稱“藁草纔半，部帙未終”，蓋猶未竟之本。又稱“謹遵先範，分為八卷，勒成一部”，則今本乃揚庭所編。宋人諸家書目多作《刊謬正俗》，或作《糾謬正俗》，蓋避太祖之諱。錢曾《讀書敏求記》作《列謬正俗》，則刻本偶誤也。前四卷凡五十五條，皆論諸經訓詁、音釋；後四卷凡一百二十七條，皆論諸書字義、字音及俗語相承之異。考據極為精密，惟拘於習俗，不能知音有古今。其註《漢書》，動以合聲為言，遂與沈重之音《毛詩》，同開後來叶音之説。故此書謂葬音臧，誼、議音宜[①]，反音扶萬反，歌音古賀反，彝音上聲，怒有上、去二聲，壽有授、受二音，縣有平、去二聲[②]，迥音户鎣反，皆誤以今韻讀古音；謂穰音而成反，上音盛又音市郢反，先音西，逢音如字不讀龐，皆誤以古音讀今韻，均未免千慮之一失。然古人考辨小學之書，今皆失傳。自顏之推《家訓·音證篇》外，實莫古於是書。其邱〔丘〕區、禹宇之論，韓愈《諱辨》引之③，知唐人已絕重之矣。《戒山堂讀史漫筆》解"都鄙"二字，詫為獨解，不知為此書所已駁；毛奇齡引《書序》"俘厥寶玉"解《春秋》"衛俘"，詫為特見，不知為此書所已引，洵後人證據終不及古人有根柢也。鄭樵《通志·校讎略》曰："《刊謬正俗》乃雜記經史，惟第一卷起《論語》④，而《崇文總目》以為《論語》類。知《崇文》所釋只看帙前數行，率意以釋之耳。"今檢《崇文總目》，樵說信然。當時館閣諸人不應荒謬至此。檢是類所列，以《論語》三種、《家語》一種居前，次為《白虎通》，次為《五經鉤沈》，次即此書，次為《六說》，次為《經史釋題》，次為《授經圖》，次為《九經餘義》，次為《演聖通論》，皆統解羣經之文。蓋當時仿《隋志》之例，以"五經總義"附之《論語》類中。雖不甚允，要不可謂之無據。樵不考舊文而務為苛論，遽以"只看數行"詆之，失其旨矣。

## 【彙訂】

① "宜"，殿本作"義"，誤，據此書卷八"誼、議"條。

② "平去"，殿本作"元炫"，此書卷八"縣"條作"元炫"。

③ 殿本"引"上有"即"字。

④ "惟"，殿本作"為"，誤，據《通志·校讎略》"見名不見書論二篇"條原文。

　　羣經音辨七卷（通行本）

　　宋賈昌朝撰。昌朝字子明，獲鹿人。天禧初賜同進士出身，慶曆中同中書門下平章事。英宗初加左僕射，封魏國公，諡文元。事蹟具《宋史》本傳。此書其侍講天章閣時所上。凡羣經之中一字異訓、音從而異者，彙集為四門。卷一至卷五曰《辨字同音異》，倣唐張守節《史記正義》發字例，依許慎《説文解字》部目次之。卷六曰《辨字音清濁》，曰《辨彼此異音》，曰《辨字音疑混》，皆即《經典釋文·序錄》所舉分立名目。卷七附《辨字訓得失》一門，所辨論者僅九字。書中沿襲舊文，不免謬誤者，如卷一“言”部“謙，慊也”下云：“鄭康成説謙為慊。慊，厭也。厭謂閉藏貌①。”據《禮記註》曰：“謙讀為慊。慊，厭也。”此解正文“自謙”。註又曰：“厭讀為黶。黶②，閉藏貌也。”此解正文“厭然”③，與上註“厭足”之“厭”絶不相蒙。昌朝混而一之，殊為失考。又卷二“开”部“典，堅刃貌也”。據《考工記》“軔欲頎典”註曰：“頎典，堅刃貌。”以“頎典”為形容之辭，不得單舉一“典”字。卷三“巾”部“幓頭，括髮也”。“幓”本“幧”字之譌。據《儀禮註》，一以解婦人之髽以麻申之，曰：“以麻者，如著幓頭焉。”一以解括髮以麻免而以布申之，曰：“此用麻布為之，狀如今著幓頭矣。”是括髮免髽皆如著幓頭，幓頭自是吉服。揚雄《方言》：“帕頭，自河以北，趙、魏之閒曰幧頭。”劉熙《釋名》作“綃頭”，又有鬠帶、髳帶等名，豈可以“括髮”釋之？是皆疏於考證之故。然釋文散見各經，頗難檢核。昌朝會集其音義，絲牽繩貫，同異粲然，俾學者易於尋省，不為無益。小學家至今不廢，亦有以也。自序云：“編成七卷，凡五門。”紹興中王觀國後序亦云：“凡五門七卷。”惟《宋史·藝文志》作三卷。此本為康熙中蘇州張士俊從宋槧翻雕，實為七卷。則宋史所載為字畫之誤明矣。

**【彙訂】**

①“謂”，殿本作“為”，誤，參此書卷一“謙，慊也”下注文。

② "驫",殿本疑脱。

③ 殿本"此"下有"乃"字。

埤雅二十卷（浙江巡撫採進本）

宋陸佃撰。佃字農師,越州山陰人。少從學於王安石。熙寧三年擢進士甲科,授蔡州推官,選為鄆州教授。召補國子監直講,歷轉至左丞。未幾,罷為中大夫,出知亳州,卒於官。事蹟具《宋史》本傳。史稱其精於禮家名數之學,所著《埤雅》、《禮象》、《春秋後傳》之類,凡二百四十二卷。王應麟《玉海》又記其修《說文解字》。其子宰作此書序,又稱其有《詩講義》、《爾雅註》。今諸書並佚。其《爾雅新義》僅散見《永樂大典》中,文句譌闕,亦不能排纂成帙。傳於世者惟此書而已①。凡《釋魚》二卷、《釋獸》三卷、《釋鳥》四卷、《釋蟲》二卷、《釋馬》一卷、《釋木》二卷、《釋草》四卷、《釋天》二卷。刊本《釋天》之末註"後闕"字,然則併此書亦有佚脱,非完本矣。宰序稱佃於神宗時召對,言及物性,因進《說魚》、《說木》二篇。後乃並加筆削②,初名《物生門類》③。後註《爾雅》畢,更修此書,易名《埤雅》,言為《爾雅》之輔也。其說諸物,大抵略於形狀而詳於名義。尋究偏旁,比附形聲,務求其得名之所以然。又推而通貫諸經,曲證旁稽,假物理以明其義,中多引王安石《字說》。蓋佃以不附安石行新法,故後入元祐黨籍④,其學問淵源則實出安石。晁公武《讀書志》謂其說不專主王氏,亦似特立,殆未詳檢是編,誤以論其人者論其書歟? 觀其開卷"說龍"一條,至於謂曾公亮得龍之脊,王安石得龍之睛,是豈不尊安石者耶? 然其詮釋諸經,頗據古義,其所援引,多今所未見之書,其推闡名理,亦往往精鑿。謂之駁雜則可,要不能不謂之博奧也。

## 【彙訂】

① 陸佃《爾雅新義》二十卷，有影鈔宋本傳世，經阮元進呈內府。後嘉慶閒蕭山陸芝榮曾付刻，道光閒南海伍崇曜又刻入《粵雅堂叢書》。（余嘉錫：《四庫提要辨證》）

② "並"，殿本作"益"。

③ "物生"，底本作"物性"，據陸宰序原文及殿本改。

④ "元祐"，殿本作"元祐"，誤。

爾雅翼三十二卷（浙江巡撫採進本）

宋羅願撰，元洪焱祖音釋。願字端良，號存齋，歙縣人。以蔭補承務郎。乾道二年登進士第，通判贛州。淳熙中知南劍州事，遷知鄂州，卒於官。事蹟附載《宋史·羅汝楫傳》。焱祖字潛夫，亦歙縣人。天曆中官遂昌縣主簿，以休寧縣尹致仕。是書卷端有願自序，又有王應麟後序、方回跋及焱祖自跋。應麟後序稱以咸淳庚午刻此書郡齋，而《玉海》所列《爾雅》諸本乃不著於錄。據方回跋，稱序見《鄂州小集》，世未見其書，回訪得副本於其從孫裳。蓋其出在《玉海》後也。越五十年為元延祐庚申，郡守朱霽重刻，乃屬焱祖為之音釋，而願序及應麟後序隸事稍僻者亦併註焉。焱祖跋稱《釋草》八卷，凡一百二十名；《釋木》四卷，凡六十名；《釋鳥》五卷，凡五十八名；《釋獸》六卷，凡七十四名；《釋蟲》四卷，凡四十名；《釋魚》五卷，凡五十五名。今勘驗此本，名數皆合。惟《釋獸》七十四名，此本內有八十五名，與原跋互異，豈字畫傳寫有誤歟？其書考據精博，而體例謹嚴，在陸佃《埤雅》之上。應麟後序稱其

“即物精思，體用相涵，本末靡遺”，殆非溢美。後陳櫟删削其書，別為節本，謂其“好處可以廣人之識見處儘多，可恨處牽引失其精當者不少。内引三百篇之《詩》處多不是”云云。案櫟著作傳於今者有《尚書集傳纂疏》①、《歷朝通略》、《定宇集》三書②。核所聞見，曾不能望願之項背，遽糾其失，似不自量。至願書成於淳熙元年甲午，朱子《詩集傳》作於淳熙四年丁酉，在願書後三年，而櫟乃執續出新説繩願所引據之古義，尤屬拘墟。今願書流傳不朽，而櫟之節本片字無存。則其曲肆詆諆，無人肯信而傳之，略可見矣。

## 【彙訂】

①“有尚書集傳纂疏”，殿本作“尚有書集傳纂疏”。

②《總目》卷一二二尚著録陳櫟撰《勤有堂隨録》一卷。

駢雅七卷（浙江巡撫採進本）

明朱謀㙔撰。謀㙔有《周易象通》，已著録。此書皆剌取古書文句典奥者，依《爾雅》體例，分章訓釋。自《釋詁》、《釋訓》以至蟲、魚、鳥、獸，凡二十篇。其説以為聯二為一，駢異為同，故名曰《駢雅》。謀㙔淹通典籍，其《一齋書目》所載，往往為諸家所未窺。故徵引詳博，頗具條理，非鄉塾陋儒捃拾殘剩者可比。中閒如藻井乃屋上方井，刻為藻文，《西京賦》註引《風俗通》，訓義甚明，而謀㙔以為刻扉之屬。改易舊文，殊為未確。又謂都御史為大司憲，詹事為端尹，乃流俗之稱，亦乏典據。至如《釋天》内之歲陽、月名，《釋地》内之五丘、四荒、太平、太蒙、丹穴、空桐之類，皆《爾雅》所已具，更為復引，尤病冗蕪。然奇文僻字，搜輯良多。擷其膏腴，於詞章要不為無補也。

字詁一卷（安徽巡撫採進本）

國朝黃生撰。生字扶孟，歙縣人。前明諸生。是編取魏張揖《字詁》以名其書，於六書多所發明。每字皆有新義，而根據博奧，與穿鑿者有殊。閒有數字未安者，如謂“霍”，《說文》：“呼郭切，飛聲也。”而諸書用“霍靡”處又音“髓”。今書地名、人姓之類多用“霍”，獨《樊噲傳》之“霍人”，《正義》註先累、蘇果、山寡三反。先累反即“髓”音也。《韻會》諸家紙、藥二韻兼收“霍”，而“霍”則止一音。蓋霍從佳，其音當為髓。霍本飛鳥聲，借為地名，因又借為人姓，後省便作霍。既為借義所奪，其本音、本訓遂失。而於字之當用霍音髓者反作霍，此霍之所以轉為“呼郭切”，而霍之所以轉為“先累反”也。據其所說，則“霍”但有“先累反”之本音，霍但有“呼郭反”之本音矣。今考音切之古，莫過《玉篇》、《廣韻》。《玉篇》“霍”字下註云：“息委切，露也。呼郭切，飛聲。”《廣韻》於四紙“霍”字下註云：“霍，麻草。”於十九鐸“霍”字下註云：“地名。《說文》：飛聲也。”則是“霍”本有“髓”之一讀，並不因省借為“霍”始音髓也。又《玉篇》“霍”字下註云：“呼郭切，揮霍。”《廣韻》“霍”字下註云：“虛郭切，揮霍。《爾雅》：霍山為南岳。又姓。”則是“霍”之一字，在《玉篇》、《廣韻》原止有“呼郭反”一音，並無“髓”音。惟《史記正義》註有“息累反”，而要不得為止有“息累反”一音也。況《白虎通》曰：“南方霍山者，霍之為言護也。”“護”乃“呼郭反”之轉音，非“先累反”之轉音。然則班固讀“霍”已為“呼郭反”矣，豈漢音猶不足據乎？生又謂“打”字始於六朝。今考後漢王延壽《夢賦》曰：“捎魍魎，拂諸渠，撞縱目，打三顱。”又《易林》曰：“口饑打手。”則“打”字不始於六朝明矣。此類殊為失考。其他若謂“大鼂七个”之“鼂”當從𠃜諧聲，與從冂者不同①。似蛇之“蠶”既借“徒何切”之“蠶”，又借“張演切”之“䱇”，而皆轉為“常演切”，《漢書註》誤以“張連切”之“䱇”為釋。又謂《周禮·玉人》註“瓚，讀為饡屑之屑”，《説文》“饡，以羹澆飯”，《釋文》“膏屑”作“膏饡”，故《篇海》“屑”即“饡”字。《内則》釋文：“酏讀為餰，之然反。屑本又作餰，並之然反。”此蓋明酏、屑當並讀為餰，非謂“屑”即“餰”字。若以“諸延”切“屑”，何以處《玉人》註之“餰屑”乎？又謂干、乾字通，引《後漢書·獨行傳》云“明堂之奠干飯寒水”，又在晉帖所云“淡悶干嘔”之前。此類則最為精核。其他條似此者不可枚舉。蓋生致力漢學，而於六書訓詁尤為專長，故不同明人之剿説也。

**【彙訂】**

①“當從𠈌諧聲，與從冂者不同”，底本作“當從冂諧聲，與從宀者不同”，據殿本改。此書“𠈌鼏鉉”條云“鼏，莫狄切，以木橫貫鼎耳而舉之。《周禮（考工記）》：‘廟門容大鼏七個，又易之玉鉉’，即一物也。案《考工記》‘鼏’作‘扃’，則知《説文》‘鼏’字正當作‘鼏’，諧𠈌聲。後人誤傳寫從冂，因加以莫狄切，失之遠矣。”

續方言二卷（浙江巡撫採進本）

國朝杭世駿撰。世駿字大宗，號堇浦，仁和人。乾隆丙辰召試博學鴻詞，授翰林院編修。是書採《十三經註疏》、《説文》、《釋名》諸書，以補揚雄《方言》之遺。前後類次，一依《爾雅》，但不明標其目耳。蒐羅古義，頗有裨於訓詁。惟是所引之書，往往耳目之前顯然遺漏。如《玉篇》引《倉頡篇》云：“楚人呼竉曰窟。”《列子·黃帝篇》註引何承天《纂文》云：“吳人呼瞬目為眴目。”《古今韻會》引魏李登《聲類》云:“江南曰辣,中國曰辛。”《爾雅·釋草》釋文、宋庠《國語補音》引晉吕忱《字林》云:“楚人名蔆曰芰。”“鸒,秦名雅烏[①]。”“鯷,青州人呼鮎鯷。”《初學記》及《太平御覽》引《纂文》云:“梁州以豕為貒,河南謂之彘,漁陽以豬為豝,齊、徐以小豬為豯。”《太平御覽》又引《纂文》云:“秦以鈷鉾為銼鑹。”《爾雅·釋親》釋文引《纂文》云[②]:“妹,娟也。”《初學記》引服虔《通俗文》曰:“南楚以美色為娃。”《初學記》及《山堂考索》又引《通俗文》云:“晉船曰舶[③]。”《埤雅》引《廣志·小學篇》云:“螻蛄,會稽謂之蟷蛄。”《北户録》引顏之推《證俗音》云[④]:“南人謂凝牛、羊、鹿血為峪[⑤];麰麴[⑥],内國呼為糫餅,亦呼寒具;粰粇,今江南呼曰饊飦;蝘蜓,山東謂之饊飦;鯖,吳人呼為鯽魚也。”凡此諸條,皆六朝以前方言,正可以續揚雄之著,而俱佚之。豈舉遠者反略近歟?又如書中引《説文》“秦晉聽而不聞,聞而不達謂之聹”;引《史記集解》“齊人謂之顙,汝南、淮泗之閒曰顔”諸條,本為揚雄《方言》所有而復載之,亦為失檢。然大致引據典核,在近時小學家猶最有根柢者也。

**【彙訂】**

① “雅烏”,殿本作“雅烏”,誤,參《爾雅·釋烏》釋文。

② “釋親”,殿本作“釋草”,誤,參《爾雅·釋親》釋文引《纂文》。

③ “船”,殿本脱,據《初學記》卷二十五、《山堂考索》卷四十五引李虔《通俗文》。

④ “顔之推”,殿本作“張推”。《北户録》卷二“峪”字注引作《證俗音》。《新唐書·藝文志》著録張推《證俗音》三卷。《宋史·藝文志》、《玉海》卷四十五著録顔之推《證俗音字》四卷。

⑤“凝牛羊鹿血”，殿本作“牛羊血”。《北户録》卷二“䗜”字注作“凝牛羊鹿血”。

⑥“䴫䴢”，殿本作“䴫䴴”，誤，參《北户録》卷二“寒具”注。

### 别雅五卷（江蘇巡撫採進本）

國朝吳玉搢撰。玉搢字山夫，山陽人。廩貢生，官鳳陽府訓導。是書取字體之假借通用者，依韻編之，各註所出而為之辨證，於考古深為有功。惟是古人用字，有同聲假借，有轉音變異，有別體重文、同聲轉音，均宜入之此書。至於郂、䣄一作岐、豐之類，則郂乃岐之本字，《説文》明云“郂，一作岐”，實屬重文，偶然別體。《説文》、《玉篇》以後累千盈百，何可勝收，未免自亂其例。又徵引雖博，而挂漏亦夥。即以開卷東、冬二韻覈之，若《大戴禮》“一室而有四户八牖”，牖即窗；《楚辭·九歎》“登逢龍而下隕兮”註：“古本逢作蓬。”《荀子·榮辱篇》引《詩》“下國駿蒙”註：“今《詩》作駿厖。”《莊子·盜跖篇》“士皆蓬頭突鬢”註：“蓬，本作鏠。”《吳越春秋·吳王壽夢傳》“使公子蓋餘燭傭”註：“《左傳》傭作庸。”《史記·秦始皇本紀》“秦王為人蜂準”，徐廣曰：“蜂，一作隆。”《龜策傳》“雄渠蠡門”註：“《新序》有熊渠子。”《漢書·古今人表》“鬼臾區”，師古註云：“即鬼容區。”“陳豐”，師古註云：“即陳鋒。”《衛青傳》“青至籠城”，師古註云：“籠讀為龍。”皆目前習見者，乃佚而不載。則推之《儀禮》之古文、《周禮》之故書及漢人箋註“某讀作某”之類，一一考之，所漏多矣。然就所徵引，足以通古籍之異同，疏後學之疑滯，猶可以考見漢魏以前聲音文字之概。是固小學之資糧、藝林之津筏，非俗儒剽竊之書所能傚佛也。

　　右小學類"訓詁"之屬一十三部,一百二十二卷①,並文淵閣
著錄。

　　**【彙訂】**

　　① "一十三部",底本作"一十二部",據殿本改。實際著錄
一百二十七卷。

　　　　《舊唐書・經籍志》以詁訓與小學分為二家。然詁訓亦
　　小學也,故今仍從《漢志》,列為小學之子目。又《爾雅》首
　　《釋詁》、《釋訓》,其餘則雜陳名物。蓋析其類而分之,則蟲、
　　魚、草、木之屬與字義門目各殊;統其類而言之,則解釋名物
　　亦即解釋其字義。故訓詁者,通名也。《方言》、《釋名》,相
　　沿繼作,大體無殊。至《埤雅》、《爾雅翼》,務求博洽,稍泛濫
　　矣,要亦訓詁之支流也,故亦連類編之。《埤雅廣要》之屬,
　　蕪雜已甚,則退之"小説家"焉。

# 經 部 四 十 一

## 小 學 類 二

急就章四卷（通行本）

漢史游撰。《漢書·藝文志》註稱游為元帝時黃門令，蓋宦官也。其始末則不可考矣。是書《漢志》但作《急就》一篇，而小學類末之《敘錄》則稱史游作《急就篇》。故晉夏侯湛《抵疑》稱："鄉曲之徒、一介之士，曾諷《急就》，通甲子。"《北齊書》稱李鉉"九歲入學，書《急就篇》"。或有"篇"字，或無"篇"字，初無一定。《隋志》作《急就章》一卷，《魏書·崔浩傳》亦稱人多託寫《急就章》，是改"篇"為"章"在魏以後。然考張懷瓘《書斷》曰："章草者，漢黃門令史游所作也。王愔云〔案，此蓋引王愔《文字志》之語。〕'漢元帝時史游作《急就章》，解散隸體。漢俗簡惰，漸以行之'是也。"然則所謂"章草"者，正因游作是書，以所變草法書之。後人以其出於《急就章》，遂名"章草"耳。今本每節之首俱有"章第幾"字，知《急就章》乃其本名，或稱《急就篇》，或但稱《急就》，乃偶然異文也。其書自始至終，無一複字[①]。文詞雅奧，亦非蒙求諸書所可及。《玉臺新詠》載梁蕭子顯《烏栖曲》，有"帬邊雜佩琥珀龍"句，馮氏校本改"龍"為"紅"。今檢此書，有"繫臂琅玕虎魄龍"句,乃知子顯實用此語,馮氏不知而誤改之。則遺文瑣事,亦頗賴以有徵,不僅為童蒙識字之用矣。舊有曹壽、崔浩、劉芳、顏之推註,今皆不傳,惟顏師古註一卷存。王應麟又補註之,釐為四卷。師古本比皇象碑多六十三字,而少"齊國"、"山陽"兩章,止三十二章。應麟《藝文志考證》標"真定常山至高邑"句,以為此二章起於東漢,最為精確。其註亦考證典核,足補師古之闕。別有黃庭堅本、李燾本、朱子越中本,字句小有異同。應麟所註,多從顏本。蓋以其考證精深,較他家為可據焉。

**【彙訂】**

① 此書重複之字其實甚多。現存古小學書無複字者莫如《千字文》。(余嘉錫:《四庫提要辨證》)

説文解字三十卷(通行本)

漢許慎撰。慎字叔重,汝南人。官至太尉南閣祭酒。是書成於和帝永元十二年。凡十四篇,合《目録》一篇為十五篇。分五百四十部,為文九千三百五十三,重文一千一百六十三,註十三萬三千四百四十字①。推究六書之義,分部類從,至為精密。而訓詁簡質,猝不易通。又音韻改移,古今異讀,諧聲諸字,亦每難明。故傳本往往譌異。宋雍熙三年,詔徐鉉、葛湍、王惟恭、句中正等重加刊定。凡字為《説文》註義、序例所載,而諸部不見者,悉為補録。又有經典相承,時俗要用,而《説文》不載者,亦皆增加,別題之曰"新附字"。其本有正體,而俗書譌變者,則辨於註中。其違戾六書者,則別列卷末②。或註義未備③,更為補釋,亦題"臣鉉等案"以別之。音切則一以孫愐《唐韻》為定。以篇帙繁重,每卷各分上、下,即今所行毛晉刊本是也。明萬曆中,宮氏

刻李燾《説文五音韻譜》，陳大科序之，誤以為即鉉校本。陳啟源
作《毛詩稽古編》④，顧炎武作《日知録》，並沿其謬。豈毛氏所
刊，國初猶未盛行歟？書中古文、籀文，李燾據唐林罕之説，以為
晉崧令吕忱所增。考慎自序云："今序篆文，合以古、籀。"其語甚
明。所記重文之數，亦復相應。又《法書要録》載後魏江式《論書
表》曰："晉世義陽王典祠令任城吕忱，表上《字林》六卷。尋其況
趣，附託許慎《説文》，而按偶章句⑤，隱別古籀奇惑之字。文得
正隸，不差篆意。"則忱書並不用古籀，亦有顯證。如罕之所云
"吕忱《字林》多補許慎遺闕"者，特廣《説文》未收字耳。其書今
雖不傳，然如《廣韻》一東部"烔"字、"竧"字，四江部"噥"字之類，
云出《字林》者，皆《説文》所無，亦大略可見。燾以《説文》古籀為
忱所增，誤之甚矣。自魏晉以來言小學者，皆祖慎。至李陽冰始
曲相排斥，未協至公。然慎書以小篆為宗，至於隸書、行書、草書
則各為一體，孳生轉變，時有異同，不悉以小篆相律。故顏元孫
《干禄字書》曰："自改篆行隸，漸失其真。若總據《説文》，便下筆
多礙。當去泰去甚，使輕重合宜⑥。"徐鉉《進説文表》亦曰："高
文大册，則宜以篆籀著之金石。至於常行簡牘，則草隸足矣。"二
人皆精通小學，而持論如是。明黄諫作《從古正文》，一切以篆改
隸，豈識六書之旨哉？至其所引《五經》文字，與今本多不相同，
或往往自相違異。顧炎武《日知録》嘗擿其"汜"下作"江有汜"、
"沱"下又作"江有沱"，"喬"下作"赤舄己己"⑦，"掔"下又作"赤
舄掔掔"，是所云《詩》用毛氏者，亦與今本不同。蓋雖一家之學，
而支派既別⑧，亦各不相合。好奇者或據之以改經，則謬戾殊
甚。能通其意而又能不泥其迹，庶乎為善讀《説文》矣。

　　案，慎序自稱："《易》孟氏、《書》孔氏、《詩》毛氏、《禮·

周官》、《春秋》左氏⑨、《論語》、《孝經》，皆古文。"考劉知幾《史通》稱："《古文尚書》得之壁中，博士孔安國以校伏生所誦，增多二十五篇。案此亦據梅賾古文而言，實則孔氏原本僅增多十六篇。更以隸古字寫之，編為四十六卷。司馬遷屢採其事，故遷多有古説。至於後漢，孔氏之本遂絶。其有見於經典者，諸儒皆謂之逸書。"是孔氏壁中之書，慎不得見⑩。《説文》末載慎子沖上書，稱慎古學受之賈逵。而《後漢書·儒林傳》又稱扶風杜林傳《古文尚書》，林同郡賈逵為之作訓，馬融作傳，鄭元註解，由是《古文尚書》遂顯於世。是慎所謂"孔氏書"者，即杜林之本。顧《隋志》稱杜林《古文尚書》所傳僅二十九篇，又雜以今文，非孔舊本。案，古文除去無師説者十六篇，正得伏生二十九篇之數，非雜以今文。《隋志》此文亦據梅賾古文，未及與《漢書》互校。自餘絶無師説。陸德明《經典釋文》採馬融註甚多，皆今文《尚書》，無古文一語。即《説文》註中所引，亦皆在今文二十八篇之中。朱彝尊《經義考》辨之甚明。案彝尊又謂惟"若藥不瞑眩"一句，出古文《説命》，殆因《孟子》所引而及之。然此句乃徐鍇《説文繫傳》之語，非許慎之原註。彝尊偶爾誤記⑪，移甲為乙，故今不取其説⑫。則慎所謂孔氏本者，非今五十八篇本矣。以意推求，《漢書·藝文志》稱"劉向以中古文校歐陽、大小夏侯三家經文，《酒誥》脱簡一，《召誥》脱簡二，文字異者七百有餘，脱字數十"云云，所謂"中古文"，即孔氏所上之古文存於中祕者。是三家之本立在博士者，皆經劉向以古文勘定，改其譌脱，其書已皆與古文同。儒者據其訓詁言之，則曰大小夏侯、歐陽《尚書》。據其經文言之⑬，則亦可曰孔氏《古文尚書》。第三家解説，祇有伏生二十八篇遞相授受，餘所增十六篇不能詮釋，遂置不言。故馬融《書序》稱"逸十六篇絕無師説也"⑭。案融《序》今不傳，此語見孔穎達《尚書正義》中。使賈逵所傳杜林之本即今五十八篇之本，則融嘗因之作傳矣。安有是語哉？又《後漢書·杜林傳》稱"林前於西州得漆書《古文尚書》，嘗寶愛之，雖遭艱困，握持不離身"云云，是林所傳者乃古文字體，故謂之"漆書"。是必劉向校正三家之時，隨二十八篇傳出。以字非隸古，世不行用。林偶得之以授逵，逵得之以授慎，故慎稱為孔氏本，而亦止二十八篇，非真見安國舊本也。論《尚書》者，惟《説文》此句最為疑竇。閻若璩《尚書古文疏證》牽於此句，遂誤以馬、鄭所註為孔氏原本，亦千慮之一失。故附考其源流於此⑮。

## 【彙訂】

① 許慎《説文解字敍》作"十三萬三千四百四十一字"，許沖《進説文解字上安帝書》所記同。清段玉裁《説文解字注》云："今依大徐所載説解字數，凡十二萬二千六百九十九，較少萬七百四十二字。"相加亦為十三萬三千四百四十一字。（江慶柏等：《四庫全書薈要總目提要》）

② "列"，殿本作"載"。

③ "未"，殿本作"末"，誤。

④ "陳啟源"，殿本作"陳啟元"，誤。文淵閣《四庫》本《説文解字》書前提要、《毛詩稽古編》書前提要、《皇清經解》卷六十均作陳啟源。（周鵬程：《〈四庫全書總目提要〉人名考辨一例》）

⑤ "句"，殿本脱，據《法書要錄》卷二後魏江式《論書表》原文。

⑥ "合宜"，殿本作"各宜"，誤，參《干禄字書》序原文。

⑦ "赤舄己己"，殿本作"赤舄毳毳"，誤，參《日知錄》卷二十一"説文"條注及《説文解字》卷十四下"毳"字條。

⑧ "支派"，殿本作"宗派"。

⑨ "左氏"，殿本作"左傳"，誤，參許慎自序原文。

⑩ 段玉裁注明言云"皆古文"者，謂其中所説字形、字音、字義皆合倉頡、史籀，非謂皆用壁中古本。（胡玉縉：《四庫全書總目提要補正》）

⑪ "記"，殿本作"觀"。

⑫ 徐鍇《説文解字繫傳》卷十四"寎"字條云："冥合也，從宀，丙聲。讀若《書》'曰藥不瞑眩'。臣鍇曰：'與有同義也。名片反。'"《總目》卷四一徐鍇《説文繫傳》提要曰："凡鍇所發明及徵引經傳者，悉加'臣鍇曰'及'臣鍇案'字以別之。"則引《尚書》"曰藥不瞑眩"一句乃許慎本文，非徐鍇注文。（張宗友：《〈四庫全書總目〉與〈經義考補正〉誤解〈經義考〉一則考辨》）

⑬ "言之"，殿本無。

⑭ "逸"，殿本脱，參《尚書注疏原目》所引馬融《書序》。

⑮ "於此"，殿本作"如此"。

説文繫傳四十卷（兵部侍郎紀昀家藏本）

南唐徐鍇撰。鍇字楚金，廣陵人，官至右内史舍人。宋兵下江南，卒於圍城之中。事蹟具《南唐書》本傳。是書凡八篇。首《通釋》三十卷，以許慎《説文解字》十五篇篇析為二。凡鍇所發明及徵引經傳者，悉加"臣鍇曰"及"臣鍇案"字以別之。繼以《部敘》二卷，《通論》三卷，《袪妄》、《類聚》、《錯綜》、《疑義》、《系述》各一卷。《袪妄》斥李陽冰臆説。《疑義》舉《説文》偏旁所有而闕其字及篆體筆畫相承小異者。《部敍》擬《易·序卦傳》，以明《説文》五百四十部先後之次。《類聚》則舉字之相比爲義者，如一二三四之類。《錯綜》則旁推六書之旨，通諸人事，以盡其意。終以《系述》，則猶《史記》之《自敍》也。鍇嘗別作《説文篆韻譜》五卷，宋孝宗時李燾因之作《説文解字五音譜》。燾自序有曰：“《韻譜》當與《繫傳》並行。今《韻譜》或刻諸學官，而《繫傳》迄莫光顯。余蒐訪歲久，僅得其七八闕卷。誤字無所是正，每用太息。”則《繫傳》在宋時已殘闕不完矣。今相傳僅有鈔本，錢曾《讀書敏求記》至詫爲驚人祕笈，然脱誤特甚。卷末有熙寧中蘇頌記云：“舊闕二十五、三十共二卷，俟別求補寫。”此本卷三十不闕，或續得之以補入。卷二十五則直録其兄鉉所校之本，而去其新附之字①。殆後人求其原書不獲，因摭鉉書以足之，猶之《魏書》佚《天文志》，以張太素書補之也。其餘各部闕文，亦多取鉉書竄入。考鉉書用孫愐《唐韻》，而鍇書則朝散大夫行祕書省校書郎朱翱別爲反切，鉉書稱“某某切”，而鍇書稱“反”。今書内音切與鉉書無異者，其訓釋亦必無異。其移掇之迹，顯然可見。至“示部”竄入鉉新附之祧、祆、祚三字，尤鑿鑿可證者。《錯綜》篇末②，其文亦似未完，無可採補，則竟闕之矣。此書成於鉉書之前，故鉉書多引其説，然亦時有同異。如鉉本“福，祐也”③，此作“備也”；鉉本“𦬊④，耕多草”，此作“耕名”；鉉本“迊⑤，前頡也”，此作“前頓也”；鉉本“鶝，大鶝也”，此從《爾雅》作“天鷽也”⑥。又鉉本“祡”字下引《禮記》、“禂”字下引《詩》之類，此作“臣鍇案《禮記》曰”、“臣鍇案《詩》曰”，則鍇所引，而鉉本淆入許氏者甚多。又如“㲪”字下云“闕”，此作“家本無註。臣鍇案，疑許慎子許沖所言也”。是鉉直刪去“家本無註”四字，改用一“闕”字矣⑦。其憑臆删改,非賴此書之存,何以證之哉？此書本出蘇頌所傳篆文,為監察王聖美、翰林祗候劉允恭所書。卷末題"子容"者,即頌字也。乾道癸巳,尤袤得於葉夢得家,寫以與李燾,詳見袤跋。書中有稱"臣次立案"者,張次立也。次立官至殿中丞,嘗與寫嘉祐《二字石經》。陶宗儀《書史會要》載其始末云。

　　　案,是書在徐鉉校《説文》之前,而列其後者,鉉校許慎之原本,以慎為主,而鉉附之,此書鍇所論著,以鍇為主,故不得而先慎也。

**【彙訂】**

①"新",殿本作"所"。

②"錯綜",底本作"錯編",據此書卷三十八及殿本改。

③"祜",殿本作"祐",誤,參《説文解字》卷一下"福"字條。

④"萊",殿本作"秨",誤,參《説文解字》卷一下"萊"字條。

⑤"迹",殿本作"迎",誤,參《説文解字》卷二下"迹"字條。

⑥"鷾",殿本作"顅",誤,參此書卷七"鷾"字條及《爾雅註》卷下。

⑦"矣",殿本無。

説文繫傳考異四卷附録一卷(浙江巡撫採進本)

國朝汪憲撰①。憲號魚亭,仁和人。乾隆乙丑進士,候選主事,未就銓而卒②。南唐徐鍇作《説文繫傳》四十卷,歲久散佚。自明以來,方以智號精於小學,而《通雅》稱:"楚金所繫,今皆遺失。"則世罕傳本,已非一日。好事者祕相傳寫,魚魯滋多,或至於不可句讀。憲所見者,猶屬影宋鈔本,然已譌不勝乙。因參以今本《説文》,旁參所引諸書,證其同異③,以成是編。譌者正之,其不可解者則並存以俟核定焉。考洪适《隸釋》載《漢石經論語碑》，末有"而在於蕭牆之内，盍毛包周無於"一行，是則考異之鼻祖。《經典釋文》以下，沿流而作者頗衆。惟韻書、字書節目繁碎，從未有縷析舊文，徹首徹末，訂舛互而彙為一編者。憲作是書，亦可云留心小學者矣。末有《附録》二卷，乃朱文藻所編。上卷為諸家評論《繫傳》之辭，下卷載鍇詩五首及其兄弟軼事，亦頗費蒐羅。然所收李燾序一篇，採自《文獻通考》，本燾之《説文五音韻譜》序④。因《通考》刻本誤脱標題一行，遂聯屬於《説文繫傳》下。乃不辨而收之，殊失考訂。至於二徐瑣記，於《繫傳》更為無關。以是為例，將郭璞《爾雅》、《方言註》末亦附載《游仙詩》乎⑤？今存其上卷，以資考核。其下卷則竟從删汰，庶不以貪博嗜奇，破著書之體例焉。

**【彙訂】**

①　據陸心源《皕宋樓藏書志》、瞿世瑛《清吟閣書目》著録，此書乃朱文藻撰。（胡玉縉：《四庫全書總目提要補正》）

②《總目》卷一〇《易説存悔》條云："國朝汪憲撰。憲字千陂，錢塘人，乾隆乙丑進士，官刑部陝西司員外郎。"民國《杭州府志》卷一四六《文苑三》云："汪憲，字魚亭，錢塘人……乾隆十年（即乙丑）進士……補刑部陝西司員外郎，乞養歸。與鄉黨晉接，退然若不及。"可知為錢塘人，"候選主事，未就銓而卒"等亦誤。依《總目》體例，當改為"憲有《易説存悔》，已著録"。（楊武泉：《四庫全書總目辨誤》）

③"同異"，殿本作"異同"。

④"燾之"，殿本作"所作"。

⑤"末"，底本作"未"，據殿本改。

說文解字篆韻譜五卷（兩江總督採進本）

南唐徐鍇撰。其書取許慎《說文解字》，以四聲部分，編次成書。凡小篆皆有音訓，其無音訓者，皆慎書所附之重文。註“史”字者籀書，註“古”字者古文也。所註頗為簡略。蓋六書之義，已具於《說文繫傳》中，此特取便檢閱，故不更複贅耳。據李燾《說文五音韻譜》序，此書篆字皆其兄鉉所書。鉉集載有此書序二篇。後序稱①：“《韻譜》既成②，廣求餘本，孜孜讎校，頗有刊正。今承詔校定《說文》，更與諸儒精加研覈。又得李舟所著《切韻》，殊有補益。其閒有《說文》不載而見於序例、註義者，必知脫漏，並從編錄。疑者則以李氏《切韻》為正。”是此書鉉又更定，不僅出鍇一手。其以序例、註義中字添入，亦鉉所為也。前序稱“命鍇取叔重所記，以《切韻》次之，聲韻區分，開卷可睹”云云。考後序稱“又得李舟《切韻》”，則所謂《切韻》次之者當即陸法言書，即《唐韻》、《廣韻》所因也。然鍇所編部分，與《廣韻》稍異，又上平聲內“痕部”併入“魂部”，下平聲內一先、二仙後別出三宣一部。然“魂部”之下註“痕部”附字，而“宣部”則不著別分③，似乎《切韻》原有此部，殆不可曉。或此書部分，鉉亦以李舟《切韻》定之，非陸法言之《切韻》④，故分合不同歟？是書傳本甚少，此為明巡撫李顯所刻。寒部“蘭、瀾、湅、瀾、闌”五字當在“乾、蘭、讕、讕”四字之後，豪部“高、皋、蔂、羔、膏”五字當在“獋、虢、號、虢、郻”五字之後，皆譌前一行，麻部“媧、譁、譇、鮓、蒙”五字當在“秅、庇⑤、夸、侉、誇、家、加、茄、葭”九字之前，譌後二行，蓋刻其書者失於校覈。其後序一篇亦佚去不載，今從鉉《騎省集》錄出補入，以成完帙焉。

**【彙訂】**

① “後序”，底本作“後篇”，據殿本改。

② “韻譜”，殿本作“韻補”，誤。

③ “而”，殿本無。

④ “非陸法言之切韻”，殿本無。

⑤ “秅庉”，殿本作“秅庉”，誤，參此書卷二“麻部”。

重修玉篇三十卷（兵部侍郎紀昀家藏本）①

梁大同九年黃門侍郎兼太學博士顧野王撰②，唐上元元年富春孫强增加字，宋大中祥符六年陳彭年、吳銳、邱〔丘〕雍等重修。凡五百四十二部③。今世所行凡三本。一為張士俊所刊，前有野王序一篇，啟一篇，後有神珙《反紐圖》及《分毫字樣》。朱彝尊序之，稱上元本。一為曹寅所刊，與張本一字無異，惟前多大中祥符敕牒一道，稱重修本。一為明內府所刊，字數與二本同，而每部之中，次序不同，註文稍略，亦稱大中祥符重修本。案《文獻通考》載《玉篇》三十卷，引晁公武《讀書志》曰：“梁顧野王撰，唐孫强又嘗增字，釋神珙《反紐圖》附於後。”又載《重修玉篇》三十卷，引《崇文總目》曰：“翰林學士陳彭年與史館校刊吳銳④、直集賢院邱雍等重加刊定。”是宋時《玉篇》原有二本。彭年等進書表稱：“肅奉詔條，俾從詳閱，譌謬者悉加刊定，敷淺者仍事討論。”其敕牒後所列字數稱⑤：“舊一十五萬八千六百四十一言⑥，新五萬一千一百二十九言，新、舊總二十萬九千七百七十言，註四十萬七千五百有三十字。”是彭年等大有增删，已非孫强之舊，故明內府本及曹本均稱重修張本。既與曹本同，則亦重修本矣。乃删去重修之牒，詭稱上元本，而大中祥符所改“大廣益會”之名及卷首所列字數仍未及削改，可謂拙於作偽。彝尊序乃謂勝於今行大廣益本，殆亦未見所刊而以意漫書歟⑦？元陸友《研北雜志》稱：“顧野王《玉篇》惟越本最善，末題‘會稽吳氏三一孃寫’，楷法殊精。”又考《永樂大典》每字之下皆引“顧野王《玉篇》”云云，又引“宋《重修玉篇》”云云，二書並列，是明初上元本猶在。而其“篇”字韻中所載《玉篇》全部，乃仍收大廣益會本，而不收上元舊本，顧、孫原帙遂不可考。殆以重修本註文較繁，故以多為貴耶？當時編纂之無識，此亦一端矣⑧。卷末所附沙門神珙《五音聲論》及《四聲五音九弄反紐圖》，為言等韻者所祖。近時休寧戴氏作《聲韻考》，力辯反切始魏孫炎，不始神珙，其說良是。至謂唐以前無字母之說，神珙字母乃剽竊儒書而託詞出於西域，則殊不然。考《隋書·經籍志》稱：“婆羅門書以十四音貫一切字，漢明帝時與佛經同入中國。”則遠在孫炎前。又釋藏譯經字母，自晉僧伽婆羅以下，可考者尚十二家，亦遠在神珙前。蓋反切生於雙聲，雙聲生於字母。此同出於喉膈之自然，華不異梵，梵不異華者也。中國以雙聲取反切，西域以字母統雙聲，此各得於聰明之自悟，華不襲梵，梵不襲華者也⑨。稽其源流，具有端緒。特神珙以前，自行於彼教，神珙以後，始流入中國之韻書。亦如利瑪竇後，推步測驗參用西法耳，豈可謂歐羅巴書全剽竊洛下、鮮于之舊術哉？戴氏不究其本，徒知神珙在唐元和以後，遂據其末而與之爭，欲以求勝於彼教。不知聲音之學，西域實為專門。儒之勝於釋者，別自有在，不必爭之於此也⑩。

## 【彙訂】

① 文淵閣《四庫》本尚有附錄二卷。（沈治宏：《中國叢書綜錄訂誤》）

② 顧野王，《陳書》卷三〇、《南史》卷六九有傳，載梁大同四年（538）除太學博士，陳太建六年（574）之後遷黃門侍郎，並未同

時兼任此兩職。（陳尚君、張金耀主撰：《四庫提要精讀》）

③ "五百四十二部"，殿本作"五百四十部"，誤。此書分"一部第一"至"亥部五百四十二"。（江慶柏等：《四庫全書薈要總目提要》）

④ "史館校刊"當作"史館校勘"，據《文獻通考》卷一八九原文。（陳尚君、張金耀主撰：《四庫提要精讀》）

⑤ "後"，殿本無。所引字數實載於顧野王序前。

⑥ "舊一十五萬八千六百四十一言"，殿本作"舊一十五萬六百四十一言"，脫"八千"二字。

⑦ 張士俊刊本明稱《大廣益會玉篇》，何嘗詭稱上元本哉？朱彝尊序明云借毛氏宋槧元本以屬張氏，又明云張氏書刊成求序，則宋槧、張刻，皆所目見。刪去重修牒文亦係宋人。（徐時棟：《煙嶼樓讀書志》；楊守敬：《日本訪書志》）

⑧ 今存《永樂大典》殘本引用顧野王《玉篇》四百餘條，即大廣益會本，非上元本，而未見引用宋《重修玉篇》。以日藏《玉篇》殘卷與大廣益會本相較，可知大廣益會本為《玉篇》的增字削註本，而非"註文較繁"。（陳尚君、張金耀主撰：《四庫提要精讀》）

⑨ 既云"華不異梵，梵不異華"，安得云"反切生於雙聲，雙聲生於字母"，當云"反切、字母同生於雙聲"。《十駕齋養新錄》謂"唐人所撰之三十六字母實採《大般涅槃經》之文，參以中華音韻而去取之"，則"華不襲梵"亦未盡合。（胡玉縉：《四庫全書總目提要補正》）

⑩ 戴震所云唐前無字母乃指漢語字母，非梵語字母。其《聲韻考》原文為："今人言切韻，但知推本神珙，以為來自西域。蓋釋氏之專習字母等韻者，推本所起，咸出於珙耳。因誇誕其

學，造為傳自西域之説，而指珙為北魏時人。俗學膚淺，不知魏李登《聲類》、晉呂静《韻集》，韻學實始萌芽，又不知魏有孫叔然，始作反音，故猥稱前乎休文，即可為中土有切韻之先倡。"（陳尚君、張金耀主撰：《四庫提要精讀》）

　　干禄字書一卷（兩淮馬裕家藏本）

　　唐顔元孫撰。元孫，杲卿之父，真卿之諸父也。官至滁、沂、濠三州刺史，贈祕書監。大曆九年，真卿官湖州時，嘗書是編勒石。開成四年，楊漢公復摹刻於蜀中。今湖本已泐闕，蜀本僅存①。宋寶祐丁巳，衡陽陳蘭孫始以湖本鋟木②。國朝揚州馬曰璐得宋槧翻刻之，即此本也。然證以蜀本，率多謬誤。如卷首序文本元孫作，所謂"伯祖故祕書監"，乃師古也。蘭孫以元孫亦贈祕書監，遂誤以為真卿稱元孫，而以序中"元孫"二字改為"真卿"以就之③。曰璐亦承其譌，殊為失考。其他闕誤，亦處處有之。今以蜀本互校，補闕文八十五字，改譌體十六字，刪衍文二字，始稍還顔氏之舊。是書為章表書判而作，故曰"干禄"。其例以四聲隸字，又以二百六部排比字之後先。每字分俗、通、正三體，頗為詳核。其中如虫蟲、咼圖、商商、凍涷，截然兩字，而以為上俗下正；又如"皃"，古"貌"字，而云貌正皃通；"韭"之作"韮"，"芻"之作"茐"、"菆"，直是俗字，而以為通用。雖皆不免千慮之失④，然其書酌古準今，實可行用，非詭稱復古，以奇怪釣名。言字體者，當以是為酌中焉。至二百六部之次序，與《廣韻》閒有不同，或元孫所用乃陸法言之舊第，而《廣韻》次序乃宋人所改歟？

　　【彙訂】

　　① 據《新唐書》本傳，楊漢公一生未曾到川蜀，開成四年摹

刻時正官湖州。所謂蜀本，乃南宋初宇文時中傳刻於蜀之潼川者也。（余嘉錫：《四庫提要辨證》）

②《干祿字書》之鋟木，南宋紹興間已有蜀本，非自陳蘭孫始。（同上）

③《中興館閣書目》（成於宋孝宗淳熙五年，1178）已誤師古為元孫、元孫為真卿，非自陳蘭孫始。（周洪才：《孔子故里著述考》）

④ 其書凡所謂正者，並有憑據，或本《說文》，或本經典。所謂通者，則隸省隸變及增益偏旁之字屬焉。所謂俗者，乃點畫之間略有訛誤者也。俗書韭之作韮，芻之作蒭，乃偏旁之增益，並非訛體，故不謂之為俗。（余嘉錫：《四庫提要辨證》）

五經文字三卷（兩淮馬裕家藏本）

唐張參撰。參里貫未詳。自序題“大曆十一年六月七日”，結銜稱司業，蓋代宗時人。《唐書·儒學傳》序稱“文宗定《五經》劖之石，張參等是正譌文”，誤也。考《後漢書》：“熹平四年春三月，詔諸儒正《五經》文字，刻石立於太學門外。”參書立名，蓋取諸此。凡三千二百三十五字，依偏旁為百六十部。劉禹錫《國學新修五經壁記》云：“大曆中名儒張參為國子司業，始詳定《五經》，書於講論堂東、西廂之壁[①]。積六十餘載，祭酒皥、博士公肅再新壁書，乃析堅木負塘而比之。其製如版牘而高廣，背施陰關，使衆如一。”觀此言，可以知《五經文字》初書於屋壁，其後易以木版，至開成間乃易以石刻也。朱彝尊跋云：“《五經文字》獨無雕本，為一闕事。”考《册府元龜》稱，周顯德二年[②]，尚書左丞兼判國子監事田敏“獻印版書《五經文字》”，奏稱“臣等自長興三年校勘雕印《九經》書籍"。然則此書刻本在印版書甫創之初已有之,特其本不傳耳③。今馬曰璐新刻版本跋云:"舊購宋拓石經中有此,因舊樣繕寫,雕版於家塾。"然曰璐雖稱摹宋拓本,今以石刻校之,有字畫尚存而其本改易者。又下卷"幸部"脱去"罣"字註十九字、"螫"字併註凡八字。今悉依石刻補正,俾不失其真焉。

**【彙訂】**

①"講論堂",殿本作"講堂"。據《劉禹錫集》卷八《國學新修五經壁記》原文,當作"論堂",文淵閣《四庫》本書前提要不誤。(江慶柏等:《四庫全書薈要總目提要》)

②《册府元龜》卷六百一、卷六百八皆作廣順三年,田敏獻印版書《五經文字》。(江慶柏:《四庫全書薈要提要》校議)

③ 傳世有清初席氏釀華草堂影宋精抄本三卷。(楊紹和:《楹書隅録》)

九經字樣一卷(兩淮馬裕家藏本)

唐唐元度撰。元度里籍未詳。惟據此書,知其開成中官翰林待詔。考《唐會要》稱:"大和七年二月,敕唐元度覆定石經字體。十二月,敕於國子監講論堂兩廊創立石《九經》。"元度《字樣》蓋作於是時,凡四百二十一字,依做《五經文字》為七十六部。前載開成二年八月牒云:"准大和七年十二月敕覆《九經》字體者。今所詳覆,多依司業張參《五經文字》為准。諸經之中,別有疑闕,古今體異,隸變不同。如總據《説文》,即古體驚俗①,若依近代文字,或傳寫乖謬。今與校勘官同商較是非,取其適中。纂録《新加九經字樣》一卷,請附於《五經文字》之末。"蓋二書相輔而行，當時即列石壁《九經》之後。明嘉靖乙卯地震，二書同石經並損闕焉。近時馬曰璐得宋拓本而刊之，猶屬完善。其閒傳寫失真及校者意改，往往不免。今更依石刻殘碑，詳加覆訂，各以案語附之下方。《五經文字》音訓多本陸德明《經典釋文》，或註"某反"，或註"音某"。元度時避言"反"字，無同音字可註者，則云"某平"、"某上"，就四聲之轉，以表其音。是又二書義例之異云爾②。

**【彙訂】**

①"即"，殿本作"則"。此書所載《九經字樣》牒文作"即"。

②唐玄度自序云："其聲韻謹依《開元文字》，避以反言，但紐四聲，定其音旨。"即依《開元文字音義》之例，每字但以同紐之四聲字定其聲韻，而不標舉反語也，非諱言反字。（余嘉錫：《四庫提要辨證》）

汗簡三卷目録敍略一卷（兩淮馬裕家藏本）

宋郭忠恕撰。忠恕字恕先，洛陽人。是書首有李建中題字。後有附題兩行，稱忠恕仕周朝為朝散大夫、宗正丞，兼國子書學博士，疑亦建中所記。然據郭若虛《圖畫見聞志》及《蘇軾集》所載忠恕小傳，並稱宋太宗時召忠恕為國子監主簿，後流登州，道卒。則不得為周人。又陶岳《五代史補》載周祖入京師時，忠恕為湘陰公推官，面責馮道之賣國。則先已仕漢，題周更誤矣①。《宋史·藝文志》以此書與《佩觿》並載，而晁、陳諸家書目皆不著録，則在宋代亦罕見。此本乃宋李建中得之祕府。大中祥符五年，李直方得之建中②。初無撰人名字，建中以字下註文有"臣忠恕"字，證以徐鉉所言，定為忠恕所作。其分部從《説文》之舊，所徵引古文凡七十一家,前列其目,字下各分註之。時王球、呂大臨、薛尚功之書皆未出,故鍾鼎闕焉。其分隸諸字即用古文之偏旁,與後人以真書分部、案韻繫字者不同。《鈍吟雜錄》載馮舒嘗論此書,以沔、汸、腈、駛諸字援文就部為疑。然古文部類不能盡繩以隸楷,猶之隸楷轉變,不能盡繩以古文。舒之所疑,蓋不足為累。且所徵七十一家,存於今者不及二十分之一,後來談古文者輾轉援據,大抵從此書相販鬻。則忠恕所編,實為諸書之根柢,尤未可以忘所自來矣。

**【彙訂】**

①《宋史》卷四四二郭忠恕本傳載:"弱冠,漢湘陰公召之,忠恕拂衣遽辭去。周廣順中,召為宗正丞兼國子書學博士,改《周易》博士。"《圖畫見聞志》亦云:"初,周祖召為博士,後因爭忿於朝堂,貶崖州司戶,秩滿去官。"是忠恕不仕漢,嘗仕周,《五代史補》所記有誤。(胡玉縉:《四庫全書總目提要補正》)

② 本書李直方後序云:"近聞祕府新本,乃集賢李公衍修(公名建中)。公素居外任,稿草祕於巾箱中。大中祥符四年罷西京留台,歸闕,果以此書示余。"則祕府所藏即建中所書以獻者,與《玉壺清話》等所載同。李直方所得摹寫者,乃其稿草。(王欣夫:《蛾術軒篋存善本書錄》)

佩觿三卷(兩淮馬裕家藏本)

宋郭忠恕撰。此書上卷備論形聲謠變之由,分為三科:一曰造字,二曰四聲,三曰傳寫①。中、下二卷則取字畫疑似者,以四聲分十段:曰平聲自相對,曰平聲上聲相對,曰平聲去聲相對,曰平聲入聲相對,曰上聲自相對,曰上聲去聲相對,曰上聲入聲相對,曰去聲自相對,曰去聲入聲相對,曰入聲自相對。末附與《篇》、《韻》音義異者十五字,又附辨證舛誤者一百十九字,不署名字,不知何人所加。以其可資考證,仍並存之。惠棟《九經古義》嘗駁忠恕以"示"字為"視",而反以"視"為俗字。今考其中如謂"車"字音"尺遮反",本無"居"音。蓋因韋昭辨《釋名》之説,未免失於考訂。又書號八分,久有舊訓,蔡文姬述其父語,自必無譌。乃以為八體之外別分此體,強為穿鑿,亦屬支離。至於以天承口為"吳",已見《越絕書》,而引《三國志》為徵。"景"為古"影"字,已見高誘《淮南子註》,而云葛洪《字苑》加"彡"。案,此沿《顏氏家訓》之誤。又陶侃本字士行,而誤作士衡;東方朔以"來來"為"棗",本約略近似,而遂造"棶"字,均病微疏。然忠恕洞解六書,故所言具中條理。如辨逄姓之"逄"音"皮江反",不得讀如"逢遇"本字,證之《漢隸字源》"逄"字下引《逄盛碑》通作"逢"。則姓氏之"逄"雖通作"逢",亦仍作"皮江反",可證顏師古之譌[2]。又若辨"角里"本作"角里",與"角亢"字無異,亦不用顏師古"恐人誤讀,故加一拂"之説。證之《漢四老神位神胙几石刻》,"角里"實作"角里",與此書合。則知忠恕所論,較他家精確多矣[3]。

【彙訂】

[1] "一曰造字二曰四聲三曰傳寫",殿本作"曰造字曰四聲曰傳寫"。

[2] "逄"字本為"逢"的俗字,顏師古《匡謬正俗》、顏元孫《干禄字書》等皆已著其説,舊本《切韻》係韻書亦無區別,可證本非二字二音。(張涌泉:《漢語俗字研究》)

[3] 據翁方綱跋,郭忠恕署銜"朝請大夫國子《周易》博士柱

國臣郭忠恕記”，當係作於後周。《辨證》內引景祐《集韻》，可知非出於郭氏。《總目》所舉兩條皆在《辨證》中，既曰“不知何人所加”，又謂“忠恕所論”，前後矛盾。（王欣夫：《蛾術軒篋存善本書錄》）

古文四聲韻五卷（刑部郎中汪啟淑家刊本）

宋夏竦撰。竦字子喬，江州德安人。景德三年舉賢良方正[1]，官至武寧軍節度使，諡文莊。事蹟具《宋史》本傳。據吾衍《學古編》，稱：“夏竦《古文四聲韻》五卷，前有序併全銜者好。別有僧翻本，不可用。”又據全祖望《鮚崎亭集》有是書跋，稱借鈔於范氏天一閣，為紹興乙丑浮屠寶達重刊。蓋即吾衍所謂僧翻本也。此本從汲古閣影寫宋刻翻雕，有慶曆四年竦自序。卷首題“開府儀同三司、行吏部尚書、知亳州軍州事夏竦集”，是吾衍所謂“前有序及全銜”者矣。其書以四聲分隸古篆。全祖望跋稱：“所引遺書八十八家，以校郭氏《汗簡》，未嘗多一種，實即取《汗簡》而分韻錄之，絕無增減異同，雖不作可也。”其說固是[2]，然《汗簡》以偏旁分部，而偏旁又全用古文，不從隸體，猝不易尋，此書以韻分字，而以隸領篆，較易於檢閱。此如既有《說文》，而徐鍇復作《篆韻譜》，相輔而行，固未可廢其一也。惟其書由雜綴而成，多不究六書之根柢。如“窺”即古“親”字也，“親”字下既云古《尚書》作“𪉯”，又別出一“窺”字，訛“從宀”為“從穴”。“云”即古“雲”字也，“云”字既云《說文》作“？”，“云”字下又云王存義《切韻》作“？”。“眀”即古“瞿”字也，“眀”字下引《汗簡》作“？”，“瞿”字下又引崔希裕《纂古》作“界”。以及朝龗、聞閔、協叶之類，不可殫數。“龕”字引古《尚書》是“西伯戡黎”之“戡”，古字通也。乃不併於“戡”字，而自為一條。是由不知古文，誤以一字為二也。“澄”即“瀓”字之别體，“澄”字下引《雲臺碑》作“□”，“瀓”字下引《王庶子碑》作“□”。“彩”即“采”字之别體，“采”字下引《雲臺碑》作“□”，“彩”字下引《義雲章》作“□”。以及桐梥、崇峦、窺闚、謩謨、仙僊、員圓、熙熈、奉捧、准準、帽冒、竟競之類，不可殫數。是又由不辨俗書，誤以一字為二也。覃韻之“凾”，乃“凾蓋”字，咸韻之“凾”，乃“凾谷”字，而並引《南岳碑》作“□”。仙韻之“鮮”，乃“腥鮮”字，於古當從三魚，獮韻之“鮮”，乃“鮮少”字，於古當從是從少[③]。乃並云古《老子》作“鱻”，顔黄門説作“□”，古《尚書》作“鱻”。《説文》訓“巟”為大，訓“荒”為荒蕪，本為兩字。而以古《尚書》之“荒”字、《籕韻》之“巟”字並列“荒”字下。是不辨音義，以二字合為一也。“□、□、□、亖”字並出《説文》。乃惟云“□”字出《説文》，“□”、“□”字則云出《貝邱〔丘〕長碑》、古《老子》，“亖”字則云出《天台經幢》。“□”字出《石鼓文》，乃云出王存乂《切韻》。“鐂”字出《説文》，“庿”字出《儀禮》，“瀍”字、“獻”字、“飌”字、“簭”字出《周禮》[④]，乃並云出崔希裕《纂古》。“泎”字出《荀子》、《公羊傳》，乃云出古文。是不求出典，隨所見而捃摭也。“賛”字《説文》本作“□”[⑤]，乃云出《唐韻》。“夢”字《説文》本作“□”，乃云出《汗簡》。“燒”字《説文》本作“燒”，乃云出崔希裕《纂古》。以及兮、回、冰、井、丑、志之類，全與《説文》相同者，亦不可殫數。是併不辨小篆也。至於“室”字云《季札墓銘》作“□”，《季札墓銘》無“室”字。“怕”字云古《孝經》作“□”，古《孝經》無“怕”字。益杜撰矣。他如□鱻、□銕、□訾之類，相連並立，猶云一篆文，一改篆為隸也。至

"保"字下云："崔希裕《纂古》作'保'。""鴈"字下云："《籀韻》作'鴈'。"則全作隸書，點畫不異，更不解其何故。讀是書者亦未可全據為典要也。所列韻目，據自序云本唐《切韻》。仙韻下增一宣韻，與徐鍇《韻譜》同。覃、談二韻列於麻後陽前，蒸、登二韻列於添後咸前，與顏元孫《干祿字書》同，蓋唐制如是。至齊韻之後、佳韻之前增一移韻，與二書又不同，殆《唐韻》亦非一本歟？是則不可考矣。

**【彙訂】**

① 據《宋史·真宗紀》景德四年閏五月紀事、《續資治通鑑長編》景德四年閏五月壬申條，夏竦舉賢良方正在景德四年。（莊劍：《〈四庫全書總目提要〉訂誤三則》）

②《汗簡》所引七十一家，此書所引九十八家，雖不無重複，而增益已不少。（錢大昕：《跋古文四聲韻》）

③ "是"，殿本作"甚"。

④ "㲋"，殿本作"獻"，"籩"，殿本作"簜"，誤。《周禮》有"㲋人"、"籩人"。

⑤ "𤰒"，殿本作"史"。

類篇四十五卷（兩淮馬裕家藏本）

舊本題司馬光撰。景定癸亥①，董南一作光《切韻指掌圖》序，亦稱光"嘗被命修纂《類篇》，古文奇字，蒐獵殆盡"。然書後有附記曰："寶元二年十一月②，翰林院學士丁度等奏，今修《集韻》，添字既多，與顧野王《玉篇》不相參協。欲乞委修韻官將新韻添入，別為《類篇》，與《集韻》相副施行。時修韻官獨有史館檢討王洙在職，詔洙修纂。久之，洙卒。嘉祐二年九月，以翰林學士胡宿代之。三年四月,宿奏乞光禄卿直祕閣掌禹錫、大理寺丞張次立同加校正。六年九月,宿遷樞密副使,又以翰林學士范鎮代之。治平三年二月,范鎮出鎮陳州,又以龍圖閣直學士司馬光代之。時已成書,繕寫未畢。至四年十二月上之。"然則光於是書特繕寫奏進而已,傳為光修,非其實也③。書凡十五卷,每卷各分上、中、下,故稱四十五卷。末一卷為目録,用《説文解字》例也。凡分部五百四十三④。其編纂之例有九:一曰同音而異形者皆兩見,二曰同意而異聲者皆一見,三曰古意之不可知者皆從其故⑤,四曰變古而有異義者皆從今,五曰變古而失真者皆從古,六曰字之後出而無據者皆不特見,七曰字之失故而遂然者皆明其由,八曰《集韻》之所遺者皆載,九曰字之無部分者皆以類相聚。考《集韻》所收,併重文為五萬三千五百二十五字。此書凡文三萬一千三百一十九,重音二萬一千八百四十六,僅五萬三千一百六十五字,較《集韻》所收尚少三百六十字。而例云《集韻》所遺皆載者,蓋《集韻》重文頗為雜濫,此書凡字之後出而無據者皆不特見,故所删之數多於所增之數也。其所編録,雖不及《説文》、《玉篇》之謹嚴,然字者孳也,輾轉相生,有非九千舊數所能盡者。《玉篇》已增於《説文》,此書又增於《玉篇》。時會所趨,久則為律,有不知其然而然者,固難以一格拘矣。

【彙訂】

①"景定",殿本作"嘉定"。今存南宋紹定三年(1230)刻本《切韻指掌圖》末有嘉泰癸亥(1203)六月既望鄱陽董南一序。景定四年癸亥(1263)在紹定之後,嘉定無癸亥。(李致忠:《宋版書敍録》)

②"二年",殿本作"三年",誤,參書後附記及《玉海》卷四五

"治平《類篇》《指掌圖》"條。

　　③司馬光總纂此書近兩年，除繕寫外，尚有多處可見其斷以己意者，冠"臣光曰"或"臣光案"，並非"特繕寫奏進而已"。又據《續資治通鑑長編》卷一九五、卷二〇七載，胡宿遷樞密副使在嘉祐六年閏八月辛丑，范鎮出鎮陳州在治平三年正月壬申。（李裕民：《四庫提要訂誤》）

　　④"五百四十三"，底本作"五百四十四"，據末卷目錄及殿本改。

　　⑤"皆從其故"，殿本脫，參書後附記。

　　歷代鐘鼎彝器款識法帖二十卷（兩江總督採進本）①

　　宋薛尚功撰。尚功字用敏，錢塘人。紹興中，以通直郎僉定江軍節度判官廳事。是書見於晁公武《讀書志》②、《宋史·藝文志》，均作二十卷，與今本同③。惟陳振孫《書錄解題》作《鐘鼎法帖》十卷，卷數互異，似傳寫脫"二"字。然吾邱〔丘〕衍《學古編》亦作十卷，所云刻於江州，與振孫之說亦符。蓋當時原有二本也④。所錄篆文，雖大抵以《考古》、《博古》二圖為本，而蒐輯較廣，實多出於兩書之外。其中如十六卷中載《比干墓銅槃銘》之類，未免真偽雜糅，然大致可稱博洽。即以卷首"商鼎"一類考之，若《箕鼎》及《維揚石刻》之出於《古器物銘》⑤，《濟南鼎》之出於向瀗刻本，皆非舊圖之所有。至其箋釋名義，考據尤精。如《考古圖》釋《薑鼎》云"周景王十三年，鄭獻公薑立。"此書獨從《博古圖》，以為商鼎；《夒鼎》銘五字，《博古圖》云"上一字未詳"，此書以上一字為"夒"字；《父乙鼎》銘亦五字，《博古圖》云"末一字未詳"，此書以末一字為"彝"字。又如《博古圖》釋《召夫鼎》銘詞有"午刊"二字,此書作"家刊";《博古圖》釋《父甲鼎》銘作"立戈父甲",此書作"子父甲"⑥。又凡《博古圖》所云立戈、横戈形者,此書多釋為"子"字。其立説並有依據。蓋尚功嗜古好奇,又深通篆籀之學,能集諸家所長而比其同異,頗有訂訛刊誤之功,非鈔撮蹈襲者比也。尚功所著,別有《鍾鼎篆韻》七卷,蓋即本此書而部分之。今其本不傳,然梗概已具於此矣。舊刻久佚,此本為明崇禎中朱謀垔所刊,自序稱購得尚功手書本。雖果否真蹟,無可證明,然鈎勒特為精審,較世傳寫本為善云。

　　案,此書雖以《鍾鼎款識》為名,然所釋者諸器之文字,非諸器之體製。改隸"字書",從其實也。至《博古圖》中之因器及銘者則宜入"譜録",不在此例。《隋志》併石經入"小學",以刻文同異可資參考之故。然萬斯大《石經考》之類,皆但溯源流,不陳字體,與小學無涉,今仍附之"金石"焉。

**【彙訂】**

①"歷代鍾鼎彝器款識法帖",殿本作"鍾鼎款識",乃簡稱,與文淵閣庫書所題不符。

②"見於",殿本無。

③"同",殿本作"相同"。

④ 據孫詒讓《籀廎遺著輯存·諷籀餘録·鍾鼎款識册首題字》,明朱謀垔刻本與家藏舊抄本册首均有宋、元、明人題字十則,其一至正元年王倫徒題語謂"今石刻僅得其半",蓋南宋季年石本亡失,陳、吾所見者止有十卷,非二十卷足本外另有一本。(徐鵬、劉遠遊:《四庫提要補正》)

⑤ "銘",殿本作"名",誤。此書卷一"箕鼎"云:"右鼎,《銘古器物》併《維揚石刻》並考作'箕'字,'箕'疑人名。"《總目》似對

此句有誤解。

⑥ 以《薰鼎》為商鼎，説尚可從。以《夒鼎》上一字為夒，《父乙鼎》末一字為彝字（《博古圖》卷二釋為"旗單同父乙"，無"末一字未詳"之事，薛書亦未釋末一字為"彝"字），《召夫鼎》釋"家刊"二字（此乃《冊命鼎》文，誤以為上一器《召夫鼎》），説均未確。以《父甲鼎》"立戈"為"子"，則以不誤為誤。（容庚：《宋代吉金書籍述評》；李裕民：《四庫提要訂誤》增訂本）

復古編十一卷（兵部侍郎紀昀家藏本）①

宋張有撰。有字謙中，湖州人，張先之孫。出家為道士。是書根據《説文解字》，以辨俗體之譌。以四聲分隸諸字，於正體用篆書，而別體、俗體則附載註中，猶顏元孫《干祿字書》分正、俗、通三體之例。下卷"入聲"之後附錄辨證六篇：一曰聯緜字，二曰形聲相類，三曰形相類，四曰聲相類，五曰筆跡小異，六曰上正下譌，皆剖析毫釐，至為精密。然惟以《説文》正小篆，而不以小篆改隸書，故小篆之不可通於隸者，則曰"隸作某"，亦顏元孫所謂"總據《説文》，則下筆多礙，當去泰去甚，使輕重合宜"者也。《樓鑰集》有此書序，稱其嘗篆楊時踵《息菴記》，以小篆無"菴"字，竟作隸體書之。知其第不以俗體入篆爾，作隸則未嘗不諧俗。鑰序又記其為林攄母撰墓碑，書"魏"字作"巍"，終不肯去"山"字。陳振孫所記亦同。然考此書"巍"字下註曰："今人省'山'以為魏國之魏。"不以為俗體別字②。是其説復古而不戾今，所以為通人之論。視魏校等之詭僻盜名，强以篆籀入隸者，其識趣相去遠矣。此本為明萬曆中黎民表所刊，字畫頗為清析，惟不載鑰序。然鑰所云陳瓘、程俱前後序則皆相符，蓋猶從舊本傳刻者也。

【彙訂】

①“十一卷”，底本作“二卷”，據文淵閣庫書及殿本改。（何槐昌：《〈四庫全書總目〉著録之謬及原因》）

②“以為”，殿本作“言為”。

漢隸字源六卷（內府藏本）

宋婁機撰。機字彥發，嘉興人。乾道二年進士，寧宗朝累官禮部尚書，兼給事中，權知樞密院事①，兼太子賓客，進參知政事，提舉洞霄宮。事蹟具《宋史》本傳。其書前列考碑②、分韻、辨字三例。次碑目一卷，凡漢碑三百有九，魏、晉碑三十有一③，各紀其年月地里，書人姓名，以次編列，即以其所編之數註卷中碑字之下，以省繁文。次以《禮部韻略》二百六部分為五卷，皆以真書標目，而以隸文排比其下。韻不能載者十四字，附五卷之末終焉。其文字異同，亦隨字附註。如後漢《修孔子廟禮器碑》內韓明府名勑④，字叔節，歐陽修謂“前世見於史傳，未有名勑者”。而此書引《繁陽令楊君碑陰》亦有程勑⑤，以證《集古録》考核之疎。又若“曲江”之為“曲紅”，引《周憬碑》；“遭罹”之為“遭離”，引《馬江碑》；“陂障”之為“波障”，引《孫叔敖碑》；“委蛇”之為“褘隋”，引《衡方碑》，於古音古字亦多存梗概。皆足為考證之資，不但以點畫波磔為書家模範已也。

【彙訂】

①《宋史》卷四百十本傳作“攉同知樞密院事”。（江慶柏等：《四庫全書薈要總目提要》）

②“其”，殿本作“是”。

③ 此書碑目一卷，漢、魏、晉碑合計三百有九。（陸心源：《儀顧堂續跋》）

④ "禮"，殿本脫。此書卷一"碑目"第七為《韓勑造孔廟禮器碑》。（江慶柏等：《四庫全書薈要總目提要》）

⑤ "程勑"，殿本作"柱勑"，誤。此書卷一《韓勑造孔廟禮器碑》條云："歐公云：'前世見於史傳，未有名勑者。'案《繁陽令楊君碑陰》亦有程敕，則在漢非獨韓名勑也。"

班馬字類五卷（內府藏本）①

宋婁機撰。前有樓鑰序②，稱為《史漢字類》。案司馬在前，班固在後，倒稱"班馬"起於杜牧之詩，於義未合，似宜從鑰序之名③。然機跋實自稱"班馬"，今姑仍之。其書採《史記》、《漢書》所載古字、僻字，以四聲部分編次。雖與《文選雙字》、《兩漢博聞》、《漢雋》諸書大概略同，而考證訓詁，辨別音聲，於假借、通用諸字，臚列頗詳，實有裨於小學，非僅供詞藻之撏撦。末有機自跋二則，辨論字義，亦極明析。其中有如"降"古音"洪"、"眉"古作"𥄂"之類，可以不載者亦有。如"璇璣玉衡"本《尚書》、"祁服振振"本《左傳》之類，不得以《史》、《漢》為出典者，與"幾致刑措"之"幾"、"不茹園葵"之"茹"，音義與今並同者，一概捃拾，未免小失簡汰。又袁文《甕牖閒評》糾其引《史記·禮書》"不稟京師"之"稟"當從"示"④，不當從"禾"；《漢書·西域傳》"須諸國稟食"之"稟"當從"禾"，不當從"示"⑤，二字交誤，亦中其失。然古今世異，往往訓詁難通。有是一編，區分類聚，雖閒有出入，固不失為考古之津梁也。

## 【彙訂】

① 底本此條與文淵閣庫書次序不符。文淵閣庫書與殿本均置於《漢隸字源》條之前。

② 殿本"前"上有"是書"二字。

③ 杜牧《冬至日寄小姪阿宜》詩（見《全唐詩》卷五二〇）云："高摘屈宋豔，濃薰班馬香。"即《總目》所本。然晉代已有"倒稱班馬"。《晉書・張輔傳》："又論班固、司馬遷"云云。《史通・煩省》及《雜說》，均引張輔之說為《班馬優劣論》。（楊武泉：《四庫全書總目辨誤》）

④ "糾"，殿本作"議"。

⑤ "史記禮書不稟京師之稟當從示不當從禾漢書西域傳須諸國稟食之稟當從禾不當從示"，殿本作"史記禮書不稟京師之稟當從示不當從禾漢書西域傳須諸國稟食之稟當從禾不當從示"，誤，參此書卷三《上聲・四十七寢》"稟"、"稟"二字註引文及《甕牖閑評》卷二《班馬字類》條。

字通一卷（兩淮鹽政採進本）①

宋李從周撰。從周始末未詳。據嘉定十三年魏了翁序，但稱為彭山人，字曰肩吾。末有寶祐甲寅虞𤋮刻書跋，亦但稱得本於了翁。均不及從周之仕履，莫能考也。是書以《說文》校隸書之偏旁，凡分八十九部，為字六百有一。其分部不用《說文》門類，而分以隸書之點畫，既乖古法，又既據隸書分部，乃仍以篆文大書，隸書夾註，於體例亦頗不協。且如"水"字、"火"字既入"上兩點"類，而"下三點"內又出"水"字、"火"字，"旁三點""示"字類又再出"水"字，"下四點"內又出"火"字、"水"字。如此之類，凡一百二十三字。破碎冗雜，殊無端緒。至於“干”字收於“上兩點”類，獨從篆而不從隸，既自亂其例；“回”字收於“中日字”類，“臣”字、“巨”字、“臣”字收於“自”字類，“東”字收於“里”字類，併隸書亦不相合，均為乖剌。然其大旨主於明隸書之源流，而非欲以篆文改隸，猶顏元孫所謂“去泰去甚，使輕重合宜”者。宋人舊帙，流傳已久，存之亦可備檢閱也。卷末別附糾正俗書八十二字。其中如“壅塞”必作“邕塞”、“芝草”必作“之草”、“衣裳”必作“衣常”、“添減”必作“沾減”、“規矩”必作“規巨”、“心膂”必作“心呂”、“鐙炷”必作“鐙主”、“袒裼”必作“但裼”、“負荷”必作“負何”、“巾帨”必作“巾帥”、“竭力”必作“渴力”、“肘腋”必作“肘亦”，是雖於古有據，而今斷斷不能行。其前題詞有“《復古編》、《字通》尚未及之，略具如左文”云云，似非從周之語。又“虍”字類“虚”字條下，既稱“今別作‘墟’，非是”，而又出“虚作墟，非”一條②，指為《字通》所未及。使出從周，不應牴牾如此，其或後人所竄入歟？

**【彙訂】**

① 文淵閣《四庫》本為三卷。（沈治宏：《中國叢書綜錄訂誤》）

②“而”，殿本無。

六書故三十三卷①（兩江總督採進本）②

宋戴侗撰③。考《姓譜》，侗字仲達，永嘉人。淳祐中登進士第，由國子監簿守台州。德祐初，由祕書郎遷軍器少監，辭疾不起。其所終則莫之詳矣。是編大旨主於以六書明字義，謂字義明則貫通羣籍，理無不明。凡分九部：一曰數，二曰天文，三曰地理，四曰人，五曰動物，六曰植物，七曰工事，八曰雜，九曰疑。盡變《說文》之部分，實自侗始。其論假借之義，謂前人以"令"、"長"為假借，不知二字皆從本義而生，非由外假。若"韋"本為韋背，借為韋革之韋，"豆"本為俎豆，借為豆麥之豆，凡義無所因，特借其聲者，然後謂之假借。說亦頗辯。惟其文皆從鐘鼎，其註既用隸書，又皆改從篆體。非今非古，頗礙施行。元吾邱〔丘〕衍《學古編》曰④："侗以鐘鼎文編此書，不知者多以為好。以其字字皆有，不若《說文》與今不同者多也。形古字今，雜亂無法。鐘鼎偏旁，不能全有，卻只以小篆足之。或一字兩法，人多不知。如'𠕖'本音睘，加'宀'不過為'寰'字，乃音作'官府'之'官'；'邨'字不從寸、木，乃書為'村'，引杜詩'無村眺望賒'為證，甚誤學者。許氏解字引經，漢時有篆隸⑤，乃得其宜。今侗亦引經，而不能精究經典古字，反以近世差誤等字引作證據。鎊、鍾、鏊⑥、鋸、尿、屎等字，以世俗字作鐘鼎文。'卵'字解尤為不典。六書到此⑦，為一厄矣。"云云。其詆諆甚至。雖不為不中其病，然其苦心考據，亦有不可盡泯者。略其紕繆而取其精要，於六書亦未嘗無所發明也。

**【彙訂】**

① 文淵閣《四庫》本尚有卷首一卷。（沈治宏：《中國叢書綜錄訂誤》）

② 底本此條與文淵閣庫書次序不符。文淵閣庫書與殿本均置"字通一卷"之前。

③ "宋"，底本作"元"，據殿本改。

④ 此段引文出自吾丘衍《閒居錄》，非《學古編》。

⑤ "有"，殿本作"猶用"。《閒居錄》原文此句作"漢時文皆

篆隸”。

　　⑥“鏊”，殿本作“黎”。《閒居錄》原文作“鏒、鏈、鋸、屎、屎等字”，《六書故》卷四金部有鏒、鏈、鋸、鍾，疑“鏊”乃此部“鏊”字之誤。

　　⑦“六書到此”，殿本作“到此書”，誤。《閒居錄》原文作“蒼頡之法到此書”。

　　龍龕手鑑四卷（浙江吳玉墀家藏本）

　　遼僧行均撰。行均字廣濟，俗姓于氏①。晁公武《讀書志》謂此書卷首僧智光序題云：“統和十五年丁酉七月一日”，沈括《夢溪筆談》乃謂“熙寧中，有人自契丹得此書，入傅欽之家，蒲傳正取以刻版。其序末舊云重熙二年五月序，蒲公削去之”云云。今案此本為影鈔遼刻，卷首智光原序尚存②。其紀年實作統和，不作重熙，與晁公武所說相合，知沈括誤記③。又《文獻通考》載此書三卷，而此本實作四卷。智光原序亦稱四卷，則《通考》所載，顯然誤“四”為“三”。殆皆隔越封疆，傳聞紀載，故不免失實歟④？其書凡部首之字以平、上、去、入為序，各部之字復用四聲列之。後南宋李燾作《說文五音韻譜》，實用其例而小變之。每字之下必詳列正、俗、今、古及或作諸體，則又行均因唐顏元孫《干祿字書》之例而小變之者也。所錄凡二萬六千四百三十餘字，註一十六萬三千一百七十餘字，并註總一十八萬九千六百一十餘字。於《說文》、《玉篇》之外多所搜輯。雖行均尊其本教，每引《中阿含經》、《賢愚經》中諸字以補六書所未備，然不專以釋典為主。沈括謂其“集佛書中字為切韻、訓詁”，殊屬不然，不知括何以云爾也⑤。括又謂：“契丹書禁至嚴，傳入別國者法皆死。”

故有遼一代之遺編,諸家著録者頗罕。此書雖頗參俗體,亦閒有舛譌,然吉光片羽,幸而得存,固小學家所宜寶貴也⑥。

【彙訂】

①"氏",殿本無。

②"存",殿本作"在"。

③宋刊本題"統和十五年丁酉燕台憫忠寺沙門智光字法炬序",蓋即《讀書敏求記》所謂契丹鏤版者也。然考《夢溪筆談》、《郡齋讀書志》並稱《龍龕手鏡》,以鏡為鑑,當是宋人翻刻,避嫌諱而改,錢氏所見既作鑑字,此本亦然,安得復為遼刻耶? 且遼僧所刻必不為宋帝諱,統和丁酉,當宋至道三年,亦不能預為太宗以後諸帝諱。今觀此書序中鏡字闕筆,金部並不載鏡字,宀部完字闕筆,木部並不載桓字,構、惇、敦皆闕筆,餘如殷、敬、讓、恒、樹、慎、擴、昀等字悉行刊落,蓋非特不出於遼,恐並非蒲傳正帥浙時所刻矣。(瞿鏞:《鐵琴銅劍樓藏書目録》)

④書中本以四聲分四卷,各載部目於卷前,而板心則以去、入兩卷,統書"龍三",實無"龍四"。殆以去聲僅九葉,不成卷,故合之,所以又有三卷之稱也。(同上)

⑤此書是根據寫本(主要是佛經寫本)用字的實際情況編纂而成,沈括所云可謂知言之選。(張涌泉:《漢語俗字研究》)

⑥"也",殿本作"矣"。

六書統二十卷(浙江汪啟淑家藏本)

元楊桓撰。桓字武子,號辛泉,兗州人。中統四年以郡諸生補濟州教授,累官太史院校書、監察御史,終國子監司業。事蹟具《元史》本傳。是書至大丙申其子守義進於朝，詔下江浙鏤版。前有翰林直學士倪堅序①，又有國子博士劉泰後序，而桓自序為尤詳。大旨以六書統諸字，故名曰“統”。凡象形之例十，會意之例十有六，指事之例九，轉注之例十有八，形聲之例十有八，案《周禮註》作諧聲，此作形聲，蓋從許慎《説文》。假借之例十有四。其象形、會意、轉注、形聲四例，大致因戴侗《六書故》門目而衍之。指事、假借二例則桓以意鉤稽，自生分別。所列先古文、大篆，次鐘鼎文，次小篆。其説謂：“文簡意足，莫善於古文、大篆。惜其數少，不足於用。文字備用者莫過小篆，而譌謬於後人之傳寫者，亦所不免。今以古文證之，悉復其舊。”蓋桓之自命在是，然桓之紕繆亦即在於是。故其説至於不可通，則變一例，所變之例復不通，則不得不又變一例。數變之後，紛如亂絲。於是一指事也，有直指其事，有以形指形，有以意指意，有以形指意，有以意指形，有以注指形，有以注指意，有以聲指形，有以聲指意。一假借也，有聲義兼借，有借聲不借意，有借意不借聲，有借諧聲兼義，有借諧聲，有借近聲兼義，有借近聲，有借諧近聲，有因借而借，有因省而借，有借同形，有借同體，有非借而借。輾轉迷瞀，幾於不可究詰。蓋許慎《説文》為六書之祖。如作分隸、行草，必以篆法繩之，則字各有體，勢必格閡而難行；如作篆書，則九千字者為高曾之矩矱矣。桓必欲偭而改錯，其支離破碎，不足怪也。以六書論之，其書本不足取。惟是變亂古文，始於戴侗而成於桓。侗則小有出入，桓乃至於橫決而不顧。後來魏校諸人隨心造字，其弊實濫觴於此。置之不録，則桓穿鑿之失不彰。故於所著三書之中，録此一編，以著變法所自始。朱子所謂“存之正以廢之”者，茲其義矣。

## 【彙訂】

① "倪堅"，殿本作"硯堅"，誤。此書卷前有署"至大改元歲在著雍涒灘良月朔翰林直學士奉直大夫知制誥同修國史三山倪堅"序。

周秦刻石釋音一卷（編修汪如藻家藏本）

元吾邱〔丘〕衍撰。衍字子行，錢塘人。初，宋淳熙閒有楊文昺者①，著《周秦刻石釋音》一書，載《石鼓文》、《詛楚文》、《泰山》、《嶧山碑》。至是衍以所取《琅邪碑》不類秦碑，不應收入，因重加刪定，以成是書。前有至大元年衍自序，謂石鼓以所藏甲秀堂圖譜為之，而削去鄭樵音訓。又正《詛楚文》二字，合《泰山》、《嶧山石刻》字共為一卷，而仍其書名。又列諸家音注、書評於後。其敘石鼓次第，與薛尚功、楊慎本合，而與今本異。其曰"文幾行，行幾字，重文、闕文幾字"者，即朱彝尊據以編《石鼓考》者也。然其所謂"闕文幾字"者，仍第執一時所見之本而言。即潘迪《音訓》與衍是書同作於元時②，其音釋亦不盡同。蓋金石之文，摹搨有明晦，裝潢有移掇，言人人殊，不足異也。至所正《詛楚文》二字，"絆"之為"縫"，其說於古無所據，以文義、字體按之，皆未可信；"遷"之為"遂"，則"遷"、"遂"二字，《詛楚文》石本、版本皆無其文，不知衍所據何本③。然衍距今四百年④，其所見之本或有異同，未可執今本相詰難。錄備一說，要亦足廣異聞耳。

## 【彙訂】

① "閒"，殿本作"中"。

② "是"，殿本無。

③《詛楚文》有"遂取吾邊城"之句,吾丘衍所據本蓋作"遷"。(許瀚:《讀四庫全書提要志疑》)

④殿本"今"下有"日"字。

字鑑五卷(兩淮馬裕家藏本)

元李文仲撰。文仲,長洲人。自署吳郡學生,其始末則無考也。文仲從父世英以六書惟假借難名,因輯《類韻》二十卷。以字為本,音為榦,義訓為枝葉,自一而二,井然不紊。凡十年始成,而韻內字畫尚有未正者。文仲因續為是書,依二百六部之韻編次之,辨正點畫,刊除俗謬,於諸家皆有所駁正。中閒如"稾",從禾,高聲,而誤作"稁";"隙",從阜、從𡭕,而誤作"隒",則糾《干祿字書》之失①。如肇②、肇原有二字,而止收"肇"字,反以"肈"為俗;"豎"字誤從立作"竪";"徹"字誤從去作"徹";"析"字誤從片作"枂",則糾《五經文字》之失③。如"屯"本訓難,借為屯聚字。而郭忠恕以"屯"音迍,別出"屯"為屯聚字,於假借之義不合,則糾《佩觿》之失。他若《增韻》、《韻會》諸本,則舉正之處尤多。大旨悉本《說文》,以訂後來沿襲之謬,於小學深為有裨。至若"苬"字變為"莛","陊"字變為"墮","陸"字變為"隳"之類,則以為承譌既久,難於遽改,而但於本字下剖析其所當然,深得變通之宜,亦非泥古駁俗者所可比也。其書久無傳本,康熙中朱彝尊從古林曹氏鈔得,始付長洲張士俊刊行之云。

【彙訂】

①《廣韻》既云"稾,禾稈",其下又列一"稁"字,注云"俗"。足證"稁"為"稾"的俗字,唐宋時代已然。則《干祿字書》云"稁、

槀，上通下正"不誤。"隟"為"隙"的古字，《管子·七臣七主篇》："故上惛則隟不計，而司聲直祿。"尹知章注："上既惛暗，雖有危亡之隟，不能計度而知之。"柳宗元《梓人傳》："有梓人款其門，願傭隟宇而處焉。"皆其證。則《干祿字書》云"隟、隙，上通下正"亦不誤。（錢劍夫：《中國古代字典辭典概論》）

②"如"，殿本無。

③《字鑑》所謂"云……誤"或"云……訛"，是從其說，作"非"的才是糾正其說。卷三"肈"字條曰"《五經文字》止收肇字，以此為俗，非也"，同卷"豎"字條曰"《五經文字》云從立作竪，非"，卷五"徹"字條曰"《五經文字》云從去作徹，訛"，同卷"析"字條曰"《五經文字》云從片作枂，訛"，則唯"肈"字、"豎"字乃糾其說。（錢劍夫：《中國古代字典辭典概論》）

## 説文字原一卷六書正譌五卷（大學士于敏中家藏本）

元周伯琦撰。伯琦字全溫，饒州人，官至兵部侍郎。明郎瑛《七修類稿》載其降於張士誠，士誠破後，為明太祖所誅，謂《元史》稱其後歸鄱陽病卒為誤。考徐禎卿《翦勝野聞》先有此説。然宋濂修史在太祖時，使伯琦果與士誠之黨同誅，濂等不容不知。至《翦勝野聞》本出依託，不足為據。瑛所言殆傳聞失實也。是二書前有至正乙未國子監丞宇文公諒總序。《説文字原》之首有伯琦自序，題"至正己丑"，而《六書正譌》則無序，意其佚脫也。明嘉靖元年，滁陽于器之重刊於浙中，瓊州黃芳為序。崇禎甲戌，胡正言又重刊之。正言字曰從，海陽人，官中書舍人，工於鐫篆，有《十竹齋印譜》兩集。此二書篆文，即所手書也[①]。昔許慎《説文》凡分五百四十部，其先後之序，或有義或無義，不盡可考。

徐鍇作《説文繫傳》，倣《周易·序卦》之例，一一明其次第連屬之故，未免失之牽合。伯琦是書又以慎之部分增廿、𠤎、𠃊、𠄌、屮、卉、屮、𠂤、𡗗、肖、屮、𡴆、𠂆、乀、毋、九、夕一十七部②。又改“𦣻”為“百”，改“箕”為“其”，改“危”為“𠂆”，改“雲”為“云”，變其字者四部。删其飛、儿、茻、凶、鹵、矛、产、豈、鼓、臼、丂、蓐、㓞、酋、𠂤③、亢十七部。移其原第，使以類相從，以明輾轉孳生之義，分為一十二部。如“禿”字《説文》从“人在禾中”，伯琦則謂从木諧聲，从禾為謬；“尸”字小篆一筆三折，屈曲相連，伯琦則謂為傳寫之誤，當从臥人之形，作二筆書之，與慎亦頗有異同。至於以側山為“𠂤”、倒“屮”為“帀”之類，訓為轉注，則仍與會意無分，未免自我作古耳。其《六書正譌》以《禮部韻略》部分分隸諸字。列小篆為主④，先註制字之義，而以“隸作某某，俗作某某”辨別於下，略如張有《復古編》之意。其閒如“芙蓉”之“蓉”必書為“頌”、“枝幹”之“幹”必書為“干”，多牽强而不可行。且全書皆用今韻，而“宜”字則以篆文從多諧聲，移於歌韻。全書皆用小篆，而“香”字仍從古文作“𪏰”，別註小篆作“𪏽”。如斯之類，尤未免為例不純。大抵伯琦此二書，推衍《説文》者半，參以己見者亦半。瑕瑜互見，通蔽相仿，不及張有《復古編》之精密，而亦不至如楊桓《六書統》之糅雜。采葑采菲，無以下體。姑存以備一解，亦兼收並蓄之意云爾。

**【彙訂】**

① 于、胡刻本篆文皆摹刻自元至正間原刻本，非正言手書，特將古文改為李陽冰體耳。（王重民：《中國善本書提要》）

② “屮”、“毋”、“夕”，殿本作“斗”、“毋”、“屮”，誤。“卉”，底本作“屮”，據殿本改。

③"儿"、"卤"、"豈"、"丂",殿本作"几"、"卤"、"壹"、"弓",誤。

④"主",殿本作"註",誤。

### 漢隸分韻七卷(江蘇巡撫採進本)

不著撰人名氏,亦無時代①。考其分韻,以一東、二冬、三江等標目,是元韻,非宋韻矣。其書取洪适等所集漢隸,依次編纂。又以各碑字跡異同,縷列辨析。考吾邱衍《學古編》有《合用文集品目》一門,其第七條"隸書品"中列有《隸韻》兩冊,"麻沙本,與《隸韻》為一副刊,<sub>案此《隸韻》為劉球碑本《隸韻》十卷。</sub>字體不好,以其冊數少,乃可常用之,故列目於此"云云,疑即此本。顧藹吉《〈隸辨〉序》稱:"別有《漢隸分韻》,字既乖離,迹復醜惡。"其詆諆此書,與吾邱衍略同。然二人第以書跡筆法論耳,要其比校點畫,訂正舛互,亦有足資考證者。前人舊本,寸有所長,要未可竟從屏斥也。

### 【彙訂】

①《宋史·藝文志》小學類有馬居易《漢隸分韻》七卷,可知此書乃居易所著。(陸心源:《儀顧堂題跋》)

### 六書本義十二卷(江蘇巡撫採進本)①

明趙撝謙撰。撝謙原名古則,餘姚人,宋秦悼惠王之後。明初徵修《洪武正韻》,持議不協,出為中都國子監典簿,罷歸。尋以薦為瓊山縣教諭。事蹟具《明史·文苑傳》。焦竑《筆乘》稱其字學最精,行世者惟《六書本義》及《學范》六篇。《學范》蕪雜,殊無可取。是編《六書論》及《六書相生》諸圖,大抵祖述鄭樵之説。其凡例有曰:"《説文》原作五百四十部,今定為三百六十部,不能生者附各類後。”今以其説考之,若《説文》“畕”字為一部,以“畺”字為子,而攝謙則併入田部;《説文》“包”字為一部,以“胞”、“匏”字為子,而攝謙則併入勹部;《説文》“丝”字為一部,以“幾、幽”字為子,而攝謙則併入幺部。凡若此類,以母生子,雖不過一二,而未嘗無所生之子,與凡例所云“不能生者”不同,乃一概併之,似為未當。又若《説文》儿部“儿”讀若“人”,“充”、“兌”諸字從之,與“人”字異體,而攝謙則併入人部;《説文》本部“皋”字從“本”從“白”,而攝謙誤以從“白”為從“自”,附入自部,則於字體尤舛。第於各部之下辨別六書之體頗為詳晰,其研索亦具有苦心,故録而存之,以不没所長焉。

### 【彙訂】

① 文淵閣《四庫》本尚有《綱領》一卷。(沈治宏:《中國叢書綜録訂誤》)

奇字韻五卷(浙江巡撫採進本)

明楊慎撰。慎有《檀弓叢訓》,已著録。是編標字體之稍異者,類以四聲,故曰“奇字”。考六書以《説文》所載小篆為正,若衛宏、揚雄所學,則別有古文奇字,以非六書偏旁所可推也。此書以“奇字”標名,而若《説文》引經,“寍其屋”,“豐”作“寍”;“克岐克嶷”,“嶷”作“嶷”;“静女其姝”,“姝”作“妭”;“庶草繁廡”,“廡”作“無”;“天地絪緼”,作“壹壺”①;“營營青蠅,止于樊”,“樊”作“棥”;“故源源而來”,“源源”作“謜謜”;“泣血漣如”,“漣”作“𤁙”之類,雖與今經文異②,而皆有六書偏旁可求,則正體而非奇字。且此類甚多,不勝載③。如《説文》引《尚書》“嵎夷”作“堣夷”④;引《論語》“友便佞”⑤,“便”作“諞”;引《詩》“赫兮喧兮”，“喧”作“愃”；引《周禮》“膳膏臊”，“臊”作“鱢”，“孤乘夏篆”，“篆”作“軘”⑥；引《易》“包荒用馮河”，“荒”作“㡿”；引《詩》“在河之洲”，“洲”作“州”；引《易》“服牛乘馬”，“服”作“犕”；引《書》“濬畎澮距川”，“畎澮”作“〈巜”；引《春秋傳》“翫歲而惕日”，“翫”作“忨”、“惕”作“瀓”；引《易》“夫乾確然”，“確”作“寉”；引《春秋傳》“執玉惰”，“惰”作“憜”；引《詩》“納于凌陰”，“凌”作“朕”；又引《詩》“白圭之玷”⑦，“玷”作“刮”；引《書》“闢四門”，“闢”作“闠”。異同之處，不可殫數。此書所載，殊不及十之二三。至於“岷”之作“汶”、“禱”之作“禂”⑧，皆假借字，而亦概列為奇字，尤屬不倫。又如“蔷”字下但註一“災”字，而不云本《鹽鐵論》“罕被寇蔷”，“蔷”音“災”；“廥”字下但註一“牆”字，而不云本《管子·地員篇》“行廥落”，房元〔玄〕齡註為“行廥及籬落”；“闓”字下但註一“開”字，而不云本《漢書·匈奴傳》“乃遣闓陵侯將兵別圍車師”及“今欲與漢闓大關”，顏師古註“闓，與開同”；“茬”字下但註一“槎”字，而不云本《漢書·貨殖傳》“然猶云山不茬蘗”，師古註“茬，古槎字”；“閶”字下但註一“闓”字，而不云本《漢書·揚雄傳》“東鄰崑崙，西馳閶闔”，師古註“閶與闓同”，則全迷其所出。“萁”字下註“音該”，但引曹植詩，而不知《淮南子》“爨萁燧火”高誘註“萁，音該”；“沇”字下註“音流”，但引《賈誼傳》“朝廷之視端沇平衡”，而不知考《荀子·榮辱篇》“其沇長矣”楊倞註“沇，古流字”，則不溯其所始。又如冬韻載“窼”字，引《說文》而不知《漢書·地理志》“蒼梧”，師古曰：“梧，古松字”，與“窼”同一古今字；“黂”字下註云“古文斑”，而不知《荀子·彊國篇》曰“如此下比周，黂潰以離上矣”，楊倞註“黂讀如墳”，《漢書·翟方進傳》“黂麗善為星”，師古曰“黂音肥”；“蝯”字下註“與猨同”，而不知《漢書·李廣傳》又作“爰臂”，如淳曰“臂如猿臂”，其闕佚又不可枚舉。蓋慎充於腹笥，特就所記憶者録之，故於諸書不暇詳考。然於秦漢載籍，亦已十得三四。講六書者去其疵而録其醇⑨，或亦不無所助焉。

【彙訂】

①“壺”，殿本作“壼”，誤，參《説文解字》卷十下、此書卷一“壺”字條。

②殿本“異”上有“小”字。

③殿本“不”上有“亦”字。

④“堣夷”，殿本作“嵎鐵”。《説文解字》卷十三下“堣”字條引作“堣夷”，卷九下“崵”字條引作“嵎鐵”。

⑤“佞”，殿本作“辟”，誤，據《説文解字》卷三上“諞”字條。

⑥“孤乘夏篆篆作軓”，殿本作“孤乘夏巡巡作軐”，誤。“孤乘夏篆”出自《周禮·巾車》，《説文解字》卷十四上“軓”字條引作“孤乘夏軓”。

⑦“又引詩”，殿本作“引論語”，誤。“白圭之玷”出自《詩·大雅·抑》，《説文解字》卷四下“刮”字條亦引作“《詩》曰”。

⑧“禂”，殿本作“調”，誤。此書卷三收“禂”字，註云“音義與‘禱’同”。

⑨“録”，殿本作“取”。

古音駢字一卷續編五卷（江蘇巡撫採進本）①

《古音駢字》一卷，明楊慎撰。《續編》五卷，國朝莊履豐、莊鼎鉉同撰。古人字少而韻寬，故用字往往假借。是書取古字通用者以韻分之，各註引用書名於其下。由字體之通求字音之通，於秦、漢以前古音，頗有考證。但遺闕過多，牽合亦復時有。即以開卷東、冬韻論之。如《荀子·議兵篇》云："案角鹿埵隴種東籠而退耳②"。註曰："隴種③，《新序》作龍鍾④。"《禮論篇》曰"彌龍"，註曰："彌如字，又讀為弭。"《楚辭·九章》曰："蓀詳聾而不聞。"《補註》云："詳與佯同。"《九歎》曰："登逢龍而下隕兮，違故都之漫漫。"註云："逢一作逢⑤，古本作蓬。"《吳越春秋·越王無餘外傳》曰"大夫曳庸"⑥，註曰："《左傳》作后庸，《國語》舌庸。"《史記·五帝本紀》曰"其後有劉累擾龍"，應劭曰："擾音柔。"故《五帝本紀》又曰："擾而毅"，徐廣曰："擾，一作柔。"則擾、柔字通。《倉公列傳》曰："臣意胗其脈曰迥風。"註曰："迥音洞，言洞入四肢。"《漢書·地理志》曰"都龐"，應劭曰："龐音龍。"師古曰："音龔。"《揚雄傳》曰："奮六經以攄頌。"師古曰："頌，讀若容。"《大戴禮·衛將軍文子篇》曰："《詩》云：'受小共大共，為下國恂蒙。'"註曰："今《詩》為駿龐。"《五帝德篇》曰"鳥獸昆虫"，考《說文》以"虫"為"虺"，然漢代碑刻即用"虫"為"蟲"，則虫、蟲通。此書原本、續本均未舉及，則採摭之未備也。又如原本於"鼂門"二字註出《荀子》，而《史記·龜策列傳》亦作"鼂門"，乃不註。續本於虋冬、滿冬、門冬引《爾雅註》，而《山海經》曰："其草多芍藥、虋冬。"乃不註。又引《廣雅》"膚匈"二字，謂匈、胷通，而《管子·內政篇》曰"平正擅匈"，註曰："和氣獨擅匈中，亦古'胷'字。"乃亦不註。則訓釋之未詳也。他如圜鍾、函鍾是黃鍾、林鍾別名，非"黃"通為"圜"，"林"通為"函"。其"浸盧維"讀作"盧灘"，恐亦鄭元之改字，未可盡概以古音。乃一例定為通用，未免附會。然大勢徵引賅洽，足資考證。古字之見於載籍者十已得其四五，亦可云小學之善本矣⑦。

## 【彙訂】

① 文淵閣《四庫》本《古音駢字》為二卷。（沈治宏：《中國叢書綜録訂誤》）

②"案角鹿埵隴種東籠而退耳"，殿本作"案角鹿埵隴動東籠而近耳"，誤，據《荀子·議兵篇》原文。

③"隴種"，殿本作"隴動"，誤，參《荀子·議兵篇》原注。

④"龍鍾"，殿本作"龍種"。《荀子·議兵篇》注及《新序·雜事篇》皆作"隴種"。

⑤ 殿本"逢"下衍"龍"字。

⑥《吳越春秋》諸本皆作《無餘外傳》。"大夫曳庸"乃《句踐入臣外傳》之文，即在《無餘外傳》之後。（余嘉錫：《四庫提要辨證》）

⑦"亦可云小學之善本"，殿本無。

### 俗書刊誤十二卷（江蘇巡撫採進本）

明焦竑撰。竑有《易筌》，已著録。是書第一卷至第四卷類分四聲，刊正譌字，若"半"之非"丰"、"容"不從"谷"是也。第五卷考字義，若"赤"之通"尺"、"鼬"之同"猶"是也。第六卷考駢字，若"句婁"之不當作"岣嶁"、"辟歷"之不當作"霹靂"是也。第七卷考字始，若"對"之改"口"從"士"本於漢文，"疊"之改"晶"從"畾"本於新莽是也。第八、第九卷考音同字異，若"庖犧"之為"炮羲"、"神農"之為"神由"是也。第十卷考字同音異，若"敦"有九音、"苴"凡兩讀是也。第十一卷考俗用雜字，若"山岐曰岔，水岐曰汊"是也。第十二卷考字形疑似，若"禾"之與"禾"①、"支"之與"攴"是也。其辨最詳，而又非不可施用之僻論，愈於拘泥篆文,不分字體者多矣。

【彙訂】

①"禾之與禾",殿本作"禾之與禾"。

字孿四卷(江蘇巡撫採進本)①

明葉秉敬撰。秉敬字敬君,衢州西安人。萬曆辛丑進士,官至荆西道布政司參議。尋移南瑞,未行而卒。秉敬學頗淹通,著書四十餘種。是編取字形似而義殊者②,分類詁之③,與郭忠恕《佩觿》大旨略同。每字綴以四言歌訣,則秉敬自創之體④。凡例謂:"孿子眉目髮膚雖無別,而伯仲先後弗淆,當察乎子母相生之微,引伸觸類。"故其說悉根柢《説文》,毫髮辨析,於偏傍點畫,分別了然,又該以韻語,便於記誦,亦小學之津筏也⑤。其書為杭人潘之淙所刻。前有《篆體辨訣》一篇,乃以七言歌括辨篆文偏傍之同異,不知何人所撰,由來已久。之淙以其與此書可互相參究,故附刊以行。其區別形體,亦頗有資於六書。惟其末比舊本增多一百二十四句,則紕繆杜撰,不一而足。如謂"抽"字不當從"由"、"咽"字不當從"因",已顯與《説文》相背。甚且臆造篆文,如"琴"上加"一"⑥、"對"内從"干",均極謬誤。至"勇"本從"甬",而云角力為勇;"稷"古文省作"畟",而云與槐柳同,此類尤為乖舛。蓋無識者所竄入,不足依據。今姑從原本録之,而糾正其失於此,庶不疑誤後學焉。

【彙訂】

① 文淵閣《四庫》本此書為二卷,書前提要亦作二卷。(修世平:《〈四庫全書總目〉訂誤十七則》,苑)

② 殿本"取"上有"乃"字。

③ "註"，殿本作"註"。

④ "體"，殿本作"體例"。

⑤ 殿本"之"下有"入門"二字。

⑥ "琴"，殿本作"瑟"，誤，參此書卷二"琴"字條。

康熙字典四十二卷

康熙五十五年聖祖仁皇帝御定。古小學存於今者，惟《說文》、《玉篇》為最舊。《說文》體皆篆籀，不便施行，《玉篇》字無次序，亦難檢閱。《類篇》以下諸書，則惟好古者藏弄之，世弗通用。所通用者，率梅膺祚之《字彙》、張自烈之《正字通》。然《字彙》疎舛，《正字通》尤為蕪雜，均不足依據。康熙四十九年，乃諭大學士陳廷敬等刪繁補漏，辨疑訂譌，勒為此書。仍兩家舊目，以十二辰紀十二集，而每集分三子卷，凡一百一十九部。冠以《總目》、《檢字》、《辨似》、《等韻》各一卷，殿以《補遺》、《備考》各一卷。部首之字，以畫之多寡為序，部中之字亦然。每字之下，則先列《唐韻》[①]、《廣韻》、《集韻》、《韻會》、《正韻》之音。《唐韻》久佚，今能一一徵引者，徐鉉校《說文》所用即《唐韻》之翻切也。次訓釋其義，次列別音、別義，次列古音。均引證舊典，詳其始末，不使一語無稽。有所考辨，即附於註末。又每字必載古體，用《說文》例；改從隸書，用《集韻》例；兼載重文、別體、俗書、譌字，用《干祿字書》例；皆綴於註後，用《復古編》例；仍從其字之偏旁，別出於諸部，用《廣韻》互見例。至於增入之字，各依字畫多寡，列於其數之末[②]，則《說文》之"新附"、《禮部韻略》之"續降"例也。其《補遺》一卷，收稍僻之字，《備考》一卷，收不可施用之字，凡古籍所載，務使包括無遺。蓋拘泥古義者，自《說文》九千字外,皆斥為偽體。遂至"音韻"必作"音均","衣裳"必作"衣常"③,"韓愈"書為"韓瘉","諸葛亮"書為"諸葛諒",動生滯礙,於事理難通,固為不可。若夫孫休之所自造,王起之所未識,傅奕之稱"埋人",段成式之作"毲"字,皆考之古而無徵,用之今而多駭。存而並列,則通儒病其荒唐;削之不登,則淺儒疑其挂漏④。別為附錄,等諸外篇,尤所謂去取得中,權衡盡善者矣。御製序文謂:"古今形體之辨,方言聲氣之殊,部分班列,開卷了然。無一義之不詳,無一音之不備。"信乎六書之淵海,七音之準繩也⑤。

**【彙訂】**

①"則",殿本無。

②"列",殿本作"例",誤。

③"衣常",殿本作"衣尚",誤。《説文解字》卷七下"裳"字:"常,或从衣。"

④"淺儒",殿本作"淺識"。

⑤殿本"七"上有"而"字。

御定清文鑑三十二卷補編四卷總綱八卷補總綱二卷①

乾隆三十六年奉敕撰。我國家發祥長白,實金源之舊疆。《金史·章宗本紀》載:"明昌五年,以葉魯谷神始製國字,詔依倉頡立廟例,祀於上京。"又《選舉志》稱:"進士科以策論試國人,用國字為程文。"陶宗儀《書史會要》則稱金太祖命完顏希尹撰國字,其後熙宗亦製字並行。希尹所製謂之大字,熙宗所製謂之小字,其字體波磔繁密②,頗類籀文。當時必有字書,今已無考。惟趙崡《石墨鐫華》所載天會十二年《都統經略郎君行記》一篇,僅存其形製而已。蓋有元一統之後，其法漸不傳也。我太祖高皇帝肇建丕基，命巴克什額爾德尼以蒙古字聯綴國語成句，尚未別為書體。太宗文皇帝始命巴克什庫爾纏創造國書，以十二字頭貫一切音，因音而立字，合字而成語。今内閣所貯舊籍，<sub>今謂之</sub>《老檔》。即其初體。厥後增加圈點，音義益詳。亦如籀變小篆，隸變八分，踵事而增，以日趨於精密。我聖祖仁皇帝慮口傳筆授，或有異同，乃命別類分門，一一排纂，勒為《清文鑑》一書，以昭法守，惟未及音譯其文。皇上復指授館臣，詳加增定，為部三十有五，子目二百九十有二。每條皆左為國書，右為漢語。國書之左，譯以漢音，用三合切韻。漢書之右，譯以國書，惟取對音。以國書之聲，多漢字所無，故三合以取之。漢字之聲，則國書所具，故惟用直音也。至於欽定新語，一一載入，尤為詳備。蓋字者孳也，許慎《説文》九千餘字，李登《聲類》已增至一萬一千五百二十字。<sub>案《聲類》今無其書，此據封演《聞見記》</sub>③陸法言《切韻》一萬二千五十六字，陳彭年等《重修廣韻》已增至二萬六千一百九十四字。吕忱《字林》、丁度《集韻》以下，更莫能殫記。是由名物日繁，記載遂不能不備。聖人制作，亦因乎勢之自然，為事之當然而已。伏而讀之，因漢文可以通國書，因國書可以通漢文。形聲訓詁，無所不具，亦可云包羅巨細、辯别精微者矣。書中體例，兼列字體、字音，宜入訓詁類中，然譯語得音，駢音為字，與訓詁之但解音義者不同，故仍列諸字書類焉。

**【彙訂】**

　　① 文淵閣《四庫》本《補總綱》為一卷。（沈治宏：《中國叢書綜録訂誤》）

　　②“體”，殿本無。

③"李登《聲類》已增至一萬一千五百二十字案《聲類》今無其書此據封演聞見記",殿本作"揚雄方言已增至一萬一千九百餘字"。

御定滿洲蒙古漢字三合切音清文鑑三十三卷①

乾隆四十四年奉敕撰。初,聖祖仁皇帝敕撰《清文鑑》。皇上既命補註漢字,各具翻切釋文,嗣以蒙古字尚未備列,因再命詳加考校,續定是編。以國書爲主,而貫通於蒙古書、漢書。每國語一句,必兼列蒙古語一句、漢語一句,以明其義。又以蒙古字、漢字各對國語之音,以定其聲。漢字之音不具,則三合以取之。蒙古字之音不具,則分各種讀法、寫法、收法以取之。經緯貫穿,至精密而至明顯。循文伏讀,無不一覽了然。考《遼史·太祖本紀》,稱神册五年"始製契丹大字",天贊三年"詔礲闢遏可汗故碑,以契丹、突厥、漢字紀其功"云云。然則三體互通,使彼此共喻,實本古義。許慎作《説文》,小篆之下兼列籀文、古文,以互證其字;揚雄作《方言》,每一語一物,亦具載某地謂之某,以互證其語。則三體彙爲一編,使彼此相釋,亦因古例,用達書名於四方。雖成周大同之盛,亦無以踰於斯矣。

【彙訂】

① 文淵閣《四庫》本爲三十一卷。(沈治宏:《中國叢書綜録訂誤》)

欽定西域同文志二十四卷

乾隆二十八年奉敕撰。先是,乾隆二十年,威弧遙指,戡定伊犂,續又削平諸回部。崑崙月窟,咸隸黃圖。琛賫旅來,狄鞮重譯。乃命考校諸番文字,定著是編。其部族之別,曰天山北路，曰天山南路，曰青海，曰西番。其門目之別，曰地，曰山，曰水，曰人。其文字之別，首列國書以為樞紐，次以漢書詳註其名義，次以三合切音曲取其音聲，次列蒙古字、西番字、托忒字、回字，排比連綴。各註其譯語、對音，使綱舉目張，絲連珠貫。考譯語之法，其來已久。然《國語》謂之舌人，特通其音聲而已，不能究其文字。《左傳》稱楚人謂乳為穀，謂虎為於菟；《穀梁傳》稱吳人謂善為伊，謂稻為緩，亦於附近中國者通其聲音之異，非於遐荒絕域識其書體、辨其音讀也。惟《隋志》載有《蕃爾雅》，其書不傳。度其所載，亦不過天曰撐犁、子曰孤塗之類，未必能知旁行右引之文。且書止一卷，疏略尤可想見。又《輟耕錄》載元杜本編《五聲韻》，自大小篆、分隸、真、草以至外蕃書、蒙古新字，靡不收錄，題曰《華夷同音》。然統以五聲，則但能載其單字，不能聯貫以成文。且外國之音多中國所不具，而本以中國之字領韻，乖舛必多。蓋前代帝王，聲教未能遠播，山川綿邈，輾轉傳聞，自不免於譌漏。有元雖混一輿圖，而未遑考正其文字。杜本以山林之士區區掇拾，亦未能通其語言。我國家重熙累洽，含識知歸。我皇上又神武奮揚，濛汜以東，皆為屬國，雁臣星使，來往駢闐。既一一諳其字形，悉其文義，迨編摩奏進，又一一親御丹毫，指示改正，故能同條共貫，和會諸方，一展卷而異俗殊音皆如面語。非惟功烈之盛為千古帝王所未有，即此一編，亦千古帝王所不能作矣。

篆隸考異二卷（兩淮鹽政採進本）[①]

國朝周靖撰。靖字牧寧，吳縣人。明吏部文選司郎中周順昌之曾孫也[②]。是書辨別篆、隸同異[③]，用意與張有《復古編》相類。

其小異者,有書以篆文為綱,而附列隸字之正俗。此則以隸字為綱,於合六書者註曰"隸",不合六書者註曰"俗",於隸相通而篆則不相假借者註曰"別",<small>如隸字好醜之好與好惡之好為一字,篆則分好、妞二字之類</small>。而各列篆文於其下。又《説文》分部五百四十,此則以隸字點畫多少為次,分部二百五十有七。俾讀者以所共知,通其所未知,較易於尋檢。大旨斟酌於古今之閒,盡斥鄙俚杜撰之文,而亦不為怪僻難行之論。其凡例有曰:"庖犧畫卦,已開書契之宗。降至小篆,無慮幾變。然許叔重以前,雖有周鼓、秦碑,究無成書可據。故鄭樵曰:'六書無傳,惟藉《説文》。'此考以《説文》為主。鐘鼎款識,一概不錄。"又曰:"如犡、苗等字,止載《説文》,而剛、曲見於經史,反覺簡易。此考寧取其簡,不取其繁,故去'牛'與'艸',是非悖謬。《説文》實欲羽翼經史,閱者可舉一以例百。"云云。江琬作是書序,亦以泥古、變古二者交譏,而稱是書"上引《六經》,旁及子史,究其本末,析其是非,至詳至悉,而未嘗有詭異之説",其論允矣。其書未有刊版,此本為康熙丙辰長洲文倉所手錄。篆文頗為工整,迥非鈔胥所能。驗其私印有"小停雲"字,蓋文徵明之裔,故筆法猶有家傳歟? 今錄存其書,以著顏元孫"去泰去甚"之義,俾從俗而戾古與從古而不可行於今者,均知所別擇焉。

【彙訂】

① 文淵閣《四庫》本為四卷。(沈治宏:《中國叢書綜録訂誤》)

②《總目》卷一七二周順昌《忠介爐餘録》條云:"後其子茂蘭,遇片紙隻字必摹而勒之石。至其孫靖,復從戚友家搜録成集,故名《爐餘》。"又《爐餘録》書末題云:"冢孫靖百拜,謹跋。"可知靖乃周順昌之孫,非曾孫。(楊武泉:《四庫全書總目辨誤》)

③ "同異"，殿本作"異同"。

隸辨八卷（內府藏本）①

國朝顧藹吉撰。藹吉號南原，長洲人。是書鉤摹漢隸之文，以宋《禮部韻》編次。每字下分註碑名，并引碑語。其自序云②："銳志精思，採摭漢碑所有字，以為解經之助。有不備者求之《漢隸字源》。"又云："《字源》多錯謬。舩船、再再，體或不分；血皿、朋多，形常莫別。悉從《隸釋》、《隸續》，詳碑定字，指摘無餘。"今考此書，字形廣狹與世所刻婁機《漢隸字源》相同，是陰以機書為稾本。且漢碑之出於機後者，僅《魯孝王刻石》、《太室》、《少室》、《開母》諸石闕及《尹宙》③、《孔褒》、《曹全》、《張遷》、《韓仁》數種。視機書所列，不過百分之一二。機所見三百九種，其存於今者不過《景君》、《孔和》、《史晨》、《韓勑》、《孔謙》、《孔宏》、《魯峻》、《鄭固》、《孔宙》、《蒼頡》、《衡方》、《張壽》、《孔彪》、《潘乾》、《武榮》、《王渙》、《鄭季宣》、《白石神君》、《西狹頌》、《郙閣頌》二十餘種，較其碑目所列，已不及十分之一。此二十餘種之外，縱舊拓流傳，亦斷璧零璣，偶然一遇，決不能如是之多。藹吉何由得見原碑，一一手摹其字？則所云不備之字始求之《字源》，殆不足憑。又每字下所引碑語，亦多舛錯。如"忠"字下引《孔宙碑》"躬忠恕以及人"，誤去"躬"字；"宿"字下引《孔霩碑》"諸則不宿"，誤連上文"如毛"二字為句；"奎"字下引《史晨前碑》"得在奎婁"句，誤以為《後碑》；"秦"字下引《華山碑》"改秦淫祀"句，誤以為《韓勑碑》，此或讀碑時偶不及檢。至"通"字下引《唐扶頌》"通天之祜"，而《唐扶頌》實無此語，蓋以《隸釋》所載"受天之祜"句與前行"通天三統"句適相齊而誤寫之。是尤僅據《隸釋》，未見原碑之一證。洪适之書具在，安得諱所自來乎？即以原碑尚存者而論④，如《韓敕造孔廟禮器碑》并碑陰、碑兩側，字數較多，文義尚大概可考。碑云："莫不驩思，歎卬師鏡。"而"師"字下引之，誤截"師鏡"二字連下文"顏氏"二字為句。碑云："更作二輿，朝車威熹。"而"車"字下引之，誤以作"二輿朝車"為句。碑云："仁聞君風，燿敬咏其德。"而"聞"字下引之，誤以"聞君風燿"為句，其"君"字下所引亦然。碑云"長期蕩蕩於盛"，而"長"字下引之，誤截去"於盛"二字。碑云"於是四方士"，而"方"字下引之，誤連下文"仁"字為句⑤。碑陰有"陳國苦虞崇"之文，苦者縣名，虞崇者人姓名也，而"虞"字下引之，誤作"陳國苦虞"。碑陰有"雒陽李申伯"之文，而"申"字下引之，誤截去"伯"字。又有"蕃加進子高"之文，而"進"字下引之，誤截去"蕃"字。碑側有"河南匽師度徵漢賢"之文，其旁別有"河南匽師胥鄰通國一人"，顯然可證。乃"匽"字泐痕似"厚"字，遂誤以為"厚"。又不知匽、偃通用，復贅辨河南有偃師無厚師。至於"鄉"字下引碑側題名"金鄉師耀"，不知此乃碑陰小字，後人所加，非漢字，亦非碑側。又於"率"字下引碑陰"魯孔方廣率"，不知碑文明是"廣平"，惟明王雲鷺刊《隸釋》，始誤為"廣率"。是併現存之碑亦僅沿襲舊刻，未及詳考，乃云"採摭漢碑"，其亦誣矣。惟其於婁機以後續出之碑，盡為摹入，修短肥瘠，不失本真，則實足補《字源》之闕。所纂《偏旁》一卷，五百四十部能依《説文》次第，辨證精核。又附《碑考》二卷，碑之存者註今在某處，亡者引某書云在某處，具有引證，以年代先後為次，條理頗為秩然。則較《字源》碑目為詳核。後附《隸八分考》、《筆法》二篇，採輯舊説，亦均有裨後學。與婁氏書相輔而行，固亦不必盡以重儓譏也。

**【彙訂】**

① 底本此條，與文淵閣庫書次序不符。文淵閣庫書與殿本均置"篆隸考異二卷"條之前。

②"其"，殿本作"前有"。

③"尹宙"，殿本作"尹寅"，誤。《尹宙碑》，立於東漢熹平四年四月。

④"而論"，殿本無。

⑤《隸辨》讀作"四方士仁，聞君風燿，敬詠其德"、"長期蕩蕩，於盛復授"皆不誤。士仁即士人。（余嘉錫：《四庫提要辨證》；高文：《漢碑集釋》）

右小學類"字書"之屬三十六部，四百八十卷①，皆文淵閣著録。

**【彙訂】**

①"四百八十卷"，殿本作"四百七十八卷"。實際著録四百八十九卷。

案，字體與世為變遷，古文、籀文不可以繩小篆，小篆不可以繩八分，八分不可以繩隸。隸即今之楷書。然其相承而變，則源流一也。故古今字書，統入此門。至《急就章》之類，但有文字而不講六書，然《漢志》列之小學家。觀陸羽《茶經》所引司馬相如《凡將篇》，亦以韻語成句，知古小學之書其體如是，《說文解字》猶其後起者也。故仍與字書並列焉①。

**【彙訂】**

①"字書"，底本作"是書"，據殿本改。

# 卷四二

# 經 部 四 十 二

## 小 學 類 三

廣韻五卷（内府藏本）

不著撰人名氏。考世行《廣韻》凡二本，一為宋陳彭年、邱
〔丘〕雍等所重修，一為此本。前有孫恤《唐韻》序，註文比重修本
頗簡。朱彝尊作重修本序，謂明代内府刊版，中涓欲均其字數，
取而删之。然《永樂大典》引此本，皆曰“陸法言《廣韻》”，引重修
本，皆曰“宋重修《廣韻》”。世尚有麻沙小字一本，與明内府版同
題曰“乙未歲明德堂刊”。内“匡”字紐下十三字皆闕一筆①，避
太祖諱，其他宋諱則不避。邵長蘅《古今韻略》指為宋槧，雖未必
然，而《平聲》“東”字註中引東不訾事，重修本作“舜七友”，此本
譌作“舜之後”。熊忠《韻會舉要》已引此本，則當為元刻矣②，非
明中涓所删也。又宋人諱殷，故重修本改“二十一殷”為“欣”。
此尚作“殷”，知非作於宋代。且唐人諸集以“殷”韻字少，難於成
詩，閒或附入真、諄、臻韻，如杜甫《東山草堂》詩、李商隱《五松
驛》詩，不一而足。説文所載《唐韻》翻切，“殷”字作“於身切”，
“欣”字作“許巾切”，亦借“真”韻中字取音，並無一字通文。此本
註“殷”獨用，重修本始註“欣與文通”，尤確非宋韻之一徵。考

《唐志》、《宋志》皆載陸法言《廣韻》五卷③，則法言《切韻》亦兼《廣韻》之名④。又孫愐以後，陳彭年等以前，修《廣韻》者尚有嚴寶文、裴務齊、陳道固三家，重修本中皆列其名氏⑤。郭忠恕《佩觿》上篇尚引裴務齊《切韻》序，辨其"老"、"考"二字左回右轉之譌。知三家之書，宋初尚存，此本蓋即三家之一。故彭年等所定之本，不曰"新修"而曰"重修"，明先有此《廣韻》。又景德四年敕牒稱"舊本註解未備"，明先有此註文簡約之《廣韻》也。彝尊精於考證，乃以此本為在後，不免千慮之一失矣⑥。惟新、舊《廣韻》皆在《集韻》之前，而上、去二聲乃皆用《集韻》移併之部分，平、入二聲又不從《集韻》移併。疑賈昌朝奏併十三部以後，校刻《廣韻》者以儼、琰、檻、釅、陷、鑑六部字數太窄⑦，改從《集韻》以便用，咸、銜、嚴、洽、狎、業六部字數稍寬⑧，則仍其舊而未改。觀徐鍇《說文韻譜》，上聲以湛、檻、儼相次，去聲以陷、鑑、釅相次，則唐人舊第可知也。此於四聲次序，前後乖違，殊非體例。以宋槧如是，今姑仍舊本錄之，而訂其誤如右⑨。

**【彙訂】**

① "十三"，殿本作"十二"，誤，參此書卷二"匡"字紐。

② 明德書堂乃明正嘉間麻沙人劉輝的書坊名，乙未當為嘉靖十四年。今存世有明劉氏明德書堂刊本《廣韻》五卷。《古今韻會舉要》卷九"承"字注曰：辰陵切，音與成同。《說文》……徐曰……引《書·說命》："敢不承受君之明德。"《廣韻》："次也。"《增韻》："下載上也。"疑館臣誤斷作"明德《廣韻》"。（楊守敬：《日本訪書志》）

③《舊唐書·經籍志》、《新唐書·藝文志》未著錄此書。（陳乃乾：《讀〈四庫全書總目〉條記》）

④"廣韻",底本作"唐韻",據殿本改。

⑤ 重修本中尚有郭知玄、關亮、薛峋、王仁煦、祝尚丘諸人增加字,不止嚴、裴、陳三家。(楊守敬:《日本訪書志》)

⑥ 宋人著述如《困學紀聞》、《禮部韻略》、姚寬《戰國策後序》等所引《廣韻》註解,多不合乎此註文簡約之略本,而副乎重修本。五代刊孫愐《唐韻》殘卷、北宋刊《切韻》殘卷亦與重修本相近。當非由略本增文為詳本,而係由詳本刪文為略本。敕牒所稱"舊本",據《集韻》韻例云:"先帝時,令陳彭年、丘雍,因法言韻,就為刊益。"可知實指陸法言《切韻》。何謂"重修"? 蓋因孫愐《唐韻》或時稱《廣韻》,嫌其同名,故加"重修"字。或據《宋史》卷四四一《句中正傳》云,太宗雍熙閒,句中正、吳鉉、楊文舉等撰定《雍熙廣韻》,故景德、大中祥符閒陳彭年等所修本乃名為《大宋重修廣韻》。(朴現圭、朴貞玉:《廣韻版本考》)

⑦"儼𤲃檻釅陷鑑",底本作"𤲃檻儼陷鑑釅",據此書上、去二聲韻部原次序及殿本改。

⑧"洽狎業",殿本作"業洽狎",誤,參此書下平、入二聲韻部原次序。

⑨ 殿本"訂"上有"附"字。

重修廣韻五卷(兩淮馬裕家藏本)

宋陳彭年、邱〔丘〕雍等奉敕撰。初,隋陸法言以呂靜等六家韻書各有乖互,因與劉臻、顏之推、魏淵、盧思道、李若、蕭該、辛德源、薛道衡八人撰為《切韻》五卷,書成於仁壽元年。唐儀鳳二年,長孫訥言為之註。後郭知元〔玄〕、關亮、薛峋、王仁煦、祝尚邱〔丘〕遞有增加。天寶十載,陳州司法孫愐重為刊定,改名《唐韻》。後嚴寶文、裴務齊、陳道固又各有添字。宋景德四年，以舊本偏旁差譌，傳寫漏落，又註解未備，乃命重修。大中祥符四年書成，賜名《大宋重修廣韻》，即是書也。舊本不題撰人。以丁度《集韻》考之，知為彭年、雍等爾。其書二百六韻，仍陸氏之舊，所收凡二萬六千一百九十四字。考唐封演《聞見記》載陸法言韻凡一萬二千一百五十八字，則所增凡一萬四千三十六字矣。此本為蘇州張士俊從宋槧翻雕，中閒已闕欽宗諱，蓋建炎以後重刊。朱彝尊序之，力斥劉淵韻合殷於文、合隱於脗、合焮於問之非。然此本實合殷、隱、焮於文、脗、問，彝尊未及檢也[①]。註文凡一十九萬一千六百九十二字，較舊本為詳，而冗漫頗甚。如“公”字之下載姓氏至千餘言，殊乏翦裁。“東”字之下稱東宮得臣為齊大夫，亦多紕繆。考孫愐《唐韻》序稱“異聞、奇怪、傳說、姓氏、原由[②]、土地、物產、山河、草木、禽獸、蟲魚備載其閒”，已極蔓引。彭年等又從而益之，宜為丁度之所譏。潘耒序乃以註文繁複為可貴，是將以韻書為類書也。著書各有體例，豈可以便於剽剟，遂推為善本哉？流傳既久，存以備韻書之源流可矣。

**【彙訂】**

① 案此本上平分文欣，上聲分脗隱，去聲分問焮，明白如此，何嘗合乎？宋人諱殷，故改二十一殷為二十一欣。（徐時棟：《煙嶼樓讀書志》）

② “原由”，殿本作“原田”，誤，參孫愐序原文。

集韻十卷（兩淮馬裕家藏本）

舊本題宋丁度等奉敕撰。前有《韻例》，稱：“景祐四年，太常博士直史館宋祁、太常丞直史館鄭戩等建言：‘陳彭年、邱〔丘〕雍

等所定《廣韻》，多用舊文，繁略失當。'因詔祁、戩與國子監直講
賈昌朝、王洙同加修定。刑部郎中知制誥丁度、禮部員外郎知制
誥李淑為之典領。"晁公武《讀書志》亦同。然考司馬光《〈切韻指
掌圖〉序》稱："仁宗皇帝詔翰林學士丁公度、李公淑增崇韻學，自
許叔重而降凡數十家，總為《集韻》，而以賈公昌朝、王公洙為之
屬。治平四年，余得旨繼纂其職。書成上之，有詔頒焉。嘗因討
究之暇，科別清濁為二十圖。"云云。則此書奏於英宗時，非仁宗
時，成於司馬光之手，非盡出丁度等也①。其書凡平聲四卷，上
聲、去聲、入聲各二卷，共五萬三千五百二十五字，視《廣韻》增二
萬七千三百三十一字②。案《廣韻》凡二萬六千一百九十四字，應增二萬七
千三百三十一字，於數乃合。原本誤以"二萬"為"一萬"，今改正。熊忠《韻會
舉要》稱："舊韻但作平聲一、二、三、四，《集韻》乃改為上、下平。"
今檢其篇目，乃舊韻作上、下平，此書改為平聲一、二、三、四，忠
之所言，殊為倒置。惟《廣韻》所註"通用"、"獨用"，封演《聞見
記》稱為唐許敬宗定者，改併移易其舊部，則實自此書始。《東齋
記事》稱："景祐初，以崇政殿說書賈昌朝言，詔度等改定韻窄者
十三處，許令附近通用。"是其事也。今以《廣韻》互校，平聲併殷
於文，併嚴於鹽、添，併凡於咸、銜；上聲併隱於吻；去聲併廢於
隊③、代，併焮於問；入聲併迄於物，併業於葉、帖，併乏於洽、
狎④。凡得九韻，不足十三。然《廣韻》平聲鹽、添、咸、銜、嚴、
凡，與入聲葉、帖、洽、狎、業、乏，皆與本書部分相應，而與《集韻》
互異。惟上聲併儼於琰、忝，併范於豏、檻，去聲併釅於豔、㮇，併
梵於陷、鑑，皆與本書部分不應，而乃與《集韻》相同。知此四韻
亦《集韻》所併，而重刊《廣韻》者誤據《集韻》以校之，遂移其舊第
耳。其駁《廣韻》註，凡姓望之出，廣陳名系，既乖字訓，復類譜

牒，誠為允協。至謂兼載他切，徒釀細文，因併删其字下之互註，則音義俱別與義同音異之字難以邊明，殊為省所不當省。又韻主審音，不主辨體，乃篆籀兼登，雅俗並列，重文複見，有類字書，亦為繁所不當繁。其於《廣韻》，蓋亦互有得失。故至今二書並行，莫能偏廢焉。

【彙訂】

① 南宋淳熙十四年（1187）田世卿陝西安康金州軍刻本《集韻》卷末兩道牒文，明言此書始修於景祐元年（1034），成於寶元二年（1039），刻成於慶曆三年（1043），豈能至治平四年（1067）又成於司馬光之手？《切韻指掌圖》實為南宋人偽託之作。（李致忠：《宋版書敘錄》）

② “二萬七千三百三十一字”，殿本作“二萬七千三百三十二字”，誤，參《韻例》原文。

③ “隊”，殿本作“墜”，誤。此書卷七《去聲上》有“隊第十八”，下注“與代、廢通”。

④ “併乏於洽狎”，殿本脱。此書卷十《入聲下》有“洽第三十二”，下注“與狎、乏通”。（江慶柏等整理：《四庫全書薈要總目提要》）

切韻指掌圖二卷附檢例一卷（永樂大典本）①

宋司馬光撰②。其《檢例》一卷，則邵光祖所補正。光有《溫公易說》，已著錄。光祖字宏〔弘〕道，自稱洛邑人。其始末未詳。考《江南通志·儒林傳》載元邵光祖字宏道，吳人，研精經傳，講習垂三十年，通三經，所著有《尚書集義》。當即其人。洛邑或其祖籍歟？據王行後序作於洪武二十三年，稱其歿已數年，則元之遺民，入明尚在者也③。光書以三十六字母科別清濁，為二十圖。首獨韻，次開合韻。每類之中，又以四等字多寡為次，故高為獨韻之首，干、官為開合韻之首。舊有《檢例》一卷，光祖以為全背圖旨，斷非光作，因自撰為檢圖之例，附於其後。考光自序，實因《集韻》而成是圖。光祖乃云："《廣韻》凡二萬五千三百字，其中有切韻者三千八百九十。文正取其三千一百三十定為二十圖④，餘七百六十字應檢而不在圖者，則以在圖同母同音之字備用而求其音。"則是據《廣韻》也。然光祖據光之圖以作例，則其例仍與圖合。所註七百六十字之代字及字母，亦足補原圖所未備。光例既佚，即代以光祖之例，亦無不可矣。光書反切之法，據景定癸亥董南一序云⑤，"遞用則名音和，傍求則名類隔；同歸一母則為雙聲，同出一韻則為疊韻；同韻而分兩切者謂之憑切，同音而分兩韻者謂之憑韻；無字則點窠以足之，謂之寄聲；韻闕則引鄰以寓之，謂之寄韻。"所謂雙聲、疊韻諸法，與今世所傳劉鑑《指南》諸門法並同。惟音和、類隔二門，則大相懸絶。《檢例》云："取同音、同母、同韻、同等，四者皆同，謂之音和。取脣重脣輕、舌頭舌上、齒頭正齒三音中清濁同者，謂之類隔。"是音和統三十六母，類隔統脣、舌、齒等二十六母也。劉鑑法則音和專以見、溪、羣、疑為説，而又別立為一四音和、四一音和兩門。類隔專以端、知八母為説，又別出輕重、重輕、交互照精、精照互用四門。似乎推而益密，然以兩法互校，實不如原法之簡該也。其"《廣韻》類隔今更音和"一條，皆直以本母字出切，同等字取韻。取字於音和之理，至為明了。獨其辨來、日二母云："日字與泥、孃二字母下字相通。"辨匣、喻二字母云："匣闕三四喻中覓，喻虧一二匣中窮。"即透切之法，一名"野馬跳澗"者。其法殊為牽強。

又其法兼疑、泥、孃、明等十母⑥，此獨舉日、泥、孃、匣、喻五母⑦，亦為不備。是則原法之疏，不可以立制者矣。等韻之說，自後漢與佛經俱來。然《隋書》僅有十四音之說，而不明其例。《華嚴》四十二字母，亦自為梵音，不隸以中國之字。《玉篇》後載神珙一圖⑧，《廣韻》後列一圖，不著名氏，均粗舉大綱，不及縷舉節目。其有成書傳世者，惟光此書為最古。孫奕《示兒編》辨“不”字作“逋骨切”，惟據光說。知宋人用為定韻之祖矣。第光《傳家集》中，下至《投壺新格》之類，無不具載，惟不載此書，故傳本久絕。今惟《永樂大典》尚有完本，謹詳為校正，俾復見於世，以著等韻之舊譜，其例不過如此。且以見立法之初，實因《集韻》而有是書，非因是書而有《集韻》，凡後來紛紜繆轕，均好異者之所為焉。

**【彙訂】**

①　文淵閣《四庫》本為《切韻指掌圖》三卷附《檢圖之例》一卷。（沈治宏：《中國叢書綜録訂誤》）

②　《切韻指掌圖》實為南宋人偽托之作，說詳本卷《集韻》條訂誤。

③　“者”，殿本無。

④　“文正”，底本作“文止”，據邵光祖《檢例》原文及殿本改。

⑤　“景定”，殿本作“嘉定”，乃“嘉泰”之誤，說詳卷四一《類篇》條訂誤。

⑥　“疑泥孃明”，殿本作“疑泥羣明”。

⑦　“日泥孃匣喻五母”，殿本作“日泥匣喻二母”，誤。

⑧　“一”，底本作“二”，據殿本改。《玉篇》卷末載神珙《玉篇反紐圖》。

韻補五卷（兩淮鹽政採進本）

宋吳棫撰。棫字才老。武夷徐蕆為是書序，稱與蕆本同里，而其祖後家同安。王明清《揮麈三録》則以為舒州人，疑明清誤也[1]。宣和六年第進士，召試館職，不就。紹興中為太常丞，以為孟仁仲草表忤秦檜，出為泉州通判以終。蕆序稱所著有《書裨傳》、《詩補音》、《論語指掌考異續解》、《楚辭釋音》、《韻補》凡五種。陳振孫《書録解題》“詩類”載棫《毛詩補音》十卷，註曰：“棫又別有《韻補》一書，不專為《詩》作。”“小學類”載棫《韻補》五卷，註曰：“棫又有《毛詩補音》一書，別見詩類。”今《補音》已亡，惟此書存。自振孫謂朱子註《詩》用棫之説，朱彝尊作《經義考》未究此書僅五卷，於《補音》十卷條下誤註“存”字，世遂謂朱子所據即此書，莫敢異議。考《詩集傳》如《行露篇》二“家”字，一音“谷”，一音“各空反”[2]；《騶虞篇》二“虞”字，一音“牙”，一音“五紅反”；《漢廣篇》“廣”音“古曠反”，“泳”音“于誑反”；《緑衣篇》“風”音“孚愔反”之類，為此書所無者，不可殫舉。《兔罝篇》“仇”音“渠之反”，以與“逵”叶。此書乃據《韓詩》“逵”作“馗”，音“渠尤反”，以與“仇”叶。顯相背者亦不一。又《朱子語録》稱棫音務為蒙，音嚴為壯。此書有“務”而無“嚴”。周密《齊東野語》稱朱子用棫之説，以艱音巾，替音天。此書有艱而無替。則朱子所據，非此書明甚。蓋棫音《詩》、音《楚辭》，皆據其本文，推求古讀，尚能互相比較，粗得大凡，故朱子有取焉。此書則泛取旁搜，無所持擇，所引書五十種中，下逮歐陽修、蘇軾、蘇轍諸作，與張商英之偽《三略》[3]，旁及《黄庭經》、《道藏》諸歌，故參錯冗雜，漫無體例。至於韻部之上平註文、殷、元、魂、痕通真，寒、桓、刪、山通先。下平忽註侵通真，覃、談、咸、銜通刪[4]，鹽、沾、嚴、凡通先[5]。上聲又註梗、耿、静、迥、拯等六韻通軫，寑亦通軫；感、敢、琰、忝、歉、檻、儼、范通銑。去聲又註問、焮通震，而願、恩、恨自為一部；諫、襉通霰，而翰、換自為一部；勘、闞通翰，豔、桥⑥、𢘜通霰，陷、覽、梵通諫，割為三部。入聲又註勿、迄、職、德、緝通質，為一部；曷、末、點、戛、屑、薛、葉、帖、業、乏通月，為一部。顛倒錯亂，皆亘古所無之臆說。世儒不察，乃執此書以誣朱子，其愼殊甚。然自宋以來，著一書以明古音者，實自棫始，而程迥之《韻式》繼之⑦。迥書以三聲通用、雙聲互轉為說，所見較棫差的，今已不傳。棫書雖牴牾百端，而後來言古音者皆從此而推闡加密，故闢其謬而仍存之，以不没篳路藍縷之功焉。

【彙訂】

① 徐蕆所言同安為安徽安慶舊稱，亦即舒州，非指宋福建路泉州府同安縣。據范成大《吳郡志》等，徐蕆高祖徐奭本建州建安人，後遷家吳地，至徐蕆已是第五代，則徐蕆稱與吳棫同里均以祖籍言之。（張民權：《宋代古音學與吳棫〈詩補音〉研究》）

② "各空反"，殿本作"五紅反"，誤，參《詩集傳》卷一《召南·行露》注文。

③ "三略"，底本作"三墳"，據此書卷首所列書目及殿本改。各卷注文引《三略》計十餘處。

④ "删"，殿本作"先"，誤，參此書卷二。

⑤ "先"，殿本作"删"，誤，參此書卷二。

⑥ "桥"，底本作"栝"，據此書卷四及殿本改。

⑦ "《韻式》"，殿本作"《音式》"。《宋史》卷四三七程迥本傳載所著有《四聲韻》。

附釋文互註禮部韻略五卷附貢舉條式一卷（兵部侍郎紀昀家藏本）

《禮部韻略》，舊本不題撰人。晁公武《讀書志》云丁度撰。今考所併舊韻十三部，與度所作《集韻》合，當出度手①。其上平聲“三十六桓”作“歡”②，則南宋重刊所改。觀卷首載郭守正《重修條例》，稱紹興本尚作“桓”，是其證也。考曾慥《類說》引《古今詞話》曰：“真宗朝試《天德清明賦》，有閩士破題云：‘天道如何，仰之彌高。’會試官亦閩人，遂中選。”是宋初程試用韻尚漫無章程。自景祐以後，敕撰此書，始著為令式，迄南宋之末不改。然收字頗狹，如歡韻漏“判”字、添韻漏“尖”字之類，嘗為俞文豹《吹劍錄》所議。故元祐中博士孫諤，紹興中朝散大夫黃積厚、福州進士黃啟宗，淳熙中吳縣主簿張貴謨，嘉定中嘉定府教授吳杜皆屢請增收③，而楊伯嵒亦作《九經補韻》以拾其遺。然每有陳奏，必下國子監看詳，再三審定，而後附刊韻末。其間或有未允者，如黃啟宗所增“躋，一作齊”，“鰥，一作矜”之類，趙彥衛《雲麓漫鈔》尚駁詰之。蓋既經廷評，又經公論，故較他韻書特為謹嚴。然當時官本已不可見，其傳於今者題曰《附釋文互註禮部韻略》，每字之下皆列官註於前，其所附“互註”則題一“釋”字別之④。凡有二本。一本為康熙丙戌曹寅所刻，冠以余文熺所作歐陽德隆《押韻釋疑》序一篇、郭守正重修序一篇、《重修條例》十則、《淳熙文書式》一道⑤。考守正所重修者名《紫雲韻》，今尚有傳本，已別著錄。則此本非守正書。又守正《條例》稱德隆“註疴瘻、其枊之辨⑥，似失之拘。”今此本無此註，則亦非德隆書。觀守正序稱：“書肆版行，漫者凡幾。一漫則一新，必增數註釋，易一標題。”然則當日《韻略》非一本。此不知誰氏所刻，而仍冠以舊序及《條例》。其《條例》與書不相應，而《淳熙文書式》中乃有理宗御名，是則移掇添補之明證也。一本為常熟錢孫保家影鈔宋刻。前五卷與曹本同，但首無序文、《條例》，而末附《貢舉條式》一卷，凡五十三頁。所載上起元祐五年，下至紹熙五年，凡一切增刪韻字、廟諱、祧諱，書寫試卷格式以及考校章程，無不具載，多史志之所未備，猶可考見一代典制，視曹本特為精善⑦。惟每卷之末，各以當時避諱不收之字附錄一頁，據跋乃孫保所加，非原書所有，今削去不載，以存其舊。至曹寅所刻不完之本則附見於此，不別著錄焉。

【彙訂】

　　① 此書與景德年間陳彭年等修撰的《禮部韻略》實為一書，丁度等只是在舊韻基礎上作了某些補充修訂，主要是"窄韻十三處"的同用規定及其韻次的改變。（張民權：《〈禮部韻略〉與〈集韻〉關係之辨證》）

　　② 據此書卷一，"三十六"乃"二十六"之誤。（陳乃乾：《讀〈四庫全書總目〉條記》）

　　③ "吳杜"，底本作"吳桂"，據殿本改。南宋紹定庚寅重刊本《附釋文互註禮部韻略》五卷附《韻略條式》一卷，《條式》末條載："嘉定十六年十一月……文林郎充嘉定府府學教授吳杜……遴選其詞賦中引用者才六十七字，目以《韻略》續補……乞賜備申朝廷，詳酌行下，增入《禮部韻略》。"

　　④ "互註"又稱"圈"，在破音字上加圓圈，注出又見於某韻，非注解釋義。"附釋文"才是增加注釋。（寧忌浮：《古今韻會舉要及相關韻書》）

　　⑤ 曹刻本卷首附袁文焻《押韻釋疑序》、郭守正《增修校正

押韻釋疑序》、《淳熙重修文書式》、《紹興重修文書令》及《校正條例》。（同上）

⑥ “其柵”，殿本作“其捌”，誤。《詩·大雅·皇矣》：“修之平之，其灌其柵。”

⑦ 今尚存宋刻本三種。

增修互註禮部韻略五卷（江蘇巡撫採進本）

宋毛晃增註，其子居正校勘重增。諸家所稱《增韻》，即此書也。晃嘗作《禹貢指南》，居正嘗作《六經正誤》，皆別著録。是書因《禮部韻略》收字太狹，乃蒐採典籍，依韻增附。又《韻略》之例，凡字有別體、別音者，皆以墨闌圈其四圍，亦往往舛漏。晃併為釐定，於音義、字畫之誤，皆一一辨證。凡增二千六百五十五字，增圈一千六百九十一字，訂正四百八十五字。居正續拾所遺，復增一千四百二字①，各標總數於每卷之末，而每字之下又皆分註。其曰“增入”、曰“今圈”、曰“今正”者，皆晃所加，曰“重增”者②，皆居正所加。其辨論考證之語，則各署名以別之。父子相繼以成一書，用力頗為勤摯。其每字疊收重文，用《集韻》之例，每字別出重音，用《廣韻》之例。然不知古今文字之別，又不知古今聲韻之殊。如東部“通”字紐下據漢樂府增一“桐”字，是以假借為本文；“同”字紐下據《豳風》增一“重”字，是以省文為正體。又如先部“先”字紐下據漢樂府增一“西”字，是以古音入律詩；“煙”字紐下據杜預《左傳註》增一“殷”字，是以借聲為本讀。皆所謂引漢律斷唐獄者，不古不今，殊難依據。較歐陽德隆互註之本，殆不止上、下牀之別。特其辨正訓詁，考正點畫，亦頗有資於小學。故後來字書、韻書多所徵引，而《洪武正韻》之註據是書者尤多焉。録而存之,亦足以備簡擇也。明代刊版,頗多譌舛。此本凡宋代年號皆空一格,猶存舊式。末題"太歲丙辰仲夏秀巖山堂重刊",蓋理宗寶祐四年蜀中所刻③。視近本特為精善云。

**【彙訂】**

① 毛居正實增一千五百十一字。(寧繼福:《〈增修互註禮部韻略〉研究》)

② "重增",殿本作"重正",誤。

③ 今存元至正二十六年丙午(1366)秀巖書堂重刻本,作"丙辰"、"山堂"誤。(阿部隆一:《天理圖書館藏宋金元版本考》)

增修校正押韻釋疑五卷(江蘇巡撫採進本)①

《押韻釋疑》,宋紹定庚寅廬陵進士歐陽德隆撰②,景定甲子郭守正增修。守正字正己,自號紫雲山民。《永樂大典》所引《紫雲韻》,即此書也。初,德隆以《禮部韻略》有字同義異、義同字異者,與其友易有開因監本各為互註,以便程試之用。辰陽袁文焴為之序③。後書肆屢為刊刻,多所竄亂。守正因取德隆之書,參以諸本,為刪削增益各千餘條④,以成此書。前載文焴序,次守正自序,次《重修條例》,次《紹興新制》,次《韻字沿革》,次《前代名姓有無音釋之疑》,次《韻略音釋與經史子音釋異同之疑》,次《韻略字義與經史子字義異同之疑》,次《經史子訓釋音義異同之疑》,次《本韻字異義異經史子合而一之之疑》,次《兩韻字同義異而無通押明文者》⑤,次《出處連文兩音之疑》⑥,次《押韻經前史後之疑》,次《經史用古字今字之疑》,次《有司去取之疑》,次《世俗相傳之誤》,次《賦家用韻之疑》,次《疑字》,次《字同義異》,次

《正誤》，次《俗字》，皆列卷首。其每字之下，先列監註，次列補釋，次列他韻他紐互見之字，詳其音義點畫之同異，而辨其可以重押通用與否。多引當時程試詩賦某年某人某篇曾押用某字，考官看詳故事以證之。每韻之末，列紹興中黃啟宗、淳熙中張貴謨等奏添之字。或常用之字而官韻不收者，如“姘襸”之“襸”諸字，則註曰“官韻不收，宜知”。考證頗為詳密。但孰為德隆原註，孰為守正之所加，不復分別，未免體例混淆耳。別本《禮部韻略》註文甚簡，與此不同，而亦載文焴、守正二序及《重修條例》十則。然其書與《條例》絕不相應，疑本佚其原序，而後人移撥此書以補之也。別本首載《淳熙文書式》數條，列當時避諱之例甚詳，此本無之⑦。然如“慶元中議‘宏〔弘〕’字⑧、‘殷’字已祧不諱，可押韻，不可命題”，“紹興中指揮以‘威’字代‘桓’字，如齊威、魯威之類可用，不可押”，“丁丑福州補試士人押‘齊威’字見黜”諸條，又較淳熙諸式為詳備⑨。名曰“釋疑”，可謂不忝其名矣。其書久無刊版，此本猶從宋槧鈔出。曹寅所刻別本，序中闕六字，《條例》中闕二字，此本皆完。知寅未見此本也。

**【彙訂】**

①　文淵閣《四庫》本尚有《校正條例》一卷。（沈治宏：《中國叢書綜錄訂誤》）

②《江西通志‧進士表》無歐陽德隆名。（陸心源：《儀顧堂續跋》）

③“辰陽袁文焴”，殿本作“辰陵余文焴”，誤。此書卷前序作“紹定庚寅中元日辰陽冷官袁文焴”。

④“千”，底本作“十”，據殿本改。此書卷前郭守正序云：“誤者正之，疑者辨之，其不倫者次序之。筆者千余條，削者亦

如之。"

　　⑤"兩韻字同義同而無通押明文者",底本作"兩韻字同義異而無通押明文者",據殿本改。

　　⑥"次出處連文兩音之疑",殿本脱。

　　⑦"此本無之",殿本無。

　　⑧"然",殿本無。

　　⑨"又較淳熙諸式為詳備",殿本作"尤為明白"。

　　九經補韻一卷（兩江總督採進本）

　　宋楊伯嵒撰。伯嵒字彦思①,號泳齋,自稱代郡人。然南宋時代郡已屬金,蓋署郡望也。淳祐閒,以工部郎守衢州。周密《雲煙過眼録》載伯嵒家所見古器,列高克恭、胡泳之後,似入元尚在矣。宋《禮部韻略》自景祐中丁度修定頒行,與《九經》同列學官,莫敢出入。其有增加之字,必奏請詳定而後入。然所載續降六十三字、補遺六十一字,猶各於字下註明。其音義勿順及喪制所出者,仍不得奏請入韻。故校以《廣韻》、《集韻》,所遺之字頗多。伯嵒是書蓋因官韻漏略,擬摭《九經》之字以補之。《周易》、《尚書》各一字,《毛詩》六字,《周禮》、《禮記》各三十一字,《左傳》五字,《公羊傳》、《孟子》各二字,凡七十九字。各註合添入某韻内或某字下,又附載音義弗順、喪制所出者八十八字。蓋當時於喪制一條,拘忌過甚。如《檀弓》"何居"之"居"本為語詞,亦以為涉於凶事,不敢入韻,故附載之。然自序稱"非敢上於官以求增補",則并所列應補之字亦未行用也。其書考據經義精確者頗多,惟其中如《周禮·司尊彝》"脩爵"之"脩"音"滌",《禮記·聘義》"孚尹"之"孚"音"浮"之類,乃古字假借,不可施於今韻。又如《詩・泮水》之"黮"字、《周禮・占人》之"簭"字、《公羊傳・成五年》之"沶"字,乃重文別體,與韻無關。一概擬補,未免少失斷限耳。

【彙訂】

① 是書《百川學海》本有楊氏嘉定十七年(1224)自序及淳祐四年(1244)俞任禮跋,知其字為彥瞻。(李裕民:《四庫提要訂誤》增訂本)

五音集韻十五卷(內府藏本)

金韓道昭撰。道昭字伯暉,真定松水人。世稱以等韻顛倒字紐始於元熊忠《韻會舉要》,然是書以三十六母各分四等,排比諸字之先後,已在其前。所收之字,大抵以《廣韻》為藍本,而增入之字則以《集韻》為藍本。考《廣韻》卷首云"凡二萬六千一百九十四言",《集韻》條例云"凡五萬三千五百二十五言,新增二萬七千三百三十一言",是書亦云"凡五萬三千五百二十五言,新增二萬七千三百三十言"。合計其數,較《集韻》僅少一字,殆傳寫偶脫。《廣韻》註十九萬一千六百九十二字,是書云:"註三十三萬五千八百四十言,新增十四萬四千一百四十八言。"其增多之數,則適相符合。是其依據二書,足為明證。又《廣韻》註獨用、同用,實仍唐人之舊,封演《聞見記》言許敬宗奏定者是也。終唐之世,下迄宋景祐四年,功令之所遵用,未嘗或改。及丁度編定《集韻》,始因賈昌朝請,改併窄韻十有三處。今《廣韻》各本①,儼移赚、檻之前,釅移陷、鑑之前,獨用、同用之註,如通殷於文、通隱於吻,皆因《集韻》頒行後竄改致舛。是書改二百六韻為百六十,而併忝於琰、併檻於赚、併儼於范、併㮇於豏、併鑑於陷、併釃於梵。足證《廣韻》原本上、去聲末六韻之通為二,與平聲、入聲不殊。其餘如廢不與隊、代通,殷、隱、焮、迄不與文、吻、問、物通,尚仍《唐韻》之舊,未嘗與《集韻》錯互。故十三處犁然可考,尤足訂《重刊廣韻》之譌。其等韻之學亦深究要渺,雖用以顛倒音紐,有乖古例,然較諸不知而妄作者,則尚有閒矣[2]。

**【彙訂】**

①"今",殿本作"合",誤。

②"雖用以顛倒音紐有乖古例然較諸不知而妄作者則尚有閒矣",殿本作"未可以世不行用而置之也"。

古今韻會舉要三十卷(浙江巡撫採進本)[1]

元熊忠撰。忠字子中,昭武人。案楊慎《丹鉛錄》謂蜀孟昶有《書林韻會》,元黃公紹舉其大要而成書,故以為名。然此書以《禮部韻略》為主,而佐以毛晃、劉淵所增併,與孟昶書實不相關。舊本凡例首題"黃公紹編緝,熊忠舉要"[2],而第一條即云:"今以《韻會》補收闕遺,增添註釋。"是《韻會》別為一書明矣。其前載劉辰翁《韻會》序,正如《廣韻》之首載陸法言、孫愐序耳,亦不得指《舉要》為公紹作也[3]。自金韓道昭《五音集韻》始以七音、四等、三十六母顛倒唐、宋之字紐,而韻書一變[4]。南宋劉淵淳祐壬子《新刊禮部韻略》始合併通用之部分[5],而韻書又一變[6]。忠此書字紐遵韓氏法,部分從劉氏例,兼二家所變而用之,而韻書舊第至是盡變無遺。其《字母通考》之首拾李涪之餘論,力排江左吳音。《洪武正韻》之鹵莽,此已胚其兆矣。又其中今韻、古韻漫無分別,如東韻收"窗"字、先韻收"西"字之類,雖舊典有徵,而施行頗駭。子註文繁例雜,亦病榛蕪。惟其援引浩博,足資考證，而一字一句，必舉所本，無臆斷偽撰之處，較後來明人韻譜，則尚有典型焉。

## 【彙訂】

① 文淵閣《四庫》本尚有《韻母》一卷。（沈治宏：《中國叢書綜錄訂誤》）

② 元刊本於凡例前首題昭武黃公紹直翁編輯，次題熊忠子中舉要，卷首又載至順二年文宗敕，應奉翰林余謙校正。李祁魯衲序稱其刊正補削，根據不苟，則復經余氏重定，實出三人手筆矣。（瞿鏞：《鐵琴銅劍樓藏書目錄》）

③ 熊忠序云：“在軒黃公公紹作《古今韻會》……僕館公門，竊承緒論，惜其浩瀚，四方學者不能遍覽，增以毛、劉二韻，及經傳當收未載之字，別為《舉要》一編。”則不得謂《韻會》別為一書。（陸心源：《儀顧堂續跋》）

④ 顛倒字紐當始於金皇統年間荊璞，見《五音集韻》韓道昇志語。（胡玉縉：《四庫全書總目提要補正》）

⑤ “淳祐”，殿本作“景定”，誤。淳祐十二年（1252）為壬子，而景定年號無壬子。《壬子新刊禮部韻略》不避宋人廟諱，劉淵乃北方元人，壬子應為元憲宗二年，而非宋理宗淳祐十二年。（寧忌浮：《古今韻會舉要及相關韻書》）

⑥ 據《平水新刊韻略》正大六年（1229）許古序，此韻為王文郁所定。則不得云併韻始於劉淵。（錢大昕：《跋平水新刊韻略》）

　　四聲等子一卷（浙江范懋柱家天一閣藏本）

　　不著撰人名氏。錢曾《讀書敏求記》謂即劉鑑所作之《切韻指南》，曾一經翻刻，特易其名。今以二書校之，若辨音和、類隔、廣通侷狹、內外轉攝、振救、正音憑切、寄韻憑切、喻下憑切、日寄憑切及雙聲疊韻之例，雖全具於《指南·門法玉鑰匙》內，然詞義詳略顯晦，迥然不侔①。至內攝之通、止②、遇、果、宕、曾、流、深，外攝之江、蟹、臻、山、效、假③、梗、咸十六攝圖，雖亦與《指南》同。然此書曾攝作內八，而《指南》作內六，流攝此書作內六，而《指南》作內七，深攝此書作內七，《指南》作內八，皆小有不同。至以"江攝外一"附"宕攝內五"下、"梗攝外七"附"曾攝內六"下，與《指南》之各自為圖，則為例迥殊。雖《指南》"假攝外六"附"果攝內四"之下，亦開併二攝。然假攝統歌、麻二韻，歌、麻本通，故假得附果。若此書之以江附宕，則不知江諧東、冬，不通陽、唐④；以梗附曾，則又誤通庚、蒸為一韻，似不出於一手矣。又此書《七音綱目》以幫、滂、並、明、非、敷、奉、微之脣音為宮，影、曉、匣、喻之喉音為羽，頗變《玉篇》五音之舊。《指南》、《五音訣》具在，未嘗以脣為宮，以喉為羽，亦不得混為一書。《切韻指南》卷首有後至元丙子熊澤民序，稱："古有《四聲等子》，為傳流之正宗⑤。然而中閒分析，尚有未明。關西劉士明著書曰《經史正音切韻指南》。"則劉鑑之《指南》十六攝圖，乃因此書而革其宕攝附江、曾攝附梗之誤，此書實非鑑作也。以字學中論等韻者，司馬光《指掌圖》外，惟此書頗古，故並錄存之，以備一家之學焉。

**【彙訂】**

　　①"迥然"，殿本作"迥有"。

　　②"止"，殿本作"照"，誤。書中韻圖有"止攝內二"。

　　③"假"，殿本作"麻"，誤。書中韻圖有"假攝外六"，"麻攝六"乃附"果攝內四"下。

④“唐”，殿本作“剛”，誤。書中韻圖有“宕攝內五陽、唐重多輕少韻”。

⑤“正宗”，殿本作“正字”，誤，參《切韻指南》熊序原文。

經史正音切韻指南一卷（浙江汪啟淑家藏本）

元劉鑑撰。鑑字士明，自署關中人。關中地廣，不知隸籍何郡縣也。切韻必宗《等子》，司馬光作《指掌圖》，等韻之法於是始詳。鑑作是書，即以《指掌圖》爲粉本，而參用《四聲等子》，增以格子門法，於出切、行韻、取字，乃始分明。故學者便之。至於開合二十四攝、內外八轉及通廣侷狹之異，則鑑皆略而不言。殆立法之初，已多挂礙糾紛，故姑置之耶？然言等韻者，至今多稱《切韻指南》。今姑錄之，用備彼法沿革之由。原本末附明釋真空《直指玉鑰匙》一卷，驗之即真空《篇韻貫珠集》中之第一門①、第二門。不知何人割裂其文，綴於此書之後。又附若愚《直指門法》一卷②，詞指拙澀，與《貫珠集》相等，亦無可採。今並刪不錄焉。

【彙訂】

①“篇”，底本作“編”，據殿本改。存世有真空《新編篇韻貫珠集》八卷附《直指玉鑰匙門法》一卷。

②“門法”，底本作“法門”，據殿本改。若愚或係刻書人名。（王重民：《中國善本書提要》）

洪武正韻十六卷（江蘇周厚堉家藏本）

明洪武中奉敕撰。時預纂修者爲翰林侍講學士樂韶鳳、宋濂，待制王僎，修撰李叔允①，編修朱右、趙壎、朱廉，典簿瞿莊、鄒孟達，典籍孫蕡、答祿與權，預評定者爲左御史大夫汪廣洋、右御史大夫陳寧、御史中丞劉基、湖廣行省參知政事陶凱。書成於洪武八年，濂奉敕為之序。大旨斥沈約為吳音，一以中原之韻更正其失。併平、上、去三聲各為二十二部，入聲為十部。於是古來相傳之二百六部，併為七十有六②。其註釋一以毛晃《增韻》為稿本，而稍以他書損益之。蓋歷代韻書，自是而一大變。考《隋志》載沈約《四聲》一卷，新、舊《唐書》皆不著録，是其書至唐已佚。陸法言《〈切韻〉序》作於隋文帝仁壽元年，而其著書則在開皇初。所述韻書，惟有吕静、夏侯該、陽休之、周思言、李季節、杜臺卿六家，絶不及約，是其書隋時已不行於北方。今以約集詩賦考之，上、下平五十七部之中，以東、冬、鍾三部通，魚、虞、模三部通，庚、耕、清、青四部通，蒸部、登部各獨用，與今韻分合皆殊。此十二部之仄韻，亦皆相應。他如《八詠》詩押"葦"字入微韻，與《經典釋文》陳謝嶠讀合；《梁大壯舞歌》押"震"字入真韻，與《漢書·敘傳》合；《早發定山》詩押"山"字入先韻，《君子有所思行》押"軒"字入先韻，與梁武帝、江淹詩合；《冠子祝文》押"化"字入麻韻，與《後漢書·馮衍傳》合，與今韻收字亦頗異。濂序乃以陸法言以來之韻指為沈約，其謬殊甚。法言《〈切韻〉序》又曰："昔開皇初，有儀同劉臻等八人，同詣法言門宿，論及音韻。以今聲調既自有別，諸家取捨亦復不同。吳、楚則時傷輕淺，燕、趙則多傷重濁。秦、隴則去聲為入，梁、益則平聲似去。江東取韻，與河北復殊。因論南北是非，古今通塞，欲更捃選精切，除削疏緩，蕭、顏多所決定。魏著作謂法言曰：'向來論難，疑處悉盡，我輩數人，定則定矣。'法言即燭下握筆略記綱記③。"今《廣韻》之首，列同定八人姓名，曰劉臻、顏之推、魏淵、盧思道、李若、蕭該、辛德源、薛道衡，則非惟韻不定於吳人，且序中"江左取韻"諸語，已深斥吳音之失，安得復指為吳音？至唐李涪，不加深考，所作《刊誤》，橫肆譏評，其誣實甚。濂在明初，號為宿學，不應沿譌踵謬至此。蓋明太祖既欲重造此書，以更古法，如不誣古人以罪，則改之無名。濂亦曲學阿世，強為舞文耳。然源流本末，古籍昭然，天下後世何可盡掩其目乎？觀《廣韻》平聲三鍾部“恭”字下註曰：“陸以恭、蜙、縱等入冬韻，非也。”蓋一紐之失，古人業已改定。又上聲二腫部“湩”字下註曰：“冬字上聲④。”蓋冬部上聲惟此一字，不能立部，附入腫部之中，亦必註明，不使相亂。古人分析不苟，至於如此。濂乃以私臆妄改，悍然不顧，不亦僭乎！李東陽《懷麓堂詩話》曰：“國初顧祿為宮詞，有以為言者，朝廷欲治之。及觀其詩集，乃用《洪武正韻》，遂釋之。此書初出，亟欲行之故也。”然終明之世，竟不能行於天下，則是非之心，終有所不可奪也。又周賓所《識小編》曰：“洪武二十三年，《正韻》頒行已久，上以字義音切尚多未當，命詞臣再校之。學士劉三吾言：‘前後韻書惟元國子監生孫吾與所纂《韻會定正》，音韻歸一，應可流傳。’遂以其書進。上覽而善之，更名《洪武通韻》，命刊行焉。今其書不傳。”云云。是太祖亦心知其未善矣。其書本不足錄，以其為有明一代同文之治，削而不載，則韻學之沿革不備。猶之記前代典制者，雖其法極為不善，亦必錄諸史冊，固不能泯滅其迹，使後世無考耳。

**【彙訂】**

①“李叔允”，底本作“李淑允”，據此書宋濂序及殿本改。李叔允，《河南通志·文苑》有傳。

②洪武八年宋濂作序的《洪武正韻》是七十六韻，但另有洪武十二年吳沉作序的重修本為八十韻，平、上、去各二十三，入聲

十一。（寧忌浮：《〈洪武正韻〉研究》）

③“綱記”，殿本作“云云”。此句原文作“遂把筆記之”。

④“冬字”，殿本作“此冬”。《廣韻》卷三“渾”字下注原文作“冬字”。

古音叢目五卷古音獵要五卷古音餘五卷古音附録一卷（浙江巡撫採進本）①

明楊慎撰。慎有《檀弓叢訓》，已著録。是四書雖各為卷帙，而核其體例，實本一書，特以陸續而成，不及待其完備，每得數卷，即出問世，故標目各別耳。觀其《古音獵要》東、冬二韻，共標鞠、朋、衆、務、調、夢、窗、誦、雙、明、萌、用、江十三字，與《古音叢目》東、冬二韻所標者全複，與《古音餘》東、冬二韻所標亦複五字。是即隨所記憶，觸手成編，參差互出，未歸畫一之明證矣。其書皆倣吳棫《韻補》之例，以今韻分部，而以古音之相協者分隸之。然條理多不精密。如《周易·渙·六四》“渙有丘，匪夷所思”，“丘”與“思”為韻；《无妄·六三》“无妄之災，或繫之牛，行人之得，邑人之災”，“災”古音“菑”，“牛”古音“尼”，與“災”為韻；《繫辭》“乾以易知，坤以簡能”，“能”古音“奴來反”，與“知”為韻。慎於《古音叢目》支韻內“丘”字下但註云“《詩》”，“牛”字下但註云“《楚詞》”，“能”字下則並不註出典。又《繫辭》：“神而化之，使民宜之。”慎於《古音叢目》五歌韻內知“宜”字之為“牛何切”，下註云：“《易》：神而化之②。”為“毀禾切”，則但註云：“見《楚詞》。”又《易》象傳“父父，子子，兄兄，弟弟，夫夫，婦婦”，“婦”與“子”及“弟”字為韻。慎於《古音叢目》四紙韻內“婦”字下，但引《西京賦》作“房詭切”。《豐·六二》“豐其蔀，日中見斗”，“蔀”古音“蒲

五切”，“斗”古音“滴主切”，故《九四》“蔀”、“斗”二字與“主”為
韻。又《繫辭傳》“无有師保，如臨父母”，“母”字與上度、懼、故為
韻[3]。慎於《古音叢目》語、麌韻内“斗”字下但註云“《毛詩》”，
“母”字下但註云“《易林》”[4]。凡此皆不求其本，隨意掯摭。又
古音皆其本讀，非可隨意諧聲，輾轉分隸。如江韻之江、窗、雙、
控四字，《古音獵要》皆收入冬韻是也[5]。而《古音叢目》又以東
韻之“紅”、冬韻之“封”、“龍”三字收入江韻。考《易・說卦傳》
“震為雷、為龍”，虞翻、干寶並作“駹”。《周禮・巾車》“革路龍
勒”，註：“駹也。”駹車，故書作龍車。《犬人》：“凡幾珥沈辜，用駹
可也”，註：“故書作龍。”則“駹”本音“龍”。以在東韻為本音，
不容改“龍”以叶“駹”。“封”與“邦”通，“邦”之古音諧“丰”聲，
“紅”與“江”通，“江”之古音諧工聲。亦以東、冬為本韻，不得
改封、紅以入江也。蓋慎博洽過陳第，而洞曉古音之根柢則不
及之，故蒐輯秦漢古書，頗為該備，而置之不得其所，遂往往舛
漏牴牾。以其援據繁富，究非明人空疏者所及，故仍録其書，
以備節取焉。

**【彙訂】**

①　此書在《各省進呈書目》中僅著録於《浙江省第五次鄭大
節呈送書目》及《二老閣呈送書》，則應為浙江鄭大節家藏本，作
“浙江巡撫採進本”誤。（江慶柏：《四庫全書私人呈送本中的鄭
大節家藏本》）

②　“神”，殿本脱。

③　“又繫辭傳無有師保如臨父母母字與上度懼故為韻”，殿
本無。

④　“母字下但註云易林”，殿本無。

⑤ "控"，底本误作"椌"，據殿本改。《古音叢目》一東有"椌"，三江有"控"。二字《古音獵要》冬韻皆未收。

古音略例一卷（兩江總督採進本）

明楊慎撰。是書取《易》、《詩》、《禮記》、《楚詞》、《老》、《莊》、《荀》、《管》諸子有韻之詞，標為略例。若《易》例"日昃之離"，"離"音"羅"，與歌、嗟為韻；"三歲不覿"，"覿"音"徒谷切"，與木、谷為韻。"並受其福"，"福"音"偪"，與食、汲為韻；"吾與爾靡之"，"靡"音"磨"，與和為韻。頗與古音相合。他如"嘒彼小星，維參與昴"，舊叶"力求切"，慎據《史記·天官書》徐邈音"昴"為"旄"、下文"抱衾與裯"之"裯"音"調"、"寔命不猶"之"猶"音"搖"。今考郭璞註《方言》"裯，丁牢反"，《檀弓》"咏斯猶"，鄭註："猶當作搖。"則二音實有所據。慎又謂："吳棫於《詩》'棘心夭夭，母氏劬勞'，'勞'必叶音'僚'；'我思肥泉，兹之永歎'，'歎'必叶'他涓切'；'出自北門，憂心殷殷'，'門'必叶'眉貧切'；'四牡有驕，朱幩鑣鑣'①，'驕'必叶音'高'②。不思古韻寬緩，如字讀自可叶，何必勞脣齒，費簡册。"其論亦頗為得要。至如《老子》："朝甚除，田甚蕪③，倉甚虛。服文彩，帶利劍，厭飲食，資財有餘。是謂盜夸。"慎據《韓非·解老篇》改"夸"為"竽"，謂"竽"方與"餘"字叶，柳子厚詩仍押"盜夸"均誤。今考《説文》"夸，從大，于聲"，則"夸"之本音不作"枯瓜切"明矣。故《楚詞·大招》："朱脣皓齒，嫭以姱只；比德好閑，習以都只。"《集韻》："姱，或作夸。"又《吳都賦》："列寺七里，俠棟楊路；屯營櫛比，廨署棋布。橫塘查下，邑屋隆夸；長干延屬，飛甍舛互。"是"夸"與"餘"為韻，正得古音，而慎反斥之，殊為失考。又《易》："晉，晝也。明夷，誅也。"

慎謂古“誅”字亦有“之由切”，與“畫”為韻。孫奕改“誅”為“昧”，
“昧”叶音“暮”，殊誤。今考《周禮·甸祝》“禂牲禂馬”亦如之，鄭
讀“禂”為“誅”，則慎説似有所據。但“畫”字古音讀如“註”。張
衡《西京賦》：“徼道外周，千廬内附。衛尉八屯，警夜巡畫。”又
《易林·井之復》“畫”與“據”為韻，《井之渙》“畫”與“故”為韻，
《渙之蠱》“畫”與“懼”為韻。則古韻“畫”不作“陟救切”可知，何
得舍其本音而反取誅之別音為叶。他若《莊子》“竊鉤者誅，竊國
者為諸侯”，慎讀“誅”為“之由切”，而不知“侯”之古音“胡”，正與
“誅”為韻。又《易林》：“蜘蛛之務，不如蠶之綸。”慎讀“務”為
“蟊”、“綸”為“鉤”，不知“綸”古音“俞”，正與“務”為韻。蓋其文
由掇拾而成，故其説或離或合，不及後來顧炎武、江永諸人能本
末融貫也。

## 【彙訂】

①“鑣鑣”，殿本作“儦儦”。《詩·衛風·碩人》原文作“鑣
鑣”，此書原文作“儦儦”。

②“驕”，殿本作“儦”。此書註文曰：“舊叶音‘高’。今案
‘驕’自可叶‘儦’，不必改音。”則作“驕”為是。

③“田”，殿本作“日”，誤，參《老子·益證第五十三》原文。

轉注古音略五卷（江蘇巡撫採進本）

明楊慎撰。是書前有自序，大旨謂：“《毛詩》、《楚詞》有叶
韻，其實不越《保氏》轉注之法。《易經疏》云‘賁有七音’，始發其
例；宋吳才老作《韻補》，始有成編。學者知叶韻自叶韻，轉注自
轉注，是猶知二五而不知十也。”考叶韻之説始於沈重《毛詩音
義》。見《經典釋文》。後顏師古註《漢書》，李善註《文選》，並襲用

之。後人之稱叶韻，自此而誤，然與六書之轉注則渺不相涉。慎書仍用叶韻之説，而移易其名於轉注，是朝三暮四改為朝四暮三也。如四江之"釭"字，《説文》云："从金，工聲。""窻"字，《説文》云："从穴，悤聲。"則"釭"讀"工"，"窻"讀"悤"，皆其本音，無所謂轉，亦安所用其注乎？姑即就慎書論之，所注轉音，亦多舛誤。如二冬之"龍"字，引《周禮》"龍勒雜色"，謂當轉入三江。不知《玉人》"上公用龍"，鄭司農云"龍當為尨"，而《左傳》"狐裘尨茸"，即《詩》之"狐裘蒙戎"。則"尨"當從"龍"轉，"龍"不當作"莫江反"也。又如蒸韻之"朋"字，慎引《逸詩》"翹翹車乘，招我以弓。豈不欲往，畏我友朋"，謂當轉入一東。不知"弓"古音"肱"，有《小戎》、《采綠》、《閟宮》及《楚詞・九歌》諸條可證。則"弓"當從"朋"轉，"朋"不當讀為"蓬"也。如此之類，皆昧於古音之本。以其引證頗博，亦有足供考證者，故顧炎武作《唐韻正》猶有取焉。

### 毛詩古音考四卷（福建巡撫採進本）

明陳第撰。第有《伏羲圖贊》，已著録。言古韻者自吳棫，然《韻補》一書，厖雜割裂，謬種流傳，古韻乃以益亂。國朝顧炎武作《詩本音》，江永作《古韻標準》，以經證經，始廓清妄論。而開除先路，則此書實為首功。大旨以為古人之音，原與今異。凡今所稱叶韻，皆即古人之本音，非隨意改讀，輾轉牽就。如"母"必讀"米"、"馬"必讀"姥"、"京"必讀"疆"、"福"必讀"偪"之類，歷考諸篇，悉截然不紊。又《左》、《國》、《易》象、《離騷》、《楚詞》、秦碑、漢賦以至上古歌謡、箴銘、頌贊，往往多與《詩》合，可以互證。於是排比經文，參以羣籍，定為本證、旁證二條。本證者，《詩》自相證，以探古音之源。旁證者，他經所載以及秦漢以下去《風》、

《雅》未遠者,以竟古音之委。鉤稽參驗,本末秩然,其用力可謂篤至。雖其中如"素"音為"蘇"之類,不知古無四聲,不必又分平仄;"家"又音"歌","華"又音"和"之類,不知為漢魏以下之轉韻,不可以通"三百篇",皆為未密。然所列四百四十四字[①],言必有徵,典必探本,視他家執今韻部分,妄以通轉古音者,相去蓋萬萬矣。初,第作此書,自焦竑以外,無人能通其說,故刊版旋佚。此本及《屈宋古音義》皆建寧徐時作購得舊刻,復為刊傳。雖卷帙無多,然欲求古韻之津梁,舍是無由也。

　**【彙訂】**

　① 實為四百九十七字。（林慶彰:《明代考據學研究》）

　屈宋古音義三卷（福建巡撫採進本）

　明陳第撰。第既撰《毛詩古音考》,復以《楚辭》去風人未遠,亦古音之遺,乃取屈原所著《離騷》等二十五篇,除其《天問》一篇,得二十四篇。又取宋玉《九辯》九篇、《招魂》一篇,益以《文選》所載《高唐賦》、《神女賦》、《風賦》、《登徒子好色賦》四篇,得十四篇。共三十八篇。其中韻與今殊者二百三十四字,各推其本音,與《毛詩古音考》互相發明。惟每字列本證,其旁證則閒附字下,不另為條。體例小異,以前書已明故也。書本一卷。其後二卷則舉三十八篇各為箋註,而音仍分見諸句下。蓋以參考古音,因及訓詁,遂附錄其後,兼以"音義"為名,實則卷帙相連,非別為一書。故不析置集部,仍與《毛詩古音考》同入"小學類"焉。

　欽定音韻闡微十八卷

　康熙五十四年奉敕撰,雍正四年告成。世宗憲皇帝御製序文,具述聖祖仁皇帝指授編纂之旨,刊刻頒行。自漢明帝時西域切韻之學與佛經同入中國，所謂“以十四音貫一切字”是也。然其書不行於世。至漢、魏之閒，孫炎創為翻切，齊梁之際，王融乃賦雙聲，等韻漸萌，實暗合其遺法。迨神珙以後，其學大行。傳於今者有司馬光《指掌圖》[①]、鄭樵《七音略》、無名氏《四聲等子》、劉鑑《切韻指南》。條例日密，而格礙亦日多。惟我國書十二字頭，用合聲相切，緩讀則為二字，急讀則為一音，悉本乎人聲之自然。證以《左傳》之“丁寧”為“鉦”、“句瀆”為“穀”，《國語》之“勃鞮”為“披”，《戰國策》之“勃蘇”為“胥”，於三代古法，亦復相協。是以特詔儒臣，以斯立準。首列韻譜，定四等之輕重。每部皆從今韻之目，而附載《廣韻》之子部，以存舊制，因以考其當合當分。其字以三十六母為次，用韓道昭《五音集韻》、熊忠《韻會舉要》之例。字下之音則備載諸家之異同，協者從之，不有心以立異；不協者改用合聲，亦不遷就以求同。大抵以上字定母，皆取於支、微、魚、虞、歌、麻數韻。以此數韻能生諸音，即國書之第一部也。以下字定韻，清聲皆取於影母，濁聲皆取於喻母。以此二母乃本韻之喉音，凡音皆出於喉而收於喉也。其或有音無字者，則借他韻、他母之字相近者代之。有今用、協用、借用三例，使宛轉互求，委曲旁證，亦即漢儒訓詁某讀如某、某音近某之意。惟辨別毫芒，巧於比擬，非古人所及耳。自有韻書以來，無更捷徑於此法者，亦更無精密於此書者矣。

**【彙訂】**

① “指掌圖”，殿本作“指掌國”，誤。

欽定同文韻統六卷

乾隆十五年奉敕撰。以西番字母參考天竺字母，貫合其異同,而各以漢字譯其音。首為《天竺字母譜》。凡音韻十六字,翻切三十四字。次為《天竺音韻翻切配合十二譜》。以字母、音韻十六字,翻切三十四字,錯綜相配,成一千二百一十二字。次為《西番字母配合十四譜》。其字母凡三十,天竺所有者二十四,天竺所無、西番所有者六。除與天竺同者所生之字亦同外,其六母所生之字凡四百三十有四。蓋佛經諸咒皆天竺之音,惟佛號、地名多用西番之語[1],故別出以備用也。次為《天竺西番陰陽字二譜》。各分陰字、陽字、可陰可陽字、可陽可陰字四例。次《大藏字母同異譜》。以欽定天竺字母為經,而以僧伽波羅等十二家所譯字母為緯,以互證其分合增減。次為《華梵字母合璧譜》。則中西諸音、新舊諸法,一一條貫,集厥大成焉。其西域有是音,中國無是字者,悉以合聲之法取之。二合者即以二字並書,三合者即以三字並書。前有發聲、後有餘聲者,即以其字疊書。其中音有輕重者,則重者大書,輕者細書,併詳註翻切及喉、牙、齒、脣、舌諸音於下。皆辯別分刌[2],窮極毫芒。考聲韻之學,實肇於西域。自漢明帝時與佛書同入中國,以文字互異,故中國不行。其緣起僅見諸《隋書·經籍志》[3]。所謂“十四聲貫一切字”者,其法已不可詳。晉太始初,沙門竺曇摩羅察譯《光讚般若經》,始傳四十一字母。其後諸僧所譯,互有異同,然皆自行於彼教。唐貞觀中,吐蕃宰相阿努始以西番字譯天竺五十字母,亦自行於彼土。自沙門神珙作《四聲五音九弄反紐圖》,收於《大廣益會玉篇》之末,始流入儒書。自鄭樵得西域僧《七音韻鑑》,始大行於中國。然西域之音無窮,而中國之字有數,其有音而無字者十之六七。等韻諸圖或記以虛圈,或竟為空格,使人自其上下左右連類排比而求之,非心悟者弗能得也。故鄭樵《六書略》謂“華有二合之音，無二合之字。梵有二合、三合、四合之音，亦有其字"。
因舉"娑縛"之二合、"囉馱曩"之三合、"悉底哩野"之四合為證。
沈括《夢溪筆談》亦謂梵語"薩嚩訶"三字，合言之即《楚詞》之
"些"字。然括無成書，樵所作《七音略》，於無字之音仍為空格，
豈非知其法而不充其類哉？我皇上天聲遐播，紺園龍象，慕德東
來。梵筴唄音，得諸親譯，既能不失其真，至編校此書，又以國書
十二字頭之法補所未備。而發凡起例，更屢經聖裁改定而後成。
故古所重譯而不通者，今一展卷而心契。聲聞韻通，歌頌同文之
盛，真亘古之所無矣。

**【彙訂】**

①"語"，殿本作"音"。

②"刌"，底本誤作"寸"，據殿本改。《漢書·元帝紀贊》：
"自度曲，被歌聲，分刌節度，窮極幼眇。"

③"諸"，殿本無。

欽定叶韻彙輯五十八卷

乾隆十五年奉敕撰。字數、部分皆仍《佩文詩韻》。惟以今
韻之離合，別古韻之異同。如江韻獨用則一韻為一部，東、冬兩
韻同用則兩韻為一部，支、微、齊三韻同用則三韻為一部是也。
每部皆附叶韻，略如吳棫《韻補》。惟《韻補》於今韻每部各載叶
韻，此則一部獨用者附本部末，諸部同用者即總附諸部末。如
"蒙"字叶"莫邦切"，則獨附江部後；"江"字叶"戶公切"，則總附
東、冬二部後；"魚"字叶"魚羈切"，則總附支、微、齊三部後是也。
夫古今聲音之遞變，亦如大、小篆，隸、八分之遞變，或相因，或迥
不相因，或相近①，或迥不相近。以迥不相近之音施於歌詠，於

古雖有徵，而於今不能悉協。唐人古詩，大抵皆相近之音。故東、冬、江古音雖同，而此書東、冬自為部，江自為部；支、微、齊、佳、灰古音雖同，而此書支、微、齊自為部，佳、灰自為部。皆取不戾於古而可行於今也。至於叶韻之説，宋以來糾紛彌甚。謂庚收穿鼻，真收舐齶，兩不相叶，然"嘉名"、"靈均"乃見於屈原之騷；謂江本通東、陽本通庚，兩不相叶，然"成雙"、"鴛鴦"乃見於徐陵之賦。此異而彼同，此通而彼礙，各執一理，勝負互形，所謂愈治而愈棼也。此書所録，惟據古書註有是音者，使以類相從。明前有所承，即後有所本[②]，不復旁牽博辨，致枝蔓橫生。解結釋紛，尤為得要。於數百年講古韻者，誠為獨酌其中矣。

## 【彙訂】

① "或迥不相因或相近"，底本脱，據殿本補。

② "有所本"，殿本作"為有本"。

### 欽定音韻述微三十卷

乾隆三十八年奉敕撰。其合聲切字，一本《欽定音韻闡微》[①]。其稍變者，《闡微》以三十六母為字紐之次序，故東韻首"公"字之類，與部首標目或相應，或不相應，在所不拘。今則部首一字屬何母，即以其母為首，其下諸母所領字，以次相從，使歸於畫一。其部分仍從《御定佩文詩韻》。其稍變者，從《音韻闡微》分文、殷為兩部，而以殷部附真部，不附文部。其字數自《佩文詩韻》所收一萬二百五十二字外，凡所續收每紐之下，以據《音韻闡微》增者在前，據《廣韻》增者次之，據《集韻》增者又次之。或有點畫小異，音訓微殊，舊韻兩收而實不可復押者，則删不録。至於舊韻所無而今所恒用者，如"阿"字舊惟作"陵阿"之義，收入歌韻。今為國書十二字頭之首，則收入麻韻。"鎗"字舊訓為酒器，收入庚韻。今則酒器無此名，而軍器有此字，則增入陽韻。又如"查"本浮木，而今訓察核；"參"本稽考，而今訓糾彈；"礮"本飛石，而今訓火器；"埽"本氾除[2]，而今訓樨荙，既已萬口同音，即屬勢不可廢。此如麻韻之字古音皆與魚、虞相從，自字母入中國[3]，始有麻韻一呼，遂不能不增此一韻。姬本周姓，自戰國以後始以為妾御之名，亦遂不能不增此一解。蓋從宜從俗，義各有當，又不可以古法拘也。其互註之例，凡一字兩部皆收，義同者註曰"又某韻"，義異者註曰"與某韻義異"，體例與《禮部韻略》同。其與他韻一同一異者，註曰"又某韻，與某韻音異"，或字有數訓而僅一解可通者，則註曰"惟某義與某韻同，餘異"，則較《韻略》為加密。其詮釋之例，凡《說文》、《玉篇》、《廣韻》、《集韻》所有者，書非稀覯，無庸贅著篇名。其他則一字一句，必著所出，以明有據，亦諸韻書之所無。蓋《音韻闡微》所重在字音，故訓詁不欲求詳，此書所重在字義，故考據務期核實。兩書相輔而並行，小學之蘊奧真毫髮無遺憾矣。

**【彙訂】**

① "欽定"，殿本作"御定"。

② "埽"，殿本作"掃"，誤，"埽"在"二十號"，"掃"在"十九晧"。

③ "入"，殿本作"出"，誤。

音論三卷（安徽巡撫採進本）

國朝顧炎武撰。炎武有《左傳杜解補正》，已著録。自陳第作《毛詩古音考》、《屈宋古音義》，而古音之門徑始明。然創闢榛蕪，猶未及研求邃密。至炎武乃探討本原，推尋經傳，作《音學五書》以正之。此其《五書》之一也。上卷分三篇：一《古曰音今曰韻》，二《韻書之始》，三《唐宋韻譜異同》。中卷分六篇：一《古人韻緩不煩改字》，二《古詩無叶音》，三《四聲之始》，四《古人四聲一貫》，五《入為閏聲》、六《近代入聲之誤》。下卷分六篇：一《六書轉注之解》，二《先儒兩聲各義之説不盡然》，三《反切之始》，四《南北朝反語》，五《反切之名》，六《讀若》①。共十五篇，皆引據古人之説以相證驗。中惟所論入聲變亂舊法，未為甚確。餘皆元元本本，足以訂俗學之譌。蓋《五書》之綱領也。書成於崇禎癸未。其時舊本《集韻》與別本《廣韻》皆尚未出，故不知唐、宋部分之異同由於陳彭年、丁度。又唐封演《聞見記》其時亦未刊行，故亦不知唐人官韻定自許敬宗。然全書持論精博，百餘年來，言韻學者雖愈闡愈密，或出於炎武所論之外，而發明古義，則陳第之後②，炎武屹為正宗。陳萬策《近道齋集》有李光地小傳，稱光地音學受之炎武。又萬策作李光地詩集後序，稱光地推炎武音學妙契古先，故所註古音不用吳棫《韻補》，而用炎武《詩本音》。則是書之為善本，可概見矣。

**【彙訂】**

① 底本"若"下有"某"字，據此書卷下《讀若》篇及殿本刪。

② 殿本"則"下有"自"字。

詩本音十卷（安徽巡撫採進本）

國朝顧炎武撰。《音學五書》之二也。其書主陳第詩無叶韻之説，不與吳棫《補音》爭，而亦全不用棫之例。但即本經所用之音互相參考，證以他書，明古音原作是讀，非由遷就，故曰"本音"。每詩皆全列經文，而註其音於句下。與今韻合者註曰"《廣

韻》某部”，與今韻異者即註曰“古音某”。大抵密於陳第而疏於
江永。故永作《古韻標準》，駁正此書者頗多。然合者十九，不合
者十一。南宋以來隨意叶讀之謬論，至此始一一廓清，厥功甚
鉅。當以永書輔此書，不能以永書廢此書也。若毛奇齡之逞博
爭勝，務與炎武相詰難，則文人相輕之習，益不足為定論矣①。

**【彙訂】**

① “足”，殿本無。

易音三卷（安徽巡撫採進本）

國朝顧炎武撰。《音學五書》之三也。其書即《周易》以求古
音。上卷為彖辭、爻辭，中卷為彖傳、象傳，下卷為《繫辭》、《文
言》、《說卦》、《雜卦》。其音往往與《詩》不同，又或往往不韻。故
炎武所註，凡與《詩》音不同者，皆以為偶用方音，而不韻者則闕
焉。考《春秋傳》所載繇詞，無不有韻，說者以為《連山》、《歸藏》
之文。然漢儒所傳，不過《周易》，而《史記》載大橫之兆，其繇亦
然。意卜筮家別有其書，如焦贛《易林》之類，非《易》之本書。而
《易》之本書則如周、秦諸子之書，或韻或不韻，本無定體。其韻
或雜方音，亦不能盡求其讀。故彖辭、爻辭不韻者多，韻者亦閒
有。《十翼》則韻者固多，而不韻者亦錯出其閒。非如《詩》三百
篇協詠歌，被管弦，非韻不可以成章也。炎武於不可韻者，如乾
之九二、九四中隔一爻，謂義相承則韻亦相承之類①，未免穿鑿。
又如六十四卦彖辭惟四卦有韻，殆出偶合，標以為例，亦未免附
會。然其考核精確者，則於古音亦多有裨，固可存為旁證焉。

**【彙訂】**

① “亦”，殿本無。

唐韻正二十卷（安徽巡撫採進本）

國朝顧炎武撰。《音學五書》之四也。其書以古音正《唐韻》之譌。書首有凡例曰：“凡韻中之字，今音與古音同者，即不註。其不同者，乃韻譜相傳之誤，則註云古音某，並引經傳之文以證之。其一韻皆同而中有數字之誤，則止就數字註之，一東是也；一韻皆誤，則每字註之，四江是也；同者半則同者註其略，不同者註其詳，且明其本二韻而誤併為一，五支是也；一韻皆同無誤則不註，二冬、三鍾是也。”蓋逐字以求古音，當移出者移而出，當移入者移而入。視他家謬執今韻言古音，但知有字之當入，而不知有字之當出，以至今古糾牽，不可究詰者，其體例特為明晰。與所作《韻補正》皆為善本。然《韻補》誤叶古音，可謂之“正”。至《唐韻》則本為四聲而設，非言古韻之書，聲隨世移，是變非誤，概名曰“正”，於義未協。是則炎武泥古之過，其偏亦不可不知也。

古音表二卷（安徽巡撫採進本）

國朝顧炎武撰。《音學五書》之五也。凡分十部。以東、冬、鍾、江為第一，支、脂、之、微、齊、佳、皆、灰、咍為第二，魚、虞、模、侯為第三，真、諄、臻、文、殷、元、魂、痕、寒、桓、删、山、先、仙為第四，蕭、宵、肴、豪、幽為第五，歌、戈、麻為第六，陽、唐為第七，耕、清、青為第八，蒸、登為第九，侵、覃、談、鹽、添、咸、銜、嚴、凡為第十。皆以平聲為部首，而三聲隨之。其移入之字與割併之部，即附見其中。考以古法，多相脗合。惟入聲割裂分配，其說甚辨。然變亂舊部，論者多有異同[1]。其門人潘耒作《類音》八卷，深為李光地《榕村語錄》所詆厲，其濫觴即從此書也。以與所著五書共為卷帙，當並存以具一家之言。且其配隸古音，實有足糾吳棫以來之謬者，故仍錄備參考焉。

**【彙訂】**

① "多"，殿本作"終"。

韻補正一卷（安徽巡撫採進本）

國朝顧炎武撰。案《宋志》，吳棫有《毛詩叶韻補音》十卷，又《韻補》五卷。自朱子作《詩集傳》，用其《毛詩叶韻補音》，儒者因朱子而不敢議棫，又因《毛詩叶韻補音》並不敢議其《韻補》。炎武此書於棫雖亦委曲迴護，有"安得如才老者與之論韻"之言，然所作《詩本音》已不從棫説。至於此書，則更一一糾彈，不少假借。蓋攻《韻補》者其本旨，推棫者其巽詞也。案《朱子語錄》稱："吳才老《補音》甚詳，然亦有推不去者。"則朱子於棫之書原不謂盡無遺議。馬端臨《經籍考》特錄朱子此條於《毛詩叶韻補音》之下，亦具有深心。炎武此書絶不為叫囂攻擊之詞，但於古音叶讀之舛誤，今韻通用之乖方，各為別白註之，而得失自見。可謂不悖是非之正，亦不涉門户之爭者矣。

古今通韻十二卷（江蘇巡撫採進本）

國朝毛奇齡撰。奇齡有《仲氏易》，已著錄。是書為排斥顧炎武《音學五書》而作。創為五部、三聲、兩界、兩合之説。五部者，東、冬、江、陽、庚、青、蒸為一部，支、微、齊、佳、灰為一部，魚、虞、歌、麻、蕭、肴、豪、尤為一部，真、文、元、寒、删、先為一部，侵、覃、鹽、咸為一部。三聲者，平、上、去三聲相通，而不與入通。其與入通者謂之"叶"。兩界者，以有入聲之東、冬、江、陽、庚、青、蒸、真、文、元、寒、删、先、侵、覃、鹽、咸十七韻為一部，無入聲之支、微、齊、佳、灰、魚、虞、歌、麻、蕭、肴、豪、尤十三韻為一部，兩不相通。其相通者謂之“叶”。兩合者，以無入十三韻之去聲與有入十七韻之入聲通用，而不與平、上通。其與平、上通者謂之“叶”。案奇齡論例，既云所列五部，分配五音，雖欲增一減一而有所不可，乃又分為兩界，則五音之例亂矣。既分兩界，又以無入十三韻之去聲與有入十七韻之入聲同用，則兩界之例又亂矣。至三聲之例本云平、上、去通而不與入通，而兩合之例又云去入通而不與平、上通，則三聲、兩合不又自相亂乎？蓋其病在不以古音求古音，而執今韻部分以求古音，又不知古人之音亦隨世變，而一概比而合之。故徵引愈博，異同愈出，不得不多設條例以該之。迨至條例彌多，矛盾彌甚，遂不得不遁辭自解，而“叶”之一説生矣。皆逞博好勝之念，牽率以至於是也。然其援據浩博，頗有足資考證者，存備一家之學亦無不可①，故已黜而終存之焉。

**【彙訂】**

① “學”，殿本作“説”。

易韻四卷（浙江巡撫採進本）

國朝毛奇齡撰。古人繇詞，多諧音韻。《周易》爻象，亦大抵有韻，而往往不拘。故吳棫作《韻補》，引《易》絕少。至明張獻翼始作《讀易韻考》七卷。然獻翼不知古音，或隨口取讀，或牽引附會，殊龐雜無緒。奇齡此書與顧炎武《易本音》皆置其無韻之文①，而論其有韻之文，故所言皆有條理。兩家所撰韻書，互有出入，故其論《易》韻亦時有異同。大抵引證之博，辨析之詳，則奇齡過於炎武；至於通其可通，而闕其所不可通，則奇齡之書又不及炎武之詳慎。如乾卦上九、用九為一節，本奇齡臆説，而此併牽古韻以實之，則尤為穿鑿。且所謂兩界、兩合、蕘韻者，其中皆自申其《古今通韻》之例，亦不及炎武偶雜方言之説為通達而無弊。然炎武書太簡略，而奇齡則徵引賅洽，亦頗足互證。以韻讀《易》者，以炎武書為主，而參之是書以通其變，略短取長，未始不可相輔而行也。

**【彙訂】**

① 本卷著録顧炎武《易音》三卷，"本"字衍。（陳乃乾：《讀〈四庫全書總目〉條記》）

　　唐韻考五卷（兵部侍郎紀昀家藏本）

　　國朝紀容舒撰。容舒字遲叟，號竹厓，獻縣人。康熙癸巳舉人，官至姚安府知府。初，隋陸法言作《切韻》，唐禮部用以試士。天寶中，孫愐增定其書，名曰《唐韻》。後宋陳彭年等重修《廣韻》，丁度等又作《禮部韻略》，為一代場屋程式。而孫氏之書漸佚，唐代舊韻遂無復完帙。惟雍熙三年徐鉉校定許慎《説文》，在大中祥符重修《廣韻》以前。所用翻切，一從《唐韻》，見於鉉等《進書表》。容舒以為翻切之法，其上字必同母，其下字必同部，謂之"音和"。間有用類隔法者，亦僅假借其上字而不假借其下字。因其翻切下一字，參互鈎稽，輾轉相證，猶可以得其部分。乃取《説文》所載《唐韻》翻切，排比分析，各歸其類，以成此書。始知《廣韻》部分仍如《唐韻》，但所收之字不同。有《唐韻》收而《廣韻》不收者，如《東部》"詷"字、"覒"字、"炗"字之類是也。有《唐韻》在此部而《廣韻》在彼部者，如"賨"字《廣韻》作"藏宗切"，在冬部，《唐韻》作"徂紅切"，則在東部；"瓏"字《廣韻》作"盧紅切”,在東部,《唐韻》作“力鍾切”,則在鍾部之類是也。有《唐韻》兩部兼收,而《廣韻》止存其一者。如虞部“庙”字,《廣韻》註“又子余切”,與《唐韻》合,而魚部“子余切”乃不收“庙”字之類是也。有《廣韻》移其部分,而失於改其翻切。如諄部麕、笂[①]、困、頵四字移入真部,而仍用《唐韻》諄部翻切;删部“鰥”字移入山部,仍用删部翻切之類是也。有《唐韻》本有重音而徐鉉衹取其一者。如“規”字作“居追切”,宜在脂部,而證以“陸”字作“許規切”、“闚”字作“去陸切”,知“規”字當有“居隨”一切,兼入支韻之類是也。其推尋考校,具有條理。唐韻分合之例與宋韻改併之迹,均可由是得其大凡。亦小學家所當參證者矣。

**【彙訂】**

① “笂”,底本作“菌”,據殿本改。“菌”在此書卷三上聲“十六軫”。

古韻標準四卷(桂林府同知李文藻刊本)

國朝江永撰。永有《周禮疑義舉要》,已著録。自昔論古音者不一家,惟宋吳棫、明楊慎、陳第、國朝顧炎武、柴紹炳、毛奇齡之書最行於世。其學各有所得,而或失於以今韻部分求古韻,或失於以漢魏以下、隋陳以前隨時遞變之音均謂之古韻。故拘者至格閡而不通,泛者至叢脞而無緒。永是書惟以《詩》三百篇為主,謂之“詩韻”,而以周、秦以下音之近古者附之,謂之“補韻”,視諸家界限較明。其韻分平、上、去聲各十三部,入聲八部。每部之首先列韻目。其一韻岐分兩部者,曰“分某韻”;韻本不通而有字當入此者,曰“別收某韻”;四聲異者,曰“別收某聲某韻”,較諸家體例亦最善。每字下各為之註,而每部末又為之總論。

書首復冠以《例言》及《詩韻舉例》一卷。大旨於明取陳第,於國朝取顧炎武,而復補正其譌闕。吳棫、楊慎、毛奇齡之書,閒有駁詰。柴紹炳以下,則自鄶無譏焉。古韻之有條理者,當以是編為最,未可以晚出而輕之也。

右“小學類”韻書之屬,三十三部,三百十三卷,皆文淵閣著錄。

案,韻書為小學之一類,而一類之中又自分三類,曰今韻、曰古韻、曰等韻也。本各自一家之學,至金而等韻合於今韻,韓道昭《五音集韻》始以等韻顛倒今韻之字紐①。至南宋而古韻亦合於今韻,吳棫《韻補》始以古韻分隸今韻,又註今韻某部古通某部之類。至國朝而等韻又合於古韻,如劉凝、熊士伯諸書。三類遂相牽而不能分。今但通以時代次之,其《篆韻》之類,本不為韻而作者,則仍歸之於字書。

**【彙訂】**

①“顛倒”,殿本作“改易”。


附錄

六藝綱目二卷(兵部侍郎紀昀家藏本)①

元舒天民撰。天民字執風②,鄞縣人。是書取《周禮·保氏》“六藝”之文,因鄭元之註,標為條目,各以四字韻語括之。其子恭為之註,同郡趙宜中為之附註。均能考證精核,於小學頗有發明。惟其中論六書“轉注”一門,以為轉注者③,乃轉形互用,有倒有側,有反有背。今求其說,若云倒“旨”為“昝”,反“正”為“乏”,雖本傳記,然究屬會意字。至謂“尸”為側“人”,“匚”為側

"凵"，則誤從周伯琦《説文字原》之論，於制字之意反乖耳。至其"九數"一門，以密術推鄭註，頗為詳至。以之補正賈疏，亦考禮之一助也。恭字自謙，號説齋。宜中字彥夫。其書刊於至正甲辰，前有張翥、胡世佐、揭汯、劉仁本四序，皆未言及宜中附註事。末有舒睿後序，題戊申歲，已為洪武元年，亦不及宜中。則宜中疑為明人，其始末則不可考矣。

【彙訂】

① 文淵閣《四庫》本尚有附録二卷。（沈治宏：《中國叢書綜録訂誤》）

② "埶風"，殿本作"執風"，疑誤。文淵閣《四庫》本書前提要作"蓺風"，卷末舒睿後序云："吾伯父藝風先生纂集六藝，名曰《綱目》。"埶、蓺、藝可通。

③ "為"，殿本無。

　　案，六藝皆古之小學。而自《漢志》以後，"小學"一類惟收聲音訓詁之文①，此書轉無類可歸。今附録於"小學"之末，存古義也。

【彙訂】

① "聲音"，殿本作"音聲"。

# 卷四三

## 經 部 四十三

### 小學類存目一

爾雅補註六卷（江蘇巡撫採進本）

國朝姜兆錫撰。兆錫有《周易本義述蘊》，已著録。是註多以後世文義推測古人之訓詁。如《釋詁》：“在，終也。”則註曰：“凡物有定在，亦有終竟之意。今人云不知所在，亦云不知所終。”又好以意斷制。如《釋訓》“子子孫孫”三十二句，則註曰：“每語皆以三字約舉其義，與經書《小序》略相似，而又皆以韻叶之。此等文疑先賢卜氏受《詩》於聖人而因為之也。”云云。蓋因《詩序》首句之文而推求及於子夏。然考《周易》象傳全為此體，王逸註《楚辭・抽思》諸篇亦用此體，是又安足為出自子夏之證乎？

小爾雅一卷（通行本）

案《漢書・藝文志》有《小爾雅》一篇，無撰人名氏①。《隋書・經籍志》、《唐書・藝文志》並載李軌註《小爾雅》一卷，其書久佚。今所傳本則《孔叢子》第十一篇鈔出別行者也。分《廣詁》、《廣言》、《廣訓》、《廣義》、《廣名》、《廣服》、《廣器》、《廣物》、

《廣鳥》、《廣獸》十章，而益以《度》、《量》、《衡》為十三章，頗可以資考據，然亦時有舛迕。如《廣量》云："豆四謂之區，區四謂之釜。"本諸《春秋傳》"四升為豆，各自其四以登於釜"之文。下云："釜二有半謂之藪。"與《儀禮》"十六斗曰藪"合。其下又云："藪二有半謂之缶，缶二謂之鍾。"則實八斛，乃《春秋傳》所謂陳氏新量，非齊舊量六斛四斗之鍾。是豆、釜、區用舊量，鍾則用新量也[2]。《廣衡》曰："兩有半曰捷，倍捷曰舉，倍舉曰鋝。"《公羊傳疏》引賈逵稱"俗儒以鋝重六兩"者，蓋即指此。使漢代小學遺書果有此語，逵必不以俗儒目之矣[3]。他如謂"鵠中者謂之正"，則併正鵠之名不辨；謂"四尺謂之仞"，則《考工記》"澮深二仞"與"洫深八尺"無異矣。漢儒說經，皆不援及。迨杜預註《左傳》，始稍見徵引。明是書漢末晚出，至晉始行，非《漢志》所稱之舊本。晁公武《讀書志》以為孔子古文，殆循名而失之。相傳已久，姑存其目。若其文則已見《孔叢子》，不復錄焉[1]。

### 【彙訂】

① 書中所收釋詞語有40％以上可釋於《三禮》，30％左右可釋於《左傳》，近20％可釋或屬於《詩經》中語，近10％為《尚書》中詞語。其作者對《禮》等書有專門修治，必見過成帝發秘府後始重被發見之《周禮》，且係孔家子弟。又書中有釋及《公羊》、《穀梁》特有字詞或徑引其文立說，有漢代始出新字及始有用法。景、武、昭、宣、哀諸帝諱皆不避，而無元、成帝諱。以關西及秦晉間方言作為通語釋他地方言。孔安國孫（子印子）仲驩、仲驩子子立符合以上諸條件，很可能為作者。（黃懷信：《〈小爾雅〉的源流》）

② 《太平御覽》卷八百三十引作"藪二謂之缶，缶二謂之鍾，

鍾二有半謂之秉"。知今本"有半"二字乃衍於前而脱於後,非原
作新舊雜施。(黃懷信:《新撰〈四庫全書總目〉提要三則》)

③ 此"俗儒"乃篤信古文者對今文學家之稱。如《書·酒
誥》"成王若曰"釋文引馬融注云:"言成王者,未聞也,俗儒以為
成王。"即指今文歐陽、大小夏侯三家。(黃懷信:《〈小爾雅〉的
源流》)

④ 今本與《漢志》孝經類所著之《小爾雅》書名一致,著録一
致,流傳之跡相貫。《説文》直接採用今本《小爾雅》處很多,因其
不為經典而未言明。魏張揖《廣雅》釋詞與今本《小爾雅》同者尤
多,改換異體字、古今字、互訓等亦不少,張揖必當見過此本,即
《漢志》所著之書。《郡齋讀書志》所云"孔氏古文"非指其著録本
即《漢志》所稱之舊本,而謂是書依循古文經。又云"見於孔鮒
書",而不言孔鮒撰,正疑非孔鮒撰。(孫猛:《郡齋讀書志校
正》;黃懷信:《〈小爾雅〉的源流》)

崔氏小爾雅一卷(户部尚書王際華家藏本)

舊本題明崔銑撰。銑有《讀易餘言》,已著録。此書凡分十
篇。核檢其文,實即《孔叢子》中之《小爾雅》也。閔元衢《歐餘漫
録》曰:"《小爾雅》,漢孔鮒撰。汝郡袁氏《金聲玉振集》誤為崔仲
鳧撰①,收入'撰述部'。以漢為本朝,以崔易孔,豈其不詳考耶?
抑以世可欺也?"則是偽題姓名,明人已言之矣。

**【彙訂】**

① "撰",殿本作"著"。

彙雅二十卷續編二十八卷(兩淮馬裕家藏本)

明張萱撰。萱字孟奇,博羅人。萬曆壬午舉人,由中書舍人

官至户部郎中。此書每篇皆列《爾雅》，次以《小爾雅》、《廣雅》、《方言》之屬。下載註疏，附以萱所自釋，亦頗有發明。然如《釋詁》："肅、延、誘①、薦、餤、晉、寅、藎，進也。"郭註："寅，未詳。"萱於他註義未詳者無所證據，而"晉"之爲"進"，人皆解者②，乃反詳之，殊失體要。又若《釋詁》："祪③，祖也。"萱釋之曰："祪，遠祖也。親在高、曾之上④，危矣。"此義尤爲未安。蓋明人不尚確據而好作新論，其流弊往往如此也。《續編》二十八卷，則皆割裂陸佃《埤雅》、羅願《爾雅翼》合爲一集，每條以佃、願之名別之。惟第一卷説"鳳"一門有一條題"張萱曰"，爲所自釋耳。蓋未成之本，後人不察而誤刊之⑤。陸氏、羅氏原書具在，亦安用此鈔胥爲哉？是尤畫蛇之足矣。

**【彙訂】**

①　"誘"，殿本作"誘"，誤。《爾雅·釋詁》原文作"誘"。

②　"人"，殿本作"人人"。

③　"祪"，殿本作"詭"，下同，誤。《爾雅·釋詁》原文作"祪"。

④　"曾"，殿本作"尊"，誤。明萬曆刻本此書卷二《釋詁下》引《爾雅·釋詁》："祔、祪，祖也。"下註張萱曰："祪，遠祖也。親在高、曾之上，危矣，故曰祪。"

⑤　《續編》二十八卷在作者生前已刊出，何來"未成"？何來"後人""誤刊"？（毛慶耆：《明代嶺南學者張萱及其〈疑耀〉》）

方言據二卷（福建巡撫採進本）

明魏濬撰。濬有《易象古義通》，已著録。是書乃紀四方言語之異而求其可據者①，凡二百餘條，多見考據。然其中亦有字出經史,本非方言。如張口笑曰"哆"、頤下曰"頦"、足背曰"跗"、毛多曰"氋"之類,小學諸書義訓甚明,毋煩更為索解。又如"畔牢"之與"畔愁"、"兒良"之為"郎",皆聲音之轉,亦非因方域而殊,乃一概闌入於"輶軒絕代語",體例頗不類也。

**【彙訂】**

① "言語",殿本作"語言"。

方言類聚四卷(浙江巡撫採進本)

明陳與郊撰。與郊有《檀弓集註》,已著錄。是編取揚雄原本,依《爾雅》篇目分為《釋詁》、《釋言》等十六門,別為編次,使以類相聚。如原本第三卷"氓,民也"至"桭,隨也"數語,移入卷首為《釋詁》。其原本卷首"黨,曉也"兩節則列為《釋言》,反載於"敦、豐、厖、夰"一節之後。郭璞原註則總附每節後,低一格以別之。閒有雙行夾註,為與郊所考訂者,僅略及音切、字畫之異同而已。

越語肯綮錄一卷(浙江巡撫採進本)

國朝毛奇齡撰。奇齡有《仲氏易》,已著錄。是篇皆記其鄉之方言,而證以古音、古訓,以為與陸法言韻多相合。因宋趙叔向有《肯綮錄》,故襲其名。然叔向書多述朝制,此則但一隅之里諺耳。昔揚雄《方言》多關訓詁,歷代史志及諸家書目均入之經部小學類中。是編皆里巷常談,似未可遽廁《六經》之末。然《舊唐書‧經籍志》載李少通《俗語難字》,《新唐書‧藝文志》載張推《證俗音》、顏愍楚《證俗音略》①、李虔《續通俗文》,皆在小學類中。以類相從,古有此例,故今仍列之"小學"焉。

**【彙訂】**

① "顏愍楚",殿本作"顏愍林",誤,參《新唐書‧藝文志》。

連文釋義一卷（通行本）

國朝王言撰。言字慎㳘，仁和人。是編凡二字連文，及一名而兼兩義與兩字各為一義者，均分別訓釋，釐為十門。詞頗淺近，蓋為課蒙而作。視方以智《通雅》所載，相去遠矣。

右小學類“訓詁”之屬，八部，六十四卷，皆附存目。

別本干禄字書二卷（直隸總督採進本）

唐顏元孫撰。其原本已著録。此本乃柏鄉魏裔介所刊，卷端加以考證。其題“炎武案”者，當為顧炎武語。亦有不標姓名者，不知出於誰手，或即裔介所加歟①？元孫是書本依韻編次，而不標韻部之目，石本可據。此依《廣韻》加之。然原本與《廣韻》次序實不相同，如覃、談列陽、唐之前，蒸列鹽之後，仄聲亦並相應。考夏竦《古文四聲韻》稱用《唐韻》部分者，其次序亦與此同，知非謬誤。蓋當時韻書非一本，炎武議其顛倒，亦非通論也。

【彙訂】

① 據清康熙五年刻本此書明崇禎十三年濟南張延登小引，眉上考證“不標姓名者”乃張延登刻書時所加。（杜澤遜：《四庫存目標注》）

説文解字五音韻譜十卷（通行本）

宋李燾撰。燾字仁父，《桯史》云“一字子真”，號巽巖，丹稜人。紹興八年進士，官至敷文閣學士。贈光禄大夫，諡文簡。案《文獻通考》作諡文定。事蹟具《宋史》本傳。初，徐鍇作《説文韻譜》十卷，音訓簡略，粗便檢閲而已，非改許慎本書也。燾乃取《説文》而顛倒之。其初稿以《類篇》次序，於每部之中易其字數之先後,而部分未移。後復改從《集韻》,移自一至亥之部為自東至甲,《説文》舊第遂蕩然無遺。考徐鍇《説文繫傳》仿《易・序卦傳》例,作《部敍》二篇,述五百四十部以次相承之故,雖不免有所牽合,而古人學有淵源,要必有説,未可以臆見紛更。又徐鉉新附之字,本非許慎原文,一概混淆,亦乖體例。後人援引,往往以鉉説為慎説,實燾之由。其中惟手部"攝"字徐鉉作"許歸切"一條,能糾本書之謬。其餘如"餂"字本作"似醉切",乃改為"房九切";"苜"字本"模結切"①,乃改為"徒結切";又"臤"字本"苦閑切",乃改為"邱〔丘〕耕切"②,則多所竄亂。《説文》西部有"㐬"字,音"咽嗛切",而燾删去不載,則有所遺漏。甚至"犛"字本"里之切",而誤作"莫交切";"氂"字本"莫交切",而誤作"里之切",顛倒錯亂,全乖其本義、本音,尤為疏舛。顧其書易於省覽,故流俗盛行。明人刊《文獻通考》,又偶佚此書標題,而連綴其前後序文於徐鍇《繫傳》條下,世遂不知燾有此書。明陳大科作序,竟誤以為許慎舊本。茅溱作《韻譜本義》,遂推闡許慎《説文》所以始於"東"字之意,殊為附會。顧炎武博極羣書,而所作《日知錄》亦曰:"《説文》原本次第不可見。今以四聲列者,徐鉉等所定也。"是雖知非許慎書,而又以燾之所編誤歸徐鉉。信乎考古之難矣!

**【彙訂】**

①"苜",殿本作"頁",誤。《説文解字》卷四上"苜"字註云"模結切",卷九上"頁"字註云"胡結切"。明弘治十四年車玉刻本《重刊許氏説文解字五音韻譜》十二卷,卷十一《入聲二》有"苜"字,註云"徒結切","頁"字,註云"胡結切"。

②"又臤字本苦閑切乃改為邱耕切",殿本無。

續千文一卷（通行本）

宋侍其良器撰。良器里貫未詳，官左朝散大夫，知池州軍事。是編皆摭周興嗣《千字文》所遺之字，仍仿其體製，編為四言韻語，詞采亦頗可觀。其孫嘗刻石浯溪[①]，後有乾道乙酉鄉貢進士謝褒跋。

【彙訂】

① 謝褒跋云："邑大夫侍其公，以其曾大父光禄所續《千文》示褒，作真、隸二書，刻諸浯溪崖石，以彰不泯。"則刻石浯溪者乃其曾孫。（繆荃孫：《藝風堂讀書志》）

四聲篇海十五卷（通行本）

金韓孝彥撰。孝彥字允中，真定松水人。是編以《玉篇》五百四十二部依三十六字母次之，更取《類篇》及《龍龕手鏡》等書增雜部三十有七，共五百七十九部。凡同母之部，各辨其四聲為先後。每部之内，又計其字畫之多寡為先後，以便於檢尋。其書成於明昌、承安閒。迨泰和戊辰，孝彥之子道昭改併為四百四十四部[①]，韓道昇為之序。殊體僻字，靡不悉載。然舛謬實多，徒增繁碎。道昇序稱："泰和八年，歲在强圉單閼。"考泰和八年乃戊辰，而曰"强圉單閼"，則丁卯矣。刻是書者又記其後云："崇慶己丑，新集雜部。至今成化辛卯，刪補重編。"考崇慶元年壬申，明年即改元至寧，曰"己丑"者亦誤。道昭又因《廣韻》，改其編次為《五音集韻》十五卷。明成化丁亥僧文儒等校刊二書，合稱《篇韻類聚》。"篇"謂孝彥所編，以《玉篇》為本，"韻"謂道昭所編，以《廣韻》為本。二書共三十卷。較之他本，多《五音類聚徑指目錄》，餘無所增損云。

**【彙訂】**

① 殿本"改"上有"又"字。

六書溯源十二卷(江蘇巡撫採進本)<sup>①</sup>

元楊桓撰。桓有《六書統》,已著録。《六書統》備列古文篆籀<sup>②</sup>,此書則專取《説文》所無,或附見於重文者録之。《六書統》所載古文,自憑胸臆,增損改易,其字已多不足信。至於此書,皆《説文》不載之字,本無篆體,乃因後世增益之譌文,為之推原作篆。卷一以會意起,僅一十一字。次指事,僅十四字。合轉注為兩卷。其卷三至十二皆諧聲字<sup>③</sup>。獨闕"象形"一門。名曰六書<sup>④</sup>,實止五也<sup>⑤</sup>。桓好講六書而不能深通其意,所説皆妄生穿鑿,不足為憑。其論指事、轉注,尤為乖異,大抵從會意、形聲之內以己見強為分別。故其指事有以形指形、以注指形、以聲指形、以意指形、以聲指意之屬,其轉注有從二文、三文、四文及從一文一字、從二文一字、從一文二字之屬。蓋字學至元、明諸人,多改漢以來所傳篆書,使就己見,幾於人人可以造字。戴侗導其流,周伯琦揚其波,猶間有可採,未為太甚。至桓與魏校而橫溢旁決,矯誣尤甚。是固宜宣諸戒律<sup>⑥</sup>,以杜變亂之源者矣。

**【彙訂】**

① "六書溯源",殿本作"六書統溯源",誤。《江蘇省第一次書目》、《江蘇採輯遺書目録》均作《六書溯源》,今存元至大元年浙江行省儒學刻元明遞修本《六書溯源》十三卷。(杜澤遜:《四庫存目標注》)

② "列",殿本作"録"。

③ 殿本"至"下有"卷"字。

④ 殿本"名"下有"之"字。

⑤ 尚缺"假借"，實止四也。（李希聖：《雁影齋題跋》卷三）

⑥ "宣"，殿本作"懸"。

## 增修復古編四卷（浙江汪啟淑家藏本）

舊本題吳均撰。但自署其字曰仲平。不著爵里，亦不著時代。其凡例稱註釋用黃氏《韻會》，而書中分部全從周德清《中原音韻》，則元以後人也。初，張有作《復古編》，辨別篆隸之譌異，持論甚平。又惟主辨正字畫，而不復泛引訓詁，其説亦頗簡要。均乃病其太略，補輯是編。所分諸部，皆以俗音變古法，而所載諸字，又皆以古文繩今體。其拘者，如"童子"必從"人"作"僮"之類，率滯礙而不可行。其濫者，如"仝"字之類引及道書，又蕪雜而不盡確。所分六書尤多舛誤，如"艘"字為國名，"孫"字為人姓，"階"字訓等差，"賓"字訓客，"環"字訓繞之類，皆謂之假借，則天下幾無正字矣。其書自平聲至入聲，首尾完具。而每韻皆題曰"上卷"①，殆尚有下卷而佚之。然其佚亦無足惜也。

## 【彙訂】

① 明洪武刊本此書均題作"卷上"。（張元濟：《涵芬樓燼餘書錄》）

## 蒙古譯語一卷（永樂大典本）

不著撰人名氏。前有自序，稱"言語不通，非譯者無以達其志。今詳定《譯語》一卷，好事者熟之，則問答之間，隨叩隨應，而無鯁喉之患"云云。似乎元代南人所記。然其書分類編輯簡略殊甚，對音尤似是而非，殊無足取。

華夷譯語一卷(永樂大典本)

明洪武二十二年翰林侍講火源潔奉敕撰。錢曾《讀書敏求記》作"史源潔",字之譌也。前有劉三吾序,稱"元初未制文字,借高昌之書。後命番僧造蒙古字,反復紐切,然後成文,繁複為甚。翰林侍講火源潔乃朔漠之族,遂命以華文譯之。聲音諧和,隨用各足"云云。其分類編輯與《蒙古譯語》略同,而差為詳備。然粗具梗概,譌漏孔多。《欽定元國語解》已有成書,源潔此編直付之覆瓿可矣。《讀書敏求記》又別載《華夷譯語》二卷,云為回回館所增定。今雖未見其本,然明人於翻譯之學,依稀影響,十不得一,其書亦可想像而知也。

篇海類編二十卷(江蘇周厚堉家藏本)

舊本題明宋濂撰,屠隆訂正。濂字景濂,浦江人。元至正末召為國史院編修官,不就。洪武中,官至翰林學士承旨。事蹟具《明史》本傳。隆字長卿,鄞縣人。萬曆丁丑進士,官至禮部主事。《明史·文苑傳》附見《徐渭傳》中。其書取韓道昭《五音篇海》以部首之字分類編次[①],舛陋萬狀[②]。無論宋濂本無此書,即以所引之書而論,如田汝耔、都俞、李登、湯顯祖、趙銘、章黼、楊時喬、劉孔當、趙宧光,皆明正德至萬曆時人,濂何從見之?至於以趙撝謙列林罕、李陽冰閒,既有一鄭樵,註曰"著《六書略》",又有一鄭漁,註曰"字仲明,夾漈人"。他如以《玉篇》為陳新作,以《韻會》箋為黄紹作,以高似孫為高衎孫,以《洪武正韻》為毛晃作,以《古文字號》為馬融作、鄭元註,以《五聲韻》為張有作,以《別字》十三篇為孫强作,以《六書精蘊》為孫愐作,殆於醉夢顛倒,病狂譫語。屠隆雖不甚讀書,亦不至此,殆謬妄坊賈所託名也。

【彙訂】

① 此書實乃以《詳校篇海》(也稱《重刊詳校篇海》)改頭換面後重新刻印而成。(楊載武:《〈篇海類編〉真偽考》)

②"舛陋",殿本作"舛漏"。

童蒙習句一卷(通行本)

明趙撝謙撰。撝謙有《六書本義》,已著録。焦竑《筆乘》載撝謙著書十種,此書居第八。惟《六書本義》及《學範》行世,餘書則邱〔丘〕濬、李東陽、謝遷先後訪於嶺南不獲。則此書為明人所未見,亦僅存之本矣。其例凡列一字,必載篆、隸、真、草四體。然小篆及真書各有定格,而隸、草變體至多,不能賅備,姑見崖略而已。撝謙本以小學名,此則鄉塾訓課之作,非其精義之所在也①。

【彙訂】

①"之",殿本無。

從古正文五卷(禮部尚書曹秀先家藏本)①

明黃諫撰。諫字世臣,蘭州人。天順壬戌進士②,官至翰林院侍講學士。後坐與石亨交,謫廣州府通判。其書考正字畫之譌,以《洪武正韻》隸字。每字大書正文,而分疏訓詁,註"作某某非"於其下。所推論六書之義,未嘗不確,而篆變八分,八分變楷,相沿既久,勢不能同,故楷之不可繩以小篆,猶小篆之不可繩以籀文。諫乃一一以小篆作楷,奇形怪態,重譯乃通。而究其底蘊,實止人人習見之《説文》九千字,非僻書也。無裨義理,而有妨施用。所謂其言成理而其事必不可行者,此類是矣。

**【彙訂】**

① 明嘉靖十五年李宗樞右疊山房刻本題作《从古正文》。（杜澤遜：《四庫存目標注》）

② 天順無壬戌。王世貞《弇山堂別集》卷八一科試考，正統七年壬戌廷試，"賜劉儼、吕原、黄諫及第"。可知為正統壬戌廷試探花。雍正《甘肅通志》卷三四《人物·黄諫傳》謂"字廷臣"，"登正統七年進士"。嘉慶《高郵州志》卷一〇《文苑·黄諫傳》亦云："字正卿，一字廷臣，僑寓陝之蘭州，中正統壬戌探花。"（楊武泉：《四庫全書總目辨誤》）

### 六書精蘊六卷音釋一卷（兩淮馬裕家藏本）

明魏校撰。校有《周禮沿革傳》，已著録。是書自序謂"因古文正小篆之譌，擇小篆補古文之闕"，又謂"惟祖頡而參諸籀斯篆，可者取之，其不可者釐正之"云云。然字者滋也，輾轉滋生如子孫之於祖父，血脈相通而面目各別。校必以古文正小篆，是子孫之貌有不似祖父者，即謂非其子孫也。又擇小篆以補古文，是子孫之貌有偶似其祖父者，即躋之於祖父之列，以補其世系之闕也。元以來好異之流，以篆入隸，如熊忠《韻會舉要》所譏者，已為駭俗。校更層累而高，求出其上，以籀改小篆之文，而所用籀書都無依據。名曰復古，實則師心，其說恐不可訓也。末附《音釋》一卷，乃其門人徐官所作，以釋註中奇字者。書有難解，假註以明。而其註先需重譯，則乖僻無用可知矣。

### 集古隸韻五卷（兩淮馬裕家藏本）

明方仕撰。案是時有二方仕。一為固始人，正德戊辰進士。一即此方仕，字伯行，寧波人也。其書以漢碑隸書分四聲編次，

全襲宋婁機《漢隸字源》而變其一、二、三、四等目，以《千字文》
"天地元〔玄〕黃"諸字編之，體例甚陋。又摹刻拙謬，多失本形。
前有嘉靖丙戌市舶太監賴恩序。蓋仕為恩題射廳榜，恩因為捐
貲刻之①。又有浙江進士章滔序，亦頌恩之功。蓋均不足道云。

【彙訂】

①"捐"，底本訛作"損"，據殿本改。

石鼓文音釋三卷附錄一卷（浙江范懋柱家天一閣藏本）

明楊慎撰。慎有《檀弓叢訓》，已著錄。是編第一卷為《石鼓古
文》，第二卷為《音釋》，第三卷為《今文》。《附錄》則自唐韋應物至明
李東陽所作石鼓詩，凡五篇。前有正德辛巳慎自序，稱東陽嘗語慎
及見東坡之本，篆籀特全，將為手書上石，未竟而卒，慎因以東陽舊
本錄而藏之。《金石古文》亦言升菴得唐人拓本①，凡七百二字，乃
其全文。馮惟訥《詩紀》亦據以載入"古逸詩"中②。當時蓋頗有信
之者。後陸深作《金臺紀聞》，始疑其以補綴為奇。至朱彝尊《日下
舊聞考》，證古本以"六轡"下"沃若"二字、"靈雨"上"我來自東"四
字，皆慎所強增。第六鼓、第七鼓多所附益，咸與《小雅》同文。又鼓
有"叒"文③，郭氏云："恐是'臭'字，白澤也。"慎遂以"惡獸白澤"入正
文中，尤為欺人明證。且東陽《石鼓歌》云：'拾殘補闕能幾何？'若
本有七百餘字，東陽不應為是言。"云云。其辨託名東陽之偽，更無
疑義。今考蘇軾《石鼓歌》自註，稱可辨者僅"維鱮貫柳"數句，則稱
全本出於軾者妄。又韓愈《石鼓歌》有"年深闕畫"之語，則稱全本出
唐人者亦妄。即真出東陽之家，亦不足據，況東陽亦偽託歟？

【彙訂】

①"唐人"，殿本作"唐時"。

② "亦"，殿本作"遂"。

③ "矣"，《日下舊聞考》卷六十九原文及殿本作"界"。

六書索隱五卷（江蘇巡撫採進本）

明楊慎撰。自序謂"取《說文》所遺，彙萃成編，以古文籀書為主。若小篆則舊籍已著，予得而略"云云，蓋專為古文篆字之學者①。然其中所載古文籀書，實多略而未備。即以首卷而論，如東韻"工"字，考之《鍾鼎釋文》，若乙酉父丁彝、穆公鼎、龙敦、九工鑑之類，各體不同，而是書均未載及。又如"共"字止載汾陰鼎，而好時鼎、上林鼎、綏和鼎之類亦均不取。且古文罕見者，必著所自來乃可傳信。而是書不註所出者十之四五，使考古者將何所據依乎？

【彙訂】

① "專為古文篆字"，殿本作"專於為古篆"。

經子難字二卷（浙江吳玉墀家藏本）

明楊慎撰。上卷乃讀諸經義疏所記①，凡《易》、《詩》、《書》、三《傳》、三《禮》、《爾雅》十書。下卷乃讀諸子所記，凡《老子》、《莊子》、《列子》、《荀子》、《法言》、《中說》、《管子》、《十洲記》、《戰國策》、《太元〔玄〕經》、《逸周書》、《楚詞》、《文選》十三書。或摘其字音，或摘其文句，絕無異聞。蓋隨手雜錄之文，本非著書。其孫宗吾過珍手澤②，編輯成帙，而王尚修序刻之，均失慎本意也。

【彙訂】

① "義疏"，殿本作"注疏"。

② "宗吾"，殿本作"宗五"，誤。明刻《楊升庵雜著十一種》

本此書題"成都楊慎訂釋　孫宗吾編輯　後學王尚修校閲"。

### 石鼓文正誤二卷（兩淮馬裕家藏本）

明陶滋撰。滋字時雨，絳州人，正德甲戌進士。是編以薛尚功、鄭樵、施宿等石鼓訓釋不免舛譌，因親至太學石鼓旁，抉剔刻文，一一校定。然年深闕畫，仍多影響揣摩。其後序踵楊慎之說，謂曾見蘇軾摹本六百一十一字，亦失考也。

### 金石遺文五卷（兩淮鹽政採進本）

明豐道生撰。道生即豐坊所更名也。所著《古易世學》，已著錄。坊頗能篆籀書①，其諸經僞本多以古文書之，至今為世所詬厲。此書雜採奇字，分韻編次。但以真書一字，直音於下，無所考證，亦不註所出，體例略近李登《摭古遺文》。雖未必全出依託，然以道生好撰僞書，凡所論撰，遂無不可疑，故世無遵而用之者。此本又傳寫失真，益不足據矣。

**【彙訂】**

① "書"，殿本無。

### 同文備考八卷附聲韻會通韻要粗釋二卷（浙江范懋柱家天一閣藏本）

明王應電撰。應電有《周禮傳》，已著錄。是編考辨文字聲音。其學出於魏校，而乖僻又過其師。前有自序，謂《洪武正韻》閒以小篆正楷書之譌，而未嘗以古文正小篆之謬。於是著為是書，取古文篆書而修定之，並欲以定正許慎《説文》之失。襲戴侗之遺法，分為八類：曰天文，曰地理，曰人容，曰人道，曰人體，曰動物，曰植物，曰用物。舉是八綱，以領其目。又舉諸目以附綴偏傍，系屬諸字。考書有古文，有大篆，有小篆。三代以下，得以考見六書大略者，惟賴小篆之存。得以考見小篆本旨者，惟賴《說文》始“一”終“亥”之目，州居部次，不相凌亂。是以上通古籀，下貫隸、楷，猶可知其異同因革之由。若大篆則見於《說文》者不及二百字，即《岐陽石鼓》傳爲籀書，尚不能盡目爲大篆。況古文見於《說文》與出於鐘鼎者已自不同，必欲併合論之，名爲復古，實則鑿空。遂至杜撰字體，臆造偏傍，竟於千百世後，重出一製字之倉頡，不亦異乎？且既不信《說文》矣，而於《說文》引述諸經文句互異者，乃反據以駁正經文。不知漢代經師多由口授，被諸竹帛，往往異文。馬、鄭以來諸儒，商榷折衷，乃定爲今本。慎書所據，如《易》用孟喜之類，其序本有明文，不過當時一家之學。應電乃執爲古經，拘泥殊甚。至所附《聲韻會通韻要粗釋》二卷，改字母爲二十八，改韻類爲四十五，爲橫圖以推衍之。其於古今異宜，南北異讀，皆所不考。合其所不當合，分其所不當分。又每字合以篆體，端緒叢雜，如治亂絲。亦可云勞而鮮功矣。

　　古俗字略七卷（兩江總督採進本）

　　明陳士元撰。士元有《易象鉤解》，已著錄。是編標題之下題曰“歸雲別集”，與所著《周易》同，蓋亦其別集之一種也。其例仿顏元孫《干祿字書》而小增損之，亦以韻分字。所列首一字即元孫所謂“正”也，所列古體及漢碑借用字即元孫所謂“通”也，所列俗用雜字即元孫所謂“俗”也。古字多以鐘鼎之文改爲隸體，已失其真。又不註所出，彌爲難據。他如窗之爲牕、菅之爲萱①，則周伯琦之譌文；灥之爲天、卍之爲萬，則釋典之謬體。一概濫收，殊乏考正。其有已見經典者，如《左傳》“民生敦厖”、《毛詩》“民之方殿屎”等字，皆斥爲俗字，而徐鉉校正《說文》所云俗書，如櫐、个等二十八字，反未刊正，棄取亦殊失倫。士元撰述之富，幾與楊慎、朱謀㙔相埒。而是編疏舛不一而足，亦貪奇愛博之過歟？

**【彙訂】**

①"菖之為旾"，殿本作"旾之為菖"，誤。周伯琦《六書正訛》卷一有"旾"字："易也，故從日屯聲。舊從艸作'菖'，非。隸作'春'。"

字考啟蒙十六卷（浙江巡撫採進本）

明周宇撰。宇字必大，自署關中人。前有萬曆十一年自序。考《太學進士題名碑》，萬曆癸丑科有周宇，崇禎初所定逆案中亦有其名。然碑稱四川成都人，與自題關中不合。序作於萬曆十一年，已自稱老且疾，則不應尚及媚魏忠賢。惟《咸寧縣志》載"周宇，西安左衛人。嘉靖己酉舉人，官戶部主事。精識古文奇字"云云，當即其人也。是編辨字學之譌，分為四考：曰《正形》，曰《殊音》，曰《辨似》，曰《通用》。前三門俱以《洪武正韻》分部編次，惟《通用》一門分《實名》、《虛聲》、《疊字》三篇，別為一例。其《正形》多以篆繩隸，如"東"字、"同"字皆以起鉤為譌體字。如其所說，必八法全廢，殊拘礙難通。《殊音》即韻書之互註，然辨古音、今音及雙聲轉讀，均不甚精核。《辨似》一門尤為瑣屑。如"壼"之與"壺"，"傅"之與"傳"，稍把筆者皆知之，何必縷縷乎？《通用》一門雜取假借之字，既多挂漏，又頗泛濫。均不足以言小學也。

六書賦音義三卷（兩江總督採進本）①

明張士佩撰。士佩號濠濱②，韓城人。嘉靖丙辰進士，官至南京戶部尚書。《明史·鄒元標傳》載其與禮部尚書徐學謨俱為元標劾罷。其事蹟始末，則史未詳也。是書取《洪武正韻》所收諸字，依偏旁分為八十五部。每部之字皆仿周興嗣《千字文》體，以四言韻語聯貫之，文義或屬或不屬，取便誦讀而已。每字皆粗具訓詁，疏明大義。凡字有數體者，惟載一體，而各體皆附於後，有數音者亦然，蓋專為初學而設。然其所分諸部，不遵《說文》、《玉篇》之舊。如"月"字入肉部，"戶"字入尸部，"支"字入支部之類，皆與六書不合。又如"源"字音"于權切"、"江"字音"居良切"、"沂"字音"延知切"之類，亦皆沿《正韻》之誤，於聲音多乖。其註釋亦多譌舛，無足觀也[③]。

**【彙訂】**

① 明萬曆刻本作《六書賦音義》二十卷《六書賦序》一卷，天啟三年馮嘉會刻本亦作二十卷，"三卷"誤。（杜澤遜：《四庫存目標注》）

② "濠濱"，殿本作"據濱"，誤。明萬曆刻本卷首有萬曆三十年歲次壬寅冬十月朔四川威州知州張士奎撰《六書賦》小引，云："《六書賦》者，蓋余宗兄大司憲濠濱公揭《洪武正韻》之字而隸為詠歌之章……"濠，水名，在陝西韓城縣。

③ "無足觀也"，殿本無。

古器銘釋十卷（浙江巡撫採進本）

明卞裳撰。裳，揚州人。是書成於嘉靖中，皆鈔襲《博古圖》及薛尚功《鐘鼎款識》之文。前後失次，摹刻舛譌，殊不足依據。

字義總略四卷（浙江巡撫採進本）

明顧充撰。充字回瀾，上虞人。隆慶丁卯舉人，官至南京工部都水司郎中。是書辨諸字音義、點畫，分四十四門，體例最為

冗碎。又不明六書本旨與古字假借之例。如《字始門》註"景"字
云："即影字，葛洪《字苑》始加彡。"是誤採《顏氏家訓》之説，不知
漢高誘註《淮南子》已云"景，古影字"也①。註"爾朱"字云：
"《百》、《千家姓》皆無，始見唐神仙爾朱洞。"是併《魏書》亦未考
矣。《避忌門》註"齒"字云："張萬歲牧馬，衆以張諱，因以馬歲為
齒。"是併《公羊傳》、《禮記》亦未考矣。甚至《字始門》註"回文"
字云："始於温嶠。"註"雲土"字云："'雲土夢作乂'，舊誤作'雲夢
土'。宋太宗得古本，始詔改正。"已與字義無涉。至《避忌門》註
"海棠"字云："杜子美母名海棠，故集中無詩。"註"道"字云："師
道淵避蕭道成諱，稱師淵。"註"崇"字云："姚元之避開元年號，改
名崇。"是與字義不更風馬牛乎？《半字通用門》中如廋廜、彌弥、
瀗灢、汚汗、幬幰之類，本一字而體分今古，乃區別為二，强指曰
通。《各音門》中如"庚桑"作"亢倉"、"裂繻"作"履繘"②，本音之
轉，非"庚桑"即音"亢倉"，"裂繻"即音"履繘"。"俠累"作"韓
傀"，本名之譌，更非"俠累"即音"韓傀"。乃又混合為一，謂上字
即讀下音。凡斯之類，不可縷數。他若《一字分書門》既收旱
旰③、星睤諸字，而別卷又以愈愉、怠怡等字立《心忄各開》一
門④，則互相重複矣⑤。《正音門》"積"字註既云"音恣非"，《動静
門》中"積"字註又云："凡指所聚之物，音恣；取物而積聚之，音
迹。"《字始門》"車"字註云："尺遮切。自漢以來，始有'居'音。"
《正音門》"下"字註又云："古音虎。魏了翁云：'《六經》無下馬一
韻⑥，故下皆音虎。'"則自相矛盾。其餘如"爼豆"當作"爼斗"；
周人避文王諱，讀"昌"為去聲者，更不知其何據矣⑦。

**【彙訂】**

　①"註景字云"至"景古影字也"，殿本無。

② "履緰"，殿本作"履纁"，疑誤。

③ "一"，底本作"二"，據殿本改。明萬曆十七年刻本此書利集作"一字分書門"。

④ 據此書利集，《心忄各開》乃《心字各用》之誤，愈愉、怠怡等字皆收入此門。

⑤ "矣"，殿本無。

⑥ "無下馬一韻"，底本作"凡下皆音戶"，據殿本改。萬曆十七年刻本此書無《正音門》。魏了翁《鶴山先生大全文集》卷一百八《師友雅言上》云："潛龍勿用，下也。見龍在田，時舍也。以為經無下馬一韻，凡下皆音虎。如此'時舍'字亦音庶。"

⑦ "矣"，殿本作"也"。

問奇集一卷（兩江總督採進本）

明張位撰。位字明成，新建人。隆慶戊辰進士，官至吏部尚書，武英殿大學士。事蹟具《明史》本傳。是書考論諸字形聲訓詁，分十九門：一六書大義，一三十六字母，一《早梅》詩切字例，一《好雨》詩切字例，一辨聲音要訣，一辨五音訣，一四聲三聲例，一分毫字辨，一誤讀諸字，一奇字考，一假借圈發字音，一畫同音異舊不旁發諸字，一音義同而書畫異諸字，一音義異而可通用諸字，一一字數音例，一誤習已久難改字音併《正韻》不載諸字，一相近字音，一各地鄉音。辨論頗詳，而不免鈔陋。如合併字母，已非古法。所用直音，如"龜"音"圭"、"冰"音"兵"之類，併部分不辨。又如"倒景"之"景"即"影"本字，而誤云音"影"。"蚕"即"虹"之別體，而誤云音"虹"。李陽冰之名出木華《海賦》，而泥於所篆之碑自書為冰，誤云音佞。甚至"臺駘"誤音"胡苔"，而註曰

“《左傳》人名”。考《左傳》子産稱“臺駘汾神”，註無“胡苔”之音。又“臧之狐裘敗我于狐駘”，註云：“駘，音詒。”亦無“苔”音。惟《檀弓》引之，作“敗于臺駘”，雖註云“臺音壺”①，又非《左傳》人名，殊為剌謬。如此之類，不可毛舉，不足以言小學也。

【彙訂】

①“雖”，殿本無。

大明同文集五十卷（浙江巡撫採進本）

明田藝蘅撰。藝蘅字子藝，錢塘人。以歲貢生官休寧縣學訓導①。《明史·文苑傳》附見其父汝成傳中。是編割裂《説文》部分，而以其諧聲之字為部母。如“東”字為部母，即以棟、涷之屬從之。顛倒本末，務與古人相反。又自造篆文，詭形怪態，更在魏校《六書精蘊》之上。考沈括《夢溪筆談》曰：“王聖美治字學，演其義以為右文。如水類，其左皆從水。所謂右文者，如‘戔，小也。水之小者曰淺，金之小者曰錢，貝之小者曰賤’。如斯之類，皆以戔為義也。”云云。《夢溪筆談》非僻書，藝蘅不應不見，殆剿襲其説而諱所自來。不知王聖美之説，先不可通也。

【彙訂】

①“學”，殿本無。

正韻彙編四卷（浙江巡撫採進本）

明周嘉棟撰。嘉棟字隆之，黃州人。萬曆己丑進士，官至監察御史①。其書取《洪武正韻》，以偏傍分八十部。所分之部與部中所列之字，皆以字畫多少為序，每字之下仍各註曰“某韻”。特因韻書之本文編為字書，以便檢尋，無所損益②。其分部頗多乖迕。至於"乃"字、"丹"字之類，以為無偏旁之可歸③，編為"雜部"附於末，尤不考古義矣④。

**【彙訂】**

① 明萬曆刻本此書題"楚黃隆之甫周家棟輯"。光緒《黃州府志》卷二一周家棟傳云："字隆之，萬曆己丑進士，授臨海知縣。"民國《臨海縣志》卷一六周家棟傳云："湖廣黃安人，萬曆十七年（己丑）任……滿三載，擢御史去。"可知其人名為家棟。（楊武泉：《四庫全書總目辨誤》；杜澤遜：《四庫存目標注》）

②"無所損益"，殿本無。

③"之"，殿本無。

④"義"，殿本無。

六書指南二卷（浙江巡撫採進本）

明李登撰。登字士龍，自號如真生①，上元人，官新野縣縣丞。是書成於萬曆壬辰。用《千字文》體，以四字為句，辨俗傳譌體之字，以誨童蒙，亦顏氏《干祿字書》之類。然俗字頗多，書中不能該載，又不為剖析其義，於初學仍無所啟發也②。

**【彙訂】**

①"如真生"，殿本作"如真居士"。

②"亦顏氏干祿字書之類"至"於初學仍無所啟發也"，殿本無。

摭古遺文二卷補遺一卷（浙江巡撫採進本）

明李登撰。是書本夏竦《篆韻》之體，取鐘鼎古文以韻分編。其韻併冬於東①，併江於陽，併侵於真，併肴於蕭，分齊、微二韻之字於支、灰，分覃、咸、鹽三韻之字於寒、先，分蒸韻之字於青、庚,而從《廣韻》分真諄、桓寒各為二,大抵皆以意杜撰。所列古文,亦皆不著所出,未可執為依據。又出《金石韻府》之下矣。

**【彙訂】**

① "併冬於東",底本作"併東於冬",據殿本改。明萬曆二十二年姚履旋等刻本此書上卷有一東而無二冬。

諸書字考二卷(江蘇周厚堉家藏本)

明林茂槐撰。茂槐字稺虛,福清人。萬曆乙未進士,官至吏部郎中。是編辨別字音,分四十四類。其例有八:一字有異音而讀譌者,如"格澤"音"鶴鐸"之類;一偏旁譌者,如"疹"音"庈"之類;一假借通用者,如"霸"本音"魄"之類;一音同可通用者,如"辟歷"為"霹靂"之類;一以譌書而讀譌者,如"颿"音"貝"之類;一字有動、靜二音,如"解"音"蟹"、"壞"音"怪"之類;一二音通用,如"孛"有"佩"音之類;一古今音異,如"鴻臚"音"盧"、"太守"音"狩"之類。然於古字、古音皆未明其根柢,故掯摭成編,頗傷疏略。如《詩》"南"音"尼心反"、"風"音"孚金反"、"天"音"汀因反",此自古今韻異,非關字有重音。若斯之類,浩如煙海,何為僅收三五字? 又如"擁篲"之"擁"音"湧"、"北邙"之"邙"音"茫",此自人人能曉,何必作音? 至於謂張翰之名當作平聲,是未見李商隱詩"越桂留烹張翰膾"也;謂"寧馨"之"寧"當音"甯",是未見劉禹錫詩"幾人雄猛得寧馨"也。觀其訓"哉"為"始",不引《爾雅》而引《韻會》;讀"煙熅"曰"氤氳",不引班固賦而引《周易》註,知其為餖飣之學,未能悉考源流矣。

五侯鯖字海二十卷(安徽巡撫採進本)

不著撰人名氏,題曰"湯海若訂正"。考湯顯祖號曰若士,亦曰海若,臨川人。萬曆辛丑進士[①],官至禮部主事,終於遂昌縣知縣。《明史》有傳。則當為顯祖所作矣。前有陳繼儒序云:"取《海》、《篇》原本,遵依《洪武正韻》,參合成書。"然其註釋極為簡略,體例亦頗蕪雜。每字皆用直音,尤多譌謬。至卷首以《四書五經》難字別為一篇,則弇陋彌甚。顯祖猶當日勝流,何至於此?蓋明末坊賈所依託也。

**【彙訂】**

① 辛丑為萬曆二十九年。然錢謙益《列朝詩集小傳》丁集《湯顯祖小傳》、《明史·湯顯祖傳》、雍正《江西通志》卷八二《撫州府·人物·湯顯祖傳》及嘉慶《一統志·撫州府·人物》湯顯祖條皆載顯祖成進士在萬曆癸未(十一年)。(楊武泉:《四庫全書總目辨誤》)

字學指南十卷(浙江巡撫採進本)

明朱光家撰。光家字謙甫,上海人。是書成於萬曆辛丑。首二卷,一曰《辨體辨音》,次曰《同音異義》,三曰《古今變體》,四曰《同音互體》,五曰《駢奇解義》,六曰《同體異義》,七曰《正誤舉例》,八曰《假借從譯》。自三卷以下則以韻隸字,併為二十二部。每一部以一字調四聲。如東、董、凍、篤之類,各標一字為綱,而同音之字列於其下。如蝀從東,懂從董,棟從凍,督從篤之類,蓋本諸章黼《韻學集成》。惟黼聚四聲於一韻,仍各自為部,此則四聲參差聯貫併為一部,為小變其例耳。其前二卷所列,大抵漫無考證。如斷斷、燈灯、來来,皆上正下俗。而此書斷音短、断音段,燈為燈籠、灯為灯火,來為往來、来為来牟。均以臆自為分別,非有根據也。

字學訂譌二卷（浙江巡撫採進本）

明李當泰撰。當泰字元祉，泗州人。是書乃萬曆丁未殷城黃吉士督學江南，命當泰合張位《問奇集》、焦竑《字學》二書纂為一編。首《六書大畧》，而終以《俗用雜字》，共二十四門，義例殊為錯雜。至《分門訂譌》內所載，若甘露名天酒、酒名紅友之類，直是類書，豈復小學訓詁乎？

合并字學集篇集韻二十三卷（內府藏本）

明徐孝編，張元善校。孝，順天布衣。元善，永城人，彭城伯駬之後，襲封惠安伯。是書凡《集篇》十卷，分二百部，附《拾遺》一卷。皆不究《說文》、《玉篇》之旨，偏旁多誤。若秸、稴二字從禾，禾讀若稽，木曲頭也，與“禾稼”之禾迥異，而乃并秸、稴入禾部，則於六書本義茫無考據可知。又《集韻》十卷，分一百部，附《四聲類率譜》一卷、《等韻》一卷。亦不究陸法言、孫愐舊法，如并肩、登等字於東韻，合箴、簪與真、臻同入根韻之類，皆乖舛殊甚。又刪十六攝為十四攝，改三十六母為二十二母，且改濁平、濁入為如聲，事事皆出創造，較《篇海》、《正韻》等書，變亂又加甚焉。

字考二卷（浙江汪啟淑家藏本）

明夏宏撰。宏字用德，號銘乾，海陽人。是書上卷凡三類：曰誤寫字，曰疑似字，曰誤讀字。下卷凡二類：曰通用古字，曰通用聯字。意在訂六書之譌。而不能深研古義，但裨販於近代韻書、字書之閒。如說“雞”字必從“隹”[①]，不知古文實從“鳥”，見於《說文》；謂“豸”字連“獅”則稱“㹳”，不知本字實作“麗”，其“豸”乃“蟲豸”字，亦見於《說文》，頗為失考。“些”字於“誤寫字”

條下註"音梭,楚歌聲",於"通用聯字"條下以"楚些"標目,而註曰"梭去聲",亦自相矛盾。又不通翻切,多用直音。如"欃槍"之"槍"云音"當"②、"臨邛"之"邛"云音"穹"者,尤不一而足。其去《佩觿》、《字鑑》諸書,蓋不可以道里計矣。

**【彙訂】**

① "説",殿本作"謂"。

② "欃槍之槍",殿本作"攙搶之搶"。

### 類纂古文字考五卷(安徽巡撫採進本)

明都俞撰。俞字仲良,錢塘人。仕履未詳。考其序跋,蓋萬曆閒人也。是書以"古文"為名,而實則取《洪武正韻》之字,以偏旁分類編之,凡為部三百一十有四。冠以《辨疑》一篇、《切字》一篇,而末附以"雜字"。其字皆用直音,直音不得,則用四聲,四聲不得,乃用翻切。如鈞音君、銘音明,全乖沈、陸之舊。又分部別月於舟①、別灬於火,揆之六書,亦多失許、顧之本義。惟其每部之中,以字畫多少分前後,較《説文》、《玉篇》、《類篇》頗易檢尋,故後來字書皆用其體例云。

**【彙訂】**

① "月",底本作"月",據殿本改。明萬曆二十四年刻本此書卷首《辨疑略指》有"月"字,下註"音越,二畫不連左",亦有"月"字,下註"音舟,朕、勝、滕、朝從"。

### 六書正義十二卷(江蘇巡撫採進本)

明吳元滿撰。元滿字敬甫,歙縣人,萬曆中布衣。焦竑《筆乘》曰:"新安吳敬甫,博雅士也。精意字學,所著有《六書正義》十二卷。"今觀是書,大抵指摘許慎而推崇戴侗、楊桓,根本先已顛倒。又體例冗瑣，既略倣《六書故》，分數位、天文、地理、人倫、身體、飲食、衣服、宮室、器用、鳥獸、蟲魚、草木十二門，分隸五百三十四部，又畧倣《六書統》而蔓延之，象形、指事、會意、諧聲廣為二十九體，轉注、假借敷衍為一十四門，殆於紛若亂絲。其附會、存疑、闕疑、備考、楷書、備用、俗借、俗轉諸條，亦多舛漏。所論轉注，以"曲逆"讀"去遇"之類當之；所論假借，以"一"本數名，借為太一貴神，"九"本數名，借為陽九，"真"本"偽"之對，借為真州、真姓之類當之，尤為不確。至於以帀為帝、以卍為萬、昻字上加三圍、火字直排四畫，或誤採梵書，或造作偽體。乃動輒云《説文》篆譌，尤可異矣。

六書總要五卷（江蘇巡撫採進本）

明吳元滿撰。是書亦分數位、天文、地理、人倫、身體、飲食、衣服、宮室、器用、鳥獸、蟲魚、草木十二部，蓋承戴侗、楊桓之緒餘[①]，而變本加厲。所分部首，皆以象形為主，謂之正生。而指事、會意以下，則有正生、變生、兼生之別。不取許慎《説文》概為諧聲之説。其字皆以柳葉篆寫之，謂其"有鳥跡遺意，足排斥小篆方整妍媚之態"。然所謂古文，大抵出於杜撰，又往往自相矛盾。如於"三"字下註云"俗作叁、弎"，是以《説文》之"弎"為俗字矣。於"一"字下云"或加弋作弌"，又用《説文》之説。豈三從弋則俗，一從弋則不俗乎？至所引經傳諸文，率以意改。如"二"字下引《詩》"衣服不二"、《論語》"不二過"，"采"字下引《左傳》"不采菽麥"之類，尤為疏舛矣。

**【彙訂】**

① "緒餘"，底本作"緒論"，據殿本改。

六書泝原直音二卷（江蘇周厚堉家藏本）

明吳元滿撰。是書主於辨別字體。所分十二門，亦與《六書正義》同，其龐雜瞀亂亦同。所用直音尤多舛誤。如凡音煩、千音僉①、必音碧、禎音真，皆參雜方言，有乖舊讀。至於士、是本皆上聲，既註“士音是”矣，又註“叶上聲”，尤自相牴牾也。

**【彙訂】**

①“僉”，底本作“簽”，據明萬曆十四年刻本此書上卷“千”字注及殿本改。

諧聲指南一卷（浙江汪啟淑家藏本）

明吳元滿撰。其說六書，以諧聲為多，而古有數字同從一字諧聲，而數字之讀乃迴異者，於是為之說曰諧本聲、諧叶聲、諧本音、諧叶音、諧轉聲、諧轉叶聲、諧轉音、諧轉叶音，有是八者之別。夫古字本止一聲，所從諧聲之字，其讀要不相遠。後人讀字，自與古殊，乃謂古作字時有所謂諧叶、諧轉之聲。祇憑臆說，故設多岐，實非六書之本旨也。

說文長箋一百四卷（安徽巡撫採進本）

明趙宧光撰。宧光字凡夫，吳縣人。是書前列解題一卷，載其平生所著字學之書七十餘種。其虛實存佚，皆不可考。次列凡例一卷。次列《說文》原序、宋初官牒，附以自撰《通誤釋文》及徐鍇《部敘》二篇。合為《卷首上》。次列其少時所撰《子母原》一篇，泛論字學大意。又取《說文》五百四十部原目竄亂易置，區分門類，撰《說文表》一篇。合為《卷首下》。其書用李燾《五音韻譜》之本，而凡例乃稱為徐鍇、徐鉉奉南唐敕定，殊為昧於源流。所列諸字，於原書多所增删。增者加方圍於字外，删者加圓圍於字外。其字下之註，謂之“長語”，所附論辨，謂之“箋文”，故以“長箋”為名。然所增之字，往往失畫方圍，與原書淆亂。所註所論，亦疎舛百出。顧炎武《日知録》摘其以《論語》“虎兕出於柙”誤稱《孟子》，為《四書》亦未嘗觀。雖詆之太甚，然炎武所指摘者，如《詩》“錦衾爛兮”本有“衾”字，乃以為“青青子衿”之“衿”即“衾”字；“瓜分”字見《史記·虞卿傳》及《漢書·賈誼傳》，乃以為“瓜”當作“爪”；“竈突”字見《漢書·霍光傳》，乃以為“突”當作“突”；“民愁則墊隘”見《左傳》，“鵲，鶀醜，其飛也翪”、“驈，馬白州也”，並見《爾雅》，而以為未詳；顧野王陳人也，而以為晉之虎頭，陸龜蒙唐人也，而以為宋之象山，王筠梁人也，而以為晉，王禹偁宋人也，而以為南朝；防風氏“身橫九畝”本《穀梁傳》之文，而引於“野”字註下，誤以為“身橫九野”，又誤以為《左傳》；《後漢書·劉虞傳》“故吏尾敦於路劫虞首，歸葬之”，而以為後漢尾敦路劫劉虞首歸之莽；《晉書·虞嘯父傳》“為孝武帝所親愛，侍飲大醉，拜不能起。帝顧曰：‘扶虞侍中。’”而以為晉獻帝醉，虞侍中命扶之；漢宣帝諱“詢”，乃以為諱“恂”，漢平帝諱“衎”，乃以為諱“衍”；以至“簿正祭器”見《孟子》，而以為唐中、晚詩文始見“簿”字，前此無之；夏州至唐始置，而以為中國稱華夏從此起[①]；叩地在京兆藍田，而以為地近京口，故從“口”；禰衡《漁陽三摻》，本音“七紺反”，而以為當作“操”；凡十餘條，皆深中其失[②]。然則炎武以宦光為“好行小慧，不學牆面”，不為太過矣。

**【彙訂】**

①《日知録》卷二一《説文長箋》條云：“中國之稱夏，尚矣，今以為起於唐之夏州，地鄰於夷，故華夷對稱曰‘華夏’，然則《書》言‘蠻夷猾夏’，《語》云‘夷狄之有君，不如諸夏之亡也’，其

時已有夏州乎？又案，夏州本朔方郡，赫連勃勃建都於此，自號曰夏，後魏滅之而置夏州，亦不始於唐也。"則顧氏文意謂夏州後魏始置，非始於唐。（楊武泉：《四庫全書總目辨誤》）

②"叩"，《日知録》作"邜"。《説文》："邜，京兆藍田鄉，從邑，口聲。"（同上）

六書長箋七卷（安徽巡撫採進本）

明趙宧光撰。此書與《説文長箋》合刻，本一書也。以許氏《敘》內釋六書之義者，分為前六卷之首。又備列班固、衛恒、賈公彥、徐鍇、張有、鄭樵、戴侗、楊桓、劉秦、余謙、周伯琦、趙古則、王應電、王鏊、僧真空、朱謀㙔、張位、熊朋來、吳元滿十九家之説，逐條辨論，更以己説列於後。其中"轉注"一條，許氏引"考"、"老"二字證之，裴務齊《切韻》謬言"考"字左迴、"老"字右轉，本非許氏之旨。宧光乃誤以左迴右轉為許氏之説，譏其自相矛盾，殊為疎舛。末又列《六書餘論》一卷，亦支離敷衍，於制字之精意皆無當也。

集鐘鼎古文韻選五卷（通行本）

明釋道泰撰。黃虞稷《千頃堂書目》載此名，註曰"字來峯，泰州人"。其書分韻集鐘鼎古文，然所收頗雜。秦權、漢鑑與三代之文並載之，殊乖條貫。他如《滕公石槨銘》本屬偽跡，收之已失別裁，又鉤摹全非其本狀，則傳寫失真者多矣。其分韻改咍為開，改添為凡，上平有元、魂而無痕，下平多三宣一部，皆與《廣韻》不同，蓋從徐鍇《篆韻譜》也[1]。

**【彙訂】**

①"其分韻改咍為開"至"蓋從徐鍇篆韻譜也"，殿本無。

正字通十二卷（通行本）

舊本或題明張自烈撰，或題國朝廖文英撰，或題自烈、文英同撰。考鈕琇《觚賸·粵觚下篇》載此書本自烈作，文英以金購得之，因掩為己有，敍其始末甚詳①。然其前列國書十二字母，則自烈之時所未有，殆文英續加也。裘君宏〔弘〕《妙貫堂餘談》又稱文英歿後，其子售版於連帥劉炳。有海幢寺僧阿字知本為自烈書，為炳言之，炳乃改刻自烈之名。諸本互異，蓋以此也②。其書視梅膺祚《字彙》考據稍博，然徵引繁蕪，頗多舛駁。又喜排斥許慎《説文》，尤不免穿鑿附會。非善本也。自烈字爾公，南昌人③。文英字百子，連州人，康熙中官南康府知府，故得鬻自烈之書云。

**【彙訂】**

① 清僧澹歸和尚的《遍行堂集》載《刊正〈正字通〉代序》，作於康熙十七年（1678），序云：“《正字通》一書，廖太守百子刻於南康，此張爾公之書也。爾公西江名宿，年老食貧，百子請以五百金易其稿。稿已入而金未出，爾公下世，百子擅之，即百子之利與名俱得，爾公之名與利俱失，是路見之所不平也。予鎮連陽，得板於其家，乃為表爾公之名，正百子之實。百子之實在授梓，爾公之名在立言，爾公可以無怨於百子，百子可以無罪於爾公矣。”又據張自烈弟張自勳為其《自撰墓誌銘》所作後跋，可知張自烈甘願將此書的著作權交予廖文英，不只是為了療貧，很大程度上是為了報恩。廖文英對此書的貢獻在於資助刊行。（段曉華：《〈正字通〉著作權考辨———兼論張自烈、廖文英之關係》）

② 時廣州海幢寺的主持名今無，號阿字，是澹歸同門法兄。澹歸代為《正字通》刊正本作序，應是由阿字和尚中間聯絡，序成

後轉交連陽總兵劉炳。而非阿字知情,言之連帥。(同上)

③ 張自烈乃宜春人,吳山嘉《復社姓氏傳略》卷六引《西江志》、道光《宜春縣志》有傳,《總目》卷三七《四書大全辨》條不誤。(余嘉錫:《四庫提要辨證》;胡迎建:《〈正字通〉著作者應為廖文英》)

篆韻五十卷(江蘇巡撫採進本)①

不著撰人名氏。其書每頁右側印"欽賜商河王勉學書樓之記"十一篆字,上下與朱絲闌齊。考《明史·諸王表》,衡王祐楎之孫載塨於嘉靖三十五年襲封商河王。萬曆二十五年,其長子翊鎔襲封。至四十四年薨,無子,國除。書無序跋,不知為載塨所鈔,翊鎔所鈔也。首題"篆書正韻"四字,而考其部分乃用《壬子新刊禮部韻》,與《洪武正韻》截然不同。書中別無考證,惟據周伯琦《六書正譌》註"俗作某某,非"而已。蓋藩邸偶録,以備檢閱,非著書也②。

【彙訂】

①《江蘇採輯遺書目録》著録《古篆分韻》五卷,抄本。今存明嘉靖八年刻本亦作五卷。(杜澤遜:《四庫存目標注》)

② 朱載塨於嘉靖三十五年始襲封商河王,而此書嘉靖八年已有刻本,顯非"藩邸偶録"。(同上)

字韻合璧二十卷(内府藏本)

不著撰人名氏。但題"明鄱東朱孔陽訂正刊行"。篇中分上①、下二層,上辨音韻,下別偏旁,而謬悠舛誤,不可枚舉。如"天"音"添",則以兩韻為一聲;"吳"作"吴",則以俗字為正體。分韻則從洪武併合之本,分部則紊許慎《説文》之例。蓋於六書之義,茫乎未窺者也②。

【彙訂】

① "篇"，殿本作"編"。

② "未窺"，殿本作"其未解"。

廣金石韻府五卷（浙江汪啟淑家藏本）①

國朝林尚葵、李根同撰。尚葵字朱臣，莆田人。根字阿靈，一字雲根②，晉江人。是書用朱、墨二色校，以四聲部次，朱書古文籀篆之字，墨書楷字領之，亦各註其所出。乃因明朱時望《金石韻府》而作，故名曰"廣"。然所引諸書，今已什九不著錄，尚葵等何自得觀？ 今核之所列之目③，實即夏竦《四聲韻》而稍摭郭忠恕④、薛尚功之書以附益之。觀其備陳羣籍，而獨遺竦書之名，則諱所自來，故滅其迹可知矣⑤。

【彙訂】

① "浙江汪啟淑家藏本"，殿本作"浙江巡撫採進本"，疑誤。《四庫採進書目》中"浙江省第四次汪啟淑家呈送書目"、"浙江採集遺書總錄簡目"皆著錄此書。（江慶柏：《殿本、浙本〈四庫全書總目〉著錄圖書進獻者主名異同考》）

② "一字雲根"，殿本無。清康熙九年周氏賴古堂刻本此書前有周亮工序，稱"因與莆陽林朱臣、晉安李雲谷共為考訂"，則"雲根"當作"雲谷"。

③ "核"下"之"字，殿本無。

④ "郭忠恕"，殿本無。

⑤ "矣"，殿本作"也"。李根凡例第一則明言："舊有夏竦《集古文韻》、釋道泰《古文韻選》，皆略而不詳，以二韻合一，重者損之，逸者益之，復考鐘鼎古文以系之。"（沈津：《美國哈佛大學

哈佛燕京圖書館中文善本書志》）

他山字學二卷（安徽巡撫採進本）

國朝錢邦苪撰。邦苪字開少，丹徒人。晚為僧，號大錯。其書辨正字畫及音讀之誤，凡四十三目。大抵本於郭忠恕《佩觿》及李文仲《字鑑》諸書，而搜輯未廣。如《一字數音考》內"苴"字載至十五音①，為書中極多之數，而《韻會小補》載此字實有十八音。他若《廣韻》、《集韻》所載重音開卷可見者，亦百不得其一二。

**【彙訂】**

①"載"，殿本作"重"。

六書準四卷（內府藏本）

國朝馮調鼎撰①。調鼎字雪鷗，華亭人。其書分象形、指事、會意、諧聲四類，每類分平上去入，而假借、轉注即見於四類之中。然其書雖力闡古義，而於六書本旨多所未明。如"社"之一字，《說文繫傳》："从示，土聲。"此書不見《繫傳》，乃以"社"為會意字。又如"風"之一字，《說文》："从虫，凡聲。"此書不知"風"之古音，而以為"从蟲，省聲"，則其他概可知矣。

**【彙訂】**

① 清康熙刻本此書題"華亭馮鼎調雪鷗父述"，有順治十七年自序。（杜澤遜：《四庫存目標注》）

六書通十卷（江蘇巡撫採進本）

國朝閔齊伋撰。齊伋字寓五，烏程人。世所傳朱墨字版、五色字版謂之"閔本"者，多其所刻。是書成於順治辛丑，齊伋年八十二矣。大致仿《金石韻府》之例，以《洪武正韻》部分編次《說文》，而以篆文、別體之字類從於下。其但有小篆而無別體者，則謂之"附通"，亦併列之。不收鐘鼎文，而兼採印譜。自稱通許慎之執，不知所病正在以許慎為執也。

韻原表一卷（兩淮馬裕家藏本）

國朝劉凝撰。凝有《稽禮辨論》，已著錄。凝初作《文字韻原》一編，謂《說文》以形相次，《韻原》以聲相從。又以《韻原》限於篇幅，其層次排列未免閒斷，而生生之序不見。乃倣《史記》諸表之例，從各字偏旁，序其世系，分其支派，以濟《韻原》之窮。然篆隸屢更，變化不定，必一一謂某生於某，終未免失於穿鑿也。

石鼓文定本二卷（兩江總督採進本）

國朝劉凝撰。是書上卷為石鼓音訓釋文，下卷為附錄古今人辨說及詩歌石鼓刻文。且以殘闕搨本漸不可辨，惟以摹本及釋文相傳。釋文之中，潘迪最著。摹本之中，薛尚功、楊慎最著。案宋、金以前爭石鼓之時代，斷斷不休。元以來真偽論定矣，而爭文字者又鬨而聚訟。凝作此書，既不以今日所存之三百二十餘字以考定其真，又不詳列諸家之本以糾其異。徒以楊慎偽本猶屬全文，而據以為主，根本先謬。又加以意為增減，彌起糾紛。如第四鼓"其寫"上之"吾"字、第五鼓"霝雨"下之"霎"字，為各本所無，莫知何以增入。至於後卷《辨說》第一條，即載薛尚功云云，而薛尚功跋語內亦無其文，皆不可解。又以石鼓之文強合於《說文》之籀體。案趙師尹《石鼓文考註》所摭《說文》與石鼓相同之字，員、辭、皮、樹、西、則、旁、中、囿九字而已。然"旁"字石鼓無之，乃楊慎以壬鼓"齰其用導"，"用"字妄改為"旁"。其餘諸字亦均有同異。凝必欲附會其文，亦鄭樵以秦權一二字之合定為秦鼓之類矣。

黄公説字無卷數（湖北巡撫採進本）

國朝顧景星撰。景星字黄公，蘄州人。康熙己未，薦舉博學鴻詞。其説自稱推本許慎①，而大抵以梅膺祚《字彙》、廖文英《正字通》為槀本，仍以楷字分編。如“丑”字从彐从丨，象手有所執也，而列之一部。於六書之義，未免有乖。至於西域梵文，尤自別為一體。儒書所載，已改為楷畫，非其本真。一概收載，亦為泛濫。其註皆雜採諸書，不由根柢。所列各書，唐《説文》，蜀《説文》，葛洪《字苑》，何承天《纂文》，呂静《韻集》，李啟《聲韻》，呂忱《字林》，陽休之、夏侯該《韻略》，孟昶《書林韻會》，林罕《字源》等目，不知何從見之。又以李燾《説文五音譜》為徐鉉，以楊桓《六書溯源》為吳元滿，以趙明誠《金石録》為歐陽修，以張守節《史記正義》為《六書正義》，以司馬貞《史記索隱》為《六書索隱》，舛誤不一而足。至於司馬光《集韻解》，諸家目録未著斯名，米芾《大宋五音正韻》，僅名見所著《畫史》中。蓋欲為之而未成，亦非真有其書也。

**【彙訂】**

①“説”，殿本作“學”。

讀書正音四卷（浙江巡撫採進本）

國朝吳震方撰。震方字青壇，石門人。康熙己未進士，官至監察御史。是書卷一以一音異讀者分門編輯，其無類可歸者附以“通用”一門。卷二別為六類，曰《字音清濁辨》，曰《同音借義》，曰《借同音不借義》，曰《因義借音》，曰《音借而借》，曰《語詞之借》。卷三以四聲編録僻字。卷四則各依部分編習見字樣，以正時師誤讀。前有毛奇齡序，頗稱其精審。然實於六書、音韻源流多所舛漏。其謂本字不讀本音者，如"隨"①，隋時去"辵"為"隋"，本文帝之臆造。在《説文》"隋，裂肉也"，徐鉉音"徒果切"，乃其本音。他如在支韻者，作"旬為切，順裂肉也"。又"翾規切"，《周禮·大祝》"隋釁"，通作"綏"是也。在歌韻者，作"土禾切"，《集韻》"中高四下"是也。在寘韻者，作"呼恚切"，《周禮·守祧》"既祭則藏其隋"是也。此所謂"本字不讀本音"者也。今震方誤以隋、隨為一音，反以音妥者為非本音，而在支、歌、寘三韻者乃不見録，未免失考。又如厪之為僅、仏之為鄰、采之為攀，俱列在"本字不讀本音"卷內。考《漢書·賈誼傳》曰"其次厪得舍人"，註曰："厪與僅同。"《揚雄傳》曰："縈既采夫傅説兮，奚不信而遂行②。"註曰："采，古'攀'字。"《敍傳》曰："東仏虐而殲仁兮，王合位乎三五。"註："仏，古鄰字。"震方概附諸同字異讀，亦未悉今字、古字之殊。至於"景"為"影"之本字，"暒"為"晴"之本字，"夘丣"為"卯酉"之本字③，顯著《説文》。震方亦與古字不讀本音者一例列之，益乖迕矣。若此類者，不一而足。其餘耳目之前，亦多遺失。《漢·地理志》曰"屯留"，師古："屯，音純。""礜亭"，師古："礜，音潛。""脩亭"，應劭："脩，音條。""計斤"，師古："音介根。""甸氏道"，李奇："甸，音滕。"④"卑水"，孟康："卑，音班。""樸剟"，孟康："音蒲環。""澤索"，師古："澤，音鐸。""驪軒"，李奇："音遲虔。""祖厲"，師古："音嗟賴。""莫黜"，師古："音忉怛。"⑤"遼隊"，師古："隊，音遂。""黏蟬"，服虔："蟬，音提。""麓泠"⑥，孟康："音螟蛉。"師古："音麋零。""芍陂"，師古"芍，音鵲。"凡此皆字同音異之顯然者，震方俱弗收輯，則僻書概可知也。蓋以正塾師之謬讀，則所得為多，以言古人之小學，則又當別論耳。

【彙訂】

①"隨"，殿本脱。

②"遞"，殿本脱，參《漢書》卷八十七《揚雄傳》原文。

③"邜"，殿本作"邜"，誤。"邜"字同"卯"。

④"滕"，底本作"賸"，據《漢書·地理志》原注及殿本改。

⑤"脩亭"，《漢書·地理志》原文作"脩市"。"計斤"，顏師古注曰："即《春秋左氏傳》所謂介根也，語音有輕重。""祖屬"，注："應劭曰：祖音置；師古曰：屬音賴。""莫黮"，注："如淳曰：音切怛。師古曰，音丁葛反。"《總目》所引，殊欠忠實。（楊武泉：《四庫全書總目辨誤》）

⑥"麓泠"，殿本作"麓令"，誤，參《漢書·地理志》。

篆文纂要四卷（浙江汪啟淑家藏本）

國朝陳策撰。策字嘉謀，錢塘人。其書亦依韻分編。每字下首列《説文》，次大篆，次鐘鼎文。然不載所引書名，註亦率略，於字體無所辨證。殆僅為鐫刻印章之用也。

字辨七卷（安徽巡撫採進本）

國朝熊文登撰。文登字于岸，南昌人。是書詳辨字音、字義、字形，分為十門：一曰《誤寫辨》，二曰《誤讀辨》，三曰《一字數音數義辨》，四曰《宜寫古文奇字辨》①，五曰《宜讀經史真字辨》，六曰《形相類字辨》，七曰《聲相類字辨》，八曰《形聲相類字辨》，九曰《從今從古辨》，十曰《楷篆異體辨》。皆從梅膺祚《字彙》分部。大意在糾俗學之誤，反之於古。然不知古文，亦不知古音，遂至不古不今，進退無據。如謂"回"本作"囘"②，不知篆文作

“回”，本一筆旋轉，若變而五筆，已非本義。謂“册”本作“冊”，不知篆文作“**冊**”，本象以韋貫簡。僅縮其一畫，彌失真形。又如謂“泽”音降，又音紅，不知東、江古本一音也；謂“彭”音朋，又音滂，不知庚、陽古亦一音也。至謂“逍遥”必當作“消搖”、“伏羲”必當作“虙戲”、“渤海”必當作“勃澥”③、“躊躇”必當作“悤著”，皆見一古字之省文，遂謂凡書是字者無不當省，見一古字之假借，遂謂凡用是字者無不當借。所謂知其一不知其二者也，殆愈辨而愈遠矣。

**【彙訂】**

①“字”，底本作“文”，據殿本改。清順治刻本此書卷四爲《宜寫古文奇字辨》。

②“回本作回”，底本作“回本作回”，據殿本改。

③“當”，殿本脱。

六書分類十二卷（兩江總督採進本）

國朝傅世垚撰。世垚字賓石，歸德人。其書分部一依梅膺祚《字彙》之例，每字以小篆、古文次於楷書之後。古文之學，漢、魏後久已失傳。後人所譯鐘鼎之文，什九出於臆度，確然可信者無幾。況古器或出剥爛之餘，或出偽作，尤不足爲依據。謂之好古則可，謂有當於古義則未然也。

説文廣義十二卷（浙江巡撫採進本）

國朝程德洽撰。德洽字學瀾，長洲人。是書本許氏《説文》而旁採諸家篆文並列於下，然不著出處。蓋李登《摭古遺文》之流，又不及《金石韻府》尚云某字本某書矣。

篆字彙十二卷（通行本）

國朝佟世男編。世男，滿洲鑲黄旗人。康熙中官知縣。其書本梅膺祚《字彙》，各繫以篆文。篆文所無之字，則依楷書字畫以意造之。不可以為典據也。

　　鐘鼎字源五卷（河南巡撫採進本）

　　國朝汪立名編。立名號西亭①，婺源人，官工部主事。是編成於康熙丙申。自序稱金石雖皆傳自三代，而銘器與篆碑之文不容強同。乃專採鐘鼎文，依今韻編次為五卷②。其石刻之類於銘款者，惟附錄《石鼓文》，其他碑篆則皆不收。然立名知鑄金、刻石古文體制有殊，而不知鐘鼎之中又有時代之分、音釋之異與真偽之別。三代固均為古文矣，至秦權、秦斤，如斯字、諸字、𣆳字、𩰌字之類③，已頗近小篆；漢燈、漢壺，如綏和壺之"供"字，汾陰宮鼎之"共"字、"汾"字，首山宮鐙之"年"字，併時參隸體。一概目為鐘鼎之文，混淆殊甚。又如歐陽修《集古錄》所載晉姜、毛伯諸鼎，楊南仲、劉敞訓釋互異者，不一而足，既莫能考定是非；《嘯堂集古錄》所載比干銅槃銘，宋人顯斥其偽託，亦不免併載。且卷末列二合、三合、四合之字，並不註出典，尤無根據。蓋僅以《金石韻府》為主，而取《博古》、《考古》諸圖參校之，故不免瑕纇耳④。

**【彙訂】**

①"號西亭"，殿本無。

②"依"，殿本作"以"。

③"𩰌"，殿本作"骨"，誤。

④"蓋僅以金石韻府為主"至"故不免瑕纇耳"，殿本無。

　　天然窮源字韻九卷（兩江總督採進本）

　　國朝姜日章撰。日章字旦童，如皋人。是編成於康熙丁酉。

分日、月、水、火、木、金、土七部，又冠以首部曰《字說》，綴以末部曰《韻說詩易》二叶。日、月二部為字書。不以偏旁分部，而以筆畫多寡分部，自一畫至四十八畫止。水、火、木、金四部為韻書，併為天、星、風、山、官、上、地、支、郊、階、州、波、夫、下十四韻，每韻分為中、平、上、去、入五音。土部則古文奇字也。自明以來，字書莫陋於《字彙》①、《正字通》，而日章遵以講字畫；韻書莫乖於《洪武正韻》，而日章執以分韻等；收字之妄濫無稽莫甚於《篇海》，而日章據以談奇字。其餘偶有援引，不過從此四書採出而已，宜其不合於古義也②。

【彙訂】

①“字書”，殿本作“字畫”，誤。

②“義”，殿本無。

六書辨通五卷（浙江巡撫採進本）

國朝楊錫觀撰。錫觀字容〔顒〕若①，無錫人。是書大旨謂六書假借，於義可通，為變而不失其正。其不可通者，即不得不著辨以明之。因分韻編次，於每字之下，各標出處，并著本字之義，而於其誤通者則一一辨正。然古人假借，多取音同，不求義合。若是書所載漢《孟郁碑》借“舟”為“周”，《堯廟碑》云：“委曲舟帀”，亦借“舟”為“周”，是其例也。而錫觀謂“周”借“舟”於義不通，漢碑“舟”字當“匋”字之誤，“匋音周，帀偏也。”不知《經典釋文》“鵰鵃”之“鵃”與“雕”字通，《類篇》“五月鳴蜩”之“蜩”一作“蚼”，則“周”、“舟”二字本通，是其顯證。“鵃”、“蚼”非有“周帀”之義，豈亦得指為從“匋”耶？又如《家語》“望羊”，《左傳註》作“望陽”；《漢書》“歐陽”，漢碑則作“歐羊”之類，近在耳目之前，乃多失載，亦未為賅備也。

【彙訂】

①"容若"，當作"顒若"，底本乃避嘉慶諱改。殿本作"顒若"。

六書例解一卷附六書雜説一卷八分書辨一卷（浙江巡撫採進本）

國朝楊錫觀撰。是書首冠黃之儁《篆學三書》序，蓋錫觀嘗作《秦篆韻編》、《正字啟蒙短箋》二書，與此書為三也。書凡六篇，分論六書。以鄭元註《周禮》"六書"以象形為首，失制字之序，改從許慎《説文》之次，首以指事。其論指事，謂有籠統言之者，有指其一點一畫言之者。其論象形，謂小篆"日月"作☉⊘，已不如古文之作☉ ⊘①。又謂凡字之從"舟"旁者，皆當改為"月"旁②，以象倉廩。其論形聲，謂為因形而附聲，不取《周禮註》諧聲之説，併謂"三百篇"之韻皆不足據。其論會意，列字至三百之多。至謂"冥"下從"六"，乃取六為老陰；"名"上從"夕"，為陰晦之義。其論轉注，則從許慎之説而廣之。一為意可相通，"老"字轉為耆壽之類。一為兩字相反，如"可"轉為"叵"、"正"轉為"乏"，與半木為"片"、連水為"川"之類。一為展轉注釋而後可通，如"元"轉為"兀"、"仄"轉為"丸"之類。其論假借，極論隸書之非，併經典通用之字如"恭"作"共"、"齋"作"齊"、"而"作"如"者，皆斥為乖謬。大抵陽尊許慎《説文》，而陰以魏校《六書精蘊》為藍本，故於制字之義多所未明。其《六書雜記》論六書分界，亦多強生辨別。至《八分書説》一卷，申歐陽修、洪适之説，以八分為隸，而謂今之楷書為八分。引據牽合，亦失於考證也。

【彙訂】

①"不如"，底本作"不知"，據清雍正蘭祕齋刻乾隆五十一年馮浩修補印本此書原文及殿本改。

②"冃"，殿本作"月"，皆誤。原文作"冃"，象刀中三畫。

五經字學考五卷（山西巡撫採進本）

國朝成端人撰。端人字友端，陽城人。此書分五經各一卷，每字先以訓詁，並及形聲，兼辨俗寫之譌。然引據未能淹博，考證亦未能精密。如《春秋・隱公》之"彄"字，此為公子彄名訓也，而註曰："從弓，區聲，音摳。又人名，公子彄。"《文公》之"頵"字，此為楚成王名訓也，而註曰："從頁，君聲。徐曰：'頭大也。'又楚成王名。"此反以本義為旁義也。又如《易・坤卦》"馴"字註曰："音同旬。《字彙》引徐邈讀作'訓'，蛇足。"案徐邈之說出陸德明《經典釋文》，以為出自《字彙》，已不求其本，至經師異讀，自古並存，乃以為蛇足，更不確矣。

六經字便無卷數（江蘇巡撫採進本）

國朝劉臣敬撰。臣敬字恭邵，江陰人。是書載《六經》字體，自一畫至二十九畫，頗能辨正偏旁點畫。又於諸字之轉音、不轉音者分類釐訂，亦易於省覽。特所見古籍無多，故舛誤時復不免。如謂《易》"亢龍"之亢音剛，非"康去聲"。不知《說文》"人頸"之亢及角亢、龍亢、亢父固均音剛，而"亢龍"之亢見於《經典釋文》者止"苦浪切"一讀。又謂《易》觀卦之"觀"，《正韻》附去聲為非；解卦之"解"，《正韻》讀"音蟹"為非。然《經典釋文》載"觀，官喚反，示也"、"解，音蟹，緩也"。先儒授受，於二卦各止一讀，迄今未改。《正韻》收之附音，猶為近古。臣敬皆以為非，是未考古之失也。至謂"陰疑於陽"，"疑"字不當轉"擬"。考《禮記》"前疑後丞"，或作"擬"；《周官·司服》云"大夫疑衰"，鄭元註云："疑之言擬也。"又《漢書·食貨志》"遠方之能疑者"，顏師古註云："疑讀為擬。"則"疑"之轉為"擬"，顯有義例。又謂"社"字不當有"杜"音①。考《史記·秦本紀》"蕩社"明作"蕩杜"，"社"、"杜"字通，其為一音可知。而以為"社"無"杜"音，尤誤。蓋自漢以後，經史各有專家，即各分音讀。遞稟師傳，不能偏廢。臣敬以啟迪蒙穉，難於博引繁徵，固不妨止取一音，其所不取，則置之不論可矣。概斥為誤，豈通方之論乎？

**【彙訂】**

①"謂"，殿本作"讀"，誤。

### 字學正本五卷（江蘇巡撫採進本）

國朝李京撰。京字元伯，高陽人。是書凡例謂以小篆為本，而正偏旁之不正者，故名"正本"。凡所根據，多得之周伯琦《六書正譌》、張有《復古編》。如《復古編》"崇"字下註云："別作崈，俗。"不知《漢·郊祀志》曰："封崈山。"又曰："莽遂崈淫鬼神祀。"又《漢隸字源》載《韓良碑》亦有"崈"字，未可云俗。是書能引《郊祀志》以證其誤，頗為近古。又於周伯琦杜撰之說時為駁正，亦閒有可採。然如《東韻》"戜"字，《復古編》謂"隸作戎"，而此書乃謂"俗作戎"。不知《泰山都尉孔宙碑》"戜"已作"戎"，與《復古編》所云"隸作戎"合。京謂之俗字，則考之不審矣。又於周氏書採摭頗備，而張氏書反多挂漏。即以東之一韻考之，《復古編》載"籠"誤作"篢"、"轤"誤作"艣"、"醲"誤作"䤖"、"塈"誤作"墔"①、

“濛”誤作“蠔”、“襓”誤作“穚”、“功”誤作“玏”。此書均逸不載，
亦殊疎略。且誤依《中原音韻》分部，全乖唐、宋之舊法，既有變
古之嫌，而以《説文》篆體盡改隸字，或窒礙而不可行，又不免泥
古之過。均不可以為訓者也。

【彙訂】

①“穛”，殿本作“稷”，誤。《復古編》卷一“墢”字下注：“別
作穛，非。”

字學同文四卷（江蘇巡撫採進本）

國朝衛執穀撰。執穀字子觀，韓城人。是書凡分十三目：
曰上類、下類、上下中類、上下左右類、上下左類、上下右類、上左
類、下左類、上右類、下右類、左類、右類、左右類。類各統部①，
皆從古未有之例。其中又多所謬誤，如“元”在一部，從一，兀聲，
今入兀部②；“夏”在目部，從目夊，在穴上，今入文部；“南”字本
在宋部，從宋，羊聲③，今入十部；“壺”字本為部首，從壺從吉，今
入士部；“今”字本在亼部，從亼從丁④，今入人部；“吳”字本在矢
部⑤，從矢從口，今入口部。知於六書偏旁未之深講也。

【彙訂】

①“類各統部”，殿本作“轇轕破碎”。

②“兀”，殿本作“兒”。

③“羊”，殿本作“羊”，誤。《説文解字》卷六下宋部有“南”
字，從宋，羊聲。

④“從亼從丁”，殿本作“從亼從丁”，誤。《説文解字》卷五
下亼部有“今”字，從亼從丁。

⑤“矢”，殿本作“夬”，誤。《説文解字》卷十下矢部有“吳”

字，从矢、口。

文字審一卷（浙江巡撫採進本）

不著撰人名氏。亦無序跋，中閒頗有塗乙。相其紙墨，蓋近人手稿也。其書取李燾《説文五音譜》，鈔其大略，仍以燾之部分爲序，而不標部分之名。篆文筆意頗圓潤。字下隸書，字字皆從古體。蓋亦留心六書者。特偶然鈔録，自備檢核，非欲著書問世，故漫無體例耳。

右小學類“字書”之屬六十八部，六百六卷①，內二部無卷數。皆附存目。

【彙訂】

① “六百六卷”，殿本作“六百二卷”，誤。

# 經部四十四

## 小學類存目二

韻經五卷（安徽巡撫採進本）

舊本題"梁吳興沈約撰類，宋會稽夏竦集古，明宏〔弦〕農楊慎轉注，江夏郭正域校"。前有正域自序曰："近體詩惟宗沈韻。今所傳韻非沈也，唐《禮部韻》也，故唐詩宗之。沈韻上平有九哈、十八痕，下平有二十二凡，上有十六混、十九賺，去有八祭、十代、十七焱，入有十六昔。而今韻無之。"其凡例又稱家藏有《四聲韻》，乃約故本①。案《梁書》、《南史》沈約傳並載約撰《四聲譜》。《隋志》載其書一卷，而《唐志》已不著錄。觀陸法言《切韻》序，歷述呂靜、夏侯該、陽休之、周思言、李季節、杜臺卿六家之韻，獨不及約書，是隋開皇時其書已不顯。唐李涪作《刊誤》，但訴陸韻而不及沈書，則僖宗時已佚矣。正域何由於數百年後得其故本？且沈韻雖不可見，而其集猶存。今以所用之韻一一排比鉤稽之，惟東、冬、鍾三韻同用②，魚、虞、模三韻同用，庚、耕、清、青四韻同用，而蒸、登兩韻各獨用，與《廣韻》異，餘則四聲並同。又安得如正域所云"九哈"之類？其為贗託，殆不足辨。至夏竦《古文四聲》五卷，本採鐘鼎奇字，分韻編次，以便檢尋。乃字書,非韻書,乃古文,非今文。正域乃稱"夏竦集古",尤為乖迕。觀其首列徐蕆所作吳棫《韻補》序、楊慎《轉注古音略》自序,而不及竦序,知並未見其書,而但以名勦説也。王宏〔弘〕撰《山志》乃指此為沈約真本,譏屠隆未見《韻經》,誤指《平水韻》為約書,不亦慎乎? 又朱彝尊《重刊〈廣韻〉序》曰:"近有嶺外妄男子,偽撰沈約之書,信而不疑者有焉。"考王士禎《居易録》記康熙庚午,"廣東香山縣監生楊錫震自言,得沈約《四聲譜》古本於廬山僧今㗖。因合吳棫《韻補》而詳考音義,博徵載籍,為《古今詩韻註》凡二百六十一卷,赴通政司疏上之。奉旨付內閣,與毛奇齡所進《古今通韻》訂其同異"。彝尊所指,當即其人。今內府書目但有奇齡之書,而錫震之書不錄,未知其門目何如。疑其所據,即正域此本也。

**【彙訂】**

①"乃",底本作"及",據明萬曆六年李良柱淮陰刻本此書凡例原文及殿本改。

②"鍾",底本作"鐘",據殿本改。

書學正韻三十六卷(安徽巡撫採進本)

元楊桓撰。桓既著《六書統》、《六書溯原》,又依韻編次是書。兼以字母等韻各分標一、二、三、四,以辨其聲之高下。然或有或闕,體例不一。所列之字,兼存篆、隸二體。逐字之下註云統指、統形、統聲、統意、統注者,見於《六書統》者也。註云原指、原形、原聲、原意、原注者,見於《六書溯原》者也。指即指事,形即象形,聲即諧聲,意即會意,注即轉注,省其文耳。其所分韻目,大概因《集韻》之舊而稍有訂改。如真韻三等合口呼"麇、囷、齋、筋"等字,移入於諄,諄韻四等開口呼"趣"字①,移入於真。則真與諄一為開口呼,一為合口呼,兩不相雜②。陸法言以魂、痕次元後,許敬宗等遂註三韻同用。是書移魂、痕於前,與真、諄、文、欣為一類,移元於後,與寒、桓、刪、山、先、僊為一類。於古音以侈斂分二部者,亦各從其類。然一以今讀移舊部,一以古音移今韻。雖言之有故,執之成理,究不免變亂之嫌。至於平聲併臻於真,少一韻目,而入聲不併櫛於質。且隱韻、焮韻內二等開口呼𧤛、齓等字,不知其即臻、櫛之上、去聲。是四聲一貫之故猶未盡知,其亦好為解事矣。

**【彙訂】**

①"趣",底本作"逡",據殿本改。元刻明修本此書卷六"十七真"收入"趣"字,宋本《集韻》屬"十八諄"。

②"相雜",殿本作"淆雜"。

蒙古字韻二卷(兩淮鹽政採進本)

元朱宗文撰。宗文字彥章,信安人。前有劉更序,又稱為朱巴顏。蓋宗文嘗充蒙古字學弟子,故別以蒙古語命名也。案《元史·釋老傳》,元初本用威烏爾字案"威烏爾"原作"畏吾兒",今改正。以達國言。至世祖中統元年,始命帝師製蒙古新字,"其字僅千餘,其母凡四十有一。其相關紐而成字者則有韻關之法,其以二合、三合、四合而成字者則有語韻之法,而大要以諧聲為宗"。字成,詔頒行天下。又於州縣各設蒙古字學教授,以教習之。故當時頗有知其義者。宗文以蒙古字韻字與聲合,而諸家漢韻率多譌誤,莫知取舍,因重為校正。首列各本誤字及重入漢字,次列總括變化之圖,次字母三十六字,次篆字母九十八字。次則以各蒙古字分韻排列,始一東,迄十五麻,皆上冠蒙古文,下註漢文對音。先平聲而附以上、去、入聲。每一蒙古字,以漢字音註,自四五字至二三十字。末附迴避字樣一百六十餘字。蓋文移案牘通行備檢之本也。元代國書、國語,音譯久已傳譌。宗文生於至大閒[1],雖自謂能通音譯,而以南人隔膜之見,比附推尋,實多不能脗合。即如陶宗儀《輟耕録》載元國字以“可、侯”字為首,而是書又依《韻會》以“見、經、堅、訇”字為首[2],其字母已不相合。而《元史》既稱有二合[3]、三合、四合之法,而此書乃用直對,而不用切音,甚至累數字以釋一音。清濁重輕,毫無分別。又字皆對音,而不能翻譯成語。觀《元史》及諸書所載蒙古字詔旨行移,皆能以國語聯屬成文。是當日必別有翻譯之法,而是書概未之及,遂致湮没而不可復考。蓋其時朝廷既無頒行定式,官司胥吏[4],輾轉傳習[5],舛謬相仍。觀於國姓之“卻特而”譌作“奇渥温”,載之史册。則其他錯互,大概可知。且刊本久佚,今所存者惟寫本。其點畫既非鈔胥所能知,其舛誤亦非文士所能校。不過彷彿鉤摹,依稀形似,尤不可據為典要。我國家同文盛治,邁越古今。《欽定元史蒙古國語解》考訂精確,凡相沿之踳謬,盡已闡剔無遺。傳譌之本,竟付覆瓿可矣。

**【彙訂】**

①“至大”,底本作“至正”,據殿本改。舊抄本此書自序署:“至大戊申清明前一日信安朱宗文彦章書。”

②“訇”,殿本作“乩”,誤。《古今韻會舉要》卷八有“訇”字,未收“乩”字。(王重民:《跋新印本〈四庫全書總目〉》)

③底本“有”上有“首”字,衍。據《元史》卷二百二《釋老·八思巴傳》及殿本删。

④“胥吏”，殿本作“胥史”。

⑤“傳習”，殿本作“傳鈔”。

正韻箋四卷（江西巡撫採進本）

明楊時偉撰。時偉有《春秋編年舉要》，已著録①。是書前有崇禎辛未自序，大旨以《洪武正韻》不行於當代，故因其原本，增註於下，謂之“補箋”。又取吳棫《韻補》、陳第《古音考》諸書所據古書之音，附於各韻之後，謂之“古音”。又取熊忠《韻會舉要》、楊慎《丹鉛録》諸書所收字，增附於韻後，謂之“逸字”。其用意頗勤。然《洪武正韻》分合舛誤，窒礙難通。雖以天子之尊，傳國十餘世，懸是書為令甲，而終不能使行於天下。二百六七十年之中，若存若亡，無人置議。時偉乃於舉世不用之中，出奇立異，冀以匹夫之力顛倒千古之是非，抑亦難矣。且所註古音，雜取吳棫、陳第二家，不知其體例各別。所收逸字，不能究《廣韻》、《集韻》之源，僅據楊慎等之書，尤為疎略。所補箋亦皆輾轉裨販。如日在木中為“東”，此許慎所引官溥説，明載於《説文》，而乃引鄭樵《通志》，足知非根本之學矣。

【彙訂】

①《春秋編年舉要》著録於《總目》卷四八史部編年類存目。

聲音文字通三十二卷（浙江范懋柱家天一閣藏本）

明趙撝謙撰。撝謙有《六書本義》，已著録。是書乃所定韻譜也。考《皇極經世·聲音唱和圖》，日、月、星、辰凡一百六十聲為體數，去太陰、少陰、太柔、少柔之體數四十八，得一百一十二為日、月、星、辰之用數。水、火、土、石凡一百九十二音為體數，去太陽、少陽、太剛、少剛之體數四十，得一百五十二為水、火、土、石之用數。撝謙此書則取音為字母，聲為切韻，各自相配，而註所切之字於上。凡有一音，和以十聲，蓋因邵子之圖而錯綜引伸之。然以一卦配一音，又以一卦配十聲，使音與聲為唱和，卦與卦為唱和，欲於邵子《經世圖》之外增成新義。而不知於聲音之道，彌滋穿鑿，殊無足取。焦竑《筆乘》載撝謙歿後，其門人柴廣敬以是書進於朝，未及版行。《明史·藝文志》載是書為一百卷。此本尚存三十二卷，蓋別本之流傳者。然卷首起自一之四，亦殘闕之書，不足取證，以敗楮視之可矣。

　　韻學集成十三卷（浙江鮑士恭家藏本）

　　明章黼撰。黼字道常，嘉定人。是書分部，一準《洪武正韻》。每部之中，以平仄相從。四聲具者九部，三聲無入者十一部。其隸字先後則從《韻會舉要》之例，以字母為序。其分配五音，以影、曉二母從《玉篇》舊圖屬宮，不從《韻會》屬羽；匣、喻二母從《韻會》屬羽①，不從《玉篇》圖屬宮；幫、滂、並、明四母從《玉篇》屬宮，不從《韻會》屬羽②；非、敷二母則以舊譜均誤屬宮，而改為屬徵。其字多收《篇海》、《龍龕手鑑》之怪體。其音兼載《中原音韻》之北聲。凡四萬三千餘字。自記稱始於宣德壬子，成於天順庚辰。計其用力凡二十九年，可謂專精於是。然以《正韻》為主，根本先謬，其他不足言矣。

　　**【彙訂】**

　　①"匣喻二母從韻會屬羽"，殿本作"通喻二母從韻會舉要屬羽"，"通"字誤。明萬曆六年刻本此書凡例末條云："然此案《玉篇》，影、曉二字正屬宮音，匣、喻二字當依《韻會》屬羽音……。"

② "韻會"，殿本作"韻會舉要"。

韻略易通二卷（兩淮馬裕家藏本）

明蘭廷秀撰。廷秀字止菴，正統中人。爵里未詳。其書併平聲為二十部，三聲隨而隸之。以東洪、江陽、真文、山寒、端桓、先全、庚晴、侵尋、緘咸、廉纖有入聲者十部為上卷，以支辭、西微、居魚、呼模、皆來、蕭豪、戈何、家麻、遮蛇、幽樓無入聲者十部為下卷。又併字母為二十攝，以"東風破早梅，向暖一枝開。冰雪無人見，春從天上來"二十字，盡變古法以就方音。其凡例稱："惟以應用便俗字樣收入，讀經史者當取正於本文音釋，不可泥此。"則亦自知其陋矣①。

【彙訂】

①"亦自知其陋"，殿本作"固已自言之"。

韻學大成四卷（江蘇巡撫採進本）

明濮陽淶撰。淶字貞菴，廣德人。嘉靖丁酉舉人，官南昌府通判。是書大抵本之《中原音韻》，而不取其入聲隸三聲之說。又廣其十九部為二十①，如魚模之分為須魚、蘇模，江陽之分為江黃、姜陽是也。其字母則專以新鮮、仁然等立法，稍增益之為三十母，而不用見、溪、羣、疑四等門法，意在簡捷。然新鮮等母仍即字母之變，不識字母，又烏從而識之？其所分各部，亦無義例。既云宏〔弘〕萌不宜入東鍾，又不附之庚青，且分京青為庚生、京青二部，真所謂進退失據者也。

【彙訂】

① 此書書名當作《元聲韻學大成》，分韻二十八部。（鄒德文：《〈元聲韻學大成〉版本及研究狀況考》）

讀易韻考七卷（浙江吳玉墀家藏本）

明張獻翼撰。獻翼有《讀易紀聞》，已著錄。此書專考《易》中之韻。案《易》象傳實有韻，至於象詞、繫詞之類則無常格，亦如《淮南子》諸書偶然叶讀耳。獻翼一舉而韻之，非惟漢、魏以下之音雜然並陳，甚至釋氏之偈言、道家之章咒，亦泛引以證聖經，殊傷蕪雜。即如爻詞"潛龍""龍"字，忽以為"勿用"之"用"，音"庸"，是從本音也。《文言傳》則謂"龍"當音"性"，與"遯世無悶"叶，又曰"龍"當音"麗"，與"不成乎名"叶。顛倒瞀亂，豈復有體例乎？此真不知而作也。

古今韻分註撮要五卷（江蘇巡撫採進本）

明甘雨撰，陳士元註。雨字子開，永新人。萬曆丁丑進士，由翰林院檢討謫德安府推官，遷南京刑部郎中。士元有《易象鉤解》，已著錄。是書首列今韻，而以古韻附後。今韻誤稱沈約，足見其茫無根據[①]。古韻又誤執通轉之說。既云東通冬，轉江、陽，則四韻為一部矣。而東韻後所列之古韻與冬韻[②]、江韻、陽韻所列之古韻乃各有其字，是其隨叶取讀，知有通而不知所以通。徵引愈繁愈亂，似治絲而棼之矣[③]。

**【彙訂】**

① "足見其茫無根據"，殿本無。

② "東韻後"，殿本作"東後韻"，誤。

③ "徵引愈繁愈亂似治絲而棼之矣"，殿本作"徵引愈繁愈治絲而棼之矣"。

書文音義便考私編五卷附難字直音一卷（浙江巡撫採進本）

明李登撰。登有《六書指南》，已著錄。此書刻於萬曆丁亥，前有姚汝循、焦竑、王兆雲序并登自序及例論。其部分既不合於古法，又不盡合於《洪武正韻》。如灰、皆既分，支、微、齊反不分；庚、青既分，江、陽反不分。而且真之兼侵，寒之兼覃，咸、先之兼鹽，尤錯亂無緒矣①。至於三十六母中，知、徹、澄、孃非五母之複出，前人亦有疑之者。然竟去之，而又改並母為平母，定母為廷母，則未免勇於師心。若如其說，即敷、奉二母，端、定、穿、牀四母②，心、邪二母，亦皆歸併矣，而何以仍不併乎？又字之平仄雖分，而紐之從來無二，入聲部分雖少，而上、去轉軸則同。今謂平則三十一母，仄則二十一母，以臆改創，誰其信之？其謂仄聲純用清母，似為直截。然清濁相配，猶陰陽律呂之義，六律可該六呂，而不容盡刪六呂之名。如平聲之清濁既分，則四聲依轉，自可從流溯源，如葉從枝，枝從榦，不可以平聲而廢仄也。所論殊為偏枯。又其每韻所收古字，多沿篆籀之體。雖其例創自《集韻》，然亦不怪僻至此。登嘗作《摭古遺文》，捃摭龐雜，加以杜撰。以為字書尚不可，以為韻書，益以傎矣。其《難字直音》，尤為舛漏。如“佟”音“同”、“偵”音“稱”之類，皆參雜方言，豈可以註韻書乎？

**【彙訂】**

①“矣”，殿本無。

②“四”，殿本作“二”，誤。

併音連聲字學集要四卷（浙江巡撫採進本）

不著撰人名氏。明萬曆二年會稽陶承學得此書於吳中，屬其同邑毛曾刪除繁冗，以成是編。承學自為之序。其書併上、下平為二十二部，以上、去、入三聲分隸平聲之下，併略為箋釋字義。前列《切字要法》，删去羣、疑、透、牀、禪、知、徹、孃、邪、非、微、匣十二母，又增入勤、逸、歎三母。蓋以勤當羣，以逸當疑，以歎當透，而省併其九母，又無説以申明之，殊為師心自用。承學序乃擬為徐鍇《説文韻譜》與李燾《説文五音譜》[①]。作者、删者與刻者，均可謂漫無考證矣。

**【彙訂】**

① “擬”，殿本作“疑”，誤。明萬曆二年周恪刻本此書陶承學序云：“豈即徐、李撰述之遺耶。”

交泰韻一卷（左都御史張若溎家藏本）

明吕坤撰。坤有《四禮疑》，已著録。是編乃所立切韻簡要之法，僅有序文、凡例、總目，而未及成書，然書之體要則已具括於是。其法於平聲之字各以陰陽相切。如“同”字舊用“徒紅切”，“通”字舊用“他紅切”。坤則以為“他紅”二字仍切“同”字，不切“通”字，改“通”字為“他翁切”。又上、去二聲各以本聲為母，如“寵”字用“楚隴切”、“送”字用“素瓮切”之類。平、入二聲則互相為母，如“空”字用“酷翁切”、“酷”字用“空屋切”之類。其《交泰韻》之名，即以平入互為終始之義也。蓋因古來合聲之法，更加以辨别。故不用字母攝法，而於字母攝法相輔而不相礙。其論“定首領”一條，謂：“東、董、涷、篤何等明白。乃舊譜相沿，領韻則以東、董、送、屋，領聲則以公、孔、貢、穀，殊為淆亂。”其説亦極有理。惟其分部純用河南土音，併鹽於先，併侵於真、併覃於山，支、微、齊、佳、灰五部俱割裂分隸，則太趨簡易。於無入之部强配入聲，復以强配之入聲轉而離合平聲之字，則太涉糾纏。未免變亂古法，不足立訓矣。

音聲紀元六卷（通行本）

明吳繼仕撰。繼仕有《六經圖》，已著録①。是書大旨以沈約以來諸韻書但論四聲、七音而不以律吕風氣為本，未為盡善。惟邵子《皇極經世書》、李文利《律吕元聲》為能窮天地之原而正律吕之誤，於是根據二家，作為此書。綜以五音，合以八風，加以十二律，應以二十四氣。有圖有表，有論有述，而以《風雅十二詩》附焉。然所見未精，得失參半。如八風之配八卦，本之服虔《左傳註》；十二律之配十二支，八風之分為十二風，以及十二支、十二律之配二十四氣，本之鄭康成《周禮註》，其説尚有根據。至於黃鍾律長九寸，歷代相傳，初無異説。惟李文利獨據《吕氏春秋》謂黃鍾之長三寸九分，而以司馬遷九寸之説為誤。又即其三寸九分之説推之，以為黃鍾極清，而以宮聲極濁之説為誤。單文孤證，乖謬難憑。而此書獨以之為本，遂致宮羽舛錯，清濁逆施。以是審音，未睹其可。又論與表自相矛盾，亦為例不純。他如以《風雅十二詩譜》為傳自漢儒，以《禮部韻》為毛晃作，以《平水韻》為《韻會》，以《禮部韻略》為《唐韻》，又云是今所傳詩韻。失於考據之處，不一而足，更不必論矣。

**【彙訂】**

①《總目》卷三四著録吳繼仕撰《七經圖》。

字學元元十卷（内府藏本）

明袁子讓撰。子讓字仔肩，郴州人。萬曆辛丑進士，官眉州知州①。是編因劉鑑《切韻指南》所載音和類隔二十門，出切行韻，參差不一。其取字有憑切者，有憑韻者，學者多所轇轕。因為疏明，使有條理。又廣等子門法為四十八類，較《玉鑰匙》、《貫珠集》諸書頗為分明。名曰“元元”，蓋取班固“元元本本”語也。
然惟憑脣吻，未見古書，至謂《禮部韻略》為陸德明作[②]，故分元、
魂為二，而合東冬、清青為一。又忽論七音，忽論六書，體例糅
雜，茫無端緒。所論六書，亦純以臆測，不考許、顧以來之舊義。
所謂聰明過於學問者，其子讓之謂乎？

## 【彙訂】

① 殿本“官”下有“至”字。《四川通志》卷七上《名官》，直隸
嘉定州有袁子讓，“郴州人，進士。知嘉定九年，以廉明著，有惠
澤及民”。又卷三十《職官》直隸嘉定州僉事亦有袁子讓，“郴州，
進士（萬曆中任）”。疑“眉州”當作“嘉定州”。

②“陸德明”，殿本作“陸明德”，誤。明萬曆三十一年刻本
此書卷一《字學源流辨》云：“陸德明作《韻略》。”

韻表無卷數（浙江鮑士恭家藏本）

明葉秉敬撰。秉敬有《字孿》，已著録。是編凡《韻表》三十，
又《聲表》三十。其《韻表》用劉淵舊部，而以東、冬、江、陽、魚、
虞、佳、灰、支、微、齊、寒、刪、先、蕭、肴、豪、歌、麻、尤二十部為居
中開口音，謂之中韻，以庚、青、蒸三部為向内開口音，謂之内韻，
以真、文、元三部為向外開口音，謂之外韻，以侵、覃、鹽、咸四部
為向外合口音，謂之合韻，故顛倒其次序，不與舊同。其《聲表》
於三十六字母中删除知、徹、澄、孃、敷、疑六母，僅存三十。其法
以輕清為陰，重濁為陽，以齶、舌、脣、齒、喉、半舌、半齒七音為
經，以納口、出口、半出口三陰聲，半出口、出口、半納口三陽聲為
緯。改舊譜四等為二等，而以粗大、細尖、圓滿、圓尖分庚干、經
堅、觥官、肩涓四紐為四派祖宗以筦攝之。又以真、文、元諸部向

外之韻非四祖宗所能統，又於庚干派中附以根干一派，經堅派中附以巾堅一派，觥官派中附以昆官一派，肩涓派中附以君涓一派。其用法不爲不密，然亦自爲葉氏之法而已。乃自云"聖人復起，不易吾言"，談何容易乎？舊稱無入十三部分配入聲自章黼始，然考黼《韻學集成》皆仍舊譜，其以意分配實始自秉敬此書，説者誤以爲黼也。

音韻日月燈七十卷（河南巡撫採進本）

明吕維祺撰。維祺有《四禮約言》，已著録。是書凡《韻母》五卷，《同文鐸》三十卷，《韻鎝》三十五卷[①]。其説譏沈約知縱有四聲而不知衡有七音，司馬光知衡有七音而不知縱有四等，故作此三書以正其謬。總名《音韻日月燈》，象三光也。亦名《正韻通》，以遵用《洪武正韻》及續刊《洪武通韻》二書也。其韻母以一百六韻爲經，以三十六母四等爲緯，而以開口、合口標於部上，獨音、衆音註於字旁。其《同文鐸》舉一百六部之字，以三十六母易其先後。大致本之《韻會》，而註則稍減。蓋《通韻》即孫吾與《韻會定正》之改名也。所註古韻通轉，則吳棫《韻補》之緒餘耳。其《韻鎝》則仍以《同文鐸》所收之字，删其細註，但互註其字共幾音幾叶，以便檢尋，故名曰"鎝"。自序稱《同文鐸》如編年，此如紀傳是也。維祺於等韻之學頗有所見，而今韻、古韻之源流未能深考。觀其稱古韻二百六部，沈約併爲一百六部，則其他可知矣。

【彙訂】

① 明崇禎六年吕維祜刻本此書六十四卷，包括《韻母》五卷，《同文鐸》三十卷卷首四卷，《韻鎝》二十五卷。（杜澤遜：《四

庫存目標注》》

　　律古詞曲賦叶韻十二卷（江蘇周厚埁家藏本）

　　明程元初撰。元初字全之，歙縣人。是編成於萬曆甲寅，前有自序及凡例。大旨以古韻、律韻、詞韻、曲韻、賦韻、叶韻合為一書。其例每部以四聲相從而緯以三十六母，諸通轉之法則冠於各部之首。體例冗雜，持論亦無根據。其凡例稱“沈休文因律詩分四聲，作詩韻”。夫齊、梁時安有律詩，又安有詩韻乎？

　　韻譜本義十卷（江蘇巡撫採進本）

　　明茅溙撰。溙字平甫，丹徒人。其書成於萬曆閒。就世所通行韻書每字下作一篆文，略採《説文》原註列於其下，故云“本義”。然《説文》所有之篆文，此書或取或否，皆無義例。又每韻後附以通叶，不標出典，亦茫無根據也。

　　韻總持三卷（浙江汪啟淑家藏本）

　　明朱簡撰。簡字修能，萬曆中人。其書一卷為《古韻》，以干、葛、該等十四字標全韻，使各歸其類。又取安、千①、丁等三十八字為陰、陽平之準，分註於各類中。與陳第、顧炎武所考古韻未嘗有一字之合，不知其何以稱古韻也。二卷為《唐韻》，乃世傳《平水韻》本，以為《唐韻》尤誤。三卷為《元韻》，即周德清《中原音韻》也。其前例謂古人有上平、入、下平三聲，而無上、去，舉《詩》、《離騷》上、去之讀為平者作證。不知此乃四聲通用，非必無上、去二音也。《釋文》一字數讀，多兼四聲，《類篇》、《集韻》説同，簡未之詳考耳。

　　【彙訂】

　　①“千”，底本誤作“干”，據殿本改。

韻會小補三十卷（江蘇巡撫採進本）

明方日升撰。日升字子謙，永嘉人。萬曆間館於京山李維楨家，成此書。維楨門人周士顯令建陽時刻之。《韻會》原收一萬二千六百五十二字，是書一從其舊，無所增減。惟每字考其某音為本音，某義為本義，其餘音義，次第附後。註文多所增益。凡一字有數音者列於前，如止有一音者則云“獨音”，列於後。若字在他韻而可讀入此韻者則云“古讀”，可叶入此韻者則云“古叶”，亦並附於後。其搜討頗勤，於原書之外多有援引辯正，然亦時有譌誤。如一東“瞳”字、“橦”字、“矓”字之類皆引《説文》，不知為徐鉉新附字，實《説文》本書所無。又如《韻會》“稯”字註，引《周禮註》“四秉曰筥，十筥曰稯，十稯曰秅”，不知此《儀禮·聘禮》之文。“鍐”字註引《後漢·輿服志》“金鍐”，不知《輿服志》本作“錽”，音“亡范切”。凡此之類，多未能駁正。其他古音古讀，舛謬尤多。顧炎武《音論》詆其“勞脣吻，費簡册，有甚於前人”者，亦非無故云然矣。

篇韻貫珠集一卷（兩淮馬裕家藏本）

明釋真空撰。真空號清泉，萬曆中京師慈仁寺僧也[①]。是書分為八門，編成歌訣。一曰《五音篇首歌訣》，二曰《五音借部免疑海底金》，三曰《檢五音篇海捷法總目》，四曰《貼五音類聚四聲篇海捷法》、五曰《訂四聲集韻卷數並韻頭總例》，六曰《貼五音四聲集韻捷法總目》，七曰《創安玉鑰匙捷徑門法歌訣》，八曰《類聚雜法歌訣》。大旨以《五音集韻》、《篇海》為本。二書卷帙稍繁，門目亦碎，故立捷法檢尋之，無所發明考證。又俗僧不知文義，而强作韻語，讀之十九不可曉。註中語助之詞亦多誤用，其難通更甚於《篇》、《韻》也。

**【彙訂】**

① 此書明正德十一年（1516）金臺衍法寺釋覺恒重刊本有弘治十一年劉聰序，云："是編之出，始弘治己酉上元，迨弘治戊午中元脱稿，遂繡諸梓。"可知初刻於弘治十一年戊午（1498），真空顯非萬曆時人。（王重民：《中國善本書提要》）

西儒耳目資 無卷數（兩江總督採進本）

明金尼閣撰。金尼閣字四表，西洋人。其書作於天啟乙丑，成於丙寅。以西洋之音通中國之音。中分三譜：一曰《譯引首譜》，二曰《列音韻譜》，皆因聲以隸形。三曰《列邊正譜》，則因形以求聲。其説謂元音有二十九。自鳴者五，曰丫①、額、依②、阿、午，同鳴者二十，曰則、測、者、撦、格、克、百、魄、德、尬、日、物、弗、額、勒、麥、搦、色、石、黑，無字者四。自鳴者為萬音之始，無字者為中國所不用也。故惟以則、測至石、黑二十字為"字父"。其列音分一丫，二額，三衣，四阿，五午，六愛，七澳，八益，九安，十歐，十一硬，十二恩，十三鴉，十四葉，十五藥，十六魚，十七應，十八音，十九阿答切，二十阿德切，二十一瓦，二十二五石切，二十三尾，二十四屋，二十五而，二十六翁，二十七至二十九非中國所有之聲，皆標西字而無切，三十隘，三十一堯，三十二陽，三十三有，三十四烟，三十五月，三十六用，三十七雲，三十八阿蓋切，三十九無切，四十阿剛切，四十一阿干切，四十二阿根切，四十三歪，四十四威③，四十五王，四十六彎，四十七五庚切，四十八温，四十九碗，五十遠，皆謂之"字母"。其輾轉切出之字則曰子，曰孫，曰曾孫，皆分清、濁、

上、去、入五聲，而五聲又各有甚、次，與本聲為三。大抵所謂
"字父"，即中國之字母，所謂"字母"，即中國之韻部。所謂"清
濁"，即中國之陰平、陽平。所謂"甚次"，即中國之輕重等子。
其三合、四合、五合成音者，則西域之法，非中國韻書所有矣。
考句瀆為穀、丁寧為鉦，見《左氏傳》；彌牟為木，見於《檀弓》。
相切成音，蓋聲氣自然之理。故華嚴字母出自梵經，而其法普
行於中國。後來雖小有增損，而大端終不可易。由文字異而
聲氣同也。鄭樵《七音略》稱："七音之韻出自西域，雖重百譯
之遠，一字不通之處，而音義可傳。所以瞿曇之書能入諸夏，
而宣尼之書不能至跋提河，聲音之道有障礙耳。"是或一說歟？
歐邏巴地接西荒，故亦講於聲音之學。其國俗好語精微，凡事
皆刻意研求，故體例頗涉繁碎，然亦自成其一家之學。我皇上
耆定成功，拓地蔥嶺，《欽定西域同文志》兼括諸體，巨細兼收。
歐邏巴驗海占風，久修職貢，固應存錄是書，以備象胥之掌。
惟此本殘闕頗多，《列音韻譜》惟存第一攝至十七攝，自十八攝
至五十攝皆佚，已非完書，故附存其目焉。

**【彙訂】**

　　① "丫"，殿本作"了"，誤，參明天啟六年刻本此書《萬國音
韻活圖説》。

　　② "依"，當作"衣"，據《萬國音韻活圖説》。下文亦作"衣"。

　　③ "一丫……三衣……十九阿答切，二十阿德切……二十
四屋……四十一阿干切，四十二阿根切……四十四威"，殿本作
"一了……三依……十九阿紀切，二十阿惑切……二十四厓……
四十一阿于切，四十二阿限切……四十四咸"，誤，參此書《音韻
經緯總局》。

元韻譜五十四卷（浙江巡撫採進本）

明喬中和撰。中和有《説易》，已著録。是書以上平為陽，下平為陰，上聲為陰，去聲為陽，入聲則陰極而陽生。删三十六母為十有九，四重之為七十六。去蒙音四，得七十有二。而七十二母之中又析之為柔律、柔呂、剛律、剛呂。又據律法十二宫分十有二佸，以佸統母，以母統各韻之字。凡始“英”終“縠”五十有四韻，條分縷析，似乎窮極要眇，而實則純用俗音。沈、陸以來之舊法，蕩然俱盡。如以東冬併入英韻①、岑林併入寅韻之類，雖《洪武正韻》之乖謬②，尚未至是也。

**【彙訂】**

①“冬”，殿本作“佟”，誤。清康熙三十年梅墅石渠閣刻本此書卷一《上平·一英韻·柔律》收入冬韻諸字。

②“乖謬”，殿本作“合併”。

皇極圖韻一卷（江西巡撫採進本）

明陳藎謨撰。藎謨字獻可，嘉興人。黃道周之門人也。是書本邵子《皇極經世》聲音倡和之説而推衍之，專以經緯子母為説①，實即邵子之言陰陽剛柔也。其説以為天數九，地數十二。平、上、去、入為四聲，每聲各有闢闢闢、翕翕翕、闢之翕、翕之闢四等，每等九聲，得三十六聲，則四天九也。開、發、收、閉為四音，每音有純清、次清、純濁、次濁四等，每等十二音，共得四十八音，則四地十二也。又推其數合於九宫、八卦、九疇，雖理有相通，然聲氣之原實不在於是也。

**【彙訂】**

①“為”，殿本作“之”。

元音統韻二十八卷（浙江巡撫採進本）

　　明陳藎謨撰，其門人胡邵瑛增修。凡《通釋》二卷，《類音》六卷，《統韻》十卷，《古韻疏》二卷，《唐韻疏》二卷，共二十二卷。其後六卷為《字彙補》，則國朝吳任臣所撰，范廷瑚補入者也。其《通釋》詳論七音三十六母，本邵子《皇極經世》天聲地音之法推為《四聲經緯圖》，以標舉條貫。其《類音》取梅膺祚《字彙》諸部，刪其訓釋而各註以韻部音紐，以便檢核。其《統韻》平、上、去三聲各分三十六部，入聲分二十部，每部之字各以三十六母為序。其部母改用一公、二杚①、三乩、四居之屬，分合易置，全改《廣韻》以來之舊。其《古韻疏》用吳棫叶音之說，實非古韻。《唐韻》疏用近韻一東、二冬、三江之部，而以字母顛倒之，亦非唐韻。蓋於辨別等韻或偶有所得，而於音學源流則未之有考也。其《字彙補》六卷，多收俗字，未為精核。既附此書以見，今亦不別著錄焉。

## 【彙訂】

　　①“杚”，底本作“杗”，據清康熙五十三年范廷瑚刻本此書及殿本改。又“弓”當作“公”。

青郊雜著一卷文韻考衷六聲會編十二卷（湖南巡撫採進本）

　　明桑紹良撰。紹良字遂叔，零陵人。是編前列《青郊雜著》一卷，發凡起例，併舊韻為東、江、侵、覃、庚、陽、真、元、歌、麻、遮、皆、灰、支、模、魚、尤、蕭十八部。又以重、次重、輕、次輕分為四科，以喉、舌、齶、齒、脣分為五位，以啟、承、進、止、衍分為五品，以浮平、沈平、上仄、去仄、淺入、深入分為六聲。以“國開王向德，天乃資禎昌。仁壽增千歲，苞盤民弗忘”分為二十母，又衍為三十母、七十二母之説。皆支離破碎，憑臆而談。觀其尊蘭廷秀《韻略易通》，而詆徐鉉兄弟為《説文》之孟賊，韓道昭父子為《集韻》之蟲蠹，既是非顛倒，輕肆譏彈，又稱《廣韻》每聲分五十餘部，《唐韻》約為三十，則於韻書沿革尚未詳考矣。

　　古叶讀五卷（通行本）

　　明龔黃撰。黃爵里無考。是書考究古韻，自屈原《離騷》及漢、晉以後詞賦，皆徵引參證，而大抵以吳棫《韻補》為指歸。其紕繆在於根柢，其餘不必深詰矣。

　　詩韻辯略二卷（編修汪如藻家藏本）①

　　明楊貞一撰。貞一字孟公，新都人。是書以朱子《毛詩》叶韻未為盡善，因取吳棫《韻補》、熊忠《韻會舉要》之説，參考成書。其實皆以《洪武正韻》為準，於音韻源流固未能博考也②。

　　**【彙訂】**

　　① 明萬曆四十七年淩一心刻本此書題作《詩音辯略》。（杜澤遜：《四庫存目標注》）

　　②“固未能博考也”，殿本作“未能博考”。

　　重訂馬氏等音外集一卷內集一卷（江蘇巡撫採進本）

　　此本為康熙戊子宣城梅建所刊①，內自稱“槃什馬氏自援”。建序惟稱得自霑益州明經張聖功，亦不知自援何許人。今考其書引梅膺祚《字彙》，則當在明末。又自稱籍本秦而生於滇，則雲南人。“得自霑益”，蓋其鄉里也。又稱所學得自江右楊夫子、嘉興李夫子，不著名字，則莫知為誰矣。其書自立新意，併三十六母為見、溪、疑、端、透、泥、邦、滂、明、精、清、心、照、穿、審、曉、影、非、微、來、日二十一母，而緯以光、官、公、裩、□、垂、□、規、戈、國、孤、骨、瓜十三韻。以舊譜四聲為未備，增為五聲，曰平、上、去、入、全。又謂舊譜有無入之韻，皆為錯誤，立借入之法以通之。其刪併字母，即蘭廷秀《韻略易通》括以《早梅》詩之説也。其四聲外增一全聲，即周德清《中原音韻》陰平、陽平之説也。其借用入聲，即葉秉敬《韻表》之説也。其末附《傳響射字法》，矜為神妙者，即宋趙與峕《賓退録》"擊鼓射字法"也。而實皆未見諸書。觀其謂《禮部韻》為沈約作，其陋可想[2]。檢所引證，不過據《洪武正韻》及《字彙》、《韻法橫直二圖》，私心揣測，以成是編。其中惟平分陰陽，稍合古法。米芾《畫史》嘗明此義，而晉李登《聲類》以宮、商、角、徵、羽各為一篇，當即其源。然以全聲列入聲後，如通、桶、痛、突、同、灘、坦、炭、扺、壇，則究非先發後斂之序。總之一知半解，自生妄見而已矣。

## 【彙訂】

① 明康熙四十七年思補堂刻本此書題"習安梅建唌熊氏較正"。習安乃雲南普定古稱，作"宣城"誤。（杜澤遜：《四庫存目標注》）

②"觀其謂禮部韻為沈約作其陋可想"，殿本無。

古韻通八卷（兩淮馬裕家藏本）

國朝柴紹炳撰。紹炳字虎臣，仁和人。其書大旨即今韻部分立三法，以求古韻之通。一曰全通，東、冬、江之類是也。二曰半通，元入寒、删、先，魂、痕入真、文之類是也。三曰旁通，則俗所謂叶韻是也。分平、上、去為十一部，分入聲為七部。其引據甚繁，其考證亦甚辨。然今韻以今音讀之，則一部之内字字相

諧，如以古音讀之，則字字各歸本音，難復齊以今部。如支部之
"儀"字古實音"俄"，齊部之"西"字古實音"先"，概曰支與齊通，
是已使"俄"與"先"叶。則紹炳所謂全通、半通者，與古韻皆不免
牴牾。又今韻固與古殊，古韻亦自與古別。如東、冬、江自為部，
至漢而東已通陽；魚、虞、尤自為部，至魏、晉而虞兼通灰。輾轉
漸移，各隨時代。紹炳乃上薄《風》、《雅》，下迄晉、宋，凡未定四
聲以前，總名之曰"古韻"，雜然並編。此讀甫諧，彼音已礙。條
例益廣，蹊徑滋繁。所謂"旁通"者，淆亂古音尤甚。至於以許敬
宗之所定指為沈約，以陳彭年之所音指為孫愐，又其小節矣。

古韻叶音六卷（陝西巡撫採進本）

國朝楊慶撰。慶字憲伯，秦州人[1]。前明諸生。是書首為
《類從》，註部分之通轉。次為《審音》，列每部相叶之字。次為
《集引》，則雜採古書以證之。其凡例稱《類從》仿之焦弱侯、陳季
立、吳才老、周伯温。不知四家之中，惟焦竑、陳第其論相合，餘
則南轅北轍。慶合而一之，自不得不棼如亂絲。又分上平東至
山二十三部，下平仙至嚴二十三部，上聲董至范四十四部，去聲
送至梵四十八部，入聲屋至乏二十六部，共一百六十四部。與
《廣韻》之二百六部、《壬子禮部韻略》之一百七部俱不相符，亦不
知其所據也。

【彙訂】

①"秦州"，底本作"泰州"，據殿本改。《大成通志》卷端署
"古成紀楊慶有慶甫輯著"，成紀即秦州古稱。（江慶柏：《四庫
全書地方採進本中的地域性問題》）

佐同錄五卷（陝西巡撫採進本）

　　國朝楊慶撰。是編據其自序，當有四集，共百餘卷。此本題曰《潛齋更刪補釋佐同録類要集》。冠以《五音圖》，次為《更刪補釋舉要》，則皆論六書偏旁，欲改隸從篆。次為《釋略》，次為《發例》，次為《俚噆》，體例龐雜，無自尋其端緒。次乃為《新定等韻》。考原等子舊法，自果字至流字十六攝，分開合為二十四。有通、廣、狹、侷、内、外六門，各有四聲。每等分四層，秩然不紊。慶則統以如、是、觀三字，分為前後六攝。其字母敷、奉二字改為凡、弦二字，凡敷母諸字歸之非母，而以奉母諸字收入凡母。弦母下止收弦、威、碗、簜、碗、汪、盎七字。至《分韻輯呼合圖》共分四十三轉，前二十八轉皆平、上、去三聲，後十五轉皆入聲。未免好事新奇，反滋淆亂[1]。蓋有志於小學，而既無師授，又未多見古書，徒率臆以為之者也。

**【彙訂】**

①"反"，殿本作"轉"。

韓韻叢説一卷韻問一卷（浙江巡撫採進本）

　　國朝毛先舒撰。先舒字稚黃，一名驍，字馳黃，仁和人。是編雜論三百篇及古來有韻之文凡四十條，所見略與柴紹炳《古韻通》同。其《韻問》一卷，則設為問答以自暢其説也。

韻學通指一卷（浙江汪汝瑮家藏本）

　　國朝毛先舒撰。是編與柴紹炳《古韻通》、沈謙《詞韻》同時而出。三人本相友善，故兼舉二家之説。其得失離合亦略相等。如謂"風"字可以入侵韻，非東韻之字全可入侵，"舒"字可以入支韻，非魚韻之字全可入支，謂古韻之差等有三，今韻之差等有四，所見皆視前人為確。惟所稱沈約韻、孫愐韻及《唐人韻入聲表》、孫愐二百六部、唐人一百七部之説,則多無依據,以意為之。夫沈約《四聲》久佚,不必言矣。語詳《韻經》條下。孫愐《唐韻》,惟《廣韻》之首僅存其序,徐鉉校正《説文》僅存其反切。書則久佚,又安得以宋人韻目為司法本書?且二百六部之分,據其末則陳彭年等之書,有《廣韻》可考;原其初則沈約之舊,有約集諸詩賦可考。孫愐但增加其字,補綴其註,並無分部之説。忽舉而歸之於愐,古無典記也。至其同用、獨用之註,在唐則許敬宗所定,見封演《聞見記》[①],在宋則賈昌朝移併窄韻十三部,見《東齋記事》,亦見《玉海》。自昌朝以前,無一百七部之説也。又唐人程試則用官韻,自為詠歌則多用私韻。如東與冬、鍾為二部,官韻也;其他如孟浩然《田家元日》詩、杜甫《雨晴》詩、魏兼恕《送張兵曹赴營田》詩之類,皆近體律詩,以東、冬、鍾通押,則私韻也。蕭、宵、肴、豪為三部,官韻也;李商隱《送從翁赴東川尚書幕》詩之類,亦五言長律,以蕭、宵、肴、豪通押,則私韻也。“畫”字在卦部,官韻也,李商隱《無題》詩與“衩”同押;“婦”字在有部,官韻也,白居易《琵琶行》與“故”同押,亦皆私韻也。是其時自程試以外,韻原不一,安有所謂遍考唐人無不合於一百七部者哉?尤可異者,上、下平聲五十七部,有入者三十四,無入者二十三,自唐以來,絕無異説。至明葉秉敬作《韻表》,始以後世方音割裂分配,使部部有入。先舒祖其説而小損益之,乃標曰《唐人韻入聲表》,則不但考之不詳,併依託古人,如郭正域之沈約《韻經》矣。

**【彙訂】**

① “聞見記”,殿本作“見聞記”,誤。

韻白一卷（浙江汪汝瑮家藏本）

　　國朝毛先舒撰。皆雜論古韻、今韻、詞韻、曲韻，蓋其《韻學通指》之緒餘也。其中“駁古詩三聲相通”一條，最為失考。古無四聲，聲近者即可諧讀，諸書不一而足。即以習見者而論，古詩“上山采蘼蕪”一首，素、餘同押；劉琨“握中有元〔玄〕璧”一首，瑢、叟並用。豈亦未檢耶？駁蘇軾《屈原廟賦》，謂東部本不與陽合，此拘於“三百篇”之例，不知《易·象傳》固“中”諧“當”，《老子》固“盲”諧“聾”也。又謂宋人填詞韻，始江與陽合，是又泥魏、晉以前之例，不知沈演之《嘉禾頌》、徐陵《鴛鴦賦》，江已通陽久矣。大抵審定今韻之功多，而考證古韻之力少[1]，故往往知其一，不知其二焉。

**【彙訂】**

①“古韻”，殿本作“古書”。

韻統圖説無卷數（兩江總督採進本）

　　國朝耿人龍撰。人龍字書升，號岵雲，江陰人。是書於三十六母刪知、徹、澄、孃、敷、微六母，定為三十位。以呼、呵、嘻、噓四聲分配宮、商、角、羽。一聲之中，兼攝平、上、去、入，而又分清鍼、濁鍼，別為十二通，析為四十八韻。又於十二通之中，別為三轉。其圖有橫、直二母，以直母統三十位，橫母統四十八韻，故名“韻統”。其苦思密審，亦竭一生之功[1]。然千古之音，隨時而異；一時之音，隨地而異；一地之音，隨人而異；一人之音，隨年而異[2]。故周公以聖人之才行天子之事，而《周禮》保氏以六書教國子、小史掌達書名於四方，皆以同天下之文，而不能同天下之音。“三百篇”中，今有不能得其韻者，非本無韻，韻不同也。歷代韻書，大抵守其大綱以存古，通其小節以隨時。以漸而變，莫知其然。未有能毅然決裂，盡改前代舊法者。知聲音萬變，不可以一人之私意定也。人龍乃欲以一人之口吻，强天下萬世而從我。其自謂窮極精妙者，以叩他人則扞格矣，豈能行之事乎？其不用見、溪、羣、疑等字為字母，而以一英軒、二英烟至三十焚煩為聲母，不過改頭換面，其用實同。其所論反切之法，以為切密於反，切可通反，而反不可通切；反為翻讀，其途易泛，切為疾讀，其用尤的。不知自孫炎以來，但稱某字某反。唐人諱“反”，乃皆稱“切”，唐元度《九經字樣》具有明文。其後乃兼稱反切，不必穿鑿字義，横生分別。其謂徵音不立專部，寄之角部轉音唏韻之中，而宮、商各部皆雜入正徵、變徵諸音，此即徵音為事，散見於君臣民物之理，亦殊為附會。至論今韻無入十三部，古皆有入，今韻有入之部，古皆無入，此即回互通轉之所由生，則又故示顛倒，冀聾俗聽者矣。

**【彙訂】**

① “功”，殿本作“力”。

② 殿本此句下尚有一段文字：“一父之子，宜其音同。當其隔垣而語，相習者能別為某某，其必有不同者在矣。況乎古今之遠，南北之遙，而欲同以一人之脣胎哉。”

韻蕞一卷（江蘇巡撫採進本）

國朝徐世溥撰。世溥有《夏小正解》，已著録。此其所著韻書。前有自序，其所謂“華嚴字母如曲澗泉行，諸韻遞及如九歷重階，四聲順次如司天刻漏，經世交切如機中織錦”。後復為圖以釋之，所見未嘗不合。至其論韻，則以《洪武正韻》為主，而於

《廣韻》似未寓目①。第執今所行《平水韻》以上下古今之韻學，隘矣。又欲於三十六母影、喻之外增以烏、汪等母，與其辨上、下平之説，大抵皆師心自用之學也。

**【彙訂】**

① 殿本"目"下有"者"字。

### 詩韻更定五卷（內府藏本）

國朝吳國縉編。國縉字玉林，全椒人。順治壬辰進士。韻書之作，所以辨別聲音，不專為詩而設。流俗名曰"詩韻"，莫知所本。毛奇齡《古今通韻》以為"詩韻"者"試韻"之譌。然唐、宋以來，並無"試韻"之名，奇齡不免於臆説。考吳澄《支言集》有張壽翁《事韻擷英》序曰："荊國、東坡、山谷，始以用韻奇險為工。蓋其胸中蟠萬卷書，隨取隨有。儻記覽之博不及前賢，則不能免於檢閲，於是乎有詩韻等書。然其中往往陳腐，用之不能起人意。"云云。然則其始以《韻府》之類便於作詩押用，遂謂之詩韻。其後但收韻字，不載詞藻者，亦遂沿用其名耳。國縉此本以"詩韻"為名，已失於不考。又每部之字分一選、二選、三選、汰字四類，大抵以最熟易押者為上選，稍難用者次之，不常用者則汰除。如一東汰"潼"字、二冬汰"淞"字，是併臨潼、吳淞亦為僻字禁用也，其詩當作何等語耶？

### 聲韻源流考無卷數（浙江巡撫採進本）

國朝萬斯同撰。斯同有《廟制圖考》，已著録①。其作此編，蓋欲詳考聲韻之沿革。首列歷代韻書之可考者，次列歷代韻書之無考者，而採摭其序文、凡例、目録，以存梗概。上起魏李登《聲類》，下迄國朝顧炎武、毛奇齡、邵長蘅之書，無不採録。而草創未終，略無端緒，匡廓粗具，挂漏宏多。如首列李登、吕静、周容〔顒〕②、沈約、蕭該、陽休之、陸法言、唐元〔玄〕宗、孫愐、顏元孫、顏真卿、李舟、李涪、徐鍇、陳彭年、丁度、吳棫、毛晃、劉淵、周德清、韓道昭、黄公紹、陰時夫、宋濂、案此書以樂韶鳳為首，其序則濂所撰。專歸之濂，殊誤③。孫吾與、楊鬴、案《韻學集成》著者章鬴，此楊鬴亦誤。張之象、潘恩之書，已為不備。而李涪《刊誤》不過偶論韻一條，並非韻書，尤為循名失實。續列歷代韻書總目，自周研至張貴謨，凡三十二家，皆宋以前人，註云：“已見前篇者不録。”然其中有名可考者，如唐僧智猷《辨體加字切韻》五卷見於《唐志》、《宋志》，宋僧鑒聿《韻總》五篇見於《歐陽修集》，皆前篇所遺，竟漏不載。又載李啟《聲類》十卷，註曰“魏校書令”。隋、唐二《志》俱無，不知斯同何所本。殆輾轉裨販，誤“左校令”為“校書令”，誤“李登”為“李啟”，而未能考正耶？所列諸韻目録，僅《廣韻》、《平水韻》、《韻會》、《正韻》、《韻經》五家，其他即姑勿論。《廣韻》繁、簡二本，有殷、文獨用④，欣、文同用之分，《集韻》與《唐韻》有改併窄韻十二部之别，乃韻書沿革之大者，亦竟遺之。至於論古韻，則吳棫、陳第、顧炎武、毛奇齡、邵長蘅諸説，南轅北轍，互相攻擊，而並全録其文，無一字之考訂。知為雜鈔之本，不過儲著書之材，而尚未能著書。後人以其名重，遂録傳之，故觸處罅漏如是也。

**【彙訂】**

①《總目》卷八二《廟制圖考》條曰：“國朝萬斯同撰。斯同字季野，鄞縣人。”依《總目》體例，當將字里移於此書下。（胡玉縉：《四庫全書總目提要補正》）

②“周容”，當作“周顒”，乃避嘉慶諱改。殿本作“周顒”。

③ 此段注文殿本無。

④ 殿本"獨"上有"各"字。

### 諧聲品字箋無卷數（內府藏本）

國朝虞德升撰。德升字聞子，錢塘人。其書以字、韻之學向來每分為二，不相統攝，因取六書諧聲之義品列字數。其法總五十七聲，分三十九字，合九十六音，共千六百母，而六萬有奇之字畢歸之，使學者可因聲以檢字。蓋本其父咸熙草創之本，而復為續成之者也。不知諧聲僅六書之一，不能綜括其全，故自來字書、韻書，截然兩途。德升必強合而一之，其破碎支離，固亦宜矣。

### 類音八卷（編修汪如藻家藏本）

國朝潘耒撰。耒字次耕，號稼堂，吳江人。康熙己未召試博學鴻詞，授翰林院檢討。耒受業於顧炎武。炎武之韻學①，欲復古人之遺，耒之韻學，則務窮後世之變。其法增三十六母為五十母，每母之字橫播為開口、齊齒、合口、撮口四呼，四呼之字各縱轉為平、上、去、入四聲，四聲之中各以四呼分之。惟入聲十類，餘三聲皆二十四類。凡有字之類二十二，有聲無字之類二。以有字者排為韻譜，平聲得四十九部，上聲得三十四部，去聲得三十八部，入聲得二十六部，共為一百四十七部。蓋因等韻之法而又推求以己意，於古不必合，於今不必可施用，亦獨成一家之言而已。李光地《榕村語錄》曰："潘次耕若肯將其師所著《音學五書》撮總纂訂，令其精當，豈不大快？ 卻自出意見，欲駕亭林之上，反成破綻。以自己土音，影響意揣，便欲武斷從來相傳之緒言，豈可乎？"是亦此書之定評也。

**【彙訂】**

① "之"，殿本無。

韻學要指十一卷（浙江巡撫採進本）

國朝毛奇齡撰。奇齡有《仲氏易》，已著錄。先是，奇齡撰《古今通韻》十二卷，進呈御覽，久經刊版單行。因其卷帙繁重，乃櫽括其議論之尤要者，以為此書。李天馥序之。然較《通韻》特削去各部所收之字，而存其條例及考證耳，意在簡徑易明。而韻字不存，等於有斷而無案。欲究其說，彌費檢閱。編《西河合集》者，廢《通韻》而存此書，非其韻學之全矣。

韻雅五卷（兩淮馬裕家藏本）

國朝施何牧撰。何牧，蘇州人。康熙戊辰進士①。其書仍用劉淵之部分，以收字必從經典，故以"雅"為名。所載古、通，不甚謬誤，而引據皆非其根柢。其《雜論》十條，則語多影響②。至謂元之取士，不以詩而以曲，無稽實甚③。又末附《識餘》數十條，每韻下雜採古事，挂一漏萬。似乎欲為韻府而不成者，益無體例矣。

**【彙訂】**

① "戊辰"，殿本作"乙丑"，誤。《明清進士題名碑錄》載康熙二十七年戊辰科三甲第三十六名為何牧，一作施牧，江南崇明人。而民國《崇明縣志》卷十二《人物志・文苑》有施何牧小傳，"榜名何牧，康熙十七年舉人，二十四年（乙丑）進士"。卷十三《人物志・選舉表》所載亦同。案李果《在亭叢稿》卷七《施考功傳》云"康熙乙丑中禮部試，戊辰殿試二甲進士"，當得其實。

② "影響"，殿本作"影射"。

③“實”,殿本作“殊”。

古音正義一卷（江西巡撫採進本）

國朝熊士伯撰。士伯字西牧,南昌人,官廣昌縣教諭。是書成於康熙丙子,又重訂於戊寅。版心書首皆題“卷一”,似乎尚有別卷,而核其目録,已首尾完具,且附録三篇亦在焉,則刊版誤也。是書所論,大抵以《説文》諧聲為古音之原,以後世方言為古音之轉,而以等韻經緯於其閒。言之似乎成理,而其實不然。夫韻始諧聲,其來古矣。然許慎《説文》主於解字,不主於辨聲。所謂某字某聲,不過約略近似。如“邨”今音“奴顛切”①,而云“讀若寧”,寧、年雙聲之轉也。“虔”今音“渠焉切”,而云“讀若矜”,矜、鰥古字之通也。此本不可據以定韻。且以今韻、古韻互相參考,其閒有可解者,有不可解者。如江、杠,工聲,此諧聲之字已變,而所諧之字未變者也。闖,龜聲,波,皮聲,此諧聲之字未變,而所諧之字已變者也。龜古音邱,皮古音婆。儀、議,義聲,此諧聲之字與所諧之字俱變者也。義、儀、議,古並音俄。祖,且聲,姐,亦且聲,此諧聲之字與所諧之字俱半變半不變者也。且字入虞韻,又入馬韻。諸、渚,者聲,奢,亦者聲,此所諧之字全變,而諧聲之字半變半不變者也。者古音主,今韻諸②、渚諧此聲,而奢字則入麻韻。風、鳳,凡聲,汎,亦凡聲,此所諧之字不變,而諧聲之字半變半不變者也。皆與今説古韻者絶不相異。又如楷,咎聲,讀若皓,此蕭、肴、豪、尤之通用也。魔,麻聲,此歌、麻之通用也。哇,圭聲,讀若醫,此支、佳、齊之通用也。魂,云聲,此文、元之通用也。茜,西聲,移,多聲,此古今音別,一字之通用者也。西,古音先。多,古音夷。槐,鬼聲,遺,貴聲,此古無平仄,三聲之通用者也。亦與今説古韻者

絕不相異。凡此可以解者，何必待《説文》諧聲而後知。若夫衮，
公聲；輅、賂、路，各聲；訐，干聲；莙，君聲，而云“讀若威”；摯，執
聲，而云“讀若晉”，此已難解。至於熊為炎省聲，旬為匀省聲，杏
為可省聲，更茫不知其所云。甚至如革、椑，卑聲，卑又甲聲，則
革、椑皆當讀若甲。魗，需聲，需又而聲，則魗當讀若而，魗，奴豆
切③，去“而”音絕遠。更輾轉至於不可通。凡此不可解者，或為傳寫
譌誤，或為漢時方音，均不可知，又豈可據以定古音哉？況經典
初皆古文，許慎所説乃小篆，字體轉變，或相同或不相同。如
“慎”，真聲，而古文作“昚”；“津”，聿聲，而古文作“䂀”；“續”，賣
聲，而古文作“賡”；“虹”，工聲，而古文作“蚺”；“囿”，有聲，而古
文作“圞”，皆無可諧之聲。即《説文》所載，已不可枚舉。而欲據
小篆偏旁以究三代之音，其亦左矣。至方言則脣吻之間，隨時漸
變，亦隨地頓殊。其時同者其地未必同。劉熙《釋名》所載天坦、
天顯之別，五方異呼之證也。其地同者其時又未必同。《左傳》
稱楚謂乳曰穀④、謂虎曰於菟，《穀梁傳》稱吳謂善伊，謂稻曰緩，
狄謂賁泉曰失台。今驗諸土俗，皆無一合，是古今異語之證也。
偶執其一字、二字援以為證，則曾慥《類説》載真宗時閩人作賦，
以何、高相叶，嶺南人作詩，以先、添並押者，亦將曰宋韻如是乎？
若夫等韻之辨，尤似是而非。考《隋書‧經籍志》曰：“自後漢佛
法行於中國，又得西域書，能以十四字貫一切音。文省而義廣，
謂之婆羅門書，與八體六文之義殊別⑤。”是等韻久入中國，而審
音者弗之用，唐以前無取以定韻者。自宋以後，其説漸行，乃以
字母入韻書。實因韻而分等，非因等而定韻。古書所載，源委甚
明。以等韻核今韻，已言人人殊。至以等韻定古韻，益本末倒
置，全迷端緒矣。乃詆陳第《古音考》不知等韻，是猶怪斷漢獄者

不能引唐律也。大抵三代去今數千年，當日音聲，但可以據經典
有韻之文約其大略。猶之考地理者，可以據名山大川知某省當
為古冀州，某省當為古揚州耳。必以今之州、縣、村、堡犬牙相錯
之處定古某州之疆界，則萬無是事矣。故士伯此書引證愈博，辨
駁愈巧，而不合於古法乃愈甚，總由於不揣其本故也。至謂經典
皆北人所作，即屈、宋亦北學於中國，是以古無入聲，如周德清之
《中原音韻》攤入三聲，則益為臆斷之談矣。

**【彙訂】**

① "奴"，殿本作"雙"，誤，參《說文》卷六"邦"字注。

② "韻"，殿本作"讀"。

③ "奴"，殿本作"羊"，誤，參《說文》卷九"虪"字注。

④ "曰"，殿本無。

⑤ "文"，底本作"字"，據《隋書·經籍志》原文及殿本改。

等切元聲十卷（江西巡撫採進本）

國朝熊士伯撰。是編成於康熙癸未，又其講明今韻之書也。
案等韻之法，約三十六母為二十三行，排端、精於一、四，知、照於
二、三。是以出切行韻，彼此輵轇。元劉鑑以類隔、交互等二十
門法取字，後人咸遵其說。是書於等子門法頗有駁正①。至內
外八轉，通廣偏狹之類，辨論尤為詳悉。然等韻之學，唯憑脣吻，
雖精究此事者，不能不雜以方音。故彼亦一是非，此亦一是非，
左右佩劍，相笑不休。自以為豪髮無憾，而聽之又未嘗不別有說
也。即如此書，內外以照二為限。內門二等，惟照有字，俱切入
三等，所謂"內轉切三"也。外門則牙、舌、脣、齒、喉二等俱有字，
仍切二等，所謂"外轉切二"也。內三外二門法，不過如此。然臻

之開合二攝,二等止照有字,何以謂之外轉耶? 通廣侷狹,等子明列四門。而切法以三等切及第四為"通廣"一門,四等切及第三為"侷狹"一門,此外又有"小通廣侷狹"門,又有"通廣侷狹不定"門。是門法與等子互異也。又謂知、徹、澄同照、穿、牀,泥同孃,敷同非,皆可省。按照、穿、牀係齒音,知、徹、澄係舌音。士伯云"莊"之與"章",是照與照別,非與知有異,不知章與張自別②。惟《中原音韻》中、鐘,追、錐之類,皆不分別,不可以律等子也。然則泥、孃以上下等為別,非、敷以清濁之次為別,又安可廢乎? 獨其於雙聲疊韻及《五音九弄反紐圖》③,剖析微至,足證前人之誤,為不可沒耳④。

【彙訂】

① 殿本"是"上有"士伯"二字。

②"張",殿本作"章",誤。"張"屬知母。

③"於",殿本無。

④"為",殿本無。

古今韻表新編五卷(兩淮鹽政採進本)

國朝仇廷模撰。廷模字季亭,寧波人。康熙辛卯舉人,官知縣。其書每韻分舌、齒、喉、脣、牙聲。至其末卷論古韻,則多遵毛奇齡兩界互通之說①。奇齡《古今通韻》欲以博辨勝顧炎武,已不免汗漫支離。廷模沿其緒論,又造為經通、緯通、變通、正叶、變叶、外叶諸例②,尤為支蔓。古人用韻之法,軌轍可尋,又安有是紛紛也?

【彙訂】

①"互",殿本作"五",誤。

②"變通"，殿本脱"通"字，"外叶"，殿本作"外通叶"，誤，參清乾隆刻本此書後編《毛詩證韻》。

八矢注字圖説一卷（兩江總督採進本）

國朝顧陳垿撰。陳垿有《鐘律陳數》，已著録。是編乃其所定韻書。八矢者，譬字為的，以八矢注之。一分四聲，二經聲，三定清濁之界，四審五音，五分陰陽，六分正變，七分輕重，八分留送，凡八門也。經聲分先天九聲、後天九聲。凡四聲直下為先天，其《二九並入圖》，枯、苦、庫、酷，伊、倚、意、乙之類是也。四聲旁轉為後天，空、恐、控、酷，因、引、印、一之類是也。四聲之外又增一下聲，則亘古之所未聞矣。其《緯音清濁正變陰陽輕重留送圖》，分宮為濁、商為清，實皆喉音。角、徵、羽皆分清、濁，而清、濁二徵之外，又增淺、中、深三徵音。其外又有清閏、濁閏二音，實即非、敷二母之輕脣音也。其所謂正變者，正即開口呼，變即合口呼。又分輕重、留送為三成，皆變幻面目，別立名字，而反謂三十六母為亂道，過矣。

聲韻圖譜無卷數（浙江巡撫採進本）

國朝錢人麟撰。人麟字鑄菴，武進人。康熙庚子舉人，官蕭山縣知縣①。是書即等韻舊法而變通之。以三十五母定聲②，删徵音四、輕脣音二③，析齒頭音五母。以十四攝定韻，併江於宕，併曾於梗，剔蟹之三等入止。以四十五韻為圖譜，併恠於光，併黔於兼，併肱於觥，併諸字四等於三等。首列《諸母陰陽均變之圖》及《諸韻正閏內外等第之圖》。末為《韻法》八條，《叢論》十八條，附《翻切古韻轉音例》及《詞曲韻通轉例》。

## 【彙訂】

① 雍正《江南通志》卷一三四《選舉志》舉人篇載，雍正元年癸卯恩科有舉人"錢人麟，武進人"，而康熙五十九年庚子科無此人。光緒《武進陽湖縣志》卷一九《選舉志》舉人表載，雍正元年癸卯科有"錢人麟，浙江蕭山縣知縣"，而康熙庚子科無此人。（楊武泉：《四庫全書總目辨誤》）

② "聲"，殿本作"韻"，誤。

③ "二"，底本作"一"，據殿本改。

類字本意無卷數（浙江巡撫採進本）

國朝莫宏勳撰。宏勳字誠齋，錢塘人。前有康熙庚子自序。其書取梅膺祚《字彙》之字，依其卷末所列《韻法橫直二圖》，一一分隸。平、上、去三聲為一類，入聲自為一類。盡改古來韻部之舊，並盡乖古來等韻之舊，不足據為典要也。

韻學臆説一卷（直隸總督採進本）

國朝王植撰。植有《四書參註》，已著録。此書前列《唐韻》目、吳棫古韻目及所為《臆説》十條。次列光、官、公、昆、高、乘、鉤、規、過、皆、孤、基、瓜等十三字首羣字譜。大抵不知韻學因革源流，而惟恃脣吻之間，以等韻辨別，猶之以近日詞曲之工尺而評定夔、曠之樂章。其辨愈精，其説愈密，而愈南轅北轍，畢世不得其所適。其所引據，不過宋吳棫，近時毛奇齡、馬自援之説，而抗詞以攻顧炎武，所見左矣。

韻學五卷（直隸總督採進本）

國朝王植撰。音韻之學，自古迄今，變而不常，亦推而愈密。古音數變而為今韻，歷代各殊，此變而不恒者也。今韻既定，又剖析而為等韻，此推而益密者也。古韻與今韻音讀各異，部分亦殊。吳棫不知其故，而以音讀之異名為叶，部分之殊注為通轉，而古韻遂亂。今韻之定在前，等韻之分在後，實因韻字而分等，非因韻等而分字。韓道昭、熊忠不知其故，於是以字母顛倒韻字，而今韻又亂[①]。自明以來，惟陳第、顧炎武及近日之江永識其源流[②]。他若馬自援之講今韻，愈細而舊法愈失，毛奇齡之講古韻，愈辨而端緒愈淆矣[③]。植作是書，不能從源而分流，而乃執末以議本，攻所必不能攻，而遵所必不可遵，故用力彌勤，而彌於古法未合也。

**【彙訂】**

① “亂”，殿本作“變”。

② “之”，殿本無。

③ “矣”，殿本無。

五方元音二卷（浙江巡撫採進本）

國朝樊騰鳳撰。騰鳳字凌虛，堯山人。是書論切字之法，以陰平、陽平析四聲為五，猶屬舊例。其部分則併為十二，曰一天、二人、三龍、四羊、五牛、六獒、七虎、八駝、九蛇、十馬、十一豺、十二地。字母則併為二十，曰梆、匏、木、風、斗、土、鳥、雷、竹、蟲、石、日、翦、鵲、系、雲、金、橋、火、蛙。皆純用方音，不究古義。如覃、鹽、咸之併入天，庚、青、蒸之併入龍，其變亂韻部，又甚於《洪武正韻》矣。

詩經叶音辨譌八卷（通行本）

國朝劉維謙撰。維謙字讓宗，自號雙虹半士，松江人。是書首列《等子圖》，次為《分隸字母總音》，次為《音叶互異彙辨》，次為《疊韻雙聲》，次為辨論顧炎武《音學五書》、毛奇齡《古今通韻》，次發明《康熙字典》。其三百五篇之叶音，則一一逐句詳註，考論頗勤。然古音之學，自宋吳棫而晦，自明陳第乃漸明。國朝顧炎武諸家，闡發其旨，久有定論。維謙欲創為異說，以駕乎前人之上，反以吳棫為是，陳第為非，業已黑白倒置。而又以等韻三十六母牽合古音。夫等韻所別為今音，而《詩》三百篇則古音。音隨世變，截然不同。維謙乃執後以繩前，是何異以行草之偏旁而釋倉頡①、史籀之篆文哉？至於雙聲疊韻，乃永明以來之法，古人或偶爾相合，實非有意。維謙之牽合經文②，亦多附會。充其量之所至，將"觀閔既多，受侮不少"，亦且謂古詩有對偶乎？

**【彙訂】**

①"以行草之偏旁"，殿本作"執行草偏旁"。

②"之"，殿本無。

詩傳叶音考三卷（江蘇巡撫採進本）①

國朝吳起元撰。起元字復一，震澤人。是書專論"三百篇"叶音，如《關雎》"服"古音"匐"，引《禮記》"扶服救之"為證，亦間有可採。至如"吁嗟乎騶虞"不知為無韻之句，乃謂"虞"、"乎"相叶。然則《周南》之"吁嗟麟兮"、《鄭風》之"狂童之狂也且"，又以何法叶之乎？大抵其病由於不知古音自有部分，惟以今韻部分取讀，又不知古無四聲，更以華嚴字母分等，故愈辨而愈遠也。

**【彙訂】**

①《江蘇省第一次書目》著録作《詩傳叶韻考》，《江蘇採輯遺書總目》作《詩傳協韻考》，疑"音"字誤。（杜澤遜：《四庫存目標注》）

四聲切韻表一卷（兵部侍郎紀昀家藏本）

國朝江永撰。永有《周禮疑義舉要》，已著錄。是書前列凡例六十二條，備論分析考定之意，而列表於後。其論古法七音三十六母不可增減移易，凡更定者皆妄作，最為有見。其論入聲尤詳，大旨謂顧炎武《古音表》務反舊說之非。然永亦不遵古法，頗以臆見改變。夫字有數而音無窮，故無無音之字而有無字之音。永既知冬韻無上聲字，臻韻無上、去二聲字，祭、泰、夬、廢四韻無平、上二聲字，而入聲乃必使之備。或一部之字使分入於數部，或數部之字使合入於一部。自謂窮極精微，其用心不為不至，然如“伐”之一字，《公羊》自有兩呼，“天”之一字，《釋名》亦復異讀。陸法言亦云：“吳、楚時患輕浮，燕、趙多傷重濁。”顧炎武至謂孔子傳《易》亦不免於方音。其說永亦深取之，而乃欲以一人一地之音改古來入聲之部分，豈沈、陸諸人惟能辨三聲，不能辨四聲乎？至其雜引偏旁諧聲以申交互之說，雖有理可通，而牽合亦甚。永作《古韻標準》，知不以今韻定古韻，獨於此書乃以古韻定今韻，亦可謂不充其類矣。

本韻一得二十卷（浙江巡撫採進本）

國朝龍為霖撰。為霖字雨蒼，成都人。由拔貢生官至潮州府知府。是書為所定新韻。卷首載《答趙國麟論韻書》，有“此道自漢以後，如漆室長夜，千數百年於茲”之語，其自命甚高。故歷代相傳之舊法，無一不遭詆斥，亦無一不遭變亂。大意以十二律分平聲，以七音分入聲。又以四聲不備五音，分陽平、陰平為二，以合五聲之數。驟而觀之，以樂律定聲音，以聲音定部分，端緒井然，言之成理，似乎得聲氣之自然。其附會不能遽見，亦不能遘攻。然探其本而論之。律之作也，應陰陽之氣而寫之以音，此出乎天者也。至於文字之作，其始用以記載，別而為形，因而宣諸語言，別而為聲，其聲由點畫而起，不由律吕而起，此定於人者也。故古人律吕之妙，窮析毫芒，而音則並無平仄。此韻不與律俱生之明證矣。顔之推《家訓·音辭篇》曰："鄭元註《六經》，高誘解《吕覽》、《淮南》，許慎造《説文》，劉熙製《釋名》，始有譬況假借以證音字，而古語與今殊别。其閒輕重清濁，猶未可曉。孫叔然創《爾雅音義》，是漢末人獨知反語。"此韻之始萌，不言配律也。封演《聞見記》曰[①]："魏時有李登者，撰《聲類》十卷，凡一萬一千五百二十字，以五聲命字。"此乃漸配五聲，然每聲之中，尚未析平仄也。《南齊書·陸厥傳》曰："沈約等文皆用宮商。以平、上、去、入為四聲，以此制韻。"《梁書·沈約傳》曰："撰《四聲譜》，自謂入神之作。"此今韻平仄之始，亦不言叶樂也。自釋神珙始作等韻，其圖今載宋本《玉篇》之末。相傳為北魏人，而其自序中乃稱"昔梁沈約創紐字之圖"。又有南陽釋處忠撰《元和韻譜》，元和為唐憲宗年號，則當為晚唐時人。故唐一代詩人未言字母，至宋而其説乃大行。以韻配律，漸起於是矣。然沈括《夢溪筆談》曰："樂家所用，隨律命之，本無定音。常以濁者為宮，稍清為商，最清為角，清濁不常為徵、羽。切韻家則定脣、齒、牙、舌、喉為宮、商、角、徵、羽，其閒又有半徵、半商者，如來、日二字是也。"是盛談等韻之時，尚以韻與樂律截然分為兩事。今為霖乃因字母有七音之例，遂更廣其例，以十二律為斷。舉隋陸法言以來上、下平聲五十七部併為十二部。夫樂之有十二律，不猶天之有十二宮乎？古聖人畫地分州，建侯樹國，各因其山川之勢，初不取象於天。迨其後測驗之術興，乃以列宿分野隸十二宮之次。聲韻之始，隨呼取讀②，亦猶分州建國也。及其配以音律，亦猶列宿分野也。其理不必不相通，而其勢不能以彼改此。今以韻通於律，遂併為一十二部以應律，亦將以地理通於星野，而合併天下之千百郡縣，割裂天下之疆界，合為十二州以應天乎？況自漢以來，有韻之書不一，有韻之文亦不一，一旦盡舉而廢之，獨標一為霖之書為千古韻學之聖，即其説果通，亦斷斷難行於天下。況倒置本末，併其理亦牽合乎？至於入聲併十二為七，尤為乖理。聲生於口，一呼皆備四聲。字生於六書，非有所取義，則無其字。故二百六部之中無入聲者二十七，此二十七部無平、上二聲者又四。非無其聲，無其字也。為霖必一一配合，使無入者皆有入，亦誤以字生於聲，而不知聲生於字，復倒置其本末也。今撮其大概，略為駁正如右，庶講韻學者不至以新説改古法焉。

## 【彙訂】

① “聞見記”，殿本作“見聞記”，誤。

② 底本“呼”下有“吸”字，據殿本刪。

音韻源流五十卷（河南巡撫採進本）

國朝潘咸撰。咸有《易蓍圖説》，已著録。是書分三部①。一曰《倉沮元韻》，凡三十六卷。分翁、鴌、罷、安、阿、丫、衣、埃、烏、隈、謳、爊②、謟、屋、堊、撯、遏、匼一十八韻，而以其翕音、闢音謂之諧字，以其本音、轉音謂之分音。一曰《詩騷通韻》，一曰《中都雅韻》，各十卷，亦以十八韻分合之。《元韻》又有卷首二卷，《通韻》、《雅韻》亦各有卷首一卷。大抵皆以意杜撰，戾於古而乖於今。其敍述古韻源流，如魏李登《聲類》、周顒《四聲》、《隋志》僅列其名,《唐志》已不著録,而咸云獨得見之③。其書皆分東、陽、耕、真、寒、侵、覃、支、佳、魚、蕭、歌、尤十三類。陸法言之《切韻》、孫愐之《唐韻》,今皆不傳,惟愐之音切尚散見徐鉉所校《説文》中,而咸亦云獨得見之。共二百六部,為法言所分,其獨用、通用為愐所定,多與今不同。韓愈著作,班班可考,獨不聞其有何韻書④。而咸云獨見韓愈《唐韻》,其同用、獨用與今《廣韻》同。又列《禮部韻略》、毛晃《增韻》、劉淵《平水韻》於陳彭年《廣韻》之前,而謂《廣韻》比《禮部韻略》多數部。又謂丁度《集韻》分七音,東部首"公"不首"東"。核以諸書,亦不相合。蓋鄉曲之士,不知古書之存亡,姑以意説之而已。

**【彙訂】**

①"是",殿本作"其"。

②"爐",殿本作"燼",誤。清抄本此書卷一之十一有"爐韻諧字"。"爐",《廣韻》作"燼"。

③《新唐書・藝文志》、《舊唐書・經籍志》小學類皆著録李登《聲類》十卷。周顒撰《四聲切韻》,僅《南史》本傳言及,不見於《隋書・經籍志》。(余嘉錫:《四庫提要辨證》)

④"何",殿本無。

韻岐四卷(編修程晉芳家藏本)①

國朝江昱撰。昱有《尚書私學》,已著録。是編於官韻之中,擇其一字數音者,各分別字義異同。蓋亦宋人《押韻釋疑》之類。

**【彙訂】**

① 清乾隆二十五年湘東署齋刻本、光緒七年覆刻本均題作《韻歧》。(杜澤遜:《四庫存目標注》)

音韻清濁鑑三卷（江蘇巡撫採進本）[①]

國朝王祚禎撰。祚禎字楚珍，大興人。是書以金韓道昭《五音集韻》、元劉鑑《切字玉鑰匙》與周德清《中原音韻》合爲一書，而以己意竄改之。夫道昭書配三十六母，鑑書配内外十六攝，德清書則北曲之譜，以入聲配入三聲。祚禎既狃於方音，併四聲爲三，混淆古法，而乃屑屑然區分門目，辨别等次，非今非古，非曲譜非等韻，莫喻其意將安取。其序自稱："博極諸家，如揚雄《訓纂》、許慎《説文》、《玉篇》、《唐韻》、《廣韻》、《韻會》、《篇海》、《集韻》、《正韻》、吕氏《同文鐸》、《日月燈》，無不繹其論説，證其異同。"《説文》、《玉篇》以下，其書具在。不知揚雄《訓纂》、孫愐《唐韻》，祚禎何從見之？又稱"隱侯《四聲》、宣城《字彙》、《正字通》，户誦家吟"，更不知祚禎何由見沈約書也。

## 【彙訂】

①"音韻清濁鑑"，殿本作"音韻鑑"，誤。《江蘇省第一次書目》、《江蘇採輯遺書目録》均作《音韻清濁鑑》。清康熙六十年析津王氏善樂堂刻本此書題《善樂堂音韻清濁鑑》。

聲音發源圖解一卷（江蘇巡撫採進本）

國朝潘遂先撰。遂先，句容人。是書爲遂先草創，其子命世續成之。分四聲爲六聲，曰初平、次平、終平、初仄、次仄、終仄。初平屬少陽，出舌根。次平屬陽明，出舌後。終平屬太陽，出舌中。初仄屬少陰，居舌前。次仄屬太陰，屬舌稍。終仄屬厥陰，出舌尖。謂五音羽出在下之門牙，徵出在上之門牙，角出上下之槽牙，商出上下之盡牙，宫出上下之虎牙，而皆通於舌，以成五音。又分舌根、舌後、舌中、舌前、舌稍、舌尖六舌爲十二舌。以

黃鍾、大呂為一舌、二舌，則舌根之一後一前也，主冬至以後；太
簇、夾鍾為三舌、四舌，則舌後之一後一前也，主雨水以後；以姑
洗、仲呂為五舌、六舌，則舌中之一後一前也，主穀雨以後；以蕤
賓、林鍾為七舌、八舌，則舌前之一後一前也，主夏至以後；以夷
則、南呂為九舌、十舌，則舌稍之一後一前也，主處暑以後；以無
射、應鍾為十一舌、十二舌，則舌尖之一後一前也，主霜降以後。
又以宮分五音，音分五位，則二十五位。以韻五乘之，則一百二
十五位。位具六聲，則七百五十聲。商分五音，音繞九位，則四
十五位。以韻四乘之，則百八十位。位具六聲，則千有八十聲。
角分五音，音繞八位。以韻三乘之，則百有二十位。位具六聲，
則七百二十聲。徵分五音，音繞七位。以韻七乘之，為二百四十
五位。位具六聲，為千四百七十聲。羽分五音，音繞六位。以韻
六乘之，為百有八十位。位具六聲，為千有八十聲。總計五音之
韻，共二十有五。分音百二十有五，位凡八百五十，聲凡五千一
百，而皆統之於元宗。今考遂先所稱初平，以上聲之濁音當之。
不知《指南》謂濁上當讀如去，實而有徵。即如止攝羣母[1]，"奇"
上為"技"；蟹攝匣母，"孩"上為"亥"；遇攝旁母，"蒲"上為"部"；
咸攝奉母，"凡"上為"范"；果攝從母，"矬"上為"坐"；效攝澄母，
"鼂"上為"肇"[2]。上音皆別作去[3]，今讀之實有此音。而遂先乃
指以為初平，未見其能合也。惟《皇極經世》多以上為平，如通攝
泥母，"農"上為"𦚢"，邵以"𦚢"為平，入乃母；蟹攝來母，"雷"上
為"磊"，邵以"磊"為平，入呂母；臻攝微母，"文"上為"吻"，邵以
"吻"為平，入武母；宕攝來母，"良"上為"兩"，邵讀"兩"為平，入
呂母。今遂先以舌根為初平，而上之為平，不必皆舌根，則亦不
得據以為初平明矣。自六聲之説既誤，而支離穿鑿，盡廢齒、腭、

脣、舌，而專以牙之一音定宮、商、角、徵、羽，又盡廢齒、牙、腭、脣，而以十二舌定平仄六聲。至以雨水後立夏前中商音，立夏後大暑前中角音，與《月令》、《管子》、《逸周書》全反，尤無據也。

**【彙訂】**

①“止”，殿本作“臻”，誤，參劉鑑《經史正音切韻指南》。

②“鼂”，殿本作“朝”，誤，參劉鑑《經史正音切韻指南》。

③“上音”，殿本作“中音”，誤。

右小學類“韻書”之屬，六十一部，五百三十七卷，內七部無卷數。皆附存目。